[제3판]

전면개정

Public Personnel Administration

인사행정론

박천오 · 노종호 · 박시진 · 유상엽 · 조성한
조윤직 · 최성주 · 최유진 · 한승주 · 한종희

法 文 社

제 3 판 머리말

2020년 제2판을 낸 지 4년 만에 전정판을 내게 되었다. 이번에 필진이 대폭 확장되면서 기존 내용에 많은 변화를 주었기에 전정판이란 표현을 사용하기로 했다. 이번 전정판은 인사행정 학계 중진 교수들이 새로운 필진으로 참여함으로써 기존 필진과 함께 인사행정 현상을 보다 다양한 각도에서 입체적으로 조명하였다는 점이 특징이다.

같은 맥락에서 필진의 보강으로 각 장을 완전히 새로 작성하거나 기존 내용을 대폭 수정하고, 제2판에 없던 제7장 '전략적 인적자원 관리', 제11장 '동기부여', 제13장 '인적 다양성 관리', 19장 '공무원의 정치적 중립 등 4개 장을 새로 추가함으로써, 책이 확실히 새로운 면모를 갖추게 되었다는 점 역시 강조하고 싶다.

이번 책도 기본적으로 대학의 인사행정 과목 강의 교재용으로 집필하였지만, 인사행정 분야의 연구자나 실무자들에게도 도움이 될 수준의 내용도 상당 부분 담고 있다. 이 책이 단순히 인사행정에 관한 기본이론과 정보를 전달하는 데 그치지 않고, 인사행정의 현안과 문제점 및 발전 과제 등을 나름대로 심도 있게 다루기 때문이다. 책의 전체적 내용에 있어서는 관련 이론 소개와 함께 한국의 현 인사제도와 운영 실태를 설명하는 데 비중을 두었으나, 새로운 연구 경향 등을 소개하는 것도 소홀히 하지 않았다.

인사행정은 변화하는 정치·사회적 환경 속에서 작동하는 관계로, 한국 인사행정 현황과 변화에 주목하지 않을 수 없다. 이런 측면에서 이 책은 최근 관심을 끌고 있는 인사행정 이슈들을 다루는 한편, 그간 변경된 제도와 관련 법규들을 빠짐없이 전달하고자 노력하였다.

이 책을 쓰는 과정에서 집필자가 여럿일 때 발생할 수 있는 내용의 중복이나 일관성 결여와 같은 문제를 최소화하려고 집필진이 다 같이 애썼지만, 미진한 부분이 적지 않을 것이다. 앞으로 개정을 통해 이를 보완해 나감으로써 책의 완성도를 높이려고 한다. 독자 여러분들도 이 책이 좀 더 수준 있는 인사행정 기본서가 될 수 있도록 많은 지도와 편달을 해주시기를 바란다.

끝으로 이번 전정판 출간에 협조해 주신 법문사 관계자분들과 편집 일에 애쓰신 노윤정 차장님께 사의를 표한다.

2023년 12월
필자들을 대신하여
박천오

제 2 판 머리말

2020년을 맞아 [인사행정론] 개정판을 내게 되었다. 이전의 [현대 인사행정론]을 [인사행정론]으로 표제를 바꾸어 출간한 지 4년만이다. 그간 인사행정 관련 법규와 제도에 큰 변화가 없어 책을 개정하지 않았다. 그러나 시간이 흐르면서 교과서에 인사 운영 현황과 인사 통계의 변화 등을 적시에 담지 못한 점이 마음에 걸렸고, 기존 내용 가운데 자꾸만 눈에 띄는 매끄럽지 못한 서술과 오탈자 등을 더 이상 외면하기 어려웠다. 또한 최근 들어 새삼 정부와 학계의 관심을 끌고 있는 주제들을 추가하거나 내용을 보강할 필요성도 개정을 불가피하게 만들었다. 이번 개정판에서 수정하거나 보완한 주요 내용은 다음과 같다.

제2장 [인사행정의 이념과 인사행정체계]에서는 인사행정의 이념에 관한 설명과 논리를 보다 확장하고 체계화하였다. 제5장 [공직분류]에서는 2016년 6월 개정 공무원 직급표를 반영하여 내용을 수정하였고, 활성화되고 있는 경력개방형 직위제도의 운영 실태에 관한 설명을 추가하였다. 이와 함께 고위공무원단 운영과 관련된 최근의 변화와 정무직 인사제도의 개선 방향 등에 대한 논의를 더하였다. 제7장 [인력기획]에서는 최근의 관련 인사제도에 대한 소개를 각각 추가하였다. 제8장 [임용·모집·선발]에서는 공무원의 직종개편과 채용방식 및 명칭의 변경을 반영하여 내용을 수정하였고, 개방형직위제도와 공모직위제도 및 사회형평적 인재채용 등을 보다 상세히 설명하였다. 제9장 [교육훈련]에서는 최근의 교육훈련체계 및 주요 제도에 대해 소개하였으며, 상시학습제도에 관한 논의를 보강하였다.

제10장 [인사이동과 경력개발제도]에서는 고위공무원단 및 과장급의 역량평가에 관한 내용과, 전문직위 전문관과 전문경력관에 관한 내용을 새로 추가하였으며, 저성과자 관리의 문제를 보다 구체적으로 다루었다. 제11장 [공무원

의 일과 삶의 질]에서는 싱가포르 공무원의 삶의 질 실태를 최근 자료에 기초하여 보완하였고, 공무원의 모성보호 강화를 중심으로 한 국가공무원복무규정 개정 사항(2017.3)을 반영하여 우리나라 공무원의 삶의 질 개선을 위한 정부의 정책 노력을 보다 상세히 기술하였다. 제12장 [평정제도]에서는 근무성적평정제도의 변화 내용을 반영하였고, 새로운 근무실적평가 양식과 직무수행능력평가 양식을 소개하였으며, 근무성적평가점수 부여방식의 변화된 내용을 추가하였다.

제13장 [보수 및 연금]에서는 총액인건비제도가 인사제도의 기능을 잃고 재정기능만이 강조되는 현실을 감안하여 총액인건비제도 부분을 삭제하였으며, 성과급과 성과연봉의 비율 및 지급율의 변화를 반영하였다. 제14장 [공무원의 단체활동]에서는 외국 공무원 단체활동 허용 여부에 대한 내용을 최근 자료에 의거 경신하였으며, 공무원직장협의회와 공무원노조 간 차이점에 대한 설명도 추가하였다. 공무원노조법의 쟁점사항들에 대한 설명 또한 이해하기 쉽게 대폭 보완하였다. 제16장 [행정윤리]에서는 최근 급속한 행정환경 변화 속에서 공익증진과 행정서비스 향상을 위해 적극행정이 강조되고 있는 점을 반영하여 적극행정의 개념과 관련 법령 및 절차에 대한 내용을 새롭게 추가하였다. 이상의 내용 보완 외에도 전반적으로 문장의 표현을 다듬는 데 신경을 썼고, 기존에 수록된 인사통계 자료를 모두 최근의 것으로 교체하였다.

이번 개정작업에도 불구하고 내용이 미흡하거나 누락된 주제가 여전히 남아 있을 것이므로, 앞으로도 책의 완성도를 높이기 위해 필자들이 지속적으로 노력하려 한다. 끝으로 개정판을 출간하기 위해 수고하신 예상현 과장님과 법문사 관계자 여러분들께 사의를 표한다.

2020년 2월
필자들을 대신하여
박천오

머리말

그간 출간해 왔던 [현대 인사행정론]을 이번에 [인사행정론]이란 새로운 표제로 출간하게 되었다. 필진의 일부가 교체되어 기존 내용을 대폭 개정한 점을 부각시키기 위해서이다. 새로운 필진으로 권용수 교수와 최성주 교수가 참여함으로써 [인사행정론]은 종전 [현대 인사행정론]의 기본 틀을 유지하면서도 많은 참신한 내용을 담을 수 있었다. 이번 [인사행정론]에서 보완하거나 추가한 주요 내용은 다음과 같다.

제4장 [인사기관]에 중앙인사기관이 인사혁신처로 조직개편 됨에 따른 주요 기능 변화를 소개하였고, 지방정부 인사기관에 대한 설명을 추가하였다. 제5장 [공직분류]에서는 기능직과 고용직 등을 폐지한 2013년 공무원 직종개편에 맞추어 주요 관련 내용을 수정하였고, 2015년에 개정된 공무원임용령에 따른 공무원 직급체계 개편 내용을 소개하였다. 아울러 날로 그 중요성이 높아지고 있는 정무직 공무원의 구성과 임명절차 등에 관한 내용을 추가하였다.

제7장 [인력기획]에 기존의 일반적 내용을 상당 부분 삭제하고, 현 정부의 실제 인력기획 활동을 소개하는 내용을 보강하였다. 제8장 [임용·모집·선발]에 공무원의 직종개편과 채용방식 및 명칭의 변경을 반영하여 임용 관련 내용을 수정하였고, 개방형직위제도와 공모직위제도를 보다 상세히 비교·설명하였다. 제10장 [인사이동과 경력개발제도]에 공무원 역량진단과 역량평가에 관한 내용을 추가하였고, 최근 이슈가 되고 있는 저성과자 관리 문제를 구체적으로 다루었다. 제11장 [공무원의 일과 삶의 질]에서는 일과 삶의 균형 정책 프레임을 새로 제시하였으며, 근무형태 다양화, 가족대상 프로그램, 공무원 개인 신상지원 등 3대 정책 중심으로 재편된 점을 서술하였다. 또한 최근 국가공무원복무규정 개정 등을 반영하여 공무원의 일과 삶의 균형 정책 변화를 소개하였다.

제13장 [보수 및 연금]에서는 2015년 공무원연금개혁 내용을 반영하였고, 이론적 차원에서 공무원연금의 개혁이 내포하고 있는 공무원연금에 대한 국가적 인식의 변화를 설명하였다. 제15장 [정치적 중립]과 제16장 [공무원윤리]는 관련 개념의 보다 광범위한 소개와 함께 해당 쟁점 사항에 대한 논의를 강화하는 방향으로 내용을 새로 집필하였다.

이번 책에서 인사행정 분야의 최신 이론과 새로운 연구경향, 관련 제도 변화 등을 충실히 전달하고자 최대한 노력하였지만, 미진한 부분이 없지 않을 것이다. 앞으로 계속적인 개정을 통해 내용을 수정 보완함으로써 책의 완성도를 높여 나갈 계획이다. 이 책이 수준 있는 인사행정 기본서가 될 수 있도록 독자 여러분들이 지도 편달해 주실 것을 기대한다. 끝으로 이 책의 출간에 애쓰신 예상현 과장을 비롯한 법문사 관계자들께 감사의 뜻을 전한다.

2016년 2월
필자들을 대신하여
박천오

차례

제 1 편 서 론

제 1 장 인사행정의 의미 (박천오)

제 1 절 인사행정의 의의 ······ 3

제 2 절 인사행정의 주체 ······ 5

제 3 절 인사행정 연구 관점 ······ 7

제 4 절 인사행정의 특성 ······ 8

제 2 장 인사행정의 이념과 인사행정체제 (박천오)

제 1 절 인사행정의 이념 ······ 13

1. 효율성 13
2. 민주성(대응성) 14
3. 사회 형평성 15
4. 공무원의 권익 보호 16
5. 가치 간 갈등과 조화 17

제 2 절 인사행정체제 ······ 18

1. 체제로서의 인사행정 18
2. 인사행정과 환경 18
3. 투입과 산출 21
4. 인사개혁 25

제 2 편 인사행정의 제도적 기반

제 3 장 실적제와 직업공무원제 (박천오)

제 1 절 실적제 ······ 31

1. 실적제의 의의 31
2. 한국의 실적제 39

제 2 절 직업공무원제 ········· 44
1. 직업공무원제의 의의 44 2. 한국의 직업공무원제 51
제 3 절 여타 인사제도: 엽관제와 대표관료제 ········· 56
1. 엽 관 제 56 2. 대표관료제 59

제 4 장 인사기관 (조성한)

제 1 절 인사기관의 의의 ········· 68
제 2 절 중앙인사기관의 기능 ········· 69
1. 전통적 기능 69 2. 중앙인사기관의 새로운 기능 71
제 3 절 중앙인사기관의 조직적 특성 ········· 73
1. 독립성 73 2. 합의성 74
3. 집권성 75
제 4 절 중앙인사기관의 조직형태 ········· 77
1. 위원회 모델 77 2. 부처형 모델 78
3. 절충형 모델 79 4. 주요국가의 중앙인사기관 80
제 5 절 한국의 중앙인사기관 ········· 86
1. 중앙인사기관의 변천 86
2. 한국 중앙인사기관에 대한 평가 및 대안 89
제 6 절 부처인사기관 ········· 91
1. 부처인사기관의 의의와 역할 91
2. 부처인사기관의 유형 92
3. 한국의 부처인사기관 93
제 7 절 지방자치단체의 인사기관 ········· 94
1. 인사위원회 95 2. 소청심사위원회 97

제 5 장 공직분류 (유상엽)

제 1 절 공직분류의 의미 ········· 100
1. 공직분류의 이해 100 2. 공직의 분류기준 101
제 2 절 계급제 ········· 102
1. 계급제의 의의 102 2. 계급제의 특징 103
3. 계급제의 장점과 단점 106
제 3 절 직위분류제 ········· 108

1. 직위분류제의 의의 108 2. 직위분류제의 특징 110
3. 직위분류제의 장점과 단점 112

제 4 절 한국 공직분류체계의 실태와 개선방안 ······ 115
1. 한국 공직분류체계의 실태 115
2. 한국 공직분류체계의 문제점과 개선방안 122

제 5 절 한국 고위공무원단 ······ 129
1. 고위공무원단 제도의 개념 및 등장배경 129
2. 한국 고위공무원단 제도 도입 배경 및 경과 132
3. 고위공무원단 제도의 특징과 주요내용 133
4. 한국 고위공무원단 제도의 평가와 과제 136

제 6 절 정무직 공무원 ······ 138
1. 정무직 공무원의 개념과 특징 138
2. 정무직 공무원의 필요성 139
3. 정무직 공무원의 임명절차 140
4. 정무직 공무원의 요건에 대한 논의 140

제 6 장 직무분석과 평가 (조성한)

제 1 절 직무분석 ······ 143
1. 직무분석의 의의 143 2. 직무분석의 일반적 절차 144
3. 직무분석기법 152 4. 직무분석의 한계 157

제 2 절 직무평가 ······ 159
1. 직무평가(job evaluation)의 의의와 원칙 159
2. 직무평가의 방법 160
3. 직무평가의 한계 169

제 3 편 인적자원 확보와 개발

제 7 장 인적자원의 기획과 전략적 인적자원관리 (노종호)

제 1 절 인력기획의 의의 ······ 173
1. 인력기획의 개념 173 2. 인력기획의 중요성 174

제 2 절 인력기획의 과정 ······ 175

1. 조직의 전략적 방향 설정 178
2. 인력분석 179
3. 인력관리계획의 수립·집행 183
4. 모니터링/평가·환류 185

제 3 절 인력기획의 문제점 및 효율화 방안 187

제 4 절 전략적 인적자원관리의 의의 189
1. 전략적 인적자원관리의 개념과 중요성 189
2. 전략적 인적자원관리의 접근방법 191
3. 전략적 인적자원관리의 효과 193
4. 공공부문에서의 전략적 인적자원관리 194
5. 공공부문의 전략적 인적자원관리의 운영과 실태 196
6. 공공부문 전략적 인적자원관리의 문제점 및 효율화 방안 197

제 8 장 모집 · 선발 · 임용 **(유상엽)**

제 1 절 임 용 202
1. 임용의 의의 202
2. 임용의 유형 202

제 2 절 모 집 210
1. 모집의 의의 210
2. 모집의 단계 210
3. 지원자격요건 212
4. 적극적 모집의 요건 214

제 3 절 선 발 215
1. 선발의 의의 215
2. 선발방법 216
3. 사회형평적 인재채용 221

제 4 절 임 명 224
1. 채용후보자 명부 224
2. 추천 224
3. 시보 임용 225

제 5 절 임용제도의 개선방안 225
1. 미래 인재상을 지향하는 융합형 직무 중심 시험제도 226
2. 부처별·지자체별 맞춤형 인재 선발 226
3. '지역균형선발'에서 '글로벌포용선발'로의 확대 227
4. 주문형 인재 선발 227
5. 융복합형 테크노크라트의 확대 227
6. 빅데이터 전문가, 프로그래머, 기술정책집행관 확대 228

제 9 장 교육훈련 (한승주)

제 1 절 교육훈련의 의의 ……… 231
1. 교육훈련의 개념 231
2. 교육훈련의 중요성 232

제 2 절 교육훈련의 과정 ……… 233
1. 교육훈련 수요조사 233
2. 교육훈련 프로그램의 개발 234
3. 교육훈련 프로그램의 실시 235
4. 교육훈련의 평가 235

제 3 절 역량 기반의 교육훈련 ……… 236
1. 역량 모형 236
2. 역량진단 238
3. 역량평가 239
4. 역량 기반의 교육훈련 제도 241

제 4 절 한국 공무원 교육훈련 제도 ……… 242
1. 교육훈련 제도의 목적과 변화 242
2. 교육훈련의 운영체계 244
3. 교육훈련의 종류와 내용 246
4. 한국 공무원 교육훈련의 문제점과 개선방안 250

제10장 인사이동과 경력개발 (한승주)

제 1 절 인사이동과 경력개발의 의의 ……… 255

제 2 절 승 진 ……… 256
1. 승진의 의의 256
2. 승진제도의 운영 257
3. 한국 공무원 승진제도 259

제 3 절 강 임 ……… 263

제 4 절 배치전환 ……… 264
1. 전직과 전보의 의의 264
2. 전직과 전보의 운영 264
3. 전직과 전보의 제한 265

제 5 절 인사교류 ……… 266
1. 인사교류의 의의 266
2. 인사교류의 유형 267
3. 기타 인사이동 269

제 6 절 경력개발 ……… 270
1. 경력개발의 의의 270
2. 경력개발제도의 운영 271
3. 경력개발제도의 원칙 272
4. 경력개발 경로의 유형 272
5. 한국 공무원 경력개발제도 273

제 7 절 문제점과 개선방안 ……… 276

제 4 편 인적자원 관리

제11장 동기부여 (조윤직)

제 1 절 동기부여의 의의와 개념 ······ 281
제 2 절 동기부여 이론의 전개 ······ 283
제 3 절 내용이론 ······ 284
1. Maslow의 욕구단계이론 284
2. McGregor의 X, Y 이론 285
3. Herzberg의 2요인 이론 286
4. McClelland의 성취동기이론 287
5. 공공봉사동기 288
제 4 절 과정이론 ······ 290
1. Vroom의 기대이론 290
2. Adams의 공정성 이론 292
3. 조직정의 이론 293
4. Locke의 목표설정이론 294
제 5 절 동기부여전략 ······ 295
1. 욕구단계이론을 바탕으로 한 동기부여 전략 295
2. 내재적 보상과 외재적 보상의 활용 296
3. 직무설계에 의한 동기부여: 직무특성모형(Job Characteristics Model) 297
제 6 절 한국적 맥락에서의 동기부여 연구 ······ 299
제 7 절 소 결 ······ 303

제12장 성과평가 (최유진)

제 1 절 성과평가의 이해 ······ 310
1. 성과평가의 의의와 목적 310
2. 성과평가의 요건 311
3. 성과평가의 오류 313
4. 성과평가의 방법 316
제 2 절 한국의 성과평가제도 ······ 321
1. 근무성적평정 322
2. 경력평정 328
3. 가점평정 330
4. 다면평가 331
5. 성과평가 결과의 활용: 성과급 제도 333
제 3 절 공무원 성과평가제도의 문제점과 발전방향 ······ 336
1. 공무원 성과평가제도의 문제점 337
2. 공무원 성과평가제도의 발전방향 337

제13장 공공인력의 다양성 관리 (최성주)

제 1 절 서　　론 ······ 341

제 2 절 다양성의 이론적 배경 ······ 342

1. 다양성의 개념 342
2. 다양성 연구 346

제 3 절 공공조직의 다양성 관리 ······ 349

1. 해외 사례 349
2. 한국의 다양성 정책 352
3. 한국의 다양성 정책 발전 방향 363

제14장 저성과 공무원 관리 (박시진)

제 1 절 저성과자 관리 의의 ······ 370

제 2 절 저성과자 관리의 특성과 문제점 ······ 371

1. 고성과자 위주 인사관리 371
2. 탑그레이딩(Top-grading) 인사관리 373

제 3 절 저성과자의 발생 원인 ······ 374

제 4 절 저성과자의 종류 ······ 377

제 5 절 저성과자 개선 방안 ······ 379

1. 관리자 직급 저성과자 관리 379
2. 저성과자 관리 모형 기반 접근 381
3. 정부차원의 저성과자 관리 382
4. 한국 정부의 저성과 공무원 관리 384

제 6 절 저성과 공무원 개선 방안 ······ 387

제 5 편 공무원의 권익과 삶의 질

제15장 가족친화적 인사정책 (노종호)

제 1 절 가족친화정책 ······ 393

1. 가족친화정책의 대두배경과 의미 393
2. 가족친화정책의 유형 395
3. 가족친화정책의 효과 398

제 2 절 한국의 가족친화정책 운영과 실태 ······ 400

1. 유연근무제도 400
2. 자녀출산·양육·교육 지원제도 404
3. 부양가족 지원제도 405
4. 개인 신상지원제도 406
5. 가족친화문화 조성제도 408

제 3 절 한국 가족친화정책의 문제점과 개선방안 ······ 409
1. 문제점 409 2. 개선방안 412

제16장 공무원 단체활동 (한종희)

제 1 절 공무원 단체활동의 의의와 일반적 특징 ······ 422
1. 의미 422 2. 발달과정 422
3. 공무원 노사관계의 특징 423

제 2 절 한국의 공무원 노사관계 제도 ······ 426
1. 공무원직장협의회 426 2. 공무원노동조합 428

제 3 절 선진국의 공무원 노사관계 제도 ······ 435
1. 미국 435 2. 영국 436
3. 일본 437 4. 독일 437
5. 프랑스 438

제 4 절 한국 공무원노동조합의 발전 방안 ······ 439

제17장 보수 및 연금 (조성한)

제 1 절 보수제도 ······ 443
1. 공무원 보수의 의의 443
2. 보수이론 445
3. 효과적 보수체계의 구성 450
4. 한국 공무원의 보수체계 461

제 2 절 연금제도 ······ 471
1. 공무원 연금제도의 의의와 발전과정 471
2. 공무원 연금재원의 조달 478
3. 연금급여 480
4. 공무원 연금제도의 현황 및 개선방안 484

제 6 편 공무원의 책임과 의무

제18장 행정윤리 (최성주)

제 1 절 행정윤리의 의의 ······ 495
1. 행정윤리의 개념 495
2. 행정윤리의 본질 496
3. 행정윤리의 중요성 498

제 2 절 공무원 윤리의 유형과 내용 ······ 499
1. 행정윤리의 유형 499
2. 행정윤리의 내용 499

제 3 절 행정윤리의 저해요인과 강화방안 ······ 504
1. 행정윤리의 저해요인 504
2. 행정윤리 강화방안 505

제 4 절 부패통제와 제재방안 ······ 506
1. 부패통제의 필요성 506
2. 부패통제 및 제재 방안 507

제 6 절 징 계 ······ 516
1. 징계의 의의 516
2. 징계와 신분보장 517
3. 징계사유 517
4. 징계대상 518
5. 징계의 종류와 효력 519
6. 징계의 결정 및 집행절차 521

제 7 절 소청심사제도 ······ 523
1. 소청심사제도의 개념 523
2. 소청심사위원회 523
3. 소청심사절차 524

제19장 공무원의 정치적 중립 (박천오)

제 1 절 정치적 중립의 의의 ······ 528

제 2 절 복합적 의미 ······ 529

제 3 절 쟁 점 ······ 532

제 4 절 선진국 공무원의 정치적 중립 ······ 533

제 5 절 한국 공무원의 정치적 중립 ······ 535

부 록

1. 전체 공무원 현원 ······ 545
2. 국가공무원 직종별 현원 ······ 546
3. 일반직공무원 직군–직렬–직류 및 직급체계 ······ 548
4. 행정·기술·관리운영직군 시간선택제, 일반임기제,
전담직위 직렬별 현원 ······ 553
5. 행정·기술·관리운영직군 직렬별 현원 ······ 555

찾아보기 ······ 557

제 1 편

서 론

제 1 장 인사행정의 의미
제 2 장 인사행정의 이념과 인사행정체제

제 1 편에 들어가면서

제1편은 인사행정의 특성을 개괄적으로 밝히고, 이 책에서 논의될 일련의 주제들이 전체적으로 상호 어떤 연관성을 가지는지를 나타내는 기본 틀을 제시한다. 제1장에서는 정부의 인적자원을 관리하는 동태적인 기능 내지 활동체제로서 인사행정이 가지는 주요 특성을 설명한다. 제2장에서는 인사행정이 추구하는 궁극적인 이념과 가치가 효율성·대응성·사회적 형평성 등 행정의 그것과 동일하다는 점을 강조한다. 이와 함께 체제이론에 기초해 인력기획·인력확보·인력개발·인력관리·인력통제 등 인사행정의 주요 활동들이 내부적으로 어떻게 상호 밀접하게 연결되어 있으며, 외부환경과 어떤 상호작용을 하는지를 서술한다.

제 1 장 인사행정의 의미

제 1 절 인사행정의 의의

정부조직은 주어진 임무와 목적을 효율적이고 비용 효과적으로 그리고 책임 있게 달성하도록 기능해야 한다. 정부 일이 노동집약적인 사업의 성격을 띤 점에 비춰볼 때, 정부 조직의 인력을 획득하고 관리하는 인사행정은 이런 측면에서 매우 중요하다(Tompkins, 1995: 13). 노동집약적이라는 것은 정부 전체 예산에서 인건비가 차지하는 비중이 높다는 의미이며, 이는 정책을 결정·집행하고 국민에게 서비스를 제공하는 정부 기능의 특성에 기인한다(임도빈·유민봉, 2022: 8).

인사행정은 정부 조직의 인력과 관련된 모든 기능과 활동을 포괄한다(Cayer, 2004: 1). 인사행정은 구체적으로 정부인력의 확보·개발·관리·통제하는 등의 활동을 포함하며, 이를 통해 정부 조직의 정책결정 및 집행 능력을 제고하고 국민의 기대에 부응하는 행정서비스를 제공하는 것을 궁극적인 목표로 한다.[1] 인사행정은 이러한 목표를 추구함으로써 생산성이나 민주성과 같은 행정의 가치 실현에 이바지할 수 있다.

오늘날 효율적인 정부 인력관리를 위한 인사행정의 중요성은 과거 어느 때보다 부각되고 있다. 근래 들어 국내외를 막론하고 공공부문의 비생산성과 정부실패가 심각한 문제로 대두되면서, 정부에 재정적 제약이 가중되는 동시에

1 Siegel & Myrtle(1985: 2), Palumbo & Maynard-Moody(1991: 163) 참조.

'작은 규모이면서도 효율적인 정부인력'을 요구하는 시민사회의 요청이 날로 강해지고 있기 때문이다(임도빈·유민봉, 2022: 8).

이런 현실에서 근래 선진 각국은 제한된 정부 인력의 효율적 활용을 위해 새로운 인적자원관리 관점(Human Resource Management Perspective)의 인사행정을 지향하고 있다. 한국에서도 인사행정의 기본적 관점이 인적자원관리의 방향으로 전환되고 있다. 과거 전통적 인사행정은 정부 인력을 단순히 조직목적 달성을 위한 수단으로 간주하면서 비용 차원에서 공무원을 채용, 배치, 통제하고, 보수를 관리하는 반복적이고도 정형화된 활동이었다. 인적자원관리 관점의 인사행정은 이러한 전통적 인사행정과 크게 두 가지 측면에서 차별화된다(Tompkins, 1995: 12-13; 이창길, 2019: 71-82).

우선, 인적자원관리 관점의 인사행정은 조직의 필요성에만 치중하지 않는다. 정부 인력을 비용 이상의 이득을 가져올 투자자산(assets)으로 여기면서 공무원들의 욕구(직업안정, 개인적 성장, 경력발전 등)를 충족시키는 것이 조직성과 제고의 핵심 열쇠라고 가정한다(Tompkins, 1995: 2). 그리고 복잡하고도 지식 집약적인 직무 비중이 높은 오늘날의 후기산업사회에서는 정부정책과 행정서비스의 질이 공무원들의 지식, 기술, 능력에 의해 좌우된다고 본다. 따라서 인적자원관리 관점에서의 인사행정은 질 높은 인력을 충원하고 유지하기 위한 인사시스템 구축에 더 많은 시간과 예산을 투입한다. 또한 공무원 개개인이 지닌 욕구와 기대를 충족시킴으로써 그들의 직무몰입과 창의력 발휘를 유도하고자 보다 적극적이고도 다양한 인사정책과 프로그램을 도입·적용한다.[2]

다음, 인적자원관리 관점의 인사행정은 인력관리를 정부 또는 정부 조직의 장기목표 달성을 위한 전체적 차원의 전략적 기획과 관리(overall strategic planning and management) 속에 유기적으로 통합하려 한다. 이는 정부의 인사정책이나 개별 행정기관의 인력관리 프로그램이 정부 혹은 조직의 목표 달성과 직접적 연관성을 가지게 하려는 노력으로 이어진다. 이런 측면에서 최근 전략적 인적자원관리(strategic human resource management) 혹은 전략적 인적자본관리(Strategic Human Capital Management)라는 개념이 사용되기도 한다.

전략적 인적자원관리는 정부나 조직의 비전과 임무 달성에 부합되게 필요

---

2 오늘날 많은 공무원이 고도의 전문성과 지적 능력을 활용하여 가치를 창출하기에, 이들은 소중한 '인적 자본'(human capital)으로 인식되기도 한다(Tompkins, 1995: 12).

한 인적 자원을 체계적으로 확보하고 관리하는 것을 뜻하며, 주로 인력관리계획과 성과관리체계 등을 통해 이루어진다(오석홍, 2022: 66). 전략적 인적자본관리는 여기서 한 걸음 더 나아간 것으로서, 인력관리를 위해 투입된 비용이 조직목표달성에 기여하는 부가가치를 얼마나 많이 생산할 수 있는지의 효과성 판단으로까지 관심이 확대되는 것을 말한다(오성호 외, 2014: 21–22).

전략적 관점에서 보면, 인력관리는 정부 또는 행정기관의 전략적 기획과정에 충분히 고려되고 반영되어야 한다. 전략적 기획은 정부 혹은 행정기관의 미래 임무와 목표를 설정하고, 이를 달성하기 위한 수단과 자원을 확인하고, 결과(outcomes or results)를 평가할 기준을 수립하도록 설계된다. 전략적 인적자원관리는 이 과정에서 해당 임무 및 목적 달성에 요구되는 인력의 역량, 맞춤형 채용과 교육훈련, 성과관리 등과 관련된 인사정책과 프로그램들이 함께 그리고 직접적으로 고려될 수 있도록 한다(Nigro & Kellough, 2014: 43–45).

오늘날 인사행정은 정부조직에 소속된 방대한 수의 인적 자원을 관리하는 기능으로서, 행정기관의 작동과 공무원들의 성과에 막대한 영향을 미친다. 예컨대 잘못 선발되거나 부실하게 훈련된 경찰관이나 항공교통 관제관은 엄청난 재앙을 초래할 수 있다. 반대로, 적절한 인사정책이나 조치는 공무원들이 소속기관의 임무를 탁월하게 수행하도록 함으로써 해당 기관과 정부에 대한 시민의 신뢰를 제고할 수 있다. 인사행정은 정부의 모든 활동과 관련성이 있으며, 인사행정이 효율적으로 작동하지 않으면 정부의 어떤 활동도 제대로 이루어지기 어렵다.

제 2 절 인사행정의 주체

인사행정 활동의 담당 주체가 누구냐에 대해서는 두 가지 관점이 있다. 인사행정을 단순히 인사기관이나 인사담당자들이 계선관리자들을 위해 수행하는 기능으로 보는 이른바 '관리자를 위한 인사행정(personnel for managers)'의 관점과, 계선상의 관리자(line managers) 등 여타 행위자들도 인사행정의 일정 역할을 담당하는 주체로 간주하는 '관리자에 의한 인사행정(personnel by managers)'

의 관점이 그것이다(Nigro, 1990: 186−187).

대다수 정부는 인력관리 활동을 담당할 주체를 필요로 한다. 인사기관은 정부의 관리 활동 중에 인력관리를 전문적이고 집중적으로 담당하는 기관을 말한다. 중앙정부의 경우 인사기관은 크게 두 종류가 있다. 정부 전체의 인력관리를 총괄하여 담당하는 중앙인사기관과 각 부처에서 인사관리를 담당하는 인사부서가 그것이다. 중앙인사기관과 인사부서는 인력관리 측면에서 정부와 각 부처의 임무와 목표 달성을 지원하는 참모 기능을 수행한다(Tompkins, 1995: 4). 현재 한국에는 국가공무원에 대한 중앙인사기관으로서 인사혁신처가 있고, 각 행정기관에는 중앙인사기관과 유기적으로 연결되어 인사를 직접 운영하는 인사담당부서가 있다.

종래에는 인사행정 활동을 이들 인사기관과 인사부서 소속 인사전문가들의 독점적 영역으로 한정시키는 '관리자를 위한 인사행정' 관점이 우세하였다. 그러나 현재는 인사행정을 인사전문가들과 계선관리자들이 협력하면서 수행하는 일련의 활동으로 여기는 '관리자에 의한 인사행정' 관점이 지배적이라고 할 수 있다. 광범위한 의미에서 모든 행정은 사람들의 행태와 연관성이 있으므로 행정 전부를 인사행정으로 간주할 수 있다는 지적이나(Simon, et al., 10950: 312), 인사는 행정기관의 임무나 프로그램의 성공을 책임지는 계선관리자들의 직무 가운데 하나이므로 인사행정은 계층제의 거의 모든 수준과 연관되어 있다는 입장은, 공히 '관리자에 의한 인사행정'의 관점에서 나온 것이라고 할 수 있다(Stahl, 1962: 439).

'관리자에 의한 인사행정' 관점에서는 인사행정이 효과적으로 이루어지려면 계선관리자들이 인사정책과 실무에 대해 상당한 역할을 분담해야 한다. 실제로 대부분 국가에서 공무원 인력관리는 중앙인사기관, 각 부처의 인사부서, 그리고 각 부처의 계선관리자들 간 협력으로 수행된다(오성호 외, 2014: 64). 인사행정이 공무원을 채용·배치하는 단순 기능을 넘어, 동기부여, 리더십, 의사소통, 상담 등의 관리적 활동을 포함하는 것으로서 그 범위가 점차 확장됨에 따라 계선관리자들의 역할은 증대 되어 왔다(Nigro, 1990: 189; Nigro & Kellough, 2014: 64).

이처럼 계선관리자들이 많은 인사 활동에 관여하거나 책임을 지게 되면서 인사기관의 인사담당자들은 인사정책 결정에 참여하거나, 계선관리자들에게 인사와 관련된 정보와 지식을 제공하거나, 이들의 인사 활동을 감독하는 역할을 맡게 되었다. 예컨대 현재 한국의 중앙인사기관인 인사혁신처는 인사제도를 만드는 일을 주로 맡고 있으며, 인사에 관한 많은 권한이 각 부처와 계선관리자들에게 분산되어 있다(조석준·임도빈, 2019: 179).

따라서 오늘날 인사행정은 인사담당자들에 의해서만 이루어지는 특화된 활동이 아니다. 그것은 계선관리자들과 인사담당자들이 공유하는 일련의 인사 관련 책임(personnel related responsibilities)이라고 할 수 있다(Tompkins, 1995: 4). 나아가 인사행정은 보다 광범위한 정부체제의 일부로서 계선관리자들은 물론, 행정수반, 국회 등도 다 함께 참여하여 수행하는 총체적 기능이라고 할 수 있다(Lee, 1979: 13).

그간의 흐름을 볼 때도 인사행정의 실천은 일부 인사전문가들(personnel specialists)에 의한 단순하고 반복적인 전통적 인사행정(personnel administration)에서부터, 인사전문가들과 계선관리자들이 조직효과성 개선을 위해 인력관리에 함께 협력하는 공공인사관리(personnel management)로, 다시 인적 자원을 조직목표와 전략적으로 연계시키는 전략적 인적자원 관리(strategic human resource management)로 점차 진화해 왔다고 할 수 있다(Tomkins, 1995: 32; Hay, 1989).

제3절 인사행정 연구 관점

인사행정은 동태적이고도 복잡한 성격의 기능이어서 관련 연구 관점과 이해가 다양하며, 각기 인사행정의 주요 국면을 조명하는 나름의 유용성과 가치를 지닌다. 인사행정의 연구관점은 대체로 다음과 같다(Ban & Riccucci, 1991: viii–x).

첫째, 인사행정은 하나의 기술 영역으로 간주된다. 이는 채용시험을 어떻게 개발하고 성과평가를 어떻게 할 것인지 등 인적자원을 효과적으로 활용할 수 있는 기술과 방법의 연구에 초점을 맞추는 연구 관점을 말한다.

둘째, 인사행정은 조직정치(organizational politics)의 일환으로 여겨진다. 이는 예산과정의 정치성을 연구하듯이 인사과정의 정치성을 연구하는 관점을 가리킨다. 인사행정의 공식체제 저변에 깔린 실제 목표가 무엇인지, 조직 내 행위자들이 각자의 목표를 추구하기 위해 인사체제를 어떻게 활용하는지, 조직 내에 어떤 식의 비공식 인사체제가 형성되어 공식 인사체제를 변질 또는 왜곡시키는지 등의 의문을 해소하려는 것이 이러한 관점의 공통된 관심사이다. 이러한 관점의 연구는 행정기관마다 인사행정이 다른 방식으로 전개되는 이유 등을 조명한다.

셋째, 인사행정은 공공정책으로 인식된다. 이는 인사와 관련된 이슈가 흔히 조직 정치의 차원을 넘어 정치체제의 이슈로 전환되는 경우가 적지 않다는 점에 착안한 관점이다. 이러한 관점의 연구는 인사와 관련된 새로운 이슈들이 어떻게 정치적 의제가 되는지, 사회적·정치적 환경으로부터 오는 인사 관련 압력에 대해 정치체제가 어떤 반응을 보이는지, 새로운 인사정책의 수립 및 집행과 관련하여 행정수반, 의회, 사법부, 정당 등이 각기 어떤 이유에서 어떤 움직임을 나타내는지 등의 의문을 해소하는 데 주력한다.

넷째, 인사행정은 민주주의 이론과 관련하여 검토·분석된다. 이러한 관점의 연구는 민주체제에서 관료제나 공무원의 적절한 역할이 무엇인지, 공무원에게 그러한 역할을 맡겨 수행하게 하려면 공무원을 어떻게 선발하고 훈련 시켜야 하는지, 공직사회에 관료적 전문성과 민주적 통제 간 균형이 유지되려면 정무직 공직자들에게 인사상 어떤 역할이 부여되어야 하는지 등의 질문에 답하고자 한다.

제 4 절 인사행정의 특성

모든 조직은 생존하고 성장하기 위해 구성원을 모집, 선발, 동기 부여하는 등 인적자원을 동원·관리한다. 민간부문의 인사관리와 공조직의 인사행정은 이런 측면에서 많은 공통점이 있다. 더구나 근래 들어 민간부문의 인사관리에도 사회적 책임성이 강조되고, 공조직의 인사행정에 민간기업의 인사기법을 적극적으로 활용하는 인사개혁이 세계 각국에서 추진되면서, 민간부문의 인사관리와 인사행정 간 경계선이 크게 흐려지고 있다.

그러나 이 같은 추세에도 불구하고, 공익 실현을 목적으로 하는 공조직의 인사행정과 이윤추구를 목적으로 하는 기업의 인사관리 간에는 여전히 무시할 수 없는 차이가 있다. 이 점에서 공조직의 인사행정에 민간부문의 인사관리 방식을 적용하는 데 한계가 있을 수 있다(임도빈·유민봉, 2022: 12). 그간 지적되어 온 인사행정과 인사관리 간 차이점은 대체로 다음과 같다.

첫째, 인사행정은 정치적 환경 속에서 이루어지는 관계로 정부 인적자원 관리에 있어 협상이나 타협과 같은 정치적 요인들이 작용하는 경우가 많다. 인사행정이 단순히 정부 내 공무원 관리 문제에 그치지 않고 정치사회의 다양한 규범과 요구를 수용해야 하기 때문이다. 따라서 민간부문의 인사관리가 능률성과 생산성을 위주로 이루어지는 것과 달리 인사행정에서는 정부 인적자원의 효율적인 개발과 활용에 상당한 제약이 따른다.

둘째, 인사행정의 주요 원칙과 절차는 법령에 의해 규정되므로 민간부문 인사관리에 비해 재량과 선택의 폭이 상대적으로 좁고 비탄력적이다. 예컨대 공무원의 고용과 해고 등이 여러 법적 제약으로 말미암아 적시에 융통성 있게 이루어지기 어렵다.

셋째, 민간부문의 인사관리는 이윤추구라는 단일 목적에서 사람을 고용하고 활용하지만, 인사행정은 상충하는 다양한 목적을 가진다. 예컨대 정부의 공직은 정치적인 보상으로 활용되는가 하면, 복지정책의 한 형식으로서 고용을 창출하기 위해 제공되기도 하고, 사회 형평성을 실현하는 수단이 되기도 한다(Chandler, 1986: 649).

넷째, 인사행정에는 본질적으로 효율성을 저해하는 요소들이 내포되어 있다. 정부활동의 비시장성으로 말미암아 구성원의 활동과 생산성을 측정하는 데 한계가 있기 때문이다. 이러한 한계는 정부 인적자원의 합리적 활용을 가로막는다.

다섯째, 인사행정은 공직이라는 희귀한 자원을 배분하는 과정으로서의 중요성을 내포한다. 공직은 정책결정과정에 영향을 미칠 수 있는 희귀 자원이어서 이를 점하기 위한 경쟁이 개인들과 사회집단들 사이에 치열할 수 있다(Kligner, 1995: 633).

이 밖에도, 인사행정은 민간부문 인사관리와 달리 구성원의 행동규범을 중시한다. 공무원들은 수행하는 직무 자체가 공공성을 띠며, 이들의 행동이 민간

조직 구성원들에 비해 사회로부터 높은 기대를 받기 때문이다. 민간부문 조직 구성원들의 실책은 웬만한 경우 언론의 관심을 끌지 못하지만, 공무원들의 실책은 사소한 일도 크게 보도되는 이유는 언론이 공무원들에 대해 그만큼 높은 윤리기준을 적용하는 데 있다(Chander, 1986: 645-649; Tompkins, 1995: 21-22).

참고문헌

오석홍. (2022). 「인사행정론」, 서울: 박영사.

오성호·황성돈·이선우·서원석·김영우. (2014). 「인사행정론」, 서울: 다산출판사.

이창길. (2019). 「인적자원행정론」, 경기: 법문사.

임도빈·유민봉. (2022). 「인사행정론」, 서울: 박영사.

조석준·임도빈. (2019). 「한국행정조직론」, 경기: 법문사.

Ban, Carolyn & Norma M. Riccucci. (1991). *Public Personnel Management*. New York: Longman.

Ban, Carolyn et al. (1992). Productivity and the Personnel Process. In Marc Holzer, (ed.), *Public Productivity Handbook*. 401–423. New York: Marcel Dekker, inc.

Cayer, N. Joseph. (2004). *Public Personnel Administration*. Belmona, CA: Wadsworth/Thompson Learning.

Chandler, Ralph Clark. (1986). The Myth of Private Sector Superiority in Personnel Administration. *Policy Studies Review*. 5(3): 643–653.

Hays, Steven W. (1989). Environmental Change and the Personnel Function: A Review of the Research, *Public Personnel Management*, 18(2): 110–126.

Klingner, Donald E. (1995). Strategic Human Resource Management. In Jack Rabin, (ed.), *Handbook of Public Personnel Management*. New York: Marcel Dekker, Inc. 633–659.

Lee, Robert D. (1979). Public Personnel Systems. Baltimore: University Park Press. Leemans, Arne F. (1987). Recent Trends in the Career Service in European Countries. *International Review of Administrative Sciences*. 53: 63–88.

Nigro. Lloyd G. (1990). Personnel For and Personnel by Public Administrators: Bridging the Gap. In Naomi B. Lynn and Aaron Wildavsky, (eds.), *Public Administration: The State of Discipline*. 185–202. Chatham, New Jersey: Chatham House Publishers, Inc.

Nigro. Lloyd G. & J. Edward Kellough. (2014). *The New Public Personnel Administration*. Boston, USA: Wadsworth.

Palumbo, Dennis & Steven Maynard–Moody. (1991). *Contemporary Public Administration*. New York: Longman.

Siegel, Gilbert B. & Robert C. Myrtle. (1985). *Public Personnel Administration*: Concepts and Practices. Boston: Houghton Mifflin.

Stahl, O Glenn. (1962). *Public Personnel Administration*. New York: Harper & Row.

Tompkins, Jonathan. (1995). *Human Resource Management in Government*. New York: Harper Collins College Publishers.

Tompkins, Johathan. (1995). *Human Resource Management in Government: Hitting the Ground Running*. New York: Harper Collins College Publishers.

제 2 장

인사행정의 이념과 인사행정체제

제 1 절 인사행정의 이념

인사행정은 행정의 하위체제이므로 준수하고 추구하여야 할 기본적인 이념이나 보편적 가치에 있어서 행정 일반과 차이가 나지 않는다. 인사행정의 이념은 다음 몇 가지이다.[1]

1. 효율성

관리라는 측면에 초점을 맞추면 행정의 핵심 가치는 효율성(efficacy)이다. 이는 행정의 하위 기능인 인사행정에 있어서도 마찬가지이다. 효율성이란 비용 최소화 측면에서의 경제성(economy), 투입–산출 비율로서의 능률성(efficiency), 목표달성도를 의미하는 효과성(effectiveness)을 포괄하는 의미로서, 생산성(productivity)과 유사한 개념이라고 할 수 있다(임도빈·유민봉, 2022: 37–38).

인사행정에서의 효율성은 직접적으로는 정부의 인적자원 관리가 적은 투입으로 높은 성과를 내는 정도를 뜻하지만, 넓게는 체계적인 인적자원 관리를 통해 정부가 효율적으로 기능하도록 지원하는 정도를 의미한다. 전자의 경우 효율성은 충원, 개발, 활용 등 인적자원 관리의 전체 과정에 걸쳐 추구되어야 할

---

1 Rosenbloom(1986), Thompson(1990), Tomkins(1995) 참조.

가치이다. 예컨대 인사행정은 최소의 비용으로 유능한 인재들을 공직에 충원하고 이들을 적절히 교육해야 한다. 불필요한 유휴 인력을 제거하여 인적 경비를 줄이는 것도 이러한 가치를 추구하는 한 방안이 될 수 있다(Rosenbloom, 1986: 362). 인사행정은 유능한 인력의 채용과 활용을 지향하는 실적제에 기초해 작동할 때 효율성을 제고할 수 있다(Kligner, 1995: 633-634).

한국 국가공무원법 제1조는 능률성을 인사행정의 이념으로 밝히고 있지만, 그간 이에 반하는 인사 운영과 관행이 있었다. 효율성 가치 구현 측면에서 한국 인사행정의 핵심 과제 가운데 하나는 공무원의 전문성을 강화하는 것이며, 이 점에서 근래 정부는 공직을 개방하고 채용방식을 다각화하는 등의 노력을 기울이고 있다.

2. 민주성(대응성)

민주국가는 국민의 통제를 받고 국민에게 책임을 지는 민주행정을 지향하며, 인사행정 역시 민주성을 이념으로 삼는다. 민주성은 행정이 국민과 국민대표기관(대통령, 입법부)의 의사와 요구에 부합되게 이루어져야 한다는 뜻이다. 하지만 공무원이 정책과정에 막대한 영향력과 재량권을 행사하는 현대 행정국가에서 행정의 민주성은 침해받기 쉬운 가치이다. 공무원이 국민의 대표기관인 대통령이나 의회의 뜻에 배치되는 방향으로 움직일 위험성이 그만큼 크기 때문이다. 행정의 민주성은 공무원이 국민대표기관의 지시와 기대를 존중하면서 따르는 정도라고 할 수 있는 대응성(responsiveness)을 높임으로써 실현될 수 있다. 인사행정은 공무원의 이러한 대응성을 높이는 방향으로 이루어져야 한다. 한국 국가공무원법 제1조는 효율성과 함께 민주성도 인사행정의 이념으로 명시하고 있다,

공무원의 대응성은 공무원 자신의 의식과 태도에 많은 영향을 받으므로, 인사행정은 공직윤리를 확립하고 공무원이 민주적 가치관을 내면화하도록 이루어져야 한다. 공무원의 대응성을 높일 수 있는 대표적인 인사제도로는 국민의 주권을 위임받은 선출직 공직자들의 공무원들에 대한 통제력을 강화하는 엽관제를 들 수 있다. 엽관제는 개인의 자격이나 능력보다는 선출직 공직자에 대한 충성심이나 정치적 신조의 공유 여부가 공무원 임용의 주요 기준이 되는 제도

를 말한다(Thompson, 1990: 362-363). 오늘날 엽관제는 행정조직의 최상위층에 정무직 공직자들을 임용하는 데 주로 적용되고 있으며, 대통령과 같은 선출직 공직자는 이들 공직자를 통해 공무원들의 대응성을 확보한다.

그러나 공무원들이 단순히 선출직 공직자들을 비롯한 정무직 공직자들의 지시를 따르는 것이 참다운 민주적 대응성인지는 불분명하다. 정무직 공직자들이 언제나 국민 다수의 입장과 이익을 대변한다고는 할 수 없기 때문이다. 실제로 정무직 공직자들이 자기 이익을 우선시하거나 사회 특수계층에 유리한 방향으로 정책을 끌고 갈 우려가 적지 않다. 근래 들어 공무원들의 국민에 대한 직접적이고도 실질적인 대응성 역시 중시되는 것은 이러한 우려와 무관하지 않다.

특히 한국에서는 집권정부의 방침에 대한 공무원의 바람직한 대응성과 처신이 어떤 것인지의 문제가 행정현장과 학계의 쟁점이 되고 있다. 정권교체 시마다 주요 정책과 프로그램들이 대폭 바뀌는 현실에서 공무원들이 새로 들어선 정권이 추진하는 정파적이거나 비합리적인 정책마저 무조건 충실히 이행하는 행태를 보임으로써 국가사회에 많은 폐단이 빚어지고 있기 때문이다.[2] 따라서 진정한 민주성은 단순히 공무원들이 정무직 공직자들의 방침과 지시에 순응하는 데 그치지 않고, 국민의 뜻과 공익에 부합되게 직무를 수행할 때 구현된다고 할 수 있다. 이런 측면에서 인사행정은 공무원들이 국민 전체에 대한 봉사자로서 책임을 다할 수 있는 역량과 태도를 갖추도록 관리하는 것을 주요 목표로 삼아야 할 것이다.

3. 사회 형평성

현대 복지국가는 행정기능을 통해 사회 형평성(social equity)과 사회정의를 구현하고자 한다. 인사행정도 이러한 방향성을 지닌다. 사회 형평성 추구는 사회구성원들 사이에 존재하는 정치적, 사회적, 경제적 불평등을 중화시키려는 노력을 의미한다.

인사행정에 있어서 형평성 추구는 소극적인 것과 적극적인 것 두 가지 의미

2 박천오(2011), 윤견수·김순희(2013), 한승주(2016) 참조.

가 있다. 소극적 의미의 형평성 추구는 현재의 차별을 방지하고자 인종·성별·연령·출신지역 등과 무관하게 누구에게나 공직에 대한 혹은 공직에서의 기회를 동등하게 보장하는 것이다. 적극적 의미의 형평성 추구는 과거로부터 누적되었거나 과거에 겪었던 희생이나 차별을 보상하고자 특정 집단을 공무원 선발이나 승진 등에 있어 우대하는 것이다(Thompson, 1990: 363-364).

적극적 의미의 형평성 추구는 주로 과거 민간부문과 공공부문에서 고용과 보수 등에 있어 차별받아 온 소수민족·여성·장애인과 같은 집단을 우대 대상으로 하지만, 국가유공자 등도 적용 대상이 될 수 있다(Thompson, 1990: 363-364). 적극적 의미의 형평성 추구를 대표하는 인사제도로는 공무원의 인적 구성에 있어서 사회구성원의 인구학적 특성을 반영하는 대표관료제(representative bureaucracy)를 들 수 있다. 대표관료제는 사회 취약계층에 대한 과거의 그릇된 처우를 바로 잡고 사회 내 다양한 집단을 공공조직에 공정하고 형평성 있게 유입하려는 제도적·정책적 노력이라고 할 수 있다.

한국은 다른 나라들에 비해 인종적·문화적 다양성이 높지 않기 때문에, 사회 형평성 가치 구현을 위해 여성, 장애인, 지역인재, 이공계 전공자와 같은 상대적인 사회적 약자 집단들의 공직 진입 기회를 확대하는 데 노력을 기울이고 있다(김진숙·이근주, 2014). 그러나 근래 들어 결혼이주자, 외국인 노동자 등이 수적으로 증가하면서, 이들을 포괄하는 새로운 균형인사정책의 필요성이 제기되고 있다(최성주 외, 2018).

4. 공무원의 권익 보호

공무원의 권익 보호 역시 소극적·적극적 두 가지 의미를 내포한다. 소극적 의미의 권익 보호는 공무원이 정권이나 상관의 자의적 판단에 의해 신분상 불이익을 받지 않도록 보호하는 것이다. 이러한 소극적 권익 보호는 여러 조건이 갖추어질 때 실효를 거둘 수 있다. 공무원에게 신분상 불이익 조치를 할 수 있는 사유를 제한하는 법규가 존재할 것, 공무원에 대한 불이익 조치 절차가 세밀하게 규정되어 있고 해당 사유를 입증할 책임이 정부나 관리감독자에게 있을 것, 공직에 장기간 근무한 공무원일수록 상대적으로 더 강한 보호를 받을 것, 정부나 관리감독자가 공무원의 공식적 대표기구(노조 등)와의 협의나 협상을 통해 인사상의 쟁점들을 해결할 것 등이 그런 조건이다(Thompson, 1990: 364).

적극적 의미의 권익 보호는 공무원이 여러 측면에서 인간다운 삶을 향유 할 수 있도록 여건을 조성해 주는 것을 말한다. 이러한 의미의 권익 보호는 보수나 근무환경을 개선하는 등 물질적 측면의 복리를 개선할 뿐만 아니라, 공무원이 공직에서 만족감과 성취감을 가질 기회를 부여하는 등 비물질적 측면의 복리를 함께 증진함으로써 구현될 수 있다(Thompson, 1990: 364; 유민봉·박성민, 2014: 57). 공무원이 '일과 삶의 균형'(Work-Life Balance: WLB)을 기하도록 하는 이른바 '가족친화적(family-friendly) 인사정책'의 실시 등은 공무원의 적극적 권익 보호를 위한 노력의 일환이라고 할 수 있다.

한국에서도 가족친화적 인사정책이 일부 도입되었다. 특히 정형화된 근무형태를 벗어나 개별 공무원의 생활 여건에 적합하게 근무 시간, 근무 장소 등을 다양화하는 유연근무제도의 활성화와 효과성이 실무자들과 학자들의 관심사가 되고 있다. 다른 한편 2006년 1월 공무원노조법이 시행됨에 따라 공무원은 근로자로서의 법적 지위를 확보하였다. 하지만 국민 전체의 봉사자인 공무원들이 자신들의 권익을 강하게 주장하는 것에 대한 부정적 인식이 정치권과 사회에 남아 있어 공무원노조 활동에 대한 기대와 우려가 공존하는 실정이다.

5. 가치 간 갈등과 조화

인사행정이 추구하는 여러 가치는 상호 보완적이기도 하지만, 갈등 관계에 놓이는 경우가 적지 않다. 후자의 경우 어느 한 가치의 실현을 우선시하면 다른 가치들을 희생시키는 결과를 낳게 된다. 예를 들면 대응성이나 형평성을 강조하면 효율성을 저해할 수 있고, 반대로 효율성을 강조하면 대응성과 형평성을 소홀히 할 수 있다. 마찬가지로 인사행정이 공무원의 권익보호에 치우친다면 능률성과 대응성이 저하될 수 있다.

이들 가치 간 우선순위는 각 국가의 역사적·정치적·상황적 요인 등에 의해 영향받을 수 있는 것은 물론, 이해당사자들의 관점에 따라서도 차이가 날 수 있다. 인사개혁이 새로운 불만의 씨앗을 잉태하는 패턴을 되풀이하는 것이나, 특정 인사조치의 소망성에 대해 판단과 평가가 엇갈리는 것은 모두 관련 가치나 이해관계의 상반성과 밀접한 연관성이 있다(Thompson, 1990: 365). 현대 인사행정은 이들 가치 간 조화를 모색하지만 적절한 우선순위나 양자 간 최적 배합에 대한 해답은 아직 찾지 못하고 있다.

제 2 절 인사행정체제

1. 체제로서의 인사행정

인사행정은 체제이론(system theory)으로 이해하고 설명하는 것이 바람직하다. 개방체제모델은 적용한다면 인사행정을 구성하는 여러 활동 간 유기적 연관성이 보다 분명해지고, 인사행정의 역할과 기능을 외부 환경과의 관계 속에서 파악할 수 있기 때문이다(Nigro & Nigro, 1994: 49).

인사행정체제는 여러 하위 요소(활동)로 구성되고, 이들 요소 간 밀접한 상호관계가 있으며, 자신과 외부 환경을 구분 짓는 경계가 존재하는 등 체제의 일반적 속성을 지닌다. 인사행정체제는 내부 구성 요소(활동)들 간 기능적 연결을 통해 스스로 유지·발전하면서, 환경으로부터의 투입에 대응하는 산출을 하는 과정을 통해 존재의 정당성을 인정받는다. 인사행정체제의 핵심 기능은 공무원들이 정부 혹은 행정기관이 필요로 하는 기여를 만족스러운 수준으로 하도록 하는 것이다.

2. 인사행정과 환경

인사행정체제의 기능과 성과는 외부 환경에 의해 영향을 받는다. 인사행정체제가 환경과의 상호작용에 있어서 환경으로부터 받아들이는 것을 투입(input), 환경으로 내보내는 것을 산출(output), 인사행정 체제 내에서 투입을 산출로 변화시키는 것을 전환(conversion), 산출에 대한 환경의 반응에 체제를 적응시키는 것을 환류(feedback)라고 할 수 있다. 인사행정에 영향을 미칠 수 있는 주요 환경변수는 다음과 같다.

(1) 정치적 환경

인사행정은 정치적 환경으로부터 다양한 요구와 기대를 받는다. 행정수반이나 의회는 책임정치의 실현과 공무원에 대한 통제라는 차원에서 인사행정에 공식적인 영향을 미치지만, 비공식적 통로를 통해 인사결정에 개입하는 경우도 적지 않다. 한국에서는 인사행정에 대한 대통령의 영향력이 매우 크다. 대통령이 공무원의 임면권을 가지고 있을 뿐만 아니라, 공무원 보수, 새로운 인사제도 도입 등 주요 인사정책 결정이 대통령의 결단에 따라 이루어지는 경우가 많기 때문이다(조석준·임도빈, 2019: 180). 국회도 국정감사 등을 통해 공식적· 비공식적으로 인사행정에 영향을 미칠 수 있다. 지방자치단체에서는 자치단체장이 인사행정에 미치는 영향력이 막강하다.

대중매체나 일반시민과 같은 비공식 정치주체들도 인사행정에 영향을 미칠 수 있다. 예컨대 공무원에 대한 대중매체의 비판적인 보도나 일반국민이 지닌 공무원들에 대한 비판적인 이미지는 유능한 인재의 공직 충원을 어렵게 하거나 공무원의 사기를 떨어뜨릴 수 있다. 이 밖에 정권 교체 등으로 인사개혁이 추진되거나 부처가 통폐합되는 조직개편이 있는 경우에도 정부인력의 구성과 운영에 변화가 뒤따르게 된다.

(2) 경제적 환경

경제의 건전성 여부는 인사행정에 가장 심대한 영향을 미치는 환경요인 가운데 하나이다. 인사행정의 기능과 활동이 경제 상황에 의해 좌우되는 국가 예산에 민감하기 때문이다. 공무원의 채용 규모, 보수 책정, 교육훈련 등은 예산에 민감한 대표적인 인사 활동이다. 인사행정은 다른 차원에서도 경제적 환경의 영향을 받는다. 예컨대 경제성장이 지속되어 민간부문의 고용이 활기를 띠면, 정부는 민간부문과 인력 유치 경쟁을 위해 적극적 인사정책을 강구 할 수 밖에 없다(Nigro & Nigro, 1994: 52). 불황의 경우 정부가 재정난으로 공무원 인력 충원을 억제한다면 정부 인력의 고령화가 가속화 될 수 있다(이창길, 2019: 585). 또한 경제발전에 따른 생활 여건의 향상으로 공무원들의 자아실현과 같은 고차원적인 욕구가 커질수록 물질적 보상체계와 통제 위주의 인사관리 방식이 통용되기 어렵고, 개인의 능력개발과 다양한 동기부여 방안 등을 활용하는 적극적 인사관리가 요구될 것이다(유민봉·박성민, 2014: 13).

(3) 사회적 환경

인사행정에 영향을 미칠 수 있는 사회적 요인은 무수히 많다. 예컨대 여성인구의 사회 활동 증대에 따른 여성공무원이 숫적 증가는 가정친화적인(family-friendly) 인사정책의 확대로 이어질 수 있다(Ban, et al., 1992: 418). 또한 결혼이주자의 증대와 같은 인구 구성의 다양성 확대는 장기적으로 공직 구성의 다양성과 인사행정에 있어 다양성 관리의 중요성을 높일 것이다(최성주 외, 2018; 이근주, 2022: 358). 그런가 하면 날로 복잡해지는 사회문제는 정책분야별 전문성 강화 등 공무원 직무역량 교육에 변화를 초래할 것이다.

(4) 기술적 환경

기술의 발전은 업무수행에 요구되는 인력의 성격과 인력관리 방식에 큰 변화를 초래할 수 있다. 특히 최근 자동화와 인공지능의 급속한 발전은 공직사회의 작업 여건, 인간관계, 의사소통, 생산성, 사기 등의 성격과 그에 대한 접근 방법을 근본적으로 바꾸어 놓을 수 있다. 또한 기술의 발전으로 공직 내에서 사라지거나 성격이 변화할 직무들이 적지 않을 것이므로, 그에 따른 인력계획 수립과 인력 재배치가 불가피할 것이다(이근주, 2022: 355). 이와 함께 외부로부터 전문가의 유입과 기존 공무원에 대한 지속적인 교육훈련의 필요성이 증대될 것이다(Ban et al., 1992: 415-416).

(5) 법적 환경

인사행정은 관련법에 근거하여 이루어지므로, 법규의 변화는 인사행정에 직접적 영향을 미친다. 인사행정 관련 법규는 인사행정의 합리성과 공정성을 보장하는 내용을 담고 있는 것이 보통이다. 이들 법규는 인사행정의 자의성을 감소시키는 긍정적 효과를 거둘 수 있는 반면, 인사행정의 경직화를 초래할 수 있다. 후자의 경우 법적 제약으로 말미암아 인사행정이 상황의 변화에 탄력적으로 적응하지 못하는 경우가 적지 않기 때문이다. 한국의 인사행정 관련 주요 법령으로서는 헌법, 국가공무원법, 정부조직법, 공직자윤리법, 공무원임용령, 행정기관의 조직과 정원에 관한 통칙 및 직제 등을 들 수 있다.

3. 투입과 산출

(1) 투 입

인사행정체제는 정치적, 경제적, 사회적, 기술적, 법적인 커다란 환경의 테두리 내에 존재하며, 이들 환경으로부터 전환과정에서 수행할 임무를 부여받는 동시에 인적·물적 자원을 제공받는다. 즉, 인사행정체제로 투입되는 요구와 지지는 이들 환경으로부터 이루어진다. 환경으로부터의 투입은 인사행정에 대한 제약이 되기도 한다.

앞서 살펴보았던 인사행정의 이념 역시 전환과정의 인사활동에 지침이 되므로 인사행정체제에 대한 투입으로 볼 수 있다. 인사행정의 이념은 환경으로부터의 기대를 반영하며, 환경의 변화에 따라 그 우선순위가 달라질 수 있다.

(2) 산출과 환류

인사행정체제의 산출은 조직(혹은 정부)성과와 개인성과로 나눌 수 있다. 조직성과는 두 가지 차원에서 파악될 수 있다. 하나는 공조직이 부여받은 본래의 과업을 제대로 수행하고 있는지를 살피는 것이고, 다른 하나는 공조직이 수행하는 과업의 내용과 전달 방식이 환경의 요청에 부합되는지를 점검하는 것이다. 어느 경우든 공조직의 조직성과는 목표달성도, 생산성, 능률성, 대응(민주)성, 환경으로부터의 자원 확보 등을 중심으로 측정할 수 있다. 따라서 조직성과는 인사행정의 이념과 동전의 양면과 같은 관계에 있다고 할 수 있다.

인사행정체제는 조직성과를 제고할 뿐만 아니라, 조직구성원인 공무원 개개인의 욕구와 필요를 충족시키는 개인성과를 가져와야 한다. 조직성과는 기본적으로 조직구성원들의 능력과 협조에 따라 좌우되는 것이므로, 인사행정체제는 조직구성원들에게 직장과 일에서 만족을 느끼고 자신들의 경력발전을 이룰 수 있게 작동되어야 한다. 그래야만 조직과 구성원들 간 공존 관계가 성립될 수 있다.

인사행정체제의 조직성과와 개인성과에 대한 평가와 정보는 환류를 통해 인사행정체제에 대한 투입과 인사행정체제 자체의 구성 및 운영 전반에 걸쳐 영향을 미치게 된다.

(3) 전 환

전환은 환경으로부터의 투입을 인사행정체제 내에서 산출물로 바꾸는 활동으로서, 인사행정의 핵심이 된다. 전환을 구성하는 활동은 인적자원 기획, 인적자원 확보, 인적자원 개발, 인적자원 관리, 인적자원 통제 등으로 범주화될 수 있다. 이들 활동은 모두 일정한 제도적 기반 위에서 이루어진다.

1) 인사행정의 제도적 기반

인사행정의 제도적 기반은 인사행정의 주요 활동들에 기본 틀을 제공하는 인사제도와 인사행정을 전문적으로 수행하는 인사기관으로 구성된다. 한국의 경우 인사활동의 근간이 되는 인사제도는 이제까지 실적제와 직업공무원제였다. 그러나 근래 들어서는 직위분류제도 주요 인사제도로서 점차 자리 잡고 있다. 한국의 인사기관은 인사관리 대상이 되는 공무원의 범위를 기준으로 중앙인사기관, 부처 인사부서, 지방자치단체 인사기관의 세 범주로 나누어진다. 중앙인사기관은 국가의 모든 공무원의 인사업무를 총괄하는 반면, 부처 인사부서는 소속 부처의 인사업무를 다루며, 지방인사기관은 지방자치단체의 인사업무를 관장한다.

2) 인적자원의 기획

인적자원의 기획은 변화하는 환경 속에서 정부 또는 공조직의 목적 달성에 요구되는 인적자원을 장기적으로 예측하여 전략적이고도 체계적으로 대비하는 활동이다. 이러한 인적자원 기획의 산물이 인적자원 계획이다. 인적자원 계획은 공급과 수요의 양 측면에서 수립될 수 있다. 공급계획은 공직 지원자의 수, 적격자의 수 등의 요인들에 관한 과거의 추세를 토대로 미래의 인적자원 공급을 예측하는 내용과, 향후 노동 시장에서 핵심 인적자원을 확보할 수 있는지를 예측하는 내용 등을 포함한다. 수요계획은 조직의 성장이나 축소, 조직임무와 업무량의 변화, 변화하는 기술 등에 관한 산정을 토대로 장래 인적자원의 필요성을 예측하는 내용으로 구성된다. 그러나 공공부문에서 인적자원 기획은 아직 보편화된 인사 활동이 아니다. 공조직을 둘러싼 환경이 매우 복잡하고 변화가 빨라 그에 관한 장기적 예측이 어렵기 때문이다(Ban, et al., 1992: 405-406).

3) 인적자원의 확보

인사행정은 가능한 공공부문에 유능하고 일에 헌신적인 인적자원을 확보하려 한다. 그러나 이를 위한 노력은 공직에 대한 균등한 기회 보장이나 공직의 대표성 증진과 같은 여타 가치들을 동시에 추구하는 가운데 이루어져야 한다. 인적자원 확보의 범주에 속하는 인사활동은 모집, 선발, 임용 등이다.

4) 인적자원의 개발

공조직의 장기적인 성패는 인적자원의 역량에 달린 관계로 인적자원의 잠재 능력을 개발하는 것이 중요하다. 이를 위해 조직은 구성원들에게 새로운 지식과 기술을 갖추게 하고, 조직의 환경변화에 적응할 수 있는 능력을 배양토록 해야 한다. 인적자원 개발 범주에 속하는 인사활동으로는 인사이동과 교육훈련 등이 있다. 최근의 새로운 정보·통신의 기술 발전으로 인적자원 개발의 중요성이 더욱 커지고 있다.

5) 인적자원의 관리

인적자원을 효율적으로 유지·활용하기 위한 여건을 조성하는 것과 직·간접적으로 연관된 활동들을 말한다. 동기부여, 근무성적평정, 보수, 연금, 퇴직 등 보상과 관련된 관리, 공무원의 권익보호, 공무원의 삶의 질 향상 등을 위한 인사활동이 이러한 범주에 포함된다.

6) 인적자원의 통제

공무원들이 관련 법규를 준수하고 시민의 바람과 공익에 부합되게 행동하도록 유도하는 것을 말한다. 공무원의 규범 위반 행위에 대해 제재를 가하는 것도 이에 해당한다. 이러한 범주에 속하는 인사행정 활동으로는 공무원의 정치적 중립 확립, 공무원 윤리 확보, 징계 조치 등을 들 수 있다.

(4) 인사행정체제의 내적 상황

인사행정체제는 위에서와 같은 전환과정을 통해 다음과 같은 내적 상황을 조성할 때 바람직한 산출을 가져올 수 있다. 이러한 내적 상황은 조직구성원들이 잠재 능력을 최대한 발휘할 수 있게 한다(Thomkins, 1995: 15).

그림 2-1 인사행정체제

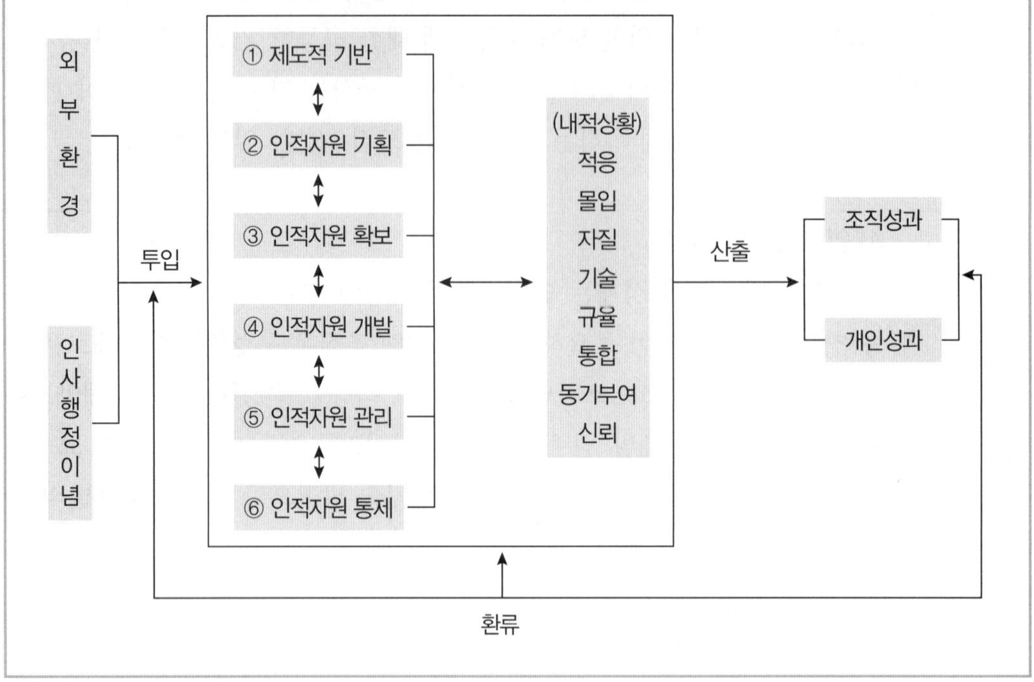

① 적응(adaptability): 조직이 구조적 경직성을 줄이고, 전략적으로 기획하고, 구성원들에게 광범위한 지식과 능력을 개발토록 함으로써, 변화하는 상황에 효과적으로 적응할 수 있는 능력을 갖추는 것을 의미한다.

② 몰입(committment): 조직구성원들이 조직 및 그 목표에 대해 일체감을 강하게 느끼는 것을 뜻한다.

③ 역량(competence): 조직구성원들이 개인적으로 혹은 집합적으로 직무를 바람직하게 수행하는데 요구되는 지식, 기술, 능력을 충분히 보유하는 것을 말한다.

④ 규율(discipline): 직장관계가 질서정연하며 공정하고 일관성 있게 집행되는 행동규칙에 의해 지배되는 상태를 가리키며, 이는 구성원들의 사기, 신뢰, 작업장의 효율성에 중요한 함의를 가진다.

⑤ 통합(integration): 인적자원 정책과 관행이 조직의 다른 정책들 및 관행과 잘 융화되어 인적자원이 능률적이고도 비용-효과적으로 활용되는 것을

말한다.

⑥ 동기부여(motivation): 조직구성원들이 자신의 직무를 보다 잘 수행하려는 의지를 가지는 것을 의미한다.

⑦ 신뢰(trust): 조직구성원들이 스스로 공정하게 대접받고 있으며, 조직에서의 의사소통이 개방적이고도 솔직하다는 믿음을 가지는 것을 뜻한다.

4. 인사개혁

정부 혹은 행정조직이 얼마나 효과적으로 기능할 수 있느냐는 인적자원을 얼마나 잘 관리하느냐의 문제와 직결된다. 많은 경우 공무원들이 정부활동의 실제 주체이기 때문이다. 이런 연유로 OECD 여러 국가들은 인사개혁을 정부개혁의 핵심으로 간주한다(Kettl et al., 1996: 2-3; Kellough & Selden, 2003: 165-166).

인사개혁이란 인사행정의 실효성을 지속적으로 높여가는 과정을 말한다. 즉 인사개혁은 인사행정체제가 그 사명에 맞게 효과적으로 작동하고 있는지를 진단하여 미흡한 측면을 시정하고 개선해 나가는 일련의 작업과정을 뜻한다(중앙인사위원회, 2005: 25). 21세기 변화하는 환경 속에서는 이러한 인사개혁 노력이 끊임없이 요구된다. 따라서 인사개혁은 높은 성과를 지향하는 정부와 공조직의 영구적 과제라고 할 수 있다.

근래 한동안 민간기업의 경쟁과 실적 중심의 인사운영시스템을 공공부문에 구축하려는 신공공관리론 위주의 인사행정개혁이 세계적인 경향이었다(Hays & Kearney, 2001: 586). 그러나 이에 대해서는 이윤추구를 목적으로 하는 능률성 위주의 민간부문 관리기법을 공공부문에 그대로 적용하는 것이 부적절하다는 지적이 꾸준히 이어지고 있다(Kickert, 1997; Galnoore et al., 1998). 이와 함께 최근에는 민주성과 형평성을 균형적으로 추구하는 인사행정 본연의 모습으로 되돌아가야 한다는 주장이 점차 확산되고 있다.

인사개혁은 그 목표와 내용이 개혁의 필요성에 부합되고, 개혁을 위한 특정 제도나 조치 등이 본래 취지를 달성할 수 있는 내재적 타당성을 지니고 있고, 공무원들을 주축으로 하는 공직사회의 공감을 얻어야만, 효과를 발휘할 수 있고 정착될 수 있다. 그렇지 못한 인사개혁은 제도 중심의 외형적 변화만을 가져오거나 새로운 부작용과 폐단을 초래할 수 있어 진정한 의미의 개혁이라고 하기 어렵다.

참고문헌

김진숙·이근주(2014). 여성(양성평등)채용목표제의 정책 효과성 평가: 공공부문과 민간부문의 여성채용 비교를 중심으로. 「한국인사행정학회보」, 13(3): 151-178.

박천오. (2011). 공무원의 정치적 중립: 의미와 인식. 「행정논총」, 49(4): 25~50.

유민봉·박성민. (2014). 「한국인사행정론」, 경기: 박영사.

윤견수·김순희. (2013). 공직의 정체성에 관한 연구: 공무원의 영혼에 대한 내러티브를 중심으로. 「한국행정학보」, 47(1): 1-23.

이근주. (2022). 미래사회와 정부 인적자원관리 방향에 대한 제언. 「한국인사행정학회보」, 21(4): 353~362.

이창길. (2019). 「인적자원행정론」, 경기: 법문사.

임도빈·유민봉. (2022). 「인사행정론」, 서울: 박영사.

조석준·임도빈. (2019). 「한국행정조직론」, 경기: 법문사.

중앙인사위원회. (2005). 「공무원인사개혁백서」.

최성주 외(2018). 다양성과 다양성 관리: 한국형 다양성 연구의 방향 모색. 「한국인사행정학회보」, 17(4): 1-28.

한승주. (2016). 관료제의 정치적 중립 훼손: 2012년 국가정보원 정치개입 사건 분석. 「행정논총」, 54(1): 103~137.

Ban, Carolyn et al. (1992). Productivity and the Personnel Process. In Marc Holzer, (ed.), *Public Productivity Handbook*. 401-423. New York: Marcel Dekker, inc.

Galnoor, I, D. Rosenbloom and A. Yaroni. (1998). Creating New Public Management Reforms: Lessons from Israel. *Administration and Society*. 30(4): 393-420.

Hays, Steven W. and Richard C. Kearney. (2001). Anticipated Changes in Human Resource Management: Views from the Field. *Public Administration Review*. 61(5): 585-597.

Kellough, J. Edward and Sally Coleman Selden. (2003). The Reinvention of Public Personnel Administration: An Analysis of the Diffusion of Personnel Management Reforms in the States. *Public Administration Review*. 63(2): 165-175.

Kettl, Donald F. et al. (1996). *Civil Service Reform: Building a Government That Works*. Washington D.C.: Brookings Institution Press.

Kickert, W. (1997). Public Governance in the Netherlands: An Alternative to Anglo-American 'Managerialism'. *Public Administration*. 75: 731-752.

Klingner, Donald E. (1995). Strategic Human Resource Management. In Jack Rabin, (ed.), *Handbook of Public Personnel Management*. 633-659. New York: Marcel Dekker, Inc.

Nigro, Lloyd & Felix A. Nigro. (1994). *The Public Personnel Administration*. Itasca, Illinois: F. E. Peacock Publishers, Inc.

Rosenboom, David H. (1986). A Theory of Public Personnel Reforms. In Frederick S. Lane, (ed.), *Current Issues in Public Administration*. 361-374. New York: St. Martin's Press.

Tompson, Frank J. (1990). Managing within Civil Service System. In James L. Perry. (ed.), *Handbook of Public Administration*. 359-374. Sna Francisco: Jossey-Bass.

Tompkins, Johathan. (1995). *Human Resource Management in Government: Hitting the Ground Running*. New York: Harper Collins College Publishers.

제 2 편

인사행정의 제도적 기반

제 3 장 실적제와 직업공무원제
제 4 장 인사기관
제 5 장 공직분류
제 6 장 직무분석과 평가

제 2 편에 들어가면서

제2편은 인사행정의 제도적 기반에 관한 내용으로 구성되어 있다. 제3장에서는 유능한 인적자본을 확보·유지하기 위한 인사행정의 기본제도인 실적제와 직업공무원제의 특징을 설명하고, 이들 제도가 현대 민주적 정치체제에서 공무원의 정치적 중립을 확립하고 공공부문의 생산성을 제고하는 데 기여해 온 점 등을 밝힌다.

제4장에서는 정부만이 가지는 인사기관의 중요성과 특징, 기능에 대해 설명한다. 인사기관을 중앙인사기관, 부처인사기관, 지방자치단체 인사기관으로 구분하고 중앙인사기관을 중심으로 각 인사기관들의 역할과 기능에 대해 설명한다. 제5장에서는 공직분류의 의의 및 중요성과 더불어 공직분류 특성을 계급제와 직위분류제의 차이점을 토대로 소개한다. 이와 함께 한국 공직분류체계의 실태와 문제점을 살피고, 개선방안을 제시한다. 끝으로 우리나라의 고위공무원단제도와 정무직공무원 제도를 소개한다. 제6장에서는 직무분석과 직무평가의 의의와 기법에 대해 기술한다. 구체적으로 직무를 기술적으로 분석하는 직무분석과 직무를 상대적으로 평가하는 직무평가의 각 각의 기법에 대해 단계적으로 설명한다.

제 3 장 실적제와 직업공무원제

제 1 절 실 적 제

1. 실적제의 의의

(1) 개념과 발달 배경

실적제(merit system)는 직업공무원제와 함께 현대 인사행정의 근간이 되는 인사제도로서, 공무원의 임용 등이 실적을 토대로 이루어져야 한다는 실적 원리(merit principle)에 바탕을 두고 있다. 한국은 1949년 정부수립 이래 실적제를 채택해 오고 있으며, 실적제는 공무원 다수를 차지하는 경력직 공무원들(career civil servants)에게 적용된다.

실적제에 있어서 실적은 직무를 수행할 수 있는 입증된 자격이나 능력과 유사한 의미이지만(Kellough, 2003a: 764), 정확한 개념 정의가 어려운 관계로 인사제도의 발전사를 살피는 것이 실적제의 본질과 성격을 이해하는 데 도움이 된다.[1] 역사적으로 실적제는 그 이전에 존재하였던 엽관제(spoils system)와 정실제(patronage)의 부작용을 극복하기 위해 등장한 제도이므로, 여기서는 이러한 연관성이 비교적 분명한 미국과 영국 두 나라의 사례를 중심으로 실적제의 성립과정을 설명한다.

---

1 실적이란 용어는 명확히 정의 내리기 어려우나 자격, 능력, 경쟁 등과 유사한 의미라고 할 수 있다. 전통적으로 실적제의 존재는 공무원이 임용이 공개적이고도 공식적인 시험에 의해 이루어지느냐의 여부에 의해 확인되고 있다(Carter, 1989: 312).

1) 미국의 실적제

미국 인사행정의 진화는 크게 세 개의 광범위한 시대를 거쳐 오늘에 이르렀다. 첫 번째는 '귀족의 시대'(the era of gentlemen)였다. 이 시대는 1789년 초대 Washington 대통령 행정부에서 시작되었고, 1829년 제7대 Jackson 대통령의 취임과 함께 끝났다. Washington은 신생 행정체제를 순조롭게 시작하기 위해 공직 임용에 '적임 원칙'(rule of fitness)을 적용하였다. 당시의 적임은 기술적인 것이 아니라 개인적인 인품과 사회적 위상이었다. 때문에 초창기에는 교육 수준이 높고 가문이 훌륭한 상류층 귀족들이 주로 공직의 상위직에 임용되었다.

당시에는 교육 수준 또한 적임기준으로 인정되었던 관계로 오늘날 실적제의 적용을 받는 중하위 직위들은 대부분 기초학력을 갖춘 중류층 사람들의 차지였다. 이들은 상위직의 공무원들이 정권이 바뀜에 따라 교체되는 것과 달리 일단 임용되면 정권의 교체에도 불구하고 자리를 유지할 수 있었다. Washington은 이러한 적임 원칙에 의해 임용된 공무원들이 정직하고 효율적으로 직무를 수행할 것으로 기대하였다. 하지만 그는 자신의 정책에 반대하는 인물을 공무원으로 임용하지 않는 등 공직 임용에 정치적인 고려를 하기도 하였다(Loverd & Pavlak, 1995: 3-5; Rosenbloom & Kravchuk, 2005: 203).

제2대 Adams 대통령과 제3대 Jefferson 대통령이 Washington의 공무원 임용 선례를 계승하였지만, Washington의 재직 시에 탄생한 정당은 이들 후임 대통령에게 소속 당원을 공직에 임용하도록 압력을 가했다. 이런 상황에서 Jefferson은 공무원의 대응성(responsiveness)을 확보하고자 공직의 일정 비율을 자신의 민주공화당(Democratic Republican Party) 출신 인물로 임용하였으나, 전체적으로는 Washington의 적임기준을 유지하였다. Jefferson의 후임 대통령들 역시 공무원 임용에 대한 정당의 압력이 더 커진 상황에서도 가능한 적임 원칙을 준수하려 하였다(Tompkins, 1995: 55-56). 그 결과 이 시기 연방공무원은 장기간 안정적으로 공직에 봉사할 수 있었으며, 어떤 경우는 공무원 신분이 대물림되기도 하였다. 그런데도 전반적으로 이 기간의 연방 공무원은 대체로 잘 관리되었고, 정직하였으며, 능률적이고 효과적이었다(Rosenbloom & Kravchuk, 2005: 204). 그러나 엘리트주의적이고 상류 사회적인 특성을 내포한 이러한 공무원 임용에 대해 미국민의 불만과 원성이 높았다.

미국 인사행정의 두 번째 시대는 1829년 제7대 Jackson 대통령의 취임부터 현대 인사제도의 기틀을 제공한 인사법이라고 할 수 있는 펜들턴법(Pendleton Act)이 통과한 1883년까지의 기간으로서 엽관제(spoils system)의 시대라고 할 수 있다. 1820년대 들어 종래의 재산자격제(property qualifications)가 철폐되어 선거권이 사회 하위계층 사람들로 확대되고, 이들이 정당으로 조직화 되는 등 민주적 변화가 일어나면서, 누구나 공직에 임용될 수 있다는 사고가 사람들 사이에 확산되기 시작하였다.

이 같은 상황에서 1829년에 취임한 Jackson 대통령은 계급적 배경과 무관하게 정당에 대한 봉사나 정치적 후원을 기준으로 공무원을 임용하고 정권이 바뀌면 이들을 교체할 수 있는 인사제도를 공식적으로 채택하였다. Jackson은 이러한 인사제도를 통해 공무원체제를 민주화하는 동시에 공무원에 대한 행정수반의 통제력을 강화하고자 하였다. 이는 당시 서부 개척자들과 하위계층 사람들의 평등주의적 가치관을 반영한 것이었다(Tompkins, 1995: 56–57).

Jackson은 공직의 임무를 어느 정도 지능을 갖춘 사람이면 누구나 수행할 수 있는 평이하고 단순한 성격의 일로 여겨, 대학 교육을 받은 귀족들만이 아니라 보통 사람들도 공무원이 될 수 있다고 믿었다. 그는 또한 공직의 순환이 정부의 능률성을 저해하기보다는 종래에 무제한 재직권이 주어졌던 공무원들 가운데 무능력자들을 배제하는 효과를 거둘 것으로 기대하였다. Jackson은 이러한 인사제도를 신중하게 적용하는 한 개인적인 자질이 여전히 공직 임용의 주된 기준이 된다고 믿었다. 실제로 그는 대통령 재직기간 동안 20%에 못 미치는 수의 연방공무원 만을 교체하였다(Tompkins, 1995: 57).

그러나 Jackson의 후임자들은 상위직 공무원들을 대거 교체함으로써 Jackson의 인사제도를 이른바 엽관제로 변질시켰다. 엽관제는 "전리품(spoils)은 승자의 것"이라는 Marcy 상원의원의 슬로건에서 유래된 것으로서, 관직을 전리품으로 간주하여 선거에서 승리한 정당이 선거과정에서 공헌한 사람들에 대한 보상으로 이를 적극 활용하는 인사제도이다(Thompkins, 1995: 57).[2] 이러한 엽관제는 17대 Johnson 대통령 행정부 때까지 성행하였다.

엽관제가 본격적으로 확대되면서 정권교체 시마다 공직의 경질이 광범위하게 이루어졌고, 그 결과 보다 많은 사람이 정부 일에 참여하게 됨으로써 공무

2 흔히 Jackson을 엽관제의 아버지로 일컫지만, 그는 엽관제의 철학적 기초를 제공하였을 뿐 제도를 적극 활용하지 않았다(Thompkins, 1995: 57).

원체제의 사회적 대표성이 한층 높아지는 등 긍정적 효과가 있었다. 그러나 엽관제는 시간이 흐르면서 많은 부작용을 낳았다. 업무능력이 부족한 사람들의 공직 임용, 공직의 불필요한 증설, 공무원의 정치개입과 부패, 행정의 계속성 저해와 같은 폐단이 그것이다.[3]

엽관제의 이 같은 폐해에 대한 시민들의 불만과 우려가 누적되면서 이를 개혁하려는 정치운동(reform movement)이 일어났고, 이 운동은 1881년 원하던 공직에 임용되지 못한 데 불만을 품은 한 엽관주의자가 제18대 Garfield 대통령을 암살하는 사건이 발생한 것이 계기가 되어 마침내 엽관제를 실적제로 대체하는 결과를 가져왔다.

세 번째 실적제(merit system)의 시대는 1883년 펜들턴법이 통과됨으로써 시작되었다. 펜들턴법은 공무원의 임면에 관한 정치적 자의성을 방지하기 위한 독립적이고도 초당적인 인사위원회(Civil Service Commission)의 설치, 공개경쟁시험에 의한 공무원 채용, 공무원의 정치헌금 제공 및 정치활동 참여 금지 등을 주요 내용으로 담고 있다. 1883년 당시 이 법은 전체 연방공무원의 10%에만 적용되었으나, 그 후 적용 범위가 점차 확대되었다. 유능한 인재들이 공개적이고도 경쟁적인 시험을 통해 공무원으로 선발 임용됨에 따라, 공무원 인사에 대한 당파정치의 영향력은 점점 감퇴하였다. 그리고 공무원들은 재직권을 보장받음으로써 정치권의 권력남용으로부터 보호받을 수 있게 되었다(Tompkins, 1995: 59). 대통령은 실적제의 적용으로 말미암아 공무원 임용에서는 영향력을 제약받게 되었지만, 대신에 국정관리에 있어 자질을 갖춘 공무원 집단의 뒷받침을 받을 수 있게 되었다(Loverd & Pavlak, 1995: 11).

실적제는 시간이 경과하면서 내용과 적용 면에서 진화와 확대를 거듭해 왔다. 특히 실적제의 수호자라고 할 수 있는 인사위원회는 20세기 초 경영학 분야의 과학적 관리운동의 영향을 받아 실적제의 적용범위를 채용에 국한하지 않고 승진 등 인사행정의 여러 과정으로 확대하였다(Loverd & Pavlak, 1995: 10). 1978년 미국 공무원제도개혁법(Civil Service Reform Act)에 의해 인사위원회가 폐지되고, 인사관리처(OPM: Office of Personnel Management)와 실적제 보호위원회(MSPB: Merit System Protection Board)가 들어섰고, 이후 실적제 보호위원회가 실

3 Thompkins(1995: 57-58), Loverd & Pavlak(1995: 5-6), Rosenbloom & Kravchuk(2005: 205) 참조.

적제에 관한 사항을 담당해오고 있다. 오늘날 실적제는 90% 이상의 연방공무원에 적용되고 있다(Elliott, 1998a: 1380).

2) 영국의 실적제

19세기 중엽 이전의 영국 인사제도는 은혜적 정실제와 정치적 정실제로 특징지을 수 있다. 전자는 국왕이 총신이나 의회의 의원을 자기편으로 회유하기 위한 목적에서 자신의 특권으로 이들에게 관직을 제공하였던 것을 뜻하고, 후자는 1688년 명예혁명 이후 내각책임제의 발달과 함께 관리 임면의 실권이 의회의 다수당으로 넘어감에 따라 정당의 지도자가 관직을 정치적 고려에 의해 제공하였던 것을 의미한다. 후자의 경우 선거운동이나 선거자금 조달에 대한 대가로서 공직이 제공되기도 하였다.

19세기 들어 자본주의의 발전으로 사회경제적 여건이 바뀌면서 정부의 역할 확대가 불가피해졌지만, 정실제하에서 공직은 금권정치의 구도로 전락 되었고 관료들은 부패하고 무능하여 팽창되는 행정기능을 감당할 수 없는 상태였다. 따라서 정실제를 개혁하려는 움직임이 나타나게 되었다. 정실제의 개혁은 1854년 Northcote-Trevelyan 보고서의 발표와 1855년의 1차 추밀원령(Order-in-Council)을 거쳐 1870년의 2차 추밀원령이 제정됨으로써 결실을 맺게 되었다.

Northcote-Trevelyan 보고서란 본래 재무성의 조직 현상과 사무 배분 및 처리에 관한 기구와 규칙을 조사하기 위해 1848년에 설치된 위원회가 그 조사의 대상과 범위를 점차 확대하여 1852년에 공무원제도 전반의 개선을 위한 일반적 원칙을 제시하는 내용의 보고서를 작성해 내놓은 것을 말한다. 위원회는 이 보고서에서 정실제를 폐지하고 일정한 연령에 달한 사람을 공개경쟁시험에 의하여 채용할 것과 시험을 관장할 독립적인 중앙인사위원회를 설치할 것 등 실적제의 실시를 건의하였다.

1855년에 제정된 추밀원령은 Northcote-Trevelyan 보고서의 내용을 일부 수용하여 독립적인 인사위원회를 설치할 것을 규정하였으나, 정실제적 요소가 여전히 많이 남아 있었다. 영국의 실적제는 1870년의 추밀원령에 의해 비로소 확립되었다고 할 수 있다. 이로 인해 귀족과 일부 특권계급이 독점함으로써 부패하고 비능률적이던 공직 모습이 불식되고, 능력 있는 사람이면 누구나 공무원으로 진출할 수 있는 길이 트였기 때문이다.

1870년의 추밀원령 요지는 크게 세 가지이다. 첫째, 공무원의 임명은 원칙적으로 공개경쟁시험에 의한다. 둘째, 서기직을 행정적·지도적 업무와 기계적·반복적 업무로 구분하여 채용시험을 계급별로 실시한다. 셋째, 재무성은 지원자의 자격과 시험을 행할 관직의 결정에 관한 동의권을 가진다.[4]

(2) 실적제의 원리

미국의 경우 실적제의 의미와 적용 범위는 시간이 흐르면서 확대되었으나, 몇 가지 실천 원리가 기본을 이루고 있다. 공개경쟁, 개인적인 자질과 능력에 근거한 선발, 정치적 중립, 자의적인 제재로부터의 공무원 보호 등이 그것이다. 이들 실천 원리는 구체적으로 다음과 같다(Tompkins, 1995: 40–41; Loverd & Pavlak, 1995: 9).

첫째, 공개경쟁(open competition)의 원리는 공직을 위한 경합은 누구에게나 개방되어야 한다는 것이다. 이러한 원리는 ① 채용할 자리에 관한 정보가 널리 공포되어야 하며, ② 관심 있는 사람이면 누구에게나 정치, 종교적 믿음, 인종, 성별 등과 무관하게 해당 직위에 지원할 기회가 주어져야 하고, ③ 지원자 누구에게나 자질과 적임에 관한 타당한 기준이 공정하게 적용되어야 함을 의미한다.

둘째, 개인적 자질과 능력(personal qualifications)에 기초한 선발의 원리는 공무원의 선발이 정당에 대한 봉사나 정치적 믿음, 정실 등과 무관하게, 각 후보자가 지닌 지식, 기술, 능력에 대한 평가를 근거로 이뤄져야 한다는 것이다.

셋째, 정치적 중립(political neutrality)의 원리는 공무원은 특정 정당의 이익에 봉사하거나 선거 정치에 연루되지 않고 공정하고도 객관적인 태도로서 공익에 봉사하여야 한다는 것이다. 공무원의 정치적 중립 원리는 정치인들에게는 공무원들에게 선거기부금을 청하거나 선거운동을 할 것을 강요하지 못하는 제약이 되며, 공무원들의 입장에서는 선거운동에 참여할 수 있는 권리를 제한받는 것이 된다.

넷째, 자의적인 제재(arbitrary treatment)로부터의 보호 원리는 공무원이 상급자에 의해 해고 등 불리한 제재를 당하였을 시에 적법절차의 권리(due process

4 Birch(1982: 167–169), 김판석 외(2021: 88–89), 박천오 외(2018: 337), 강성철 외(2019: 59–60) 참조.

rights)를 보장받는다는 것이다. 실적제는 정권의 교체에도 불구하고 공무원의 신분을 보장함으로써 정부 서비스의 안정성을 담보하고자 한다. 그러기 위해서는 공무원들이 자기 직업에 대해 법적 권리를 가져야 하고, 적법절차 없이 해고되지 않아야 하는 것이다(Elliott, 1998a: 1380). 절차적인 보장은 본래 정치적인 이유로 공무원이 해고당하는 것을 방지하기 위한 것이었지만, 다른 징계로 그 적용이 확대되었다.

〈표 3-1〉은 1978년 미국 공무원제도개혁법(Civil Service Reform Act)에 포함된 9개의 실적 원리(merit principles)이다. 19세기의 개혁에서 정치적 중립성

표 3-1 미국의 실적 원리

① 공무원의 모집은 사회 각계각층에서 자격을 갖춘 사람들을 대상으로 이루어져야 하며, 선발과 승진은 오로지 공평한 기회가 보장된 공정하고도 공개적인 시험을 통해 파악된 개인의 상대적인 능력·지식·기술을 토대로 결정되어야 한다.

② 모든 공무원과 공무원 지원자들은 인사관리의 모든 측면에 있어서 정치성·인종·피부색·출신지역·연령·신체적 장애 상태와 무관하게 공평한 대우를 받아야 하며, 사생활과 헌법상의 권리를 향유할 수 있어야 한다.

③ 공무원에게는 동일한 가치의 직무에 대해 동일한 보수가 제공되어야 하되, 민간부문에서 지급되는 보수를 고려하여야 한다. 또한 업무수행이 탁월한 공무원에게는 그에 상응하는 인정과 보답을 해야 한다.

④ 모든 공무원은 높은 품행을 유지하고 공익에 봉사하려는 정신을 가져야 한다.

⑤ 정부 인력은 능률적이고도 효과적으로 활용되어야 한다.

⑥ 공무원은 업무수행(performance)의 적절성을 토대로 자리를 유지할 수 있다. 부적절한 업무수행은 시정되어야 하며, 요구되는 수준의 업무수행을 할 능력이 없거나 의지가 결여된 공무원은 공직에서 퇴출되어야 한다.

⑦ 공무원은 보다 나은 조직성과와 개인성과를 내기 위해 필요하다면 효과적인 교육과 훈련을 받아야 한다.

⑧ 공무원은 a) 자의적인 조치, 개인적인 정실(personal favoritism), 당파적인 정치 목적의 강요 등으로부터 보호받아야 하며, b) 선거 결과나 선거 출마 등에 개입하거나 영향을 미칠 목적으로 자신의 공식적인 권위나 영향력을 행사하는 것이 금지된다.

⑨ 공무원이 스스로 법규의 위반, 관리상의 실책, 막대한 자원 낭비, 권한의 남용, 공공의 건강과 안전에 대한 심각하고도 구체적인 위험성이 있는 사안으로 판단하여 합법적으로 정보를 공개한 경우는 보복받지 않게 보호되어야 한다.

자료: Civil Service Reform Act of 1978(5U.S.C. 2301).

이 특히 강조된 것과 달리, 여기서는 공평한 고용기회(①,②), 전문가적 윤리성(④), 공무원의 생산성 및 행정 능률성(③,⑤,⑥,⑦), 공무원의 정치적 중립(⑧, ⑨) 등이 균형 있게 강조되어 있다(Thompkins, 1995: 41-42).

미국의 실적제는 초기 공무원의 채용과 해고 과정에 정치적 영향력을 배제함으로써 행정의 계속성과 전문성 및 공무원의 직업적 안정성을 유지하기 위한 목적을 지닌 소극적인 제도로 출발하였지만, 1900년대 초반 과학적 관리론에 영향받아 승진이나 보수 등으로 그 적용 범위가 확대되기 시작하였다. 과학적 관리를 적용한 공직 분류는 실적제 적용을 확장 시키는 데 가장 큰 기여를 하였다. 직위분류제가 채용, 교육훈련, 근무정적 평가, 보수 등 거의 모든 인사활동에 기준을 제공하였기 때문이다(임도빈·유민봉, 2022: 56). 오늘날 많은 국가에서 실적제는 다양한 인사 활동에 광범위하게 적용되고 있다. 그러나 법규에 실적제가 천명되어 있음에도 실제로는 실적 원리들이 제대로 지켜지지 않는 경우도 적지 않다(Topmkins, 1995: 42-43; Carter, 1989: 312).

(3) 실적제의 기여와 폐단

실적제는 공직 취임의 기회를 균등하게 보장함으로써 민주주의 실현에 기여하고, 무자격자를 배제함으로써 공무원의 자질향상과 업무능률을 제고시키며, 정권교체에 따른 공무원의 대량 교체를 막음으로써 행정의 계속성과 전문성 및 공무원의 직업적 안정성을 담보하는 등의 효용성을 입증하였다. 실적제가 오랜 기간 현실 제도로서 정당성을 광범위하게 인정받아 온 것은 이 때문이다.

그러나 실적제는 그 자체의 성격과 운영상의 경직성에 기인 된 나름의 문제점을 내포하고 있다. 실적제의 약점으로 지적되는 것들은 다음과 같다((Loverd & Pavlak, 1995: 12-14; Shafritz, 1998: 1380).

첫째, 중앙인사기관에 인사에 관한 권한과 기능을 집중시키고, 엄격하고도 복잡한 인사절차를 규정하는 등의 실적제 특성은 인사행정의 획일화와 문서주의를 심화시킨다.

둘째, 공무원의 권익 보호를 위한 실적제의 여러 장치는 정부 인적자원의 탄력적 운영을 어렵게 하고 행정의 대응성을 약화시킨다. 실적제는 공무원의 재직권을 강화함으로써 대통령을 비롯한 최고관리층의 정부 인적자원 관리에 대한 리더십을 제약할 수 있다. 최고관리층이 공무원의 선발과 해직을 직접적으로 통제하지 못하는 까닭에, 공무원들이 정치지도자들의 기본방침이나 시민의 바람에 어긋나는 행태를 보일 수 있다.[5]

셋째, 실적제의 과학적 인사 방법들이 타당한지 의문시된다. 실적제는 실적을 측정할 수 있다고 전제하지만, 시험이나 성과평가 등이 실제로 실적을 객관적이고 타당하게 측정하는지는 불분명하다.

넷째, 개인의 자격과 능력을 중시하는 실적제는 소수민족, 장애인, 빈곤계층 등 일부 사회적 약자 집단에 불리한 인사제도가 됨으로써 이들이 공직에 진입할 수 있는 실질적 기회를 제한할 수 있다. 미국에서는 전통적인 실적제가 공식적인 교육 수준이 높은 백인 중산층 사람들에게 유리하다고 지적되었다.

다섯째, 실적제의 정치적 중립 원리는 공무원의 정치적 자유를 지나치게 제약할 수 있어, 근래에는 공무원들의 정치참여 자유가 더 많이 허용되어야 한다는 주장이 설득력을 얻고 있다.

실적제에서 비롯될 수 있는 이 같은 폐단들을 극복하기 위해 각국은 엽관제를 확대 적용하거나 대표관료제를 도입하는 등의 노력을 해왔다. 이와 함께 공무원 인사 규정의 단순화, 각 부처 및 계선관리자의 인사권한 확대, 탄력적인 임용체계 도입과 같은 보다 다양한 방안들을 새롭게 강구하고 있다. 이들 방안은 실적제의 경직성을 완화함으로써 공공부문의 생산성과 대응성을 높이려는 데 목적을 둔 것이다.

2. 한국의 실적제

(1) 제도와 실태

한국의 헌법과 법률은 실적제의 기본원리라고 할 수 있는 공직 취임의 기회균등, 능력과 실적에 근거한 공무원 임용, 공무원의 정치적 중립, 공무원 신분보장 등을 천명하고 있다. 그리고 한국정부는 이에 근거한 정부 인적자원 관리를 나름대로 해왔다. 그럼에도 불구하고 그간 실적제 운영과정에서 실적제의

5 이러한 상황으로 인해 미국의 연방정부와 주정부들은 정무직 공직자의 수를 늘이거나 실적제의 보호를 받지 않는 정책결정 경력직들을 만들거나, 임시직을 활용하는 등의 경향을 보여왔다(Loverd & Pavlak, 1995: 13).

단점으로 지적되는 문제점들이 나타났고(오석홍, 2022: 33), 이와 별도로 실적제를 벗어난 인사 관행이 음성적으로 이루어지기도 하였다. 한국의 실적제 관련 법규와 실적제 운영의 실태를 살펴보면 다음과 같다.

1) 공직취임의 기회균등

헌법(제25조)과 국가공무원법(제28조, 제35조)은 균등한 공무담임권, 공개경쟁시험 및 채용시험의 평등한 공개 등을 규정함으로써, 성별·종교·교육·출신지역·재산 등과 무관하게 국민 누구에게나 공무원으로 임용될 기회를 공평하게 부여하고 있다.[6] 그리고 이 같은 공직취임의 기회균등에 관한 법규는 대체로 잘 이행되고 있다.

헌법 제25조 모든 국민은 법률이 정하는 바에 의하여 공무담임권을 가진다.
국가공무원법 제28조 ① 공무원은 공개경쟁 채용시험으로 채용한다.
국가공무원법 제35조 공개경쟁에 따른 채용시험은 같은 자격을 가진 모든 국민에게 평등하게 공개하여야 하며 시험의 시기와 장소는 응시자의 편의를 고려하여 결정한다.

2) 능력과 실적에 의한 임용

국가공무원법(제26조, 제32조의 5, 제40조, 제50조, 제51조 등)은 신규채용과 승진을 비롯한 모든 인사활동이 개인의 능력, 자격 및 성적을 기준으로 이루어져야 함을 규정함으로써 정실 요소가 인사관리에 개입하는 것을 엄격히 금하고 있다.

하지만 현실에서는 실적제에 의한 임용에 문제가 적지 않다. 우선, 채용시험 내용 대부분이 학력 측정 중심의 필기시험이고 직업적성이나 인성을 측정하는 도구가 제대로 개발되지 못한 상황이어서, 시험이 실제로 선발하고자 하는 능력기준에 부합되는지 의문시 된다. 또한 직무분석과 직위분류가 제대로 되어 있지 않아 실적과 보수의 연계가 미약하다. 공개경쟁채용시험을 통한 신

---

6 그간 공직에 응시할 수 있는 연령에는 일정한 제한을 두었다. 그러나 2009년 「공무원임용시험령」이 개정됨으로써 상한 연령 제한은 능력에 따라 누구든지 공직에 진입할 기회를 부여한다는 취지에서 상한 연령 제한은 폐지되었고, 공무원에게 성숙한 판단이 요구된다는 이유에서 하한 연령 제한(18세, 교정·보호 직렬의 경우는 20세)은 유지되고 있다.

규채용을 제외한 인사행정(근무성적평정, 승진, 인사이동 등)에 있어서는 성적이나 능력 외에 다른 요인들(연공, 학력, 지연 등)이 영향을 미치는 풍토가 아직 불식되지 않고 있다. 국장급 등 고위공무원 인사에는 대통령실의 사전 승인이라고 할 수 있는 '내락' 등을 통해 정치적 영향력도 작용하고 있다(임도빈·유민봉, 2022: 7).

국가공무원법 제26조 공무원의 임용은 시험성적·근무성적, 그 밖의 능력의 실증에 따라 행한다.

국가공무원법 제32조의5 ② 소속 공무원을 보직할 때에는 그 공무원의 전공분야·훈련·근무경력·전문성·적성 등을 고려하여 적격한 직위에 임용하여야 한다.

국가공무원법 제40조 ① 승진임용은 근무성적평정·경력평정, 그 밖에 능력의 실증에 따른다.

국가공무원법 제50조 ④ 교육훈련 실적은 인사관리에 반영하여야 한다.

국가공무원법 제51조 ① 각 기관의 장은 정기 또는 수시로 소속 공무원의 근무성적을 객관적이고 엄정하게 평정하여 인사관리에 반영하여야 한다.

3) 정치적 중립성

헌법(제7조)과 국가공무원법(제65조)은 공무원의 정치적 중립을 규정하고 있다. 한국의 경우 실적과 관련된 공무원의 정치적 중립은 두 가지 의미로 해석할 수 있다.[7] 하나는 대통령을 비롯한 권력자들이 선거과정에서 공무원에게 부당한 정치적 충성심을 강요하거나 그에 응하지 않는 공무원들에게 보복성 인사를 하여서는 안 된다는 것이고, 다른 하나는 공무원들 스스로 특정 후보자를 지원하는 행동을 하여서는 안 된다는 것이다. 그러나 실정법의 규정에도 불구하고 과거 한국의 공무원들은 권력층에 의해 선거에 동원되거나 스스로 향후 반대급부를 기대하여 기회주의적인 행태를 보였던 경우가 적지 않았다(임도빈·유민봉, 2022: 371).

헌법 제7조 ② 공무원의 신분과 정치적 중립성은 법률이 정하는 바에 의하여 보장된다.

국가공무원법 제65조 ① 공무원은 정당이나 그 밖의 정치단체의 결성에 관여하거나

7 정치적 중립의 다양한 의미에 대해서는 제15장 참조.

이에 가입할 수 없다.
② 공무원은 선거에서 특정 정당 또는 특정인을 지지 또는 반대하기 위한 다음의 행위를 하여서는 아니 된다.
1. 투표를 하거나 하지 아니하도록 권유 운동을 하는 것
2. 서명 운동을 기도(企圖)·주재(主宰)하거나 권유하는 것
3. 문서나 도서를 공공시설 등에 게시하거나 게시하게 하는 것
4. 기부금을 모집 또는 모집하게 하거나, 공공자금을 이용 또는 이용하게 하는 것
5. 타인에게 정당이나 그 밖의 정치단체에 가입하게 하거나 가입하지 아니하도록 권유 운동을 하는 것
③ 공무원은 다른 공무원에게 제1항과 제2항에 위배되는 행위를 하도록 요구하거나, 정치적 행위에 대한 보상 또는 보복으로서 이익 또는 불이익을 약속하여서는 아니 된다.

4) 신분보장

헌법(제7조)과 국가공무원법(제68조, 제74조, 제75조)은 부당한 이유로 공무원의 신분을 박탈하는 것을 금지함으로써 공무원의 신분을 보장하고 있다. 이와 함께 국가공무원법 제74조는 공무원의 정년을 60세로 규정하고 있다. 그러나 과거에는 새로운 정권이 집권하면 적지 않은 공무원들이 서정쇄신·세대교체·부정부패 등의 명분으로 명예퇴직을 강요받거나 대기발령을 받는 등의 사례가 있었다. 또한 실적주의라는 명분하에 정권에 대한 충성심이 의문시되는 공무원들에게 명예퇴직을 강요하거나 대기발령이나 연수 등의 인사조치가 이루어지는 경우도 있었다(임도빈·유민봉, 2022: 64).

그러나 정치적 민주화가 이루어져 정치적인 이유로 공무원의 신분이 위협받는 현상이 크게 줄어든 현재 시점에서는 오히려 국가공무원법상의 연령 정년보장은 실적제의 신분보장에 비해 필요 이상으로 강한 측면이 있다. 실적제의 신분보장은 공무원이 정치적으로 부당하게 신분상의 이익을 침해받지 않게 한다는 취지의 보장이다. 신분보장이 지나치면 공무원의 나태한 근무태도를 초래하는 등 정부 인적자원관리를 비효율적으로 만들고, 공무원에 대한 민주적 통제를 어렵게 하는 문제를 초래할 수 있다.

헌법 제7조 ② 공무원의 신분과 정치적 중립성은 법률이 정하는 바에 의하여 보장된다.
국가공무원법 제68조 공무원은 형의 선고, 징계처분 또는 이 법에서 정하는 사유에 따르지 아니하고는 본인의 의사에 반하여 휴직·강임 또는 면직을 당하지 아니한다.
국가공무원법 제74조 ① 공무원의 정년은 다른 법률에 특별한 규정이 있는 경우를 제외하고는 60세로 한다.
국가공무원법 제75조 ① 공무원에 대하여 징계처분등을 할 때나 강임·휴직·직위해제 또는 면직처분을 할 때에는 그 처분권자 또는 처분제청권자는 처분사유를 적은 설명서를 교부(交付)하여야 한다.

(2) 개선 방안

그간 문제 되었던 한국의 비실적 인사관행은 미국의 엽관제보다 영국의 정실주의에 더 가깝다. 미국의 엽관제는 선거에 의한 집권당 내지 집권세력의 교체와 더불어 정부인력 교체가 전반적으로 이루어지는 공식적인 인사제도였다. 한국에서는 집권 정치 세력의 교체에 따른 당파적인 성격의 대규모 인력교체가 드물었다. 한국의 비실적 인사관행은 공식적인 실적제하에서 비공식적·음성적으로 이루어져 왔고, 실적 외적인 고려 사항은 정당과의 관계보다는 학연·지연·업연(업무상 인연)과 같은 요인들이 더 큰 비중을 차지해 왔다.

한국에서 실적제의 실효성이 확보되려면 무엇보다 이들 비실적 요인을 배제하려는 공직사회의 노력이 요구된다. 이와 함께 제도적 보완도 필요하다. 특히 공무원이 정치적인 이유 등으로 부당하게 신분상의 불이익을 당하지 않게 보호함으로써 행정의 안정성을 기하려는 실적제의 본래 취지에 비춰볼 때, 무능한 공무원까지 신분을 보장하는 지금과 같은 정년보장제도는 개선할 필요성이 있다. 다만 한국에서 신분보장은 민간부문에 비해 보수가 상대적으로 낮은 공공부문에 유능한 인력을 공직으로 유인하는 주요 요인이므로, 이러한 현실에 대한 보완책 없이 신분보장을 단기간에 폐지하는 것은 바람직하지 않다(박천오·박시진, 2015).[8]

다음, 공무원의 정치적 중립에 관한 강경한 법규를 완화해야 한다는 주장에도 귀 기울일 필요성이 있다. 과거와 달리 이제는 공무원들의 정치적 오염문제가 어느 정도 해소된 상황에서 공무원집단을 국민의사 형성과정에서 배제하는

8 이점에 대해서는 제2절 직업공무원제에서 자세히 논의한다.

것이 부당하므로 그들의 정치활동금지조항을 점차 완화하는 것이 바람직하다(오석홍, 2022: 518-519).

한국의 인사제도가 계급제를 골격으로 하고 있고 직무분석이 아직 제대로 이루어지지 않은 점도 실적제의 유용성을 제약하는 주요 원인이 되고 있다(유민봉, 1997: 76). 실적제의 적용이 보다 활성화 되고 타당성을 지니려면 공직에 대한 광범위한 직무분석이 요구된다.

이 밖에도 관리자들이 하급자들의 타성화된 비능률적 행태나 저성과에 대해 무관심한 기존의 인사관리 관행도 개선되어야 한다(박천오·박시진, 2017). 실적제는 실적과 성과에 대한 객관적인 평가를 기준으로 보상과 처벌이 엄격히 이루어져야 한다는 공감대가 공무원들 사이에 광범위하게 형성되지 않는 한 제대로 정착되기 어렵기 때문이다.

제 2 절 직업공무원제

1. 직업공무원제의 의의

(1) 개념과 발전 배경

직업공무원제(career civil service system)는 젊고 유능한 인재들이 공직을 보람있는 직업으로 선택하여 일생을 바쳐 성실히 근무하도록 운영하는 인사제도를 말한다(Mosher, 1982: 150; 오석홍, 2022: 45). 직업공무원제는 본래 유럽 각국에서 절대군주국가의 통치체제 구축을 위한 관료제의 발달과 맞물려 태동하였으며, 관료가 군주에 대해 절대적인 충성과 복종을 할 의무를 지는 대신 군주로부터 일정한 특권과 신분을 보장받는 것을 특징으로 하였다. 나중에 시대와 상황이 바뀜에 따라 이러한 제도는 공무원들이 전체 국민의 봉사자로서 정권의 변동에도 불구하고 신분보장을 받으면서 계속 봉사하게 함으로써 행정의 계속성과 안정성을 유지하는 인사제도로 발전하였다. 직업공무원제를 통해 일찍부터 젊고 유능한 인재를 공직에 유입하려는 것은 정부 일이 그만큼 중요하고 사회에 미치는 영향이 크기 때문이다(임도빈·유민봉, 2022: 71).

초창기 공직의 장기적 점유를 부정하는 엽관제가 지배적 인사제도였던 미국의 경우, 그 폐해로 말미암아 실적원칙은 일찍부터 수립되었으나 직업공무원제의 필요성은 1930년대쯤 비로소 인식되기 시작하였다. 1933년에 구성된 공공인사관리조사위원회(Commission of Inquiry on Public Service Personnel)는 1935년 보고서를 통하여 연방정부에 직업공무원제를 수립할 것을 주장하였다. 그 뒤 1953년에 구성된 제2차 후버위원회(Commission on Organization for the Executive Branch of the Government)도 보고서를 통해 직업공무원제 성격을 띤 고급공무원단을 설치할 것을 건의하였으나 실현되지 못하였다.

그러나 이러한 노력은 1978년 공무원제도개혁법(Civil Service Reform Act)의 제정으로 설치된 고위공무원단(Senior Executive Service)을 통해 일부 결실을 보았다. 고위공무원단에 속하는 공무원이 특정 직무의 직위에 한정되지 않고 기관 내에서는 물론 기관 간 횡적 이동이 가능하다는 측면은 직업공무원제의 특성과 유사하다. 미국은 고위공무원단제도 도입 외에도 그간 채용, 교육훈련, 신분보장 등에서 직업공무원제의 요건들을 적지 않게 보완하였다(유민봉·박성민, 2014: 85;김판석 외, 2021: 110-111).

(2) 직업공무원제의 특성

1) 직업공무원제의 수립 요건

직업공무원제는 계급제(rank classification), 폐쇄형 충원체제(closed career system), 일반능력자(generalist) 중심의 임용, 강한 신분보장 등 공무원들의 성실한 직무수행과 장기근속을 유도하는 제도와 원칙들을 토대로 수립된 제도이다(오석홍, 2022: 45-46).

계급제란 공무원의 인적 특성을 기준으로 공직을 종적으로 구분하여 계층을 만들고 여기에 행정업무를 수준별로 구분하여 담당케 하는 사람 중심적인 제도이다. 계급제에서 공무원은 그 신분을 특정 자리에 의해서가 아니라 공직 전체 속에서 부여받는다. 따라서 설사 당해 직무가 폐지되더라도 조직에서 퇴출당하는 경우가 드물다. 이 때문에 계급제는 공무원의 신분을 강하게 보장하는 특성이 있다.

폐쇄형 충원은 공직의 계층구조 중간에 빈자리가 생겼을 때 원칙적으로 이를 내부의 승진이나 인사이동으로 채우고, 외부로부터의 신규 채용을 제한하는 것을 말한다. 이러한 폐쇄형 충원은 어떤 직급에도 적임자가 있으면 신규 채용을 할 수 있는 개방형 충원과 대조된다. 폐쇄형 충원은 하위계층에 충원된 공무원들이 상위계층으로 승진할 수 있다는 기대를 품게 하여 사기를 높이고, 그들이 공직을 생업으로 삼아 일생을 살아가게끔 유도할 수 있다.

일반능력자 중심의 임용은 공무원 임용의 기준을 당장의 직무수행 능력이 아니라 장기적 발전 가능성 내지 잠재력에 두는 것으로서, 특정한 직무수행에 요구되는 구체적 전문지식을 임용기준으로 삼는 전문가 중심의 임용과 대칭을 이루는 원칙이다. 일반능력자 중심의 임용은 공무원들에게 공직의 여러 분야에서 다양한 직무를 경험하고 폭넓은 소양을 쌓을 기회를 제공함으로써 공직에 대한 매력을 높일 수 있다.

신분보장은 기본적으로 두 가지 의미를 내포한다. 하나는 실적제에서 논의된 바와 같이 부당한 정치적 압력으로부터 공무원의 권익을 보호하는 방어적 의미이고, 다른 하나는 공무원이 공직을 일생의 본업으로 삼아 일할 수 있도록 직업의 안정을 보장해 주는 적극적인 의미이다. 직업공무원제의 신분보장은 후자의 의미로서 원래는 종신형의 신분보장을 뜻하였으나, 오늘날은 한국을 비롯한 영국, 프랑스, 독일, 일본 등 많은 국가가 60년을 전후한 연령 정년을 정하고 있어 그때까지 신분을 보장한다는 의미이다(Mosher, 1982: 150; 임도빈·유민봉, 2022: 76).

적극적 신분보장을 위해서는 산술적 정년보장보다 정년까지 열심히 일할 수 있도록 실질적인 근무 여건을 조성하는 것이 더 중요하다. 공직에 계속 남아 있을 유인이 부족하다면 정년까지 신분을 보장해 주는 근본 취지가 상실될 것이기 때문이다. 사람들이 공직을 직업으로 선택하게 하고 공직에 오랜 기간 남아 있도록 유도하는 실질적 근무 여건은 다음과 같다.

첫째, 공직에 대한 사회적 평가가 높아야 한다. 공직이 특권 향유나 치부의 수단이 될 수 있다는 전통적·비민주적 측면에서가 아니라, 공직이 공복으로서의 긍지를 느낄 수 있는 직업이라는 민주적인 측면에서의 사회적 평가를 말한다.

둘째, 젊고 우수한 인재들을 공직에 유치할 수 있는 적절한 시스템이 갖추어져야 한다. 민간기업들과 우수인력을 채용하기 위한 경쟁이 치열할수록 적극적인 모집과 효과적인 선발 등의 중요성은 커진다.

셋째, 우수인력을 장기적으로 보유할 수 있도록 승진, 배치전환, 교육훈련 등이 공정하고도 체계적으로 이루어져야 한다.

넷째, 보수가 적정해야 한다. 적정한 보수란 공무원이 자신의 지위에 상응하는 생활을 하는 데 소요되는 경비를 충당할 수 있는 수준의 보수를 말한다. 그러나 적정한 보수는 공무원의 직급에 따라 그 의미가 다소 다를 수 있다. 예컨대 하위직 공무원들에게는 보수가 적어도 생계를 유지할 수 있는 수준이라는 것이 중요한 반면에, 상위직 공무원들에게는 보수가 민간기업과의 형평성을 유지하는 수준이라는 사실이 의미를 지닐 수 있다. 전자의 조건이 충족되지 못하면 부패가 발생할 수 있고, 후자의 조건이 충족되지 않을 때는 민간기업으로의 전출자가 늘어날 수 있다(임도빈·유민봉, 2022: 72).

다섯째, 퇴직 후의 생계를 가능케 하는 적정한 연금제도가 확립되어야 한다. 재직 중 민간부문 근로자에게는 적용되지 않는 많은 제약을 받는 공무원이 퇴직 후 노년의 생계까지 걱정한다면 평생을 공직 수행에 헌신하기 어렵기 때문이다. 한국 공무원은 재직 중 윤리규정이 정하는 광범위한 제약으로 인해 심리적 압박을 받으며, 고위공무원은 재산등록과 재산공개를 해야 하는 등 국민의 기본권이라 할 수 있는 사생활 보호를 받지 못한다(임도빈·유민봉, 2022: 542).

2) 실적제와의 관계

실적제와 직업공무원제는 공히 신분보장과 정치적 중립 등을 인사관리의 핵심 원칙으로 하는 관계로 상호 유사한 제도로 보일 수 있다. 그러나 직업공무원제는 현대적인 의미의 실적제가 성립되기 이전부터 존재했던 전통적인 제도로서 실적제와 개념적으로 구분된다. 오늘날 각국 공무원제도를 살펴보더라도 실적제에 기초하고 있으면서도 직업공무원제를 채택하지 않는 경우가 적지 않다. 특정 인사체제에서 공무원의 임용이 실적과 능력에 의해 이루어지고 그 신분이 보장된다고 하더라도, 직업공무원제의 다른 요건들이 갖추어지지 않았다면 직업공무원제라고 하기는 어렵다(김판석 외, 2021: 95-96).

전통적 의미의 직업공무원제에는 실적제와 차별화되는 제도적 특성이 있다. 우선, 앞서 서술한 대로 실적제에서의 신분보장이 공무원의 신분이 정치적 압력이나 정실에 의해 부당하게 영향받지 않고 오로지 실적원리에 의해서만 결정되게 한다는 방어적·소극적 의미를 지니는 것과 달리, 직업공무원제의 신분보장은 젊은 사람이 공직을 본업으로 삼아 일생 동안 열심히 일하게 하려는 보다 적극적 의미이다(유민봉·박성민, 2014: 88).

다음, 실적제는 폐쇄형 충원을 전제로 하지 않는다. 이 때문에 미국에서처럼 실적제를 채택하면서 동시에 개방형 충원을 지향할 시에는, 재직 공무원의 승진 기회가 적어져 직업공무원제가 성립되기 어렵다.

또 한 가지 차이는 실적제는 공무원의 정치적 중립을 기본 원칙으로 하지만, 직업공무원제는 반드시 그렇지 않다는 점이다. 공무원의 정치적 중립성을 보장하기 위해서는 외부의 정치적 간섭으로부터 공무원을 보호하는 조치와 함께 공무원의 정치적 참여를 제한하는 조치가 필요하다고 할 때, 직업공무원제의 오랜 전통을 가진 영국·독일·프랑스와 같은 나라는 오늘날도 공무원의 정치활동에 대해 관대한 편이다. 독일과 프랑스에서는 공무원이 정당에 가입하여 활동할 수 있고 공무원 신분으로 의원직에 출마할 수 있으며, 영국에서도 하위직 공무원에게는 완전한 정치활동이 보장되어 있다(정재명·최승제, 2010; 한견우, 2011: 68).

하지만 이들 차이에도 불구하고 양 제도는 밀접한 연관성이 있다. 무엇보다도 직업공무원제는 실적제를 토대로 할 때 인사제도로서 보다 확고하게 뿌리내릴 수 있다. 공무원으로 임용될 수 있는 기회의 균등한 보장, 공개경쟁시험제도의 채택, 공무원의 정치적 중립, 신분보장 등 실적 원칙 대부분이 공무원들이 일생을 공직에서 성실히 근무하게끔 유도하는 성격을 지닌 까닭이다.

실제로 오늘날 각국의 직업공무원제는 대부분 실적제에 바탕을 두고 있다. 전통적으로 직업공무원제를 채택하고 있던 유럽 여러 나라들도 시대의 변천에 대응하여 직업공무원제를 이런 방향으로 수정하였다. 반면에 실적주의가 먼저 수립된 미국과 같은 나라에서는 채용, 승진, 전직, 훈련 등의 측면에서 직업공무원제의 성격을 가미하는 경향을 나타내고 있다. 그 결과 양 제도 간 거리가 더욱 좁아졌다(유민봉·박성민, 2014: 85; 이창길, 2019: 113-114). 요컨대 각국은 현대의 인사 문제를 효율적으로 해결하기 위해 실적제나 직업공무원제의 어느 한 제도에만 의존하지 않고 양 제도의 장점을 접목하는 경향을 보이고 있는 것이다.

(3) 직업공무원제의 기여와 폐단

직업공무원제의 강점은 한 마디로 사회의 일정한 인력을 국민에게 봉사하는 공무에 전념하게 함으로써 공직의 안정성을 확보하고 행정업무수행의 우수성을 추구하는 데 있다. 직업공무원제의 이 같은 강점을 뒷받침하는 다음과 같은 특성들은 행정환경의 변화 속도가 느리고 행정업무의 성격이 단순할수록 그 빛을 발한다(Mosher, 1982: 150-156).

첫째, 직업공무원제는 공무원의 신분을 강하게 보장하는 관계로 정권의 교체에도 불구하고 행정의 일관성과 연속성을 유지할 수 있게 한다. 즉 직업공무원제는 의회정치와 정당정치에 따르는 정권교체나 정쟁으로 인한 행정 공백 상태를 막고 행정의 안정성, 계속성, 일관성, 중립성을 유지할 수 있는 중요한 제도적 장치이다. 영국이 내각의 잦은 변화에도 불구하고 국정이 안정을 잃지 않은 것이나, 프랑스가 제3공화국과 제4공화국 때 내각의 교체가 매우 빈번한 등 불안정한 정치 상황을 겪었음에도 오늘날 유럽의 강대국으로 남아 있는 것은, 공히 직업공무원제가 확립된 덕분이기도 하다. 한국이 그간 정변과 정권교체에도 불구하고 국가발전이 가능하였던 데도 직업공무원제의 공로가 적지 않았다(유민봉, 1997: 81).

둘째, 직업공무원제는 공무원들을 정부에서만 필요로 하는 인력으로 육성하므로, 이들이 자부심과 직업적 연대 의식을 가지고 공직의 요청에 부응하는 높은 수준의 헌신과 행동규범을 유지할 수 있게 한다(Mosher, 1982: 152; 오석홍, 2022: 46).

셋째, 직업공무원제는 공무원들이 여러 부서의 많은 직무를 경험하게 함으로써 이들의 시각을 넓혀 업무수행에 있어 부서 간 이해와 협력을 가능케 한다(Kernaghan, 1991: 564).

반면에 직업공무원제는 적지 않은 약점을 내포하고 있다.

첫째, 직업공무원제의 신분보장과 폐쇄형 충원은 공무원들을 특권집단으로 변질시켜 정무직 공직자와 외부 환경에 대한 대응성을 낮출 우려가 있다.

둘째, 직업공무원제는 정부활동 분야별로 전문인력을 확보하는 데 장애가 된다. 직업공무원제에서 이루어지는 일반능력자 중심의 임용과 순환보직은 공무원들이 특정 직무수행에 요구되는 전문성을 갖추기 어렵게 하고, 폐쇄형 충원은 특정 분야의 전문가를 외부에서 채용하지 못하게 가로막기 때문이다. 행정업무의 다양성과 전문성이 높아지고 있는 오늘의 현실에서 외부 전문가를 공직에 유입할 필요성은 점점 더 커지고 있다.

셋째, 직업공무원제의 신분보장과 폐쇄형 충원은 공무원들을 무사안일에 빠지게 하여 행정의 비능률성을 초래할 수 있다. 특히 공무원의 신분을 위협하는 외부 압력이 없고, 조직 내부에도 공무원의 부실한 업무수행이나 저성과가 승진에 영향을 줄 뿐 공무원 신분 자체에는 큰 위협이 되지 않는 상황이라면, 정부 인적자원 관리가 효율적으로 이루어질 수 없는 것이다(유민봉·박성민, 2014: 94).

이렇듯 직업공무원제는 그 자체로서 장·단점을 지닌 인사제도이지만, 근래에는 장점보다 단점이 더 두드러지게 나타나고 있다. 이는 현대사회가 후기산업사회·정보화 사회로 진입하고 국민의 행정수요가 복잡화·고급화됨에 따른 전문적인 인력 유입과 탄력적인 인력관리가 요구되는 상황에서, 직업공무원제의 폐쇄적 인사 운영이 이를 가로막기 때문이다. 또 다른 이유는 재정적 압박에 시달리는 국가들이 공공부문의 성과와 경비의 효용성 증대에 노력하는 현실에서, 직업공무원제에 의한 종신고용적인 성격의 신분보장이 경비 절감 등을 위한 유연한 인적자원 관리에 걸림돌이 되기 때문이다(오석홍, 2022: 47).

이런 연유로 그간 서구 여러 나라에서 직업공무원제의 개혁이 다각적으로 추진되었다. 개혁은 공조직의 대응성·전문성·능률성 등을 강화하기 위해 직업공무원제의 전통적 요소에 일정한 변화를 가하는 방식으로 이루어졌다. 구체적으로는 직위분류제·개방형 충원·전문행정가 중심의 미국식 인사제도를 접목하고, 민간부문의 인적자원 관리체계와 운영 방식 일부를 흡수하는 방향성을 띠었다(총무처직무분석기획단, 1997: 95). 예를 들면 영국, 호주, 뉴질랜드 같은 나라에서는 신분보장과 폐쇄형 충원에서 비롯되는 폐해를 막기 위한 개혁방안의 하나로서 고위 직업관료에 대해 계약제 임용방식을 도입하였다. 그리고 공무원 고용 관행에 탄력성을 부여하여 인력감축과 비용 절감의 효과를 거두고자 정년이 보장되고 연금 혜택이 주어지는 전일제(full-time) 위주의 근속고용 조건을 탈피하여 시간제(part-time) 고용제 등 다양한 근무 형태를 채택하기도 하였다. 이 밖에도 상당수 나라에서 공무원의 지나친 신분보장으로 인한 폐단을 시정하고 퇴직과 잉여 인력의 정리를 용이하게 할 목적에서 관련 인사

규정과 절차를 간소화하는 개혁을 추진하였다(총무처직무분석기획단, 1997: 123-124).

직업공무원과 정치적 임명직 간 경계선도 재검토 대상이 되었다. 예를 들면 영국 등의 나라에서는 직업공무원제에 의한 공무원의 신분보장이 행정수반의 책임정치 실현과 인력관리에 관한 리더십을 제약하는 문제점을 극복하고자 고위계급에 대한 엽관적 임용의 범위를 확대하려는 움직임을 보였다(유민봉·박성민, 2014: 90).

2. 한국의 직업공무원제

(1) 제도와 실태

제도적으로 한국의 인사행정은 실적제 원칙을 근간으로 한 직업공무원제에 토대를 두고 있다. 현재 한국 공무원은 대부분(97% 이상) 국가공무원법의 직업공무원제 규정을 적용받고 있다(임도빈·유민봉, 2022: 77). 한국 인사행정이 직업공무원제의 특성을 내포하고 있음은 제도와 운영의 양 측면에서 알 수 있다.

첫째, 현재 공직분류와 인사관리는 직위분류제의 요소가 부분적이고도 형식적으로 가미되어 있지만, 실제로는 계급제에 가깝게 운영되고 있다(임도빈·유민봉, 2022: 71).

둘째, 공무원 임용 형태가 기본적으로 폐쇄적이다. 그간 일반직 공무원의 최저 직급인 9급을 제외한다면, 7급과 5급에서 공개경쟁시험을 치르는 신규 채용이 제한적으로 이루어졌을 뿐, 나머지 직급은 대부분 내부 승진에 의해 임용되었고 그 비율은 상위 직급으로 갈수록 더욱 높았다. 다만 근래에는 정부 차원에서 공직개방을 위한 여러 노력이 이루어지고 있다.

셋째, 국가공무원법과 지방공무원법에서 적극적 신분보장이라고 할 수 있는 연령정년 신분보장을 명시하고 있다. 2009년 국가공무원법이 개정됨으로써 모든 직급의 정년이 60세로 단일화 되었다.

넷째, 일반행정가의 원리를 바탕으로 채용이 이루어지며, 임용 후 인사이동이 매우 잦다.

다섯째, 공무원 교육훈련법에 따라 재직자 훈련을 실시하는 등 공무원에게 능력발전의 기회를 부여하고 있다.

이렇듯 한국의 인사행정은 직업공무원제에 토대를 두고 있으면서도 직업공무원제 본래의 강점을 구현할 수 있는 여건을 제대로 갖추고 있지 못하다. 보수를 비롯한 공무원의 처우 수준이 낮고 승진이 적체되어 공무원들의 사기가 높지 않다. 그뿐 아니라 공직에 대한 사회적 평가도 과거에 비해 낮다.

한국에서 직업공무원제로 말미암아 빚어지고 있는 문제는 다음과 같다.

첫째, 계급제와 일반능력자 중심의 임용제도를 토대로 채용이 이루어지고 인사이동이 빈번한 탓에 공무원들의 직무 분야별 전문성이 낮다. 일반행정직이 공무원집단의 중핵을 이루고 고위직 승진 비율이 월등히 높아, 기술 관련직 공무원들이 주요 결정에 관여할 기회가 적은 것도 행정의 전문성을 낮추는 한 원인이 되고 있다(임도빈·유민봉, 2022: 109).

둘째, 폐쇄형 충원으로 인해 전문인 등 외부 인사들의 공직 유입이 제한적이다. 개방형 충원의 한 방안으로서 국장급과 과장급 직위에 대해 개방형직위 제도를 운영하고 있고, 임기제(종전 계약직) 공무원 임용을 확대하는 등의 시정 노력이 있지만, 아직 충원 규모 면에서 영세하고 진정한 전문인이 채용되는 경우도 많지 않다. 공직의 이러한 폐쇄성은 행정의 전문성과 대응성을 떨어뜨리고 행정서비스의 경직성을 초래하는 원인이 되고 있다.

셋째, 연령정년형 신분보장은 공무원들의 성취 의욕을 낮추고 공직 침체를 초래하는 등 인적자원관리에 있어 비효율성을 초래하고 국민에 대한 공무원의 책임성과 민감성을 둔화시키고 있다(김판석 외, 2021: 76).

이 밖에도 한국의 직업공무원제는 실적 원칙이 제대로 준수되지 않는 데서 비롯되는 폐단도 드러내고 있으나, 이 점은 앞서 실적제에 대한 논의에서 살펴보았다.

(2) 개선방안

1) 개혁방향

그간 한국에서 관료적 병폐로 지목되어온 철밥통, 무사안일, 복지부동, 행정서비스 정신의 결여, 전문성 부족, 생산성 낙후 등의 현상은 직업공무원제와 직·간접적 연관성이 있다. 한국 직업공무원제 개혁은 기본적으로 공무원의 대응성, 전문성, 능률성을 증진시키기 위해 직업공무원제의 구성 축을 이루는 신분보장, 계급제, 폐쇄형 충원, 일반능력자 중심의 임용체제를 개혁하는 것이다.

첫째, 공무원의 신분보장을 완화해야 한다. 정년형 신분보장은 그동안 공공부문이 민간부문에 비해 보수의 경쟁력을 갖지 못하는 상태에서 유능한 인력을 공직에 유인하는 요인으로 작용해 왔고, 공무원의 정치적 중립성을 강화하고 행정의 안정성을 도모하며 공무원의 사기를 유지 시키는 유용한 수단이었다. 그러나 행정의 대응성·전문성·능률성을 높이기 위해서는 계급정년제도나 재임용제도 등을 도입하여 신분보장의 기본 틀을 유지하면서도 무능하거나 일할 의욕이 없는 공무원들을 도태시킬 필요성이 있다.[9]

계급정년제도는 한 계급에서 오랜 기간 승진하지 못하고 머물러 있는 공무원을 무능하다고 간주하여 퇴직시키는 제도이다. 다만 일부 계급(5, 6, 7급)에서 승진 적체가 심하므로, 제도 도입 시에 이 점에 대한 보완책이 요구된다. 현재 경찰공무원, 소방공무원, 군인 등에 계급정년제가 일부 적용되고 있으며, 일반직 공무원에게는 연령정년제도만 적용된다.

재임용제도는 공무원들에게 일생에 3~5번의 재임용 심사를 받게 하는 제도로서, 계급정년제도보다 신분을 상대적으로 강하게 보장한다. 이 제도는 공직사회에 어느 정도 활력을 불어넣을 수 있으면서도 부작용에 대한 우려가 계급정년제도 만큼 크지 않다는 장점이 있다(최병대·김상묵, 1999: 87).

둘째, 개방형 충원을 강화해야 한다. 행정체제 내부 인력에서 얻기 어려운 정책과 행정에 대한 전문성과 새로운 아이디어, 접근방법, 시각 등을 외부인을 유입함으로써 충족해야 할 필요성이 날로 증대되고 있기 때문이다(Kernaghan, 1991: 565-6). 개방형 충원은 특정 직위에 부처 내외의 공무원과 외부의 민간인을 불문하고 일정한 자격요건을 갖추고 있는 자들을 대상으로 공개적 경쟁을 통해 공무원을 임용하는 것을 말한다.

셋째, 실적제의 실효성을 확보하는 것이 중요하다. 이점에 대해서는 앞서 실적제에서 논의하였다.

넷째, 직위분류제의 요소를 확대해야 한다. 현대 행정은 전례 없이 복잡하고 전문화되고 있어서, 거의 모든 행정업무에 일반상식이나 직관력을 갖추거나 관련 경험을 축적하는 것만으로는 획득하기 어려운 고도의 전문지식이 요

9 업무능력이나 업무수행 태도에 심각한 문제가 있는 공무원들에 대해서는 현행 공무원법과 자치법규에 의해 퇴출 조치를 할 수 있지만, 관리자들이 이러한 조치를 하는 경우는 극히 드물다.

구되기 때문이다. 따라서 계급제와 일반능력자 위주의 기존 인적자원관리 방식에서 벗어나 직무영역을 보다 세분화하는 등 직위분류제의 적용 범위를 점차 확대할 필요가 있다.

2) 개혁의 실제와 과제

한국에서는 근래 들어 공직 개방성과 전문성 및 성과주의에 토대를 둔 새로운 인사체제를 확립하기 위한 여러 인사개혁이 이루어졌다. 대표적인 개혁 조치로서는 개방형 직위제도 도입, 고위공무원단제도 도입, 공모직위제의 확대, 성과급제도 실시 등이 그 예이다.

① 개방형 직위제도

개방형 직위제도는 공직사회의 경쟁력 제고를 위하여 전문성이 특히 요구되거나 효율적인 정책수립을 위하여 필요하다고 판단되는 직위에 공직 내외를 불문하고 공개모집에 의한 선발시험을 거쳐 직무수행 요건을 갖춘 최적격자를 선발하여 임용하는 제도를 말한다(인사혁신처, 2022: 248). 이 제도는 1999년 5월 국가공무원법 및 정부조직법 개정과 더불어 도입되었다. 처음에는 실·국장급 직위 가운데 일정 비율을 대상으로 하였으나 현재는 과장급 직위로 확대 적용되고 있다. 개방형 직위제도는 기존 계급제 중심의 인사제도와 달리, 직위에 대한 직무수행요건을 정하고 이에 적합한 자를 선발하여 직위를 부여하는 직무 중심의 직위분류제적 성격을 내포하는 제도이다. 이 제도는 외부전문가 유치 등을 통해 행정의 전문성을 강화하고, 부처 간 인사교류를 활성화하며, 경쟁을 통한 공무원의 자질향상을 도모한다. 그럼으로써 궁극적으로는 폐쇄적 임용제와 신분보장을 근간으로 하는 종래의 인사제도에서 누적·심화 되어 온 공무원의 복지부동이나 전문성 부족과 같은 문제들을 해소하여 정부의 생산성을 제고시키려 한다(박천오 외, 2002a; 2002b). 그간 개방형 직위제도는 민간인 임용 비율이 낮다는 등의 비판을 받아 왔고, 이에 따라 2015년에는 민간인만 응모할 수 있는 경력개방형 제도가 추가적으로 도입되었다.

② 고위공무원단제도

고위공무원단제도는 정부의 주요정책 결정 및 관리에 있어서 핵심적 역할을 담당하는 실·국장급 공무원을 일반공무원과 구분하여 범정부적 차원에서 적재적소에 활용하고, 개방과 경쟁을 확대하며, 직무와 성과중심으로 정부생산성을 높이고자 하는 전략적 인사시스템을 말한다(인사혁신처, 2022: 215). 고위공무원단제도는 2006년 도입되었으며, 신분적 계급제를 근간으로 하는 기존의 폐쇄적인 인사제도의 틀에서 벗어나 실·국장급 고위공무원을 개방과 경쟁을 통해 범정부적 혹은 범사회적 차원에서 임용하고, 이들을 직무와 성과를 중심으로 인사관리하며, 적격자 선발·유지를 위한 검증시스템을 강화한 것이 특징이다.

③ 공모직위제도

공모직위제도는 효율적인 정책수립 또는 관리를 위해 특정 직위에 행정부 내 당해 기관 내부 또는 외부 공무원간 상호경쟁을 통해 최적격자를 선발·임용하는 제도이다. 공모직위에는 고위공무원단 공모직위와 과장급 공모직위가 있다(인사혁신처, 2022: 266). 이는 직위분류제도가 확립된 미국 등 선진국에서는 보편화 되어 있는 제도로서, 한국에서는 2000년 「공무원직위공모규정」이 제정됨으로써 그 중요성이 부각되었다. 공모직위제도는 그간 중앙부처의 인사운영과 관련하여 지적되어 왔던 연공서열에 의한 순환보직 인사와 부처 간 인사교류 제한 등의 문제점을 해소하기 위해 도입된 제도라고 할 수 있다.

④ 경력경쟁채용제도

공개경쟁채용으로 충원이 곤란한 경우에 일정한 요건을 갖춘 자를 공무원으로 채용하는 제도로서, 임용예정직위와 관련된 자격증, 경력, 학위 등이 있는 우수한 전문인력 채용을 목표로 한다(인사혁신처, 2022: 29).

⑤ 성과급제도

성과급제도는 측정할 수 있는 직무수행실적 또는 직무수행의 결과에 따라 보수를 차등 지급하는 제도이다. 성과급은 해당 직원의 생산성이 일정 기준을 초과하는 경우 기본적인 보수에 추가하여 지급하는 것이 원칙이다(오석홍, 2022: 386). 중앙정부의 경우 1999년부터 실·국장급 공무원에 대해 성과연봉제를 도입하여 계급별 연봉 범위 안에서 목표관리제에 의한 개인별 업무평가 결과에 따라 연봉액을 차등 지급하였고, 2001년부터는 과장 이하 공무원에 대해 성과상여금을 지급하도록 함으로써 보수를 성과와 연계시켰다. 현재 성과연봉제는 5급 이상 관리직 및 고위공무원단에, 그리고 성과상여금은 일반직 6급 이하 공무원 등에 각각 적용되고 있다(인사혁신처, 2022: 365). 성과급제도는 연공서열식 보수를 타파하고 공무원의 동기를 유발함으로써 공직사회의 경쟁력과 생산성을 제고시키려는 의도에서 도입된 제도라고 할 수 있으나, 운영 면에서 시행착오를 겪고 있다.

이상의 제도들은 장기적으로 공직사회에 경쟁과 성과라는 의식이 자리 잡게 할 것이란 기대에서 도입되었지만, 아직은 기대만큼 활성화되거나 괄목할 만한 성과를 거두지 못하고 있다.

제 3 절 여타 인사제도: 엽관제와 대표관료제

1. 엽 관 제

(1) 제도의 의의

엽관제(spoils system)는 실적이 아닌 다른 요소들을 공직 임용기준으로 삼는 관계로 흔히 정실제와 동일한 개념으로 통용된다. 하지만 역사적으로 보면 양 제도는 구분된다. 엽관제는 미국의 초창기에 지배적이었던 인사제도로서 선거에서 승리한 정당이 선거에 대한 공헌과 당파적인 지지에 대한 대가로서 공직을 제공한 것이었다면, 정실제는 15세기 영국에서 시작된 인사제도로서 인사권자와의 개인적인 관계나 혈연과 같은 귀속적인 요인이 공직 인사의 주요 기준이었다. 미국의 엽관제에서는 정권교체 시마다 공무원들이 광범위하게 경질되었던 데 비해, 영국의 정실제에서는 공직에 일단 임용되면 종신적이었던 것 역시 양 제도 간 차이라고 할 수 있다.

미국에서는 Jefferson 대통령이 엽관제를 처음으로 적용하였으나, 정치적으로 설득력 있는 논리를 개발하여 이를 제도화 한 것은 Jackson 대통령이었다. 그리고 이 제도를 본격적으로 적용한 것은 Jackson의 후임 대통령들이었다. 엽관제의 성행은 남북전쟁이 끝날 무렵인 1860년대 중반에 절정에 달하였다.

미국에서 엽관제는 초창기 공직 진입의 문턱을 낮추어 사회 여러 계층의 사람들에게 공직에 종사할 기회를 부여함으로써 관료제의 민주화에 기여하였다. 그뿐 아니라 집권 세력이 공무원들의 충성심을 확보하고 그들을 효과적으로 통솔할 수 있게 만드는 제도적 장치로서의 장점과 정당성이 있었다. 하지만 엽관제는 많은 폐단을 초래할 수 있다. 미국에서는 이 때문에 실적제가 탄생하였다(Tompkins, 1995: 58; Elliott, 1998b: 2116). 미국의 경험에서 드러난 엽관제의 폐단은 다음과 같다.

첫째, 엽관제에서는 정당에 대한 공헌도를 위주로 공직 임용이 이루어지는 관계로 무능한 사람들이 공직에 진입하여 행정업무의 능률성을 떨어뜨렸고, 정치적인 요구에 따라 불필요한 관직들이 증설됨으로써 국가 재정의 낭비를 초래하였다(Loverd & Pavlak, 1995: 5-6).

둘째, 엽관제에서는 정권이 바뀔 때마다 대량적인 인력교체가 일어나므로 행정의 안정성과 전문성이 유지되기 어려웠다. 공무원들의 잦은 교체는 그들의 사기와 경력발전에 부정적인 영향을 미쳤고, 공무원들이 자신의 짧은 재직기간 동안 공직을 발판으로 많은 것을 얻어내려고 하였기에 부정부패가 만연하였다(Tompkins, 1995: 57-58).

셋째, 엽관제는 행정과 정파 정치(partisan politics)를 혼합시킴으로써 공무원이 객관적이고도 공정하게 업무를 수행하기 어렵게 만들었다. 정치인들이 직장을 담보로 공무원들에게 선거운동을 하도록 압력을 가하고 정치적 지원금을 납부하도록 강요하는 관행 속에서, 공무원들이 공익을 위해 정치적 중립을 지키면서 공평무사하게 일할 기회는 제한적이었다(Tompkins, 1995: 58; Rosenbloom & Kravchuk, 2005: 205).

넷째, 엽관제는 더 많은 사람을 공직에 접근할 수 있게 하였지만, 접근의 토대가 능력이 아니라 당파적 관계였으므로 공직의 민주성과 공평성에 대한 기여가 한정적이었다(Elliott, 1998b: 2116).

이 같은 한계 때문에 오늘날 엽관제는 행정수반이 자신과 신념이 같고 신뢰할 수 있는 사람들을 정무직 공직자로서 행정기관의 최고위직에 앉히는 형식으로 제한적으로 적용되고 있다(Elliott, 1998b: 2117). 이러한 임용은 집권 정부가 책임정치를 실현하는 데 요구된다. 실적제의 적용을 받는 직업공무원들은 자신들의 전문성과 경험을 중시하는 탓에 민의를 반영한 정책을 이행하는데 적극성을 띠지 않을 수 있으므로, 행정수반은 자신이 신뢰하고 직접 임명한 정무직 공직자들 통해 선거 공약이나 시민들의 다양한 욕구를 반영한 정책을 직업관료들이 적극적으로 수행하도록 이들을 통제·관리할 필요성이 있기 때문이다. 이런 측면에서 엽관제는 행정의 민주화에 부합되는 인사제도라고 할 수 있다(Kellough, 2003b: 883; 이건, 2017).

그렇다면 행정계층제에 있어서 아래로부터 어느 단계까지 실적임용이 적용되고 위로부터 어느 단계까지 엽관임용이 이루어져야 바람직한가? 바꿔 말해 엽관인사의 정당성이 인정될 수 있는 관직의 범위나 영역은 어디까지인가? 이와 관련하여 미국과 영국은 대조적인 양상을 보인다. 미국에서는 장관과 경력직 공무원 사이의 4~5단계에 속하는 약 3,000명이 정치적으로 임명되는 반면, 영국의 각 부처에는 장관을 포함한 소수의 정치적 임명직이 있을 뿐이다.

공무원의 순응을 확보하기 위한 수단으로서 정치적 임명을 활용하는 정도가 이렇게 나라에 따라 다른 것은 각 나라의 역사적 차이에도 그 원인이 있겠으나, 무엇보다 정부의 의사결정 구조가 다르기 때문일 수도 있다.

엽관 임용의 확대는 인사행정의 가치에 있어 전문성이나 효율성보다 대응성과 민주성을 우선시하는 것이고, 실적임용의 확대는 그 반대의 경우라고 할 수 있다(이창길, 2019: 556). 따라서 예컨대 정부의 의사결정 구조가 분산된 국가일수록 집권자의 정치적 의도와 실제 행정이 통합될 수 있도록 공무원들의 대응성을 높이기 위해 더 많은 정무적 공직자들을 필요로 한다. 미국이 이러한 경우가 이에 해당한다. 영국에서는 미국과 달리 정치적 엘리트와 정책체제(policy system)가 상대적으로 통합되어 있으므로 행정부 내의 순응을 창출하기 위해 상위층에 그다지 많은 정무직 공직자들이 필요하지 않을 수 있다(Peters, 1995: 90-91).

엽관제는 여전히 행정을 정치권력에 예속시킬 수 있고, 행정의 계속성과 전문성을 침해할 수 있는 등의 문제점을 내포하고 있다(이창길, 2019: 106). 따라서 각 나라의 정치 상황에 따라 엽관인사를 활용하되, 그것이 실적주의 원칙이 지켜져야 마땅한 인사영역에까지 확대되는 것을 막을 수 있는 장치를 마련하는 것이 제도운영의 과제라고 할 수 있다(오석홍, 1995: 187).

(2) 한국의 엽관제

한국에서는 공식적인 법적 제도로서 엽관제를 공직 인사의 전반에 적용한 적이 없다. 그러나 그간 장·차관을 포함한 정무직 등 일부 직위에 대한 엽관인사는 합법적으로 허용 되어왔으며, 국영기업과 같은 준정부적 조직의 고위관리자들 역시 엽관인사의 대상이 되어 왔다. 반면에 일반직 공무원은 거의 모든 직급에서 실적임용이 이루어지고 있다. 2000년부터 국장급 이상 직위 가운데 일정 비율이 개방형 직위로 지정되고 있지만, 임용자격 요건이 엄격히 정해진 까닭에 실적임용에 가깝다. 그러나 정권이 교체되면 엽관 임용이 된 고위직은 물론 임기가 있는 고위공직자나 실적제의 보호를 받게 되어 있는 일반공무원들에게까지도 물갈이의 파급효과가 미치는 경우도 없지 않다(오석홍, 2021: 158).

전체적으로 한국은 엽관임용이 가능한 공직의 범위가 상대적으로 제한적이다. 과거 권위주의적 정권하에서 대통령은 소수의 정무직 공직자들만으로도 공무원의 충성심을 확보하는 데 별문제가 없었지만, 정치적 민주화가 상당히 진척된 오늘날에는 정권에 대한 공무원들의 순응도가 과거에 비해 떨어진다는 이유에서 엽관 임용의 범위를 다소 확대할 필요성이 제기되고 있다(오석홍, 2022: 79).

그러나 엽관 임용이 지나치게 논공행상에 치우친다면 부작용이 적지 않을 것이다. 역량이 떨어지는 사람들이 정치적인 이유로 행정기관의 요직에 임용되어 비합리적인 정책을 추진하거나, 비정상적인 방식으로 기관을 이끌거나, 소신껏 일하는 공무원들을 좌절시킬 수 있기 때문이다(임도빈·유민봉, 2022: 66). 실제로 과거 무능하거나 사회적으로 지탄받는 사람들이 친분이나 정치적 이해관계 때문에 정무직에 임용되는 사례가 적지 않았다. 엽관 임용의 성패는 결국 임용권자의 현명한 판단에 달려있다고 할 수 있다(오석홍, 2022: 29).

2. 대표관료제

(1) 제도의 의의

대표관료제(representative bureaucracy)는 민족, 인종, 성별, 지역 등의 기준에서 국민 전체의 인적 구성을 반영하도록 공무원을 충원하는 인사제도를 말한다(강성철 외, 2019: 68; 오석홍, 2022: 33-34). 대표관료제란 용어를 처음으로 사용한 Kingsley(1944)는 20세기 들어 정책의 실제 결정권이 의회로부터 행정부로 넘어간 상황에서 행정 결정의 주체가 되는 공무원들을 사회의 다양한 집단들을 대표하게끔 구성함으로써 그들의 민주적 책임성을 확보할 필요가 있다고 주장하였다. 그는 특히 상류층과 중산층으로 주로 구성된 영국 공무원집단이 2차 세계대전 후 정권을 잡은 노동당 정부에 의한 노동계급 중심의 정책들을 저해할 수 있음을 우려하였다(Naff, 1998: 1958).

대표관료제는 기본적으로 공직임용의 기회균등만을 보장하는 실적제의 한계에 대한 비판에 기반을 두고 있으며, 공직임용의 결과적 형평성과 공무원의 국민에 대한 대응성을 제고시키기 위한 인사제도로서 많은 국가가 이를 적용하고 있다(Naff, 1998: 1960). 실적제가 개인의 자격과 능력에 초점을 맞추는 제도라면, 대표관료제는 사회집단들의 필요와 바람을 중시하는 집합체주의적 접근을 취하는 제도라고 할 수 있다(오석홍, 2021: 160). 실적제는 공직채용에 있어서 인종, 성, 지역 등에 대한 정치적 고려 없이 오로지 직무수행에 대한 개인의 자질과 능력만을 우선시한 결과로서, 일부 사회집단의 공직 진출이 현저히 낮아지는 차별 문제가 빚었다. 대표관료제는 이들 비혜택 집단에게 현재의 차별을 방지하는 것은 물론, 임용상의 각종 혜택 또는 우대를 통해 과거에 저질러진 차별 효과에 대한 보상적 기회를 제공하기 위해 등장한 제도이다(유민봉·박성민, 2014: 30; 오석홍, 2021: 160-161).

낙관론적 관점에 의하면 대표관료제는 모든 사회집단 특히 소외집단이나 소수집단에게 공직 취임의 실질적인 기회균등을 보장해 줄 수 있다.[10] 뿐만 아니라 정부관료제의 주요 결정과정에 사회의 다양한 집단이 자신의 이익과 가치를 투입할 수 있게 함으로써 실적제에 의한 편협된 충원에서 비롯될 수 있는 편향된 정책과 프로그램을 방지하고 국민에 대한 정부관료제의 대응성을 높일 수 있다(Peters, 1995: 92).

이 밖에도 대표관료제는 다음과 같은 장점이 있다고 주장된다(Wise, 2007; 박천오 외, 2007).

첫째, 대표관료제의 인적 구성이 사회 각계각층을 비례적으로 대표한다는 것 자체가 민주적인 가치에 부합되며, 정부관료제 내에서 다양한 사회세력들 간 상호 견제와 조정이 이루어진다는 점에서도 행정의 민주화에 기여할 수 있다.

---

10 미국에서는 여성과 소수인종에 대한 우대정책을 취하고 있고, 인도에서도 정부가 하층계급 사람들을 고용하도록 법으로 규정하고 있다. 캐나다 역시 정부가 소수집단을 고용하도록 의무화하고 있다(Peters, 1995: 93).

둘째, 대표관료제는 사회의 여러 집단이 관료제 내에 자신들의 대표를 가지게 함으로써, 대외적으로 정부정책의 정당성과 광범위한 수용을 창출할 수 있다. 예를 들면 특정 보건정책의 수립에 여성공무원들이 관여한다는 사실을 알면 여성들이 해당 정책을 수용할 가능성이 커지는데, 이는 여성공무원들을 통해 여성들 자신의 특수한 입장이 정책에 반영되었으리란 기대심리가 작용하기 때문이라는 것이다.

셋째, 대표관료제로 인한 정부 인적 구성의 다양성은 효과적이고 창의적인 정책을 낳을 수 있다. 상이한 사회적 배경을 가진 사람들일수록 이른바 주류집단들에서는 찾기 어려운 새로운 문제해결 방안이나 기술을 제공할 수 있다.

넷째, 대표관료제는 정부의 고용 혜택과 국가권력에 대한 접근이 사회의 어느 집단이나 세력에도 공평하게 주어진다는 것을 국민에게 보여주는 긍정적인 효과를 거둘 수 있다.

그러나 대표관료제에 대한 이러한 다양한 기대에도 불구하고 제도의 저변에 깔린 가정들은 이제까지 경험적으로 충분히 입증되지 않고 있다. 무엇보다 Mosher(1982)가 지적한대로, 대표관료제의 정당화 요인 내지 장점으로 제시된 것들 대부분이 소극적 대표성(passive representation)이 적극적 대표성(active representation)으로 당연히 전환된다는 점을 전제로 한다는 것이 문제된다. 소극적 대표성은 공무원들이 수적으로 사회의 다양한 인구학적인 집단들을 반영하도록 구성된다는 뜻이고, 적극적 대표성은 이런 식으로 구성된 공무원들이 업무수행에 있어서 저마다 출신 집단의 입장과 이익을 적극적으로 대변하고 옹호한다는 의미이다. 사회 다양한 집단의 가치나 이해관계가 실제로 프로그램, 정책, 의사결정으로 연결될 수 있는 것은 공무원들의 적극적 대표성을 통해서이다(Riccucci & Saidle, 1997: 423).

이제까지 소극적 대표성과 적극적 대표성 간 연관성을 경험적으로 조사한 연구들은 상당수 있다. 흑인경찰과 백인경찰이 소수민족 시민을 대함에 있어서 태도 차이를 보이는지, 유색인 의사가 백인 의사에 비해 유색인 환자에 대해 심정적으로 공감하는 경우가 더 많은지 등에 관한 연구 등이 그것들이다. 하지만 이들 연구는 일관된 결과를 내놓지 못하였다(Shafritz, 1998: 1958-1960).

현실에서 적극적 대표성이 실현되지 않는 경우가 많은 것은 공무원들의 사고와 행동이 단지 출신집단의 이익과 가치에 의해서만 영향받지 않고 조직 내

사회화, 권력의 결핍, 동료집단의 압력, 독자적인 행동과 의견표현에 대한 조직의 공식적인 제재와 같은 장애 요인들에 의해 적지 않게 영향받기 때문이다(Thompson, 1976).

일부 학자들은 소극적 대표성이 적극성 대표성으로 자동으로 전환되지 않는다는 점에 착안하여, 양 대표성을 연결하는 핵심조건 내지 유도 요인들을 진단하여 제시하였다. 예컨대 소수집단 출신 공무원들은, 특정 문제가 출신 사회집단의 명백한 관심사이거나, 같은 소수집단 출신 공무원들이 소속 행정기관에 다수 배치되어 있거나, 사회 출신 집단과 관련된 이슈에 조직의 최고관리자나 사회의 조직화된 집단들이 분명한 지지를 나타내거나 하는 상황에서는, 사회출신 집단을 대표하는 업무행태를 보일 가능성이 크다는 것이다(Dolan, 2000: 517-518; Meier & Bohte, 2001; Meier, 1993).

한편, 대표관료제는 공무원 임용에 있어 능력과 자격을 이차적 기준으로 삼는 탓에 실적제와의 관계 설정이 문제 될 수 있다. 대표관료제의 실천 수단 가운데 모집망 확대, 채용시험의 타당성 제고, 교육훈련 기회 확대, 각종 인사조치에서 차별금지 등과 같은 부드러운 방안은 실적제를 보완하거나 부분적으로 수정하는 것들이어서 그다지 문제 되지 않는다. 그러나 비례적 대표성을 강제적으로 확보하는 임용할당제와 같은 강한 방안은 실적제의 원리와 정면으로 충돌할 수 있다(오석홍, 1999: 266; 유민봉·박성민, 2014: 31).

대표관료제 옹호자들은 과거 공직에 대한 공평한 접근이 어려웠던 소수민족이나 여성들에게 특별한 배려를 하려는 목적에서 소수집단 우대정책(affirmative action)을 활용할 것을 주창하는 반면, 반대자들은 그러한 정책이 공직수행의 전문성과 합리성을 저해할 뿐만 아니라 실적제를 적용하였더라면 임용될 수 있는 사람들을 출신 배경별 대표성 실현을 위해 희생시키는 이른바 '역차별'(reverse discrimination) 문제를 야기 할 수 있음을 지적한다(오석홍, 2022: 32).

선진국의 경우 그간 관료제의 대표성을 높이기 위해 여러모로 노력한 결과, 공무원 구성에 있어 소수민족과 여성의 숫적 비율이 상당히 높아졌다. 때문에 근래에는 임용 비율보다 주요 결정이 이루어지는 상위직에 여성이나 소수민족이 적절히 대표되고 있는지의 문제가 더 큰 관심사가 되고 있다.

(2) 한국의 균형인사제도

한국은 다른 많은 나라들과 달리 민족, 인종, 언어, 문화 등에 있어서 동질성이 매우 높다. 때문에 이들 기준을 토대로 대표관료제를 적용하는 데는 한계가 있다. 하지만 한국에는 전통적인 인습으로 인한 인사차별 문제가 남아 있다. 성(性)에 따른 차별, 학벌에 따른 차별, 지역연고주의에 의한 차별, 소득 격차에 따른 차별, 장애인에 대한 차별, 기술계 인력에 대한 차별 등이 그것이다(오석홍, 2022: 40).

그간 한국 정부는 이러한 차별적 인사 관행으로 인해 공직에서 상대적으로 소외되었던 여성, 장애인, 지방인재, 과학기술 인력 등의 공직 유입을 확대하고, 이들이 공직 내에서 차별 없이 능력을 발휘할 수 있도록 하려는 목적에서 여러 균형인사정책을 시행해 왔다. 현재는 양성평등채용목표제, 장애인우대정책, 지방인재채용목표제, 지역인재채용제, 저소득층 우대정책 등이 균형인사정책의 일환으로 시행되고 있다.

양성평등목표제는 공무원공개경쟁시험 등에서 어느 한쪽 성의 합격자가 목표 인원에 미달하는 경우 일정한 합격선 범위 내에서 해당 성의 응시자를 추가 합격시키는 제도이다. 장애인 우대정책은 장애인 의무고용제도와 장애인 구분모집제를 포함한다. 장애인 의무고용은 장애인 고용을 촉진하기 위해 「장애인고용촉진 및 직업재활법 제27」에서 정부의 의무고용비율(2022년부터 3.6% 이상)을 정하여 장애인을 채용하도록 하는 것을 말한다. 장애인 구분모집제는 장애인 공직임용 확대를 위해 선발예정인원의 일부분을 장애인만이 응시할 수 있도록 분리하여 실시하는 제도이다(인사혁신처, 2022: 65-66).

지방인재채용목표제는 지방학교 출신 합격자가 목표치에 미달할 경우 일정 합격선 내에서 선발예정인원외에 제한적인 비율로 추가 선발하는 제도이다. 지역인재추천채용제는 고등학교 이상 졸업(예정)자를 학교로부터 추천받아 수습 직원으로 선발, 일정 기간 수습 근무를 거쳐 일반직 공무원으로 임용하는 제도이다. 저소득층우대정책은 저소득층의 공무원 임용을 촉진하기 위해 선발예정인원의 일부분을 저소득층만이 응시할 수 있도록 시험을 분리하여 실시하는 저소득층 구분모집제에 의해 대표된다(인사혁신처, 2022: 66-70).

그러나 이 처럼 균형인사정책이 실시되고 있음에도 불구하고 정책결정계급에서 여성대표성이 저조하고 담당분야별 성별분포가 불균등한 현상 등은 아직 해소되어야 할 문제로 남아 있다(임도빈·유민봉, 2022: 196).

근래 들어서는 결혼이주자, 외국인 노동자 등이 숫적으로 크게 증가하면서 인구구조가 변함에 따라, 새로운 균형인사의 대상을 발굴하여 이들을 포괄하는 발전된 균형인사정책을 수립할 필요성이 제기되고 있다(최성주 외, 2018).

그간 한국의 균형인사정책은 공정한 고용기회의 보장에 중점을 두어왔다. 따라서 그 성과 측정은 대부분 수동적인 대표성에 맞추어졌으며, 대체로 긍정적인 평가를 받고 있다. 하지만 균형인사정책이 지속적으로 확대·강화되어 온 현실에서 적극적인 대표성 측면에서의 효과성을 평가할 필요성이 증대되고 있다. 균형인사정책으로 인해 다양해진 공무원의 인적 구성이 적극적 대표성을 증진한다는 일부 연구 결과가 있지만(진종순, 2009; 박천오, 2010), 전반적으로 이 주제에 관한 연구는 미진한 편이다.

참고문헌

강성철 외. (2019). 「새 인사행정론」, 서울: 대영문화사.

김판석·최무현·한유성. (2021). 「인사행정론」, 경기: 법문사.

박천오 외. (2002a). 개방형 직위제도의 제도적 적정성에 관한 실증적 조사연구. 「한국행정연구」, 11(2): 162–187.

박천오 외. (2002b). 개방형 직위제도의 운영 실태에 관한 실증적 조사·평가. 「한국행정학보」, 35(3): 99–126.

박천오 외. (2007). 사회형평적 인재등용, 「정부혁신지방분권위원회 사례분석시리즈 3」.

박천오. (2010). 한국 여성공무원의 여성대표적 역할 인식에 관한 탐색적 연구. 「한국행정연구」, 19(1): 177–200.

박천오·박시진. (2015). 한국 공무원의 공직선택 동기 연구. 「한국인사행정학회보」, 14(1): 79–104.

박천오·박시진. (2017). 저성과 원인과 저성과자에 대한 조직구성원들의 인식과 반응: 한국 지방공무원들을 중심으로. 「한국인사행정학회보」, 16(1): 103–130.

박천오 외. (2018). 「비교행정」, 경기: 법문사.

오석홍. (2021). 「통치하기 어려운 나라」, 경기: 법문사.

오석홍. (2022). 「인사행정론」, 서울: 박영사.

유민봉. (1997). 「인사행정론」, 서울: 문영사.

유민봉·박성민. (2014). 「한국인사행정론」. 서울: 박영사.

이건. (2017). 엽관제도에 의한 직업공무원제 훼손 현상 고찰: 박근혜 정부 청와대 참모들의 인사 농단 사례를 중심으로. 한국행정학회 하계학술발표논문집.

이창길. (2019). 「인적자원행정론」, 경기: 법문사.

인사혁신처. (2022). 「공무원 인사실무」.

임도빈·유민봉. (2022). 「인사행정론」. 서울: 박영사.

정재명·최승재. (2010). 공무원의 정치참여에 관한 연구 – 공무원들의 인식을 중심으로, 「한국행정논집」, 22(2), 479–508.

진종순. (2009). 균형인사정책의 효과성에 관한 연구:적극적 대표성을 중심으로. 「한국정책과학학회보」, 13(4): 43–68.

총무처 직무분석기획단. (1997). 「정부혁신론」, 서울: 동명사.

최성주·이근주·최유진. (2018). "다양성과 다양성 관리: 한국형 다양성 연구의 방향 모색,"

「한국인사행정학보」, 17(4), 1-28.

최병대·김상묵. (1999). 공직사회 경쟁력 제고를 위한 실적주의 인사행정 기능의 강화. 「한국행정학보」, 33(4): 77-94.

한견우. (2011). 공무원의 정치적 중립성과 정치활동의 제한. 「연세 공공거버넌스와 법」, 2(1): 55-118.

Birch, Anthony. (1982). *The British System of Government*. London: George Allen & Unwin.

Carter, Luther F. (1989). Five Great Issues in Public Personnel Administration and Labor Relations. In Rabin et (al.), *Handbook of Public Administration*. 309-329. New York: Marcel Dekker, Inc.

Dolan, Julie. (2000). The Senior Executive Service: Gender, Attitudes, and Representative Bureaucracy. *Journal of Public Administration Research and Theory*, 10(3): 513-529.

Elliott, Robert H. (1998a). Merit System. In Jay M. Shafritz, (ed.). *Encyclopedia of Public Policy and Administration*. Boulder Colorado: Westview Press. pp. 1379-1380.

Elliott, Robert H. (1998b). Spoils System. In Jay M. Shafritz, (ed.). *Encyclopedia of Public Policy and Administration*. Boulder Colorado: Westview Press. 2116-2117.

Kellough, J. Edward. (2003a). Merit System. In Jack Rabin, (ed.). *Encyclopedia of Public Administration and Public Policy*. 764-765. New York: Marcel Dekker, Inc.

Kellough, J. Edward. (2003b). Patronage and Spoils. In Jack Rabin, (ed.). *Encyclopedia of Public Administration and Public Policy*. 880-884. New York: Marcel Dekker, Inc.

Kernaghan, Kenneth. (1991). Career Public Service 2000: Road to Renewal or Impractical Vision? *Canadian Public Administration*, 34(4): 551-572.

Kingsley, Donald J. (1944). *Representative Bureaucracy: An Introduction of the British Civil Service*. Yellow Springs, OH: Antiock University Press.

Loverd, Richard A. & Thomas J. Pavlak. (1995). Analyzing the Historical Development of American Civil Service. In Jack Rabin, (ed.), *Handbook of Public Personnel Administration*. 1-19. New York: Marcel Dekker, Inc.

Meier, Kennith J. (1993a). Representative Bureaucracy: A Theoretical and Empirical Exposition. *Research in Public Administration*. 2: 1-35.

Meier, Kenneth. J & Bohte J. (2001). Structure and Discretion: Missing Links in Representative Bureaucracy. *Journal of Public Administration Research and Theory*, 11: 455-469.

Mosher, Frederick (1982). *Democracy and the Public Service*. New York: Oxford University Press.

Naff, Katherine C. (1998). Representative Bureaucarcy. In Jay M. Shafritz, (ed.). *Encyclopedia of Public Policy and Administration*. 1958–1960. Boulder Colorado: Westview Press.

Peters, B. Guy. (1995). *The Politics of Bureaucracy*. N.Y.: Longman.

Riccucci, Norma M. & Judith Saidel. (1997). The Representativeness of State-Level Bureaucratic Leaders: A Missing Piece of the Representative Bureaucracy Puzzle. *Public Administration Review*, 57(5): 423–430.

Rosenbloom, David H and Robert S. Kravchuk. (2005). Public Administration: *Understanding Management, Politics, and Law in the Public Sector*. Boston: MaGraw-Hill.

Shafritz, Jay M. (1998). *International Encyclopedia of Public Policy and Administration*. Boulder, CO: Westview Press.

Tompkins, Johathan. (1995). *Human Resource Management in Government: Hitting the Ground Running*. New York: Harper Collins College Publishers.

Wise, Lowis R. (2007). Representative Bureaucracy. In B. Guy Peters & Jon Pierre(eds). *The Handbook of Public Administration*. 223–233. Los Angeles: Sage Publications.

제 4 장 인사기관

제 1 절 인사기관의 의의

사기업의 인력관리에 있어서는 인사기관의 성격이나 조직형태는 큰 의미를 지니지 않는다. 각 기업은 규모와 기업의 특성에 맞게 자유로운 인사기구를 설치할 수 있다. 기업들도 외부환경에 적응하기 위해 기업윤리나 법에서 정한 형평성의 원리를 지켜야 하지만, 기업에서는 무엇보다 생산성과 이익의 극대화가 가장 우선시 되는 가치관이다. 따라서 사기업의 인사기관은 최고책임자가 참모기관으로 활용하기 가장 편리한 형태이면 된다고 할 수 있다.

그러나 정부의 인사행정에는 사기업과 달리 민주성, 공정성, 효율성, 합법성 등의 상충되는 가치관들이 항상 혼재한다. 이러한 가치관들에 기초하여 인사기관은 정당정치에 의한 엽관주의의 폐해를 방지하여야 하는 중립성 유지 기능, 행정의 최고책임자가 국정을 효율적으로 운영할 수 있도록 보좌하는 참모기능, 공정성 및 형평성에 있어서 국민에 대한 정치적 책임성 기능, 각 정부기관의 인사관리에 대한 준사법적 통제기능, 융통성 제고를 위한 전문가적 컨설팅 기능 등의 상충되는 기능들을 수행하여야 한다(Nigro, 1981; Shafritz et.al, 1986). 인사행정의 가치관과 기능들은 행정환경에 따라 그 우선 순위가 바뀌며, 행정개혁이라는 이름 아래 인사기관의 조직형태와 성격이 변화한다.

행정부의 인사기관에는 중앙인사기관, 부처인사기관, 지방자치단체 인사기관 등이 있다. 인사기관의 조직형태와 성격은 주로 중앙인사기관과 관련하여 설명된다. 각 부처의 인사기관과 지방자치단체의 인사기관은 중앙인사기관의 체제에 따라 그 기능과 구조가 변화하는 경향을 보인다. 중앙인사기관은 국가공무원에 대한 인사행정을 총괄하는 기관을 말한다. 인사기능은 중앙인사기관으로의 집권화 정도에 따라 차이가 나지만, 부처인사기관은 기본적으로 중앙인사기관이 정한 지침에 입각하여 인사기능을 수행한다. 지방자치단체의 인사기관은 지방자치단체의 자치권의 강약에 따라 중앙인사기관의 통제를 받을 수도 있고, 그렇지 않을 수도 있지만, 대부분의 경우 중앙인사기관의 인사지침을 바탕으로 인사기능을 수행한다고 할 수 있다. 한국의 경우 중앙인사기관은 매우 집권적이며 부처인사기관과 지방자치단체의 인사기관은 중앙인사기관의 통제 아래 정해진 지침에 따라 인사기능을 수행하고 있다. 따라서 인사기관에 대한 논의는 중앙인사기관에 초점을 맞추는 것이 바람직하다.

역사적으로 볼 때 중앙인사기관은 대부분 국가들에 있어서 엽관적·정실적 요소를 배제하고, 중립적이고 성과주의적인 인사행정을 수립하기 위해 설립되었다. 그러나 민주주의가 발달하고 행정의 투명성이 확보된 오늘날에 있어서는 점차 인사행정의 전통적 기능이 가지는 비효율적인 관리행태에 대한 개선방안이 강구되고 있다. 특히 1980년대 이후 정부행정의 패러다임이 통제에서 서비스와 생산성으로 전환되면서, 하부체제인 인사행정도 이에 준하는 변화를 보이기 시작하고 있다. 예를 들면 유연한 인사관리를 위해 각 부처인사기관에 권한과 책임을 분권화 시키고, 행정의 최고책임자가 국정관리를 효율적으로 할 수 있도록 중앙인사기관에 대한 그의 통제권한을 강화하는 것과 같은 변화가 일어나고 있다. 한국도 최근 정부의 생산성을 제고시키려는 노력의 일환으로 중앙인사기관에 대한 개혁을 단행하였다.

제 2 절 중앙인사기관의 기능

1. 전통적 기능

중앙인사기관의 설립은 전통적인 엽관적·정실적 인사관행을 방지하기 위한 것이었다. 나라마다 이러한 인사관행으로 인한 폐해의 정도가 다르기는 하지만, 심각한 폐해를 경험한 나라들은 대부분 독립적인 중앙인사기관을 설치하여 실적주의 인사제도를 도입·운영하였다. 중앙인사기관의 구체적 기능은 나라에 따라 차이가 나지만, 일반적으로 다음과 같은 기능을 수행하여 왔다.[1]

(1) 감사기능

중앙인사기관의 감사기능은 그 설립목적에 가장 부합하는 것으로 실적주의의 확립을 위한 가장 전통적인 기능이라고 할 수 있다. 중앙인사기관은 정치적으로 임명된 각 정부기관의 최고책임자들이 정실인사를 하지 못하도록, 각 기관이 정해진 법과 규칙에 따라 인사행정을 집행하고 있는지 통제하고 지도하는 기능을 수행한다. 감사 결과 인사에 있어서 부당하거나 위법적인 사실이 발견되면 관계기관에 이의 시정을 촉구하고 관계공무원을 처분하도록 할 수 있다.

(2) 준입법기능

중앙인사기관의 준입법기능이란 국회에서 제정된 법률의 범위 내에서 인사행정에 관한 규칙을 제정할 수 있는 기능으로서 일종의 위임입법이라고 할 수 있다. 준입법기능을 통해 중앙인사기관은 정치적 목적의 정실인사를 방지할 수 있으며, 인사행정에 있어서 통일성과 일관성을 유지할 수 있다. 중앙인사기관이 설립되었다고 하여 그것이 모든 인사기능을 수행하지는 않으며, 각 부처의 인사기관에서 기능의 일부를 담당하게 된다. 다만, 이 경우에도 중앙인사기관은 집행에 있어서 통일된 원칙이 유지될 수 있도록 인사행정에 관한 규칙을 제정하여야 한다.

중앙인사기관의 준입법기능은 전통적으로 정치적으로 중립적이고 실적을 바탕으로 한 공정한 인사가 이루어지도록 하는 것을 최우선 목적으로 삼아왔다. 과학적 관리론에 의해 발전한 관리주의는 인사행정에도 유일한 최선의 방법을 추구하게 만들었으며, 이에 따라 중앙인사기관은 최선의 인사절차에 대한 규칙을 제정하여 모든 인사기관이 준수하도록 하는 기능을 담당하게 되었다.

---

1 박동서(1990: 104–106), 김중양(1999: 28–29), Stahl(1983: 200–201) 참조.

(3) 준사법기능

중앙인사기관의 준사법기능은 공정하지 않은 위법 부당한 인사처분에 대해 당해 공무원으로부터 소청이 있을 때 이를 재결할 수 있는 권한을 가지는 것을 의미한다. 중앙인사기관의 소청에 대한 결정은 처분행정청을 기속하는 효력을 지닌다.

(4) 집행기능

중앙인사기관의 집행기능은 인사법령에 따라 인사행정에 관한 구체적인 사무를 수행하는 것을 말한다. 여기서 구체적인 사무란 협의로는 공직분류, 임용, 승진, 이동, 훈련, 보수 및 후생복지 등에 관한 것을 의미한다. 광의의 사무개념은 협의의 개념에 인적자원의 개발, PR, 최고책임자에 대한 조언, 효과적이고 전문적인 인력관리를 위한 조사 및 연구, 각 기관의 인력관리에 대한 조언 등을 포함한다.

집행기능은 중앙인사기관에 의해 수행되거나, 각 부처의 인사부서에 의해 수행될 수 있다. 중앙집권적인 성격이 강한 국가일수록 중앙인사기관에서 모든 집행기능을 담당한다. 인사행정이 분권화될 경우 집행기능의 대부분은 각 기관의 인사담당부서에서 담당하고, 중앙인사기관은 감독 및 성과측정만을 담당하게 된다.

2. 중앙인사기관의 새로운 기능

중앙인사기관의 전통적 기능은 실적주의에 기반을 둔 전문적인 직업공무원제도를 확립하기 위해 인사법규를 만들고, 집행하고, 감시하는 데 중점을 두었다. 그러나 인사행정에 있어서 공정성이 점차 확립되어감에 따라 통제적인 인사행정에 대한 비판적 의견이 대두되기 시작하면서 효율성에 대한 요구가 높아지기 시작하였다. 특히, 1970년 후반부터 시작된 세계적인 경제불황은 효율성을 행정의 최고 이념으로 전환시켰고, 행정의 하부체제인 인사행정도 같은 방향으로 변화하였다.

행정에 있어서 효율성에 대한 강조는 공무원의 높은 전문성, 비용의 절감,

능동적 행정, 서비스 행정 등을 요구하고 있다. 이에 따라 전통적으로 집권화되어 있던 인사기능에 대한 분권화가 이루어지기 시작하였다. 또한 독립성이 강조되던 인사행정도 행정수반이 전략적 수준의 정책을 효율적으로 수행할 수 있도록 보좌하는 기능을 겸하지 않을 수 없게 되었다. 그 결과 중앙인사기관은 다음과 같은 기능들을 새롭게 수행하게 되었다.[2]

첫째, 분권화에 의해 각 부처인사기관의 집행기능이 커짐에 따라 중앙인사기관은 이에 대한 감시 및 자문역할을 강조하게 되었다. 부처인사기관은 중앙인사기관에 비해 인사행정의 전문성이 낮으며, 기관장의 정치적 영향력을 배제하기 어렵기 때문에 중앙인사기관은 실적주의 공무원제도가 손상되지 않도록 끊임없이 감시를 하여야 하며, 효율적인 인사관리에 대한 전문가로서의 자문역할을 병행하게 되었다.

둘째, 준입법기능은 새로운 인사규정을 창출하기보다 불필요하게 엄격하고 복잡한 인사규정을 완화시키는 방향으로 재조정되고 있다. 인사규정의 완화는 변화하는 행정환경에 맞추어 나가기 위한 지속적 개선을 의미하며, 실적주의의 약화를 뜻하지는 않는다. 따라서 준입법기능은 실적주의와 효율성이 함께 달성될 수 있도록 최대한 단순화하는 방향으로 변화하고 있다.

셋째, 중앙인사기관은 상충되는 행정이념 간의 중재자로서의 기능을 수행하여야 한다. 전통적인 중재기능인 준사법기능을 유지하면서, 각 부처인사기관과 계선관리자, 기관장 사이의 행정이념적 갈등에 대한 중재자 역할을 하여야 한다. 공정성에 의해 성과가 측정되는 인사담당자와 효율적인 조직의 목표달성에 의해 성과가 평가되는 계선관리자와 기관장 사이에는 언제나 인사관리상 갈등이 존재하기 쉽다. 계선관리자나 기관장은 자신들과 목표나 이념을 같이 하는 사람들을 선호하는 반면, 인사담당자는 객관적 관점으로 공정하게 인사업무를 집행하여야 함으로 인해 발생하는 갈등에 대해, 중앙인사기관은 인사의 전문기관이며, 준입법·준사법기관으로서 중재자적 역할을 수행하게 되었다.

넷째, 민영화, 외부계약, 계약직·임시직 공무원제도 등의 새로운 행정관리기술의 도입에 따라 중앙인사기관의 연구 및 조사기능이 더욱 강화되고 있다.

---

2 Foley(1993: 639–648), Klinger & Lynn(1997: 157–173), Ban(1998: 19–34) 등 참조.

민영화와 외부계약은 공무원의 규모를 축소시키는 효과를 가지지만, 반면에 그 이상의 인건비를 민간기업에 제공하여야 같은 성과를 이룰 수 있는 경우도 많다. 또한 계약직이나 임시직 공무원의 인건비는 적게 소요되지만, 그만큼 전문성이 저하되어 성과도 떨어질 수 있다. 따라서 중앙인사기관은 새로운 관리기술의 비용·편익분석을 통해 관리대안에 대한 평가 및 결정을 내릴 수 있어야 한다.

이러한 새로운 기능들은 전통적인 기능들을 대체하는 것이 아니라, 전통적 기능들이 지니는 근본적인 목표인 정치적으로 중립적인 실적제를 지키면서, 동시에 새로운 행정환경에 대처하기 위한 것이라고 할 수 있다. 전통적인 기능들에 있어서 집행기능은 분권화에 의해 축소되지만, 감시기능은 더욱 강화되어야 한다. 준입법기능의 성격은 통제적인 기능에서 서비스적인 기능으로 유연화될 필요가 있으며, 준사법기능의 중재적 역할은 더욱 강화되어야 한다.

요컨대 행정환경의 변화에 따라 인사기능들은 그 상대적 비중이 조정될 뿐이다. 정치적 민주화와 행정의 투명성이 확보된 국가들에 있어서는 새로운 기능의 비중이 높아지는 반면, 민주정치의 발전이 미흡한 행정환경에 있어서는 전통적 기능의 비중이 높게 유지되어야 한다.

제 3 절 중앙인사기관의 조직적 특성

중앙인사기관의 기능은 행정환경의 변화에 따라 바뀌며, 그 조직체계 또한 기능전환에 맞추어 달라진다. 중앙인사기관의 조직체계의 구성에 가장 영향을 주는 변수들은 '독립성', '합의성', 및 '집권성'등으로, 중앙인사기관의 기능변화에 따라 이 세 가지 변수들의 강도도 바뀌어 간다.

1. 독립성

중앙인사기관의 독립성이란 인사에 관한 의사결정과 집행에 있어서 정치적 압력으로부터 얼마나 자유로운가를 의미한다. 이는 곧 행정수반으로부터의 독립성과 직결되는 개념이다. 중앙인사기관의 독립성은 행정의 정치적·사회적 환경에 달려 있다. 중앙인사기관의 독립성은 엽관적·정실적 인사로 인한 행정의 비효율성과 부패를 방지하기 위해 강조된다. 따라서 국민의 정치적 의식수준이 높고, 정부행정의 투명성이 어느 정도 확보된 국가의 경우 독립성은 중앙인사기관의 조직체계를 결정하는 데 더 이상 중요한 변수가 되지 않는다.

중앙인사기관을 가진 대부분의 국가들은 초기에는 독립성에 가장 큰 비중을 두었다. 그러나 인사행정에 있어서 엽관적·정실적 요소가 점차 약해지면서 적극적 인사관리(positive personnel management)에 대한 관심이 높아지고 있다. 적극적 인사행정은 정부행정의 전체적인 생산성과 분리될 수 없다는 전제에서 인사행정의 최고책임자에 대한 참모역할을 강조하는 것이다. 특히 인력자원이 가장 중요한 생산요소인 공조직에서 인사행정의 독립은 조직 전체의 전략체제에 있어서 큰 부담이 되지 않을 수 없다. 따라서 정부의 최고책임자에게 인사참모의 역할은 전략적 관리의 결정적 요소가 되며, 중앙인사기관의 독립성은 적극적 인사관리의 장애요인이 된다.

그러나 민주주의가 발달한 국가들에 있어서도 정부의 최고책임자가 인사권을 장악하기 위한 노력을 기울이는 이면에는 권력의 장악이라는 목적도 있는 것이 사실이다. 따라서 중앙인사기관의 독립성은 어떠한 행정환경에 있어서도 전혀 무시될 수 없으며, 때문에 중앙인사기관을 전적으로 행정의 최고책임자의 관리 하에 맡기는 민주주의 국가는 거의 없다.

2. 합의성

중앙인사기관의 합의성이란 의사결정이 기관장 단독에 의해 이루어지지 않고, 위원들의 합의를 필요로 하는 것을 의미한다. 합의성은 인사행정의 공정성을 지키기 위한 것이며 따라서 정치적 독립성과 밀접한 관계를 갖는다. 합의성은 중앙인사기관이 준입법·준사법적 기능을 수행하는 데 있어서 특히 중요시된다. 그러나 합의성이 반드시 독립성을 수반하지는 않는다. 한국 중앙인사기관의 경우 소청심사위원회는 위원회형태를 지니고, 합의제에 의해 의사결정이 이루어지지만, 기관이 인사혁신처의 산하에 소속되어 있고, 위원들도 대통령에 의해 임명되기 때문에 독립성이 매우 미약하다.

합의성이 지켜지기 위해서는 인사기관은 위원회의 형태를 취해야 한다. 위원회는 3~7인으로 구성되어 합의제를 통해 기능을 수행한다. 합의제 인사기관의 장점은 인사정책의 결정에 있어서 신중하고 공정한 결정을 내릴 수 있다는 것이다. 합의과정에 이해관계자의 참여와 이해조정이 가능하며, 정치적·사회적으로 다양한 배경의 위원들로 구성된다면 의사결정의 편향성이 배제될 수 있다. 또한 합의제 인사기관이 독립성을 지닐 경우에는 공무원의 정치적 중립이 확보될 수 있다.

반면에 합의성의 성격이 강한 중앙인사기관에 대해서는 다음과 같은 비판이 제기되고 있다. 첫째, 위원들 간에 언제나 의견통일이 이루어지는 것이 아니며, 다수결에 의해 의사결정이 이루어지는 경우가 많기 때문에 책임의 소재가 명확하지 않다. 둘째, 합의과정을 최대한 단순화시킨다고 하더라도, 합의제가 가지는 본래적 속성에 의해 의사결정이 지연되어 효율성을 저하시키는 문제를 낳게 된다. 합의제 성격의 중앙인사기관이 독립성을 함께 가질 경우 위의 두 가지 문제는 더욱 심화된다. 독립적 인사기관은 정치적으로 자율성을 가지기 때문에 행정수반에 의해 통제되지 않는 관계로, 신속하고 공정한 의사결정은 위원들의 개인적 책임감에 의지하지 않을 수 없다.

이러한 합의제의 문제점 때문에, 중앙인사기관을 위원회 형태보다 행정수반 직속의 집행부처로 하는 것이 효율적이라는 주장이 지속적으로 제기되고 있다. 그러나 이러한 주장들이 설득력을 지니는 것은 이미 공무원의 정치적 중립성과 인사행정의 투명성이 어느 정도 확보된 국가들의 경우이다. 한국과 같이 공무원의 정치적 중립성이 아직 미흡한 나라에서는 오히려 독립적인 중앙인사기관이 요구된다.

3. 집권성

중앙인사기관의 집권성이란 각 부처의 특성보다는 통일된 인사원칙을 정립하기 위해 중앙인사기관에 인사권한을 집중시키는 것을 의미한다. 대부분의 국가들이 중앙인사기관을 설립하는 목적 가운데 하나는 각 부처에 분산된 인사권한이 무원칙적이고 비능률적인 인사행태를 유발하는 것을 막는 데 있다. 따라서 설립 초기 중앙인사기관은 대체로 집권적인 성격을 띠게 되지만, 공무원의 수가 늘어남에 따라 인사권의 집중에 한계가 생기고, 실적제나 직업공무원제와 같은 인사원칙이 정착되면서 분권화에 대한 필요성이 부각되는 것이 보통이다.

인사기관의 집권화와 분권화에 대해서는 어떤 것이 절대적으로 우월하다고는 말하기 어렵다. 집권화의 장점은 첫째, 통일된 인사원칙을 정립하여 공무원의 정치적 중립을 확립시켜 주며, 둘째 전문화된 인사담당 공무원들이 직위분류, 시험, 훈련 등과 관련된 제도와 규정을 연구·발전시킬 수 있는 점을 들 수 있다. 단점으로는 중앙인사기관의 관료화로 인해 비능률적인 인사행태가 고착될 수 있고, 각 부처의 관리자들이 적시에 적합한 인력활용을 하지 못함으로 인해 전략적 정책과정을 수행하지 못하게 되는 것을 들 수 있다. 공직분류, 시험, 훈련 등에 있어서 각 부처의 업무를 잘 알지 못하는 중앙인사기관의 인사담당자들이 수행함으로써, 각 부처 특유의 양적·질적 인력수요를 충족시키지 못하는 것도 단점이다(Tompkins, 1995: 48-50). 분권화는 집권화와 반대되는 장·단점을 지닌다.

결국 집권화와 분권화의 선택은 공무원 인사제도의 발전단계와 인사전문가의 확보 여부에 의해 정해질 수밖에 없다. 인사행정의 공정성과 정치적 중립성이 확립된 국가의 경우에 있어서는 각 부처의 능률적인 전략적 정책을 위한 분권화가 필요하지만, 그렇지 못한 국가에 있어서는 독립된 중앙인사기관에 의한 집권화가 더 필요하다고 하겠다. 또한 각 부처가 능력있는 인사전문가를 확보할 수 있는지의 여부도 분권화의 결정요인이 된다. 각 부처가 중앙인사기관과 협력해서 부처의 전략에 맞는 인력관리를 할 수 있기 위해서는 중앙인사기관의 인사담당자에 준하는 전문가가 필요하기 때문이다.

인사행정의 분권화가 이루어진다면, 중앙인사기관은 그 기능이 달라진다. 중앙인사기관은 인사의 공정성을 확보하기 위한 큰 테두리의 인사원칙을 결정하고, 각 부처가 이 원칙에 준하는 인사관리를 하는지를 감시하는 역할을 담당하게 된다.

대부분 국가의 중앙인사기관은 인사정책을 수립 및 관리하는 역할을 수행한다. OECD 국가의 3분의 2 이상에서 중앙인사기관은 공무원의 보수수준, 임금결정에 관한 단체협상, 공무원 연금체계 개혁에 관한 법적 책임을 가지고 있고 고위공무원단을 정책적으로 관리하는 역할을 한다. 그리스, 일본, 노르웨이

표 4-1 인사행정의 분권화(위임)정도

낮음	약간 낮음	약간 높음	높음
그리스	오스트리아	벨기에	호 주
일 본	캐나다	체코공화국	핀란드
룩셈부르크	헝가리	영 국	아이슬란드
슬로바키아공화국	아일랜드	스위스	뉴질랜드
	이탈리아	포르투칼	스웨덴
	한 국	독 일	
	폴란드	멕시코	
	스페인	노르웨이	
	미 국		

자료: OECD(2005).

와 같은 중앙인사기관은 인사에 관한 집권성이 높기에 일선 계선부처의 재량이나 자율권이 적다. 많은 국가에서 중앙인사기관은 인사정책 및 인사행정의 규정을 규정하고 집행은 분권화되어 있다. 일반적으로 직위분류제를 근간으로 하는 국가에서 중앙인사기관에 비해 계선부처의 분권화가 높아 자율적인 폭이 넓다(OECD, 2005).

제 4 절 중앙인사기관의 조직형태

중앙인사기관은 국가에 따라 조금씩 다른 조직형태를 가지지만, 대부분이 위원회 모델과 부처형 모델을 조합한 모습을 띠고 있다. 위원회 모델, 부처형 모델, 절충형 모델의 전형적 특징을 살펴보면 다음과 같다.

1. 위원회 모델

중앙인사기관의 위원회 모델에서는 공무원제도에 있어서 정치적 중립성을 강조하기 위한 것으로서 3~7인의 범당파적 위원들로 위원회가 구성된다. 위원들의 신분과 임기는 법적으로 엄격히 보장되며, 위원의 교체는 전원을 동시에 하지 않고 임기를 교차시켜, 인사행정의 안정성과 독립성을 도모한다. 위원회의 의사결정은 위원들 간의 합의에 의한다. 따라서 위원회 모델은 중앙인사기관의 독립성과 합의성의 목적을 달성하기 위한 조직형태라고 할 수 있다.

위원회 모델의 장점은 공무원의 정치적 중립과 공정한 실적에 의한 인사를 가능하게 한다는 데 있다. 범당파적 또는 비당파적 인사들로 위원회가 구성됨으로써, 편향되지 않은 행정수요를 정부의 인력관리에 반영할 수 있으며, 각 부처의 관리자들도 위원들과의 대화를 통해 각 부처의 인력수요에 대한 의견을 교환할 수 있게 되기 때문이다.

그러나 이러한 위원회 모델은 많은 한계도 지니고 있다. 우선, 위원회가 아마추어적인 수준의 위원들로 구성될 수 있다. 또한 합의형 의사결정은 책임소재가 불분명하여, 위원들의 책임감을 약화시킬 수 있다. 위원들이 대표하는 집단들의 이해관계가 첨예하게 대립될 경우에 있어서는 의사결정이 지연될 수도 있으며, 결과적으로 문제를 해결하기보다 봉합해 버리는 무책임한 의사결정이 이루어질 수도 있다. 위원들의 비전문가적 또는 준전문가적 성격, 약한 책임감 등은 위원회의 결정을 인사정책으로 추진하는 데 있어서도 재정 확보의 어려움, 조직의 리더십의 결여 등으로 인해 많은 어려움이 있게 된다.

위원회형 모델은 1978년 미국 공무원제도개혁법 이전에 존재하였던 연방인사위원회(U.S. Civil Service Commission)와 같이 인사행정의 전반을 관리하는 형태와 한국의 소청심사위원회나 미국의 공무원제도개혁법에 의해 탄생된 실적제보호위원회(Merit System Protection Board)와 같이 준사법적 기능만 수행하는 형태도 있다.

2. 부처형 모델

부처형 모델은 중앙인사기관이 독립적이지 않고 행정수반의 직접적 통제를 받는 일반 행정부처와 같은 조직구조를 지니는 것을 의미한다. 한 명의 기관장이 인사조직을 관리하며, 기관장은 인사정책과 관련하여 행정수반의 승인을 받는다. 중앙인사기관이 행정수반의 감독 아래 각 부처의 협조를 받아 인사행정의 전반을 관장하기 때문에, 부처형 모델은 위원회 모델보다 집권성의 특징이 강하다고 할 수 있다.

부처형 모델의 장점은 효율성과 대응성에 있다. 행정수반은 국가 전반적인 변화에 대응하는 정책을 수립하고 집행하기 위해 이에 합당한 인력관리를 필요로 하는 바, 위원회 모델이 시의적절한 인사정책을 마련하기 어려운 것과 달리, 부처형 모델은 행정수반의 지시에 따라 신속하게 상황변화에 대응할 수 있다. 또한 부처형 모델은 한 사람의 기관장에 의해 부처가 관리되기 때문에 책임의 소재가 명확하다는 장점도 있다.

반면에 부처형 모델은 위원회 모델이 지니는 장점과 반대되는 단점을 내포한다. 우선 공무원의 인사에 있어서 정치적 영향력을 벗어나기 어렵다. 또한 대응성이 높다고 하지만, 행정수반이 초당적인 위치에 서 있지 않기 때문에, 편향된 대응성이 되기 쉽다. 뿐만 아니라 행정수반의 소속정당에 따라 인사정책의 일관성이 떨어질 수도 있다.

부처형 모델에 속하는 것으로서는 과거 한국의 행정자치부, 미국의 1978년 공무원제도개혁법 이후 설립된 인사관리처(Office of Personnel Management), 프랑스의 인사행정처 등이 있다.

3. 절충형 모델

현대국가에 있어서 정부의 규모가 급격히 증가하고 인력관리가 점차 복잡해짐에 따라 위원회 모델이나 부처형 모델 가운데 어느 하나를 선택하기는 더 이상 어렵게 되었다. 때문에 현재 대부분의 국가들은 위원회 모델과 부처형 모델을 절충하여 운영하고 있다.

인사행정이 정립되는 초기에는 국민에게 봉사하는 공무원을 정치적으로 중립화시키는 것이 주요 과제였으므로 많은 국가들이 위원회 모델을 채택하였다. 그러나 점차 인사정책이 정립되고, 인사의 투명성이 확보됨에 따라 공정성에 대한 관심은 약화되었다. 그 결과 오늘날 이들 국가는 효율성과 대응성이 높은 부처형 모델을 절충해 나가고 있다.

그러나 이러한 변화로 공무원의 정치적 중립성이나 실적주의가 무시되고 있지는 않다. 인사의 공정성을 확보하기 위한 인사기능은 위원회 형태의 조직에 남겨두는 것이 보편적이기 때문이다. 미국의 1978년 공무원제도개혁법도 위원회 조직을 부처형으로 전환시키면서도, 준사법적 및 감사기능은 따로 실적제보호위원회를 설치하여 독립적으로 공정성을 확보하도록 하고 있다.

한국의 경우는 전통적으로 인사기관을 부처형으로 운영하고, 준사법적 기능은 소청심사위원회를 두어 공정성이 확보되도록 하여왔다. 1999년 중앙인사위원회가 설립되어 한국의 인사기관이 위원회 형태로 전환되었지만, 2008년 중앙인사위원회가 행정안전부의 '인사실'로 통합되면서 다시 절충형으로 되돌려졌다. 하지만 중앙인사위원회도 운영방식은 부처형에 가까웠기 때문에 실질적인 인사기관의 운영방식은 줄곧 절충형이었다고 볼 수도 있다. 2013년 행정안전부는 안전행정부로 명칭이 바뀌면서 인사실 조직에서도 약간의 변화가 이루어졌다.

4. 주요국가의 중앙인사기관

(1) 미 국

미국의 중앙인사기관은 역사적으로 볼 때 독립 후부터 1883년 펜들턴법(Pendleton Act)이 통과되기 이전과 그 이후 그리고 1978년 공무원제도개혁법이 통과된 이후 3기로 나누어 볼 수 있다. 독립 후의 미국은 엽관주의의 폐단이 심하였는데, 이러한 폐단과 인사상의 정치적 압력을 배제하기 위해 1883년 제정된 펜들턴법에 의해 각 부처에 분산되었던 인사기능을 연방인사위원회에 집권화시켰다. 연방인사위원회는 행정부로부터 독립된 민주적 합의체 기구로서, 1978년 공무원제도개혁법이 통과될 때까지 약 100년 동안 미국의 인사행정에 있어서 엽관주의의 폐단과 인사상의 정치적 압력을 배제하는 데 기여하였다.

연방인사위원회는 1978년 카터정부 때 공무원제도개혁법이 시행됨에 따라 폐지되고 그 대신 인사관리처(Office of Personnel Management: OPM)와 실적제보호위원회(Merit Systems Protection Board: MSPB), 그리고 연방노사관계청(Federal Labor Relations Authority: FLRA)이 신설되어 인사관리 기능을 분담하게 되었다. 즉, 종래의 연방인사위원회가 담당하던 업무 중 인사행정 일반은 인사관리처가 담당하고, 연방공무원의 권익보호와 실적제도 보호는 실적제보호위원회가 담당하며, 연방공무원의 단체협상 등 노동문제는 연방 노사관계청이 담당하게 된 것이다.

1) 인사관리처

인사관리처는 대통령이 수행하는 연방정부의 인사관리를 보좌하기 위하여 행정부 내에 독립적으로 설치된 단독제 기관이다. 인사관리처장은 행정관직 2급(Executive Level Ⅱ)으로 상원의 동의를 얻어 대통령이 임명하도록 되어 있고, 특별한 사유가 없는 한 임기가 4년으로 보장되어 있다(Hays & Reeves, 1984: 56-57). 따라서 인사관리처장은 인사관리에 관해서 대통령에 대해 보좌역할을 하지만, 대통령에 완전히 예속되어 있다고 할 수 없으며 어느 정도의 독립성이 보장되어 있다. 인사관리처의 주요 기능은 다음과 같다.

첫째, 인사관리에 관하여 대통령에게 정책 또는 주요방침결정에 대해 조언하고 효율적인 인사처리를 가능케 하는 막료적 기능을 수행한다.

둘째, 모집·시험·선발, 인사처리에 관한 조사, 인사관리에 관한 감사 및 평가, 고급공무원의 교육훈련 등 과거 연방인사위원회의 기능을 그대로 이어받고 있고, 또한 퇴직·연금·보수를 관리하고 공무원노사관계에 관한 업무도 담당하고 있다.

셋째, 인사에 관한 결정 권한을 각 부처에 이양하여 인사행정의 분권화를 도모한다. 인사관리에 관한 최종권한은 물론 인사관리처가 갖지만, 분권화를 통하여 각 부처의 인사관리가 신축성과 신속성을 가지게 함으로써 행정의 효율화를 가져오게 한다. 권한이양과 함께 각 부처에 효율적 관리를 위한 기술적 조언과 지원을 함으로써 분권화에 대한 효율성을 기한다.

넷째, 중앙인사기관으로서 공무원임용에 관한 정책 및 기준을 설정한다. 그 대상은 행정부뿐만 아니라 입법부와 사법부의 일부기관을 포함한다.

2) 실적제보호위원회

실적제보호위원회는 연방정부의 실적주의를 보호하고 인사권의 남용으로부터 공무원을 보호하기 위해 설치된 독립적·준사법적 기관이다. 실적제보호위원회는 대통령이 상원의 동의를 얻어 임명하는 7년 단임의 3인으로 구성되며, 초당적 합의체 조직형태를 띤다. 이 위원회의 주요 기능은 다음과 같다.

첫째, 연방공무원의 파면·해임 등의 불이익처분에 대한 소청, 재임용탈락 및 정기승급에서 제외된 자의 소청 등을 심사하여 신속하고 공평하게 그리고 실효성 있게 처리하는 것이다.

둘째, 인사관리처가 제정한 각종 규칙이 실적제의 원칙에 위반될 시에는 무효선언을 할 수 있는 권한을 가진다.

한편 실적제보호위원회는 대통령이 임명하는 특별심사관을 두고 있으며, 이들의 임기는 5년이다. 이들은 실적주의에 대한 위반 사항이나 내부고발자에 대한 보복 금지조치를 위반한 사항, 금지된 정치활동과 관련된 행위, 정당한 사유 없이 정보자유권을 이유로 정보를 은닉하는 행위, 위법적인 차별행위 등에 대하여 조사하고 소추하는 기능을 포함한 준사법적 기능을 수행한다.

3) 연방노사관계청

연방노사관계청은 행정부 내부에 독립적으로 설치된 합의체 기관으로서 연방기관에서의 노사관계상의 분규를 재결한다. 연방노사관계청은 상원의 동의를 얻어 대통령이 임명하는 3인으로 구성되며 그들의 임기는 5년이다. 이 기관의 주요 기능은 다음과 같다.

첫째, 노사관계의 문제해결 협상단위의 적합성을 판단한다.

둘째, 노사문제와 관계되는 선거를 감독한다.

셋째, 연방기관 내의 여러 노사문제를 직접 처리한다.

넷째, 불공평한 노사관계에 대한 청문·재결, 그리고 필요한 경우 교정·구제 조치를 한다.

한편, 연방노사관계청은 실적제보호위원회의 특별심사관과 비슷한 중재위원회를 두어 부당노동행위에 관한 문제를 조사 및 소추할 수 있도록 하는 준사법적 기능을 수행한다.

(2) 영 국

영국의 중앙인사기관은 재무부를 중심으로 분열과 합병, 그리고 재분열과 병합의 과정을 거치면서 오늘에 이르고 있다(Drewry & Butcher, 1988: 92). 영국에는 인사기관의 구조 및 지위에 관해 법적으로 규정하고 있는 일반적인 법률이 없다. 그럼에도 불구하고 인사기관의 통일성과 그 기준의 동일성을 유지할 수 있었던 것은 오랜 기간 동안 재무부가 중앙인사업무에 관한 조정과 감독기관으로서의 기능을 계속적으로 수행해 왔기 때문이다.

근대 영국의 인사행정은 시민계급과 지주귀족, 그리고 국왕의 잔존세력에 의한 정실주의 인사행정이 지배적이었다. 하지만 산업혁명을 계기로 의회를 실질적으로 지배하게 된 시민계층은 정실주의의 폐단으로 인한 정부 지출의 낭비를 막고 유능한 공무원의 확보를 통한 경제개혁을 진행해 나가게 되었다. 따라서 정부지출의 책임을 맡고 있는 재무부가 공무원의 연금제도와 연금보조금 지출에 관한 주요한 기능을 갖게 되었다.

영국에 있어서의 중앙인사기관은 1855년 추밀원령이 제정되면서 이원화되었다. 즉 공무원의 보수 및 연금 등의 기능은 기존의 재무부가 수행하게 되었고, 각 부처에 독립된 중앙시험기관으로서의 인사위원회(Civil Service Commision)가 설치되어 공무원 채용의 권한을 갖게 되었다.

그러다가 1968년 플톤위원회(Fulton Committee) 보고서의 건의에 따라 공무원제도의 통일적 관리를 위해 인사부(Civil Service Department)가 신설되었다. 인사부는 이전까지의 인사위원회와 재무부에서 맡고 있던 공무원 관리 기능을 통합적으로 수행하게 되었다.

그러나 1979년 집권한 보수당의 대처 수상이 공무원 인력의 축소와 공무원 집단의 특권적 지위의 타파, 그리고 능률성을 강조함에 따라, 1981년 인사부는 폐지되고 인력관리와 보수관리기능은 재무부로 이관되었고, 조직관리 공무원 제도의 능률성·교육훈련·충원 등에 관한 기능은 내각관리처에 신설된 관리인사처(Management and Personnel Office: MPO)에서 담당하게 되었다. 그러나 관리인사처는 공무원의 근무조건에 대한 기능을 재무부로 이관하였고, 1987년에는 공무원장관실(Office of the Minister for Civil Service: OMCS)로 개편되었다. 1992년에 공공서비스 및 과학실(Office of Public Service and Science: OPPS)로 다시 개편되면서 예산을 제외한 인사공무원관리기능이 공공서비스 및 과학실로 이관되었고, 1995년부터는 공무원관리에 있어서 각 부처에 위임되지 않고 남은 기능 중 고급공무원의 급여제도, 공무원의 채용·퇴직·과원해소 및 연금에 관한 정책, 노사관계 및 공무원 통계 업무 등이 다시 재무부로부터 OPPS로 넘어 오게 되었다. 그 후 OPPS는 1995년 7월 1일 정부조직개편에 따라 종래의 과학기술 업무를 통산산업부로 이관한 반면 경쟁촉진 및 규제완화 업무를 통산산업부에서 이관 받아 지금의 공공서비스실(Office of Public Service: OPS)체제로 자리잡게 되었으며 1996년 4월 1일부터 그 동안 재무부와 함께 맡아오던 공무원 급여 및 근무조건에 대한 감독기능이 OPS로 일원화됨에 따라 공무원관리에 관한 전반적인 사항은 OPS가 담당하게 되고 재무부는 공공지출 및 공공 분야의 급여정책에 관한 사항만 담당하게 되었다. 그러나 블레어의 노동당 정부에서 총리의 리더십을 강화하기 위해 1998년에 OPS는 내각사무처(Cabinet office)에 통합되었다(Jones, 2004). 내각사무처는 인력관리 계획을 세우고 채용 및 승진 등의 전체적인 인사기능을 총괄한다.

이와 함께 1853년 노스코트-트레빌리언(Northcote-Trevelyon) 보고서 이후 1855년 추밀원령이 제정되면서 공개경쟁시험의 토대 위에서 실적주의 원칙 하에서 선발 및 임용에 관한 책임을 맡은 인사위원회(Civil Service Commission)[3]가 존속되고 있으며 공무원소청위원회(Civil Service Appeal Board)가 우리나라의 소청심사위원회의 역할을 담당하고 있다(백종섭, 2012; 정재명, 2007).

공무원 선발 및 임용에 대한 권한이 1996년 4월부터 고위공무원제도와 우수한 공무원 채용을 위한 속진임용제도(civil service fast track)를 제외하고 각 부처로 이관되었다. 이에 따라 인사위원회의 역할은 공직채용을 위한 규칙과 절차를 결정하고 각 부서와 기관에서 이루어진 채용과정을 감사하고, 고위공무원단 진입자에 대한 심사에 국한되게 되었다. 속진임용제도는 내각사무처에서 별도로 관리하고 있다.

(3) 일 본

일본의 중앙인사기관은 1948년 제정된 국가공무원법상의 인사원과 1965년 국가공무원법의 일부 개정으로 설치된 내각총리대신 소속의 인사국이 개편되어 1984년 7월 설치된 내각총리대신 소속의 총무청 내 인사국의 2원 체제로 되어 있었다. 그러나 2014년 5월 내각관방에 내각인사국이 신설되면서 총무청의 인사업무 및 인사원의 일부 기능이 내각관방 내각인사국으로 이전되었다. 인사원의 가장 중요한 기능은 인사의 공정성과 중립성이다.

---

3 인사위원회는 1855년부터 1991년까지 존속되었고 이후 조직의 변화가 있었지만 현재는 2010년 헌정개혁과 거버넌스법(constitutional reform and governance act)을 통해 내각사무처 하에 있는 공공기관(Non-Departmental Public Bodies)이다.

1) 인사원

일본의 인사원은 내각의 관할에 있으면서도 실질적으로는 내각과 각 부처로부터 독립되어 있는 합의체 기관이다. 따라서 인사원의 인사관 신분은 엄격하게 보장되고 있고, 인사원은 준독립적인 규칙제정권을 부여받고 있으며, 국가행정조직법의 적용을 받지 아니하고, 인사원 사무총국의 조직에 관하여 필요한 사항을 규칙으로 정할 수 있다.

인사원은 국회의 동의를 거쳐 내각이 임명하는 인사관 3인으로 구성되며 이 중 한 명이 인사원 총재로 임명된다. 인사관의 임기는 4년이며, 보궐로 임용된 인사관은 전임자의 잔여임기 동안만 재임한다. 인사관은 재임될 수 있으나 계속해서 12년을 초과하여 근무할 수는 없으며, 인사관이었던 자는 퇴직 후 1년 간은 다른 직위에 임명될 수 없다. 인사관은 국회에서 양원(중의원과 참의원)의 동의를 얻어 내각수상에 의해 승인되고 천황이 인준한다. 그리고 동일 정당원이 두 사람 이상이어서는 안 되며 동일 대학 출신이 2인 이상이어도 안 된다. 이와 같은 조직구조상의 특징으로 인해 인사원은 형식적으로는 내각에 소속되어 있지만 실질적으로는 독립적 합의기관으로 운영되고 있다. 즉, 인사원의 중요한 권한 행사는 3인의 인사관으로 구성되는 인사원회의의 의결을 통해 이루어진다. 인사원의 역할 및 목적은 공무원인사관리의 중립성 및 공정성을 확보하고 노사관계의 안정과 공무원급여 등에 대해 합리적인 지침을 제공하고 인사행정의 전문기관으로써 효율적인 인사행정에 공헌하는 데 있다.

인사원의 기능은 다음과 같다.

첫째, 급여 기타 근무조건의 개선 및 인사행정의 개선에 관한 권고를 한다.

둘째, 공직분류, 채용시험출제, 급여, 징계, 고충의 처리 및 기타 직원에 관한 인사행정의 공정성 확보 및 직원의 이익보호에 관한 사무를 관장한다.

셋째, 인사원 규칙 및 지령을 제정한다.

넷째, 인사행정에 관한 연구 및 조사를 한다.

다섯째, 법령의 제정·개폐에 관한 의견을 제출한다.

2) 내각인사국

내각관방 내각인사국은 내각관방장관 소속 하에 있는 인사관리 부서이다. 내각관방은 우리나라 국무조종실에 해당되며 내각총리대신을 보좌하는 내각부 소속의 기관이다. 내각인사국은 공무원에 대한 내각총리대신의 권한을 강화시키기 위해 2014년 5월에 신설되었다. 내각총리대신의 공무원에 대한 권한을 강화시켰다.

내각인사국의 기능은 다음과 같다.

첫째, 표준직무수행능력 및 채용승임 등 기본방침에 관한 사무를 담당한다.

둘째, 직원의 인사평가, 능률, 연수, 후생, 복무, 퇴직관리 등에 관한 사무로서 인사원의 소관업무에 속한 것 이외의 것을 관장한다.

셋째, 각 행정기관의 소속 직원에 대해 실시하는 인사관리에 관한 방침, 계획 등에 관하여 통일성 유지를 위해서 필요한 종합 조정을 한다.

넷째, 기구·정원심사에 관한 기능이, 인재확보에 관한 사무, 급별정수의 설정·개정에 관한 사무를 관장한다.

3) 각 부처의 인사 자율권

공무원 채용에 있어서 각 부처도 상당 수준의 자율성이 주어진다. 내각인사국에서 채용을 계획하고 인사원에서 시험을 실시하지만 인사원은 3배수를 합격시키고 합격자 명부를 작성한다.

작성된 합격자 명부는 각 부처에 요청에 따라 제시한다. 각 부처는 명부에 기재된 합격자에 한해 면접을 실시하여 임용대상자를 선정한다. 따라서 채용시험에서 합격한 사람 중에 1/3만이 최종적으로 채용된다.

제 5 절 한국의 중앙인사기관

1. 중앙인사기관의 변천

한국의 중앙인사기관은 정부수립 후 고시위원회와 총무처(1948), 국무원사무국(1955), 국무원사무처(1960) 등으로 그 형식과 기능 면에서 변천을 거듭해 왔으나, 현재의 중앙인사기관과 관련하여 살펴볼 가치가 있는 것은 1963년 제3공화국의 발전과 더불어 등장하여 김영삼 정부까지(1998) 가장 오랜 기간 동안

존속하면서 중앙인사기관으로서의 역할을 수행하였던 총무처이다.

총무처는 종래 내각사무처가 개편된 것으로서, 기존의 인사국과 행정관리국 외에 연금국을 포함하게 되었다. 그 뒤 1978년 고시과가 고시국으로 승격되었으며, 총무처장관의 자문에 응하기 위하여 비상설기관인 인사위원회가 설치되었고, 공무원의 징계 처분 기타의 불이익처분에 대한 소청을 심사·결정하는 준사법적인 기능을 수행하는 소청심사위원회가 설치되었다. 정부조직법상 총무처는 중앙행정기관의 하나로서 국무총리 소속하에 설치된 단독제기관이었으나, 전체적으로 볼 때 비독립부처형과 약간 독립적이며 합의형인 위원회의 이원적 체제를 갖추고 있었다.

총무처의 두 위원회(인사위원회, 소청심사위원회)는 독립성이 그다지 강하지 않았으며, 위원의 임명은 총무처장관의 제청으로 국무총리를 거쳐 대통령이 임명하였다. 그나마 인사위원회는 1973년 공무원법의 개정으로 폐지되어 인사기관의 독립성은 더욱 약화되었다. 총무처는 ① 국무회의 의안정리 및 서무, ② 법령 및 조약의 선포, ③ 공무원의 인사 및 시험관리, ④ 행정기관의 조직 및 정원의 관리, ⑤ 행정사무의 개선과 실태의 평가, ⑥ 상훈·공무원연금에 관한 사무, ⑦ 정부청사의 수급 및 관리, ⑧ 기타 국가사무로서 다른 중앙행정기관의 소관에 속하지 아니하는 사무를 관장하는 기능을 수행하였다.

총무처는 학자들로부터 독립성이 약하고 합의성이 불충분할 뿐만 아니라, 인사업무 외의 다른 여러 기능들을 담당함으로써 인사기능에 전념하기 어려웠고, 독자적인 인력수급 계획이나 인사정책을 제대로 추진하지도 못하였다는 평가를 받았다(김중양, 1999: 35-40). 총무처는 1998년 내무부와 통합되어 행정자치부로 개편되었다. 그리고 1999년에는 인사기능을 정책과 집행으로 분리하고, 3급 이상 공무원에 대한 인사관리의 공정을 기한다는 차원에서 독립합의형의 중앙인사위원회가 발족되었다.

인사행정에 있어서 정책적인 업무 연구, 그리고 3급 이상 공무원에 대한 인사관리의 공정성을 추구하던 중앙인사위원회는 정부인사기능을 통합하는 정부조직법과 국가공무원법 개정안이 국회에서 통과되어, 2004년 3월 11일 공포됨으로써 건국 이래 인사행정만을 전담하는 중앙인사 관장기관이 새롭게 탄생되었다. 이에 따라 행정자치부의 모든 인사기능을 이관받아 당초 중앙인사위원회의 3심의관 8과에서 2관 3국 15과 2소속기관(중앙공무원교육원, 소청심사위원회)으로 편제되었다.

그러나 위원회로서 합의성이나 독립성을 갖추어야 할 중앙인사위원회는 실질적으로 대부분의 한국정부의 행정위원회와 같이 일반 행정부처와 운영상에 큰 차이가 없었다. 정치적인 독립성도 부족하였고, 장관급 위원장과 1급의 상임위원간의 계층관계, 그리고 위원들의 비전문성 등이 문제가 되면서 합의성도 확보되지 못하였다. 결국 중앙인사위원회에 대한 존폐논의가 지속되어 오다가 2008년 새로운 정권에서 정부조직개편 대상이 되면서 행정안전부의 '인사실'로 통합되었다.

행정안전부 인사실로 인사업무를 이전한 것은 중앙인사위원회 설립 이후 계속 문제로 지적되어 왔던 정부조직관리와 인사의 분리로 인한 비효율성을 개선하기 위한 것이었다. 중앙인사위원회의 설립은 정부조직관리와 인사의 분리로 인해 비효율적인 부분이 생기더라도 '인사의 독립성과 합의성'이라는 큰 이익을 얻기 위한 것이었다. 하지만 한국의 정치발전의 수준은 정부인사의 독립성이나 합의성이 실천되지 못하였기 때문에 다시 효율성이라는 인사행정의 가치를 찾기 위한 정부조직개편이었다. 인사실은 행정안전부 산하로 통합됨에 따라 독립기관이었던 중앙인사위원회보다 인사기능과 규모가 축소된 3관 11과로 구성되었다. 행정안전부 인사실은 2014년 11월 19일 정부조직법 개정과 더불어 총리실 산하 '인사혁신처'로 다시 독립기관이 되었다.

인사혁신처의 설립배경은 2014년 4월에 발생한 세월호 침몰사고를 계기로 공직사회의 개방성과 전문성을 강화하고 공직개혁을 추구한다는 것이다. 2013년에 시작된 박근혜정부는 공직사회의 개방성을 인사정책의 주요 목표로 내세웠는데, 세월호사건은 이러한 정책을 실천하는 기폭제가 되었다고 할 수 있다.

그러나 인사혁신처의 설립은 한국정부 설립 이후 정부인사의 가장 중요한 개혁사항인 인사의 정치적 독립성을 배제했을 뿐 아니라, 정부의 조직관리와 다시 분리시킴으로서 효율성마저 다시 상실하게 하는 조직개편이라는 비판을 받기도 하고 있다. 그동안 한국정부의 인사기관의 발전과정이 독립성·합의성·효율성의 핵심가치들을 바탕으로 이루어졌다면 인사혁신처의 설립은 이 세 가지의 핵심가치를 전혀 반영하지 못하고 있다.

2. 한국 중앙인사기관에 대한 평가 및 대안

2008년 정부조직개편과 더불어 중앙인사위원회가 폐지되고, 안전행정부 인사실로 통합된 중앙인사기관이 다시 인사혁신처로 독립기관화 되었다. 그러나 독립성이나 합의성이 배제된 독립기관으로 공무원 인사의 혁신성만 강조되고 있다. 공무원에게 공정하지 못한 불이익이 발생하는 문제를 다루기 위한 소청심사위원회와 더불어 절충형 형태를 구성한다.

비독립적 부처형 인사기관은 무엇보다 행정수반의 정책목표를 달성하기 위한 인사관리기능을 능률적으로 추구할 수 있다는 장점을 가진다. 특히 현대와 같이 기술과 지식의 급속한 발전과 세계화로 인한 국제관계의 다변화와 같은 정치사회적 환경에서는 부처형의 인사기관이 더 효율적이란 주장도 나오고 있다. 부처형 인사기관은 행정수반의 행정장악력을 높여주기 때문에 급변하는 행정환경에 대처할 수 있는 능력을 높여주기 때문이다.

그러나 민주주의가 토착화되지 못한 정치적 환경에서는 부처형 인사기관은 자칫 행정수반에게 지나친 권력을 안겨줄 가능성도 배제할 수 없다. 비록 대통령이 임명하는 자리를 점차 줄였다고 해도 각 부처의 장관을 대통령이 임명한다는 현실에서는 부처형 중앙인사기관이 인사의 독립성이나 공무원의 정치적·정책적 중립성을 유지하기 어렵다. 따라서 한국의 부처형 중앙인사기관은 다음과 같은 문제들을 방지하고 개선할 수 있어야 한다.

첫째, 인사혁신처 처장이 차관급이지만 임명에 있어서도 국회의 동의를 얻어야 하고 임기도 보장되어야 한다. 인사혁신처의 처장은 대통령의 인사관련 참모의 역할을 수행함과 동시에 독립적으로 공정한 인사제도를 발전시키고, 공무원의 인사가 정치적으로 영향을 받지 않도록 하는 의무가 부여되어야 한다. 그러기 위해서는 정치적 환경에 흔들리지 않도록 임기가 보장되어야 한다.

둘째, 다양한 사회적 의견을 수용할 수 있는 시스템이 필요하다. 그러기 위해서는 비록 부처형 중앙인사기관이라고 해도 산하에 제도개선을 위한 위원회를 활성화시킬 필요가 있다. 결정권이 없는 자문형 위원회가 아닌 법적 지위를 가진 기구로서의 위원회를 두어 사회의 다양한 의견이 인사제도에 반영될 수 있어야 한다.[4]

---

4 '민간근무휴직제'는 언론에서도 많은 논란이 있었으나 인사혁신처의 발표대로 진행되었고 현재

셋째, 현대의 새로운 인사기관의 기능은 인사제도에 대한 지속적 연구 및 개발이다. 과거 중앙인사위원회는 과도하다고 비판받을 정도의 연구기능을 수행한데 반해, 안전행정부 인사실 이래로 현재 인사혁신처에 이르기까지 연구기능은 극히 제한되어 있다. 또한 중앙인사위원회에 비해 연구내용에 있어서의 투명성도 부족하다. 인사제도는 끊임없이 환경의 변화에 맞게 변화되어야 하고, 그 변화는 투명하게 이루어져야 한다.

넷째, 한국의 인사기관에서는 소청심사위원회가 유일하게 합의제로 운영되고 있다. 소청심사위원회는 1급 이상의 공무원들로 구성되어 있다. 그러나 임기도 보장되어 있지 않고, 정치적으로도 독립성이 없다. 1급 이상의 공무원들이기 때문에 정부의 문제들에 대한 판단력이 정확하다는 장점이 있지만, 조금이라도 정치권력이 개입되는 문제에 대해서는 공정성을 기하기 어렵다. 따라서 소청심사위원회도 민간위원들을 포함시켜서 독립성과 합의성이 확보될 수 있도록 하여야 한다. 또한 위원들의 전문성과 임기에 대한 제도적 확립도 필요하다.

위에 제시한 현재 중앙인사기관의 문제점과 더불어 가장 중요한 근본적인 문제는 중앙인사기관의 형태에 관한 것이다. 한국의 정부조직개편 자체가 가지는 문제일 수도 있지만 중앙인사기관의 형태가 과도하게 수시로 정치적 영향을 받고 있다. 중앙인사기관을 두는 가장 중요한 목적은 소극적 실적제도라고 하는 공무원의 정치적 중립성을 유지하는 것이다. 민주주의의 발전에 따라 요구되는 공무원의 정치적 중립성의 정도가 다를 수는 있지만 현재 한국의 정치적 발전단계는 아직 민주주의가 성숙하다고 말할 수 없는 수준이다. 그리고 인사제도 역시 지난 오랜 시간동안 비판받아 왔던 과도한 순환보직으로 인한 전문성의 저하라는 가장 기초적인 문제도 해결하지 못하고 있는 만큼 낮은 수준이다.

그럼에도 불구하고 중앙인사기관 자체가 수시로 정치적 영향으로 변형하고 있어서 제도발전에 전념을 다하지 못하고 있다. 어떠한 형태의 중앙인사기관도 독립성이나 합의성을 가져본 적도 없다. 따라서 새로운 형태의 인사기관마다 정치적 영향을 받거나 기관장의 자의성에 의한 제도를 남발하여 왔다.

조사대상의 기관에서 월급을 받는 등 많은 비판을 받고 있다. 퇴직공무원의 산하기관 임명에 대한 제한에 있어서도 관피아 대신 정피아를 키웠다는 비판의 목소리가 높아지고 있다.

따라서 무엇보다 중앙인사기관이 추구해야 할 전통적 임무인 소극적 실적주의와 더불어 새로운 임무인 적극적 실적주의를 달성하면서 현재의 직업공무원제가 유지될 수 있도록 제도의 성숙을 위한 안정된 중앙인사기관이 설계되고 유지되어야 한다.

제 6 절 부처인사기관

1. 부처인사기관의 의의와 역할

엽관주의로 인한 정실인사의 폐해를 극복하기 위하여 설립된 중앙인사기관의 역할은 정부의 규모가 점차 커지고, 각 부처의 기능이 확대됨에 따라 그 한계에 이르게 되었다(Stahl, 1983: 218-224). 또한 실적제에 의한 인사관리가 자리잡기 시작하면서, 학자들은 인사기관의 분권화를 주장하기 시작하였다. 효율성에 바탕을 둔 분권화의 논리는 인사행정도 각 부처의 일반행정과 분리될 수 없으며, 각 부처의 장이 추구하는 목표를 효율적으로 달성할 수 있도록 보좌하는 역할을 하여야 한다는 것이다.

이러한 부처인사기관의 역할은 다음과 같다.

첫째, 중앙인사기관에서 정한 인사법규를 소속 부처의 조직목표와 실정에 맞게 해석·집행하는 것이다. 이 과정에서 부처인사기관은 중앙인사기관과 소속 부처 간의 중재역할을 한다.

둘째, 소속 부처장의 참모로서 기관장이 추구하는 행정목표를 효율적으로 달성할 수 있도록 업무재설계, 채용·승진·보상 등의 기준재설정, 훈련수요측정 및 계획수립 등과 같은 역할을 한다.

셋째, 소속 부처의 기관장과 관리자, 관리자와 하급직원 간의 갈등을 조정하는 역할을 담당한다. 이러한 업무과정에서 하급직원의 의견을 충분히 반영하되, 참모기관으로서 기관장 및 관리자들의 의견을 대표할 수 있어야 한다.

2. 부처인사기관의 유형

부처인사기관은 크게 전문가형(specialists)과 일반행정가형(generalists)으로 구분될 수 있다. 부처인사기관의 유형은 인사행정 분권화의 정도에 달려 있다고 할 수 있다(Stahl, 1983: 220).

전문가형의 부처인사기관은 인사행정의 분권화가 충분히 이루어져서 부처의 인사전문가가 중앙부처에서 정해진 넓은 인사규정의 테두리 내에서, 공직분류에서부터 채용·승진·훈련에 이르기까지 폭넓은 자율권을 갖는 유형을 의미한다. 전문가형 부처인사기관은 기관장이 효율적으로 조직의 목표를 달성할 수 있게 인력관리기능을 담당한다는 장점이 있다.

반면에 전문가형 부처인사기관은 여러 가지 단점도 가지고 있다. 첫째 중앙인사기관과의 업무갈등을 유발할 수 있다. 부처인사기관이 전문화된 미국은 중앙인사기관과 여러 가지 면에서 갈등을 빚고 있다. 둘째 정부행정 전반보다 부처의 편협한 관점에 의한 인사관리 등의 단점도 지적되고 있다.

일반행정가형 유형은 정부의 인사관리가 중앙집권적 성격이 강해서, 부처인사기관이 중앙인사기관에서 정한 인사법규 및 정책을 집행하는 정도의 기능만을 담당하는 것을 의미한다. 따라서 일반행정가형 부처인사기관은 상대적으로 기관장에 대한 참모의 역할은 약하고 중앙인사기관에서 정해진 정책과 인사법규를 집행하는 기능이 강하다.

일반행정가형 유형의 장점은 정부 전반의 인사행정에 있어서 공정성, 통합성 등의 달성이 용이하다는 것이다. 그러나 단점으로 첫째 각 부처의 기관장이 인사권을 지니지 못함으로 인해, 융통성 있는 인력관리를 통한 효율적 조직목표달성이 어렵다. 둘째, 인사담당자가 전문성 부족으로 참모기능을 수행하지 못하기 때문에, 부처인사기관이 유명무실해지는 문제도 지적될 수 있다.

전문가형 인사기관과 일반행정가형 인사기관이 각자 장단점을 가지고 있기 때문에 어느 형태가 바람직한가에 대해서는 정답이 없다. 부처인사기관의 유형은 국가의 공직분류의 문화에 영향을 받지 않은 수 없다. 순환보직이 일반화된 계급제 문화에서는 전문가를 부처인사기관에 두는 데는 한계가 있을 수밖에 없다. 따라서 인사를 담당하는 일반행정가의 전문성을 최대한 높이는 방안에 역점을 두어야 한다.

3. 한국의 부처인사기관

한국은 전통적으로 각 부처의 일반행정을 종합적으로 수행하는 「총무과」에서 인사를 담당하여 왔다. 그러나 2001년 2월 중앙인사위원회 연두업무보고시 인사행정전담부서의 설치계획이 대통령에게 보고되었고, 같은 해 5월 기본계획안이 국무회의에 보고되었다. 이를 바탕으로 다음해인 2002년 3월에는 「행정기관의 조직과 정원에 관한 통칙」이 개정되어 각 부처가 인사행정전담부서를 설치할 수 있는 근거규정이 마련되었다.

2003년에는 "각 부처 인사역량 강화 방안"이 추가로 수립되었고, 2004년 3월에는 부처별 혁신전담조직 설치기본계획이 확정되었다. 이 혁신전담조직의 주요기능에 인사기능이 포함되도록 함으로써 사실상 인사행정전담부서가 전 부처에 설치되는 효과를 거두었다.

이러한 중앙인사위원회의 권고에 따라 대부분의 부처는 「혁신기획관」이나 「혁신인사기획관」 등의 인사전담부서를 설치하여 혁신과 인사의 업무를 담당하였다. 이에 따라 총무과에 비해서는 상대적으로 인사의 기능이 강화되기는 하였지만, 실질적으로 혁신업무가 더 중요시 되는 등 인사전담부서로서의 기능을 완전히 수행하지는 못하였다. 또한 계급제는 유지되었기 때문에 인사담당자의 순환보직은 계속되었다. 인사업무를 보직재임기간 동안만 담당하기 때문에 부처인사기관이 지녀야 할 전문성은 계속 약했다. 따라서 중앙인사기관의 지침을 집행하는 기능 이상을 수행하지는 못했으며, 각 부처의 특별한 상황이 반영되는 경우는 많지 않았다.

중앙인사위원회가 폐지되고 행정안전부 인사실이 만들어진 이후 부처인사기관은 더 이상 발전하지 못하고 다시 과거의 형태로 돌아가게 되었다. 현재 많은 부처가 관인 및 관인대장 분리, 문서의 수발과 분류·관리, 기관 운영에 관한 사무 등의 서무업무를 담당하는 운영지원과에 인사업무를 통합시켰고, 인사과를 독립적으로 두는 부처는 많지 않다.

한국의 부처인사기관이 활성화되기 위해서는 다음과 같은 개선이 이루어져야 한다.

첫째, 중앙인사기관과 부처인사기관의 업무분담이 점진적으로 세밀하게 이루어져야 한다. 중앙인사위원회에서 시도한 부처인사기능의 활성화는 급격한 변화를 시도한 결과 전문성이나 경험이 일천한 부처인사기관이 제 역할을 다할 수 없었다. 따라서 부처인사기관으로의 분권화를 위해서는 중앙인사기관이 부처인사기관에 대한 기본설계부터 전문성에 대한 교육훈련까지 세심한 준비를 한 후 부처인사기관을 점진적으로 발전시켜야 한다.

둘째, 부처인사기관이 안정적으로 자리를 잡기 위해서는 부처인사기관 담당자의 순환보직 문제가 해결되어야 한다. 그러나 계급제 문화에서 부처인사기관의 담당자만 순환보직에서 자유롭다는 것은 다른 부서와의 협력문제를 야기할 수 있다. 따라서 부처인사기관의 활성화는 공무원의 순환보직문제를 해결한 이후에나 가능하다.

셋째, 현재 각 부처나 지방자치단체에서 수행하는 경력직 공무원의 수시채용이나 계약직 공무원의 채용에 있어서 공정성이 완전히 확보된 상황은 아니다. 이에 따라 수시로 언론에서 문제가 제기되기도 하고 있다. 따라서 부처인사기관의 점진적으로 발전함에 따라 중앙인사기관의 준사법적 기능이 더욱 강화되어야 한다. 우리나라 중앙인사기관의 준사법적 기능은 거의 유명무실한 상황이다. 중앙인사기관의 사법적 기능이 강화되지 않는다면 부처인사기관으로의 인사기능의 전환은 정실인사의 문제만 키울 가능성이 높다.

제 7 절 지방자치단체의 인사기관

지방자치가 발전함에 따라 지방자치단체의 행정은 중앙행정기관의 통제로부터 계속 독립·발전되어 왔다. 지방자치단체의 인사기능 역시 상당한 발전을 이루어서 임용권자인 지방자치단체장의 인사전횡을 막기 위한 인사위원회와 소청심사위원회가 설립되었다.

1. 인사위원회

(1) 인사위원회의 구성과 신분보장

인사위원회는 16명 이상 20명 이하로 구성한다. 다만 임용권을 위임받는 기관(시 산하의 구청이나 지방자치단체의 장이 인사위원회가 필요하다고 인정하는 소속기관)과 지방자치단체의 인구 수, 위원 선정의 어려움을 고려하여 대통령령으로 정하는 지방자치단체에 두는 인사위원회는 7명 이상 9명 이하의 위원으로 구성할 수 있다. 위원은 지방자치단체의 장이 공무원(국가공무원 포함) 중에 임명하는 임명위원과 외부 인사를 위촉하는 위촉위원으로 구분된다. 인사행정의 공정성을 확보하기 위해 전체 인사위원회 위원 중 외부 위촉위원은 1/2 이상이 되어야 한다.[5]

인사위원회 회의는 위원장을 포함하여 위원장이 회의마다 지정하는 8명의 위원으로 구성한다.[6]

다만 위원 수가 7명 이상 9명 이하의 인사위원회 회의는 위원 전원으로 구성한다. 인사위원회 회의 구성에 있어서 외부 위촉위원은 2/1 이상이 되어야 한다. 인사위원회 회의는 구성원 2/3 이상의 출석과 출석위원 과반수의 찬성으로 의결한다.

지방자치단체 인사위원회의 위원은 공무원법 제9조의 2에 의해 임기가 보장된다. 공무원법에 따르면 인사위원회의 위원장, 부위원장 및 위원은 장기의 심신쇠약으로 직무를 수행할 수 없게 된 경우나 공무원법 제7조 6항의 위원자격금지 사항에 해당되게 되는 경우를 제외하면 그 직에서 면직될 수 없다. 위원의 임기는 3년으로 한 번만 연임할 수 있다.

(2) 인사위원회의 기능

지방자치단체에 인사위원회를 설치한 것은 지방자치단체장의 인사전횡방지 및 공정한 실적주의 인사 확립을 목적으로 하고 있다. 이에 따라 인사위원회는 다음과 같은 기능을 수행한다.

---

5 인사위원회의 위원이 될 수 있는 자격은 지방공무원법 제7조 제5항에 규정되어 있다.

6 인사위원회 위원장은 시·도의 경우 국가공무원으로 임명하는 부시장·부지사·부교육감이, 자치구인 시·군·구의 경우 부시장·부군수·부구청장이 된다.

① 공무원 충원계획의 사전심의 및 각종 임용시험의 실시.
② 임용권자의 요구에 따른 보직관리 기준 및 승진·전보임용 기준의 사전 의결.
③ 승진 임용의 사전 심의(6급 공무원의 5급으로의 승진 의결)
④ 임용권자의 요구에 따른 공무원의 징계 의결 또는 징계부가금 부과 의결
⑤ 지방자치단체장이 지방의회에 제출하는 공무원의 임용·교육훈련·보수 등 인사와 관련된 조례안 및 규칙안의 사전 심의.
⑥ 임용권자의 인사 운영에 대한 개선 권고
⑦ 그 밖의 법령 또는 조례에 따라 인사위원회의 관장에 속하는 사항

(3) 인사위원회의 공정성의 문제와 대안

지방자치단체장의 자의적인 인사전횡을 견제하기 위해 법으로 인사위원회를 두도록 하였지만 다음과 같은 문제들로 인해 인사위원회가 제 기능을 공정하게 수행하는 것이 어렵게 되어 있다.

첫째, 인사위원회 구성 자체가 지방자치단체장의 의무이자 권한이기 때문에 인사위원회의 위원들은 견제 대상인 지방자치단체장에 의해 위촉된다. 또한 인사위원회의 위원장 역시 부단체장이 맡게 되어있다. 따라서 지방자치단체장과 인사위원회 위원장, 내부위원은 상하관계에 있는 구성원들이라 실질적으로 지방자치단체장의 인사전횡을 견제하는 역할을 수행하기 어렵다.

둘째, 인사위원회의 전문성에 있어서 지방공무원법에서는 인사행정에 관한 학식과 경험이 풍부한 사람을 위촉하라고 하면서 실제로 예시된 자격기준은 사회저명인사라면 누구나 위원이 될 수 있도록 정해져 있다. 물론 지역마다 인사전문가가 풍부한 것이 아니기 때문에 한계가 존재하기는 하지만 사회저명인사 대부분이 자격이 되도록 법으로 규정이 완화되어 있는 것은 지방자치단체장이 인사위원을 위촉하는데 있어서 자의성을 높여주는 결과를 가져온다.[7]

따라서 지방자치단체의 인사위원회는 설립의 근본적 목적을 수행하기 어렵게 되어 있어서 예산과 시간만 낭비하고 있다. 인사위원회가 지방공무원법으로 설립이 규정된 이후에도 언론에서 지방자치단체장의 인사전횡에 대한 보도

7 과거 중앙인사위원회도 같은 문제로 위원들의 전문성이 문제가 되었었다.

가 자주 나오는 것도 인사위원회의 실질적 역할에 의문이 제기되고 있는 원인이 된다.

따라서 지방자치단체 인사위원회의 임명은 지방자치단체장이 하지만 추천권은 지방의회에게 맡기는 규정상 개선이 필요하다. 또한 인사위원회 회의에서 외부위원이 1/2 이상 참석을 원칙으로 하여야 한다. 단순히 회의 구성만 외부위원 1/2로 할 경우 내부임명위원보다 외부위원이 참석하지 못할 가능성이 높기 때문이다.[8]

지방자치단체 인사위원회가 지방자치단체장의 인사전횡을 견제하지 못한다면 차라리 예전과 같이 총무과나 운영지원과에서 인사기능을 담당하게 하여서 인사의 효율성을 높이고 책임의 위치를 명확히 하는 것이 대안이 된다. 하지만 인사위원회를 법으로 규정한 것은 인사의 공정성에 대한 중요성이 부각되었기 때문이다. 따라서 인사위원회의 법적 규정을 수정하여 인사위원회가 공정한 인사기능을 다 할 수 있도록 하여야 한다.

2. 소청심사위원회

지방공무원법에는 지방자치단체의 장 소속 공무원이 부당한 징계나 의사에 반하는 불리한 처분이나 부작위에 대한 소청을 심사하고 결정하기 위해 시·도에 지방소청심사위원회와 교육소청심사위원회를 두도록 되어 있다.

(1) 소청심사위원회의 구성과 신분보장

소청심사위원회는 광역자치단체에 설치되기 때문에 16명 이상 20명 이하로 위원을 구성한다. 그리고 독립성을 보장하기 위하여 외부위촉위원이 위원회의 1/2 이상이 되어야 한다. 그리고 소청심사위원회의 회의에서 시·도지사 위원장 역시 위촉위원들 중에 호선한다. 위원회 회의는 회의마다 시·도지사 또는 교육감이 지정하는 6명의 위원으로 구성되며 그 중 5인은 외부위촉위원이어야 한다.

8 이 문제는 우리나라 정부의 위원회가 공통으로 겪는 문제이다. 대부분 정부위원과 외부위원의 비중을 1:1로 하지만 중요한 결정에 있어서 정부위원은 대리인이라도 다 참석하는 반면 외부위원은 대리인 참석이 불가하기 때문에 정부안이 그대로 결정되는 사례가 많다.

소청심사위원회의 위원들의 자격은 위촉된 위원의 경우 법관·검사 또는 변호사로 재직하는 사람과 대학에서 법률학을 담당하는 부교수이상의 사람으로 정해져 있다. 내부 임명위원의 경우는 시·도지사 또는 교육감 소속 국장급 이상의 공무원과 시·도의회 의장 소속 과장급 이상의 공무원으로 한정되어 있다.

위촉된 위원들의 임기는 2년이며 연임될 수 있다. 그리고 위촉된 위원들이 정당에 가입하거나 금고 이상의 형벌이나 장기의 심신쇠약 등 공무원법이 정하는 면직사유에 해당되지 않는 한 임기는 보장된다.

(2) 소청심사위원회의 기능

지방소청심사위원회는 지방공무원이 공무원으로서의 자기 권리를 구제하고 공무원의 신분보장을 확립할 수 있는 행정심판제도이다. 따라서 소청심사위원회는 공무원에 대한 부당한 징계나 불리한 결정 등에 대한 소청을 접수하면 지체없이 심사하여야 한다. 소청심사를 하기 위하여 사실 조사를 하거나 증인을 소환하여 질문하고 관계서류를 제출하도록 명할 수 있다. 또한 위원회는 필요한 경우 특별한 학식·경험이 있는 전문가에게 검증이나 감정을 의뢰할 수 있다.

소청심사위원회의 결정은 회의 구성원의 2/3 출석과 출석위원 과반수의 합의에 따른다. 위원회의 결정은 처분 행정청을 기속하는 효력을 가진다. 따라서 처분 행정청은 위원회가 소청을 제기한 공무원에 대한 징계나 불리한 결정이 부당하다고 결정이 내려지면 지체없이 철회하거나 재심사를 하여야 한다. 다만 소청심사위원회는 회의결과로 원징계처분보다 무거운 징계 또는 징계부가금을 부과하는 결정을 내릴 수는 없다.

참고문헌

백종섭. (2013). 차기 박근혜정부 중앙인사기관의 위상과 기능. 한국인사행정학회보. 12(1): 1-22.

서원석·황성원. (2009). 한국과 일본의 중앙인사행정조직 비교연구. 한국행정학회 추계학술대회 발표논문.

서필언. (2000). 정부구조조정의 성과와 과제, 한국행정연구원 국내학술대회 발표논문집. 「국민의 정부: 정부개혁 중반기평가」, 85-111.

안문석. (1999). 정부조직개혁의 평가와 대안.「1999년도 한국행정학회 특별세미나 발표논문집」.

오석홍. (1999). 중앙인사기관의 구조와 기능에 관한 연구-중앙인사위원회의 전문성 독립성 집권성을 중심으로.「한국행정학보」. 33(3): 55-70.

이창길. (2019).「인적자원행정론」, 경기: 법문사.정재명. (2007). 중앙인사관장기관의 기능과 역할: 미국, 영국, 캐나다. 한국인사행정학회 하계세미나 발표논문.

조세현 외. (2019).「주요국가의 공무원 직급체계 개편 사례연구」. 서울: 한국행정연구원.

Ban, Carolyn. (1998). The Changing Role of the Personnel Office. In Stephen E. Condrey (ed.), *Handbook of Human Resource Management in Government*. San Francisco: Jossey-Bass Publishers.

Campbell, Alan K. (2003). Testimony on Civil Service Reform and Organization in Frank J. Thompson(Ed.), *Classics of Public Personnel Policy*(3rd). 227-241.

Belmont: Wadsworth/Thomson Learning.

제 5 장 공직분류

제 1 절 공직분류의 의미

1. 공직분류의 이해

(1) 공직분류의 개념과 의의

정부조직은 공적 업무와 그 업무를 처리하는 공무원으로 구성되어 있다. 따라서 정부조직을 이해하기 위해서는 정부조직 내 업무와 그 업무를 담당하는 공무원이 어떻게 구분되어 있는지를 이해할 필요가 있다. 이와 관련된 것이 공직분류이다. 공직분류란 일정한 기준에 따라 정부조직 내 공무원과 직무를 체계적으로 구분하여 정부조직 내 작업구조를 형성하는 과정 및 그 결과라고 할 수 있다(진재구, 1993: 148).

공직분류는 직무의 유사성을 바탕으로 구분하는 방식과 정부 내 다양한 직위를 직급체계에 따라 수직적으로 구분하는 방식으로 구분할 수 있는데, 어떠한 방식으로 공직을 분류하느냐에 따라 공무원에게 배분하는 직무의 유사성과 차별성이 나타나고 이는 궁극적으로 정부조직의 효과성을 결정하게 된다.

(2) 공직분류의 중요성

인사행정의 체계를 확보–활용–개발–유지–보상으로 구분할 때 각 단계의 관리는 공직분류 형태에 따라 달리 정해진다. 예를 들어 공직분류가 사람(공무원)을 중심으로 분류하는 계급제일 때와 직위를 중심으로 분류하는 직위분류제일 때 인력을 확보하는 방식, 활용하는 방식, 개발 및 유지하는 방식, 보상하는 방식이 다르게 나타난다. 따라서 공직분류는 공공인사의 기본 틀이자 합리적인 공공인사관리의 시작점으로서 공공인사관리의 기준과 방향성을 제시한다.

그러나 공직분류의 중요성에도 불구하고 공직분류의 정답이 있는 것은 아니다. 특히 공직분류는 그 국가의 역사, 문화, 법체계 등의 영향을 받는다. 따라서 미국, 영국, 독일, 일본 등의 국가들이 서로 다른 공직분류 체계를 가지고 있다. 한국 역시 오랫동안 계급제를 기반으로 한 공직분류체계를 유지하고 있으나, 계급제를 기반으로 하는 다른 국가와는 다른 한국만의 특수한 공직분류 체계를 가지고 있다. 또한, 동일한 국가라 할지라도 그 당시의 국내외 환경, 공직에 대한 국민들의 기대, 공직사회가 그동안 유지해 온 공직 문화 등에 따라 공직분류의 내용이 수정·보완되기 마련이다. 따라서 무엇보다 일 잘하고 유능한 공무원 인사관리를 위해서는 현 시점의 공직분류를 가지게 된 역사적 맥락을 이해하고, 동시에 현재 공직분류체계로 인하여 직면한 문제점을 파악하고, 유사한 문제를 해결한 다른 국가의 공직분류체계를 참고하여 한국의 상황에 맞게 재정립하는 접근법을 택해야 한다.

2. 공직의 분류기준

공직은 다양한 기준에 따라 분류 방식이 달라질 수 있다. 우선 전형적인 공직분류 방식은 사람을 중심으로 수직적으로 공직을 분류하는 계급제와 직무를 중심으로 수평적으로 공직을 분류하는 직위분류제로 나눌 수 있다. 계급제와 직위분류제는 사람과 직무를 각각 기준으로 공직을 분류하는 틀로서 그 틀 내부를 들여다보면 또 다시 다양한 기준으로 공직을 세분류할 수 있다.

제 2 절 계 급 제

1. 계급제의 의의

계급제는 사람이 갖는 특성을 기준으로 계급을 부여하는 제도이다. 즉, 공무원이 갖는 학력, 경력, 자격, 능력 등과 같이 개인적 특성을 기준으로 계급을 몇 단계로 나누고 유사한 특성을 보유한 공무원 집단을 같은 계급으로 형성·분류하는 것을 계급제라고 한다. 계급제에서는 사람이 수행하는 업무의 특성에 따라 계급이 부여되기보다는 해당 계급에 따라 할 수 있는 업무가 달리 정해지는 특징을 갖는다.

그러나 계급을 구분하는데 있어 어떠한 개인적 특성과 그 수준이 계급을 구분하는 기준이 되는지 알기 어렵다. 특히, 한국 국가공무원 가운데 9계급체계를 따르는 일반직 공무원의 경우[1] 각 계급에서 요구되는 특징과 그 수준이 무엇인지 명확하지 않다. 다만, 5급·7급의 경우 민간경력자 일괄채용 응시자격 요건을 통해 각 계급을 구성하는 개인적 특성과 그 수준을 유추할 수 있다.

〈표 5-1〉에서 확인할 수 있듯이 5급의 경우 박사 또는 박사에 준하는 학력을 가진 집단, 관련분야에서 10년 이상 경력을 쌓거나 또는 관련 분야 관리자로서 3년 이상 경력을 쌓은 집단을 5급에서 요구하는 공무원 특성이라고 볼 수 있다. 자격증의 경우 직무에 따라 요구하는 자격증이 달라 학력 또는 경력처럼 일반화하기 어렵지만, 예시로서 변호사, 의사, 한의사 자격증·면허증을 취득 후 2년 이상 관련 분야의 경력을 쌓은 수준을 5급에서 요구하는 개인적 특성으로 볼 수 있다. 7급의 경우 학력은 석사 수준, 경력은 관련 분야 3년 이상 근무한 수준을 7급의 개인적 특성과 수준으로 볼 수 있고, 5급과 마찬가지로 자격증의 경우 직무에 따라 요구하는 자격증이 다르며 표에서 확인하는 바와 같은 수준의 자격증과 실무 경험을 7급에서 요구하는 개인적 특성과 수준이라고 볼 수 있다.

이와 같이 계급제는 사람을 중심으로 직급체계가 구분된다는 측면에서 뒤에서 설명한 직무 중심의 직위분류제와 차이를 갖는다.

---

1 공무원의 종류에 따라 계급체계는 다르다. 이 부분은 제4절 한국의 공직분류를 참고하기 바란다.

표 5-1 민간경력자 일괄채용 시험 응시자격 요건

	5급	7급
학력	– 관련 전공 박사학위 소지자 – 관련 전공 석사학위 소지 후 관련분야에서 4년 이상 근무 또는 연구한 경력이 있는 사람	– 관련 전공 석사학위 이상 소지자
경력	– 관련분야에서 10년 이상 근무 또는 연구한 경력이 있는 사람 – 관련분야에서 관리자로 3년 이상 근무 또는 연구한 경력이 있는 사람	– 관련분야에서 3년 이상 근무 또는 연구한 경력이 있는 자
자격증*	– 변호사 자격증 소지 후 관련 분야에서 2년 이상 근무 또는 연구한 경력이 있는 사람 – 의사 면허증을 소지 후 관련분야에서 2년 이상 근무 또는 연구한 셩력이 있는 사람 – 한의사 면허증 소지 후 관련분야에서 2년 이상 근무 또는 연구한 경력이 있는 사람	– 변호사 자격증 소지자 – 해당 분야 기술사 또는 기능장 자격증 소지자 – 해당 분야 기사 자격증 소지 후 관련 분야에서 3년 이상 근무 또는 연구한 경력이 있는 자 – 해당 분야 산업기사 자격증 소지 후 관련 분야에서 6년 이상 근무 또는 연구한 경력이 있는 자

* 자격증의 경우 직무에 따라 요구되는 자격증과 해당 분야 경력이 상이함.

2. 계급제의 특징

사람을 중심으로 직급체계를 구분하는 계급제는 인재의 채용, 배치 및 관리, 인재육성, 신분보장 등의 차원에서 특징을 확인할 수 있다.

(1) 폐쇄형 채용제도

계급제는 채용에 있어서 폐쇄적이다. 신규채용은 가장 낮은 계급에서 이루어지며 그 밖의 계급에 공석이 생길 경우 외부로부터 채용하기보다는 내부에서 승진이나 전보 등을 통해 임용한다. 따라서 계급제에서의 채용은 특정 업무를 수행하는데 필요한 지식, 기술, 능력, 태도를 측정하기보다는 해당 조직에서 특정 경력을 지속적으로 발전시켜 나가는데 필요한 자격과 능력을 측정한다(김영우, 2005).

한국 국가공무원의 경우 신규채용은 가장 낮은 계급인 9급 이외에 5급·7급으로의 입직이 가능한 공개경쟁채용이 있어 엄밀한 의미에서 계급제가 특징으로 하는 가장 낮은 계급에서의 폐쇄적 채용제도를 택한다고 볼 수는 없다. 다만 5급·7급 공개경쟁채용을 통해 입직하는 인력보다 9급 공개경쟁채용을 통해 입직하여 승진한 인력이 전반적으로 많다는 측면에서 폐쇄적 채용제도를 가지고 있다고 볼 수 있다. 폐쇄적 채용은 내부 승진의 길을 보장함으로써 근로의욕을 높인다는 긍정적 측면이 있으나 외부 전문가들의 탄력적 활용이 제한되어 공직의 경쟁력을 저해한다는 한계점도 있다.

한국 정부는 1949년부터 특별채용제도를 도입하였고 이를 2011년 경력경쟁채용으로 명칭을 변경하여 전 직급에 걸쳐 외부 인재를 채용하고자 노력하고 있다. 인사혁신처에서 매년 발간하는 인사통계연보를 통해 이를 확인할 수 있는데, 2022년 한 해 동안 신규 임용된 일반직 공무원은 11,320명으로 이 가운데 공개경쟁채용으로 임용된 공무원은 5,605명(5급 268명, 7급 761명, 9급 4,164명, 연구직 30명, 유정직 382명)인 반면 경력경쟁채용으로 임용된 인원은 5,715명으로 신규임용 공무원의 50.5%는 공개채용방식 이외의 방식을 통해 입직하고 있어 계급제가 가지는 폐쇄성을 줄이고자 노력하고 있다.

(2) 탄력적 인력배치 및 순환보직 기반 인사관리

계급제는 사람을 중심으로 인사체계를 구축하기 때문에 동일한 계급 내에서 탄력적으로 직무를 변경하여 인력을 배치할 수 있다. 따라서 동일 계급 내에서 다양한 종류의 직무를 경험할 수 있기 때문에 효율적인 인력활용이 가능하다.

계급제하에서는 공무원의 특성에 따라 직무를 부여할 수 있기 때문에 관리자 차원에서 보다 유연하게 인사권한을 사용할 수 있는 특징이 있다. 한편 일반공무원은 순환보직을 통해 다양한 직무수행을 경험함으로써 경력개발의 기회를 갖는다. 또한 계급제하에서 순환보직에 따른 다양한 경험은 이후 관리자로 성장할 때 전체적으로 조직의 업무를 파악하고 관리할 수 있는 역량을 키워준다.

다만 순환보직에 대한 비판적 관점도 있다. 직무에 대한 전문성은 교육훈련 등 학습을 통해 확보할 수도 있지만 특정 업무를 오랫동안 수행하면서 쌓은 암묵지를 통해서도 확보할 수 있다. 그러나 순환보직은 어느 정도 직무에 대한 이해가 높아져 일을 잘하게 될 때 다시 새로운 직무를 맡김으로써 공무원의 업무 전문성을 떨어뜨린다.

한국 정부에서는 순환보직의 문제점을 극복하기 위해 예외적인 경우를 제외하고 일반적으로 3년간의 필수보직기간을 정하여 해당 기간을 지나야 다른 직위에 전보할 수 있도록 규정하고 있다. 또한, 순환보직으로 인한 전문성 약화 문제를 극복하기 위해 국제통상, 재난관리 및 법의, 남북회담, 식품안전, 방위사업관리 등 정부 기능과 역할 중 고도의 전문성과 장기 재직이 필요한 분야에 대해 순환보직 없이 해당 분야에서만 근무하는 전문직 공무원제도를 도입하는 등 제도적 장치를 마련하여 운영하고 있다.

(3) 일반행정가 기반 인재육성

계급제는 해당 계급에서 다양한 직무를 경험하는 탄력적 인력배치 및 순환보직 기반 인사관리를 하면서 자연스럽게 한 분야의 제한된 전문지식보다는 다방면의 광범위한 안목을 가진 일반행정가(generalist) 중심의 인재육성을 목표로 한다. 이에 따라 채용이나 교육훈련 역시 특정 직무를 중심으로 전문지식을 강조하기 보다는 일반 소양과목을 중심으로 발전가능성을 중시한다. 다방면의 폭넓은 시각과 경험을 바탕으로 한 일반행정가는 기관 간 또는 부서 간 협력을 촉진시킨다.

(4) 신분보장

계급제하에서 공무원의 신분은 강하게 보장된다. 공무원은 특별히 스스로 사퇴하거나 또는 법률이 정한 바를 제외하고 자신의 의사에 반하여 공무원 신분을 박탈당하지 않는데, 이는 정치적 중립성을 보장하기 위한 측면과 더불어 행정의 안정성과 계속성을 도모하기 위함에 있다. 이러한 측면에서 계급제의 공직구조는 높은 수준의 공직윤리에 기반한 직업공무원제의 목적을 달성하는 데 부합하다고 볼 수 있다.

3. 계급제의 장점과 단점

(1) 장 점

1) 인사관리의 탄력성과 융통성 제고

계급제는 사람중심의 직급체계를 구성하여 인사권자는 동일 계급 내의 공무원들에게 다양한 직무를 부여할 수 있다. 따라서 인력활용 측면에서 행정수요에 따라 보다 탄력적으로 융통성 있게 인력활용이 가능하다. 이에 따라 인사권자는 폭넓은 재량권 행사가 가능해 리더십 발휘가 용이하다.

2) 인사관리의 경제성

계급제는 기본적으로 폐쇄적 채용을 기반으로 조직 내 필요한 분야의 공석이 발생하면 내부 임용을 통해 적시에 충원을 할 수 있어, 인사관리 측면에서 경제적이며 효율적이다. 또한 직무중심의 인사체계인 직위분류제와 달리 계급제는 고도의 직무분석 및 직무평가가 요구되지 않는다는 측면에서도 상대적으로 경제적이다.

3) 일반행정가의 양성 및 원활한 업무협조

계급제는 동일 계급 내 다양한 직무를 경험하면서 다방면의 폭넓은 안목과 경험을 갖춘 일반행정가를 양성하는데 유리하다. 순환보직에 따라 동일 계급에서 횡적으로 보직이동이 이루어짐에 따라 타 부서에 대한 이해가 높아져 부서 간, 직원 간 업무협조가 원활해질 수 있다. 이렇게 일반행정가로서 동일 계급 내에서 여러 부서의 다양한 직무를 경험하면서 관리자로 성장했을 때 조직 전체의 직무를 이해하고 아우를 수 있는 일반관리자를 양성할 수 있다는 측면에서 계급제의 장점을 찾을 수 있다.

4) 조직몰입 및 사기 제고

계급제는 폐쇄적 충원제도에 따라 외부 충원보다는 내부 경쟁에 따른 승진과 보직이 이루어진다. 이에 따라 공무원들의 근무의욕과 사기가 높은 편이다. 또한 다양한 직무 경험으로 인하여 조직 목표에 대한 이해가 높고 조직에 대한 소속감과 몰입감이 높다.

5) 행정의 안정성 및 직업공무원제 확립

계급제는 공무원의 정치적 중립성을 확보하기 위해 신분을 보장한다. 따라서 행정의 안정성을 도모할 수 있다는 장점이 있으며 직업공무원제 확립이 가능하다.

(2) 단 점

1) 공직의 전문화 저해

계급제는 폐쇄적 채용을 바탕으로 전문 지식에 기반하기보다는 발전가능성을 확인할 수 있는 일반 소양 중심의 채용을 한다. 또한, 인력관리 및 육성에 있어서 계급제는 공무원으로 하여금 순환보직에 따라 다양한 업무를 경험하며 일반행정가로 성장하도록 한다. 이와 같은 폐쇄적 채용제도와 순환보직 기반 인사관리 및 일반행정에 기반한 인재육성은 특정 분야의 전문적 지식과 능력을 갖춘 공무원을 확보를 어렵게 하여 전체적으로 공직의 전문화를 저해하는 결과를 야기한다.

2) 공정한 성과평가와 보수체계 확립 저해

계급제에서는 뚜렷한 직무분석과 직무평가가 없이 탄력적으로 직무가 부여되므로, 공무원 개인에게 기대되는 성과가 뚜렷하지 않아 객관적 성과평가가 어렵다. 객관적 성과평가의 부재는 그에 따른 공정한 보수체계 확립을 저해한다.

계급제에서는 계급과 연공서열에 따라 보수를 책정한다. 이로 인하여 업무의 난이도나 책임도가 다름에도 불구하고 같은 보수를 받는 경우가 발생하여 보수와 업무부담 간 형평성 문제를 야기한다.

최근 동일노동에 대한 동일임금 체계 확립을 위해 공공기관을 중심으로 직무중심 임금체계가 도입되고 있다. 그러나 순환보직이 이루어지는 계급제하에서 동일 직무에 대한 동일 보수를 적용할 경우 자신의 능력이나 업무성과와 무관하게 순환하여 맡게 되는 보직의 난이도와 책임도에 따라 다른 보수를 받게 되는 등의 문제가 발생할 수 있다. 따라서 계급제는 직무 중심의 공정한 보수체계 확립을 저해한다.

3) 인사관리의 합리성 저해

계급제에서 인사권자는 인력활용 측면에서 폭넓은 재량권을 행사할 수 있다. 그러나 이는 인사권자의 자의와 편견의 개입 가능성을 높여 연고주의나 정실인사를 야기할 수 있다. 또한 계급에 기반하여 공직이 분류됨에 따라 직무의 특성을 반영하기 어려워 합리적 인사관리를 저해한다.

4) 권한과 책임의 불명확

계급제는 사람을 중심으로 직급체계를 구분하여 직위별로 담당해야할 직무와 책임의 범위를 명확하게 설정하지 못한다. 이로 인하여 누가 어떤 직무를 맡아야하는지 등에 관하여 부서 간, 개인 간 갈등이 발생할 수 있고 이에 따라 업무가 중복하여 수행되는가 하면 반대로 서로 직무를 전가하는 일도 발생할 수 있다.

5) 무사안일 야기

계급제에서 공무원의 신분보장은 한편으로는 행정의 안정성을 보장하지만 다른 한편으로는 공무원의 무사안일을 야기하여 환경변화나 국민요구에 민감하게 대응하지 못하는 병폐를 야기할 수 있다. 또한, 폐쇄적 채용제도와 내부임용에 따른 인력충원 방식으로 인하여 공무원의 기득권화를 야기하기도 한다.

제 3 절 직위분류제

1. 직위분류제의 의의

직위분류제는 직무의 특성(직무의 종류, 난이도, 책임도 등)을 중심으로 공직을 분류하는 제도로서 사람을 중심으로 공직을 분류하는 계급제와 구별된다. 즉, 직위분류제에서는 조직 내 책임의 단위인 직위(과장, 국장, 실장 등)에 따라 각 직위가 수행해야하는 직무의 특성을 반영하여 수평적, 수직적으로 직위를

그림 5-1 직위분류의 기본이해도(외무공무원의 예)

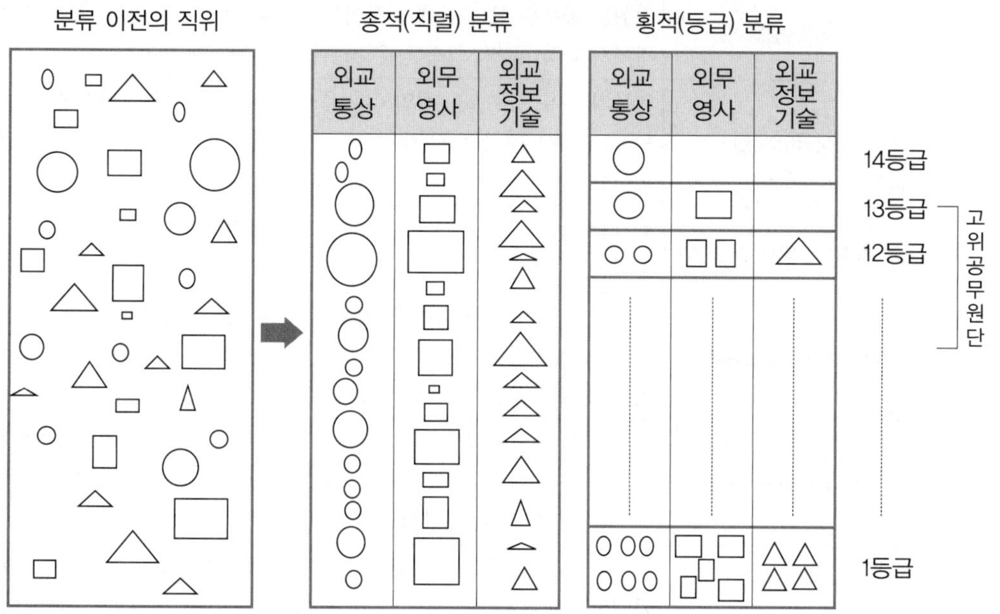

자료: 「외무공무원법」 제2조 · 제2조의2 및 「외무공무원임용령」 제32조의2.

분류한다. 따라서 직위분류제에서는 조직 내 직위와 해당 직위가 수행할 직무를 먼저 정하고 난 뒤, 여기에 적합한 사람을 충원하는 방식을 따른다.

직위분류제를 보다 쉽게 이해하기 위해서 [그림 5-1]에서 볼 수 있듯 직무등급제를 실시하고 있는 외무공무원제의 예를 들 수 있다. 여기서 직무의 종류는 동그라미, 세모, 네모 모양 등으로, 난이도와 책임도는 해당 도형의 크기로 표시하였다.

[그림 5-1]에서 보듯이 기존의 직무를 같은 직무끼리 묶어 종적으로 분류한 것을 직렬이라고 한다. 외무공무원의 경우 업무가 외교통상, 외무영사, 외교정보기술 등의 직렬로 구분된다. 해당 종적 분류를 다시 업무의 난이도와 책임도에 따라 구분하여 등급을 구분할 수 있다. 가령 직렬 구분 이후 다시 1등급부터 14등급까지 해당 각 직렬 내 직무의 난이도와 책임도에 따라 구분한 것을 횡적(등급) 분류라고 본다.

그 밖에 직위분류제의 기본 개념은 〈표 5-2〉를 통해 확인할 수 있다.

표 5-2 직위분류제의 기본 개념

직위(position)	직위는 공무원 한 사람에게 부여된 직무와 책임을 의미함. 공무원 조직에서 과장, 국장, 실장 등은 직위를 의미함.
직급(class)	직무의 종류, 난이도, 책임도가 유사한 직위의 집단을 의미함. 공무원 조직에서 행정주사, 행정사무관, 서기관, 부이사관 등은 직급을 의미함.
직군(occupational group)	유사한 성격의 직렬들을 모은 직위 분류의 대단위. 행정직군, 과학기술직군, 관리운영직군 등이 이에 해당함
직렬(series of classes)	직무의 종류는 유사하나 그 업무 수행에 필요한 난이도와 책임도의 정도가 서로 다른 모든 직무들의 단위. 행정직군 내 행정직렬, 교정직렬, 보호직렬 등이 이에 해당함
직류(sub-series)	직렬을 보다 세분화한 것으로 동일 직렬 내에 담당분야가 같은 직무의 집단을 의미. 행정직군-행정직렬 내 일반행정, 인사조직, 법무행정, 재경 등이 이에 해당함.
등급(grade)	직무의 종류는 다르나 난이도와 책임도 및 해당 직무 수행에 필요한 자격수준이 유사한 직무들의 집합. 가령 인사업무와 기획업무는 직무의 성격이 다르지만 해당 업무가 요구하는 직무의 난이도와 책임도가 대등하다면 같은 등급에 배정

2. 직위분류제의 특징

(1) 개방형 채용제도

직위분류제하에서는 모든 직위에 대해 신규채용이 가능하다. 이에 따라 어느 직위든 결원 발생 시 해당 직위의 직무 수행에 필요한 자격이나 능력 요건을 갖춘 인재 선발을 위해 내부 임용에 매몰되기보다는 조직 내부 인력과 조직 외부 인력이 결원이 발생한 직위를 점하기 위해 서로 경쟁하게 된다. 이로써 조직 전체적으로는 경쟁력을 향상시킬 수 있다.

(2) 횡적 직위 이동 제한과 직무중심 인사관리

계급제에서의 순환보직과 달리 직위분류제에서는 직무의 특성에 따라 직군·직렬·직류 등을 구분하여 서로 특성이 다른 직무를 수행해야 하는 직위로 횡적 이동이 제한된다. 가령, 인사업무, 조직업무, 예산업무 등 그 성격이 다른 업무에 대한 횡적 이동은 직위분류제에서는 어렵다.

이와 같은 직위 간 횡적 이동의 제약은 인력 배치 및 활용에 있어 직무중심 인사관리를 가능하게 한다. 직무분석과 직무평가를 통해 직무와 책임이 명확히 파악된 상황에서 해당 직위에서 요구하는 지식, 기술, 능력, 태도에 가장 부합한 인재를 배치함으로써 사람의 특성에 기반하기보다는 직무의 특성에 기반한 인사관리가 가능해진다.

(3) 전문행정가 기반 인재육성

직위분류제하에서는 직위와 직무에 맞춰 해당 직무와 책임을 다할 수 있는 인재를 임용한다. 특히 횡적 직위 이동이 제한되어 있다 보니 전보나 전직을 하더라도 유사한 직무의 범위 내에서 이루어진다. 따라서 직위분류제에서는 한 우물을 파는 I자형 경력개발을 통해 전문행정가 인재 육성에 유리하다.

(4) 약한 신분보장

직위분류제하에서 공무원은 해당 직무에 대한 전문행정가로서 계급제에서의 일반행정가보다 상대적으로 신분보장이 약하다. 가령 특정 직무가 더 이상 필요없게 될 경우 사람중심의 계급제에서는 해당 직무를 수행하는 인력은 다른 직무를 부여받지만 직위분류제하에서는 해당 직무가 없어질 경우 그 직무 담당자는 원칙적으로 퇴직 대상이 된다.

〈표 5-3〉은 기타 계급제와 직위분류제의 특성을 비교한 것이다.

표 5-3 계급제와 직위분류제 특성 비교

	계급제	직위분류제
분류기준	계급	직위
채용기준	잠재적·일반적 능력	전문 능력
경력발전	일반행정가	전문행정가
충원체계	폐쇄형	개방형
신분보장	강함	약함

인사이동	광범위, 신축적	제한적, 경직적
직업공무원제 확립	유리	불리
공무원의 시각	종합적, 광범	부분적, 협소
행정의 전문화	장애	기여
직무수행의 형평성	낮음	높음
보수	동일계급, 동일보수	동일직무 동일보수
인사관리 (교육훈련, 승진, 평가, 보상 등)	연공서열 중심, 상관의 자의성 개입 용이	능력·실적 중심, 객관적 기준 제공

자료: 박천오 외(2016: 111)에서 재인용.

3. 직위분류제의 장점과 단점

(1) 장 점

1) 공직의 전문화 촉진

직위분류제는 직무 중심 채용에 따라 해당 직무를 가장 잘 수행할 수 있는 인력을 선발 및 채용하게 된다. 또한 인사관리에 있어서 유사한 직무 간 이동이 가능하여 공무원의 경력개발도 해당 직무분야 중심으로 이루어진다. 이를 통해 전문행정가 양성이 가능해지며 나아가 공직의 전문성을 도모할 수 있다.

2) 공정한 성과평가와 보수체계 확립

직위분류제에서는 직무에 대한 분석 및 평가를 통해 해당 직무의 계량적 가치 도출이 가능하다. 이에 따라 보수를 책정함으로써 '동일 노동, 동일 임금' 원칙에 기반한 공정하고 합리적인 보수체계 도입이 가능하다. 대표적으로 직무급제가 직위분류제에서 도입될 수 있다. 또한, 직무에 대한 명확한 기대치가 도출되어 보다 객관적인 성과평가가 가능하다.

3) 인사관리의 합리성 촉진

직위분류제하에서 직무분석을 통해 각 직위별로 요구하는 지식, 기술, 능력, 태도 등이 명확히 파악될 수 있다. 이를 통해 채용단계부터 배치, 교육훈련, 경력개발, 성과평가 및 보상에 이르기까지 일련의 인사관리 과정에 보다 객관적인 기준 수립이 가능하다. 객관적 기준에 따른 인사관리는 정실주의 등을 배격하여 전반적으로 인사관리의 합리성을 촉진시킨다.

4) 권한과 책임의 명확화 및 행정의 효율화 도모

직위분류제는 직무분석과 직무평가를 토대로 각 직위별 권한과 책임을 명확히 제시하고 이를 토대로 횡적·종적으로 직위를 분류한다. 이에 따라 각 직위별 권한과 책임을 명확히 할 수 있어 직무에 대한 책임성을 담보할 수 있다. 이와 같은 권한과 책임의 명확화는 업무의 중복성을 방지하여 행정의 효율화를 도모할 수 있다.

(2) 단 점

1) 인사관리의 탄력성 및 융통성 저해

직위분류제하에서는 광범위한 보직이동보다는 유사한 직무 내에서의 보직이동이 가능하다. 이로 인하여 인사권자의 입장에서 공석인 자리가 발생할 경우 적시에 기존 인력으로 메꿀 수 없다. 따라서 인사관리의 탄력성 및 융통성이 떨어진다.

2) 약한 신분보장에 따른 조직몰입 저하 및 직업공무원제 확립 곤란

직위분류제 하에서 공무원은 직무가 필요없게 될 경우 신분보장이 되지 않는다. 이에 따라 사기저하와 조직 몰입 저하 현상이 발생한다. 실제로 계급제를 채택한 한국 공무원과 직위분류제를 채택한 미국 공무원들의 조직몰입도를 비교한 연구결과가 이를 뒷받침한다(Cho & Lee, 2001). 또한, 약한 신분보장으로 인하여 행정의 안정성과 계속성 유지가 어려워 직업공무원제 확립을 저해한다.

3) 인사관리의 비경제성

직위분류제가 지속가능하기 위해서는 정기적, 주기적 직무분석을 통해 기존 직무를 평가하고 새로 요구되는 직무발굴이 필요하다. 그러나 정기적, 주기적 직무분석은 상당한 비용이 수반된다.

4) 부서 간 업무협조 곤란

직위분류제는 전문행정가를 양성한다. 이에 따라 해당 직무에 대한 전문성은 높지만 이로 인해 타 부서 및 기관의 업무에 대한 이해도가 떨어진다. 이로 인하여 부서 간 유기적 업무협조를 기대하기 어렵다.

5) 조직관리자 양성 곤란

전문행정가에 의한 직무 수행은 공직의 전문성을 확보할 수 있다. 한편, 상위직 공무원의 경우 조직 전체를 조망하며 관리할 수 있는 능력이 필요하다. 그러나 직위분류제 하에서 공무원은 자신의 직무에 대해서만 경험이 있어 전체적으로 조직을 이해하는 능력이 상대적으로 떨어진다. 이로 인하여 폭 넓은 시각과 조직관리능력을 갖춘 지도자 양성이 어렵다.

〈표 5-4〉는 기타 계급제와 직위분류제의 장단점을 비교한 것이다.

표 5-4 계급제와 지위분류제 장단점 비교

	계급제	직위분류제
행정전문화	저해	촉진
외부환경변화 대응력	약함	강함
공무원의 시각	종합적, 장기적	단편적, 단기적
채용과 내부임용	탄력적, 융통적	경직적, 제한적
현직자의 근무의욕	높음	낮음
제도 유지비용	저렴함	비싼 편임
부서간 협조와 교류	원할함	원활하지 못함
인사행정의 형평성, 객관성	낮음	높음
인사권자의 리더십 수준	높음	낮음
조직에 대한 몰입감	높음	낮음
직무에 대한 몰입감	낮음	높음

자료: 박천오 외(2016: 113)에서 재인용.

제 4 절 한국 공직분류체계의 실태와 개선방안

1. 한국 공직분류체계의 실태

(1) 공직분류의 특징

1) 계급제적 형태

공직분류체계는 그 나라의 역사, 문화, 법체계 등의 영향을 받는다. 한국의 경우 역사적으로 계급제의 전통을 가지고 있다. 관직을 정1품에서 종9품에 이르기까지 계급으로 구분하고 관직에 진출하기 위해서는 과거시험을 통과해야 해 했던 조선시대 관료제를 오늘날 우리나라의 근대인사제도의 뿌리라고 보는 학자도 있다(김창준, 1996).

현재의 공무원 인사관리제도를 볼 때 공개경쟁채용제도, 장기근무, 순환보직을 통한 다양한 경험, 내부승진, 계급에 따른 보수체계 등이 한국 공직분류가 계급제에 뿌리를 두고 있음을 나타낸다.

2) 직위분류제적 요소의 가미

대한민국 정부 수립 이후 미군정 시대에 잠시 직위분류제가 시도된 적이 있다. 그러나 직위분류제는 뿌리를 내리지 못하고 미군정 이후 계급제로 회귀하였다. 그 이후 1963년 '직위분류법'을 제정하여 직위분류제를 도입하려 하였으나 1973년 해당 법이 폐지되면서 뿌리 깊은 계급제의 벽을 넘지 못하였다. 그러다가 1981년 다시 국가공무원법의 개정을 통해 직위분류제의 근거 조항이 신설되었고 김영삼 정부 들어 최초로 일반직 5급 이상 공무원 13,460여개의 직위에 대해 대대적인 직무분석이 이루어졌다.

이후 김대중 정부에 도입된 개방형직위제도, 노무현 정부에 도입된 고위공무원단제도 등은 계급제적 인사체계 안에 직위분류제를 도입한 것으로 볼 수 있다. 또한, 일반직 공무원 직위 대부분이 직군-직렬-직류로 분류되어 있는 점을 볼 때 한국의 공무원 인사관리는 계급제를 기반으로 직위분류제적 요소가 가미된 형태라고 볼 수 있다. 다만, 실제로 직위분류가 도입되었다고 보기 어렵다는 견해도 있다. 가령, 직렬은 공무원 시험의 과목과 응시자격, 전보·승진의 경로, 교육훈련의 단위, 그리고 정원관리의 기준으로 사용되는가 하면, 직류는 시험과목과 응시자격을 정하는데만 사용되고 있기 때문이다(박천오 외, 2016: 126).

(2) 공직분류의 현황 1: 공무원의 종류

국가공무원의 종류는 실적주의와 신분보장 여부에 따라 크게 경력직과 특수경력직 공무원으로 구분된다. 경력직 공무원은 실적과 자격에 의해 임용되며 신분 역시 법으로 보장받는다. 반면 특수경력직 공무원은 선거 등 실적이나 자격과는 별개로 임용되며 신분 역시 법으로 보장받지 못한다.

1) 경력직 공무원

경력직 공무원은 다시 일반직 공무원과 특정직 공무원으로 구분된다. 일반

표 5-5 일반직 공무원 종류

종류	내용
행정직·과학기술직·관리운영직	행정직 공무원은 행정, 세무, 통계 등 다양한 분야에 걸친 사무를 담당 과학기술직 공무원은 공업, 농업, 임업, 항공 등 과학·기술·산업분야의 사무를 담당 관리운영직 공무원은 기능직 공무원을 폐지하고 일반직 공무원으로 전환하면서 만들어진 직군으로 토목운영, 건축운영 등이 포함
연구직	연구직 공무원은 고고·미술민속, 역사·편찬, 해양수산업, 공업, 보건환경 등 전문분야에 있어 조사·연구·평가 등의 활동을 수행하는 공무원
지도직	지도직 공무원은 농축산기술, 품종보급, 산림조성 등 분야에 있어 지도·계몽활동을 수행
우정직	우정사업본부 소속 정보통신현업직군의 기능직 공무원을 일반직 공무원으로 전환하면서 신설됨
전문경력관	특수 업무분야에 종사하는 공무원으로서 계급 구분이나 직군 및 직렬의 분류를 적용받지 않는 일반직 공무원 주로 일반직 공무원 중 순환보직이 곤란하거나 장기간 재직 등이 필요한 특수 업무 분야를 전문경력관직위로 지정할 수 있는데 별도의 계급 없이 직무의 특성, 난이도 및 요구되는 숙련도에 따라 가·나·다의 세 개 군으로 구분함

직 공무원은 국가공무원법을 우선 적용받는 반면 특정직 공무원은 인사와 관련하여 특별법의 적용을 받는 공무원을 의미한다.

① 일반직 공무원

일반직 공무원은 기술, 연구 또는 행정일반에 대한 업무에 종사하는 공무원을 지칭한다. 일반직 공무원은 일반적으로 계급으로 구분되며 직군과 직렬별로 분류된다. 다만 특수업무에 종사하는 공무원, 연구·지도·특수기술 직렬의 공무원, 인사관리의 효율성과 기관성과를 높이기 위하여 계급 구분이나 직군·직렬을 달리 적용할 필요가 있는 기관에 속한 공무원의 경우 관련 법령에 따라 적용의 예외를 두고 있는데 연구직·지도직 공무원, 우정직 공무원, 전문경력관 등이 이에 해당한다(〈표 5-5〉 참고).

② 특정직 공무원

특정직 공무원은 담당하는 업무가 특수하여 국가공무원법에 앞서 자격·신분보장·복무 등에 있어서 각기 해당 특별법을 우선 적용받는 공무원이며, 법관, 검사, 외무공무원, 경찰공무원, 소방공무원, 교육공무원, 군인, 군무원, 헌법재판소 헌법연구관, 국가정보원의 직원, 경호공무원과 특수 분야의 업무를

표 5-6 특정직 공무원의 종류와 적용법률

종류	적용법률
법관	법원조직법
검사	검찰청법
외무공무원	외무공무원법
경찰공무원	경찰공무원법
소방공무원	소방공무원법
교육공무원	교육공무원법
군인	군인사법
군무원	군무원인사법
헌법재판소 헌법연구관	헌법재판소법
국가정보원 직원	국가정보원직원법
경호공무원	대통령 등의 경호에 관한 법률

담당하는 공무원으로서 다른 법률에서 특정직공무원으로 지정하는 공무원 등이 있다. 이들의 종류와 계급은 저마다 특별법에 따라 달리 구성된다(〈표 5-6〉 참고).

2) 특수경력직 공무원

특수경력직 공무원은 다시 정무직 공무원과 별정직 공무원으로 구분된다.

① 정무직 공무원

정무직 공무원은 선거로 취임하거나 임명할 때 국회의 동의가 필요한 공무원 또는 고도의 정책결정 업무를 담당하거나 이러한 업무를 보조하는 공무원으로서 법률이나 대통령령(대통령비서실 및 국가안보실의 조직에 관한 대통령령만 해당한다)에서 정무직으로 지정하는 공무원을 의미한다.

행정부 소속 정무직 공무원 가운데 국무총리, 국무위원, 국무조정실장, 처의 처장, 각부의 차관, 청장, 차관급 상당 이상의 보수를 받는 비서관 등이 있으나 검찰총장, 경찰청장, 고위공직자범죄수사처장, 합동창모의장 등은 특정직 공무원에 해당한다.

정무직 공무원은 최고 정책결정자들로서 정책적 판단을 함과 동시에 별도로 임기가 정해져 있지 않기 때문에 정치적 중립성보다는 정무적 판단을 함께 할 것을 요구 받으며 언제든지 정치적 책임을 질수 있어야 한다. 특히 대통령에 이어 행정부의 최고의사결정권자인 국무총리와 국무위원들을 정무직 공무원으로 정하고 국무위원 중 각부 장관을 임명함으로써 대통령의 국정운영철학을 가장 잘 이해하는 정무직 공무원이 대통령을 대신해서 행정부의 각 기관을 운영할 수 있다는 점에서 정무직 공무원의 필요성이 높다고 할 수 있다.

그러나 정치적 중립성을 요구받는 경력직 공무원들이 정무직 공무원의 인사권 아래 놓임으로써 정치적 대응성과 정치적 중립성 사이의 갈등을 어떻게 풀 것인가하는 부분은 어려운 숙제이기도 하다. 실례로 정무직 공무원인 법무부 장관과 임기가 보장된 장관급 경력직(특정직) 공무원인 검찰총장 간의 인사권 갈등은 정치적 논란을 떠나 공직분류차원에서 많은 생각할 거리를 준다.[2]

---

2 2020년 당시 추미애 법무부 장관과 윤석열 검찰총장 간 인사권에 관한 논쟁이 있었다.

표 5-7 정무직 공무원의 종류

구분	해당공무원
선거에 의해 취임하는 공무원	대통령, 국회의원
임명시 국회의 동의대상 공무원	헌법재판소장, 국무총리, 감사원장 국회에서 선출하는 헌법재판관, 중앙선거관리위원회 위원
임명시 인사청문 대상 공무원	헌법재판소 재판관·중앙선거관리위원회 위원·국무위원·방송통신위원회 위원장·국가정보원장·공정거래위원회 위원장·금융위원회 위원장·국가인권위원회 위원장·고위공직자범죄수사처장·국세청장·검찰총장·경찰청장·합동참모의장·한국은행 총재·특별감찰관 또는 한국방송공사 사장 단, 고위공직자범죄수사처장, 검찰총장, 경찰청장, 합동참모의장은 정무직이 아닌 특정직 공무원
고도의 정책결정업무를 담당하거나 이러한 업무를 보조하는 공무원으로서 법령에서 지정하는 공무원	국회 사무총장·입법차장·사무차장·도서관장·예산정책처장·입법조사처장 헌법재판소 사무처장·사무차장 중앙선거관리위원회 사무총장 감사원 감사위원·사무총장 국무조정실장·차장, 행정 각부의 차관 및 처·청의 장(경찰청장, 해양경찰청장, 소방방재청장은 특정직 공무원), 국가정보원 차장, 공정거래위원회·금융위원회 부위원장, 국민권익위위원회 위원장·부위원장, 방송통신위원회 위원, 국가인권위원회 상임위원, 중앙노당위원회 위원장, 행정안전부 소속 소청심사위원회 위원장·고위공무원임용심사위원회 위원장 대통령비서실장·국가안보실장·대통령경호처장, 차관급 상당 이상의 보수를 받는 비서관 (대통령비서실 수석비서관, 국가안보실 차장, 국회의장·대법원장·국무총리비서실장) 서울특별시 행정1·2부시장(기타 광역시·특별자치시·도·특별자치도의 행정부시장·행정부지사는 고위공무원단 소속 일반직 국가공무원임)

② 별정직 공무원

별정직 공무원은 비서관·비서 등 보좌업무 등을 수행하거나 특정한 업무 수행을 위하여 법령에서 별정직으로 지정하는 공무원을 일컫는다. 별정직 공무원은 크게 두 가지 유형으로 구분할 수 있는데, 한 유형은 보좌업무를 수행

표 5-8 별정직 공무원의 종류

구분	해당공무원
보좌업무 수행 직위	비서, 비서관, 장관정책보좌관
특정업무 수행 직위	국회의 교섭단체 정책연구위원, 수석전문위원, 사무처·도서관의 담당관(국회사무처 및 국회도서관 담당관은 2급내지 4급 일반직 공무원 또는 2급상당 내지4급상당 별정직 공무원) 중앙행정기관의 차관보와 실·국장 및 이에 상당하는 보좌기관(고위공무원단에 속하는 일반직 공무원 또는 별정직공무원으로 보하며, 별정직으로 보하는 국장은 중앙행정기관마다 1명을 초과할 수 없음) 감사원 사무차장 시·도선거관리위원회 상임위원 국가정보원 기획조정실장 헌법재판소 헌법연구관보 대통령경호실 차장(1급경호공무원 또는 고위공무원단에 속하는 별정직 국가공무원으로 보함) 사법연수생

하는 직위로서 비서, 비서관, 장관 정책보좌관 등이 있으며 다른 유형은 특정업무 수행 직위로서 국회의 교섭단체 정책연구위원 감사원 사무차장, 국가정보원 기획조정실장 등이 이에 해당한다. 그 대표적인 예는 〈표 5-8〉과 같다

(3) 공직분류의 현황 2: 직군·직렬·직류의 종류

일반직 공무원에 대하여 직무의 유사성에 따라 공무원의 직무를 크게 직군, 직렬, 직류 등 3단계로 구분하고 있다. 직군이 직무의 성질이 유사한 직렬의 군으로서 직위 분류의 대단위라면, 직렬은 직무의 종류가 유사하고 그 책임과 곤란성의 정도가 서로 다른 직급의 군으로서 공무원의 인사와 정원관리의 기준이 된다. 끝으로 직류는 같은 직렬 내에서 담당하는 분야가 같은 직무의 군으로서 행정의 전문화를 꾀하고 합리적 공무원 채용과 보직관리를 위해 도입되었다

2023년 8월 30일 개정된 공무원임용령에 따르면 일반직 공무원의 경우 행정직군, 과학기술직군, 관리운영직군 등 세 개 직군으로 구성되어 있으며 각 직군별로 직렬과 직류가 구분되어 있다. 2023년 8월30일 개정된 공무원임용령

에 제시한 일반직 공무원 직무 구분과 그에 따른 계급은 〈부록〉에서 확인할 수 있다.

(4) 공직분류의 현황 3: 공무원의 직급체계

공무원의 종류에 따라 계급체계는 상이하다. 일반직 공무원 가운데 행정직과 과학기술직 공무원은 고위공무원단 및 3급에서 9급까지의 계급으로 구분되

표 5-9 경력직 공무원의 직급체계 현황[3]

구 분		계급 명칭
일반직	일반직/기술직 공무원	고위공무원, 3~9급
	우정직 공무원	우정1급~우정9급
	연구직 공무원	연구관·연구사
	지도직 공무원	지도관·지도사
특정직	판사	대법원장–대법관–판사
	검사	검찰총장–검사
	외무공무원	고위공무원 (공사급 이상), 외무공무원
	경찰공무원	치안총감–치안정감–치안감–경무관–총경–경정–경감–경위–경사–경장–순경
	소방공무원	소방총감–소장정감–소방감–소방준감–소방정–소방령–소방경–소방위–소방장–소방교–소방사
	교육공무원	초·중·고등학교, 유치원의 교원(단일직급) 대학의 교원 정교수, 부교수, 조교수, 조교 장학관–장학사, 교육연구관–교육연구사
	군인	장교는 장관(원수, 대장, 중장, 소장, 준장), 영관(대령, 중령, 소령), 위관(대위, 중위, 소위), 준사관은 준위, 부사관은 원사, 상사, 중사, 하사
	군무원	군무원, 별정군무원, 기능군무원 1~9계급
	국가정보원 직원	1~9급
	경호공무원	경호공무원 및 일반직 공무원 9계급
	헌법연구관	헌법연구관–헌법연구관보

3 유상엽·김지성(2018) 발췌 수정인용.

생각해볼 문제

현재 연구직 및 지도직 공무원은 관/사 2계급 체계로 되어 있다. 연구관·지도관은 과장 등 관리자급 보직을 맡을 수 있으나 연구사·지도사는 관계급으로 승진을 해야만 해당 보직을 맡을 수 있다. 그러나 각 부처별로 연구관·지도관의 정원자체가 배정되지 않아 부처를 옮기지 않고서는 연구사·지도사가 진급자체를 할 수 없는 경우가 있어 이에 대한 문제제기가 일고 있다.

이에 대하여 일각에서는 연구·지도직 공무원이 승진 등에 구애받지않고 연구 및 지도 업무에 전념할 수 있도록 교육공무원처럼 단일직급체계로 개편하거나 대학 또는 연구기관처럼 3직급체계(조교수–부교수–정교수) 또는 4직급체계(연구원–부연구위원–연구위원–수석연구위원)로 개편해야 한다는 의견이 있다.

연구·지도직 공무원이 본연의 업무를 하기 위해서 현 직급체계를 포함하여 어떠한 직급체계가 가장 바람직할지 고민해 보자!

어 있다. 다만 직군과 직렬의 성격에 따라 같은 직군 및 직렬의 승진상한 직급이 설정되어 있다. 대부분의 행정직군의 경우 5급까지 직렬별로 직급을 설정하고 있으며, 그 이상은 행정직으로 통합하여 승진한다. 과학기술직군 역시 5급까지 직렬별로 직급을 설정하고 그 이상은 과학기술직으로 통합하여 승진한다.

일반직 공무원인 우정직 공무원은 우정1급~우정9급 체계로 구분되며 그 밖에 역시 일반직 공무원인 연구직 및 지도직 공무원은 연구관/연구사, 지도관/지도사 2계급으로 구분된다. 경력직 공무원의 직급체계현황은 〈표 5–9〉에서 보는 바와 같다.

2. 한국 공직분류체계의 문제점과 개선방안[4]

(1) 공직분류체계의 문제점

공직분류체계의 문제점은 공무원 종류 구분의 문제점, 직군·직렬·직류 구분의 문제점, 그리고 직급체계의 문제점으로 구분할 수 있다.

4 유상엽·김지성(2018) 일부 발췌.

1) 공무원 종류 구분의 문제점

① 공무원 종류 구분 기준의 모호성과 무원칙성에 따른 인사관리 합리성 저해

한국 공무원은 실적제와 직업공무원제(신분보장) 적용여부에 따라 경력직과 특수경력직 공무원으로 구분하고 있다. 그러나 경력직과 특수경력직의 분류 기준에 다양한 기준이 적용됨으로써 여러 가지 예외가 발생하는 등 공무원 종류 구분 기준의 모호성과 무원칙성이 문제가 된다.

가령, 특수경력직 내 정무직과 별정직의 구분 기준이 모호하며 이로 인하여 정무직과 별정직의 구분 기준이 단순히 직급에 따른 수직적 구분이라는 비판이 있다. 예를 들어 감사원 사무총장은 정무직 공무원이지만 감사원 사무차장은 별정직 공무원이라는 점에서 직급에 따라 공무원의 종류가 구분된 것처럼 보인다. 또한, 신분보장의 특징을 갖는 일반직 공무원 가운데 신분이 보장되지 않는 별정직이나 계약직을 포함하고 있어 경력직 공무원 분류 기준에 적합하지 않다는 지적도 있다. 또한 각 부의 처장 및 청장의 경우 정무직 공무원으로 정하고 있으나 고위공직자범죄수사처장, 경찰청장, 해양경찰청장 등 일부는 특정직 공무원으로 분류되는 것처럼 공무원 종류를 구분함에 있어 일관된 분류 기준이 적용되지 않는 예외사항이 존재한다.

공직분류에 있어 정답은 없겠지만 예외가 많은 분류체계는 바람직하지 않다는 점에서 현재의 공직분류체계는 인사관리의 합리성을 저해한다.

② 탄력적 공무원 활용의 어려움

폐쇄적인 계급제적 공직분류체계는 외부 민간인력활용의 탄력성이 떨어져 빠르게 변하는 행정환경에 민첩하게 대응하기 어렵다. 경력경쟁채용, 개방형 직위제 활용 등을 통해 외부 전문가의 공직진출 통로를 다원하고 있으나 여전히 공개경쟁채용을 통해 입직한 공무원 중심의 공직문화가 외부전문가들의 공직진출을 가로막는 장애물로 인식되고 있다. 이로 인하여 적시에 필요한 외부 전문가를 탄력적으로 활용하는데 어려움이 있다.

2) 직군, 직렬, 직류 구분의 문제점

① 직군, 직렬, 직류 구분의 무원칙성

직군, 직렬, 직류는 직무 성격의 유사성을 바탕으로 타 직무와의 차별성 나타내는 기준이 된다. 그러나 그동안의 직군, 직렬, 직류는 여러 차례 수정되어 오는 과정에서 원칙에 기반하지 않았다는 지적이 있다(김중양, 1997; 진재구, 1993). 가령 1970년 감사, 세무, 운수, 통계, 농업, 임업 직렬 등 32개 직렬이 폐지되었다가 이듬해인 1971년 감사직렬이 부활하였고 이어 세무와 운수직렬(1978년), 통계직렬(1981년), 농업과 임업직렬(1986년)이 차례로 부활하였다. 이러한 직렬 개편이 직무분석 등에 의해 과학적·객관적으로 이루어졌다기보다는 원칙없이 편의에 의해 이루어져 인사운용에 있어 혼란과 비효율을 야기했다는 비판을 받는다(김기형·진종순, 2018).

또한, 직렬과 직류 구분에 있어 하나의 직렬 안에 하나의 직류만 포함되는 경우가 있는가 하면(예 감사직렬–감사직류, 세무직렬–세무직류 등) 행정직렬이나 공업직렬은 해당 직렬 안에 각각 10개의 직류와 14개의 직류를 포함하는 등 직렬 간 직류 구분의 원칙이 모호하다. 이로 인하여 해당 직렬 소속 공무원에 대한 인력관리의 형평성이 상대적으로 떨어질 수 있다.

② 행정직군, 행정직렬 위주의 구분

일반직 공무원의 많은 수가 행정직군, 행정직렬에 편중되어 있어 일반행정가를 과도하게 우대하고 있다는 지적이 있다. 2022년 12월 31일 기준 행정·기술·관리운영직군 공무원 가운데 행정직군 현원은 104,443명으로 기술직군 33,639명 관리운영직군 4,030명에 비해 그 수가 월등히 많으며 행정직군 안에서도 행정직렬 41,442명으로 차순위인 세무직렬 20,243명에 비해 인원이 두배가 넘는다. 이는 행정직군, 행정직렬이 과도하게 많아 경력발전기회의 형평성 저해 문제를 야기할 수 있다.

특히, 과학기술의 중요성이 대두되는 점을 반영하여 기술직군, 기술직렬을 과학기술직군, 과학기술직군으로 명칭을 변경하고 빠르게 발전하는 과학기술에 대응하려하는 정부의 노력을 감안할 때 행정직군, 행정직렬 중심의 분류구조는 제고될 필요가 있다.[5]

---

5 인사혁신처는 과학기술분야의 전문성이 국가 경쟁력에 미치는 영향을 고려하여 기술직군의 명칭을 과학기술직군으로 변경하고, 일반직공무원의 직급표상 과학기술직군을 행정직군보다 앞에 배치하는 내용의 공무원임용령을 개정, 2023년 8월 30일자로 시행하였다(대통령령 제33692호).

3) 직급체계의 문제점

① 직급체계의 탄력성 및 합리성 부족

바람직한 공무원의 직급체계는 직무의 종류, 책임도와 난이도 등에 따라 구분되고 관리되는 것이나 현재 일반직 공무원의 계급체계는 직무의 종류, 책임도, 난이도 등을 정확하게 반영하고 있지 못한 한계가 있다(하태권외, 2000).

계급구분 시 직급과 보직 간 정합성을 고려하지 않아 실질적으로 담당 직무를 계급구조에 반영하기 어려운 측면이 있다. 특히 현 9계급체계의 경우 계급의 수가 직무 개수에 비해 적어 담당 직무를 차등화하여 계급에 반영하기 어렵고 이로 인하여 승진적체 문제가 야기된다.

② 직급체계의 형평성 저해

서로 다른 직종의 공무원이라할지라도 자신이 속한 계급이 직무의 종류와 난이도 및 책임도 등을 중심으로 구분된다면 어느 정도 비교가 가능하다. 그러나 현재 계급체계는 직무의 종류와 난이도, 책임도 등을 반영하고 있지 않고 있어 공무원 종류별 직급관리의 형평성이 떨어진다. 공무원의 경우 일반직 행정공무원과 직급을 비교하여 신규채용 및 인사관리에 활용하는 경우가 있는데 직급체계 간 정합성이 떨어져 형평성 문제가 발생한다. 가령 업무의 특성상 독립성이 강한 판사나 검사, 교원의 경우 일반행정직 공무원과 다른 직급체계를 따르고 있음에도 불구하고 이들의 직급이나 대우가 일반행정직 공무원과 비교하여 현장에서 적용되는 직급이나 대우가 차이가 남에 따라 직종 간 업무협조가 필요할 때 계급 중심 공직사회에서 많은 혼란과 불만을 일으킨다. 이로 인하여 인력관리 및 보수 관리의 객관성과 공정성이 저해된다.

③ 행정직렬 중심의 승진으로 인한 사기 저하

하위직의 경우 다양한 직렬로 구성되어 있으나 상위직으로 갈수록 특정 직렬로 통합된다. 이 과정에서 직렬 간 승진 기회의 차이가 발생하고 이로 인해 승진이 상대적으로 어려운 직렬의 공무원들의 사기가 저하되는 문제가 발생한다. 가령 행정직군의 대부분 직렬이 5급까지는 독립된 직렬로 승진이 되다가 4급부터는 승진이 제한되는 경우가 발생한다.

(2) 공직분류체계의 개선방안

지금까지 살펴본 세 가지 차원 문제점에 대해 다음과 같은 개선방안을 고려할 수 있다.

1) 공무원 종류 구분 개선방안

① 직무성격에 따른 공무원 종류 구분

현재 경력직 공무원과 특수경력직 공무원의 구분은 그 기준이 모호하며 원칙이 불명확하다. 특히 경력직 공무원 중에도 일부 별정직 공무원이나 계약직 공무원 등 타 경력직 공무원에 비해 신분보장이 상대적으로 약한 공무원이 있는가 하면, 특수경력직 공무원 중에도 실적과 자격에 의해 임명되고 임기가 법률로 정해져 타 특수경력직 공무원에 비해 상대적으로 신분이 보장되는 공무원이 있다. 이러한 문제를 극복하기 위해 공무원의 종류를 직무성격에 따라 새롭게 재분류하는 방안을 검토할 수 있다(하태권 외, 2000). 이와 관련하여 행정업무별로 직무특성을 파악하여 유사한 직무끼리 유사한 조건에서 유사한 대우를 받을 수 있도록 공무원 종류를 재분류하는 방안을 고려할 수 있다. 연장선상에서 행정의 전문성을 도모하기 위해 일반직 공무원으로부터 과학기술직군을 분리하는 방안과 연구개발직군을 신설하는 방안이 제시된 바 있다(하태권 외 2000).

② 고용형태 다변화를 통한 탄력적 공무원 활용

인력관리의 탄력성과 형평성제고를 위해 공무원의 종류를 근무형태에 따라 경력직, 한시직, 비경력직 등으로 구분하는 방안도 고려할 수 있다(하태권 외, 2000). 여기서 경력직 공무원은 실적과 자격에 의해 임용되고 정년보장을 통한 신분보장이 담보되는 반면, 한시직 공무원은 실적과 자격에 의해 임용되지만 일정 조건과 기간 동안만 임용된다는 측면에서 경력직 공무원과 구별된다(하태권 외, 2000). 끝으로 비경력직 공무원은 실적주의와 직업공무원제의 적용을 받지 않는 공무원을 말한다(하태권 외, 2000). 이렇게 고용형태의 다양화를 통해 인력관리의 효율화를 기대할 수 있다.

고용형태의 다변화는 인구구조변화와 밀접한 관련성이 있다. 인구감소가 빠르게 진행되는 과정 속에서 유능한 인재 풀(pool)은 점점 줄어들 것으로 예상된다. 이에 따라 고용형태의 패러다임 변화를 꾀하지 않을 경우 유능한 인재 확보를 위해 정부는 민간과 경쟁을 해야한다. 이는 공공과 민간이 모두 타격을 입는 방식이다. 오히려 유능한 인재가 필요할 때 공공과 민간을 넘나들며 제

역할을 할 수 있도록 고용형태를 변화시킬 필요가 있다.

현재 전문지식·기술이 요구되거나 임용관리에 특수성이 요구되는 업무를 담당하기 위해 임기제공무원제도가 도입되어 민간의 유능한 인재를 일정기간 활용할 수 있는 제도적 장치가 마련되어 있다. 그러나 이러한 임기제 공무원은 여전히 특정기간 동안 공직에서 전일제로 일할 것을 요구한다. 이로 인하여 민간에서 받을 수 있는 높은 수준의 보수를 기회비용으로 처리하면서까지 상대적으로 보수가 낮은 공직에서 전일제로 일할 유능한 인재를 찾기는 쉽지 않다. 따라서 성과중심의 프로젝트 기반 고용을 통해 주어진 업무를 주어진 기한 내 완수하는 한, 일하는 장소나 시간, 또는 다른 직업을 통해 수익을 창출하는 것까지 자율로 맡길 수 있는 고용형태도 전향적으로 고려해볼 필요가 있다. 이러한 고용형태의 다변화는 적기에 인재 활용을 가능케 하여 인사관리의 탄력성을 높일 수 있다.

2) 직군, 직렬, 직류 구분 개선방안

① 직렬의 재조정: 통합과 세분화

보다 원칙있는 직군, 직렬, 직류 구분을 위해 직무분석이 선행되어야 한다. 직무분석 결과 유사한 직무끼리는 통합하여 직무 간 중복성을 막고, 필요시 서로 다른 직무이지만 융합을 통한 시너지가 예상된다면 이 역시도 통합하는 방안을 고려할 수 있다. 또한 직무분석을 통해 보다 세분화가 필요한 직무에 대해서는 직류-직렬-직군 순으로 세분화 가능성을 따져 직무의 전문성을 도모할 수 있다.

② 직렬별 직급배치의 불균형 개선

하위직의 경우 직렬-직류로 구분하여 업무의 세분화가 이루어지고 있으나 상위직으로 갈수록 직렬이 통합된다. 이는 상위직급으로 올라갈수록 관리자로서 특정 직렬의 지식보다는 전반적인 관리역량을 강조하는 계급제의 특성에 기인한다. 물론 관리자의 입장에서 특정 세부 직렬에 매몰된다면 조직관리가 어려울 것이다. 다만, 관리자로 성장할 수 있는 경력개발의 기회가 행정직렬에 비해 타 직렬이 제한되다보니 직렬별 직급배치의 불균형 문제가 발생한다. 이러한 부분을 개선하기 위해 현재 도입된 전문관제도의 확대를 고려할 수 있다. 즉 직급체계를 이원화하여 관리자로서 보직을 맡는 관리자 트랙과 전문가로서 해당 업무만 하는 전문가 트랙으로 경력경로를 이분화하고 관리자 트랙의 경우 일정 수준의 관리자 역량교육이수 후 행정직렬로 직렬을 옮기는 길을 열어주는 한편, 전문가 트랙을 선택할 경우 승진과 상관없이 해당 직렬에서 전문성을 키울 수 있는 여건을 마련해주는 방안을 고려할 수 있다.

3) 직급체계 개선방안

① 계급구조 개편

현행 직급체계는 직무의 내용과 난이도 및 책임도를 고려하지 않고 있다. 이로 인하여 직무와 직급 간 정합성이 떨어지고 하나의 직급에 과도한 직무가 배정됨에 따라 상대적으로 승진의 기회가 줄어든다. 이러한 문제를 해결하기 위해 현 9개 계급체계를 보다 확대할 필요가 있다. 직급수의 증가가 인사적체를 해결하는 근본적 해결책은 아닐 수 있으나, 직급 수의 증가는 승진적체 문제와 과열된 승진경쟁문제를 해결하고 공무원의 사기를 높일 수 있는 현실적 방안이 될 수는 있다(진재구, 1993).

이와는 별도로 보수등급체계를 직무의 난이도와 책임도에 따라 15등급 이상으로 확대하여 직급 승진 개념을 보수등급 간 승격개념으로 전환하는 방안도 고려해볼 수 있다(하태권 외, 2000). 이는 미국의 직업공무원(GS)의 15등급제도와 유사하다고 볼 수 있다.

그 연장선상에서 〈표 5-10〉에서 보듯이 현재의 9계급체계를 크게 일반계층, 관리계층, 정책계층(하태권외, 2000) 또는 실무단, 정책단, 고위공무원단(유상엽·김지성, 2018) 등 3개 등급으로 구분하고 각 등급에 직무등급을 도입하여 개인의 역량 발전에 따라 보다 난이도와 책임도가 높은 직무를 맡음으로써 직급의 승진이 아닌 직무등급의 승급 형태로의 계급구조 개편도 고려해볼 필요가 있다.

표 5-10 3등급 체계와 직무등급 도입 예시

공무원 등급	일반계층/실무단	관리계층/정책단	정책계층/고위공무원단
직무등급	1 2 3 4 5 6	7 8 9 10 11	12 13 14 15

제 5 절 한국 고위공무원단

1. 고위공무원단 제도의 개념 및 등장배경

(1) 고위공무원단 제도의 개념

고위공무원단이란 일반 공무원과 달리 범정부차원에서 정부정책을 결정하고 관리하는고위직 공무원의 통합집단을 의미한다. 고위공무원단 소속 고위직 공무원들은 일반공무원에게 적용되는 계급제적 폐쇄적 인사관리체계와 달리 성과평가에 기반한 결과중심의 개방형 인사관리체계의 적용을 받는다.

즉, 고위공무원단 소속 고위직 공무원들은 기존의 계급제적 인사관리체계의 적용을 받기보다는 성과관리의 영향을 받고, 개방형 임용이 확대되는 등 보다 유동적이고 융통성이 높은 인사관리체계의 적용을 받는다. 이를 통해 범정부적 차원에서 효율적으로 고위공무원을 인사관리함으로써 정부의 경쟁력의 향상을 기대할 수 있다(국가공무원법 제2조의2 제1항).

(2) 고위공무원단제도 등장배경: 해외사례

고위공무원단제도(senior executive service:SES)는 1978년 미국 공무원개혁법(Civil Service Reform Act)을 통해 최초로 등장하였다. 당시 8,000여명의 고위공무원들이 고위공무원단제도를 통해 부처 간 이동하며 통합관리되었다. 미국의 고위공무원단제도 도입 이후 영국(senior civic service), 호주(senior executive service), 캐나다(executive group) 등으로 고위공무원단제도가 확산되었고 한국도 2006년 도입되었다.

1) 미국의 고위공무원단제도

미국의 인사관리체계는 직위분류제를 기반으로 한 공직분류체계를 따르고 있다. 따라서 고도의 정책적 결정과 관리를 담당하는 고위직 공무원들의 부처 내, 부처 간 순환보직이 곤란하였다. 이에 따라 범정부차원에서 보다 폭 넓은 정책결정과 관리를 할 수 있는 고위공무원단의 필요성이 제기되었다.

이에 대응하기 위해 18 단계로 구분된 일반직 공무원 보수등급체계

(generalist schedule:GS) 중 상위 직위에 해당하는 GS-16, GS-17, G-18와 고위직(executive schedule:ES)의 5개 보수등급체계 중 하위의 직위에 해당하는 ES-IV와 ES-V를 통합하여 고위공무원단을 출범하였다. 고위공무원단 소속 공무원들은 다시 6개의 보수등급체계(ES-1~ES-6)로 분류되어 매년 성과평가를 받고 그 결과에 따라 보수등급 및 일정 부분의 실적급을 받는다.

2) 영국의 고위공무원단제도

직위분류제 인사체계의 한계를 극복하기 위해 고위공무원단제도가 도입된 미국과 달리 영국의 고위공무원단제도 도입은 전통적인 계급제의 한계를 극복하기 위해 도입되었다. 일반행정가 중심의 폐쇄적이고 직급중심의 계급제는 전문성 부족의 문제를 야기하였다. 따라서 고위직 공무원의 전문성을 담보하고 특히 기술직 관료들의 전문관리능력을 향상시켜 관리직으로 승진할 수 있는 기회를 제공하기 위해 고위공무원단제도가 도입되었다.

이에 따라 1994년 5등급(Deputy Director) 이상의 모든 고위직 공무원들을 고위공무원단에 편입시켜 계급을 없애고 직무의 내용 및 책임도에 따라 각 부처별로 정한 직위(job title)를 부여하였다. 고위공무원단 소속 공무원들은 업무량과 연계된 직무값에 기초하여 개인단위로 직무계약과 보수가 결정된다.

3) 서구 고위공무원단제도의 특징

서구의 고위공무원단제도 도입의 배경에는 한국과 마찬가지로 정부에서 최고의사결정을 하고 관리를 하는 고위직 공무원들의 전문성을 확보하고 부처 내, 부처 간 순환보직을 통해 보다 폭 넓은 시야를 가지고 정책을 결정하고 관리하려는 의도를 가지고 있다. 그 밖에 서구 고위공무원단의 공통적 특징은 〈표 5-11〉과 같다.

〈표 5-11〉에 나와 있듯이 서구의 고위공무원단의 공통된 특징은 일반직 공무원과 구분하여 중요한 정책의사결정과 관리를 담당하는 고위직을 개방하고 경쟁을 도입하는 한편 능력개발과 성과평가를 통해 경쟁력있는 고위공무원을 범부처에서 통합적으로 관리하는 것이라고 볼 수 있다.

한편, 고위공무원단 제도 도입과 관련하여 정치적 의미에 주목하는 학자들도 있다. 일반 공무원과 같은 인사관리체계 하에서 고위직 공무원들은 실적제

표 5-11 서구 고위공무원단의 공통 특징

특징	주요 내용
개방성	– 공직내외의 공개경쟁을 통해 우수한 인력을 고위공무원으로 충원토록 제도화하고 있으나, 실제 공직외부로부터의 채용비율은 높지 않음 – 영국의 경우 외부로부터의 SCS 비율을 확대하기 위해서는 중간관리자 단계에서 외부로부터 충원을 확대할 필요성 제기, 매년 10%씩 중간관리자와 고위직 직위에 공개경쟁 증가 추구
이동성	– 공직에 신사고 유입, 공무원 조직 간의 협력 개선, 공직전반의 문화발전, 직업적 능력발전 등을 위해 고위공무원의 부처 간·부처 내·민간부문으로의 이동을 적극 권장
성과주의 강화	– 성과와 결과에 대한 책임성을 강조하여 행정의 생산성 향상 도모 공식적인 연간 성과평가합의(annual performance agreement)
능력개발 중시	– 고위직공무원의 관리능력과 리더십을 중시, 이를 향상시키기 위한 다양한 프로그램 개발·운영 – 고위직공무원의 능력발전과 적임자 선발 등을 위한 역량모델을 설정·활용
통합관리	– 중앙인사관장기관이 고위공무원의 인사관리의 기준을 마련하고 통일된 제도운영 을 도모하고 있으나, 운영의 형태는 중앙집권적인 경우와 분권적인 경우로 양분됨 영국, 캐나다, 네덜란드는 중앙집권적 운영됨. 고위공무원의 급여 및 근무조건, 채용, 승진, 훈련 등 중앙인사관장기관에서 소관함. 미국의 경우 채용, 교육훈련 등을 해당기관에서 실시됨. OPM은 채용 시 자격심사 – 위원회(Qualification Review Board)를 통해 후보자를 검증하고, 각 기관별로 SES 인원 배정함. 호주와 뉴질랜드에서는 권한 남용을 방지하기 위해 중앙인사관장기관에 승인절차 요구함

자료: 박천오 외(2016:140) 발췌.

와 직업공무원제 하에서 정책의사결정과 관리 등 중요한 역할을 함에도 불구하고 국민 또는 국민의 대표자인 정치인들의 목소리에 민감하게 대응하기보다는 자신들의 편향된 전문지식과 이해관계에 집착할 우려가 있다는 비판이 제기되었다. 이에 행정부의 고위직 공무원에 대한 민주적 통제를 강화하기 위해 고위공무원단을 도입, 이들에 대한 성과평가를 바탕으로 정무직 공무원들이 고위공무원에 대해 해직 등 인사권을 행사할 수 있도록 하였다고 본다. 또한, 고위공직을 민간에 개방함으로써 한편으로는 정치적 임명이 가능토록하여 고위공무원을 통제하려는 정치적 목적이 있다고 보는 견해가 있다.

또 다른 관점에서는 고위공무원단 제도의 도입과 관련하여 민간부문에서 발전한 인사관리제도를 공직에 도입함으로써 정부혁신이 가능할 것으로 보기도 한다. 민간과 달리 경력직 공무원은 정치적 중립을 위해 신분을 보장받는데, 이로 인하여 성과와 보수가 연계되지 않고 나아가 경쟁력이 떨어진다는 지적이 있다. 따라서 고위직 공무원에 한하여 민간의 경쟁원리와 성과평가제도를 도입하는 고위공무원단제도를 도입하게 된 것이다.

이러한 특성을 갖는 해외 주요국의 고위공무원제도 운영성과를 평가해보면 우선 영국의 경우 고위직의 신축성과 응집력을 강화하였다는 점과 더불어 공개경쟁을 통해 상당수의 민간인재들이 고위공무원 직위로 진입하여 공직의 전문성과 개방성을 이끌어냈다는 평가를 받는다. 또한 호주의 경우 역시 민간인재의 공직진출이라는 측면에서 고위공무원단의 개방성이 향상되었고 또한 부처 간 순환보직을 통해 고위공무원들의 이동성이 높아졌으며 동시에 각 부처에서의 리더십도 성공적이었다고 평가받는다.

하지만 전체적으로 고위공무원의 기관 간 유동성이 높지 않았다는 지적이 있으며 공공부분의 특성을 고려하지 않은 채 성과평가를 기반으로 고위공무원 인사관리를 했다는 점도 문제로 지적된다. 또한 고위공무원의 민간 개방성이 높아졌으나 상대적으로 보수가 낮아 민간의 인재가 유입되기에는 제한적이었고 고위공무원들의 능력향상을 위한 교육훈련 역시 고위공무원의 자발적 참여가 저조하는 등 기대한 만큼의 성과를 가져오지 못했다는 평가를 받고 있다.

2. 한국 고위공무원단 제도 도입 배경 및 경과

지식정보화 시대 도래 및 글로벌 경쟁의 심화 등으로 공직 경쟁력 강화의 필요성이 대두된 가운데, 정부의 핵심 인적자원인 고위공무원의 역량강화 및 성과제고가 중요한 화두로 대두되었다. 그러나 그동안 고위직 공무원 인사제도는 계급과 연공서열, 부처 위주의 인사운영 등 폐쇄적 인사관리로 말미암아 공직사회의 경쟁력을 키우는데 한계를 드러냈다. 가령, 전통적 인사 관행 하에서 고위직 공무원들이 1년마다 순환하여 보직을 맡음으로써 정책추진의 전문성과 책임성이 약화되었다. 또한, 성과관리가 연공위주로 느슨하게 이루어짐에 따라 성과향상에 대한 동기부여가 부족했으며 고위직 공무원에 대한 교육훈련 프로그램도 체계적이지 않아 고위직 공무원의 직무능력과 직무성과를 높이는데 한계가 많았다. 또한, 고위직 공무원의 인사가 자기 부처 출신 중심으로 폐쇄적으로 이루어지다보니 부처이기주의 등의 문제도 발생하였다. 이러한 문제를 해결하고자 계급제에 기반한 폐쇄적 인사관리체계로부터 분리하여 고위직 공무원을 별도로 구성하고 이들을 범정부 차원에서 통합적으로 관리할 수 있는 고위공무원단제도 도입의 필요성이 대두되었다.

고위공무원단제도는 노무현 정부에서 2006년 도입되었는데, 그에 앞서 "전문성을 강화하는 경력개발체제 구축"을 위한 과제의 하나로 고위공무원단 제도의 도입이 2003년 4월「인사개혁 로드맵」을 통해 제시되었다.

3. 고위공무원단 제도의 특징과 주요내용

고위공무원단제도의 주요 특징은 네 가지로 구분할 수 있다(정책기획위원회, 2008: 18-19).

(1) 직무중심 인사관리

1~3급 실·국장급 공무원들에 대해 현행 계급을 폐지하고 이들을 고위공무원단으로 통합·일원화하였다. 고위공무원단의 직위는 '직무의 곤란성과 책임성이 높은 특정한 직위'로서 구체적 대상은 다음과 같다.

고위공무원단 직위는 직무가치 평가에 따라 가급(실장급)과 나급(국장급)으로 구분되는데, 이들의 보수는 종전의 연공서열에 기반한 보수체계 대신 직무의 중요도·난이도에 따른 직무급과 성과에 따른 성과급을 바탕으로 보수를 차등지급한다. 이로서 계급에 구애받지 않고 직무중심의 인사관리가 가능해졌다.

(2) 개방과 경쟁 제고

부처 간 칸막이를 없애고 민간의 유능한 인재를 고위공직에 채용할 수 있도록 고위공무원단 전체 직위의 50%에 대해 민간에게 공직을 개방하여 민간과 공무원간 경쟁하는 개방형 임용제도(20%)와 부처 구분없이 공무원간 경쟁하는 공모직위제도(30%)를 도입하였다. 다만 고위공무원의 충원은 각 직위의 형태에

표 5-12 고위공무원단 직위(국가공무원법 제2조의 2)

직위	예시
1. 「정부조직법」 제2조에 따른 중앙행정기관의 실장·국장 및 이에 상당하는 보좌기관	실장, 본부장, 국장, 단장, 부장, 심의관, 팀장 등
2. 행정부 각급 기관(감사원은 제외한다)의 직위 중 제1호의 직위에 상당하는 직위	각급 위원회 위원장·상임위원·사무처장, 실장·국장
3. 「지방자치법」 제123조 제2항·제125조 제5항 및 「지방교육자치에 관한 법률」 제33조 제2항에 따라 국가공무원으로 보하는 지방자치단체 및 지방교육행정기관의 직위 중 제1호의 직위에 상당하는 직위	광역자치단체의 행정부시장·부지사·기획관리(조정)실장 및 지방교육행정기관의 부교육감 등
4. 그 밖에 다른 법령에서 고위공무원단에 속하는 공무원으로 임용할 수 있도록 정한 직위	외무공무원법 제2조의2에 따라 대통령령으로 정하는 공사급 이상의 외무공무원 직위 등

따라 각기 다른 방식을 취하고 있다. 이로써 정부의 중요 정책을 결정하고 관리하는 고위직에 대한 개방성을 높이고 경쟁을 강화하였다. 그 밖의 50%에 해당하는 자율인사직위는 부처 내의 공무원으로 충원한다. 다만 타부처 출신 공무원에 대해서도 임용 제청할 수 있게 함으로써 사실상 고위공무원 직위는 완전 개방 형태의 임용방식을 도입하였다.

(3) 고위직 역량과 능력개발

중앙부처 과장급 공무원들을 대상으로 고위공무원단 진입 전 「고위공무원단 후보자교육과정」을 이수토록 하여 고위공무원으로서 갖춰야 할 핵심역량의 개발 기회를 제공한다. 또한, 역량평가제를 도입하여 고위공무원으로서의 능력과 자질을 검증하고자 하였다.

(4) 성과에 대한 책임

연공서열에 따라 보수가 지급되는 체계에서 벗어나 성과에 따라 보수가 차등지급될 수 있도록 성과평가가 강화되었다. 이는 외환위기 이후 민간에서 광범위하게 도입된 제도로서 성과목표·평가기준 등에 대해 상급자와 협의하여 계약을 체결한 뒤 그 목표달성도를 평가하는 직무성과계약제를 의미한다. 고위공무원들에 대해 해마다 5등급(매우 우수, 우수, 보통, 미흡, 매우 미흡)으로 나눠 성과평가(절대평가)를 실시한다. 평가 결과 성과와 능력이 현저하게 미달된 경우 적격심사의 대상이 되며 이처럼 적격 심사를 요구받은 고위공무원에 대해서는 직위해제가 가능하다.

성과평가의 취지는 고위공무원의 정치적 중립성, 정년 및 신분 등을 보장해 직업공무원제도의 근간은 유지하되, 성과·능력이 현저히 미달하는 대상자는 적격심사를 통해 걸러내고 엄정하게 인사조치하여 고위공무원의 성과에 대한 책임성을 제고함에 있다.

고위공무원의 성과와 능력이 현저하게 미달된 경우

- 근무성적 평정에서 최하위 등급의 평정을 총 2년 이상 받은 때
- 정당한 사유 없이 직위를 부여받지 못한 기간이 총 1년에 이른 때
- 근무성적 평정에서 최하위 등급을 1년 이상 받은 사실이 있는 경우와 정당한 사유 없이 6개월 이상 직위를 부여 받지 못한 사실이 있는 경우
- 조건부 적격자가 교육훈련을 이수하지 아니하거나 연구과제를 수행하지 아니한 때

이와 같은 고위공무원단 제도도입으로 충원, 보직이동 및 승진, 성과관리 및 보상, 역량평가, 교육훈련 차원에서 기존의 인사관리와는 다른 변화가 나타났다. 그 내용 〈표 5-13〉을 통해 확인할 수 있다.

표 5-13 고위공무원단 제도도입에 따른 인사관리 변화

추진경과	제도 도입 전		제도 도입 후 기대효과	
충원	계급·사람 중심	• 공석충원 시 공무원의 계 급(직급)과 직제에서 규정한 해당직위의 계급(직 급)이 일치하면 누구나 그 자리에 보직 가능	직무중심	• 해당 직위에 충원되기 위해서는 그 자리가 요구하는 직무수행요건과 역량요건을 충족하여 적격자라는 판정을 받아야함

보직 이동·승진	비경쟁	• 보직이동과 승진은 해당 부처 내부 공무원 위주로 연공서열과 보직경로에 따라 실시 • 타 부처 공무원이 국장 직위에 보직되기 위해서는 '특별한 조치' 필요	경쟁	• 원칙적으로 공직내 또는 공직 내외의 경쟁(open competitiveness)을 통해서 충원하므로 고위공무원단 공무원이면 소속부처에 관계없이 동등한 기회제공
성과 관리·보상	연공 서열위주	• MBO가 있으나 연공서열 위주의 형식적 운영 • 담당하고 있는 업무의 중요도·난이도에 관계없이 계급과 근무연수를 기준 으로 한 호봉에 따라 보수지급	직무 성과급	• 성과계약에 의한 엄격한 성과관리, 성과와 보수의 연계강화 • 담당업무가 조직목표 달성에 기여하는 정도에 따라 보수수준이 달라지고, 업무성과 달성도에 따라 차등 인상
역량평가	이미지·감(感) 위주	• 고위공무원의 역량 또는 능력에 대한 평가와 관리 체계 부재	체계적 역량평가	• 역량평가센터(Assessment Center)를 도입하여 고위공무원으로서의 능력과 자질을 체계적으로 평가·관리
교육훈련	교육훈련 부재	• 국장급에 대한 체계적인 교육훈련 부족	합리적인 능력개발	• 고위직으로서 부족한 역량과 자질을 개별적으로 파악하여 이를 체계적으로 향상시킬 수 있는 맞춤형 교육 훈련실시 및 리더십 개발 추진

자료: 박천오 외(2016: 137)에서 발췌.

4. 한국 고위공무원단 제도의 평가와 과제

2006년 고위공무원단제도가 도입된 이후 지금까지 제도적 보완을 통해 고위공무원단제도가 정착되었다고 볼 수 있다. 그러나 아직 극복해야 할 문제들이 있다.

(1) 유능한 인재의 고위공무원단 진출 미흡

고위공무원직위 중 일부를 개방형 직위로 지정함에 따라 고위공무원직위를 놓고 민간의 인재와 정부 내 유능한 공무원이 경쟁함으로써 고위공무원의 역량 및 경쟁력을 강화하고자 하였다. 그러나 고위공무원의 보수가 민간과 비교하여 여전히 낮고 계약기간이 짧아 민간의 유능한 인재를 모집하기에는 역부족이라는 평가가 있다.

(2) 조직 및 업무 이해도 미흡

고위공무원의 경우 민간에서 임용된 고위공무원은 물론이고 타 부처에서 임용된 고위공무원도 해당 부처의 조직 및 업무에 대한 이해도가 낮은 상태에서 임용됨으로써 이를 극복하는데 시간이 걸리는 등의 문제가 발생한다. 또한 조직 내부 구성원에 비해 업무의 전문성이 낮아 조직을 장악하고 업무를 이끌어가기에 역부족이라는 평가가 있다. 이로써 고위공무원단제도를 통해 고위공무원들이 부처 간 이동성을 높여 부처 간 칸막이를 낮춰줄 것이라는 기대와 달리 부처 내부의 지원자들이 해당 부처의 고위공무원으로 임용되는 비율이 높아 본래 취지에 부합하지 않다는 지적이 있다.

(3) 성과의 보수의 연계 미흡

고위공무원단의 보수는 연공서열에 기반하기보다는 직무등급에 기반한 직무급과 성과평가에 기반한 실적제로 구성된다. 그러나 전반적으로 성과관리 및 평가기스템이 제대로 연계되지 않아 성과평가가 보수로 이어지지 않는 한계점이 있으며 성과급의 비중도 낮아 실제 성과유인책으로서 성과급이 제 역할을 하지 못한다는 지적이 있다.

이와 같은 문제점을 극복하기 위해 고위공무원단제도의 장기적 성과 평가와 관련하여서는 실제로 고위공무원단 공무원들이 범정부적·통합적 시야를 가짐으로써 부처이기주의가 극복되고 있는지, 고위직에 능력을 갖춘 적임자의 적재적소 임용이 이루어지고 있는지, 민간 인력의 유입과 부처 간 인력교류로 공직사회의 폐쇄성이 극복되고 있는지, 체계적인 교육훈련을 통해 고위공무원의 리더십역량이 강화되고 있는지, 성과와 보상간의 연계성 강화가 고위공무원들의 동기를 유발시키고 있는지, 계급과 연공 중심에서 탈피하여 업무성과 중심적 공직문화가 정착되고 있는지, 성과평가와 적격심사에 의해 고위직의 책임성이 강화되고 있는지 등의 결과(outcome)가 주요지표가 되어야 할 것이다. 따라서 향후 이들 지표를 중심으로 한 체계적인 제도의 성과평가가 요구된다(박천오·조경호, 2013:166).

제 6 절 정무직 공무원

1. 정무직 공무원의 개념과 특징

정무직 공무원이란 1) 선거로 취임하거나 임명할 때 국회의 동의가 필요한 공무원 또는 2) 고도의 정책결정 업무를 담당하거나 이러한 업무를 보조하는 공무원으로서 법령에서 정무직으로 지정하는 공무원을 의미한다(국가공무원법 제2조 제3항 1호).

이 가운데 행정부 소속 정무직 공무원은 정부기관내 최고의 위치에서 국정운영철학이 구현될 수 있도록 정책을 수립하고 해당 기관의 공무원들을 관리·감독하는 역할을 수행한다. 따라서 행정부 소속 정무직 공무원은 관리감독자로서 행정적 역할 뿐만 아니라 대통령의 국정운영 철학을 반영하는 정치적 역할도 수행한다는 측면에서 전문성과 더불어 당사자의 정치철학도 중요한 고려요소가 된다.

한국 정무직 공무원의 종류는 앞서 〈표 5-7〉에서 보는 바와 같이 선거에 의해 취임하는 공무원, 임명시 국회의 동의 또는 청문절차가 필요한 공무원, 그 밖에 고도의 정책결정업무를 담당하거나 이러한 업무를 보조하는 공무원으로서 법령에서 지정하는 공무원으로 구분된다. 이들 가운데 선거의 의해 취임하는 대통령과 국회의원, 또는 임명과정에서 국회의 동의 또는 인사청문을 요건으로 한 경우를 제외하고 정무직 공무원 임명에 대한 별도의 법령이나 제도가 미흡한 상태이다. 국무위원 등 정무직 공무원에 대한 인사는 국무총리의 제청으로 대통령이 임명하나 실제 국무총리의 제청절차는 형식에 머물고 있고 그 밖에 장·차관급 인사에 있어서도 대통령의 의중이 강하게 반영되는 점을

표 5-14 정무직 공무원 현황(2022.12.31. 기준)

구분	합계		국무총리	장관급	차관급
인원	120명	여성 15명	1명	33명	96명
		남성 105명			

고려하면 정무직 공무원에 대한 대통령의 인사권이 포괄적으로 인정되고 있다고 볼 수 있다.

2022년 12월 기준 국가공무원 가운데 정무직 공무원은 130명으로, 국무총리 1명, 장관급 33명, 차관급 96명으로 구성되어 있다.

2. 정무직 공무원의 필요성

대통령은 행정부의 수반으로서 행정권을 가지고 행정부를 지휘·감독한다. 다만 실질적인 행정권은 행정부 소속 공무원을 통해 구체화된다. 그러나 행정부 소속 공무원은 직업공무원으로서 정치적 중립성을 위해 신분이 보장된다. 따라서 선거를 통해 당선된 대통령이 자신의 국정운영철학을 실현하기 위해서는 무엇보다 정치적으로 중립적인 공무원에 대한 확실한 통제권을 가져야 한다. 이를 위해 대통령은 공무원에 대한 인사권과 더불어 정무직 공무원을 활용할 수 있다(Pfiffner, 1987).

행정부 내 정무직 공무원 역할은 다음과 같다.

첫째, 대통령이 일일이 정부조직을 장악하고 통제할 수 없는 상황에서 정무직 공무원은 대통령을 대신하여 각 정부조직을 장악하고 대통령의 국정운영철학을 실현할 수 있도록 공무원을 지휘·감독함으로써 정치적 책임성을 확보할 수 있다.

둘째, 상대적으로 짧은 임기 동안 성과를 내기 위해 속도감 있게 업무를 추진함으로써 공무원 조직에 긴장감을 불러 올 수 있다.

셋째, 외부에서 충원된 정무직 공무원은 새로운 아이디어를 통해 관행에 따라 업무를 처리하는 공무원 조직에 새로운 바람을 일으키며 혁신을 주도할 수 있다.

넷째, 정무직 공무원으로서 정부업무의 경험은 이후 민간으로 이직 시, 민간의 정부에 대한 이해를 높이는 기능을 할 수 있다.

물론 정무직 공무원의 부작용도 있다.

첫째, 행정부 내 정무직 공무원 증가는 내부 승진을 가로막아 공직사회의 사기를 저하시킨다.

둘째, 정무직위는 고도의 전문성과 정무적 감각이 필요함에도 불구하고 역량이 없는 인사가 정무직 공무원으로 임용됨으로써 성과를 내지 못하고 단순히 해당자의 경력쌓기 용으로 전락할 수 있다.

셋째, 정무직 공무원의 짧은 임용주기는 자칫 시간에 쫓겨 선부른 정책 결정을 내리는 오판을 야기할 수 있다(Pfiffner, 1987: 62-63).

3. 정무직 공무원의 임명절차

정무직 공무원의 임명절차는 정무직 공무원의 종류에 따라 달리 정해진다. 행정부로 한하여 살펴보면 다음과 같다.

국무총리의 경우 국회의 동의를 얻어 대통령이 임명하는 한편 국무위원은 국무총리의 제청으로 국회의 인사청문 절차를 거쳐 대통령이 임명한다. 또한 각부 장관은 국무위원 중 국무총리의 제청으로 대통령이 임명한다. 다만, 국무총리는 국회의 동의 없이 임명할 수 없으나 국무위원의 임명은 대통령의 고유권한으로 인사청문절차를 거치는 한 국회 동의 없이 임명이 가능하다.

표 5-15 정무직 공무원 임명절차

장관(급)	차관 및 청장
[행정부 각 부처의 장] 국무청리제청 → 국회의 인사청문회(국무총리의 경우 본 회의 임명동의안 의견절차 진행) → 대통령 임명 [정부위원회 위원장] 개별 설치법에서 규정	• 구체적인 법적 임용기준 및 절차 미비 • 통상적으로 장관의 건의 → 청와대 인사비서관실의 검증 → 대통령의 임명절차 거침 • 국세청장, 경찰청장(특정직), 검찰총장, 고위공직자범죄수사처장(특정직), 합동참모의장(특정직)은 국회의 해당 상임위원회의 인사청문회를 거쳐 대통령이 임명

자료: 박영원(2011:243) 일부 발췌.

4. 정무직 공무원의 요건에 대한 논의

정무직 공무원이 갖추어야 할 요건으로 다음 사항을 고려할 필요가 있다(박영원, 2011: 242-243). 첫째, 정무적 판단력과 직관력이 필요하다. 각 부처의 최고관리자로서 정무직 공무원은 정책을 결정하고 그 결과에 책임을 진다. 따라서 직업공무원에 비해 구체적인 업무의 전문성이 떨어질 수 있으나 고도의 정무적 판단을 통해 정책 문제를 정확히 이해하고 방향성을 제시할 수 있어야 한다. 따라서 정무직 공무원에게는 복잡다기한 사회현상을 정확히 파악하고 이를 개념화, 체계화하여 정리할 수 있는 능력과 불확실한 미래를 예측할 수 있는 능력, 가능성에 대한 직관력과 통찰력, 다양한 사람들의 의견을 경청하는 태도, 창의성, 성실성, 책임성 등이 요구된다.

둘째, 정치적 대응성과 책임성이 필요하다. 정무직 공무원은 자신에게 주어진 역할과 업무를 이행함에 있어 국민의 요구를 파악하고 이에 민감하게 대응함으로써 민주적 대응성을 확보할 수 있다. 또한, 1차적으로 자신의 임명권자인 대통령에게 책임을 짐으로써 궁극적으로 국민에 책임을 지는 자세가 필요하다.

셋째, 전문성 역시 중요한 요건이다. 정무지 공무원에게 직업 공무원이 가지는 정도의 전문성을 바라는 것은 정무직 공무원의 이전 경력에 따라 무리가 있을 수 있다. 그러나 직업공무원의 업무를 파악하고 이를 통제, 지휘·감독할 수 있는 신견과 전문성, 그리고 리더십이 필요하다.

참고문헌

김기형·진종순. (2018). 공직 전문성 강화를 위한 공직분류체계 개선방안에 관한 연구: 국가 일반직 공무원의 직군, 직렬, 직류를 중심으로, 「한국인사행정학회보」, 17(3), 89-116.

김영우. (2005). 한국 공직분류체계에 대한 평가와 개선방안, 「한국행정연구」, 14(3): 273-294.

박천오 외 (2016). 「인사행정론」, 서울: 박영사.

박천오·조경호. (2013). 고위공무원단제도의 기대와 성과: 시행 초기와 그 이후를 중심으로, 「한국인사행정학회보」, 12(1), 147-168.

유상엽, ·김지성. (2018). 우리나라 공무원의 경쟁력 및 전문성 제고를 위한 공직분류체계의 진단과 혁신방안, 「한국인사행정학회보」, 17(4), 233-259.

진재구. (1993). 직업공무원제 확립을 위한 인사행정기관 및 공직분류체계 개선방안. KIPA 연구보고서 92-03.

하태권 외. (2000). 한국정부 공직분류체계의 실태분석 및 대안모색: 공무원의 종류구분과 직급체계를 중심으로. 「한국정치학회보」, 34(3): 103-128.

Cho, Kyung-Ho, and Seok-Hwan Lee. (2001). Another look at public-Private distinction and organizational commitment: A cultural explanation. *The International Journal of Organizational Analysis,* 9(1): 84-102.

Pfiffner, James P. (1987). Political appointees and career executives: The democracy-bureaucracy nexus in the third century. *Public administration review,* 47(1): 57-65.

제 6 장

직무분석과 평가

제 1 절 직무분석

1. 직무분석의 의의

어느 조직에서나 인사관리의 대상은 추상적인 인간이 아니고, 특정 조직체 내에서 부과된 일정한 일을 주어진 구체적인 조건 하에서 수행하는 인간, 즉 직무와 결부된 인간을 대상으로 한다. 따라서 합리적인 인사관리는 조직구성원에게 할당된 직무에 관한 심층적인 이해가 없이는 불가능하다. 직무분석은 이러한 직무의 이해를 바탕으로 효과적인 인사관리를 수행하기 위한 기초자료를 준비하는 과정이다.

직무분석의 개념은 간단히는 “인간의 노동력을 과학적이고 합리적으로 관리하기 위한 기초작업”이라는 정의에서부터, 세세하게는 “직무를 구성하고 있는 일의 전체, 그 직무를 수행하기 위해서 담당자에게 요구되는 경험, 기능, 지식, 능력, 책임과 그 직무가 타 직무와 구별되는 요인을 각각 명확하게 밝혀서 기술하는 技術的인 수단방법”이라는 정의 등 다양하게 설명되고 있다. 그러나 직무분석은 이제 고전적인 개념에서 벗어나 매우 다양한 형태로 실시되고 있기 때문에 넓은 의미에서 어떠한 방법이나 어떠한 목적에서든지 직무와 관련된 종류의 정보를 수집하고 분석하여 문서화하는 모든 과정을 의미한다고 하겠다(조성한, 1995: 4). 직무분석의 활용은 〈표 6-1〉과 같다.

한국 정부는 1996년 개방형제도를 도입하기 위한 사전작업으로, 행정자치

표 6-1 직무분석자료의 활용

모집 및 선발	• 채용공고에 있어서 지원자격의 명확한 제시 • 지원서의 설계 • 공정한 선발기준의 결정 • 장애인 특별채용을 위한 직무선정 • 시험의 타당성 제고
보 상	• 직무의 분류 • 직무가치의 평가 • 보상의 공평성 판단
성과측정	• 성과표준의 결정 • 평가기준의 결정
직무설계	• 생산성의 제고 • 직무확장(job enlargement)과 직무충실화(job enrichment)
훈련과 발전	• 훈련수요의 확인 • 훈련과목 개발 • 경력경로(career tracks)의 확인

부의 전신인 총무처의 「직무분석기획단」에서 사무관급 이상의 공무원을 대상으로 직무분석 및 평가를 한 것이 전 부처를 대상으로 한 유일한 직무분석이라고 할 수 있다. 1999년 설립된 중앙인사위원회는 「직무분석과」를 설치하고 한국정부의 계급제를 바탕으로 한 인사행정에 있어서 비합리적인 부분을 보완하고자 직위분류제적 요소를 일부 도입하기 위한 직무분석을 수행하였다. 초기에는 시험적으로 외교통상부와 기상청에 대한 직무분석을 수행하였으며, 그후 직무분석 대상을 점차 확대하였다. 그러나 2008년 중앙인사위원회가 행정안전부 인사실로 통합되면서 직무분석의 기능이 축소되었다.

2. 직무분석의 일반적 절차

(1) 직무분석의 사전 준비 사항

1) 명확한 직무분석의 목표와 방침 설정

직무분석의 목표와 방침은 향후 진행될 직무분석작업을 안내하는 것으로서, 이는 구체적이고 명확하게 설정될 필요가 있다. 일반적으로 직무분석의 용도가 단일 목표를 위한 것일 때, 가장 바람직한 것으로 알려지고 있다.

2) 기본계획수립

직무분석의 목표와 방침이 설정되면, 이를 달성하기 위해 기본계획의 수립이 필요하다. 기본계획에는 보통 분석의 범위, 담당자, 기간, 소요예산, 분석방법, 분석항목의 종류, 분석의 정도, 개략적인 직무분석의 절차, 직무기술의 분량 등에 대한 결정 등이 포함될 수 있다.

3) 직무기술서[1]의 사전 설계

직무분석에 대한 기본계획을 수립한 후, 직무기술서의 사전설계 작업이 필요하다. 사전설계라 함은 설계된 직무기술서가 본격적인 조사 및 분석에 들어가서도 수정될 수 있다는 의미이다. 직무기술서의 사전 설계에 있어서는 무엇보다 직무분석을 실시하는 목적(용도)에 필요한 항목이 반드시 포함되도록 설계되어야 한다. 실제로 직무기술서를 설계할 때는 관련 유사기관 등에서 작성한 실례를 참고하되, 실제대상조직의 실정을 감안하여 작성하는 것이 필요하다.

일반적으로 직무기술서의 내용은 크게 세 부분으로 나눌 수 있다.

첫째, 직무의 개요를 기술하는 부분

둘째, 수행하는 업무의 내용을 기술하는 부분

셋째, 직무수행상의 요건을 기술하는 부분

4) 직무분석 지침서 작성

직무분석에 들어가기 전에 반드시 직무분석 실무지침서를 준비할 필요가 있다. 이 지침서에는 직무분석의 개요와 직무분석의 목적, 범위, 대상, 방법,

---

1 직무기술서란 직무분석을 통해 수집한 자료를 바탕으로 각 직무의 내용, 책임, 직무에 필요한 능력, 근무조건 등 직무행태에 관한 정보를 직무별로 조직적이고, 체계적으로 정리한 설명서를 의미한다. 직무기술서와 흡사한 개념으로 직무를 담당하고 있는 직원의 과업, 기술, 책임감, 능력 등을 다루는 「직위기술서」가 있다. 그러나 최근에 많은 직무기술서가 그 직무를 담당하고 있는 직원에 대한 조건을 포함하고 있다는 점에서 직무기술서와 직위기술서를 구별하는 것은 실익이 없으며, 직위기술서를 직무기술서의 한 종류로 볼 수도 있다. 〈표 6-2〉는 직위기술서의 예라고 할 수 있으며, 우리나라와 같이 계급제의 전통이 강한 사회에서는 직위기술서 형식의 직무기술서가 실용적이라고 할 수 있다.

준비사항, 일정계획뿐만 아니라, 직무분석의 구체적인 절차와 방법이 자세히 정리되어야 한다.

5) 직무분석기관의 설치

직무분석작업은 순수하게 내부의 인사부서 또는 기획부서의 직원이 자체적으로 할 수도 있으며, 용역에 의해 제3자의 기관이 실시할 수도 있고, 내부의 인사부서 직원 등이 외부의 자문을 받아 자체적으로 실시할 수도 있다. 일반적으로는 인사부서 등이 중심이 되어 여러 부서에서 일정 자격을 갖춘 요원을 선발하여 위원회를 구성한 다음, 그들의 고유업무와는 일정 기간 단절시켜 실시하는 경우가 많으며, 이것이 가장 효과적인 방법으로 이해되고 있다.

6) 직무분석요원의 확보와 훈련

직무분석의 목표를 가장 잘 달성하기 위해서는 필요한 지식과 경험을 갖춘 요원들을 확보하고 훈련시키는 것이 매우 중요하다. 일반적으로 직무분석요원에게 요구되는 자격으로는 최소한 대졸 이상자로서, 인사관리, 생산관리, 작업방법 등에 대해 일정한 지식을 가져야 하며, 최소한 수년의 실무경험이 있을 것과 업무에 대한 열의와 성의 등이 있을 것이 요구된다.

한편 직무분석은 매우 기능적인 성격을 갖고 있기 때문에 분석요원에 대한 훈련은 실기와 연습이 중시될 필요가 있다. 이때 중요한 것은 요령 있게 면접하는 기술을 습득하는 것이라 할 수 있다.

7) 시험적 분석의 실시

본격적 분석을 실시하기 전의 시험적 분석은 본격적인 분석과정에서 나타날 수 있는 분석항목, 기술서 양식 등의 부적합한 점을 발견해 낼 수 있고 소요시간과 예산의 적부 등에 대해서도 검토할 수 있게 해주기 때문에 매우 중요하다.

8) 직무분석에 대한 홍보

직무분석의 효과적인 실시를 위해서는 최고관리자, 중간관리자, 일반직원 등의 적극적인 협력이 필요하다. 이를 위해서는 사전에 이들에게 직무분석이 무엇이며, 왜 필요하고, 어떤 방법으로 실시하며, 어떤 결과를 가져오는지에 대해서 충분히 이해할 수 있도록 알려줄 필요가 있다. 특히 직무분석의 주요 대상인 일반직원들에 대해서는 직무분석을 근무평정이나, 정원조정, 배치전환 등으로 오해하지 않도록 하는 것이 필요하다.

(2) 직무분석의 구체적인 절차

직무분석의 구체적인 절차는 통상 다음의 절차를 따라 수행된다.

1) 제1단계: 예비조사단계

예비조사는 분석작업을 되도록 신속히 진행시키기 위한 기초자료를 확보하고, 그 자료를 바탕으로 하여 분석할 대상직무를 구분하며, 아울러 분석대상 직위 점직자로 하여금 그 자신의 일을 직접 기술해 보게 함으로써 분석을 위한 사전준비의식을 갖도록 하는 데 목적이 있다. 이 단계에서는 분석요원이 개개 직위에 관련된 일의 처리과정, 제도절차 등의 개요, 각 직위의 업무개요, 각 직위가 설치된 과 또는 계 내의 분업분담관계에 관해서 충분한 예비지식을 얻는 것이 필요하다. 이 단계에서는 또한 직무단위를 구분하는 것도 중요한 작업이다.

2) 제2단계: 현장분석(직위분석) 실시

분석요원은 예비조사를 통해 선정된 분석대상 직무에 대하여 그 직무의 실제담당자의 개개 직위와 그 직위의 업무 현장에서 면접 또는 관찰을 통해서 현황을 분석한다. 이 단계에서는 그 직위에서 수행하는 업무의 내용과 업무수행에 필요한 노동력의 내용과의 관계를 명확하게 하여 직위분석표[2]에 기록한다.

3) 제3단계: 직위담당자의 확인

분석요원은 직위분석의 결과에 대해서 직위담당자의 확인을 받고 직무단위

---

2 직위분석표는 직무분석 담당자가 직위분석과정에서 인터뷰나 관찰을 통해 얻은 정보를 수시로 메모할 수 있도록 준비한 도구를 의미한다. 고정된 형식은 없으며, 직위분석을 하기 전에 직무분석 담당자들간의 회의를 통해 수집하여야 할 자료들이 결정되면, 이러한 자료들을 효율적으로 메모할 수 있는 형식을 정해서 직위분석표를 준비하게 된다.

를 결정한다. 분석요원은 어느 특정 직위에 대해 분석한 결과를 직위분석표에 정리하여 그 직위담당자와 함께 검토하고 분석내용에 대해서 확인을 받는다.

그때 선정된 특정의 직위와 주요한 업무를 공유하고 있는 직위가 여러 개 있을 때는 이들 직위담당자 전원이 함께 모여 검토하든가 회담을 해서, 주요한 일에도 차이가 없고 내용에도 차이가 없음을 확인받을 필요가 있다.

이때 몇 사람의 직위담당자와 검토한 결과 주요한 일에 대한 업무내용과 필요한 노동력의 내용에 차이가 있다고 인정되면, 그 직위는 별개의 직무로 구별해서 그 차이점에 대해서만 따로 직위분석을 하지 않으면 안 된다. 여기서 직무단위의 결정이란 절차가 취해지기 때문이다. 이렇게 해서 해당 직위담당자 전원의 확인을 받은 직무분석표는 엄밀한 의미에서 「직위분석표」가 된다.

4) 제4단계: 관리 감독자의 승인

분석요원은 한 과내 또는 한 계 내의 모든 직무의 분석을 마치면, 해당 직위 담당자의 확인을 받은 「직무분석표」를 조직기능도와 함께 관리자(과장 또는 계장)에게 제출하여 단위조직 내의 분업 분담상황과 분석내용에 대해서 검토를 받고 승인을 받아야 한다.

직무담당자가 실제로 하고 있는 직무내용과 감독자가 관리자의 입장에서 부여하고 있는 직무내용과의 사이에는 때때로 의견차이가 나타날 수 있다. 개개의 직무는 경영기능의 분업 분담형태로서 경영활동 전체의 통일된 계획 하에 짜여 있는 것이므로 관리자의 의사와 실제로 수행되고 있는 형태와의 사이에 갭(gap)이 있어서는 안 된다.

5) 제5단계: 직무기술서의 작성

관리자의 승인을 받은 다음 분석결과를 정리편집해서 직무기술서를 작성한다. 직무기술서는 직무분석의 목적에 따라 다양한 형태를 취할 수 있으며, 가장 간단한 양식의 예는 〈표 6-2〉와 같다.

(3) 자료수집기법

1) 최초분석법

최초분석법(new analysis method)은 직무분석대상인 조직에 대한 참고문헌이

표 6-2 직무기술의 예

부처명	부서명	직위명	보직가능직급
국세청 세무서	총무과	과장	행정사무관

1. 수행직무내용
- 소관 예산의 집행과 물품의 구매, 조달, 관리 및 자금의 운용 등 경리업무를 총괄하고, 중요사항에 대하여 서장의 결재를 득하거나 수시 보고
- 소속 직원의 복무·상훈·연금 등 인사관련 사항에 대하여 서장의 결재를 받아 시행
- 문서, 보안 등 기타 서무관련업무 및 서내 제반시설물에 대한 영선·관리 등 총괄
- 직원으로부터 체납정리 실적을 보고 받고 동 업무를 총괄
- 국세환급금의 처리
- 탈세정보의 수집·관리 및 내국세 범칙사건 조사처분
- 내국세 부과징수에 관한 심사청구 처리

2. 직무의 특성

세무행정 최일선기관에서 내국세의 징수 및 일반행정업무를 총괄하는 직위로서 직무수행상 일반국민과의 접촉이 활발하고, 매일 또는 매달 반복되는 업무를 수행하며, 내국세 징수 등은 국민의 재산권에 직접 영향을 주는 사안이므로 조세이론 및 세법 전반에 관한 지식, 특히 국세기본법·국세징수법 등의 분야에 대한 지식과 경험이 요구됨

3. 지식 및 기술
- 행정학, 회계학 및 조세에 관한 이론적 지식
- 국가공무원법, 예산회계법, 국세징수법 및 국세기본법 등에 관한 법규적·실무적 지식

4. 학　력
- 4년제(인문사회계열)대학 졸업 상당

5. 요구되는 자질 및 경력
- 업무처리에 필요한 기획력 및 판단력
- 세무행정 관련직무분야 공직에서 직근하위직급의 1년을 포함한 3년 이상 근무경력이나
- 정부산하단체에서 경리·회계부서에서 과장급 이상으로 5년 이상 근무경력이나
- 조세관련분야 박사학위 소지자이거나, 대학에서 관련분야의 조교수 이상 근무경력자

6. 필요교육훈련
- 인사 및 예산관련제도 법령분야와 조세이론 등 국세관련분야

자료: 총무처 직무분석기획단(1996), 「정부직무분석: 공통분야」를 기초로 하여 수정.

나 자료가 부족하고, 또한 그 분야에 대해 벤치마킹할 수 있는 조직체도 드물어 직접 현장을 방문하여 자료를 수집하는 방법들을 의미한다. 최초분석법에서는 다음과 같은 자료수집기법들을 활용한다.

① **설문지법**

일반적으로 표준화되어 있는 질문지를 사용하여 직무분석대상 조직의 구성원들에게 작성하게 하는 방법으로 체크리스트방식과 서술식의 두 가지가 있다. 설문지법은 신속하게 많은 인원을 대상으로 조사할 수 있으며, 작성자들에게 표준화된 질문을 사용하여 조직적이고 포괄적인 대답을 할 수 있도록 도와주는 장점이 있다. 그러나 질문표 작성이 용이하지 않고, 모든 작성자들의 성의 있는 답변을 기대하기 어렵다.

② **면접법**

조직구성원들과 관리자들과의 면접을 통해 직무에 관한 모든 정보를 심도 있게 조사할 수 있는 기법이다. 면접조사를 할 경우에는 분석요원은 조직도, 업무흐름표, 업무분담표 등을 자료로 하여 직무의 수행경로를 정확히 파악하여 담당자와 개별적으로 또는 집단적으로 면접한다.

면접법은 직무에 대한 완전하고 정확한 정보를 얻을 수 있는 반면, 많은 시간과 노력 및 비용이 소모된다. 효과적인 직무분석이 되기 위해서는 직무분석 담당자는 직무분석 대상자와 친밀감을 유지하여야 하지만, 분석대상이 직무담당자 자신이 아닌 직무 자체임을 잊어서는 안 된다. 면접법과 설문지법은 대개 병행하여 사용한다.

③ **관찰법**

이 방법은 직무분석자가 대상자의 직무수행과정을 직접 관찰함으로써 직무에 관한 정보를 수집하는 것이다. 이 방법은 직무가 시간적으로 작업의 순환과정이 비교적 짧고, 표준화되어 있으며, 반복되는 경우에 유용하며, 생산직과 같은 공간적 업무에 적당한 기법이다. 따라서 정신적이거나, 사무·관리적인 업무에는 직접적인 관찰에 의한 직무분석방법은 적절하지 못하다. 사무·관리적 업무에 대해서는 업무일지와 같은 자기관찰(self-observation)방법과 인터뷰 방법을 병행하여야 한다.

④ **체험법**

직무분석 담당자가 직접 직무활동을 체험하여 직무에 대한 정보를 수집하는 방법으로, 직무분석자의 체험직무에 대한 어느 정도의 숙련이 필요하다. 직무에 대한 정확한 정보를 얻을 수 있는 장점이 있지만, 실제로 직무담당자의 행태적이고 심리적인 정보를 얻을 수는 없는 단점이 있어 다른 자료수집방법과 병행하는 것이 좋다.

⑤ 대상자 기록법

직무분석의 대상자가 업무일지에 2주에서 4주간의 업무를 매일 기입하는 기법으로 1시간 단위로 업무를 기술하여야 한다. 대상자가 성실히 기입하지 않거나, 과장하는 경향의 문제점이 있으나, 직무의 전반적인 흐름을 파악할 수 있으며, 같은 직무를 여러 사람이 담당할 경우 성실하지 못한 대답에 대한 문제점을 밝혀낼 수 있다.

2) 비교확인법

비교확인법(verification method)은 직무분석 대상의 직무 폭이 너무 넓어서 단시간의 관찰을 통하여 그 내용을 수집하기 어려운 경우에 사용되는 기법으로, 대상 직무에 대해 충분한 참고문헌과 자료가 있어야 한다. 이 방법은 지금까지 개발된 각종 자료를 참고하여 현재의 직무상태를 확인하는 방법이다. 일반적으로 많이 사용되는 참고문헌으로는 직무기술과 직무명세가 수록되어 있는 각국의 직업사전이다.

참고자료를 통해 대강의 직무내용을 파악한 뒤, 현장에 나가 대상직무에 대한 정보를 수집하여, 기존의 자료를 수정 보완한다. 이 방법만으로는 특정직무의 분석을 완전하게 해낼 수는 없으며, 다른 방법과 상호 보완하여야 한다.

3) 그룹토의기법

그룹토의기법(group process method)의 대표적인 예로는 데이컴법이 있다. 이 기법의 실시를 위해서는 소규모그룹(8~14명)이 편성되어야 하며, 1~3일 정도의 기간이 소요될 필요가 있다. 토의 참가자는 그 분야 직업에 대한 지식, 열린 마음, 현장경험 등을 고려하여 전문가로 엄선된다. 모든 직무는 기록자에 의해 목록카드에 작성되고, 게시된다. 직무내용은 토의를 거쳐 재배열된다. 이 방법은 신속하게 타당성이 높은 직무분석을 할 수 있다는 장점을 지니고 있지만, 사회자가 미숙할 경우, 소정의 성과를 달성할 수 없고, 전문가를 3일씩 초청하기가 어렵다는 문제가 있다.

3. 직무분석기법

(1) 미국 노동성 기법

미국 노동성기법(The Department of Labor Methodology: DLM)은 원래 직종명 사전(the Dictionary of Occupational Titles: DOT)을 만들기 위해 설계된 직무분석 기법으로 현재 미국에서는 가장 보편적으로 사용되는 직무분석기법이다. DLM은 직원과 관리자들에 대한 인터뷰, 관찰, 기술된 자료 등을 바탕으로 다음과 같은 5가지 직무에 대한 정보를 얻는다.

① 각 직무담당자는 대인관계, 자료, 업무의 처리 등에 있어서 어떤 일을 하는가?
② 어떤 방법과 기술을 사용하는가?
③ 어떤 기계, 연장, 도구 등을 사용하는가?
④ 업무의 결과로 생산된 것은 무엇인가?(서비스, 자료, 물건 등)
⑤ 직원은 어떤 성격(traits)을 지녀야 하는가?

이 다섯 가지 정보 중 ①번이 핵심적으로, 각 직무는 직원과 이 세 가지 요인과의 관계로 표현된다. 〈표 6-3〉에서 보는 바와 같이 이 세 가지 직무와 직원 간의 관계는 23개의 기능으로 표현된다. 23개의 기능은 세 가지 요인에 따라 분리되며, 번호가 높을수록 낮은 수준의 기능의 복잡성을 나타낸다. 예를 들어 한국 중앙정부의 국장급 직무는 자료와의 관계에 있어서는 '종합'에 해당되고, 대인관계에 있어서는 '지도'에 해당되는 높은 수준의 기능을 보이지만, 사물의 처리에 있어서는 가장 낮은 '취급'정도에 지나지 않는다. 따라서 전반적 등급(rating)은 0-0-7의 기능 복합성을 가진 것으로 평가된다.

②, ③, ④번의 정보에 대해서는 가능한 한 세분하여 각 직무에 대한 정보를 명확히 하는 것이 중요하다. DLM의 또 다른 특성은 ⑤번의 개인의 성격에 대해 적성, 교육에 의한 발전 수준, 직업적 준비 수준, 신체적 조건, 성격, 취향 등의 요인들에 대해 ①번과 흡사한 계층적 등급을 사용하여 평가한다.

DLM기법에 의해 수집된 정보는 채용, 승진, 훈련 등의 인력관리나 직무재

표 6-3 직무의 기능구조

자료(data)	대인관계(people)	사물의 처리(things)
0 종합(systhesizing)	0 지도(mentoring)	0 설치(setting up)
1 조정(coordinating)	1 협상(negotiating)	1 정밀작업(precision working)
2 분석(analyzing)	2 교육(instructing)	2 작동–통제(operating–controlling)
3 편집(compiling)	3 감독(supervising)	3 운전–작동(driving–operating)
4 계산(computing)	4 희유(diverting)	4 조작(manipulating)
5 복사(copying)	5 설득(persuading)	5 간단한 작동(tending)
6 비교(comparing)	6 대화–신호(speaking–signaling)	6 공급–차단(feeding–offbearing)
	7 서비스(serving)	7 취급(handling)

설계, 조직재설계 등에 도움이 되는 정보를 제공하지만, 원래 DLM은 직업에 관한 정보를 수집하는 목적으로 개발되었기 때문에 이들에 대한 충분한 정보를 제공하지 않는다. 그러나 DLM은 이후에 개발된 많은 직무분석기법의 기초가 되었다.

(2) 기능적 직무분석

DLM기법에 의한 직무에 대한 정보가 상대적 평가에 충분한 정보를 제공하지 못한다는 점과 조직의 체제적인 분석을 바탕으로 하지 못한다는 점에 대한 문제를 해결하는 차원에서 Fine에 의해 개발된 직무분석기법이 기능적 직무분석(Functional Job Analysis: FJA)이다. FJA는 직무보다 세부적인 업무(task)를 분석의 기본단위로 한다. 업무에 대한 분석은 DLM과 흡사한 척도(scale)를 사용하여 등급을 평가하지만, 척도의 범위나 정밀성에 있어서 앞선다고 할 수 있다.

FJA기법은 다음과 같은 다섯 가지 정보를 수집한다.

① **조직의 목표**: 조직의 전반적인 목적을 파악하고, 조직이 수행하여야 할 사명과 관리목표의 확인단계

② **조직의 목표에 따른 업무의 확인과 설명**: 업무담당자는 어떤 일을 하고 있으며, 어떤 일을 하여야 하는가에 대한 분석단계

③ **척도를 사용한 업무의 분석**: DLM에서의 세 가지 대인관계 요인을 더욱

정밀하게 개발하여 각 업무에 대한 분석을 하며, 각 업무의 성취에 대한 지침과 교육발전 수준에 대한 척도를 첨부

④ **성취기준의 개발**: 척도를 사용한 업무의 분석을 바탕으로 성취기준 개발

⑤ **필요한 기술훈련내용의 개발**: 업무를 수행하기 위해 필요한 기술적, 사회적 기능의 발전을 위한 훈련내용의 개발

이렇게 수집된 정보를 바탕으로 FJA는 수행되어야 할 업무, 성취에 대한 평가, 훈련의 수요 등을 분석하고 개발할 수 있게 한다. FJA는 결국 체제적 관점으로 DLM의 한계를 극복하고 인력관리에 있어서 필요한 기술을 개발하는 데 진일보한 직무분석기법이 되었다.

(3) 직위분석설문지기법

직위분석설문지기법(Position Analysis Questionnaire: PAQ)은 McCormick 등에 의해 Purdue대학의 직업연구소(Occupational Research Center)에서 개발된 구조직무분석질문지(structured job analysis questionnaire)를 의미한다. PAQ는 현재 수행되고 있는 직무에 대한 설명과 분석에 사용된다. 설문지는 업무행태, 업무환경, 직무성격과 관계된 194개 직무요소들(job elements)로 구성되어 있으며, 모든 직무와 성취 수준은 이 194개의 직무요소에 의해 표현될 수 있다는 가정에 근거한다. 194개 직무요소 중 187개는 업무행태에 대한 요소이며, 7개는 보상에 관한 요소들이다. PAQ가 앞에서 소개된 다른 전통적인 직무분석기법과 다른 점은 직무나 임무보다는 인간의 행태에 초점을 두고 있다는 것이다.

이 194개의 요소는 다음과 같은 6개의 카테고리로 분류된다(직무요소의 예에 있어서 번호는 직무요소의 고유번호임).

① **정보투입**(information input): 담당자가 어디서 어떻게 직무를 수행하는 데 사용되는 정보를 획득하는가?

직무요소의 예: 1. 기록된 자료, 2. 수치화된 자료, 3. 그림자료, 5. 영상자료 등

② **지적 과정**(mental processes): 직무의 완수에 있어서 어떤 논리, 의사결정, 계획 및 정보과정 행동들이 연루되는가?

직무요소의 예: 39. 정보의 종합, 40. 정보의 분석, 49. 수학적 논리의 사용 등

③ **작업산출**(work output): 어떤 물리적 행동을 담당자가 행하며, 어떤 도구와 장치들을 사용하는가?

직무요소의 예: 65. 키보드의 사용, 93. 손가락의 사용, 94. 팔과 손의 사용 등

④ **대인관계**(relationship with other persons): 업무수행에 있어서 다른 사람들과 어떤 관계가 요구되는가?

직무요소의 예: 99. 충고, 100. 협상, 112. 업무관련 대인접촉 등

⑤ **직무상황**(job context): 업무가 어떤 물리적, 사회적 상황에서 이루어지는가?

직무요소의 예: 135. 실외업무 136. 높은 온도의 작업환경 등

⑥ **기타 직무성격**(other job characteristics): 직무상황 카테고리에 서술된 것들 외에 어떤 행동, 조건, 성격 등이 직무와 관계되는가?

직무요소의 예: 165. 불규칙적 업무시간, 172. 주어진 절차에 따른 업무수행 등

각 직무요소는 서로 다른 척도를 사용하여 분석된다. 예를 들어 직무를 수행하는 데 있어서 기록된 자료가 정보투입에 어느 정도 사용되는가에 대한 분석은 '적용 안됨~매우 자주'의 범위 내에서 6점 척도를 사용할 수 있다. 직무상황의 카테고리 내 '높은 온도의 작업환경'요소에 대한 분석에 있어서는, 6점 척도를 사용하여 하루에 또는 일주일 동안 얼마나 자주 이러한 작업환경에 접하는지를 분석할 수 있다.

McCormick은 전통적 직무분석의 기법이 너무 서술적이어서 직무분석과정에 있어서 주관적 편견이 개입될 수 있다는 점을 지적하고, 이와 같은 통계적 분석기법에 의한 직무분석을 개발하였다. 그러나 PAQ가 전통적인 직무분석기법을 완전히 대체할 수는 없으며, 직무분석의 활용에 있어서 직무평가에 가장 적합하다고 할 수 있다.

(4) 중요사건기법

중요사건기법(Critical Incident Technique: CIT)은 제2차 세계대전 당시 미 공군의 비행심리프로그램(Aviation Psychology Program)에서 비행사들을 선발, 배치 및 훈련하는 데 있어서의 기준을 결정하기 위한 방법으로 개발되기 시작하였다. 전쟁 후에는 비행심리프로그램에서 설립한 AIR(American Institutes for Research)에서 Flanagan의 지도 아래 특정 직업에 대한 중요한 자격을 정하는 데 있어서 CIT연구가 이루어졌으며, 방법론에 있어서도 지속적으로 발전되었다.

CIT는 일반화된 직무분석의 기법은 아니지만, 업무나 이와 관련된 행태에 대한 관찰을 바탕으로 직무수행에 있어서 특징적인 자질을 발견하기 위한 기법으로 사용된다. 이와 같은 CIT의 장점은 직무의 수행에 필요한 KASOs(Knowledge, Abilities, Skills and Other characteristics)를 직접적인 직무행태에 대한 자료를 바탕으로 개발한다는 데 있다. CIT는 일반적으로 다음과 같은 단계를 거친다.

첫째는 중요사건(critical incident: CI)을 규명하는 단계로, 직무를 수행하는 데 있어서 효과적이거나 비효과적인 특정 사건에 대해 질문한다. 질문대상자는 오랜 기간 동안 그 직무를 담당하여 온 전문가, 동료직원 또는 관리자들 중에서 선택할 수 있는데, 객관적 관찰자로서 관리자가 가장 적합하다. 예를 들어 자료실 관리자에게 "귀하 부서의 사서직 업무를 수행하는 데 있어서 지난 6개월간(또는 1년간) 부하직원들의 업무행태에 대한 관찰을 바탕으로 바람직하거나, 바람직하지 않았다고 생각된 행태들이 무엇입니까?"라는 질문을 할 수 있다. 이러한 질문에 대해 관리자는 바람직하거나, 바람직하지 않은 행태에 대해 3~5가지씩 서술을 하게 된다. 이러한 행태는 관찰 가능한 것이어야 하며, 추상적이어서는 안 되기 때문에, 지난 경험에 있어서 CI를 바탕으로 서술하게 된다.

둘째는 수집된 CI를 분석하고 분류하는 단계로, 각 CI는 사전에 미리 정해진 차원에 따라 분류된다. 이러한 직무 차원은 〈표 6-4〉와 같이 전문가들에 의해 각 부서의 업무분장 등을 활용하여 유사업무들끼리 재분류하고, 각 업무에 대한 바람직한 행태와 바람직하지 않은 행태를 순서대로 나열할 수 있도록

표 6-4 직무차원의 예

■ 민원처리 ■
1. 매우우수 : 민원인의 불합리한 항의에 대해서도 전문적 지식을 바탕으로 친절하게 설득하여 이해시킴.
2. 우수 : 민원인에게 항상 친절하게 대하지만, 불합리한 항의에 대해서는 경직된 태도를 취함.
3. 보통 : 민원처리에 있어서 정확한 처리를 하고, 대체로 친절함.
4. 저조 : 민원처리는 정확하지만, 형식적인 태도를 취함.
5. 매우저조 : 민원인에 대해 권위적이며, 민원처리가 정확하지 않음.

구성된 것이다. 수집된 CI는 각 차원에 맞도록 재서술되어야 한다.

마지막 단계는 CIT에 의해 수집된 자료를 다양한 인력관리에 사용하는 것이다. CIT는 다른 직무분석기법과 달리 각 직무의 내용을 완전히 서술하는 것이 아니며, 각 직무에 대한 바람직한 행태를 발견하는 것이다. 따라서 CIT는 선발을 위한 인터뷰, 훈련의 수요조사, 업무평가 등에 사용될 수 있다.

CIT는 관찰 가능한 행태를 바탕으로 한다는 점에서 상당히 구체적인 직무자질을 발견할 수 있다는 장점이 있는 반면, 직무분석의 담당자가 직무분석 대상조직에 대한 지식이 부족할 경우 인터뷰에 응하는 관리자의 주관적 판단에 의존하게 된다는 단점도 있다.

4. 직무분석의 한계

직무분석은 과학적이고 공정한 인사관리를 위해서 직무의 성격을 분석하고, 직무를 성공적으로 수행할 수 있는 요인들을 밝혀내기 위해 사용되고 있다. 직무분석에 의해 수집된 자료는 조직의 목표달성을 위해 필요한 인재들을 충원하고, 불공정한 인사를 방지하기 위한 정보로 활용된다. 한국 정부도 최근에 개방형 인사제도의 도입과 더불어 효과적인 인사관리를 위해 직무분석에 대한 관심을 기울이고 있다. 그러나 직무분석의 한계를 무시하고, 직무분석이 인사관리의 모든 문제를 해결할 것이라고 믿는 것은 오히려 새로운 문제만을 야기시킬 수 있다(Tompkins, 1995, 77-80).

직무분석의 첫 번째 한계는 현대사회의 급변하는 환경에 따라 직무의 성격이 수시로 변화하는 것을 직무분석이 쉽게 따라가지 못한다는 것이다. 직무분석기법이 처음으로 개발되었을 시기에는 직무의 성격을 고정적으로 인식하였었다. 따라서 직무분석의 기법은 직무의 성격을 파악하는 데 있어서 타당성의 제고에만 관심을 기울여 발전되어 왔을 뿐, 환경변화에 따른 직무의 성격변화에 대한 대응방법은 아직 개발되지 않고 있다. 이러한 문제의 해결방법은 2~3년 주기로 직무분석을 수행하거나, 비용이 너무 많이 들 경우 환경에 의해 가장 영향을 많이 받는 직무를 선택하여 정기적으로 재검토하는 것이다.

두 번째 한계는 첫 번째와 연계되는 것으로, 직무분석에 의한 인사관리가 조직을 고착화시키게 된다는 것이다. 직무분석에 의해 특정 직무의 개념이 정해졌을 경우, 새로운 환경에 적응하기 위한 개혁을 위해서는 직무분석을 통해서만 가능하다는 것이다. 이러한 한계는 이미 제5장에서 설명한 바와 같은 직위분류제의 문제점과 관련이 있다. 계급제에서는 새로운 기능을 상사의 명령에 의해 부하직원 중 누구나 맡아 할 수 있지만, 직위분류제에서는 직무와 인간의 관계가 엄격해서 융통성 있는 조직관리가 오히려 어려워질 수 있다.

셋째, 직무분석에 의한 직무기술서는 대개 조직내 개인들에게 직무가 가지는 업무만을 상기시켜줄 뿐, 직무와 조직의 목표와의 관계를 알려주지 않는다. 따라서 각 개인들은 조직의 목표와 관계없이 직무기술서에 기술되어 있는 미시적 업무에만 집착하게 되는 한계가 있다. 이러한 문제는 직무분석에 있어서 조직목표에 따른 개인의 성취에 대한 분석을 첨가시키는 등의 개발을 통해서 해결되어야 한다.

넷째, 직무분석은 인식되어지는 것만큼 과학적으로 타당성이 높지 않다는 것이다. 직무분석에 사용되는 요인과 기준들은 대부분 직무분석 담당자들의 주관적 판단에 의해 결정된다. 또한 직무분석기술서의 내용들은 직무분석 설문지에 답한 직무 담당자들의 주관을 반영한다. 이러한 문제를 해결하기 위해 새로운 계량적 기법들이 개발되고 있지만, 아직 완벽한 직무분석을 수행하기에는 거리가 있다. 따라서 인사담당자가 직무분석을 활용할 때, 이러한 문제들을 충분히 감안하여야 한다.

제 2 절 직무평가

1. 직무평가(job evaluation)의 의의와 원칙

(1) 의 의

직무평가는 직무분석에 의해 만들어진 직무기술서와 직무명세서를 기초로 해서 각 직무들을 상대적 가치에 따라 계층화시키기 위해 사용되는 도구이다. 각 직무는 복잡성, 곤란도, 책임도 등에 있어서 서로 다른 수준을 요구한다. 이러한 직무평가의 주요 목적은 임금격차의 합리적인 근거를 제공하고 또한 직무가 요구하는 능력과 공헌도의 차이에 따라 다른 보상을 하기 위한 것이다. 직무가 요구하는 능력의 차이에도 불구하고 보상에 차이를 두지 않는다면, 직무에 적합한 인재를 충원하지도 못할 뿐 아니라, 각 개인들은 필요한 능력을 최대한 발휘하지 않게 된다. 이외에도 직무평가의 목적은 선발, 배치, 승진 보상 등의 인사행정 전반의 합리화에 기여하고 직무간 관련성을 살펴봄으로써 조직의 강점과 약점을 발견하는 것에 있다.

따라서 합리적인 직무평가는 조직구성원들의 직무에 대한 만족감을 제고시켜, 조직목표달성에 최대한의 공헌을 하도록 유도하는 데 기여한다. 직무평가에 있어서 가장 중요한 것은 각 직무에 영향을 미치는 요소들을 확인하고, 각 요소들의 상대적 가치를 판단하는 것이다. 소규모의 조직에 있어서는 직무의 수가 많지 않기 때문에, 직무를 구성하는 요소들에 대한 세세한 분석이 필요하지 않지만, 대규모의 조직에서는 직무요소들에 대한 분석 없이는 객관적인 직무평가가 불가능하다. 다음에 소개되는 직무평가의 방법들은 이러한 목적에 적합하도록 개발된 직무평가기법의 대표적인 것들이다.

(2) 원 칙

직무평가는 공정하고 합리적으로 진행되어야 하고 평가결과를 조직구성원들이 수용해 정당성을 확보할 수 있어야 한다. 공정하고 합리적인 직무평가를 위해서는 다음과 같은 원칙이 준수되어야 한다(이홍민 외, 2009, 임효창, 2005).

① 직무를 수행하는 사람이 아니라 직무 자체에 대해 평가한다.

직무기술서와 직무평가위원회 위원회를 통해 직무에 관한 정보를 토대로 직무자체를 평가하기 위해 노력해야 한다.

② 표준적인 또는 수용 가능한 성과수준을 기준으로 평가한다.

판단의 일관성을 확보하기 위해 현재 근무하는 조직구성원과 분리하여 표준적인 성과점수를 기준으로 평가하는 것이다.

③ 과거나 미래가 아닌 현재 정의된 상태로 평가한다.

직무가 현재 존재하는 현상태로 평가해야 하며 과거나 미래를 기준으로 평가해서는 안 된다.

④ 공통적인 평가요소를 선정하고 일관되게 활용한다.

다양한 직무를 몇 개의 공통적인 요소를 기준으로 평가한다. 일반적으로 사용되는 3가지의 공통적인 평가요소는 노하우(know-how), 문제해결(problem-solving), 최종성과(accountability)이다.

⑤ 직무간 차이를 측정할 수 있도록 수치적 척도를 활용한다.

수치적 척도를 사용해 직무를 평가할 경우 직무크기의 차이를 측정할 수 있고 다른 조직의 직무와 비교가 가능하다.

⑥ 공정하고 객관성있는 판단절차에 따라 평가한다.

⑦ 직무평가가 완벽하게 과학적이지 못하기에 부문간의 차이 및 평가시점 및 평가자간의 차이를 점검하면서 직무크기(job size)의 서열관계를 검토한다.

이와 같은 원칙에 따라 직무평가를 할 경우 잊지 말아야 할 것은 직무평가가 완벽하게 객관적이고 과학적이라고 하는 생각보다 평가자의 다소간의 주관성이 개입될 여지가 있기에 기업내부 인력이 직무평가를 실시하기보다는 직무평가의 원칙과 방법에 능한 전문가 및 외부 전문기관의 활용이 바람직하다. 또한 직무평가는 조직이 소중하게 생각하는 직무가 무엇이고 그 직무의 가치가 다른 직무의 가치보다 어느 정도 높은지를 규명할 수 있기에 조직의 전략과 가치체계와도 연관이 있다.

2. 직무평가의 방법

직무평가의 방법은 종합적 직무(whole job)라는 개념에 기초하는 방법과 직무를 구성하는 요인(factor)들에 기초하는 방법으로 크게 이분화된다. 전자의 경우는 비계량적 기법으로 중요도, 난이도 등을 기준으로 각 직무 간의 상대적 가치를 평가하는 방법이며, 서열법(ranking method)과 분류법(job classification method) 등이 있다. 후자는 계량적 기법으로 직무요인인 복잡성, 책임성, 지식과 기술의 요구 정도 등에 대한 계량적 분석을 통해 직무를 평가하는 방법으로 점수법(point rating method), 요소비교법(factor comparison method) 등이 있다.

그리고 기준이 되는 척도에 따라 해당직무를 절대적으로 평가하는지 아니면 기준척도 없이 평가대상 직무와 다른 직무와의 상호비교를 하는지에 따라 다음의 〈표 6-5〉에 따라 다음과 같이 나누어진다(이창길, 2013; 유민봉·임도빈, 2012).

표 6-5 직무평가 방법 비교

구 분	비계량적 비교	계량적 비교
직무와 직무	서열법	요소비교법
직무와 척도 분류법		점수법

(1) 서 열 법

서열법은 직무 전체의 중요도, 난이도, 책임도 등을 고찰하고, 각 직무의 상대가치를 비교하여 서열을 결정하는 방법이다. 이 방법에서는 직무에 있어서 중요한 역할을 하는 세세한 직무요소의 영향력을 고려하지 않고, 각 직무의 상대적 가치를 종합적으로 평가한다. 서열법에 의한 직무평가기법은 다음과 같은 세 가지 대표적인 방법으로 나뉘어진다.

첫째는 최상위 직무(top job)와 최하위 직무(bottom job)를 선정하여 나머지 직무의 서열을 상대적으로 정하는 기법이다. 각 평가위원은 정해진 기준에 따라 각각 자기의 판단에 기초를 두고 전체 직무의 순위를 결정하지만 최고와 최저의 직무를 우선적으로 결정하여야 한다. 최고와 최저의 직무가 결정되고 나면, 나머지 직무의 서열에 대한 결정방법은 ① 중간의 직무를 선택하고, 차례로 중간을 선택하여 가거나 ② 순서적으로 중앙단위로 결정하여 나갈 수 있다.

둘째는, 각 직무를 두 개씩 다른 직무와 비교하여 서열을 결정하는 쌍쌍비교방법(paired comparison method)이다. 전체 직무를 2개 직무의 조합으로 나누고, 각 2개의 직무들을 비교하여 어느 것의 가치가 높은가, 낮은가 또는 동등한가를 비교하는 방법이다. 이 방법에서는 모든 평가대상직무가 서로 한번씩 비교되어야 한다.

세 번째의 방법은 위원회를 설치하여 서열을 정하는 방법이다. 위원회는 직무평가의 전문가와 대상조직의 관리자들로 구성되어야 한다. 위원회에 의한 방법은 객관적이고 편견을 줄일 수 있다는 장점이 있다.

서열법은 비용이 적게 들며, 신속하고 간편한 방법이기는 하지만, 직무의 어떤 요소가 특별히 가치 있게 받아들여지는가에 대한 통일된 지침이 없기 때문에 주관적·감정적 요인이 크게 작용할 위험이 있다. 따라서 서열법을 사용한 직무평가시에는 직무기술서 등을 참조하여, 서열을 정하는 데 있어서 공통된 요소를 사전에 정하는 것이 서열법의 결점을 보완하는 데 도움이 된다. 서열법은 직무평가의 담당자가 대상조직의 직무를 모두 잘 파악하고 있고, 직무의 수가 적은 소규모 조직에 대한 직무평가에 적합하다.

(2) 분 류 법

분류법은 직무를 여러 가지 수준이나 등급으로 분류하여 표현하는 방법이다. 서열법과 마찬가지로 직무를 구성하는 여러 가지 평가요소들에 대한 분석이 없이 직무 전체를 종합적으로 평가한다. 분류법은 서열법보다 한 단계 발전된 것으로 사전에 정해 놓은 등급에 각 직무에 요구되는 기술과 책임감의 수준 등을 판정하여 적절히 분류하는 평가방법이다. 사전에 정해진 등급과 각 등급에 해당되는 직무들의 기술수준, 책임감의 정도, 난이도 등의 기준에 대해 설명된 척도가 등급기술서(grade description)이다. 〈표 6-6〉은 등급기술서의 예를 보여주고 있다.

등급기술서를 작성하는 방법은 첫째로, 직무기술서를 검토하여 각 직무에 등급을 매겨서, 동일 등급으로 분류된 직무들의 특성을 바탕으로 등급을 정의하는 방법과, 둘째, 평가직무들에 대한 전문적 지식을 지닌 위원회를 구성하여 등급을 정하게 할 수 있다(SBC전략기업컨설팅, 1994: 13-18). 이러한 등급기술서가 완성되기까지는 직무평가가 이루어져서는 안 된다. 이와 같은 방법으로 등급기술서가 만들어지면, 각 직무를 특정의 등급에 배치하여 그 등급에 속하는

표 6-6 등급기술서 예시

1등급	직접적인 지도·감독을 받아 지시된 방법·절차에 따라 행하는 단순한 정형적·반복적 업무로서 선택·판단의 필요성이 거의 없다.
2등급	구체적인 지도·감독을 받아 정해진 규정, 기준, 관행에 따라 행하는 일상적, 정형적 업무로서, 처리에 있어서 상당한 선택·판단의 필요성이 요구된다.
3등급	정해진 규정, 기준, 관행 따위를 참고로 해서 행하는 거의 정형적인 업무로서 처리에 있어서는 스스로 선택·판단을 행하는 수가 상당히 많다.
4등급	원리, 원칙 업무와 관련해서 습득한 몇 가지 이론 및 규정, 기준, 관행 따위의 실무지식을 관련지워서 일상 계속적으로 발생하는 상당히 복잡한 업무로서 다른 일에 미치는 영향이 약간 크고, 스스로 선택, 판단, 절충을 행하는 일이 상당히 많다.
5등급	기초적인 원리, 원칙, 이론 및 그 업무와 관련된 실무지식을 체계화하여 적용하는 복잡한 실무지식을 다시 체계화해서 적용하는 복잡한 일상업무로 다른 일에 미치는 영향이 상당히 크고, 스스로 고도의 판단, 절충을 행하는 일이 많다.

모든 직무에 대해서는 동일한 기본급을 정한다.

분류법은 각 등급기준에 대한 정의가 모호할 경우, 그 해석에 있어서 논란이 있게 된다. 실제로, 각 등급에 대한 개념을 몇 문장으로 명확히 표현한다는 것은 거의 불가능하다. 〈표 6-6〉의 예에서도 '~ 거의 없다', '영향이 약간 크다', '영향이 상당히 크다' 등의 상대적 개념이 많이 사용되고 있어 각 등급의 기준이 명확히 차별화되지 않고 있음을 볼 수 있다. 그러나 분류법은 비교적 간단하고 이해가 쉽다는 장점을 지닌다. 분류법이 1923년부터 미국 연방공무원의 직위분류와, 보수의 등급을 결정하는 데 사용되어 왔다. 최근에는 다음에 소개되는 계량적 방법들과 함께 사용되고 있다.

(3) 점 수 법

점수법은 각 직무를 기초적인 요소의 척도에 따라 계량적으로 계측하는 방법으로, 직무평가방법들 중에서 가장 많이 사용되는 방법이다. 점수법에 의한 직무평가의 과정은 다음과 같다.

우선 평가요소를 선정한다. 평가요소의 수는 조직에 따라 상이한데, 대개 3~25개 정도가 선정된다. 평가요소는 각 직무에 공통적으로 존재하는 요소이며, 의미상 중복되지 않는 것이어야 한다(노동부 국립중앙직업안정소, 1983:93).

표 6-7 직무평가요소(job factor)

기 능	책 임	노 력	작업조건
① 지 식 ② 경 험 ③ 응용력	④ 설비책임 ⑤ 제품책임 ⑥ 안전책임 ⑦ 타인책임	⑧ 정신적 노력 ⑨ 육체적 노력	⑩ 작업환경 ⑪ 위 험

1950년 제네바 국제대회에서 합의를 본 평가요소는 〈표 6-7〉과 같다. 〈표 6-7〉에 의하면 직무의 평가요소는 네 가지로 나뉘어지고, 이 네 가지 평가요소는 각각 세분된 하부평가요소로 다시 구분된다.

둘째, 평가요소들은 직무가치를 구성하는 과정에서 그 중요도가 서로 다르기 때문에, 각 평가요소의 가중치를 결정하여야 한다. 가중치의 결정은 조직의 종류에 따라 다르기 때문에 그 조직의 사정에 맞도록 적절히 조정되어야 한다. 기업에 있어서는 기능요소의 가중치가 가장 높게 결정되는 것이 일반적이다. 그러나 정부조직의 경우에 있어서는 책임요소가 상대적으로 높은 가중치를 가질 수 있다. 평가요소의 가중치가 정해지면, 이에 준하여 하위평가요소의 가중치가 결정되며, 하위평가요소의 최상등급의 가중치의 합이 평가요소의 가중치와 일치한다. 이러한 평가요소와 그 정의, 그리고 각각의 가중치를 나타내는 것을 직무평가기준표라고 한다. 〈표 6-8〉은 직무평가기준표의 예로 평가요소 중 직무에 대한 것을 보여주고 있다.

세 번째 단계는 평가 및 점수의 산정단계이다. 각 요소가 선정되고 가중치 및 기준이 설정되고 나면 각 직무를 해당 요소별로 직무평가기준표에 의거하여 평가한다. 이 때 모든 요소에 대한 점수의 집계가 직무평가의 점수가 된다. 이 단계에서 정교하게 작성된 직무기술서를 사용하게 되면 신뢰도와 타당도를 높일 수 있다.

네 번째 단계는 직무등급의 결정이다. 각 직무의 요소에 대한 점수의 집계결과에 의하여 각 직무의 등급을 정하는 과정이다. 직무의 등급은 평가 및 점수의 산정단계에서 정해진 점수들에 따라 정해진 점수의 범위를 한 등급으로 한다. 예를 들어 각 직무의 기능, 책임, 노력, 작업환경의 요소점수의 합에 따라 1등급은 1,000~1,500점, 2등급은 1,500~2,000점, 3등급은 2,000~2,500점

표 6-8 직무평가기준표

기본 요소	세분 요소	정 의	관찰항목	척 도					
				1급	2급	3급	4급	5급	6급
	지식 (교육)	직무수행상 필요한 기초적·이론적 지식	학교교육 내지 이에 준한 교육 정도의 습득	무학이라도 가능 (150)	국졸정도 (170)	중졸정도의 간단한 기계적 지식 (190)	고졸정도 약간의 화학적·물리적 지식 (210)	대졸정도 전문적 지식 (230)	대졸이상 전문적 지식 (250)
기능 (650)	경험	필요한 기능·숙련의 소요기간	숙련기간	보통상식 (150)	1~2개월 (170)	3~6개월 (190)	1년보통의 선방공 정도 (210)	2~3년 숙련을 요함 (230)	5~7년 장기숙련을 요함 (250)
	응용성	직무의 복잡도	판단력 선택력 응용력	극히 단순한 일 (100)	반복적인 일로, 선택적인 일이 없음 (110)	매일같은 정상적인 일, 내용이 약간 복잡 (120)	일의 내용이 복잡 (130)	정상적인 일이 적고 대단히 복잡 (140)	정상적인 일이 아닌 고도의 판단을 요함 (150)

등으로 하는 것이다. 이러한 등급은 보수의 결정에 가장 많이 활용된다.

직급과 직무등급과의 차이는 다음과 같다. 직무등급은 직무의 상대적 가치에 따른 보상의 기준을 제공하는 것이고 직급은 개인의 자격과 능력에 따른 보상의 결정기준을 제공하는 것이다. 직무등급은 유사한 중요도의 직무를 분류하여 직무등급을 부여하는 것이고 직급은 유사한 자격과 능력을 지닌 직원을 분류하여 직급을 부여하는 것이다(이홍민 외, 2009).

점수법은 가장 많이 활용되는 직무평가방법이기는 하지만 나름대로의 장점과 단점을 가지고 있다. 장점으로는 우선 비계량적 방법에 비해 과학적이며, 객관적인 직무가치를 평가할 수 있다는 것이다. 따라서 위와 같은 과정에 의한 직무평가는 개인적 감정이나 편견의 개입 또는 조작이 최소화된다. 미국의 경우 이처럼 점수법이 가장 많이 사용되고 있는 이유는 개인의 감정이나 조작이 최소화 되어 조직구성원들에게 설득력이 높기 때문인 것으로 판단된다(이홍민 외, 2009).

단점으로는 각 요소에 대한 평가점수를 결정하는 데 있어서 만족할만한 입증이 곤란하다. 예를 들어 '대학 정도 학력'이 '대학 졸업'보다 기능에 대한 지식에 있어서 어느 정도 차이가 있는지를 이론적으로 증명하는 것은 거의 불가능하다고 하겠다. 따라서 합리적인 차이를 결정하는 데 있어서 연구조사 및 전문가의 의견을 수렴하는 데 많은 시간과 비용이 소요된다.

(4) 요소비교법

요소비교법(factor–comparison method)은 보상 가능한 요소(compensable factor)에 기초한 직무평가방법들 중 상대적으로 일찍 개발된 방법이다. Benge에 의해 개발된 이 기법은 기술, 정신적 수준, 신체적 수준, 책임감, 근무상황 등의 다섯 가지 요소들로 구성되어 있다. 요소비교법은 조직 내의 중심이 되는 기준직무(key job)를 선정하여, 평가하고자 하는 직무와 기준직무의 평가요소들을 상호비교하여 상대적 가치를 계량분석적으로 판단하는 방법으로 다음과 같은 단계에 의해 수행된다.

첫째, 평가요소의 선정으로 보통 5개 내외로 선정한다. 평가요소선정방법은 점수법과 같이 각 직무에 공통적으로 존재하는 요소이며, 의미상 중복되지 않는 것이어야 한다.

표 6-9 요소비교방법에 의한 요소별 서열 및 금액배분

평가요소 / 기준직무	적정임금률	기 술		정신적 수준		신체적 수준		책임감		근무상황	
	₩(월;만원)	₩	R	₩	R	₩	R	₩	R	₩	R
기계기술자	195.0	108.6	1	26.4	2	21.6	6	21.3	3	17.1	6
전기기술자	189.6	90.9	2	27.0	1	25.2	5	21.9	2	24.6	2
기중기운전사	169.5	69.9	3	25.5	3	26.1	4	24.0	1	24.0	3
검열관	127.8	64.2	4	20.7	4	15.6	7	15.9	4	11.4	7
보조기술자	120.3	42.6	5	16.2	5	28.5	2	14.4	5	18.6	5
경비	101.7	26.7	6	14.1	6	27.3	3	12.0	7	21.6	4
일반노무자	99.3	20.4	7	12.0	7	28.8	1	12.3	6	24.9	1

주: 'R'은 요소별 서열(Rank)을 의미한다.
자료: Sidney Gael (ed.), (1998: 97).

둘째, 기준직무의 선정으로 직무평가 대상조직의 가장 대표적인 직무를 선택하여야 한다. 기준직무가 되기 위해서는 몇 가지 기본조건들이 충족되어야 한다. 우선 기준직무는 선정된 평가요소들이 명확히 나타나 있어야 한다. 둘째, 조직 내의 최저급의 직무부터 최고급의 직무에 이르기까지 그리고 모든 분야에 편중되지 않게 분산되어 있어야 한다. 셋째, 현재 임금률의 타당성이 조직내 구성원들에게 타당성이 있다고 인정되는 직무여야 한다(노동부 국립중앙직업안정소, 1983: 89).

셋째, 기준직무들의 서열을 정한다. 앞에서 소개한 서열법과 흡사하지만, 전체직무로써 서열을 정하는 것이 아니고, 직무를 구성하는 평가요소별로 서열을 정한다. 기준직무의 서열을 정하기 위해 직무평가위원회와 같은 임시기구를 활용할 수 있다.

넷째, 기준직무의 적정임금률을 결정하여야 한다. 요소비교법에는 점수를 사용하기도 하지만, 일반적으로 〈표 6-9〉의 예와 같이 화폐적 개념을 사용한다. 즉 기준직무의 각 요소들에게 금전적 가치를 부여하는 단계이다. 기준직무의 현재 임금률이 적정하다고 인정될 경우에는 해당 임금률을 사용하면 되지만, 그렇지 못할 경우 적정임금률은 노동시장에서 표본기업을 선택하여 직무의 성격에 대한 면밀한 분석을 통해 등식화한다.

다섯째, 앞에서의 분석자료를 바탕으로 〈표 6-10〉과 같은 「평가기준표」를 작성한다. 평가기준표는 조직의 임금체계의 설계 및 조정에 기초자료로 활용된다. 즉 여타 직무들의 각 요소의 가치를 평가기준표에 나타나 있는 기준직무들의 각 요소수준과 비교 결정하여 임금체계를 설정할 수 있다.

여섯째, 기준직무의 요소척도들에 맞추어서 여타 직무를 평가하고 임금체계를 설계한다.

요소비교법은 특수직무에 적합하게 설계할 수 있으며, 직무의 상대적 가치를 결정함에 있어서 기준직무와 유사직무들의 비교를 용이하게 하는 장점이 있다. 그러나 기준직무의 선정과 기준직무에 대한 평가의 정확성이 결여되면, 전체 직무의 평가에 영향을 미치는 단점이 있다. 또한 평가척도의 구성이 복잡하여 직원들이 이해하기 어렵다는 문제점도 지적되고 있다.

이상과 같은 직무평가방법은 〈표 6-11〉과 같이 비교될 수 있다.

표 6-10 평가기준표

요소 임금	기 술	정신적 수준	신체적 수준	책임감	근무상황
120-					
110-	A				
100-	기계기술자 전기기술자,				
90-					
80-					
70-	B 기중기운전자				
60-	검열관				
50-		B			
40-	보조기술자		B	A	A
30-		A		B	B
20-	경비, 일반노무자	기계 · 전기 · 기중기기술자, 검열관, 보조기술자, 경비, 일반노무자	기타 기준직무, A	기계 · 전기 · 기중기기술자 검열관, 보조기술자, 경비, 일반 노무자	전기·기중기기술자, 경비, 일반노무자 기계기술자, 검열관, 보조기술자
10-			검열관		

주: 알파벳 기호는 기준직무가 아닌 타 직무들을 의미.

표 6-11 직무평가방법의 비교

비교기준	직무평가의 방법			
	서열법	분류법	점수법	요소비교법
사용빈도	가장 적음	둘째나 셋째	가장 많음	둘째나 셋째
비교방법	직무와 직무	직무와 기준	직무와 기준	직무와 직무
요소의 수	없음	없음	평균 11개	7개 이하
척도의 형태	서열	등급	점수, 요소	점수, 대표직무
타방법과의 관계	요소비교법의 단순한 형태	점수법의 조합한 형태	분류법의 발전된 형태	서열법의 발전된 형태
인사고과 방법과의 관계	인사고과의 서열법	인사고과방법의 등급제	도표식척도법	대인비교법

3. 직무평가의 한계

직무평가의 첫 번째 한계는 직무분석의 한계와 관련이 깊다. 직무는 조직의 환경에 따라 변화하는데, 직무분석기술서에 기초한 직무평가는 이러한 변화에 융통성 있게 대처하지 못함으로 인해 조직의 환경적응에 장애가 될 수 있다. 이와같은 문제에 대한 해결방안은 직무분석의 한계에서 지적한 바와 같이 주기적인 직무분석과 더불어 직무재평가도 이루어져야 한다는 것이다.

두 번째는 전통적인 직무평가에 의한 보상체계는 같은 등급의 직무를 수행하는 개인들 중에서 특히 공헌도가 높은 사람들에게 특별보상을 하기가 어렵다는 것이다. 따라서 각 개인들로 하여금 자신의 능력을 최대한 발휘하기보다는, 같은 등급의 직무를 수행하는 사람들과 맞추게 되어 조직의 전체적인 성과에 장애가 된다.

세 번째는 직무평가에 사용되는 요소들이 완벽하지 못함으로 인해 직무담당자들은 직무평가의 요소가 아닌 다른 필요한 능력에 대한 발휘를 하지 못하게 된다. 직무성취도는 직무평가에서 사용되는 요소들에 의해 평가되기 때문에, 실제로 직무평가에서 발견되지 못한 요소들에 대해서는 직무담당자가 등한시하게 될 수 있다.

참고문헌

노동부 국립중앙직업안정소. (1983). 「직무분석이론 및 방법」.

임효창. (2005). 직무평가에 관하여. e-Labor 플러스. 36-39.

조성한. (1997). 중앙정부의 직무분석. 「KIPA 연구보고서」.

총무처 직무분석기획단. (1997). 「정부혁신론」. 서울: 동명사.

______. (1996). 「정부직무분석: 공통분야」.

______. (1996). 「미국의 직무분석 및 직위분류제도」.

효산경영연구소 (1995). 「적정정원관리와 신 조직설계를 위한 직무분석 보고서」. 서울: 효산경영연구소.

Gael, Sidney (ed.). (1988). The Job Analysis Handbook for Business, Industry, and Government. New York: John Wiley & Sons.

Foster, Mark R. (2010). Applying Effective Job Analysis Methods in Stephen E. Condrey (Ed.) *Handbook of Human Resource Management in Government*. 587-614. San Francisco: John Wiley & Sons Inc.

제 3 편

인적자원 확보와 개발

제 7 장　인적자원의 기획과 전략적 인적자원관리
제 8 장　모집 · 선발 · 임용
제 9 장　교육훈련
제10장　인사이동과 경력개발

제 3 편에 들어가면서

제3편은 유능하고 업무에 헌신적인 새로운 인력을 공공부문으로 유입하거나, 기존 인력의 직무수행 능력을 제고하는 것과 관련된 인사기능을 설명한다. 제7장에서는 조직의 비전 및 전략목표에 따라 현재 보유인력의 수준과 미래 요구수준 간의 격차(gap)에 대한 분석을 토대로 조직 내 인적자원을 적재·적소·적시에 확보하고 활용하는 전략적인 과정인 인력기획에 대해 설명한다. 또한 조직의 전략과 목표를 조직의 인사정책 및 관행과 정합(align)시키려는 새로운 인적자원관리 방식으로서 전략적 인적자원관리를 소개하고, 이러한 전략적 인적자원관리가 공공부문에서 어떻게 활용될 수 있는지를 설명한다.

제8장에서는 유능한 공무원의 모집, 선발, 임용에 대해 소개한다. 내부임용과 외부임용을 공개경쟁채용, 경력경쟁채용, 개방형직위 및 직위공모제도로 나눠 소개하며, 공직의 전문성 향상을 위한 채용방식의 변화를 설명한다. 모집 단계에서는 공무원 응시단계에서의 조건 등을 설명하며, 선발단계에서는 적시에 적합한 인력을 적소에 배치하기 위한 선발의 의의와 방법 등을 소개한다. 끝으로 미래 사회를 염두에 둔 공무원 임용제도 개선 방안에 대해 논의한다. 제9장에서는 공무원의 직무수행에 필요한 지식, 기술, 가치관을 발전적으로 변화시키려는 교육훈련의 의미와 과정을 살펴보고, 역량 기반의 교육훈련의 구체적인 내용을 설명한 후, 한국 공무원 교육훈련 제도의 현황과 개선방안에 대해 논의한다. 제10장에서는 인사이동과 경력개발에 관한 내용을 소개한다. 직위 이동을 통해서 공무원 개인의 성장과 조직성과 달성을 함께 모색하는 인사이동 방식으로서 승진, 배치전환, 인사교류, 경력개발제도의 의미와 운영과정, 한계 등을 설명한 후 한국의 현황과 개선 방안을 논의한다.

제 7 장 인적자원의 기획과 전략적 인적자원관리

제 1 절 인력기획의 의의

1. 인력기획의 개념

일반적으로 인력기획(workforce planning)은 조직의 비전 및 전략목표에 따라 현재 보유인력의 수준과 미래 요구수준 간의 격차(gap)에 대한 분석을 토대로 조직 내 인적자원을 적재·적소·적시에 확보하고 활용하는 전략적인 과정으로 정의할 수 있다. 따라서 인력기획에는 조직목표의 효과적 달성을 위해 인력의 충원을 포함한 교육훈련, 경력개발계획(Carrer Development Plan), 승계계획(Succession Plan), 성과관리(Perfromance Management), 보상체계(Reward System), 인재유지전략(Human Retention Strategy) 등과 같이 인적자원관리에 필요한 전반적인 전략적 인적자원관리(SHRM: Strategic Human Resource Management)가 요구된다.

이러한 인력기획의 개념 정의는 민간분야와 정부분야에서 약간 차이가 있다. 우선 민간분야의 인력기획은 기업의 목표 달성에 있어서 가장 중요한 인력 역량 영역을 규명하고, 이러한 인력을 가장 적절한 영역에 적기에 배치하기 위한 전략을 개발함으로써 기업의 임무를 달성하기 위한 계획으로 정의된다. 반면, 정부분야에서 인력기획은 '인력관리계획'이라는 이름으로 제도화되었다. 정부의 인력기획 또는 인력관리계획은 조직목표의 효과적 달성을 위하여 우수한 인재를 적재적시에 확보하기 위한 체계적인 사전계획으로 이해할 수 있다.

그림 7-1 인력기획의 개념적 틀

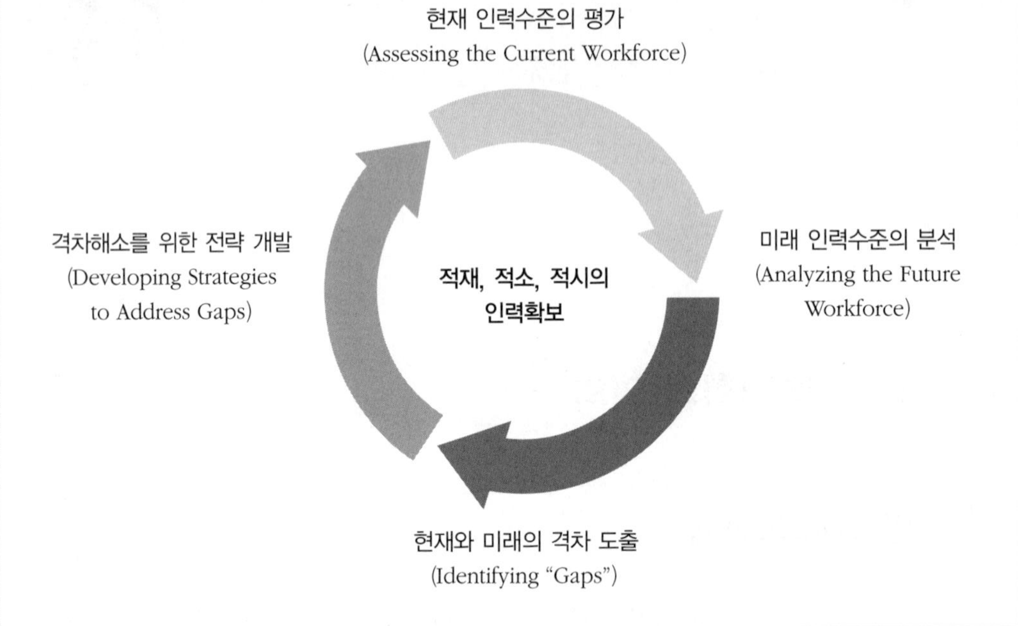

자료: 강제상 외. (2005). 「정부 인력관리계획 구축방안 연구」. 서울: 중앙인사위원회. p. 7.

좀 더 구체적으로 정부 차원의 인력기획은 현재의 인력을 분석하고 미래의 인력 요구(needs)를 예측하여 현재와 미래 인력 간의 격차를 확인하여 미래의 인력 수요를 예측하고 공급 대안을 제시하는 과정이라고 할 수 있다.

2. 인력기획의 중요성

현대 사회에 들어서면서 행정기능이 점점 복잡하고 다양해지고 있을 뿐만 아니라 급속한 기술 발달로 조직에서 필요로 하는 전문인력을 적시에 공급하기가 어려워지고 있다. 이러한 상황에서 인력기획은 미래에 요구되는 인적자원의 수요를 정확히 예측하고 공급계획을 수립하여 적재적소에 인력을 배치함으로써 업무공백을 최소화할 수 있다는 점에서 중요성을 갖는다.

또한 인력기획은 조직의 전략목표와 인적자원을 정합(alignment)시킴으로써 조직의 목표달성과 효율적인 인적자원관리를 가능하게 한다. 조직은 장기적인 관점에서 조직이 지향하는 비전과 목표를 설정하고, 이를 달성하기 위해 인적자원을 투입해야 하는데, 이때 인력기획은 조직의 목표와 인적자원을 결합시키는데 중요한 방향과 지침을 제공한다(유민봉·박성민, 2013).

제 2 절 인력기획의 과정

한국 정부는 2005년 12월 31일 공무원임용령(제8조)에 인력관리계획의 도입 근거를 마련하고, 2006년 6월 인력관리계획 매뉴얼을 각 부처에 배포하였다. 이를 기초로 2007년부터 각 부처별로 해당 부처의 인력관리계획을 수립하여 인사 담당 부처에 제출해 오고 있다. 현재 중앙인사기관인 인사혁신처는 부처별로 제출된 인력관리계획을 토대로 정부의 기능과 조직에 필요한 인력 규모를 산정·배분하고 있다. 따라서 각 부처는 조직목표의 달성에 필요한 효율적인 인적자원관리를 위해 소속 공무원의 채용·승진·배치 및 경력개발 등이 포

그림 7-2 일반적인 인력기획의 과정

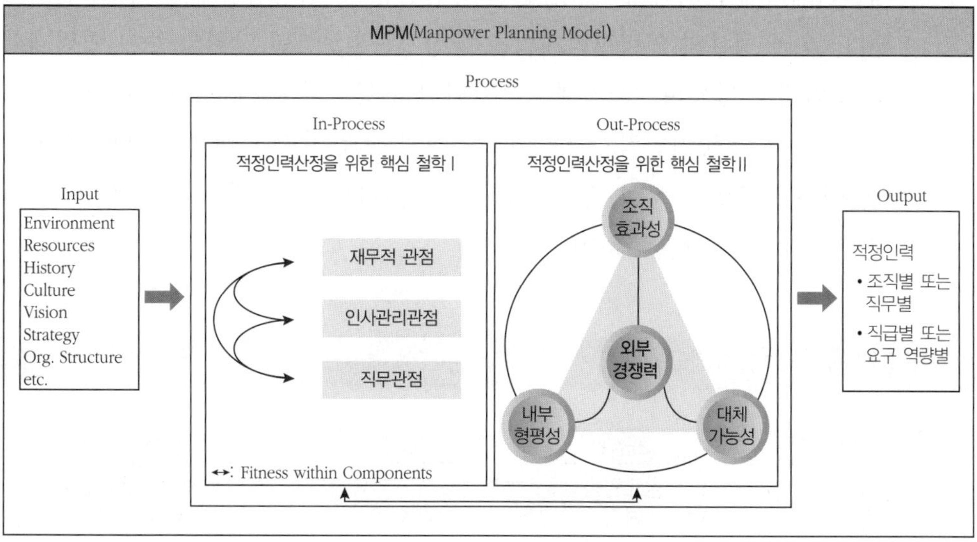

자료: Mercer(2005). 「인력계획 방법론 및 사례조사」. Mercer Consulting Inc. p. 7.

함된 인력관리계획을 수립하여야 한다(강성철 외, 2018: 275).

한국 정부가 활용하고 있는 인력기획의 모델은 [그림 7-2]와 같이 민간에서 활용하는 인력기획의 모델과 맥락을 같이 한다. 이 모델은 인력기획을 재무적 관점, 인사관리관점, 그리고 직무관점으로 나누어, 조직효과성과 내부형평성, 그리고 대체 가능성 등을 판단하여 적정인력을 산출한다.

재무적 관점에서의 인력규모 산정에서는 조직의 성과 및 수익성에 긍정적 영향을 미치고 구성원들을 동기부여 할 수 있도록 인력산정을 수행한다. 인사관리 관점에서의 인력산정은 인사원칙 및 현 인사제도에 부합되는 동시에 인력운영의 지속적 효율화를 기할 수 있도록 인력산정을 수행한다. 직무관점에서는 직무분석과 역량수준에 대한 평가를 통해 인력산정 단위를 설정하고, 직무별 skill set 도출을 수행하게 된다(Mercer, 2005: 4–5).

한국 정부는 공무원임용령 제8조와 제34조, 공무원임용시험령 제3조와 제42조, 공무원임용규칙 제2조에 근거하여, 대통령 비서실과 대통령 경호처를 제외한 48개 행정기관을 대상으로 인력관리계획의 수립·제출·시행을 규정하고 있다. 각 기관은 조직목표 달성을 위하여 소속 공무원의 채용·승진·배치 및 경력개발 등이 포함된 인력관리계획을 수립하여야 하고, 인사혁신처는 각 기관 인력관리계획을 제출받아 지원·조정·평가한다. 개별 행정기관은 자체 인력관리계획에 근거하여 5급 공무원 승진임용 및 경력경쟁채용시험을 실시하게 된다. 우리 정부의 인력관리계획은 행정기관별로 5년 단위의 중기 인력계획으로 수립되고 있으며, '실천계획'은 1년씩 연동하여 수정·보완하고 있다. 그리고 5년 단위의 중기인력계획은 계획기간의 만료 시점에 전면 수정을 거치게 된다. 이는 보유인력 분석, 필요인력 예측, 인력관리계획의 목표 설정 등을 전면적으로 다시 실시하는 것이다.

그림 7-3 정부 인력기획의 수립

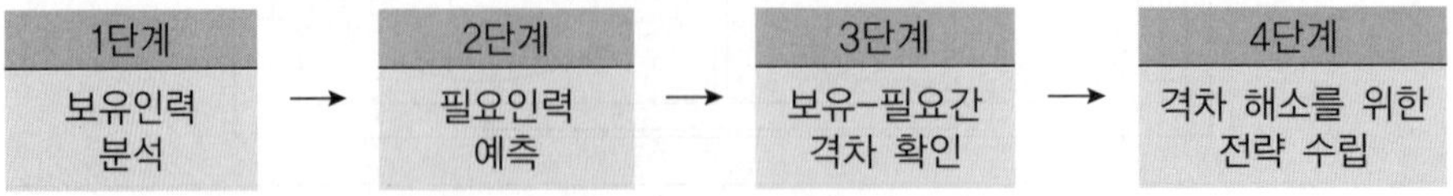

자료: 중앙인사위원회. (2006:5). 「국가공무원 인사실무」.

그림 7-4 정부 인력기획의 과정

1단계	2단계	3단계	4단계
전략적 방향 설정 • 환경 분석 • 비전/미션, 전략과제 설정 • 주요기능변화 • 인력관리의 시사점 도출	**인력 분석** • 인력수요 예측(미래 필요 인력 특성) • 인력공급계획(현재 인력 특성) • 격차 분석(수요–공급 불일치)	**인력관리계획 수립·집행** • 격차 해소를 위한 목표와 전략 • 격차 해소를 위한 실천계획 –충원계획, CDP, 우수인재보유전략 등	**모니터링/ 평가·환류** • 중간점검 – 실천계획의 집행 상황을 평가 • 직제개정 등 여건 변화 반영 • 실천계획의 조정 • 향후 인력관리 계획 반영

자료: 인사혁신처. (2022). 「2022 공무원 인사실무」, p. 106.

공무원 인사실무(2022)에 따르면, 각 기관은 매년 11월초까지 인력관리계획을 수립하여 인사혁신처에 제출하여야 하며, 인사혁신처의 충원분야 조정사항 등을 추가 반영하여 각 기관별 인력관리계획을 12월말까지 최종적으로 확정하게 된다. 그리고 각 기관은 자체 인력관리계획에 근거하여 5급 공무원으로의 승진임용 및 경력경쟁채용시험을 실시한다.

인력기획은 각 단계별로 필요한 실행방안을 마련하여 조직특성에 맞는 방향으로 수립되어야 한다. 인력기획의 수립은 대체로 [그림 7–3]과 같은 1~4단계를 거치지만, 반드시 순차적으로 이루어지는 것은 아니다. 수립기관[1]들은 각각 고유한 조직문화와 주요 정책과제들을 가지므로 조직의 전략과 달성수단, 정부기관으로서 제약성 등을 고려하여 다양한 수립과정을 거칠 수 있다(인사혁신처, 2022: 109).

이 장에서의 인력기획의 과정은 정부 인력기획을 중심으로 설명하며, 대체적으로 〈그림 7–4〉와 같은 4단계를 거쳐 이루어진다.

1 수립기관은 인력기획을 수립해야 하는 기관을 말하며, 공무원 임용령 제2조의 “소속장관”에 해당하는 기관으로서 동조 제3호에 명시된 기관 중 대통령 비서실과 대통령 경호처를 제외한 48개 기관을 말한다(인사혁신처, 2022: 106).

1. 조직의 전략적 방향 설정

인력기획의 제1단계는 조직의 전략적 방향을 설정하는 것이다. 즉, 조직의 내·외적 환경분석을 통해 시사점을 도출하고, 그 결과에 근거하여 조직의 비전과 목표를 설정하고, 주요 전략과제와 기능변화를 도출한다.

각 부처에서는 국무총리실 및 인사혁신처에 제출한 성과관리계획, 중기 인력운영계획을 참고로 하여 전략적 방향을 설정하며, 부처별로 대기능으로 분류(국별, 본부별)하여 과제/기능변화를 도출한다. 전략적 방향 설정의 주요 내용을 살펴보면 다음과 같다.

첫째, 환경분석은 환경의 변화에 따라 요구되는 조직 내부의 적합성을 제고하기 위해 조직 미션과 전략에 영향을 미치는 조직의 내·외적인 환경요인들을 체계적으로 분석함으로써 조직의 현 위치를 파악하는 것이다. 따라서 각종 연구보고서, 통계자료 등 정보자료를 활용하거나 필요시 핵심그룹 인터뷰(Focused Group Interview: FGI)를 실시하고, 조직구성원, 이해관계자 등을 대상으로 설문조사를 실시하거나 각종 분석기법(SWOT분석, 이해관계자분석, 니즈분석)을 활용한다.

둘째, 조직의 비전 및 미션과 전략과제 설정은 향후 조직이 나아갈 바람직

그림 7-5 조직의 전략적 방향설정

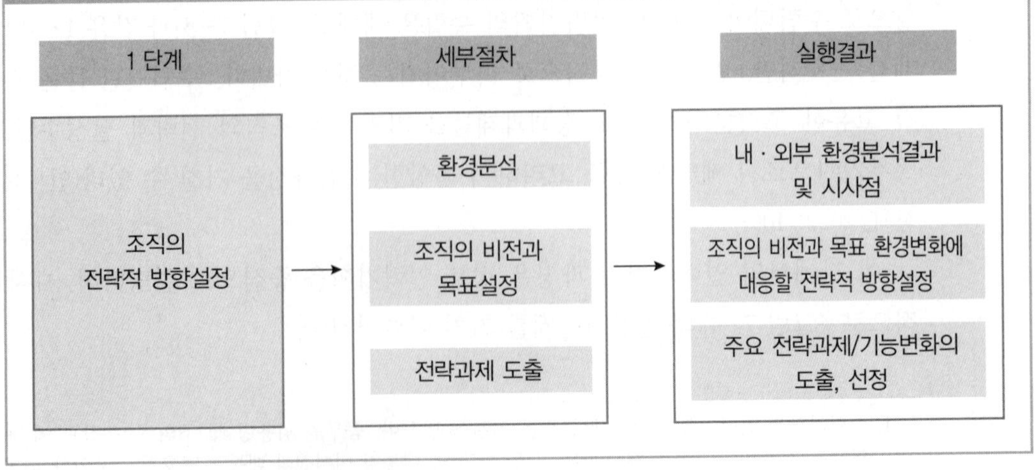

자료: 강제상 외. (2005). 「정부 인력관리계획 구축방안 연구」. 서울: 중앙인사위원회. p. 23.

한 목표를 설정하는 것으로서, 다음과 같이 설명할 수 있다. 조직의 비전이란 조직이 미래에 도달하고자 하는 바람직한 모습 또는 미래상을 말한다. 조직은 환경분석으로부터 도출된 시사점과 고객 및 이해관계자 그리고 선진조직으로부터 분석된 시사점들을 기초로 장기적으로 달성하고자 하는 비전을 설정하고 공유함으로써 조직을 전략적인 방향으로 유도하고 시너지효과를 추구하는 것이다. 또한 조직의 미션은 조직의 기본적인 존재 이유나 존재 목적으로 정의되는데, 이는 향후 조직이 나아갈 바람직한 방향을 제시할 뿐만 아니라 조직과 기능의 구조화 및 인력관리의 핵심 설정에 있어서도 중요한 역할을 수행한다. 조직의 비전과 미션은 국정과제, 중장기 업무계획, 연두 업무계획, 성과관리계획 및 당면 현안 등을 고려하여 설정한다.

마지막으로, 주요 기능변화와 인력관리의 시사점 도출은 환경변화의 기회요인과 위협요인을 인식하고 조직 내부의 대응능력을 파악하기 위한 강점과 약점을 분석한 후에 조직이 나아갈 전략적 대안을 수립하고, 주요 기능변화를 이끌어내는 것이다.

2. 인력분석

제2단계 인력분석은 앞에서 도출한 조직의 전략과제 및 주요 기능의 신설/강화/축소에 따라 미래에 필요한 인력의 특성을 파악하여 현재 보유한 또는 미래에 공급될 인력과의 격차를 파악하기 위한 것이다. 어떤 인력이 필요하다는 판단이 있은 후에 해당 인력의 보유현황을 파악할 필요가 있으므로 보유인력 분석보다 필요인력 예측이 선행되어야 한다.

각 부처의 인력분석에는 향후 조직의 비전과 미션, 추진전략 등을 고려하여 인력규모 및 인력구조, 역량의 목표수준 등 5년 이후 바람직한 수준 등을 기술한다. 부처별로 의미 있는 분석단위를 포함하여 측정이 가능한 구체적 수치로서 나타내는 것이 바람직하지만, 이것이 어려운 경우에는 다른 측정 단위로 제시할 수 있다.

인력규모와 구조(직종, 연령, 성별, 장애인, 이공계 비율 등)에 관한 분석단위 이외에도 자격증/학위 소지자, 지역인재, 전문경력자, 핵심인재 등의 전문 인력 분석단위를 도출하고 적합한 확보 비율을 설정하는 등 부처별로 특색 있는 인력구조 분석단위를 설정해야 한다. 한편, 각 기관별 인건비 관련 예산규모 추이와 정·현원 추이와의 연관관계를 파악하여 재정여건에 따른 향후 인력규모의 변화추이를 분석할 수 있다.

(1) 인력수요 예측: 미래 필요인력 특성

인력수요의 예측은 전략적 방향설정의 결과에서 도출된 전략과제를 토대로 향후 인력이 얼마나 필요할지를 예측하는 단계이다. 행정환경이 빠르게 변화함에 따라 그러한 변화에 능동적으로 대응하기 위해 전문성을 갖춘 행정인력의 확보가 절실하다는 점에서 이러한 인력 수요를 제대로 예측하는 것은 매우 중요하다(하혜수 외, 2022). 인력수요 예측은 중장기 업무계획, 연두업무계획, 최근에 발간된 백서 등 자료, 간부회의, 워크샵 등에서 논의된 내용, 설문조사 및 인터뷰 결과 등을 참고하여 조직의 중장기 비전과 목표의 달성을 위하여 필요한 인력의 규모·구성·역량 등을 예측하여야 한다.

인력수요 예측은 인력규모의 증감을 예측하는 양적 예측, 역량수요를 예측하는 질적 예측, 그리고 환경변화에 적합한 조직 내 인력구조 형태의 적합성과 균형성을 확보하기 위한 인력구조 예측을 통합하는 개념이라 할 수 있다. 따라서 세 가지 차원의 인력수요 예측은 상호 유기적인 연계성 및 일정 수준의 중

그림 7-6 인력의 분석 및 예측

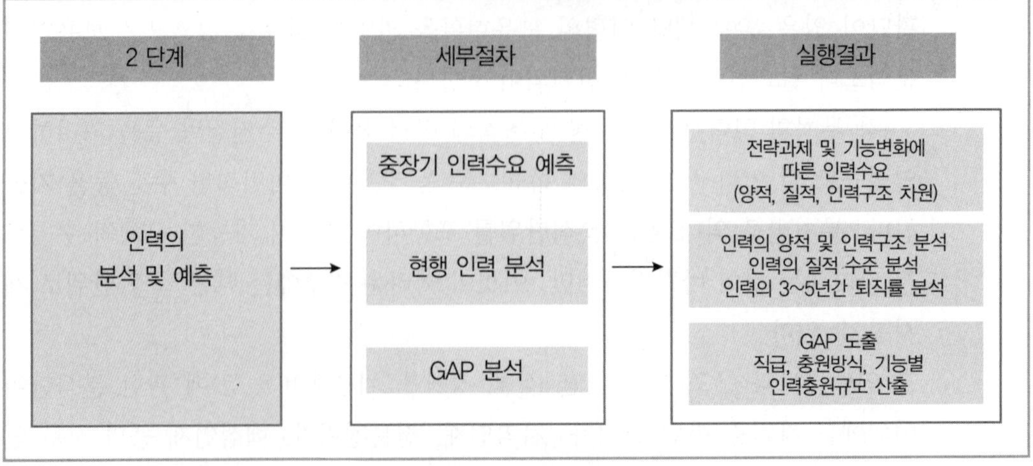

자료: 강제상 외. (2005). 「정부 인력관리계획 구축방안 연구」. 서울: 중앙인사위원회. p. 30.

복성을 가지며 인력기획의 적합성, 효율성을 제고하는 효과를 거둘 수 있다.

첫째, 인력의 양적 예측은 조직의 전략과제 및 기능의 신설·강화·축소에 따른 인력의 규모변화를 예측하는 것으로 조직 내 부서별 전략과제 및 기능의 변화에 따른 인력수요를 파악하여 조직의 비전과 목표달성에 필요한 최적의 인력규모를 확보하는 데 목적이 있다. 그러나 조직 내 부서별 인력의 양적 규모 예측결과에는 전략과제 및 기능변화(신설, 폐지, 통합, 조정 등) 등의 적합한 근거가 제시되어야 유효하다. 따라서 장기적으로 조직 내 부서별 업무의 난이도와 중요성을 파악하고 그에 따른 인력의 변화(인력의 소요 내용)를 예측함으로써 합리적 인력기획의 기반을 제공할 수 있다.

둘째, 인력의 질적 예측, 즉 역량 분석은 조직 내 전략과제 및 기능변화로 인한 향후 필요인력의 역량 특징별(전문지식, 기술, 인력특징, 조직관리역량 등) 수요를 예측하는 것으로, 각 조직 내 부서별 역량을 극대화하기 위해 주요 전략과제분야 또는 전문분야별로 인력의 필요 역량수준(역량별 중요도)을 예측하는 데 초점을 맞춘다. 또한 인력의 질적 예측결과는 인력의 충원(충원방식의 최적화)과 교육훈련(교육수준의 최적화) 등에 중요한 정보를 제공할 수 있다. 따라서 인력수요의 질적 예측을 위해서는 향후 전략과제 및 기능변화에 따른 역량수요 및 현행 인력의 역량수준 분석이 정확히 이루어져야 한다. 이를 위해서는 조직 내 주요 기능별 일반적 역량 및 전문역량 지표가 체계적으로 설계되고 조직구성원의 충분한 이해와 관심을 통해 지속적으로 수정·보완되어야 한다. 그러나 아직까지 정부는 물론 민간에서도 조직역량 및 개인별 역량진단 수단(tool)의 개발이 미흡하여 정확한 역량분석에 어려움이 있다.[2]

셋째, 인력구조 분석 및 예측은 직종, 직급, 충원경로 등에 따라 적합한 인력구조(인력의 비중)를 분석예측함으로써 인력의 균형적 활용을 도모하고 조직 비전 및 목표달성을 극대화하기 위한 것으로 향후 인력공급방법의 선택에 중

---

2 McLagan은 역량에 대해 다음과 같이 논의함으로써 역량의 중요성을 강조하였다. "하나의 역량이라는 것은 직무에서 고성과를 이끌어 내는, 한 개인의 능력이다. 그것은 지식일 수도 있고, 스킬이나 지적 전략일 수도 있고, 또는 그것들의 종합일 수도 있다. 그리고 그 능력은 하나의 단위 업무 또는 여러 개의 업무들에 적용될 수 있다. 역량에 대한 진술문은 어떤 용도로 사용될 것인가에 따라 그 일반화 수준(범위)이 달라지게 된다. …… 우리는 5가지 범주의 유용한 역량들을 찾아내었다. 3가지는 스킬범주로서 물리적 프로세스, 대인 또는 자신의 내면 프로세스, 인지적 프로세스를 의미한다. 나머지 2가지는 지식의 범주로서 비즈니스(사업&산업) 지식과 전문가적 지식이다"(McLagan, 1990: 13).

요한 정보를 제공할 수 있다.[3] 따라서 인력기획담당자는 인사혁신방향에 부합하는 여성·장애인·기술(기능)직의 적정비중 설정 및 확보방안을 개발해야 하고, 이러한 균형인사를 실현함으로써 인력구조의 다양화를 이룰 수 있다.

향후 필요인력을 가급적이면 구체적인 숫자로 계량화하는 것이 바람직하나, 이것이 어려울 경우에는 대략적인 숫자나 방향으로 제시할 수 있다. 계획기간 전체에 대해서는 예측이 곤란한 경우라도 향후 2년간에 대한 부분은 보다 정밀하게 예측하여야 한다.

(2) 인력공급 계획: 현재 인력 특성

인력공급 계획은 조직이 현재 보유하고 있는 인력의 수준을 양적·질적·인력구조 측면에서 분석하는 단계이다. 그러나 그 자체가 목적이 아니라 미래에 필요한 인력과의 격차를 파악하기 위한 것이므로 모든 측면을 상세하게 분석하는 것보다는 향후 필요인력에 대한 예측과 관련된 분석을 하는 것이 바람직하다.

양적 분석은 조직의 현행 부서별 전략과제·기능의 수행에 필요한 양적 규모 및 인력구조의 수준을 분석하는 데 목적이 있으며, 조직 내 주요 기능별(전문분야별 또는 조직별)로 인력의 직급별, 직종별, 충원방식별 현행 인력규모를 분석하여, 조직 전체의 인력 현황을 제시한다. 또한 현행 인력구조의 수준을 평가하여 적절성 여부를 검토하고 조직 전체의 인력구조의 수준을 파악한다.

질적 분석은 조직 내 현행 전략과제 및 기능의 수행에 필요한 조직구성원의 역량 수준(전문지식, 기술, 인력특징, 조직관리역량 등)을 진단하는 단계로 조직 내 부서별로 조직역량을 극대화하기 위해 전략과제분야 또는 기능(전문분야)별로 현행 인력의 역량수준을 파악함으로써 앞에서 진행된 「중장기 인력수요 예측」의 「인력의 질적 수준 예측」(역량별 중요도) 결과와의 차이를 도출한다. 그리고 그 결과를 조직 내 필요인력의 충원(충원방식의 최적화), 교육훈련(교육수준의 최적화) 등에 적극적으로 반영한다.

향후 필요인력을 예측하기 위해 전자인사관리시스템(Personnel Policy Support System: PPSS)으로부터 추출한 데이터, 최근 수년간 인사실무자료, 직제, 그리

3 즉, 정부 인력공급에 있어 내부승진, 신규충원, 인사교류, 개방형, 직위공모 등에 활용가능하다.

고 설문조사 결과 등을 활용하여 인력규모, 배치, 구조, 구성(직위, 직종, 연령, 성별 등), 최근 수년간의 조직·정원 변동, 채용·승진·전보 등 인사관리, 보유역량 분석(기본역량, 공통역량, 직무역량, 관리자역량 등)과 같이 인력관리에 필요한 정보를 도출(기관 특성에 따라 다를 수 있음)하게 된다.

(3) 인력 격차 분석: 수요-공급 불일치

인력 격차 분석은 중장기 인력수요 예측결과와 현행 인력분석결과 간의 차이를 비교하여 향후 필요로 하는 인력수요를 도출하는 과정으로서, 중장기 인력수요 예측 및 현행 인력분석에서 진행한 양적·질적·인력구조 측면의 분석결과를 반영하여 중장기 인력기획의 수립에 필요한 인력의 차이를 체계적으로 종합하는 것이다.

즉, 인력 격차 분석은 주요 기능별(전문분야별 또는 조직별)로 향후 필요한 인력의 양적 규모 및 인력의 구조(직급별, 충원방식별, 직종·직렬별)를 도출하고, 인력기획의 효과성을 극대화하고, 질적 수준(역량)을 제고하기 위한 정보를 제공하여 인력구조의 적합화와 균형적 활용을 고려한 인력의 차이를 산출하는 것이다. 만약 차이가 있다면, 어떤 차이인지, 그 차이로 인해 발생할 수 있는 문제점, 가장 시급하게 충원 및 인재육성이 필요한 분야 등을 도출할 수 있다. 그리고 이러한 산출결과는 인력기획의 여러 방안들과 연계하여 활용할 수 있다. 특히 주목해야 할 유의미한 차이들을 중심으로 현재 어떤 차이가 있고, 그 차이로 인해 어떤 문제가 발생하는지, 향후 5년 이내에 어느 정도 해소해야 할지 등을 집중적으로 검토해야 한다.

3. 인력관리계획의 수립·집행

인력관리계획의 수립 및 집행은 인력분석/전략개발에 따라 1~2년간의 구체적인 충원·육성·활용계획을 설정하고 이를 실현하는 과정의 단계이다. 이를 위한 세부적인 요소들을 살펴보면 다음과 같다.

첫째, 인력 격차 해소를 위한 목표와 전략으로서 기관장의 의지, 간부들의 전략적 판단, 인사담당자의 경험, 전문성, 설문조사나 인터뷰에서 나타난 의견 등을 기초로 인력 격차 해소를 위한 목표와 전략을 설정한다. 계획기간이 종료

그림 7-7 격차 해소를 위한 종합적 인력관리방안

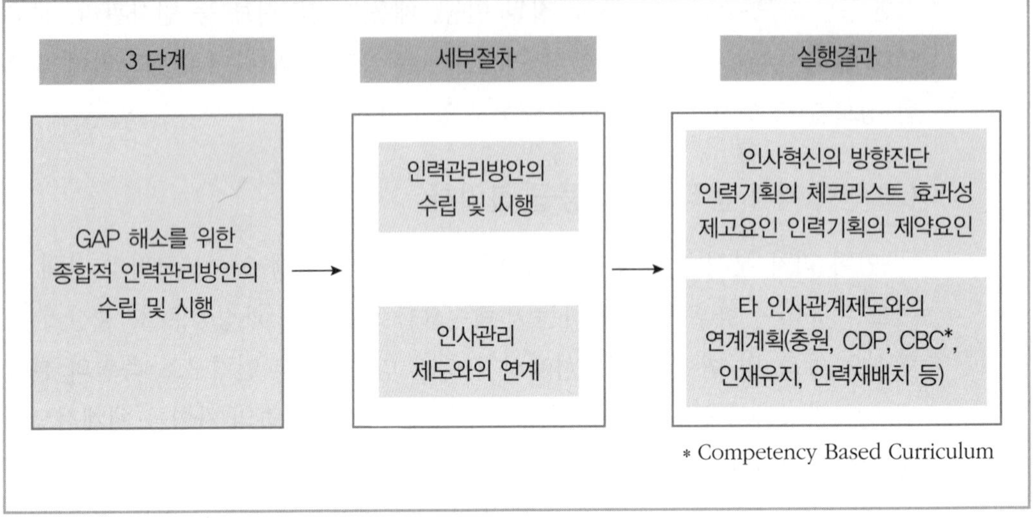

자료: 강제상 외. (2005). 「정부 인력관리계획 구축방안 연구」. 서울: 중앙인사위원회. p. 54.

되는 시점에서의 인력규모, 인력구조, 역량 목표수준을 설정해야 하며, 계량화된 수치로 표현할 수 있으면 바람직하지만 반드시 수치화해야 하는 것은 아니다.

둘째, 인력 격차 해소를 위한 구체적인 실천계획으로서 충원계획은 인력분석 결과에서 제시된 공개채용 및 자율채용, 승진 등 인력확보를 위한 직급별·충원방식별 인원을 산출하고 주요 기능별 충원인력의 자격요건, 전문지식 등 선발기준을 도출한다. 또한 조직 전체적으로 성별·장애인·기술인력 등의 균형적 확보를 위한 계획의 도출을 통해 중장기 인력수요 예측결과 및 현행 인력분석 결과를 토대로 조직의 성과를 극대화할 수 있는 최적의 충원방식·충원조건 등을 설계한다.

셋째, 경력개발계획(CDP)은 인력기획을 토대로 조직의 안정성, 연속성, 전문성을 확보하면서도 개인의 경력개발을 유도할 수 있는 방안을 도출하며, 경력개발과정의 첫 단계인 개인의 경력목표 및 경력경로 설정 시에 인사담당부서에서 중장기 인력기획을 직원에게 공지함으로써 선택의 기준 역할을 하도록 정보를 제공한다.

넷째, 우수인재 보유전략 계획은 인력기획을 통해 도출된 인력의 퇴직률 및

그림 7-8 인력기획의 연계도

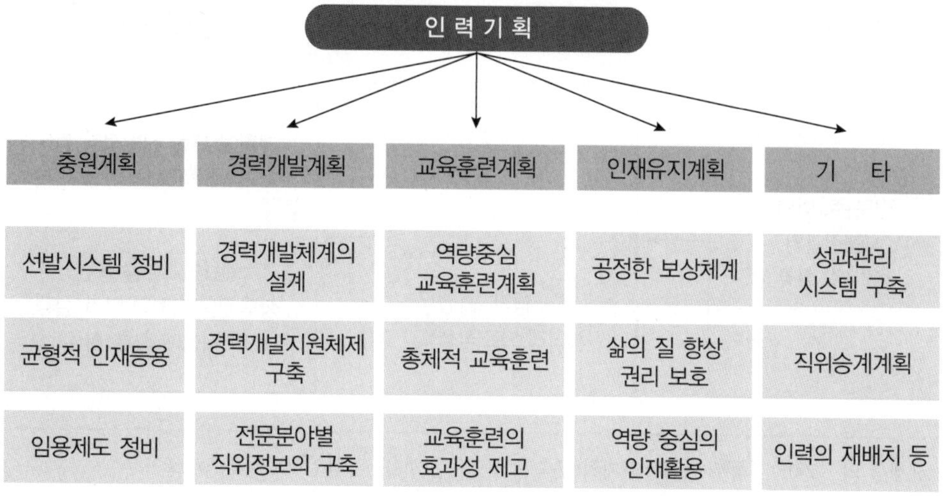

자료: 강제상 외. (2005). 「정부 인력관리계획 구축방안 연구」. 서울: 중앙인사위원회. p. 60.

퇴직인력의 특성을 분석함으로써 유능한 인재의 유출을 최소화할 수 있는 방안을 도출하고, 조직에서 필요로 하는 전문성, 업무경험 등을 유지할 수 있도록 전문인력 및 핵심인력의 유지를 위한 각종 유인방안 및 인재활용 방안을 개발하는 것이다.

마지막으로, 그 외 인력기획을 조직의 효과성 제고 및 개인의 만족도 제고를 모두 만족시킬 수 있는 인력의 활용(인력 재배치, 성과 중심의 인사관리, 직위승계계획 등) 방안의 도출에 반영하도록 하는 단계라 할 수 있다.

4. 모니터링/평가·환류

인력기획은 많은 변수가 내재된 복잡하고 역동적인 과정인 만큼 주기적인 평가가 필요하며 환경변화 등의 여건을 고려하여 실천계획 등을 수정해야 한다. 또한, 평가결과에 대한 시사점을 도출하여 차기 인력기획에 반영하는 것이 필수적이다. 따라서 인력기획의 시행결과에 대한 평가과정은 사전에 계획을 수립하되 평가주체 및 평가방법 등을 포함하여야 한다. 정부는 5개년의 중

그림 7-9 인력기획결과의 평가 및 환류

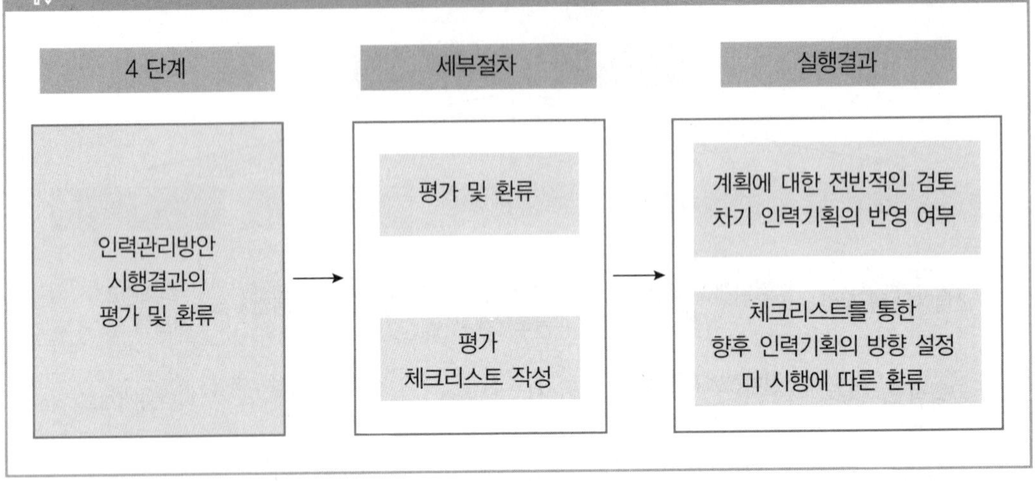

자료: 강제상 외. (2005).「정부 인력관리계획 구축방안 연구」. 서울: 중앙인사위원회. p. 66.

기 인력관리계획을 수립하고 있으며, 해마다 수정·보완하는 연동제를 시행하고 있다. 즉, 행정부처는 매년 당해연도 추진계획 대비 추진실적을 기술하고, 정부업무평가를 위하여 실천계획(충원계획, CDP, 우수인재 보유전략 계획 등) 상의 당해연도 계획 대비 추진실적, 잘한 점, 보완할 점, 향후 개선방향 등을 간략히 기술한다.

인력기획에 대한 평가 시 고려사항은 인력기획에 따라 시행된 수준의 미시행 수준 및 사유 평가, 시행결과에 따른 충원의 적합화 및 균형화 실현 수준 평가, 인력기획과 여러 인사제도와의 연계 문제, 인력규모 도출에 관련된 요인 분석,[4] 각 조직별 인력 현황 및 문제점 분석, 직위별 인력구조의 변화를 고려하여 승진제도 설계, 여성인력을 활용한 인력 인프라 구축 수준 등이다.

일련의 단계를 내포하는 인력기획과정이 효율적이기 위해서는 다음과 같은 질문에 대하여 적절히 답할 수 있어야 한다. 첫째, 현재 조직의 인력상태는 어떠한가? 둘째, 현재의 정책들과 예상되는 정책변동이 일정 기간 후 조직의 상태를 어떻게 변화시킬 것이며, 그 효과는 인력수요에 어떤 영향을 미칠 것인가? 셋째, 현재의 인사정책이 지속되는 경우 일정 기간 후 기존인력의 상태는 어떻게 될 것인가? 넷째, 예측된 수요와 장래의 인력이 균형을 이루게 하려면

---

4 인건비 상승률을 제외한 나머지 요인을 말한다.

어떤 변화가 있어야 할 것인가? 다섯째, 단기적인 인사정책들이 인력의 장기적인 공급과 유지에 어떤 영향을 미칠 것인가? 등에 관한 질문들이 그것이다. 이렇듯 인력기획은 인력관리과정의 전 단계를 포함한 포괄적인 개념으로 활용되고 있으며, 민간뿐만 아니라 정부의 인력기획 역시 정확한 수요의 분석과 예측 그리고 질적인 요소까지 포함하여 인력을 기획하고 산출할 필요성이 제기된다.

현재 정부의 인사관리는 PPSS인 'e-사람'을 통해 전략적으로 이루어지고 있으며, 이러한 시스템이 인력기획과 맞물려 발전함으로써 효과적인 인력기획을 달성하고 그에 따른 조직의 효과적 활용 및 발전에 기여하는 계기가 될 수 있을 것이다.

제 3 절 인력기획의 문제점 및 효율화 방안

사실상 정부를 운영하는 데 있어 가장 핵심적인 이슈는 정부 인력의 운영에 대한 문제일 것이다. 인력기획을 수립하는 주요 목적은 인력에 대한 효율적 확보와 활용이지만, 아직까지 정부의 인력에 대한 운영은 명확한 계획과 그에 따른 인력의 기획을 목표로 하기보다는 현재의 인력수급 문제를 해결하기에 급급한 것이 현실이다. 특히 앞서 논의한 바와 같이 현재 기본적인 인력기획의 체계는 갖추었으나 그에 따른 운영과 활용에 대한 문제는 해결하지 못하고 있다.

정부 인력기획의 문제점은 첫째, 대부분의 행정부처들이 인력기획에 대한 정확한 인식이 부족하며, 인력기획을 담당하는 전문성을 갖춘 인사담당자가 부족하다. 둘째, 행정부처의 발전전략과 연계된 체계적인 인력기획이 이루어지지 못하고 있다. 셋째, 과거에 비해 공무원의 입직이 다양화되고 있으며, 공무원의 역할 및 정년연장 등 다양한 논의가 포함되어야 함에도 불구하고 이러한 논의는 배제된 채 운영되고 있다. 마지막으로, 인력기획에 활용할 수 있는 다양한 인력 분석과 예측기법이 보편적으로 개발·확대되지 못하고 있다.

이러한 문제점을 인식하고 인력기획을 성공적으로 운영하기 위한 방안은 다음과 같다. 첫째, 각 부처의 인력기획에 대한 정확한 이해가 시급한 것으로 판단된다. 즉, 인력기획의 의의 및 중요성, 주요 내용 및 기대효과, 운영요령 등에 대한 조직구성원의 이해 수준을 높여서(직장교육, 워크샵, 홈페이지 자료실 등 활용) 인력기획이 효과적으로 이루어질 수 있도록 해야 한다. 특히 각 부처별 인력기획에 대한 조직구성원의 수용성을 제고하기 위해 인력기획 수립 및 시행의 원칙과 기준제시, 시행과정의 투명성 확보, 조직구성원의 참여기회 확대 등이 필요하며, 각 조직 내 인사관리 부서에 인력기획을 입안하고 실행할 수 있는 인사기획역량을 갖춘 인재의 확보와 실무자(전문인력)의 확보 또한 선결되어야 할 과제이다.

둘째, 부처별로 모든 인사제도(충원, 교육훈련, 경력개발, 성과 및 보상체계, 퇴직관리 등)가 해당 부처의 전략목표를 토대로 하여 계획·시행될 수 있도록 종합적 인력기획의 체계성·연계성을 확보하려는 지속적인 제도개선 노력이 요구된다. 특히 인력기획을 기반으로 하여 조직 내 핵심인재 및 전문인력의 확보, 조직구성원의 능력발전, 유능한 인재의 유지 및 활용을 적극 도모해야 할 것이다.

셋째, 개방형 직위 등 다양한 경로를 통해 입직되고 있는 공무원들에 대한 인력기획이 필요하다. 일반직 공무원과 다르게 채용되는 공무원들도 인력기획의 대상이 될 수 있으나 실제 이러한 인원들이 증가하고 있음에도 불구하고 그에 따른 인력기획은 이루어지지 않고 있는 실정이다. 설사 이루어진다 하더라도 일부에 국한되어 있어 이들의 공직에 대한 만족도 등은 매우 떨어져 있는 상태이다. 따라서 다양한 입직경로에 따른 인력기획을 수립할 필요성이 있다. 또한 공직의 미래에 대한 전망을 인력기획에 포함할 필요가 있다. 향후 공직사회는 정년연장, 다양성 관리, 창의성 제고, 동기부여 강화전략, 경력개발 등 다양한 분야의 이슈가 산적해 있는 상황이다(이근주, 2022). 따라서 현재의 인력기획에서 이러한 부분들이 반영되지 못한다면 인력기획은 반쪽짜리 기획이 될 수밖에 없다. 단지 인력의 격차만을 판단해서 공무원을 충원하기 보다는 미래 전망을 통해 보다 발전하거나 인력이 필요한 부서 등을 판단하여 원활한 공급이 이루어질 수 있도록 하는 것이 매우 중요한 인력기획의 역할로 볼 수 있다.

마지막으로, 행정부처에서 활용할 수 있는 인력수요 예측 및 현행 인력수준 분석에 필요한 각종 조사(설문조사, 워크샵 등)기법 및 분석 도구를 개발·배포할 필요성이 있다. 실제 인사담당자라 하더라도 현재의 인력기획 단계를 모두 이해하고 소화하기에는 무리가 있다. 또한 인력의 질적 수준(역량 수준)에 대한 체계적인 분석기법이 확립되지 못한 실정에 있으므로 인력기획에 효과적으로 적용될 수 있는 개인 및 조직 차원의 역량수준을 분석·예측할 수 있는 기법 및 운영매뉴얼의 개발이 요구된다. 인력의 운영은 인력의 수요도 중요하나 인력의 질적인 수준에 대한 활용도 매우 높게 인식되므로 이에 따른 역량강화의 여러 방법들을 제시하고 인력기획 수립에 필요한 분석기법의 개발 및 지속적인 개선이 요구된다.

제 4 절 전략적 인적자원관리의 의의

1. 전략적 인적자원관리의 개념과 중요성

전략적 인적자원관리란 조직의 전략과 목표를 조직의 인사정책 및 관행(practices)과 정합(align)시키려는 새로운 인적자원관리 방식을 말한다(Tompkins, 2002). Boselie(2016)는 구체적으로 전략적 인적자원관리의 네 가지 차원(dimensions)을 기술하였는데, 첫째, '전략적' 차원은 전략적 의사결정과 조직의 내부와 외부 상황에서의 의사결정과의 정합(alignment)을 말한다. 다시 말해서 의사결정이 조직을 둘러싼 환경을 고려하여 그러한 상황에 적합한 의사결정을 한다는 의미에서 전략적이란 용어를 사용한다. 둘째, 전략적 인적자원관리에서 인적(human)은 조직구성원을 의미하며, 이들은 조직과 고용관계를 맺고 있다. 셋째, 자원(resource)은 조직의 성공을 달성하고 목표 성취와 관련된 구성원의 가치를 의미한다. 마지막으로, 관리(management)는 조직의 목표달성을 위해 적절한 구성원의 태도와 행태를 구축하기 위한 의사결정을 말한다.

기존의 인적자원관리가 조직의 목표와 인적자원이 상호 연계되지 않았다면, 전략적 인적자원관리는 조직의 목표와 인적자원이 밀접하게 연계된다는 점에서 분명한 차이가 존재한다. 즉, 전통적인 인적자원관리가 인적자원관리의 기본 기능인 선발, 유지, 평가, 개발, 보상 등의 기능들이 각각 독립적이고

표 7-1 인적자원관리와 전략적 인적자원관리의 비교

	인적자원관리(HRM)	전략적 인적자원관리(SHRM)
분석초점	개인의 심리적 측면(가치, 태도 등)	조직의 전략 및 목표와 인적자원관리활동의 연계 및 조직의 성과
관점	미시적 관점: 개별 인적자원관리 기능들의 부분 최적화를 추구	거시적 관점: 인적자원관리 기능 간의 연계를 통한 전체 최적화를 추구
시간	단기적 기간(인사관리상의 단기적이고 일회적인 문제해결)	장기적 기간(조직의 장기적인 목표 및 전략 수립)
기능 및 역할	– 조직의 목표와 무관한 부수적이고 수단적인 역할 수행 – 통제 메커니즘의 구축	– 조직 전체의 전략과 목표를 수립하는 데 적극적으로 관여 – 구성원에게 많은 권한과 자율성 부여

자료: 배귀희·임승후. (2008). 전략적 인적자원관리의 공공부문 도입에 관한 탐색적 연구: 자원기반 이론의 관점에서. 「한국사회와 행정연구」, 18(4): 70에서 인용.

개별적으로 작동했다면, 전략적 인적자원관리는 이러한 기능들이 상호 유기적으로 연계된다는 점에서 차별성을 갖는다.

전략적 인적자원관리의 개념을 보다 명확하게 이해하기 위해서는 기존의 인적자원관리와 전략적 인적자원관리가 어떠한 차이가 있는지를 비교할 필요가 있다(배귀희·임승후, 2008: 70). 첫째, 분석의 초점면에서 볼 때, 인적자원관리는 개인 구성원의 심리적 측면에 초점을 맞추면서 개인의 가치, 태도, 이념 등을 중시하였다. 반면, 전략적 인적자원관리는 개인 구성원에 초점을 맞추는 것이 아니라 개인 구성원과 조직의 목표 및 성과와의 연계를 통해 조직성과의 향상에 초점을 맞춘다. 둘째, 관점 측면에서 전통적인 인적자원관리는 개별 인적자원관리 기능의 연계나 통합이 아닌 개별 최적화를 추구하는 미시적 관점에 초점을 맞추었다면, 전략적 인적자원관리는 거시적 관점에서 인적자원관리 기능 간의 연계를 통한 전체적인 최적화를 추구한다. 셋째, 시간의 측면에서 전통적인 인적자원관리는 인사관리에 있어 단기적이고 일회적인 문제해결에 초점을 맞춘 반면, 전략적 인적자원관리는 보다 장기적인 관점에서 조직의 목표 및 전략 수립과 개인 인적자원 간의 연계와 통합에 주력한다. 마지막으로, 기능 및 역할과 관련하여 인적자원관리는 조직의 목표와 직접적으로 관련되지 않은 부수적이고 수단적인 역할만 수행하였고, 주로 통제 메커니즘을 마

련하는데 그쳤다. 반면, 전략적 인적자원관리는 조직 전체의 전략과 목표를 수립하는데 적극적으로 관여하고, 구성원에게 많은 권한과 자율성을 부여함으로써 이들이 조직에서 좀 더 적극적이고 선도적인 역할을 담당할 수 있도록 하였다.

그간 전략적 인적자원관리는 주로 민간부문에서 활발히 연구되어 왔지만, 공공부문에서도 다음과 같은 측면에서 중요성을 갖는다(유민봉·박성민, 2013: 206~207). 첫째, 전략적 인적자원관리를 통해 조직성과를 제고할 수 있다. 앞에서도 기술한 것처럼, 전통적 인적자원관리에서는 인적자원과 조직의 전략 및 목표가 상호 연계되지 않고 개별적으로 다루어져 조직성과를 향상시키는데 한계가 있었다. 그러나 전략적 인적자원관리는 조직의 목표와 인적자원을 결합시킴으로써 조직 측면에서 성과를 개선하기 위해 적재적소에 인적자원을 배치하고, 그러한 배치를 통해 공공조직의 성과를 극대화하는 것이 가능하다.

둘째, 조직의 전략 및 목표와 인적자원관리 기능 간의 유기적 연계를 통해 인적자원관리의 효율성 향상을 기대할 수 있다. 전통적인 인적자원관리에서는 인적자원의 기본 기능인 인적자원의 선발, 유지, 확보, 유지, 평가, 보상, 개발 등이 상호 연계 없이 독립적이고 개별적으로 운영되었을 뿐만 아니라 이러한 기능들과 인적자원 간의 상호 연계성이 부족했다. 그러나 전략적 인적자원관리에서는 거시적인 관점에서 조직의 목표달성과 다양한 인적자원관리 활동을 정합시킴으로써 인적자원관리가 보다 효율적으로 운영될 수 있게 한다.

마지막으로, 전략적 인적자원관리에서는 장기적 관점에서 인적자원을 관리함으로써 단순한 인적자원이 아닌 조직의 목표 달성에 기여하는 지속적인 경쟁우위를 가진 인적자본(human capital)으로 발전시킨다. 이러한 인적자원에 대한 인식의 변화를 통해 조직의 현재 및 미래의 환경변화에 능동적으로 대처하고 이를 효율적으로 관리할 수 있는 역량을 함양해야 한다. 이를 위해 전략적 인적자원관리에서는 공급자 중심이 아닌 수요자 중심의 교육훈련과 역량개발 프로그램의 개발이 요구된다.

2. 전략적 인적자원관리의 접근방법

전략적 인적자원관리를 설명하는 접근방법으로는 크게 최적 조합 접근법(best

configuration approach), 상황적합적 접근법(contingency approach), 매개효과 및 실행 접근법(mediator/implementation approach), 인적자원 기능 접근법(HR function perspective)의 네 가지로 나눌 수 있다(강성춘·박지성·박호환, 2011).

먼저, 최적 조합 접근법은 조직이 처한 상황이나 전략과 상관없이 어느 조직에나 적용될 수 있는 보편적인 인적자원 관리방식이 존재한다고 전제한다. 이러한 접근법을 따른다면, 모든 조직은 조직성과를 향상시키기 위해 최선의 인적자원관리 방식을 찾아내어 자기 조직에 적용하는 것이 중요하다. 그러나 일각에서는 이러한 최적 조합 접근법에 따른 최적 인적자원관리시스템이 조직성과에 미치는 효과가 비선형적일수 있다고 주장한다(Chadwick, 2007). 즉, 모든 조직에 적용될 수 있는 최적의 인적자원관리 시스템이 항상 존재하는 것은 아니며 인적자원관리 시스템과 성과 간에 U자형의 관계가 있을 수 있다는 것이다.

둘째, 상황적합적 접근법은 조직이 처한 특정 상황과 인적자원관리 시스템 간의 상호 적합성에 초점을 둔다. 즉 이러한 접근에서는 인적자원 관리 시스템은 실제 조직의 상황이나 실행력에 따라 달라질 수 있으며, 조직이 처한 상황이나 환경이 그 조직에 적합한 인적자원 관리방식에 직접적 영향을 미치는 주요 변수가 된다. 관련 상황 변수들로는 조직 분위기(김재구·장용선, 2004), 리더의 특성(최장호, 2010), 인사부서의 역할과 기능(김정은·김민수, 2009) 등을 들 수 있다.

셋째, 매개효과/실행 접근법은 인적자원관리 시스템이 조직성과에 직접적인 영향을 미치기보다는 양자 간의 관계에 다양한 변수들이 매개되어 있어 이러한 매개 변수들이 인적자원 관리 시스템과 성과 간에 실제로 어떤 역할과 기능을 수행하는지를 조사해야 한다고 본다(Boswell, 2006; Lengnick-Hall et al., 2009). 실제로 조직의 전략 목표나 기획이 그대로 조직성과에 영향을 미치는 경우는 그리 많지 않다. 오히려 양자 사이에 어떠한 매개 변수를 통해 조직의 전략적 인적자원관리가 성과에 영향을 미치는 경우가 더 많을 수 있다. 예를 들면, 조직문화, 리더십, 보상체계, 교육훈련 등이 그러한 매개변수라고 할 수 있다.

마지막으로, 인적자원 기능 접근법은 전략적 인적자원관리는 조직의 인사부서 및 인사담당자들에 의해 운영 되어져야 한다는 점을 강조한다. 그동안 전략적 인적자원관리에서 인사부서의 역할과 기능이 다소 과소 평가되었으며, 그 과정에서 중추적인 역할을 담당하지 못했다. 앞으로 전략적 인적자원관리의 성공적 집행을 위해서는 인사부서와 인사담당자들의 역할과 기능이 중요하며, 이들이 전략적 기획의 모든 과정에 참여할 수 있어야 한다. 더불어 전략적 인적자원관리와 관련된 다양한 이해관계자가 전략 기획 과정에 참여하는 것이 제도화되어야 한다.

3. 전략적 인적자원관리의 효과

앞에서 논의된 전략적 인적자원관리는 개인 및 조직의 성과를 증가시키는데 긍정적 영향을 미칠 것으로 기대되지만, 실제로 개인 또는 조직에 어떤 영향을 미치는지를 실증적으로 분석할 필요가 있다. 그래야지만 전략적 인적자원관리의 실효성을 논할 수 있다. 전략적 인적자원관리와 성과 간 관계에 관한 선행연구에서는 성과가 낮은 조직보다는 성과가 높은 조직에서 인력 육성 프로그램, 교육훈련 등과 같은 전략적 인적자원관리의 요소들이 더 활발하게 운영되고 있는 것으로 나타났다(이용탁, 2005). 개인 측면에서 전략적 인적자원관리가 구성원의 가치, 태도, 행태 등에 어떤 영향을 미치는지에 대한 선행연구에서는 전략적 인적자원관리가 구성원의 직무만족, 조직몰입, 조직시민행동과 같은 개인의 태도 및 행태에 긍정적인 영향을 미치는 것으로 확인되었다(김연희, 2016). 다만, 전략적 인적자원관리의 하위변수에 따라 이러한 개인 변수에 미치는 영향에 차이가 있을 수 있다. 반면, 전략적 인적자원관리가 조직 측면에서 조직성과에 미치는 영향에 대한 연구도 수행되었다. 예컨대, 한 연구는 전략적 인적자원관리의 하위변수인 전략과의 조화가 인적자본, 직무만족 및 조직몰입을 매개변수로 하여 조직성과에 긍정적인 영향을 미친다는 것을 확인하였다(배귀희, 2013).

4. 공공부문에서의 전략적 인적자원관리

(1) 공공부문에서 전략적 인적자원관리의 특성

그동안 전략적 인적자원관리에 대한 논의와 연구는 주로 민간부문의 사조직을 대상으로 이루어져왔다. 그러나 공공부문에서도 전략적 인적자원관리의 중요성이 인식되기 시작되면서 이에 대한 관심과 논의가 점차 확대되고 있다. 민간부문과 공공부문의 상황과 특성이 다르기 때문에 민간부문에 적용되었던 전략적 인적자원관리의 내용을 그대로 여과 없이 공공부문에 적용하는 데는 무리가 따를 수 있다. 따라서 공공부문의 특성과 상황을 고려한 전략적 인적자원관리가 적용되어야 한다. 예를 들면, 공공부문은 법적 규제, 경쟁 논리의 미비, 정치적 영향, 다차원적인 목표, 성과측정의 어려움 등이 민간부문과는 달리 공공부문이 가지고 있는 특성이라고 할 수 있다. 이러한 특성들이 실제 공공부문에서의 전략적 인적자원관리의 계획과 실행에 반영되어야 한다.

(2) 공공부문에서 전략적 인적자원관리의 성공적 집행을 위한 선결요건

Tompkins(2002, 96)는 공공부문의 전략적 인적자원관리의 주요 구성요소는 기관의 내·외부 환경분석, 전략적 목표 확인, 조직 목표와 일관된 인적자원 목표와 전략의 개발, 인적자원 목표와의 정합을 포함한다고 설명하면서 공공부문에서 전략적 인적자원관리가 성공적으로 집행되기 위해서 다섯 가지 구조적·절차적 요구가 충족되어야 한다고 보았다.

첫째, 잘 설립된 조직의 전략기획 과정이 요구된다. 공공조직에서 전략기획의 역할은 조직의 미션을 명료화하고, 목표의 우선순위를 설정하고 확인함으로써 조직이 나아가야 할 분명한 방향을 제시하는 것이다. 이러한 전략기획과정을 통해 조직은 자체 목표의 달성 여부에 대한 예측 가능성을 높일 수 있고, 대내외적인 환경변화에 능동적으로 대처할 수 있다.

둘째, 전략기획 과정에 인사 관리자(personnel manager)를 참여시켜야 한다. 전략적 인적자원관리에 인사관리자가 참여해야 하는 이유는 조직의 인적자원에 대해 가장 정확한 정보를 소유하고 있고, 조직 구성원의 역량을 제대로 평가할 수 있기 때문이다. 또한 인사관리자는 현재의 인적자원과 조직이 미래에 필요로 하는 인적자원 사이의 격차에 대한 정확한 정보를 제공할 수 있다. 이렇게 인사관리자가 전략적 인적자원관리 과정에 참여해야지만 조직의 미션과 직면한 이슈들에 대한 완벽한 이해를 통해 더 나은 해결책을 제시할 수 있다.

셋째, 조직의 전략목표를 분명하게 명시해야 한다. 그동안 공공조직에서 전략적 인적자원관리가 성공적으로 시행되지 못한 이유 중의 하나가 공공의 맥락에서 전략 목표가 의미하는 것이 무엇인지를 정의하는데 실패했기 때문이다. 민간조직의 전략 목표와는 달리, 공공조직의 전략 목표는 복잡한 정치적, 경제적, 법적 요인들을 고려하여야 하며, 이러한 요인들이 공공조직의 전략 목표에 직접적, 간접적 영향을 미친다.

넷째, 전략적 인적자원관리의 핵심이라고 할 수 있는 인사정책과 관행을 전략 목표와 정합시켜야 한다. 이러한 두 요소 간의 정합을 위해 몇 가지 요소들이 전제되어야 한다. ① 예산 삭감, 경쟁적인 노동시장, 변화하는 인적자원의 인구통계학적(demographic) 특성, 새로운 기술의 유입과 같은 환경변화에 잘 적응해야 한다. ② 전략 목표를 지원하기 위해 인적 역량을 함양해야 한다. 이러한 역량은 미래 인력 수요를 예측하고, 앞으로 요구되는 인력 수요를 충족시키기 위해 새로운 구성원을 채용하거나 재직자들을 훈련시키는 것이 필요하다. ③ 과정 지향적인 조직문화(process-oriented organizational culture)에서 결과 지향적인 조직문화(result-oriented organizational culture)로의 변화가 요구된다. 이러한 새로운 조직문화를 정착시키기 위해서는 조직구성원들을 위한 성과평가와 인센티브 시스템을 재설계하고, 소비자들에게 질 높은 서비스를 제공해야 한다. ④ 조직구성원 스스로가 변화하는 환경에 잘 적응할 수 있도록 준비하고 필요한 역량을 함양해야 한다. 이를 위해 조직에서는 새로운 훈련 프로그램의 개발, 의사소통 방식의 변화가 요구된다.

마지막으로, 조직 내 인사부서(personnel office)의 역할과 구조를 바꿔야 한다. 과거 인사부서는 구성원들을 통제하거나 감독하는 역할을 주로 담당해왔다. 그러나 앞으로 인사부서의 역할은 구성원들에게 서비스를 제공하고 참여를 권장하는 것으로 전환되어야 한다. 왜냐하면 전략적 인적자원관리는 집권화된 인사 시스템에서는 제대로 작동되기가 어렵기 때문이다. 또한 인사부서의 구조 자체도 고도로 집권화된 인사 시스템을 분권화되고 탈규제화된 인사 시스템으로 전환해야 한다. 즉, 구성원들에게 많은 권한을 위임하고 자율성을 부여함으로써 그들 스스로의 권한과 책임하에 의사결정이 이루어질수 있도록 인사부서의 구조가 바뀌어야 하는 것이다.

5. 공공부문의 전략적 인적자원관리의 운영과 실태

한국 공공조직에서 전략적 인적자원관리가 실제 얼마나 활용되고 있는지는 명확치 않다. '전략적 인적자원관리'라는 용어 자체를 직접 사용하지는 않았지만, 참여정부 이래로 새로운 정부가 들어설 때마다 각 정부는 자신들의 국정철학과 이념을 내세우고 이것들과 맥락을 같이 하는 차원에서 각종 인사혁신과 개혁을 통해 전략적 인적자원관리를 실천해 왔다고 할 수 있다. 예를 들면, 참여정부(2003.02~2008.02) 시절에는 '전략적 인력관리'(정부혁신지방분권위원회, 2007:73)란 용어를 사용하면서 효율적인 인적자원의 관리와 활용을 통한 정부 각 기관의 목표달성과 경쟁력 강화를 추진하였다. 참여정부에서는 보편적 관점에서 대부분의 공공조직에서 공통적으로 적용될 수 있는 최선의 인적자원 관리방식을 모범사례로 선정하여 도입·적용한 것이 특징이다(배귀희·임승후, 2008).

현 윤석열 정부에서도 전략적 인적자원관리란 용어를 사용하고 있지는 않지만 각 정부 기관마다 조직의 전략 목표 또는 비전을 설정하고 이를 달성하기 위한 구체적인 실행계획 중의 하나로서 전략적 인적자원 관리방식을 택하고 있다. 2023년 각 정부 부처별 업무보고를 바탕으로 몇 개 정부 부처의 전략 목표 또는 비전과 인적 자원을 어떻게 정합시키는지를 살펴보면 다음과 같다.

먼저, 국토교통부는 크게 다섯 가지 전략 목표를 선정하였는데, ① 지역 균형발전을 위한 규제 완화 및 성장 인프라 구축, ② 주택시장 안정과 주거 약자 복지구현, ③ 국민 편의와 미래산업기반인 교통 혁신 실현, ④ 민간 중심 국토교통산업 활력 제고, ⑤ 안전하고 살기 좋은 생활환경 조성이다(국토교통부, 2023). 이러한 목표를 달성하기 위해 구체적인 실행계획을 세우고 여기에 인적자원을 효율적으로 배치하는 전략적 인적자원관리 방식을 취하고 있다

한국 교육 전반을 책임지고 있는 교육부는 전략 목표로서 크게 성장과 복지의 두 축을 중심으로 성장영역은 국가 발전의 원동력이 되는 교육, 복지 영역은 자유 창의에 기반해 모두를 키워주는 교육으로 선정하였다. 이를 달성하기 위한 4대 개혁 분야로서 ① 개별 맞춤형 교육, ② 국가가 책임지는 교육 돌봄,

③ 지역을 살리는 교육, ④ 인재양성에 신속히 대응하는 교육을 꼽았다(교육부, 2023). 그리고 각 개혁 분야별로 핵심정책과제를 두어 이를 구체화시켜 달성하고자 하였다. 이러한 핵심정책과제를 실현하기 위해 각 과제와 인적자원을 정합시키려는 전략적 인적자원 관리방식을 취했다. 예를 들면, 개별 맞춤형 교육의 핵심정책 과제로서 교사혁신 지원체제 마련이 있는데, 이것과 인적자원으로서 교사들의 역량 강화를 정합시키려는 노력이 전략적 인적자원관리 방식으로서 나타난다. 구체적인 역량강화 방안으로는 변화하는 디지털 수업에 적응하기 위해 교육청 및 에듀테크 기업 등과 생애주기별 체계적 맞춤형 교원 역량 함양을 추진하였다.

인사혁신의 주무 부처인 인사혁신처는 '헌신하는 공무원, 일 잘하는 정부'라는 기관 비전 아래 ① 국가 현안에 대응하는 국익우선 인사정책 추진, ② 시대를 선도하는 실용적 인재경영 기반확립, ③ 유연하고도 공정한 성과 중심 인사 강화, ④ 법과 원칙이 바로 서는 국민 상식의 공직문화 혁신과 같은 네 가지 전략 목표를 가지고, 각 전략 목표별로 3개의 핵심과제를 선정하여 이를 구체화하고자 하였다(인사혁신처, 2023). 예를 들면, 유연하고도 공정한 성과 중심 인사 강화를 위한 핵심과제 중 하나로서 직무 전문성 강화로 조직성과 창출을 계획했다. 이를 위해 이미 2017년 전문직 공무원 제도를 신설하였으며, 주요 직위 인선 지원, 부처별·기능별 인력 수요에 선제적으로 대응하기 위한 직무적합형 인재발굴을 추진함으로써 이러한 핵심과제 목표와 인적자원을 정합시키는 전략적 인적자원 방식을 사용하였다.

6. 공공부문 전략적 인적자원관리의 문제점 및 효율화 방안

(1) 공공부문 전략적 인적자원관리의 문제점

민간부문과 비교해 보면, 공공부문에서 전략적 인적자원관리가 아직 활성화되지 못하고 있다. 여러 가지 이유가 있겠지만 몇 가지 문제점을 지적하면 다음과 같다.

첫째, 각 공공기관이 공공의 맥락에서 명확한 전략 목표를 설정하지 못하고 있다. 공공부문은 민간부문과는 다른 다양한 정치적, 경제적, 법적, 사회적 특성을 가지고 있다. 이러한 특성을 고려하지 않은 채 조직의 전략 목표를 설정하다 보면 실제 그러한 목표를 실행하는 과정에서 예기치 못한 요인들에 의해 난관에 부딪혀 소기의 목적을 달성하지 못할 수 있다.

둘째, 전략 목표에 의해 달성한 성과를 측정하고 평가할 수 있는 공정하고 객관적인 기준이나 지표가 제대로 설정되어 있지 못하다. 공공부문의 업무 자체가 객관적인 지표를 가지고 평가하기 어려운 내재적 특성을 가지고 있긴 하지만, 그러한 특성 자체가 타당한 평가지표의 개발을 게을리하는 것을 정당화하지는 못한다.

셋째, 공공부문의 구성원 스스로 새로운 전략 목표를 설정하고 이를 효율적으로 추진할 수 있는 역량을 갖추고 있지 못하다. 공공부문은 특성상 새로운 환경에 즉각적으로 대응해야 할 경우가 많다. 그러한 역량을 갖추고 있지 못할 경우, 환경변화에 능동적으로 대처하는 것을 기대하기 어렵고 결국에는 조직의 전략 목표를 달성하지 못하고 실패할 가능성이 높다.

마지막으로, 전략 목표 또는 전략 기획과 인적자원 간의 정합에 대한 피드백 과정이 제도화되어 있지 못하다. 전략 목표는 미래에 달성하고자 하는 조직의 방향 또는 설계와 관련되는데, 그 과정에서 예기치 못한 사건이나 환경변화에 의해 그 목표가 수정되거나 변경될 가능성이 있다. 따라서 이럴 경우 애초에 의도했던 계획들이 그대로 진행되기란 매우 어렵다. 그러므로 처음 의도했던 전략적 목표가 어떻게 수정되거나 변경되었는지 반드시 피드백 과정을 거쳐야지만 다음에 더 개선된 전략 목표를 설정할 수 있다.

(2) 공공부문 전략적 인적자원관리의 효율화 방안

공공부문의 전략적 인적자원관리를 효율화하기 위한 방안은 다음과 같다.

첫째, 공공부문의 다양한 환경과 특성을 고려한 전략적 목표를 설정하는 것이 중요하다. 이를 위해 세 가지 전략을 고려해볼 수 있다(Wechsler & Backoff, 1987). 먼저, 발전전략(developmental strategies)으로서 이는 각 조직이 미래의 전략 목표를 달성하기 위해 필요한 자원, 역량, 영향력 등을 강화하기 위해 취한 행동을 말한다. 다음으로, 정치적 전략(political strategies)으로서 이는 공공이슈에 대해 서로 다른 의견을 가지 이해관련 당사자(stakeholders)들을 타협시키기 위해 취해진 행동과 관련되며 이들 간에 경쟁이 치열할수록 정치적 전략의 중요성이 더 커진다. 마지막으로, 보호전략(protective strategies)으로서 이는 조직의 현 상태를 유지하기 위해 외부 압력을 수용하거나 외부 이해관련 당사자들을 설득하기 위해 설계된 행동을 말한다.

둘째, 공공조직의 전략 목표에 의해 달성한 성과를 객관적이고 공정하게 평가할 수 있는 지표를 개발해야 한다. 이것이 중요한 이유는 이러한 지표의 개발을 통해 전략 목표의 달성 여부를 정확하게 평가할 수 있고, 또한 구성원의 실적을 공정하고 타당하게 평가함으로써 성과에 상응하는 보상을 제공할 수 있기 때문이다.

셋째, 전략 목표 또는 전략 기획과 관련하여 공공부문 구성원의 역량을 강화할 수 있는 프로그램을 개발하여야 하고, 구성원 스스로 문제해결을 위한 새로운 방법을 모색하고 창의적인 사고를 할 수 있는 전략적 사고를 함양할 필요가 있다(박홍윤, 2014).

마지막으로, 당초 의도했던 전략 목표의 수정이나 변경이 필요한 경우, 이를 피드백 과정을 통해 즉시 수정할 수 있는 조직 내 시스템이 구축되어야 한다. 그래야지만 전략 목표의 오류를 최소화할 수 있고, 조직 내부와 외부의 이해 관련 당사자들의 요구를 확인하여 이를 전략 목표에 신속하게 반영할 수 있다.

참고문헌

강성철 · 김판석 · 이종수 · 진재구 · 최근열. (2018). 「새 인사행정론」 (제9판), 서울: 대영문화사.

강성춘 · 박지성 · 박호환. (2011). 전략적 인적자원관리 국내 연구 10년: 걸어온 길, 그리고 가야 할 길. 「인사 · 조직연구」, 19(2): 51–108.

강제상 외. (2005). 「정부 인력관리계획 구축방안 연구」, 서울: 중앙인사위원회.

교육부. (2023). 「2023 업무보고」, 세종: 교육부.

국토교통부. (2023). 「2023 업무보고」, 세종: 국토교통부.

인사혁신처. (2023). 「2023 업무보고」, 세종: 인사혁신처.

김연희. (2016). 전략적 인적자원관리가 조직시민행동에 미치는 영향. 「한국조직학회보」, 13(1): 1–32.

김정은 · 김민수. (2009). 경력개발 프로그램 도입의 결정요인 및 조지성과에 미치는 영향: HR 프랙티스의 매개효과를 중심으로. 「조직과 인사관리연구」, 33(1): 83–107.

김재구 · 장용선. (2004). 인적자원관리와 기업성과와의 관계에 있어 지식공유의 조절효과분석. 「조직과 인사관리연구」, 28(2): 51–74.

박홍윤. (2014). 「공공조직을 위한 전략적 기획론」, 서울: 대영문화사.

배귀희. (2013). 교육훈련이 조직성과에 미치는 영향에 관한 연구: 행태적 전략적 인적자원관리 관점을 중심으로. 「한국인사행정학회보」, 12(1): 195–218.

배귀희 · 임승후. (2008). 전략적 인적자원관리의 공공부문 도입에 관한 탐색적 연구: 자원기반이론의 관점에서. 「한국사회와 행정연구」, 18(4): 63–89.

유민봉 · 박성민. (2013). 「한국인사행정론」, 파주: 박영사.

이근주. (2022). 미래사회의 정부 인적자원관리 방향에 대한 제언. 「한국인사행정학회보」, 21(4): 353–362.

이용탁. (2005). 전략적 인적자원관리와 성과 간의 관련성에 관한 연구. 「인적자원관리연구」, 12(3): 49–67.

인사혁신처. (2022). 「2022 공무원 인사실무」, 세종: 갑우문화사.

정부혁신지방분권위원회. (2007). 「참여정부의 혁신과 분권」, 서울: 정부혁신지방분권위원회.

중앙인사위원회. (2005). 「국가공무원 인사실무」. 서울: 중앙인사위원회.

최장호. (2010). 고성과 작업시스템의 내적 적합성과 상황 적합성에 관한 연구. 「경영학연구」, 39(3); 577-593.

하혜수·이시철·류근필·김주경. (2022). 「인사행정: 행정 논리와 정치 논리」. 서울: 윤성사.

Boselie, P. (2016). Strategic HRM. In A. Wilkinson & S. Johnstone (Eds.), *Encyclopedia of Human Resource Management*. Cheltenham: Edward Elgar.

Boswell, W. (2006). Aligning Employees with the Organization's Strategic Objectives: Out of 'Line of Sight,' Out of Mind. *International Journal of Human Resource Management*, 14(8): 1407-1429.

Chadwick, C. (2007). Examining Non-Linear Relationships between Human Resource Practices and Manufacturing Performance. *Industrial and Labor Relations Review*, 60(4): 499-521.

Lengnick-Hall, M. L., Lengnick-Hall, C. A., Andrade, L. S., & Drake, B. (2009). Strategic Human Resource Management: The Evolution of the Field. *Human Resource Management Review*, 19(2): 64-85.

Mercer. (2005). 「인력계획 방법론 및 사례조사」. Mercer Consulting Inc.

McLagan, P. A. (1990). Flexible Job Models: A Productivity Strategy for the Information Age. In J. P. Campbell and R. J. Campbell & Associates, *Productivity in Organizations*. San Francisco, CA: Jossey-B.

Tompkins, Jonathan. (2002). Strategic Human Resources Management in Government: Unresolved Issues. *Public Personnel Management*, 31(1): 95-109.

Wechsler, B., and Backoff, Robert W. (1987). The Dynamics of Strategy in Public Organizations. *Journal of the American Planning Association*, 53(Winter): 34-43.

제 8 장 모집·선발·임용

제 1 절 임 용

1. 임용의 의의

임용에 대해서는 다양한 개념정의가 있는데 이는 임용의 방식을 조직 내부에서 충원하는 방식과 조직 외부에서 새로운 인력을 충원하는 방식 중 어디에 방점을 두느냐에 따라 달라진다. 일반적으로 임용을 결원보충 또는 사람선발로 보는 경우는 조직 내부의 인력소요에 대해 외부에서 새로운 인력을 충원하는 신규채용을 임용으로 정의한다. 이와는 달리 인력소요 시 외부의 인력을 신규채용하는 방법 외에 조직 내에서 자리 이동을 통해 인력을 보충하는 것을 내부임용으로 정의한다. 가령, 승진임용하거나 또는 전직, 파면 등 조직 내 인력들의 신분변화와 인사이동에 관한 모든 내용을 조직 내부의 임용으로 볼 수 있다.

이에 대해 공무원 임용령에서 임용을 '신규채용, 승진임용, 전직, 전보, 겸임, 파견, 강임, 휴직, 직위해제, 정직, 강등, 복직, 면직, 해임 및 파면을 말한다고 규정하고 있다(공무원임용령제2조)

2. 임용의 유형

앞서 살펴본 바와 같이 임용의 유형을 외부 임용과 내부 임용으로 구분할

그림 8-1 임용의 유형

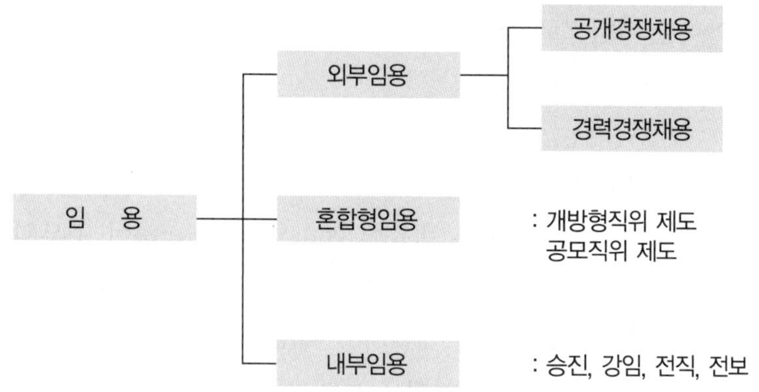

때 외부임용은 공개경쟁채용과 경력경쟁채용으로 나눌 수 있다. 공개경쟁채용이란 공무원의 인력소요 발생 시 불특정 다수를 대상으로 경쟁시험을 통해 선발하는 제도로서 균등한 기회보장과 우수한 공무원 선발을 목적으로 한다. 반면 경력경쟁채용은 공개경쟁채용을 통해 충원이 곤란한 분야에 대해 관련 직위의 우수전문인력 및 유경력자를 선발하는 제도이다.

이와 별도로 혼합형 임용제도가 있는데 이는 일부 고위공무원 직위와 과장급 직위에 대해 정부 안팎의 인력들이 동시에 지원하게 하여 적격자를 선발하는 제도로서 개방형직위제도와 공모직위가 혼합형 임용제도에 해당한다.

내부임용은 승진, 강임, 전직, 전보 등의 인사이동을 의미하는데 이에 대한 내용은 10장에서 더 자세히 설명하기로 한다.

(1) 외부임용

외부임용이란 기존 인력의 퇴직, 새로운 직무 및 직위의 신설 등 인력소요 발생 시 이를 조직 바깥의 유능한 인재로 신규채용하는 것을 의미한다. 공무원의 신규채용은 일정 자격을 갖춘 모든 사람에게 지원의 기회를 주고 실적주의와 공개성의 원리에 따라 선발하는 것으로서 채용방식으로는 공개경쟁채용과 경력경쟁채용시험이 있다.

국가공무원법에 따르면 공무원 채용은 공개경쟁 채용시험으로 이루어지는 것을 원칙으로 하지만(제28조 제1항) 법에서 정한 경우 경력 등 응시요건을 정하여 다수인을 대상으로 경쟁의 방법으로 채용하거나 또는 다수인을 대상으로 하지 아니한 시험으로 공무원을 채용하는 경력경쟁채용을 실시할 수 있다(국가공무원법 제28조 제2항).

1) 공개경쟁채용제도

헌법에 따라 모든 국민은 법률이 정하는 바에 의하여 공무원 담임권을 갖는다. 그 연장선 상에서 공개경쟁채용제도는 불특정한 다수인을 대상으로 경쟁시험을 실시하여 공무원을 채용하는 제도로서 실적의 원칙과 평등의 원칙이 적용된다. 즉, 시험 등 공개경쟁을 통해 선발되므로 실적의 원칙을 따르고 있고 법률에서 정하는 바를 제외하고는 모든 사람에게 응시기회의 평등을 보장하여[1] 평등의 원칙을 따르고 있다.

공개경쟁채용을 위해서는 공개경쟁이 보장되어야 하는데 이를 위해서는 다음과 같은 사항들이 준수되어야 한다(박천오 외, 2016: 206).

① **적절한 공고**: 채용계획과 자격요건은 관심있는 모든 사람이 알 수 있도록 공개되어야 한다.

② **지원 기회의 개방**: 모든 사람이 알 수 있도록 공개함과 동시에 지원할 수 있는 기회도 주어져야 한다.

③ **현실적 자격기준**: 지원자의 자격 요건은 채용 직위와 합리적으로 관련된 것이어야 한다.

④ **차별 금지**: 자격 기준은 채용직위와 합리적으로 관련됨과 동시에 모든 지원자에게 공평하게 적용되어야 한다.

⑤ **능력 기준의 선발**: 모든 지원자를 공정하게 평가할 수 있도록 선발절차를 합리적으로 운영하여야 한다.

⑥ **결과의 공개**: 선발의 결과는 공개되어야 하며 그 과정에서 부당하다고 생각하는 사람에게는 행정심판의 청구기회가 주어져야 한다.

---

1 국가공무원 공개경쟁채용의 경우 대한민국 국적을 가진 자로서 결격사유에 해당하지 않는 한 5·7급은 만20세 이상, 9급은 만18세 이상이면 누구나 응시를 할 수 있다.

공개경쟁채용은 엽관제를 배격하고 실적제와 기회의 평등을 추구한다는 점에서 의의가 있다. 그러나 지나친 실적제와 기회의 평등 추구 이면에는 사회적 약자들의 공직진출 가능성을 낮추는 한계점을 갖는다. 비록 실적제와 기회의 평등이 주어졌지만 처음부터 출발점이 다른 사회적 약자들에게 공개경쟁채용은 또 다른 불평등을 낳는다. 이러한 한계를 극복하기 위해 정부는 여성, 장애인, 과학기술인력, 지방인재, 저소득층 등 사회적 약자들이 공직에 진출할 수 있도록 정원 외로 추가합격시키는 등 공개경쟁채용제도의 취지가 희석되지 않으면서 동시에 공직 내에 우리 사회의 사회적 약자를 대변할 수 있는 대표관료제적 제도를 도입하고 있다.[2] 보다 자세한 내용은 제3절의 '사회형평적 인재채용'에서 보다 자세히 다루기로 한다.

2) 경력경쟁채용제도

경력경쟁채용은 공개경쟁채용으로 충원이 어려운 분야에 대해 예외적으로 실시한다. 국가공무원법 제28조 제2항에 따라 경력경쟁채용이 필요한 분야는 원직급 재임용, 자격증 소지자, 경력자, 특수학교 졸업자, 1급 임용, 벽지 근무, 외국어 능통자, 북한이탈주민 등을 포함한다. 이와 같이 일반 공개경쟁채용시험으로 선발할 수 없는 경우에 국한해 경력경쟁채용을 실시하도록 규정하고 있는데 이들 경력경쟁채용 종류에 따라 시험방법과 요건 등에 있어서 차이가 있다(〈표 8-1〉 참고).

경력경쟁채용은 과거 특별채용으로부터 유래하였는데, 1949년 도입된 특별채용은 학력 또는 자격증 등 일정한 자격을 가진 경우에 한하여 제한적으로 경쟁하는 제도로서 공개경쟁채용을 통해 선발된 공무원이 가지기 어려운 전문적 지식을 갖춘 인력을 선발하기 위해 도입되었다(안희정·김태룡, 2013). 계급을 구분하여 대규모 인력을 선발한 이후 직무를 배분하는 공개경쟁채용과 달리 특별채용은 특정한 직무 또는 직위를 수행할 수 있는 인력을 선발한다는 측면에서 직위분류제적 성격을 갖는다(박순애 외, 2018).

공직사회의 전문성 확보라는 기대와 달리 2010년 이명박 정부 시절 외교부

---

2 과학기술인력 그 자체를 사회적 약자라고 할 수는 없으나 과학기술의 중요성에 비해 공직사회에 과학기술 전문가가 부족하여 대표성이 떨어진다는 측면에서 정부는 여성, 장애인, 지방인재, 저소득층과 함께 과학기술인재를 균형인사의 한 축으로 설정하고 있다.

표 8-1 경력경쟁채용 등 요건 및 시험방법

경력경쟁채용 등 요건		시험방법
1호	- 공무상 질병에 따른 휴직기간 만료로 퇴직한 경력직 공무원 등의 원직급 재임용+ - 다른 종류의 공무원이 되기 위해 퇴직한 경력직 공무원의 원직급 재임용	- 서류+면접 또는 실기 - 시험면제
2호	임용예정직에 관련된 자격증 소지자	- 서류+면접 또는 실기
3호	- 동일직급 경력자의 경우 2년 - 선발 직무관련 근무실적 또는 연구경력이 3년이상인 자	- 서류+면접 - 필기+면접·실기 또는 서류
4호	특수학교 졸업자	- 서류+면접 또는 실기
5호	1급 공무원 임용	- 서류
6호	특수직무분야, 특수환경, 도서벽지근무 등 특수지역 근무예정자	- 필기+면접·실기 또는 서류
7호	- 지방직 → 국가직 - 기능직 ↔ 일반직	-면제가능 - 필기+면접·실기 또는 서류
8호	외국어능통자	- 필기+면접·실기 또는 서류
9호	전문계학교 졸업자	- 필기+면접·실기 또는 서류
10호	과학기술 및 특수전문분야 연구·근무경력자	- 서류+면접 또는 실기
11호	- 국비장학생 - 견습직원	- 서류+면접 또는 실기 - 시험면제-서류+면접 - 필기+면접·실기 또는 서류
12호	연고지 및 일정지역 거주자의 한지채용	- 필기+면접·실기 또는 서류
13호	귀화자 및 북한이탈주민 대상	- 필기+면접·실기 또는 서류

자료: 인사혁신처 홈페이지 https://www.mpm.go.kr/mpm/info/infoJobs/HrProcedures/recruit/recruit01/

등 일부 부처에서 특별채용을 하는 과정에서 부적절한 사례가 발생하여 사회적 물의를 일으킨 바 있다. 이에 따라 기존 부처별로 시행되던 일부 특채를 행정안전부(2014년부터 인사혁신처)에서 일괄 시행하여 공정성과 투명성을 확보하고자 하였다. 또한 특별채용이라는 명칭이 불공정한 채용이라는 오해를 가져와 2011년 민간경력자일괄채용제도 도입과 함께 경력경쟁채용으로 명칭이 변경되었다.

정부는 공직의 개방성을 높이고 민간의 전문가들이 보다 쉽게 공직으로 진출할 수 있도록 경력경쟁채용의 비중을 늘리고 있는 추세이다. 2023년 인사혁신통계연보에 따르면 2013-2022년간 경력채용 인원은 꾸준히 늘어나며 공개채용보다 경력경쟁채용제도를 통해 입직한 공무원이 더 많은 것으로 확인되었다.

(2) 혼합형 임용

혼합형 임용은 조직 내 특정 직위에 대한 임용 시 조직 내부의 인력과 조직 외부의 인력이 함께 경쟁하여 적격자를 임용하는 제도로서 한국 정부의 경우 개방형 직위제도와 공모직위제도가 이에 해당한다. 공모직위란 고위공무원 직위에 대하여 공직 내 공무원만 응시할 수 있는 임용제도로서 큰 틀에서는 내부임용으로도 이해할 수 있다. 다만, 동일한 부처 내에서 임용되는 내부임용과 달리 공모직위는 부처 내 공무원 뿐 아니라 타 부처 및 지방자치단체 또는 지방교육행정기관의 공무원까지 응시자격이 된다면 지원할 수 있다. 따라서 공모직위는 공직 내부의 임용의 벽을 터주는 측면에서 혼합형 임용이라고 볼 수 있다. 본 장에서는 개방형 직위제에 대해 보다 자세히 알아보겠다.

① 개방형 직위제도의 개념 및 주요내용

개방형 직위제도란 정부 내 직위 중 특별히 전문성이 필요하거나 또는 효율적인 정책 수립을 위해 필요한 경우 적격자를 해당 기관 및 정부 내 타 기관과 더불어 정부 밖 민간에서 공개 선발하는 제도이다. 개방형 직위제도의 도입 배경은 기존의 폐쇄적 임용 및 인사관리가 공무원들의 무사안일, 복지부동, 전문성 부족, 민주성 부족 등 관료제적 병폐를 야기한다는 지적에 기인한다. 또한 일반행정가 양성 중심의 폐쇄형 임용제도만으로는 전문성을 갖춘 공무원 양성이 어려워 복잡다기한 행정에 적절한 대응이 어렵다는 문제의식에서 비롯되었다.

개방형 직위제도는 2000년에 도입되었는데 당시 제도는 일부 국장급 직위를 대상으로 공직을 민긴에 개방하여 공직 내 우수 인력과 민간의 우수 인력 간 경쟁을 유도하고자 하였다. 이후 개방형 직위의 범위를 점차 확대하여 현재는 일부 과장급 직위도 개방형 직위로 지정하여 운영하고 있다.

개방형 직위는 과장급 및 고위공무원단 직위에 있어서 각각 총수의 일정 범

표 8-2 개방형 직위 응시 요건(예시)

구분	경력	학위	자격증
고위공무원단 (예시)	관련분야 10년 이상 경력소지자 등	관련분야 박사학위 소지 후 7년 이상 경력 소지자 등	총 경력 7년이상인 자로서, 변호사 등 자격증 소지 후 관련분야 4년 이상 등
과장급 (예시)	관련분야 7년 이상 경력 소지자 등	관련분야 박사 학위 소지 후 4년 경력 이상 소지자 등	전산 직렬 기술사 등 자격증 소지 후 관련 분야 경력 4년 이상 등

출처: 인사혁신처 홈페이지.

위에서 지정하는데, 이때 직위지정의 기준은 전문성, 민주성, 변화필요성, 중요성, 조정성 등에 입각하여 이루어진다.[3] 즉, 직무수행에 있어 높은 전문성이 요구되는 경우, 정책결정 및 집행에 있어서 높은 민주성이 요구되는 경우, 행정환경의 변화 등에 있어 높은 변화의 필요성이 요구되는 경우, 직무의 내용 및 성격에 있어 대국민 영향과 파급효과가 높은 경우 개방형 직위로 지정하는 것이 적합하다. 다만, 전문성, 민주성, 변화의 필요성, 중요성이 높더라도 직무가 부처 간 또는 부서 간의 높은 조정의 필요성이 요구되는 경우 개방형 직위로 지정하는 것이 적합하지 않다. 이는 업무에 대한 조정성은 타 업무에 대한 이해 뿐만 아니라 업무 당사자 간의 인간적 신뢰가 바탕이 될 때 용이하게 이루어질 수 있는데 이런 측면에서 민간에서 임용된 인력보다는 내부적으로 임용된 인력이 업무 조정기능에 더 적합하기 때문으로 이해할 수 있다.

개방형직위 응시요건은 〈표 8-2〉의 예시와 같이 학력, 경력, 자격증을 기준으로 해당 부처가 직위별 특성을 고려하여 선정하되 응시자는 공고된 응시요건 가운데 하나 이상만 충족하면 응시가 가능하다.

② 개방형 직위제도의 운영현황

2000년에 개방형 직위제도가 도입된 이후 정부는 지속적으로 개방형 직위의 수를 늘리고자 노력해왔다. [그림 8-2]에서 볼 수 있듯이 2000년 130개에 불과했던 개방형 직위는 2022년 475개로 증가했다. 다만, 민간의 우수 인력을 채용하려던 기본 취지와 달리 외부 임용율은 제도 도입 초기에는 10%대에 머

3 이하 내용은 개방형직위 및 공모직위 운영지침(2023.8.30. 개정시행)에서 일부발췌.

그림 8-2 개방형 직위 지정개수 및 외부임용율 추이(2000-2022)

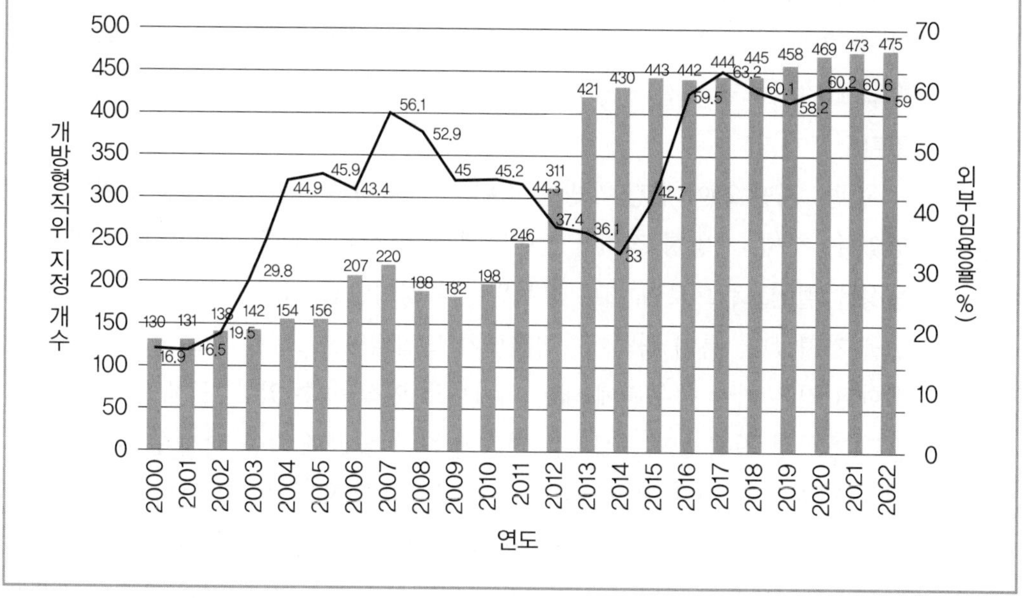

자료: 2023년 인사혁신통계연보.

물렀다. 이는 공직의 개방성과 전문성을 향상시키려는 기본 취지에 크기 못미치는 결과였다. 이에 따라 정부는 공직 내·외부 모두에게 개방하는 기존의 개방형직위에 더하여 공직 외부(민간인)에게만 개방하는 경력개방형 직위제도를 2015년 7월 도입하고 홍보, 정보화, 문화예술, 국제협력 등 민간의 인재풀이 풍부하고 민간의 경험과 전문성을 활용할 필요가 있는 직위를 경력개방형 직위로 지정하였다. 이에 따라 [그림 8-2]에서 확인할 수 있듯이 2016년 이후 평균 60%대에 달하는 외부임용율을 달성하는 등 공직의 개방성과 전문성이 향상되었다.

③ **개방형 직위의 평가**[4]

2000년 개방형 직위가 도입된 이후 20여년이 지난 현 시점에서 개방형 직위제도에 대한 평가는 엇갈린다.

우선, 긍정적인 측면에서, 첫째, 개방형 직위제도 도입에 따라 제도의 기본 취지인 공직의 개방성과 전문성이 향상되었다는 점에 대해서는 일반적으로 긍

4 이하 내용은 박천오·한승주 (2017:26) 내용을 발췌함.

정적 평가를 받는다. 즉, 폐쇄적 인사관리에서 벗어나 공직을 민간에 개방함으로써 유능한 민간의 전문가들이 과장급 이상 고위직에 보다 수월하게 입직할 수 있도록 문턱을 낮추었다. 둘째, 개방형 직위제도의 도입이 효율적 정책수립에 기여하고 혁신과 성과중심의 공직문화를 조성하였다는 긍정적 측면도 있다.

한편, 지난 20여 년간 개방형 직위 제도를 운영하면서 한계점도 확인할 수 있었다. 첫째, 개방형 직위가 늘어남에 따라 상위직위에 대한 내부의 임용 가능성을 떨어뜨림으로써 기존 공무원들의 경력발전 저해 및 사기 저하의 문제점을 가져왔다. 특히 경력개방직제도가 도입되면서 고위직으로의 승진 기회가 제한된 것은 기존 공무원에 대한 역차별로 인식될 수 있다. 둘째, 외부에서 임용된 개방형 직위자의 공직적응 기간에 따른 불편과 갈등 역시 문제점으로 지적된다. 아무리 해당 직위의 전문성을 갖추고 임용되었다고 하더라도 해당 기관의 업무파악 및 공직 문화 전반에 대한 적응에는 불가피하게 시간이 소요된다. 이 과정에서 개방형직위 점직자와 기존의 공무원 간 불편과 갈등이 발생하게 됨으로써 업무의 지연이 발생하게 된다.

제 2 절 모 집

1. 모집의 의의

일 잘하고 유능한 공무원을 선발하기 위해서는 그만한 인재가 지원을 해야 한다. 모집(recruiting)이란 정부 업무를 수행할 자격을 갖춘 잠재적 가용 인적자원의 풀(pool)을 확보하는 활동이다.

2. 모집의 단계

모집은 전체 노동력 인구, 지원자 인구, 지원자 풀(pool), 선발된 인원 등 크게 네 단계로 이루어진다(Mathis et.al., 2017).

1) 전체 노동력 인구

전체 노동력 인구란 전체적인 노동시장의 가용인원, 즉 생산가능인구를 확보하는 것이다. 최근 급속한 저출산에 따른 인구 감소는 유능한 공무원 인력확보의 전제가 되는 전체 노동력 인구의 감소를 야기하여 공무원 모집에 있어서 큰 도전이 될 것으로 예측된다.

2) 지원자 인구

지원자 인구란 전체 노동력 인구 가운데 실제 공무원 시험에 응시할 의사가 있는 지원자를 의미한다. 과거 직업으로서 공무원은 사회적 인식, 직업의 안정성, 공무원 연금 등 노후보장, 그리고 국가에 대한 기여라는 자긍심 등으로 인하여 많은 이들이 관심을 갖었었다. 그러나 최근 공직 매력도가 떨어지면서 공직 지원자 인구도 줄어들고 있다. 공직 지원자 인구 감소는 그만큼 유능한 인재들이 공직에 지원하는 가능성을 낮춤으로써 유능한 인재의 선발 가능성마저도 떨어뜨리게 된다. 따라서 적극적으로 공직을 홍보하고 유능한 인재들이 공직에 지원할 수 있도록 지원자 인구 관리에 나설 필요가 있다.

3) 지원자 풀(pool)

지원자 풀은 공직 지원자 인구 가운데 실제로 공직에 지원하는 집단이다. 지원자 풀이 얼마나 유능한가에 따라 추후 선발된 인원의 우수성이 결정된다. 과거 9급 공무원 공채 시험 경쟁률은 93.3대 1(2011년) 까지 치솟은 바 있다. 그러나 이후 지원자 인구 감소에 따라 지원자 풀도 함께 감소하여 2023년 9급 공무원 경쟁률은 22.8대 1로 1992년 19.2대 1을 기록한 이래 가장 낮은 경쟁률을 기록하였다. 적은 지원자 풀로 인한 낮은 경쟁률은 그만큼 유능한 인재 선발의 가능성을 낮추어 공직 경쟁력 차원에서 빨간불이 들어온 것으로 해석할 수 있다.

4) 선발된 인원

선발된 인원은 실제 지원자 가운데 공무원 채용절차를 거쳐 선발된 예비 공무원이다. 이들에 대해 공직 현장에서 필요한 기본적인 지식, 기술, 능력과 더불어 공직윤리 등에 대한 교육이 적절하게 이루어져야 한다. 선발된 인원에 대한 초기 인사관리는 추후 이들이 실제 현장에서 역량을 발휘를 할 수 있는 밑거름이 되기 때문이다.

3. 지원자격요건

대한민국 헌법 제25조에 따르면 모든 국민은 법률이 정하는 바에 의하여 공무담임권을 가진다. 따라서 공직은 모든 국민에게 개방되어 있고 기회가 균등하게 주어진다. 다만, 부적격자의 공직 진출을 통한 혼란을 방지하기 위해 법률이 정하는 바에 의하여 지원자격이 제한될 수 있다. 일반적으로 지원자격요건은 국적, 학력, 연령, 거주지, 성별 등의 차원에서 논의된다(김렬, 2014; 박천오 외, 2016; 오석홍, 2013)

1) 국 적

많은 나라들이 공무원 모집에 있어 자국의 국적을 가진 내국인에 한하여 공무원을 선발하고 있으며 한국도 예외는 아니다. 한국 공무원 채용의 경우 법에 따라 국가안보 및 보안·기밀에 관계되는 분야를 제외한 다른 분야의 경우에 한하여 외국인을 공무원으로 임용할 수 있다. 또한 대한민국 국적과 외국 국적을 함께 가진 복수국적자의 경우도 국가의 존립과 헌법 기본질서의 유지를 위한 국가안보 분야, 내용이 누설될 경우 국가의 이익을 해하게 되는 보안·기밀 분야, 외교, 국가 간 이해관계와 관련된 정책결정 및 집행 등 복수국적자의 임용이 부적합한 분야에 대해서는 임용을 제한하고 있다(국가공무원법 제26조의3).

임용 제한 분야 외의 경우 일반직 공무원 중 전문경력관 및 임기제 공무원, 정무직 공무원, 별정직 공무원의 경우 외국인을 채용할 수 있으나 현실적으로는 활발하지는 않다. 2020년말 기준 전체 공무원 110만 8622명 중 외국인 공무원은 205명(0.018%)으로 주로 국립교육기관(대학 교수)에 근무하고 있다(169명).[5]

---

5 이현정, "통상·교육 등 다양한 분야 선발… 지난해 말 기준 총 205명 근무" 서울신문, 2021.10.05, https://go.seoul.co.kr/news/newsView.php?id=20211006021003

2) 학 력

국가 별로 공직임용에 있어 학력의 기준을 엄격히 제한하는 국가가 있는가 하면 그렇지 않은 국가도 있다. 학력제한은 행정의 능률성 및 전문성 강화라는 목적을 달성할 수 있는 반면, 학력제한 철폐는 공직의 개방성 및 기회균등의 확대라는 가치를 추구할 수 있다.

한국 헌법은 모든 국민은 법률이 정하는 바에 의하여 공무담임권을 가진다(헌법제25조)고 명시하고 있다. 물론 법률이 정하는 바에 의하여 학력제한을 둘 수도 있지만, 헌법의 취지를 고려할 때 학력제한은 국민의 헌법적 권리를 과도하게 제한하는 것으로 볼 수 있다. 따라서 한국 공무원 임용에 있어서 특별히 학력이 직무수행에 필요한 요건(경력경쟁채용 또는 대학 교원 채용 등)이 아닌 이상 학력 제한을 두고 있지 않다(공무원임용시험령 제17조).

3) 연 령

연령을 통한 자격제한은 응시하한연령과 응시상한연령 등 두 가지 측면에서 볼 수 있다. 현재 한국 공무원 시험에 응시하기 위해서는 5·7급 공무원 시험의 경우 만20세 이상, 9급 공무원 시험의 경우 만18세 이상으로 응시하한연령을 설정하고 있다. 한때 공무원시험의 응시상한연령을 법률로 제한한 경우도 있었으나 이는 기본권의 최소 한도의 제한이라는 헌법가치에 부합하지 않아 헌법재판소로부터 헌법불합치 결정이 내려졌고(2007헌마1105) 이후 응시상한연령은 폐지되었다.

공무원 응시자격에 있어서 연령제한 문제는 공직수행에 필요한 자격을 갖추었느냐를 판단하는 기준에서 논의되어야 한다. 그 밖에 공무원 정년제도, 인사정책 및 인력 수급 조절 문제 등 다양한 입법정책과 연계하여 결정되어야 한다(2007헌마1105).

4) 거주지

거주지를 자격요건으로 설정하는 경우는 지역인재를 채용하는 것과 관련이 있다. 특히 지방자치제를 실시하는 가운데 해당 지역에 거주하는 주민을 지원조건으로 제한하는 경우가 있다. 그러나 거주지 제한을 지원조건으로 하는 것에 대해서는 장점과 단점이 동시에 존재한다(한승주·정주용·남태우, 2013).

우선 장점을 고려해보면, 거주지 제한을 통해 1) 타 지역으로의 인재유출 방지, 2) 지역경제 및 지역 대학과 연계되어 지역의 고용율 제고 및 해당 지역 내 대학의 경쟁력 담보, 3) 지역민들의 애향심 고취 등을 추구할 수 있다.

반면, 거주지 제한은 1) 인구 이동이 빈번해지고 지역적 전문성이 반드시 거주지 제한으로 확보되지 않는다는 점, 2)거주지 제한이 오히려 공무수행에 필요한 공무원의 전문성 확보를 저해한다 점, 3) 거주지 제한으로 지원자가 줄어들 수 있다는 점 등의 한계점이 있다. 이에 따라 특수한 경우를 제외하고는 거주지 제한 요건을 완화하는 추세이다.

5) 성 별

성별에 따라 지원의 제한을 두는 것은 공직을 포함하여 대부분 허용되지 않는다. 양성평등기본법에 따라 근로자의 모집 및 채용 등을 포함하여 인사관리에서 양성평등이 이루어져야 하며 특히 공무원의 채용에 있어서도 여성과 남성 모두에게 평등한 기회가 보장되어야 한다.

4. 적극적 모집의 요건[6]

적극적 모집(positive recruitment)이란 공직의 빈자리를 채울 수 있는 자격 있는 적격자를 소극적으로 기다리는 모집에서 벗어나 적극적으로 많은 사람으로 하여금 공직에 응시하도록 유도하는 인사활동을 의미한다.

모집의 적극화가 필요하게 된 이유는 행정의 지식화, 정보화로 인해 전문성을 갖춘 행정인력이 보다 많이 필요하게 되고, 공·사 부문 간에 우수한 인력의 획득을 위한 경쟁이 보다 치열해지고 있기 때문이다.

적극적인 모집을 강화하기 위한 방법은 다음과 같다. 첫째, 공직에 대한 사회적 선호도를 높여야 한다. 둘째, 유능한 인재를 공직에 확보하고 육성하기 위해 공무원의 수급에 관한 장기적이고 일관성 있는 인력계획을 수립해야 한다. 셋째, 유능한 인재 확보를 위해 채용방법 홍보 매체를 다각화해야 한다. 넷

6 이하 내용은 박천오 외(2006: 217-219) 발췌.

째, 시험을 정기적으로 실시하되 가능하면 그 횟수를 늘린다. 다섯째, 수험생의 편의를 위해 채용과정을 신속히 진행한다. 여섯째, 정부가 교육기관과 연계하여 장래에 필요한 공무원 인력을 양성한다. 일곱째, 보수 등 물질적인 보상과 경력발전의 기회가 많아야 한다. 여덟째, 보다 효과적인 모집계획을 수립하기 위해서는 모집결과에 대한 사후 평가를 통하여 과연 유능한 인력이 확보되었는가를 검토하여야 한다.

한국 정부는 보다 적극적으로 공직에 인재를 유치하기 위해 정부헤드헌팅과 국민추천제를 운영하고 있다. 정부헤드헌팅은 공직 개방성 및 정부 경쟁력 제고를 위해 주요 직위에서 필요로 하는 최고 수준의 민간 전문가를 직접 발굴 및 추천하는 활동이다. 정부헤드헌팅을 통해 개방형 직위와 경력개방형 직위를 대상으로 공모중심 채용에서 전략적 인재발굴의 적극적 채용으로 인재 영입 패러다임을 바꿔 민간 인재의 공직 진출 확대를 도모하고 있다. 국민추천제는 참신한 인재발굴을 목적으로 국민이 직접 참여하여 공직후보자를 추천하는 국민참여형 인사시스템이다. 추천분야는 장차관 등 정무직, 과장급 이상 개방형 직위, 공공기관장, 정부위원회 위원 등이다(http://www.mpm.go.kr).

제3절 선　　발

1. 선발의 의의

선발은 모집과정을 통해 지원한 후보자들을 대상으로 가장 적합한 사람을 선택하는 활동이다. 선발에 있어서 중요한 점은 적절한 시점에(right time) 적합한 사람을(right person) 적합한 위치에(right place) 선발·배치하는 것이다. 첫 번째, 선발은 조직의 성과유지 및 향상을 위해 특정 직위 또는 직무를 가장 잘 수행할 수 있는 지식, 기술, 능력, 태도 등을 갖춘 인재를 가려내는 작업이다. 따라서 조직에서 요구하는 수준에 적합한 사람(right person)을 선발하는 것은 매우 중요하다. 두 번째, 선발은 조직이 요구하는 시점(right time)에 이루어져야 한다. 아무리 적합한 인재라도 더 이상 직무의 소요가 발생하지 않거나 다른 사람에 의해 그 자리가 채워져 있다면 선발의 효용이 떨어질 수밖에 없다. 세 번째, 선발된 사람이 가장 일을 잘 할 수 있는 직위(right place)에 배치해야 한다. 직위가 요구하는 지식, 기술, 능력, 태도를 갖춘 사람을 해당 직위에 배치할 때 비로소 선발의 효용을 극대화할 수 있다.

2. 선발방법

(1) 개 요

선발과정은 공정성과 효율성이 동시에 고려되어야 한다. 우선 선발 과정에서의 공정성은 선발 결과에 대한 수용성을 결정한다. 따라서 지원자라면 누구나 선발과정에서 공정한 대우를 받아야 한다. 동시에, 선발과정의 효율성도 중요하다. 선발절차가 엄격하고 복잡하면 우수한 지원자를 더욱 철저하게 가려내 선발할 수 있겠지만 그 과정에서 지나친 비용이 소요될 수 있다. 따라 선발 절차에 들어가는 비용 대비 우수한 지원자를 선발할 수 있도록 효율성이 담보되어야 한다.

공정성과 효율성이 담보된 선발과정에서 유능한 인재를 가려내기 위해 주로 서류심사, 필기시험, 면접심사 등이 선발방법으로 활용되며 대개 이러한 방법들이 혼합되어 시행되는 것이 일반적이다.

특히 실적제에 기반한 직업공무원제도 확립을 위해 선발방식은 주로 시험에 의존해왔는데, 시험을 통해 유능한 인재를 가려내기 위해서는 응시기회의 평등성 및 시험의 타당성과 같은 조건들이 갖추어져야 한다(박동서, 1998; 박연호, 1996). 그러나 지금까지의 선발방식의 경우 시험의 정확성, 시험을 통해 검증 가능한 역량 종류의 한계 등으로 비판을 받아왔다(박동서, 1998; 박연호, 1996).

이와 같은 한계를 극복하기 위해 시험방법의 다양화와 더불어 서류심사, 면접심사 등과 같은 다양한 방법들이 혼합되어 실시되고 있다(박천오 외, 2016).

(2) 선발시험의 종류[7]

선발시험의 종류는 형식(방법)과 내용(예측대상)을 기준으로 구분할 수 있다.

1) 형식(방법) 기준으로 한 분류

형식(방법)을 기준으로 시험의 종류를 분류해보면 필기시험, 실기시험, 면접시험 등으로 구분할 수 있다

[1] 필기시험

필기시험(written test)은 널리 사용되는 보편적 시험 방법으로 시험관리가 용이하고 비교적 간단하다. 필기시험은 주관식 시험과 객관식 시험으로 나누어지는데 주관식 시험은 주어진 문제에 대해 응답자가 생각하는 바를 표현하는 방식으로 논문식 시험이라고도 부른다. 반면 객관식 시험은 정답이 존재하는 시험으로서 주어진 보기 안에서 정답을 찾는 시험이다.

[2] 실기시험

실기시험은 응시자로 하여금 앞으로 직무수행에 필요한 지식과 기술을 실습·실기의 방법으로 검증하는 시험이다. 실기시험을 통해 실제 직무내용을 얼마나 잘 수행할 수 있는지 검증할 수 있는 반면, 다수의 응시자를 대상으로 일시에 검증하기는 힘들다.

[3] 면접시험

면접시험은 지원자의 자질이나 직무수행에 요구되는 능력뿐만 아니라 태도 등 적격성을 알아볼 수 있는 중요한 시험방식이다. 다만 면접은 면접자와 피면접자 등 사람 간의 상호작용을 통해 이루어지므로 특히 면접자의 주관이 개입되기 쉽고 외압의 영향을 받기 쉬운 문제점이 있다. 따라서 면접자의 신뢰도와 객관성 유지가 매우 중요하다.

면접의 방식은 면접 내용에 따라 다음과 같이 구분된다.

① **비구조적 면접**: 면접 담당자가 면접을 진행하면서 자유로운 분위기에서 다양한 질문을 던지고 그에 대한 피면접자의 반응을 토대로 평가하는 면접 방법이다.

---

7 이하 내용은 박천오 외, (2016: 221–224)에서 일부 발췌.

② **구조적 면접:** 면접 담당자가 미리 정해진 질문양식에 따라 모든 피면접자에게 동일한 질문을 던지고 그에 대한 반응을 기초로 평가하는 면접방법이다.

③ **혼합형 면접:** 구조적 면접과 비구조적 면접을 혼합한 방법이다. 구조화된 질문들은 지원자들을 비교할 수 있는 정보를 얻는 데 사용이 되며, 비구조화된 질문들은 면접의 분위기를 보다 부드럽게 만들 때 사용하면서 지원자들의 독특한 차이점을 파악하는 데 활용된다.

④ **상황적 면접:** 직무와 관련된 지식이나 필요 정보를 얻는 데 있어서는 다른 면접방법들과 동일하나, 그에 추가적으로 지원자들에게 직무와 관련된 가상적 상황을 제시하고 그러한 상황에서 어떻게 하겠는가를 묻거나 어떠한 문제에 대한 해결책을 물어 그에 대한 답변을 근거로 지원자를 평가한다.

⑤ **스트레스 면접:** 만일 피면접자가 지원한 직무가 스트레스 요인이 많은 직무인 경우에는 스트레스 면접을 활용할 수 있다. 원래는 2차대전 중 적진에 들어가 활동해야 할 첩보요원들을 선발할 때 사용되었던 면접방법인데, 면접담당자가 피면접자에게 공격적인 질문을 연속적으로 던지고 퉁명스럽게 대하여 피면접자가 그러한 상황에 어떻게 대처하고 답변하는가를 토대로 평가한다.

[4] 한국 공무원시험의 특징

한국 공무원 시험의 경우 대부분 1,2차 필기시험에 치중되어 있다. 한때 공직자로서 얼마나 헌신적인 공공마인드를 가졌는지를 검증하기 위해서 필기시험 이후 실시되는 면접시험을 통해 필기시험 점수가 높더라도 면접시험에서 당락이 바뀌는 경우가 발생했으나 현재는 면접시험의 공정성 담보가 어렵고 면접관마다 평가기준이 다름으로 인해 공정성의 문제가 불거질 수 있어 다시 면접시험은 다소 형식적인 과정으로 회귀하였다.

2) 내용(예측대상)을 기준으로 한 분류

내용을 기준으로 시험을 분류할 때 대표적으로 적성검사, 지능검사, 업적검사, 성격검사, 신체검사 등을 들 수 있다.

① 적성검사는 추후 훈련 또는 경험을 쌓을 경우 일정한 직무를 잘 수행할 수 있는 잠재적 역량을 측정하는 시험이다. 따라서 적성검사는 직무분야 및 직무 성질에 따라 필요한 적성이 다르다는 전제하에 각 직무에서 요구하는 적성을 측정한다.

우리나라 공무원 5급 및 7급 공개경쟁채용 및 경력경쟁채용에서 공직적격성평가(Public Service Aptitude Test, 이하 PSAT)가 실시되고 있다. PSAT는 언어논리, 자료해석, 상황판단 등 세 과목으로 구성되는데 이는 논리적·비판적 사고능력, 자료의 분석 및 추론능력, 판단 및 의사결정능력 등을 평가함으로써 공무원이 기본적으로 갖추어야 할 기본적 적성을 측정한다.

② 지능검사는 주로 언어능력, 기억력, 추리력, 수리능력, 공간파악능력 등을 검사함으로써 지능 또는 정신적 능력을 측정한다.

③ 업적검사는 교육 또는 경험 등 후천적으로 얻은 지식, 기술, 능력 등을 평가하는 시험으로 미래의 잠재적 역량을 측정하는 적성검사와 달리 과거부터 현재까지 성취한 정도를 측정한다.

④ 성격검사는 직무의 특성과 관련하여 적합한 직무 수행자의 성격을 평가하는 시험이다. 즉, 단독으로 집중이 필요한 업무, 동료들과 협업이 필요한 업무, 새로운 일을 기획하는 업무 등 업무 특성에 따라 요구되는 직무수행자의 성격이 다른데, 성격검사를 통해 사람과 직무 간의 적합성을 도모하고자 한다. 이는 개인의 성격만 파악하기 위한 인성검사와는 구별된다.

⑤ 신체검사는 직무 수행에 있어 충분히 건강한 신체를 갖추었는지를 확인하는 시험이다. 신체검사의 유형은 직무의 분야에 따라 차이가 있는데 특히 경찰, 소방공무원 등 건강한 신체가 요구되는 직무에 대해서는 일반 사무직과 다른 기준의 신체검사가 요구된다.

(3) 시험의 효용성

시험의 목적은 적격성이 높은 사람을 선발하는 것으로 채용시험은 지원자들의 적격성을 판별하는 도구이다. 시험이 적격성이 높은 지원자를 판결하기 위해서는 효용성이 높아야 하는데 효용성을 높이기 위해서는 시험의 타당성과 신뢰성이 높아야 한다.

[1] **타당성**(validity)은 시험이 측정하려는 내용을 얼마나 잘 측정하는가하

는 정도를 나타낸다. 이러한 타당성은 기준타당성(criterion validity), 내용타당성(content validity), 구성타당성(construct validity)으로 구분된다. 기준타당성이란 시험의 결과가 추후 근무성적을 얼마나 잘 나타내느냐를 의미한다. PSAT 점수와 이후 공무원의 근무성적 간 상관관계가 높다면 PSAT는 높은 기준타당성을 갖는다고 볼 수 있다. 내용타당성은 시험의 내용이 실제 직무 수행에 필요한 지식, 기술, 능력, 태도 등을 얼마나 잘 나타내는가를 의미한다. PSAT의 언어논리 영역이 논리적·비판적 사고능력을 측정한다면 시험은 논리성과 비판성 등 모든 면을 측정할 때 내용타당성이 높은 시험이고 만약 이 가운데 지나치게 논리성만 측정한다면 내용타당성이 떨어진 시험이라고 볼 수 있다. 구성타당성은 시험이 이론적으로 구성된(정의된) 능력요소를 얼마나 잘 나타내느냐를 의미한다. PSAT의 언어논리 영역이 논리적·비판적 사고능력을 측정하기 위한 시험이라면 시험 문항이 논리적 사고 및 비판적 사고라는 추상적 개념을 구체적으로 측정할 수 있는 시험이어야 구성타당성이 높은 시험이라고 볼 수 있다.

[2] **신뢰성**(reliability)은 측정도구로서 시험이 반복적으로 시행되었을 때 일관성을 갖는 결과값을 가져오는지 여부를 나타낸다. 즉, 동일 혹은 유사한 시험을 동일 또는 유사한 응시자가 시간과 장소를 달리하여 반복하여 시행했을 때 근사한 점수가 나타날 경우 신뢰성이 높다고 볼 수 있다.

[3] **난이도**(difficulty)는 시험이 어느 정도 어려운지를 나타내는 지표로서 시험의 효용성을 높이기 위해서는 응시자들을 변별할 수 있는 정도의 난이도가 필요하다. 시험의 난이도가 너무 높아 모두가 0점을 받거나 혹은 난이도가 너무 낮아 모두가 100점을 맞는다면 적격 지원자를 가려낼 수 없어 효용성이 떨어진다.

[4] **객관성**(objectiveness)은 시험성적을 채점함에 있어서 시험외적 요인에 의해 점수가 영향을 받지 않는 채점의 공정성을 의미한다. 여기에서 시험외적 요소란 채점자의 주관이나 편견, 응시자의 성별, 출신, 학벌 등을 의미한다. 객관성이 높은 시험은 같은 채점자가 하나의 시험을 시차를 두고 반복해서 채점하여 그 결과를 비교하여 측정하거나 하나의 시험을 복수의 사람이 채점하여 그 결과를 비교함으로써 측정할 수 있다. 또한 모범답안을 준거기준으로 잡고 채점할 답안과 비교하며 채점하는 방법을 통해서도 객관성을 높일 수 있다.

3. 사회형평적 인재채용

(1) 사회형평적 인재채용의 의의

사회형평적 인재채용 혹은 균형인사 정책은 사회적 약자의 공직 입직에 대한 차별과 불평등한 처우를 개선하기 위해 도입된 제도로서 적극적 조치(affirmative action)이라고도 불린다(박천오·최무현, 2010). 한국의 선발제도는 공·사 조직을 막론하고 명시적 차별이 법적으로 금지되어 있다. 그러나 누구에게나 기회가 공평하게 주어진다고 하여 실질적으로 차별이 사라지는 것은 아니다. 비록 시험응시의 기회는 모두에게 공정하게 주어져 있으나 사회제도적 측면에서 아직까지 사회적 약자는 선발의 기회를 얻기 어려운 경우가 있다. 이러한 제약사항을 극복하기 위해 사회형평적 인재채용이 필요하다.

사회형평적 인재채용은 사회적 약자에 대한 배려라는 소극적 차원을 넘어서 사회통합 및 인적자원의 균형적 활용을 통해 정부의 의사결정에 민주성, 다양성, 대응성, 대표성 등을 담보할 수 있는 중요한 정책수단이다(박천오·최무현, 2010).

한국의 정부는 공무원채용에 있어 사회형평성을 고려하기 위해 양성평등채용 목표제, 장애인 구분모집제 및 의무고용제, 과학기술인력 공직임용 확대, 지방인재채용목표제 및 지역인재추천채용제, 사회통합인재 채용 등을 시행하고 있다.

(2) 양성평등채용 목표제

여성의 사회참여를 장려하고 나아가 남녀 평등을 실현하기 위해 1987년 「남녀고용평등법」이 제정되었다. 정부는 그보다 늦은 1996년 여성의 공직진출을 장려하기 위해 5급·7급 공무원채용시험을 대상으로 시험실시단계별로 여성이 선발예정인원의 일정비율이상이 될 수 있도록 선발예정인원을 초과하여 합격시키 여성공무원 채용목표제를 도입하였다(「공무원임용시험령」(1996.1.1.시행)).

이후 여성의 공직진출이 증가함에 따라 2003년부터는 여성공무원 채용 목표제가 양성평등채용목표제로 대체되었다. 이는 여성과 남성의 평등한 공무원 임용기회를 확대하기 위해 특정성별이 시험실시 단계별로 선발예정인원의 일정 비율 이상이 될 수 있도록 선발예정인원을 초과하여 선발하는 제도이다(공무원임용시험령제20조).

(3) 장애인 구분모집제 및 의무고용제

장애인 의무채용은 장애인의 취업기회를 보장함으로써 생활의 안정을 담보하기 위해 「장애인 고용촉진 및 직업재활법」, 「장애인 차별금지 및 권리구제 등에 관한 법률」 등의 법률을 통해 도입되었다. 정부 역시 모범고용주로서 역할을 다하고 복지국가건설에 이바지하고자 1989년 장애인 구분모집제를 도입하였는데 장애인이 비장애인과 동일하게 공개경쟁채용시험을 통해 입직하는 것은 실질적 기회의 공정성을 해치는 일에 해당하여 공개채용선발예정인원 중 일부를 장애인들만 응시할 수 있도록 제한하였다. 또한, 중증장애인의 공직진출이 여전히 어렵다는 점을 극복하기 위해 2008년부터는 중증장애인만 응시할 수 있는 중증장애인 경력경쟁채용제도를 도입하였다.

(4) 지방인재채용목표제 및 지역인재추천채용제

지방인재채용목표제는 수도권과 지방 간 격차가 심화되고 이로 인하여 수도권 인구 집중 및 지방도시 소멸 등의 문제가 발생하는 등 지역간 불균형이 심각해지자 이를 극복하기 위해 도입된 제도이다. 지방인재채용목표제는 5급 공개경쟁채용시험에 있어서 서울특별시를 제외한 지역 소재의 지방학교 출신자의 합격률이 일정 채용목표비율을 넘지 못하는 경우 일정 합격선 범위 내에서 지방학교 출신 응시자를 채용목표비율에 도달할 만큼 추가 선발하는 제도로 2007년에 도입되었다. 2015년에는 7급 국가공무원 공채시험으로 확대 운영하고 있다.

지역인재추천채용제는 공직의 지역 대표성 제고, 국가균형발전 및 고등학교 졸업자의 공직진출 확대 등을 위해 2005년부터 인턴제 방식으로 도입되었다. 초기에는 6급으로 선발해오다가 2010년부터는 7급으로 선발하고 있으며 2012년에는 9급으로까지 확대하여 선발하고 있다. 지역인재 7급의 경우 학사학위 취득자 또는 취득 예정자를 학교의 추천을 받아 선발하여 1년 간 인턴으로서 수습근무한 후 일반직 7급 국가공무원으로 임용할지 여부를 결정한다. 또한 지역인재 9급의 경우 특성화고, 마이스터고 및 전문대학 등 졸업자 또는 졸업예정자를 학교추천을 받아 선발하고 6개월 간 수습근무 후 일반직 9급 공무원으로 임용여부를 결정한다.

(5) 과학기술인력 공직 임용확대

최근 4차산업혁명 등 과학기술의 발달로 산업뿐만 아니라 공직 전반에 걸쳐 과학기술의 활용가능성과 필요성이 대두되고 있다. 특히 IT, BT, NT, ET 등 신기술분야의 기술혁신이 국가경쟁력의 핵심요소로 등장하며 과학적 지식과 사고에 기반을 둔 정책 수요가 증가하고 있다. 이에 대응하기 위해 국가의 주요 정책결정 과정에 과학기술 전문 지식을 지닌 전문인력의 참여가 절실해지고 있다.

이에 인사혁신처는 「균형인사 기본계획」을 통해 5급 국가공무원 신규 채용 시 40%를 이공계 공무원으로 채용하도록하고 고위공무원의 30%이상을 이공계 공무원으로 임용하도록 권고하고 있다.

(6) 사회통합인재

사회통합인재 채용은 우리나라 사회적 약자들이 공직에 진출하여 보다 적극적으로 정책결정과정에서 사회적 약자들의 목소리를 담아내기 위해 도입되었다. 사회통합인재 대상으로는 저소득층, 다문화 가족, 북한 이탈주민 등이 해당하는데, 저소득층의 경우 취업에서의 불평등을 해소하고 나아가 경제적 자립을 지원하기 위해 저소득층 공직진출 제도를 2009년 도입하였다.

그 밖에 우리 사회에 다문화 가정과 북한이탈주민이 증가하면서 이들에 대한 사회통합인재 임용관련 제도도 도입되었다. 이들에 대해서는 별도의 채용목표제가 설정되어 있지 않지만 인사혁신처는 「균형인사 기본계획」을 통해 중앙행정기관 등의 장으로 하여금 이들의 공직 임용확대를 위해 노력하고 공직 채용정보를 적극 제공하도록 권고하는 한편 공직 내 활용방안을 마련하여 시행하도록 권고하고 있다.

제 4 절 임 명

1. 채용후보자 명부

시험 절차를 거친 이후 시험 결과에 따라 합격자를 결정하고 이들의 등록을 받아 합격자 명단을 작성한다. 이를 채용후보자 명부라고 부르는데 채용후보자명부는 직급별로 시험성적순으로 작성하되 훈련성적 및 전공분야와 그 밖에 필요한 사항을 기재한다.

공무원 공개경쟁 채용시험에 합격한 사람의 채용후보자 명부의 유효기간은 2년의 범위에서 정하되 시험 실시기관의 장은 필요에 따라 1년의 범위에서 그 기간을 연장할 수 있다(국가공무원법 제38조 제2항).

2. 추 천

채용후보자 추천은 각 기관에서 결원이 발생했을 때 이를 보충하기 위한 추천요구에 대응하는 인사활동이다. 후보자 추천 시 시험성적 등 참고자료를 기관에 보내는데, 추천받은 기관에서는 이러한 기록을 검토하고 후보자에 대한 면접을 실시하여 임용여부를 결정한다. 후보자 추천의 유형으로는 단일 후보자를 추천하는 단수추천제, 배수로 추천하는 배수추천제, 전체 후보자들을 성적순에 따라 몇 개의 집단으로 나누고 가장 우수한 집단부터 차례로 추천하는 집단추천제, 채용후보자의 성적 순위에도 불구하고 임명권자가 특정한 자격이 있는 사람을 지정해 추천하는 지정추천제, 임용권자들이 채용후보자 명부에 있는 후보자들을 자유롭게 선택하는 합동추천제 등이 있다.

추천은 임명권자의 의중 뿐 아니라 후보자의 의사도 중요하다. 후보자의 직무관련 능력과 흥미 역시 직무수행의 필수 요소이기 때문이다. 따라서 기관의 필요와 더불어 후보자의 선호도 역시 고려되어야 한다.

3. 시보 임용

임용권자는 추천후보자 중에서 필요한 사람을 선발하여 일정기간 동안 시보(probation)로 임용하여 기존의 선발과정에서 미처 확인하지 못한 사항을 검증하고 시보 기간 중 근무성적이 좋은 경우 정규공무원으로 임용한다.

시보 임용의 목적은 선발된 후보자가 공무원으로서 적격성을 보유하고 있는가를 확인하는 것으로서 후보자의 지식, 기술, 능력, 태도와 더불어 공직가치를 확인할 수 있는 중요한 기간이다. 시보기간은 직급 및 업무내용에 따라 다른데 5급 공무원 신규채용자는 1년, 6급 이하 공무원은 6개월로 시보기간을 규정하고 있다(국가공무원법 제29조 제1항).

시보 기간 임용된 공무원은 정규 공무원과 같은 신분이 보장되지 않는다. 따라서 시보의 근무성적이나 훈련성적 불량 등으로 시보공무원을 면직시킬 경우 소청 등의 구제수단이 없다.

제 5 절 임용제도의 개선방안

한국이 한국전쟁 이후 급속한 경제성장을 할 수 있었던 원인에는 여러 가지가 있지만 그 중 엘리트 공무원을 빼놓을 수 없다. 그러나 지식위주의 엘리트 공무원 선발로는 더 이상 오늘날과 같은 복잡한 행정환경에 대응하기가 어렵다. 이에 정부도 경력개방형채용제도, 개방형직위제도 등 공직의 개방성과 전문성을 높이고자 노력해왔다. 또한 PSAT 시험의 도입으로 지식위주의 채용시험에서 벗어나 역량중심의 채용시험으로 변화를 도모하기도 하였다. 그러나 빠르게 변하는 행정환경에 대응하기에는 현 임용제도는 역부족이다. 이를 극복하기 위해 인사혁신처는 「인사비전 2045」을 통해 미래 인재상을 지향하는 융합형 직무중심 시험제도, 부처별·지자체별 맞춤형 인재선발, 지역균형선발에서 글로벌포용선발로의 확대, 주문형 인재선발, 융복합형 테크노크라트의 확대, 빅데이터 전문가, 프로그래머, 기술정책집행관 확대 등을 제시하였다(인사혁신처, 2017: 269-281).

1. 미래 인재상을 지향하는 융합형 직무 중심 시험제도

인사관리에 있어 이미 다양한 배경과 가치관을 가진 성인을 대상으로 교육을 통해 조직에 맞는 인재를 양성하는 것보다는 비용과 시간이 많이 들더라도 조직이 요구하는 사람을 채용하는 것이 더 효율적이다. 이에 따라 현재의 암기식, 지식위주의 선발제도에서 벗어나 융합형 직무중심 채용이 도입되어야 한다. 융합형 직무중심 채용제도는 직무의 특성을 고려하여 직무수행에 필요한 지식, 기술, 능력, 태도 등을 검증하는 선발제도로서 직무의 전문성을 확보할 수 있다.

융합형 직무중심 시험제도를 도입하기 위해서 우선 공직 수행에 요구되는 지식, 기술 능력 태도 등의 내용을 직류별로 체계화한 가칭 '공직직무능력표준'을 수립할 필요가 있다. 이는 공공부문에서 활발히 활용되고 있는 직무능력표준(NCS)과 유사한 틀로서 직무수행능력과 융합적 지식체계와 사고방식을 검증할 수 있을 뿐 아니라 민간 부문과 선발 방식이 유사해져 민간과의 채용경쟁을 벌일 수 있는 적극적 모집이 가능해진다. 나아가 공직의 직무 중 공공기관·민간기관의 직무와 유사한 직무의 경우 공직직무능력표준을 매개로 활발한 인적교류가 가능해져 국가 차원의 노동경쟁력을 향상시킬 수 있다.

2. 부처별·지자체별 맞춤형 인재 선발

현재의 공개경쟁채용제도는 부처별, 지역별 특수성을 반영하는데 한계가 있다. 개방형 직위제나 경력경쟁채용을 통해 부처의 수요를 반영하고자 하지만 역시 부처별 특수성을 반영하기에는 역부족이다. 따라서 각 중앙부처 및 지자체에 임용권을 대폭 위임하여 부처별, 지자체별 수요에 맞는 각기 다른 능력, 경력 정체성을 가진 맞춤형 인재를 모집할 수 있도록 채용의 패러다임 변화가 필요하다.

특히, 부처별, 지자체별 맞춤형 인재 선발시 대표관료제 개념을 적극활용할 필요가 있다. 이로써 각 부처 또는 지자체의 당면 과제를 보다 수월하게 해결할 수 있을 것이다. 가령, 청년정책 담당 부서에 청년을 선발·배치하거나 여성정책 담당 부서에 여성을 선발·배치함으로써 보다 당사자적 문제해결이 가능할 것이다.

3. '지역균형선발'에서 '글로벌포용선발'로의 확대

현재의 지역균형선발제도를 통해 지역적 대표성을 제고하고자 하는 노력은 어느 정도 결실을 맺은 것으로 보인다. 그러나 여전히 수도권과 지방 간 격차는 좁혀지지 않고 특히, 교육에 있어서도 수도권과 지방 간 격차가 존재한다. 이에 선취업–후진학을 유도하여 지역 고등학교 졸업(예정)자를 공직에 채용함으로써 지역 균형과 더불어 실질적인 학군평준화와 대입경쟁의 완화도 기대할 수 있다.

중장기적으로는 '지역'의 개념을 '국외'로까지 확대하는 것을 검토할 수 있다. 미래에는 물리적 거주지와 태생적 국적의 의미가 쇠퇴하고 국제화, 세계화가 더욱 확대될 것이다. 이에 해외 고등학교 출신을 선발한다거나 한국인 2~3세, 혹은 입양아를 대상으로 국적 제한을 폐한 글로벌인재로서 지역별 할당제를 통해 보다 포용적 균형 선발을 실시할 수 있을 것이다.

4. 주문형 인재 선발

기존의 공무원 채용제도는 정기시험으로 인해 경직적이고 획일적인 특징을 가지고 있다. 또한 정기시험은 지원자의 역량이나 직무의 적합성을 충분히 담아내지 못하고 있다. 이로써 인재 수요자인 정부의 입장에서 적시(right time)에 적합한 사람(right person)을 적소(rigtht place)에 임용하지 못하는 한계가 있다. 이러한 한계를 극복하기 위해 주문형 인재선발 시스템 도입을 고려할 수 있다.

주문형 인재 선발시스템은 민·관이 전문 분야별 인력풀을 공유하면서 필요시 언제든지 수시 모집이 가능하도록 하는 제도로서 인공지능 및 빅데이터 분석을 통해 필요한 인사관리를 공정하고 정확하게 수행할 수 있다.

5. 융복합형 테크노크라트의 확대

정보통신기술의 발달에 따라 과학기술에 대한 수요가 증가하고 있다. 이에 따라 인문사회계 인력에 대한 수요가 줄고 이공계 인력에 대한 수요가 증가하고 있는 실정이다. 이에 따라 추후 고등교육 구조도 이공계 양성 위주로 개편되어가고 있다.

이러한 변화에 대응하여 공직에서도 과학기술직 채용의 확대를 고려할 필요가 있다. 현재 공무원조직은 행정직 위주로 특히 고위공무원으로 갈수록 행정직 비율이 높다.

그러나 앞으로 정부도 과학기술에 대한 이해를 바탕으로 한 의사결정의 수요가 늘어날 것에 대비하여 빅데이터, 인공지능 등 소프트웨어 과목을 공무원 선발에 추가하여 고급 테크노크라트를 확충해야 한다. 이러한 추세에 맞추어 정부는 2016년 정보보호 직류를 신설하였고 2023년에는 데이터 직류를 신설하였으며 나아가 과학기술의 중요성을 강조하기 위하여 기존의 기술직군을 과학기술직군으로 명칭을 변경하였다. 다만 과학기술직군이라고 하여 단순히 과학기술적 지식만을 토대로 하는 것이 아니라 인문사회적 소양을 바탕으로 전문영역을 확보한 테크노크라트의 채용이 앞으로 공무원 채용의 방향성이 되어야 할 것이다. 이는 국가 교육과정에도 2018년부터 문이과를 통합하여 운영하는 상황과 연동된다고 볼 수 있다.

6. 빅데이터 전문가, 프로그래머, 기술정책집행관 확대

융복합 테크노크라트 가운데 가장 비중이 높을 것으로 예상되는 3대 전문가로 빅데이터 전문가, 프로그래머, 기술정책집행관을 꼽을 수 있다.

이에 빅데이터 관련하여 빅데이터의 활용방안 탐색, 데이터의 가공·분석·창출, 데이터 분류·저장·유지관리, 전문학술용도 활용에 종사하는 데이터연구 등으로 세분화하여 빅데이터 관리가 필요하다. 특히 공직에서 데이터의 가공·분석·창출은 공공데이터 가운데 고가치 교환 데이터를 선별하여 민간기업과 공유함으로써 정부의 빅데이터가 미래 기업의 먹거리가 될 수 있도록 활용할 수 있는 빅데이터 전문가가 필요하다.

프로그래머와 관련하여 클라우드 컴퓨팅과 같은 협업 플랫폼이 공직에 도입되면서 정보 보안 및 안보의 문제가 중요한 화두로 떠오르게 되었다. 따라서 사이버 안보를 위해 프로그래머와 해커를 공직에 흡수하여 공직자로 양성하는 것은 정보보안 측면에서 전략적으로 고려해야 한다.

끝으로 기술관련 사회문제가 대두됨에 따라 기술규제, 기술표준, 기술윤리, 기술공감 등과 관련한 기술정책집행관을 양성하는 것이 요구될 것이다. 정부 내 기술규제 전문가는 과학기술 관련 전문규제에 관한 전문가 역할을 하며 국제표준 전문가는 국제표준 설정에서 한국이 주도권을 잡을 수 있는 전략을 마련한다. 기술윤리 전문가는 과학기술윤리 관련 규제방침을 정하고 입법화하는 역할을 하며 기술공감 전문가는 국민의 과학기술 관련 정책과정과 표준설정에 참여할 수 있도록 관련 이해관계자 간의 조정과 중재자역할을 한다.

참고문헌

김렬. (2014). 「인사행정론」 서울: 박영사.

박동서. (1998). 「인사행정론」 서울: 법문사.

박순애·최진섭·이혜연. (2018). 공직 채용유형이 성과에 미치는 영향: 경력경쟁채용을 중심으로, 「한국인사행정학회보」, 17(4), 81-107.

박연호. (1996). 「인사행정신론」 서울: 법문사.

박천오 외 (2016). 「인사행정론」 서울: 박영사.

박천오·최무현. (2010). 참여정부의 사회형평적 인재등용정책: 성공요인과 정책적 함의, 「한국인사행정학회보」, 9(2), 31-57.

박천오·한승주. (2017). 개방형 직위제도의 성과에 관한 실증 연구: 관련 공무원들의 인식 비교, 「한국인사행정학회보」, 16(3), 1-31.

안희정·김태룡. (2013). 경력경쟁채용의 효과성에 관한 연구, 한국행정학회 하계학술발표 논문집.

오석홍. (2013). 「인사행정론」 서울: 박영사.

인사혁신처. (2017). 「인사비전 2045」 고양: 지식공감.

한승주·정주용·남태우. (2013). 지방자치단체 공무원 이동의 불균형 구조 탐색: 전출 의도의 발생과 그 결과, 「한국행정연구」 22(4): 113: 138.

Mathis, Robert L., et al. (2017). *Human resource management*. 15th ed. Cengage learning.

제 9 장 교육훈련

제 1 절 교육훈련의 의의

1. 교육훈련의 개념

공무원 교육훈련은 변화하는 행정환경 속에서 직무수행에 필요한 능력과 공무원이 가진 능력 사이의 격차를 좁히려는데 초점을 둔다. 근래 우리나라에서는 역량에 기반한 학습(competency-based learning), 공직 현장에서 직면하는 문제의 해결 과정을 학습하는 액션 러닝(action learning) 등과 같은 개인의 역량개발과 현장학습이 강화되고 있다. 또한 고위공무원단이 신설되면서 고위공무원단 진입을 위한 핵심역량 교육의 중요성이 커지고 있으며 공무원의 일과 학습이 병행될 수 있는 상시학습제도도 지속적으로 확대되고 있다.

한국 공무원 교육훈련의 핵심적 목적이 공무원으로서의 공직가치 확립과 직무수행의 전문적 역량개발임을 표방하고 있다. 법률상 "국가공무원을 국민 전체에 대한 봉사자로서 공직가치가 확립되고 직무수행의 전문성과 미래지향적 역량을 갖춘 인재로 개발하는 것"으로 규정되어 있으며(「공무원인재개발법」 제1조), "모든 공무원과 시보 공무원이 될 사람은 국민 전체에 대한 봉사자로서 갖추어야 할 공직가치를 확립하고 담당 직무를 효과적으로 수행할 수 있는 미래지향적 역량과 전문성을 배양하기 위하여 법령으로 정하는 바에 따라 교육훈련을 받고 자기개발 학습을 하여야 한다"(「국가공무원법」 제50조)고 공무원 교육훈련의 의무를 규정하고 있다.

이 장에서는 공무원 교육훈련을 '공무원의 역량을 개발하고 현재와 미래의 직무수행에 필요한 지식과 기술을 향상시키며, 가치관 및 태도를 발전적으로 변화시키기 위한 의도된 활동'으로 정의한다. 교육훈련의 과정과 주요 방법을 소개하고(제2절) 역량 기반의 교육훈련(제3절), 그리고 한국 공무원 교육훈련 제도를 살펴보고 그 문제점과 개선방안을 설명한다(제4절).

2. 교육훈련의 중요성

공무원 교육훈련의 필요성은 개인의 직무수행능력 향상과 공직가치 확립을 통해서 행정의 생산성을 높이고 국민에게 질 높은 행정서비스를 제공하는데 있다. 교육훈련을 통해서 개인이 담당하는 직무수행 역량이 높아진다면 업무성과가 향상될 것이므로 성취감, 사기 고양, 직무만족 등이 높아지고 그 결과, 조직 목표와 성과 달성에 긍정적인 영향을 미칠 것으로 기대된다. 교육훈련의 중요성은 다음과 같은 이유로 더욱 커지고 있다.

첫째, 공무원 개인 또는 정부 조직이 급속한 행정환경 변화에 신속하게 대응하기 위해 교육훈련이 필요하다. 조직은 새로운 지식과 기술의 습득으로 환경의 변화에 적절히 대응해야 하고 이를 위해 구성원의 가치와 행태변화가 요구된다. 더욱이 근래 과학기술의 급변으로 공무원이 가진 과거 지식이 현재의 문제해결에 효과적이지 못할 수 있어서 새롭게 발전된 지식과 기술을 습득하여 신속하고 효과적으로 문제를 해결할 역량을 키워야 한다. 때문에 새로운 지식과 기술교육, 그리고 환경변화에 부응하는 구성원의 가치관과 태도, 행동의 변화를 끌어낼 교육훈련이 적시에 이뤄져야 한다는 것이다.

둘째, 공무원의 역량과 책임 부족에 대한 사회적 비판이 높아지는 가운데 공직사회의 혁신과 국민에 대한 대응성을 높이기 위해서 교육훈련이 더욱 중요하다. 공직사회가 시장과 시민사회에 비해 변화에 둔감하고 비효율적이라는 오랜 비판이 누적된 가운데 대형사건사고 등에 있어 공무원의 부적절한 대응은 정부에 대한 불신을 키워왔다. 따라서 공공문제에 적극적으로 대응하는 공무원의 태도와 공직자로서의 가치관과 책임성을 강화하기 위한 교육훈련이 공공조직에서 필요하다.

셋째, 교육훈련은 다른 인사 기능과 밀접하게 연관된 관계로 효과적인 인사관리를 위해서는 다른 인사관리 활동과 교육훈련이 유기적 관계를 맺고 통합적으로 이뤄져야 한다. 인사관리 단계별로 교육훈련과의 관련성을 살펴보면 다음과 같다. 인력계획 단계에서 수립된 계획에 따라서 교육훈련이 계획·실시되어야 하고, 채용 단계의 규모와 시기, 채용대상자에 관한 정보에 따라서 교육의 종류와 규모, 내용이 결정된다. 직무분석은 교육훈련이 어떠한 지식과 기술을, 누구를 대상으로 실시되어야 하는지를 파악할 수 있게 한다. 또한 인사이동과 경력발전 단계에서는 내부 인력의 신축적 운영, 개인의 체계적 경력발전 수단으로서 교육훈련이 필수적이다. 근무성적평정 결과는 각 개인에게 어떠한 교육이 필요한지를 알 수 있다. 이 밖에도 교육훈련을 통해 습득된 지식과 기술은 공무원의 직무성과를 높이고 직무만족으로 이어지므로 동기부여의 효과적인 수단이 될 수 있다.

제 2 절 교육훈련의 과정

교육훈련의 과정은 ① 교육훈련에 관한 수요조사와 ② 이에 근거한 교육훈련 프로그램의 개발과 ③ 실시, 그리고 ④ 교육훈련 결과의 효과성 평가와 환류로 볼 수 있다.

1. 교육훈련 수요조사

교육훈련은 현재와 가까운 미래의 직무수행에서 필요한 능력을 향상하기 위해 계획된 학습 기회를 제공해야 한다. 따라서 교육훈련 수요조사는 단기적으로는 효과적인 업무 달성에 장애가 되는 문제점을 제거하고 장기적으로는 환경변화에 대응하여 잠재적 능력을 개발하기 위해 수행된다. 정확한 수요조사를 통해서 조직 목표와 연계된 교육의 내용과 대상, 방법 등이 결정되고 세부적인 교육훈련 계획이 이뤄질 수 있으며 동시에 교육훈련의 효과성을 평가할 기준이 되기도 한다.

교육훈련 수요조사(training needs assessment)는 조직의 교육훈련 수요를 파악하고 구성원의 교육훈련을 지원하기 위한 기본 단계이다. 교육훈련 수요조사는 체계적인 분석을 통해 교육의 필요성에 대한 객관적 정보를 도출해야 한다. 수요조사의 목적은 일반적으로 직무가 요구하는 능력과 현재의 능력 사이의 격차를 발견하고 제시하여 교육훈련을 통해 그 차이를 좁히는 것이며 더불어 각 개인의 체계적인 능력개발에 있다(박기관·홍관웅, 2014; 최길수, 2004). 수요조사 과정을 통해서 피교육자가 자신의 직무수행상 필요한 교육훈련의 내용을 인식하고 자신의 경력을 어떻게 개발시킬 것인지 숙고하게 하며, 교육훈련의 필요성에 대한 동기를 부여할 수 있다. 더불어 조직차원에서는 불필요한 교육이나 과소교육을 방지함으로써 교육훈련의 효율성을 확보할 수 있다.

수요조사 단계는 조직 목표의 정의, 관련 직무행태 정의, 요구되는 지식과 기술 정의, 그리고 교육훈련의 설계로 진행된다. 조직의 전략과 상황 분석에 따라서 요구되는 직무행태의 수준을 구체적으로 정의하고, 그러한 직무행태에 필요한 지식, 기술, 능력 등을 구체화하여 이를 교육훈련 내용 설계에 반영하는 것이다.

수요조사의 방법은 설문조사, 인터뷰, 성과평가, 관찰, 초점집단면접, 평가센터, 문헌분석, 자문위원회 등 다양할 수 있고 각 방법마다 나름의 특징과 장단점이 존재한다(Brown, 2002). 최근에는 조직과 개인 차원의 교육훈련 수요를 데이터 기반으로 수집 및 분석하는 방법이 시도되고 있다.

2. 교육훈련 프로그램의 개발

교육훈련 수요조사에서 도출된 내용에 따라서 교육훈련 프로그램을 개발하고 설계한다. 프로그램 개발과정은 프로그램의 목표를 설정하고 그에 따른 교과목의 종류와 강의 내용을 개발하며 전체 프로그램을 체계적으로 정렬하는 과정으로 진행된다. 프로그램 개발과정은 우선순위에 따라서 핵심적인 교육훈련의 대상자와 내용을 결정하고 핵심적인 훈련내용과 우선순위를 정하여 적합하고 효과적인 전략과 방법을 설계한다. 이 과정에서 가용자원, 비용효과성, 접근 가능성 등을 고려하여 가장 효과적인 방법을 채택한다.

3. 교육훈련 프로그램의 실시

개발된 교육훈련 프로그램을 실시하는 단계에서 중요한 문제는 어떠한 교육훈련 방법을 채택할 것인가 하는 점이다. 교육훈련 방법의 선택에는 교육훈련 대상자의 지식, 기술, 능력 등의 변화에 대한 효과성뿐만 아니라 교육훈련 대상자의 규모, 예산의 규모, 시설과 장비의 가용성, 훈련담당교관의 능력 등 여러 요소가 함께 고려되어야 한다.

교육훈련 프로그램의 실시 방법은 개략적으로 교육장소에 따라 집합교육(교육원훈련), 현장교육(직장훈련), 원격교육으로, 교육방식에 따라서 자율학습(자기주도학습), 집단학습, 1대1 학습 등으로 나눌 수 있다. 교육 시 활용하는 교육기술에 따라서 강의, 토론, 역할극, 시뮬레이션 등으로 다양하게 분류될 수 있다.

4. 교육훈련의 평가

교육훈련의 평가는 교육훈련이 앞서 설정한 프로그램의 목표를 달성하였는지를 분석·평가하는 활동을 의미한다. 평가를 위해서는 교육훈련의 목표를 명확히 설정하고 객관적인 평가기준을 마련해야 한다. 하지만 교육훈련 참가자가 교육훈련을 통해 지식, 기술, 능력 등을 충분히 획득하고 가치관과 태도를 변화 시키고 실제 업무에 적용함으로써 조직의 성과가 향상되었는가를 객관적으로 평가하기는 쉽지 않다(이승모·손화정, 2016).

교육훈련의 성과는 다층적·다면적 개념으로 간주되며 교육훈련의 효과성 평가는 크게 학습효과(learning effect)와 전이효과(transfer effect)로 구분되고 있다(Holton & Baldwin, 2003). 학습효과는 해당 교육훈련 프로그램을 통해서 발생한 개인의 변화를 의미하는데 프로그램의 목표 달성 정도를 평가한다. 개인의 지식, 기술, 능력 등의 평가요소를 중심으로 교육훈련의 성과를 측정한다. 전이효과는 이러한 개인 수준의 변화가 직무성과나 조직 생산성 제고로 연결되는 효과를 의미하는데 업무 현장에 복귀한 이후 기존과 다르게 업무를 수행하여 기대되는 조직성과를 도출하는지를 통해 측정될 수 있다. 학습효과와 전이효과는 순차적 인과관계로 전제되고 있다.

교육훈련 프로그램의 학습효과는 시험, 설문지, 관찰 등을 통해서 비교적 객관적 평가가 이뤄질 수 있지만 전이효과는 그 평가가 상대적으로 어렵다. Noe & Tews(2008)는 교육훈련에 참여하고 업무에 복귀한 참여자들의 90일 이후 교육훈련 전이효과를 측정한 결과, 50% 이상이 학습한 내용을 업무에 활용하지 않았다고 분석하였으며, Holton & Baldwin(2003)은 대부분 조직에서 교육훈련 참여자들이 습득한 지식을 직무에 활용하는 경우는 10% 수준인 것으로 보았다. 교육훈련이 학습자의 역량 향상에 크게 기여하지 못하고 조직성과 증대에 충분히 이바지하지 못한다는 비판적 목소리도 높다(김민영 외, 2018). 하지만 전이효과의 핵심은 교육훈련 프로그램의 결과로서 현장에서 어느 정도 행태가 변화했는가를 평가하는 것이므로(Kirkpatrick & Kirkpatrick, 2006) 교육훈련을 통해 궁극적으로 획득하려던 목표로서 그 중요성이 크다.

제 3 절 역량 기반의 교육훈련

1. 역량 모형

(1) 역량 모형의 필요성

교육훈련을 통해서 구성원의 직무수행능력을 높이고 조직성과를 향상하려는 인적자원개발의 전략적 관점이 강조되면서 역량 기반의 교육훈련이 본격적으로 전개되었다. 공무원 개인을 대상으로 역량진단·평가를 실시하고 그 결과를 토대로 교육훈련을 설계·시행하는 것이다.

역량 개념은 초기에 '실제 수행상황에서 성공적인 수행을 가능하게 하는 평범한 수행자와 구분되는 우수한 수행자의 특성'(McClelland, 1973)으로 제안된 이후 여러 학자들에 의해 체계화되어왔다. 우리나라 인사혁신처는 '조직의 목표달성과 연계하여 뛰어난 직무수행을 보이는 고성과자의 차별화된 행동 특성과 태도'라고 하였고 미국 인사관리처(OPM)는 '측정할 수 있는 지식과 기술, 능력, 행동, 그 밖의 맡은 업무나 직업적 기능을 성공적으로 수행할 수 있는 개인적 특성'으로 정의하였다(권용만·정장호, 2021).

조직은 전반적인 생산성 향상을 통한 조직의 목적을 달성하기 위해 뛰어난 성과를 산출하는 개인의 역량이 무엇인지를 명확히 하는 역량 모형(competency model)을 개발하고 이를 기준으로 선발, 교육훈련, 평가, 보직관리 등 인적자원관리의 전반적인 과정에 활용하는 체계를 구축해야 한다.

인적자원관리에서 역량 모형의 활용성은 다음과 같다(Lucia & Lepsinger, 2001: 41-50; 권용수, 2006). 첫째, 채용에서 모든 면접자들에게 지원자 선발의 동일한 기준을 제공한다. 둘째, 교육훈련과 개발, 평가에서 성공적인 업무수행을 위한 세부적 행동기준을 제공해준다. 셋째, 승진의 기준을 제공하여 승진과정의 공정성 확보를 돕는다. 넷째, 역량 모형은 성과기대치를 명확히 하여 개인이 업무에서 관심을 두어야 할 방향을 제시해 준다. 다섯째, 조직구성원들은 자신의 능력개발을 위해 어떤 교육훈련과 개발 노력을 해야 하는지 명확한 정보를 파악할 수 있다. 여섯째, 업무평가에서 조직구성원에게 인정과 보상, 승진에 대한 지침을 제공해준다.

(2) 역량 모형의 구성

역량 모형은 조직 내 역할·직무별 우수 수행자의 행동을 분석하여 성과창출에 절대적으로 영향을 미치는 행동요인을 정의하고 그것을 역량명과 행동지표로 구성하는 작업이다. 역량의 구성차원이나 조사에서 선행연구 대부분은 직무 또는 업무 분야별로 우수 성과를 분석 대상으로 하거나 우수 성과자와 열위 성과자의 차이 요소를 규명함으로써 직무 유형별로 역량을 규명한 후 각 역량들의 관계를 설정하여 종합하는 방식으로 역량 모형을 구성해왔다(김현주·전상길, 2006).

일반적으로 조직에서 역량은 공통·핵심 역량, 관리적·리더십·프로세스 역량, 개인·직무·전문역량이라는 세 차원으로 구분된다. 공통·핵심 역량은 전 조직구성원이 공통적으로 갖춰야 할 역량을, 관리적·리더십·프로세스 역량은 개인의 역량이 조직차원에서 원활히 수렴되고 변화하도록 하는 역량을, 개인·직무·전문역량은 조직구성원 각자가 업무를 효과·효율적으로 수행하기 위한 역량을 말한다. 우리나라의 경우, 5급 이상 공무원의 역량 유형은 크게 사고역량, 업무 역량, 관계 역량으로 구분되어 있으며, 각 구분에서 요구되는 역량들을 직급별로 다르게 설정하고 있다.

역량 모형의 구성은 조직기능 수행상 높은 성과를 창출한 고성과자로부터 일관되게 관찰되는 행동특성과 함께 성공적인 성과 창출을 이끌어 낸 지식, 기술, 태도 측면의 행동 지표를 명확하게 제시해야 한다.

2. 역량진단

(1) 역량진단의 내용과 방법

역량진단(competency diagnosis)은 역량 모형에서 제시된 역량 항목에 대해 조직구성원의 요구 수준 및 현재 수준을 측정하고 이들 간의 역량 격차를 도출하는데 목적이 있다. 역량진단은 해당 직무와 현재 직무수행자에 관한 업무지식·경험을 갖춘 자(주로 상급자)를 대상으로 실시한다. 역량 모형을 토대로 우수 성과자에 해당하는 역량요구수준을 설정하고 현재 직무수행자의 역량수준을 측정한다. 이를 통해 조직구성원이 갖는 역량 차이(요구수준−현재수준=역량격차)를 도출하는 것이다.

역량진단은 주로 구조화된 조사양식을 활용하여 시행된다. 역량진단 양식에는 역량항목별로 명확한 개념정의 및 행동지표가 구체적으로 제시되며 행동지표별로 요구수준 및 현재 수준을 계량적으로 측정한다. 역량 기반 교육훈련은 이러한 역량진단을 활용해 시행된다. 역량 기반 교육훈련은 조직이 필요로 하는 역량 요소를 설계하고 이를 근거로 조직구성원의 개인별 역량을 체계적으로 진단하여 피드백한 후, 부족한 역량을 충족시키기 위한 다양한 교육과정 및 교육지원체계를 확립함으로써 교육훈련의 효과성을 높일 수 있다.

(2) 한국의 역량진단제도

우리나라 공무원 교육훈련기관인 국가공무원인재개발원은 교육훈련 과정과 연계하여 역량진단과 피드백을 수행한다. 선발과 성과평가 목적이 아니라 교육 및 개발을 위한 역량진단에 초점을 두고 있다. 역량평가의 대상자에게 역량진단을 실시하고 있는데, 4급이상 공무원이 고위공무원단 직위로 승진임용되고자 할 때 역량평가를 받기 전에 고위공무원단 후보자과정을 국가공무원인재개발원에서 선택적으로 이수할 수 있다.

3. 역량평가

(1) 역량평가의 내용과 방법

역량평가(competency evaluation)는 역량 모형에서 설계된 직무역량에 대한 특정 개인의 수준을 평가하는 방법을 의미한다. 역량진단이 주로 구조화된 조사양식을 활용하는 반면, 역량평가는 다양한 방법을 통해 특정 개인의 역량수준을 평가하고 있다. 역량평가의 개념은 광의의 정의로는 '조직구성원 개인의 역량 수준을 파악하기 위한 조직의 인사평가 제도'이므로 상사에 의한 평가, 다면평가, 일반면접, 지식검사 등을 모두 포괄하며 앞서 역량진단까지 포함된다. 반면 협의의 정의로는 '조직구성원들이 조직에서 직면하는 직무상황과 유사한 모의상황을 평가대상자에게 제시하고 다수의 훈련된 전문평가자가 주어진 과제에서 평가대상자가 수행하는 역할과 행동을 관찰하여 객관적으로 역량을 평가하는 기법'을 의미한다(행정안전부, 2007: 32; 진종순, 2009: 144 재인용). 이 협의의 정의가 우리나라에서 역량평가제도를 의미할 때 사용되고 있으며 고위공무원단 선발의 도구로 역량평가가 활용되고 있다.

(2) 한국의 역량평가제도

역량평가는 1차 대전 이후 독일 군대에서 장교의 선발과 훈련 프로그램을 실제 현장 상황에 맞게 발전시켰던 장교선발시스템을 기원으로 한다. 이후 영국, 미국 등 군사분야에서 사용되어 오다가 영국의 공무원인사위원회에서 정부 중견관리자, 고위공무원, 외교관 선발 과정에 적용한 것이 공공부문에서 처음 적용된 사례로 평가된다. 우리나라 공공부문의 인사관리에 역량 개념이 본격 등장한 것은 2000년대 초반으로 2001년 정부 표준역량(19개)에 대한 역량모델이 설계되었고 2006년 고위공무원단제도 시행과 함께 고위공무원 대상의 역량평가가 실행되었다. 2015년에는 중앙부처 과장급으로 확대되었으며 2012년 서울시를 시작으로 광역자치단체도 간부급 공무원에 대한 역량평가가 시행되었다(권용만·정장호, 2021: 53).

고위공무원단 역량평가는 중앙부처 실·국장에게 필요한 전략적 판단이나 변화지향에 초점을 맞추고 고위공무원의 거시적 안목, 비전제시 능력, 전략적 판단 능력 등을 중요시하고 있다. 현재 6개 역량(문제인식, 전략적 사고, 성과지

표 9-1 고위공무원단 역량평가의 대상 역량

역량군	역량명	역량정의
사고	문제인식	정보의 파악 및 분석을 통해 문제를 적시에 감지·확인하고 문제와 관련된 다양한 사안을 분석하여 문제의 핵심을 규명하는 역량
	전략적 사고	장기적인 비전과 목표를 설정하고 이를 실행하기 위한 대안의 우선순위를 명확히 하여 추진방안을 확정하는 역량
업무	성과지향	주어진 업무의 성과를 극대화하기 위한 다양한 방안을 강구하고 목표달성 과정에서도 효과성과 효율성을 추구하는 역량
	변화관리	환경변화의 방향과 흐름을 이해하고 개인 및 조직이 변화상황에 적절하게 적응 및 대응하도록 조치하는 역량
관계	고객만족	업무와 관련된 상대방을 고객으로 인식하고 고객이 원하는 바를 이해하고 그들의 요구를 충족시키려 노력하는 역량
	조정·통합	이해당사자들의 이해관계 및 갈등상황을 파악하고 균형적 시각에서 판단하여 합리적인 해결책을 제시하는 역량

자료: 인사혁신처 홈페이지(https://www.mpm.go.kr/mpm/info/infoBiz/compAppr/compAppr01/)

표 9-2 과장급 역량평가의 대상 역량

역량군	역량명	역량정의
사고	정책기획	다양한 분석을 통해 현안을 파악하고 개발하고자 하는 정책의 타당성을 검토하여 최적의 대안을 제시하는 역량
업무	성과지향	조직의 미션과 전략에 부합하는 성과목표를 수립하고 이를 달성하기 위해 업무집행과정을 점검하고 관리하는 역량
	조직관리	전체조직 및 각부서간의 관계를 고려하여 목표달성을 위한 실행계획을 수립하고 필요한 자원을 확보하며 업무를 배분하고 조직화하는 역량
관계	의사소통	상대방의 의견을 경청하여 그 의미를 정확히 이해하고 자신의 의견을 명확하고 효과적으로 전달하는 역량
	이해관계조정	공동의 목적을 위해 다양한 이해관계자들 간의 갈등을 해결하고 협력적인 업무관계를 구축·유지하는 역량

자료: 인사혁신처 홈페이지(https://www.mpm.go.kr/mpm/info/infoBiz/compAppr/compAppr02/)

향, 변화관리, 고객만족, 조정통합), 4개 실행과제, 9명의 평가자 체제를 구축하고 있다. 고위공무원단으로 신규 채용되려는 자, 4급 이상 공무원이 고위공무원단 직위로 승진임용되거나 전보되려는 자는 역량평가를 통과해야 한다.

과장급 역량평가는 과장급의 과단위 조직운영에 필요한 직접적인 업무능력에 중점을 두고 있으며 구체적인 과정에 대한 해결방안 마련 및 집행방식, 부하직원의 육성방식 등 효율적인 정책집행과 효과적인 조직관리에 필요한 역량을 중요시하고 있다. 과장급 직위로 신규 채용되려는 자, 과장급 직위로 전보 또는 승진임용되려는 자는 역량평가를 통과해야 한다.

4. 역량 기반의 교육훈련 제도

구축된 역량 모형을 바탕으로 역량진단과 역량평가를 시행하여 도출된 정보를 활용하여 개인의 역량개발을 위한 교육훈련 체계가 운영되며 이것이 역량 기반의 교육훈련(competency-based curriculum)이다. 공무원 개인을 대상으로 하는 역량진단·평가의 결과를 토대로 설계·시행되는 교육과정을 의미한다.

전통적인 교육훈련이 갖는 교육훈련과 조직성과와의 연계성 결여, 조직과 개인 모두의 만족 실현의 한계, 교육훈련과 실제 업무성과와의 연계성 결여 등의 한계점을 극복하는데 목적을 두고 있다. 아울러 조직 및 개인 차원의 체계적인 교육수요진단(역량진단)을 전제로 문제해결성, 현실적용성있는 교육훈련의 제공을 추구한다(권용수, 2006: 133).

역량기반 교육훈련의 구체적인 장점으로는 첫째, 조직성과 및 개인업무의 효과성에 가장 크게 영향을 미치는 지식, 기술 등에 초점을 맞춘다. 둘째, 조직의 가치와 전략에 교육훈련과 관련 인적자원개발 기회를 일치시킬 수 있다. 셋째, 교육훈련에 소요되는 시간 및 금전적 비용을 효율적·효과적으로 사용할 수 있다. 넷째, 조직의 발전 및 개인의 성장을 지원하는 지속적인 코칭과 피드백을 프레임을 제공한다(권용수, 2006: 134).

역량기반 교육훈련의 절차는 앞서 살펴보았던 대로 역량 모형을 구체적으로 수립하고 이를 근거로 역량진단을 실시하여 역량 수준과 역량 격차를 파악한 후 분석결과를 토대로 역량 격차를 줄일 수 있는 다양한 교육훈련 체계를 개발하는 단계로 진행된다.

역량 기반의 교육훈련은 역량개발에 초점을 두고 있으며 역량평가에 대비하기 위한 역량교육이 강조된다. 이런 측면에서 역량개발센터(development center)로 표현되는 역량교육의 기법은 평가가 아닌 교육을 목적으로 효과적인 직무수행을 위해 개인의 역량개발 필요에 평가센터 기법을 활용하는 것이다. 따라서 실제 교육대상자가 현업현장에서 수행해야 할 업무·역할과 유사한 모의과제(simulation) 상황을 제시하고 그 과제를 해결해가는 과정과 결과에서 드러난 개인의 역량 수준에 대해 평가자가 아닌 퍼실리테이터가 피드백을 제공함으로써 스스로 역량개발 계획을 수립할 수 있도록 하는 교육 프로그램이다(진선미, 2020). 현재 공무원 교육기관인 국가공무원인재개발원에서 역량평가 대비를 위한 역량개발 교육과정을 운영하고 있다.

제 4 절 한국 공무원 교육훈련 제도

1. 교육훈련 제도의 목적과 변화

(1) 교육훈련의 목적

현재의 공무원 교육훈련제도는 2015년 법률 개정을 통해서 구축된 체계로서 1973년 제정된 「공무원 교육훈련법」이 이때 이르러 「공무원 인재개발법」으로 제명을 바꾸고 전문 개정되었다. 개정 전 법률에서는 교육훈련의 목적이 국민 전체의 봉사자로서 갖춰야 할 '정신적 자세 확립', '직무를 효과적 수행할 기술과 능력 향상'으로 표현되었으나, 개정 이후는 현재와 같이 '공직가치', 직무수행의 '전문성'과 '미래지향적 역량'으로 변경된 것이다. 종전보다 공무원 교육훈련이 인재개발의 종합적인 관점을 반영한 것으로 볼 수 있다.

또한 당시 개정으로 공무원의 자기개발 의무와 행정기관장의 지원 의무도 법률로 규정되었는데, '공무원은 자기개발 학습을 통하여 직무를 창의적으로 수행하고 공직의 전문성을 향상하기 위해 끊임없이 노력하도록 하고 행정기관의 장은 공무원이 자기주도적 학습을 할 수 있도록 자기개발계획 수립 및 실천 등을 지원하도록'(법률 제10조) 하고 있다. 따라서 공무원과 소속기관의 교육훈련이 당사자와 조직의 의무로서 강조되면서 과거에 비해 강화되었음을 알 수 있다.

(2) 교육훈련 제도의 변화

공무원의 교육훈련은 1949년부터 시작되어 현재에 이르며 제도의 변화 과정은 시기별로 구별된다(임성근·소가영, 2019). 제1기(1949년~1961년)는 1949년 국립공무원훈련원이 개원하여 1961년 「공무원훈련법」이 제정되기 전까지 법률 제정 없이 국무총리령에 근거하여 운영되어왔다.

제2기(1961년~1973년)는 공무원 교육훈련체계가 구축되기 시작하였다. 1961년 중앙인사행정기관인 총무처 행정관리국에 교육훈련과를 신설하였고 국립공무원훈련원을 폐지하고 중앙공무원교육원을 설립하였으며 「공무원훈련법」을 제정하여 교육훈련의 제도적 기반을 구축하였다. 1단계인 1962년부터 반공사상과 정신교육 중심의 교육이 이뤄졌고, 1963~1964년에 실시된 2단계 교육훈련에서는 전문분야별 직무교육에 중점을 둔 3년 주기의 장기교육이 추진되었다. 1967년 제3단계에서는 정부의 모든 직무분야에서 훈련수요조사를 실시하고 그 결과를 교육과정과 훈련내용에 반영하였다. 1971년에는 중앙공무원교육원의 위상을 강화하기 위해 원장의 직급을 차관으로 격상시켰다. 한편, 지방공무원을 대상으로 지방행정연수원 설립되었으며 일부 시도에 자체교육을 위한 지방공무원교육원이 설립되었다.

제3기(1973년~1998년)는 1973년 「공무원훈련법」이 폐지되고 「공무원교육훈련법」이 제정되었고 1978년에는 국내위탁 및 국외훈련 규정이 마련되었으며 1982년부터 공무원교육훈련 중장기발전 5개년계획이 수립되는 등 공무원 교육훈련체계가 본격적으로 확충되었다. 직급별, 직무분야별 교육훈련체계가 재편성되고 직무교육과정을 보직경로와 연계되도록 4급 이상 고급공무원교육훈련과정을 신설하고 5급이하 공무원에 대한 기본교육훈련과정을 정부 공통분야 및 주요 고급전문정책분야의 전문교육훈련과정을 신설하였다. 또한 신규 채용 공무원에 대해 임용 전 교육실시가 의무화되었다. 1992년에는 그동안의 기본교육 중심의 교육훈련체제를 행정의 다양화 및 전문화 추세에 맞춰서 전문교육체제로 전환하여 기본교육기간이 단축되었고 직무분야별 단기교육과정이 확대되었다. 1993년에는 각급 교육훈련기관의 교육훈련계획 승인권한을 각 중앙행정기관장에게 위임하는 분권화 조치도 시행되었다.

제4기(1998년~2007년)는 외환위기 이후 전 정부적인 구조조정 과정에서 교육훈련기관들이 통합, 축소되면서 공무원교육훈련체계도 개편되었다. 1990년대 후반부터는 그간 미흡하였던 전문교육의 비중이 점차 늘어가기 시작하였으며 2000년대 후반은 교육예산의 증가, 교육과정의 세분화, 교육방법의 다양화가 이뤄지기 시작하였다(이근주, 2010; 정찬동, 2010). 중앙공무원교육원에 공무원사이버교육센터를 구축하고 원격교육기법을 이용한 교육을 실시하기 시작하였으며 이러닝(e-learning), 자기주도형 학습 등을 도입하였다.

한편, 2010년대부터 교육훈련의 초점은 직무수행의 전문성과 역량을 중심으로 한 전문적 교육과 교육훈련의 실제 효과성 향상이었다. 2015년 「공무원교육훈련법」이 「공무원인재개발법」으로 제명을 바꾸면서 인재개발의 개념이 도입된 것이다(임성근·소가영, 2016). 특히 2020년 코로나19 이후 비대면 교육이 공무원 교육훈련에서 전면적으로 확대되면서 국가공무원 인재개발 지능형 오픈플랫폼(인재개발플랫폼)이 구축되는 등 ICT를 활용한 자기주도 학습이 적극적으로 시행되고 있다. 팬데믹과 기술혁신의 시대에 공무원 교육훈련의 변화 방향과 효과적 방법의 모색이 중요해지고 있다(박정호, 2020).

2. 교육훈련의 운영체계

현재 공무원 교육훈련체계를 운영 주체를 중심으로 살펴보면 다음과 같다. 교육훈련의 주요 운영주체는 중앙인재개발 관장기관인 인사혁신처와 국가공무원인재개발원, 각급 행정기관, 각급 공무원 교육원이 있으며 각 조직의 역할은 다음과 같이 구분된다([그림 9-1] 참조).

첫째, 인사혁신처는 국가공무원의 인재개발에 관한 기본정책과 일반지침을 수립하고 교육운영에 관한 사무를 담당한다. 연도별로 공무원위탁교육훈련계획을 수립하고 중앙행정기관의 공무원을 선발하여 교육훈련을 실시한다. 각 교육훈련기관은 공무원 교육훈련을 관장하는 인사혁신처의 지휘를 받아 교육훈련지침을 통보받고 이에 의거해 교육훈련계획을 수립하여 인사혁신처의 승인을 받는다.

둘째, 인사혁신처장 소속으로 설치된 국가공무원인재개발원은 5급 이상 공

그림 9-1 공무원교육훈련기관 체계도

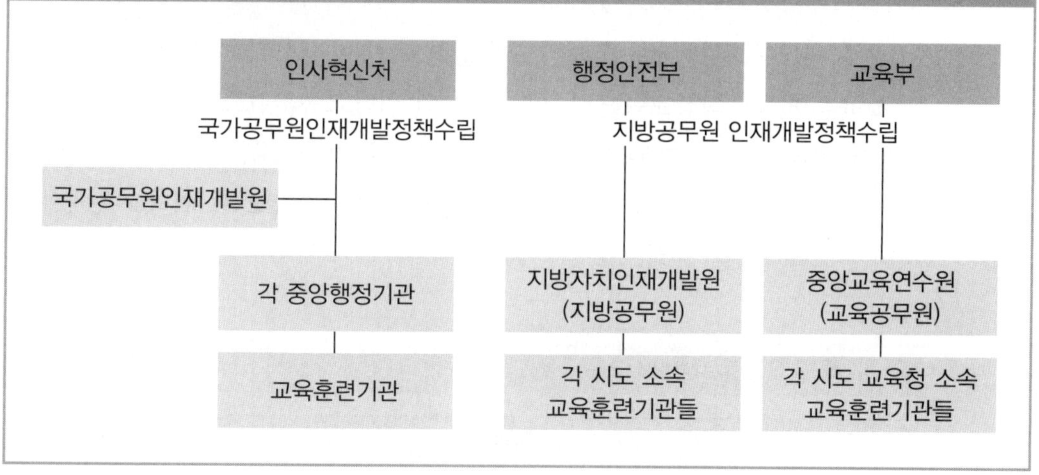

자료: 저자 작성

무원 및 고위공무원단 공무원에 대한 교육훈련을 주로 실시하며 다른 공무원 교육훈련기관의 교육운영을 지원하는 업무를 수행한다.

셋째, 특수한 직무를 담당하는 공무원을 대상으로 교육훈련과 직무분야별 전문교육훈련을 실시하기 위해 중앙행정기관장의 소속하에 전문교육기관을 설치하여 관련 교육을 실시하고 있다.

넷째, 행정기관의 장은 인재개발계획에 따라 소속 공무원의 자기개발계획 수립·실천과 직무역량 향상을 위한 연구모임 활동 및 경력개발 등을 위한 교육훈련을 지원하기 위해 직장교육을 실시하고 있다.

국가공무원 교육훈련 체계가 위와 같다면, 지방공무원의 교육훈련은 행정안전부에서 총괄하고 있으며 행정안전부 소속의 지방자치인재개발원, 각 시·도의 지방공무원 교육훈련기관들로 구성된 운영체계가 구축되어 있다. 또한 교육공무원의 교육훈련은 교육부에서 총괄하면서 교육부 직속의 중앙교육연수원, 각 시·도 교육청의 공무원을 대상으로 하는 교육훈련기관들로 운영체계가 구성되어 있다.

3. 교육훈련의 종류와 내용

현행 한국 공무원 교육훈련은 교육훈련을 받는 장소에 따라 ① 교육훈련기관 교육훈련, ② 직장교육훈련, ③ 국내·외 위탁교육훈련으로 분류되고, 교육내용에 따라서는 ① 기본교육, ② 전문교육, ③ 기타교육, ④ 자기개발학습으로 나뉜다. 여기서는 공무원 교육훈련기관의 교육, 직장교육, 위탁교육에서 실시되는 교육내용을 중심으로 살펴본다.

표 9-3 실시형태에 따른 교육훈련의 종류

구분	개념	교육내용
공무원교육훈련 기관교육	국가공무원인재개발원 및 각 중앙행정기관 소속 공무원교육훈련기관에서 실시하는 교육	기본교육 전문교육 기타교육
직장교육	소속공무원의 직무수행능력 향상, 소양함양 등을 위하여 각 기관별로 실시하는 교육	소속공무원 전문교육 주무부처 주관 전문교육 소속공무원 소양교육 등
위탁교육	국내외 교육기관 등에 위탁하여 실시하는 교육	국내위탁교육 국외위탁교육

자료: 인사혁신처(2023), 「공무원 인사실무」, p.354.

표 9-4 교육내용에 따른 교육훈련의 종류

구분	개념	실시방법(실시기관)
기본교육	신규채용후보자 또는 신규채용자, 승진임용예정자(승진시험합격자와 승진심사통과자를 말함) 또는 승진된 사람이 공무원으로서 필요한 공직가치를 확립하고 역량을 제고할 수 있도록 하기 위한 교육	공무원 교육훈련기관 교육
전문교육	담당하고 있거나 담당할 직무분야에 필요한 전문성을 강화하기 위한 교육	직장교육 공무원 교육훈련기관 교육 국내외 위탁교육

기타교육	기본교육 및 전문교육에 속하지 아니하는 교육훈련으로서 소속기관의 장의 명에 따른 교육	직장교육 공무원 교육훈련기관 교육 민간교육기관교육
자기개발학습	공무원이 직무를 창의적으로 수행하고 공직의 전문성과 미래지향적 역량을 갖추기 위하여 스스로 하는 학습·연구활동	개인학습 공무원 교육훈련기관 교육 민간교육기관 교육

자료: 인사혁신처(2023), 「공무원 인사실무」, p.351.

(1) 공무원 교육훈련기관의 교육훈련

각급 공무원 교육훈련기관에서 실시하고 있는 교육훈련은 교육목적과 교육대상을 기준으로 크게 직급별 기본교육훈련과 직무분야별 전문교육훈련으로 구분할 수 있다.

1) 기본교육

기본교육은 신규채용후보자 또는 신규채용자, 승진임용예정자(승진시험 합격자와 승진시험 통과자) 또는 승진된 자를 대상으로 공무원으로서 필요한 능력과 자질을 함양할 수 있도록 하는 훈련이다.

기본교육의 실시기관은 국가공무원인재개발원과 인사혁신처장이 정하는 공무원교육훈련기관이며 교육대상자의 직급을 기준으로 5급 이상은 국가공무원인재개발원에서, 6급 이하는 국가공무원인재개발원과 각 부처 소속 교육훈련기관에서 교육을 실시한다. 경찰, 소방 공무원 등 특정직 공무원은 개별 법령에 정하는 바에 따라 교육훈련이 실시된다.

기본교육에 있어서 신규채용자의 선교육 후보직 원칙이 적용되므로 임용예정직급에 상응하는 기본교육훈련과정을 먼저 이수한 후 보직하여야 한다. 5급 공무원으로 승진임용 시에도 특별한 사유가 있는 경우를 제외하고 승진예정직급에 상응하는 기본교육훈련과정을 이수한 자 중에서 임용해야 한다.

현재 대표적인 기본교육과정은 국가공무원인재개발원에서 실시되는 과정으로 교육대상자의 직급과 입직·승진경로를 기준으로 국장급 과정(고위정책과정, 신임국장과정), 과장급 과정(신임과장과정), 국·과장급 과정(개방형직위 임용자과정), 5급 과정(신임관리자공채대상, 신임관리자경채대상, 5급 승진관리자 과정), 6

급이하 과정(7급 신규자, 7급 지역인재수습 신규자, 9급 신규자, 9급 지역인재수습 신규자 과정, 행정실무자 과정)으로 구분하여 운영되고 있다.

각 과정은 해당 직급의 역할과 권한에 근거하므로 교육 세부내용과 기간 등이 상이하지만, 주로 국정철학 및 공직가치(국정가치, 주요 정책과제 등), 직무전문성(정책기획, 법제·예산·복무 등 직무교과, 정보화교육, 디지털 리터러시 등), 공직리더십(소통능력, 협업 등) 등의 분야로 구성되어 있다.

2) 전문교육

전문교육은 공무원이 현재 담당하고 있거나 담당할 직무분야에 필요한 전문적인 지식과 기술을 배양하는 훈련이다. 전문교육은 공통전문교육과 선택전문교육으로 구분되는데, 전자는 부처별, 직렬·직군별, 직급별 공통 필수적인 지식·기술·정보를 습득하기 위한 교육이며, 후자는 특정 업무분야별 전문적인 지식·기술·정보의 습득 및 향상을 위한 교육으로 국내외 위탁교육, 어학 및 정보화 교육, 연구모임, 세미나 참석 등을 포함한다.

전문교육은 직장교육에 의하여 실시되지만 직장교육으로 실시하기 곤란한 경우 교육훈련기관, 위탁교육에 의하여 실시된다. 공통전문교육과정은 국가공무원인재개발원 및 인사혁신처가 정하는 공무원교육훈련기관·행정기관, 공공기관 또는 민간기관 등에서 실시하며, 선택전문교육과정은 공무원교육훈련기관, 행정기관, 공공기관 또는 민간기관 등 교육훈련기관의 제한이 없는 것이 특징이다.

특별한 사유가 없는 한 전문교육 훈련을 받은 공무원에 대해 이수한 교육훈련과 관련된 분야에 보직해야 하고 6개월 이상의 위탁교육을 실시할 때는 교육이수 후에 보직할 직위를 미리 지정하고 이수 후에는 특별한 사유가 없는 한 그 직위에 보직해야 한다.

(2) 직장교육훈련

직장교육훈련은 기관장의 지휘·책임하에 단위기관별로 소속공무원을 대상으로 실시하는 교육훈련으로 소속공무원의 직무수행능력 향상, 소양함양 등을 위하여 각 기관별로 실시한다. 기관별 직장교육(전문교육과 소양교육)과 주무부처 주관 전문교육으로 구분된다. 기관장 직장교육 중 전문교육은 직무분야별 전문지식기술 습득을 위한 기관, 부서, 그룹단위의 전문교육이며 소양교육은 부처 내 전직원을 대상으로 한 의식개혁 교육 및 시책교육 등이 포함된다. 주무부처 주관 전문교육은 다수부처와 관련된 전문분야에 대해 관련직무를 총괄하는 주무부처에서 합동직무교육계획을 수립하여 실시한다.

(3) 위탁교육훈련

위탁교육훈련은 인사혁신처장 또는 중앙행정기관의 장이 소정의 절차를 거쳐서 선발한 공무원을 국내외 교육 및 연수기관에 위탁하여 일정기간 교육훈련을 받게 하는 것이다. 각급 중앙행정기관이 실시하는 위탁교육훈련이 6개월 이상의 국내 위탁교육이나 1개월 이상의 국외 위탁교육일 경우 인사혁신처장과 사전 협의가 필요하다.

1) 국내 위탁교육훈련

국내 위탁교육훈련은 전문지식의 습득을 통한 직무수행능력의 배양을 위해 공무원 교육훈련기관 이외의 국내 교육기관에 위탁하여 실시하는 특별교육훈련이다. 현재는 고위·과장급 대상으로 안보과정(국방대학교), 글로벌리더십과정(국립외교원), 과장급 대상으로 국가전략연수과정(세종연구소), 통일정책지도자과정(통일교육원), 미래과학기술정책과정(한국과학기술원), 디지털플랫폼정부혁신과정(서울대학교)이 운영되고 있으며 소속부처에서 교육비를 부담한다. 국내 대학 및 대학원의 학사 과정과 석사과정도 위탁교육이 이뤄지고 있다. 6개월 이상의 위탁교육을 받은 공무원은 6년 범위 안에서 교육기간과 동일한 기간을 훈련분야와 관련된 직무분야에 복무해야 한다.

2) 국외 위탁교육훈련

국외 위탁교육훈련은 대외교섭능력을 갖춘 국제전문가 육성과 전문화, 다양화된 행정수요에 대한 효과적인 대응능력을 배양하기 위해 국외 교육기관 및 연수기관 등에 공무원의 교육훈련을 위탁하여 실시한다. 훈련기관에 따라 6개월 이상의 장기훈련과 6개월 미만의 단기훈련으로 구분되고 주관기관에 따라 인사혁신처 국외훈련과 부처 자체국외훈련으로 구분된다.

6개월 이상의 위탁교육을 받은 공무원은 6년 범위 안에서 훈련기간의 2배에 해당하는 기간을 훈련분야와 관련된 직무분야에 복무해야 하고, 복무의무 미이행시 훈련비 전체 또는 일부를 환수해야 한다.

4. 한국 공무원 교육훈련의 문제점과 개선방안

(1) 교육훈련 수요조사 체계화

한국 공무원의 교육훈련 과정 및 내용에서 제기되는 문제점을 교육훈련 과정의 단계별로 살펴보면 다음과 같다. 교육훈련 수요조사 단계에서는 비체계적이고 형식적인 수요조사 문제가 있다(김영지, 2017). 교육훈련 수요조사는 교육내용의 적절성을 검증할 도구로서 개발·활용되어야 하지만, 현재는 그 체계가 제대로 마련되지 못한 채 형식적으로 이뤄지고 있어서, 공직 현장에서 필요한 내용이 교육훈련 과정에 제대로 연계되지 못하는 문제로 이어지고 있다. 형식적인 교육훈련 수요조사는 교육대상자 선정의 비체계화, 교육내용과 담당직무의 연계성 부족 등의 문제로 연쇄되므로, 교육훈련 수요와 교육내용의 연계성을 검증할 도구를 개발하고 행정부처의 인사관리 담당 공무원을 대상으로 한 교육이 병행될 필요가 있다.

(2) 공직 가치 교육훈련의 강화

교육훈련 프로그램의 개발 단계에서는 교육훈련 대상자에게 요구되는 핵심역량을 효과적으로 개발할 프로그램을 마련해야 한다. 그간 프로그램의 다양성을 높이려는 노력이 교육내용과 방법 측면에서 지속되어 왔으나 여전히 발전되어야 한다는 요구가 높다. 특히 근래 공무원의 공공봉사동기가 감소하고 있다는 진단과 공직몰입이 약화된다는 우려 속에서 공직가치 확립을 위한 교육 필요성이 높아지고 있지만, 공무원 교육훈련 과정에서 공직가치 교육 비중은 높지 않고 효과성에 대한 비판도 큰 점에 비춰볼 때 공직가치 분야의 교육훈련 프로그램 개발이 중요하다.

이와 관련하여 신임관리자 과정을 중심으로 공무원 교육훈련 과목을 분석한 연구 결과는 민주화 이후 정부에서는 정부 출범 연도에만 국가관 과목의 비중이 급증했다가 감소하고 이를 대신해 교양과목이 증가하는 패턴이 나타났으며 공직관 과목은 항상 가장 낮은 비중을 차지했다고 분석하였다(유정호 외, 2017).

공직가치 내재화를 위해 공직가치에 대한 명확한 정립과 함께 교육훈련 방법의 개선도 필요하다. 이를 위해서는 다양한 교육과정에서 공직가치 교육을 제공하여 현직 근무 공무원의 공직가치 교육 기회를 확대하고, 기관별·직종별 공직가치 수준 진단과 그 결과에 근거한 교육을 실시할 수 있도록 하며, 구체적 사례 기반의 토론 등 새로운 교육기법 적용으로 인식과 행태변화를 촉진할 수 있도록 해야 한다(박정호, 2015).

(3) 교육훈련 거버넌스와 플랫폼 변화

교육훈련 프로그램의 실시 단계에서는 그간 자율, 분권, 협력이 주요 방향으로 제시되어 왔으며 앞으로 많은 변화가 예상되고 있다. 향후 공무원 개인이 스스로 필요한 교육훈련 수요에 맞춰 다양한 방식으로 학습하는 자기주도학습, 중앙으로 집합하여 단일의 교육과정 이수하는 방식보다 각급 부처의 필요에 맞춰서 직장현장에서 진행되는 다양화된 교육, 민간교육기관과의 유기적 연계성 확보 등이 체계화되어야 할 것이다.

특히 코로나19 팬데믹 경험 이후, 공무원 교육훈련의 플랫폼 변화가 이뤄졌으며 민간부문에서 운영되는 플랫폼 기반의 자기주도형 온라인 교육체계를 확충할 필요성이 더욱 커졌다(박정호, 2020). 공무원 인재개발의 책임과 의무 주체를 확대할 필요가 있으며, 교육훈련기관 중심에서 각 중앙행정기관의 교육훈련에 대한 역할과 책임을 확대하는 방향으로 변화를 모색하여야 할 것이다. 또한 온라인을 통한 상시학습을 기반으로 공무원 개인과 부처가 직무에 필요한 지식과 기술을 정하고 교육훈련의 내용과 방법을 스스로 정하는 체계로 전환되어야 할 것이다.

(4) 교육훈련의 효과 검증 강화 및 전이효과 제고

교육훈련의 평가 단계에서는 무엇보다 교육훈련의 효과성을 다면적으로 검증하는 것이 중요하지만 현실적인 어려움이 크다. 현재는 특정 교육훈련 프로그램의 효과성은 주로 교육 종료 직후 객관식 방법에 의해 학습내용을 측정하는 방식으로 검증하고 있다. 그러나 이러한 방식은 단기적 학습효과 측정에 그치고 장기적으로 교육훈련 대상자에 미친 영향을 거의 파악하지 못한다. 따라서 교육훈련 검증체계의 강화를 위해서는 교육훈련 참여자가 업무 현장에 복귀한 이후, 어떤 행태변화가 있었는지를 중심으로 전이효과에 관한 연구가 진행되어야 하고 전이효과를 평가할 수 있는 다양한 방식을 개발해야 하며 이를 바탕으로 교육훈련 프로그램이 전이효과를 높일 수 있도록 설계되어야 할 것이다.

참고문헌

권용만·정장호. (2021). 공공부문 역량평가제도의 활성화 방안에 대한 연구: 민간부분의 운영방식과의 비교 연구, 「벤처혁신연구」, 41(1): 51−65.

권용수. (2006). 공무원 역량기반교육훈련에 관한 고찰. 「한국인사행정학회보」, 5(1): 129−148.

김민영·이효주·유정모·박성민. (2018). 교육훈련이 개인 및 조직 차원의 전이효과 기대감에 미치는 영향 연구: 국가공무원인재개발원 신임관리자 교육훈련 사례를 중심으로, 「한국인사행정학회보」, 17(1): 103−139.

김영지. (2017). 「공무원 교육훈련의 개선방안에 관한 연구」. 부경대학교 국제대학원 석사학위 논문.

김현주·전상길. (2006). 역량기반인적자원관리의 적용에 관한 연구: 한국기업을 위한 상황론적 접근, 「인사조직연구」, 14(2): 107−139.

박기관·홍관웅. (2014). 교육프로그램과 교육효과성 관계에 관한 실증적 분석: 지방공무원 교육대상자를 중심으로, 「한국지방자치학회보」, 26(4): 173−192.

박정호. (2015). 공직가치 내재화에 관한 이론적 소고: 교육훈련 분야에 대한 함의를 중심으로, 「한국인사행정학회보」, 14(3): 191−217.

박정호. (2020). 포스트 코로나 시대의 공무원 교육훈련 변화 방향, 「한국인사행정학회보」, 19(4): 375−383.

유정호·정기덕·김민정·조민효. (2017). 한국 공무원 교육훈련의 통시적 분석: 신임관리자 과정을 중심으로. 한국사회와 행정연구, 28(3): 113−149.

이근주. (2010). 해방이후 우리나라 중앙부처 공무원 교육훈련에 대한 추세분석, 「한국인사행정학회보」, 9(1): 31−57.

이승모·손화정. (2016). 지방자치단체 신규공무원 교육훈련 전이효과 영향요인 분석. 지방행정연구, 30(4): 111−144.

임성근·소가영. (2019). 「우리나라 공직리더십 교육훈련의 실태분석 및 개선방안」. 한국행정연구원.

정찬동. (2008). 지방자치제 이후 공무원 교육훈련 발전과정 연구, 「HRD 연구」, 10(2): 65−82.

정찬동. (2010). 한국 공무원 교육훈련의 시대별 변화분석. 「한국행정연구」, 19(3): 61−80.

진선미. (2020). 공무원 역량개발센터(Development Center)의 효과 향상 요인에 대한 탐색적 연구, 「한국인사행정학회보」, 19(4): 127-153.

진종순. (2009). 공무원 역량평가의 효과성 제고방안에 관한 연구, 「행정논총」, 47(3): 139-162.

최길수. (2004). 지방공무원 교육훈련수요조사(TNA)를 위한 모형에 관한 연구, 「지방정부연구」, 8(1): 91-107.

인사혁신처. (2023). 「공무원 인사실무」.

행정안전부. (2007). 「공무원 인사실무」.

Brown, J. (2002). Training Needs Assessment: A Must for Developing an Effective Training Program. *Public Personnel Management*. 31(4): 569-578.

Holton III, E. F., & Baldwin, T. T. (2003). *Improving Learning Transfer in Organizations*. John Wiley & Sons.

Kirkpatrick, D., & Kirkpatrick, J. (2006). *Evaluating Training Programs: The Four Levels*. Berrett-Koehler Publishers.

Lepsinger, R., & Lucia, A. D. (2001). Performance Management and Decision Making. In Braken, D. W., Timmreck, C. W., & Church, A. H. (eds.)., *The Handbook of Multisource Feedback: The Comprehensive Resource for Designing and Implementing MSF Processes*: 318-334.

McClelland, D. (1973). Testing for Competence rather than Intelligence, *American Psychologist*. 28: 1-14.

Noe, R. A., & Tews, M. J. (2008). Strategic Training and Development. In Storey, J., Wright, P. M., & Ulrich, D. O. (eds.), *The Routledge Companion to Strategic Human Resource Management*: 262-284.

제10장 인사이동과 경력개발

제 1 절 인사이동과 경력개발의 의의

인사이동은 현 직위에서 다른 직위로 옮겨가는 모든 유형의 직위 변동을 의미하며, 효과적인 조직통제와 개인 능력발전을 위해 중요한 수단으로 여겨진다. 조직이 보유한 인적자원을 적재적소에 이동·배치함으로써 관리의 효율성과 효과성을 높이고 조직 생산성 향상에 기여할 수 있다. 또한 개인의 능력과 선호를 고려한 인사이동은 개인의 성장과 경력개발의 기회를 제공할 수 있다. 때문에 조직의 목표와 전략, 개인의 능력과 경력욕구 등을 종합적으로 고려한 계획적인 인사제도 마련과 운영이 중요하다.

인사이동의 유형은 상이한 계급 또는 상이한 직급간 수직적 이동과 동일한 계급 또는 동일한 직급간 수평적 이동으로 크게 구분될 수 있다. 수직적 이동에는 승진과 강임이 있으며 수평적 이동인 배치전환에는 전보·전직, 인사교류 등이 있다. 이러한 인사이동을 통해서 공무원 개인의 성장과 조직의 성과향상을 도모하는 것이 경력개발이다.

이 장에서는 먼저 승진을 포함한 인사이동에 대해 설명하고 뒤이어 경력개발에 대해 살펴본다.

제 2 절 승 진

1. 승진의 의의

승진(promotion)은 결원 보충의 한 방법으로 하위계급에 재직하고 있는 공무원 가운데 일정 요건을 갖춘 자를 상위계급에 임용하는 것이다(인사혁신처, 2023: 75). 즉 결원이 발생하는 직위에 조직 내부의 숙련된 공무원을 상위 직급으로 이동시켜서 충원하는 것을 말한다. 승진은 조직 위계를 따라 더 높은 직위로의 상승이므로 일반적으로 직무의 곤란도, 권한과 책임 등이 증가하고 보수와 사회적 지위의 향상을 수반한다. 이런 점에서 동일 직급 또는 동일 등급 내에서 직책의 변동 없이 호봉만 올라가는 승급(within-grade salary increase)과는 구분된다.

승진의 의의는 다음과 같다. 첫째, 조직 내부의 능력 있는 공무원을 상위직에 임용함으로써 외부로부터 인재 신규 채용 시 발생하는 비용, 신규 채용 시 부적절한 인물이 채용될 위험, 신규임용자 교육훈련 비용 등을 줄여 관리적 효율성을 높일 수 있다(박천오, 2012: 196-198).

둘째, 공무원 개인 차원에서는 자신의 노력과 능력을 인정하고 보상하는 것이므로 이를 통해 공무원은 근무 의욕을 높이고 자아실현의 욕구를 충족시킬 수 있다. 승진은 일반적으로 근무성적, 경력, 역량 등이 우수한 자를 선발하므로 공무원에게 단순한 결원 보충 이상의 의미를 가지며 공무원의 업무 동기를 유발하는 효과적인 수단이 된다. 특히 공무원에게 경제적 보상을 충분히 제공하기 어려운 한계가 있는 정부로서는 임금 인상 대신에 승진의 적절한 활용을 통해서 동기유발의 효과를 얻을 수 있다.

셋째, 합리적이고 공정한 승진제도의 운영은 조직구성원의 이탈, 태만과 같은 부정적 행태를 줄이고 공직의 안정성, 민주성 등을 강화할 수 있다. 계급제 구조의 특징이 강한 정부 조직에서 승진은 더욱 효용성이 높은 수단이라는 의미가 있다(하재룡 외, 2012).

2. 승진제도의 운영

(1) 승진의 기준

승진의 기준으로 중요하게 고려되는 요인은 연공서열(seniority)과 실적(merit)이다. 인사관리 전반에서 연공서열을 기준으로 삼는 것이 연공주의이며, 개인의 능력과 실적이 기준이 되는 것이 실적주의이다.[1]

연공주의는 조직에서 근무한 기간을 승진의 주요 기준으로 삼는다. 근무한 기간이 길수록 업무에 대한 숙련도, 조직에 대한 이해와 공헌도 등이 높아질 수 있기 때문이다. 또한 근수년수는 객관적으로 확인과 비교가 명료하다는 점에서 승진의 기준으로 널리 적용되었고 연차 중심의 정기적 승진은 상의하달의 명령체계 확립에 기여해왔다. 하지만 얼마나 오래 근무했느냐가 승진의 가장 중요한 기준이 된다면 능력 있는 구성원이 높은 실적을 생산해도 승진을 통한 보상이 어려우므로, 구성원이 열심히 일할 의욕은 낮아지고 인사에 대한 불공정성에 대한 불만을 품게 될 수 있다.

실적주의는 개인의 능력과 성과, 역량 등을 승진의 주요 기준으로 삼는 관계로 능력주의로도 불린다. 실적주의에서는 가장 높은 능력과 성과를 산출한 개인을 승진시킴으로써 인사배치의 효율성, 조직의 공성정이 높아질 수 있다. 실적은 일정 기간 산출한 개인의 성과, 개인이 보유한 직무역량 등을 포함하는 다양한 의미를 가진다. 실적에 의한 승진은 직무수행 능력과 노력에 따른 보상이라는 점에서 구성원의 업무 동기를 효과적으로 높일 수 있다. 실적평가의 과정과 결과에 대해 구성원의 신뢰성이 높을 때, 구성원의 동기부여와 조직성과 향상에 긍정적인 영향을 미칠 수 있지만 능력과 실적의 객관적 평가가 현실적으로 쉽지 않아 평가 결과에 대한 불공정성 문제가 제기될 수 있다.

연공주의는 객관적이며 명료하다는 특징으로 인해 계층적 조직의 안정적인 승진 기준으로 오랫동안 적용될 수 있었고, 실적주의에 의한 승진은 직무수행의 능력과 노력, 성과 차이를 반영한 보상이라는 점에서 대체로 공정성이 높다

---

1 정실주의는 상관 또는 인사권자와의 개인적 친분, 신임, 연고, 정치적 인연 등에 의해서 임용이 이뤄지는 것이다. 여기서는 경력을 중심으로 하는 연공주의와 실적을 중심으로 하는 실적주의로 구분하여 설명한다. 정실주의의 경우, 정치적 임명직 임용에서 중요 기준이 되어왔고 직업공무원의 승진 현실도 정실주의가 강한 영향을 미친다고 평가되지만, 직업공무원의 합리적 승진제도의 설계기준으로 적용되지는 않는다.

고 인정받고 있다.

(2) 승진의 범위

승진제도의 설계에서 승진의 기준과 함께 고려해야 할 측면은 승진의 범위 설정이다. 승진 기회가 부여되는 대상자의 범위를 정하는 것은 곧 승진 경쟁의 범위를 설정하는 것을 의미한다. 구체적으로는 일정한 직위에 결원이 발생했을 때 결원 보충을 동일 조직의 내부 승진에 한정할 것인지 다른 조직이나 민간영역까지 개방할 것인지를 설정하는 것을 말한다.

동일 조직의 내부승진임용은 구성원의 승진에 대한 기대와 사기를 진작 시킬 수 있다. 이는 경험을 통해 검증된 인재를 선발하는 방식이며 직업공무원제도의 안정성에 기여할 수 있다. 반면 다른 조직이나 영역으로부터의 외부승진임용은 해당 직위와 직무를 더 잘 수행할 적임의 인재를 폭넓게 찾아서 선정하므로 조직의 분위기 쇄신에 기여할 수 있다. 이처럼 전자의 폐쇄형 승진임용과 후자의 개방형 승진임용은 각기 나름의 장점이 있으므로 두 방식을 적절히 활용할 필요성이 있다.

개방형 승진임용의 장점을 조금 더 살펴보면 다음과 같다. 우선 승진의 범위가 다른 부처까지 개방된 경우는 첫째, 부처 간 공무원 이동을 통해서 부처 내부의 경직된 분위기나 사고방식이 변화하는 계기가 될 수 있다. 둘째, 부처 간 불균형한 승진 기회를 조정할 수 있다. 부처 간 결원의 차이로 인하여 승진 소요 연수의 차이가 발생할 수 있는데 같은 시기, 같은 직급으로 입직한 공무원들이 소속된 부처에 따라 승진 기회가 다를 경우의 불만을 조정하는 수단이 될 수 있다.

승진의 범위가 민간영역까지 개방된 경우의 장점은 다음과 같다. 첫째, 해당 직위와 직무수행에 더 높은 역량을 가진 인재를 폭넓게 찾아서 최적격자를 선발함으로써 전문성과 조직성과를 높일 수 있다. 둘째, 민간전문가의 경험과 지식을 통해서 공직사회의 폐쇄성을 완화하고 민관 간 상호 이해와 협력의 기회를 증진 시킬 수 있다.

하지만 승진의 범위가 개방됨에 따라서 소속부처의 공무원들은 승진기회가 줄어들기에 높은 불만을 가질 수 있고 외부 임용자와 배타적 갈등을 겪을 수 있다. 외부임용자의 경우, 정부 업무에 대한 이해와 조직환경에 대한 이해가 낮을 수 있으므로 조직적응의 어려움을 지원하는 제도가 마련되어야 조직관리의 비효율을 줄일 수 있다(박천오·한승주, 2017).

따라서 전체적으로 승진제도의 설계와 운영에 있어서 승진의 개방 범위는 조직의 승진적체 상황, 조직 내부의 변화 필요성, 직무의 전문성 등을 폭넓게 고려해 결정할 필요가 있다.

3. 한국 공무원 승진제도

한국의 공무원 승진제도는 동일한 직렬에 종사하는 하위공무원 중에서 근무성적, 경력평정 및 기타 능력의 실증에 의하여 승진이 이뤄지는 것을 원칙으로 한다. 승진임용의 종류는 ① 일반승진(시험승진, 심사승진), ② 근속승진, ③ 특별승진, ④ 공개경쟁승진이 있으며 종류별로 승진임용의 절차와 기준 등에서 차이가 있다.

(1) 일반승진

1) 고위공무원단 직위로의 승진임용

고위공무원단 직위로의 승진임용은 각 부처의 보통승진심사위원회에서 승진심사와 인사혁신처의 인사심사 단계를 거친다. 각 부처의 보통승진심사위원회는 고위공무원단 후보자 교육과정을 이수하고 역량평가를 통과한 고위공무원 후보자 중에서 임용예정직위의 2-3배수에 해당하는 인원을 우선순위로 선정한다. 이후 인사혁신처의 고위공무원단 임용심사위원회가 승진후보자에 대한 심사를 진행하여 후보자를 선정한 후 임용 제청한다.

인사심사의 기준은 형식요건 심사, 실질요건 심사, 기타 기준이 적용된다. 적법성 등 형식요건 심사항목으로는 임용자격요건 충족여부, 임용결격사유 해당여부, 기타 적법성 여부를 심사한다. 적격성 등 실질요건 심사항목으로는 근무실적, 직무수행능력, 전문성, 경력, 인품을 심사하고, 기타 심사기준 항목은 부처별·직위별 특성, 직렬, 임용구분별 형평성 등을 고려한다. 구체적인 심사항목과 심사기준은 〈표 10-1〉과 같다.

표 10-1 고위공무원단 직위로의 승진임용 심사기준

구분	심사항목	심사기준
적법성 등 형식요건 심사	임용자격요건 충족여부	• 직무수행요건 충족여부 • 개별법령에서 정한 자격요건 구비여부 확인 예 조세심판원 상임심판관, 특허심판원 심판장 등
	임용결격사유 해당여부	• 국가공무원법 제33조 및 공직선거법 제266조의 임용결격사유 해당여부 • 승진임용제한 여부 등
	기타 적법성 여부	• 정·현원 현황, 결원여부 등
적격성 등 실질요건 심사	근무실적	• 최근 3년간 업무추진실적과 직무성과계약제 평가결과, 상벌사항 등
	직무수행능력	• 고위공무원단 후보자교육과정 이수 및 역량평가 결과 • 기획력, 업무추진력, 리더십 등
	전문성	• 임용예정직위 관련분야 전문지식 • 기술, 실무경험 등
	경력	• 임용예정직위 관련분야 근무경력 • 직위 및 직위별 근무기간 등 • 인사교류 및 개방형·공모직위 임용에 따른 타부처 근무경력
	인품	• 개혁성·청렴도·성실성 등 • 국가정보원 신원조사회보서 • 소속기관 공무원과 유관기관·단체의 여론조사 등
기타 기준	부처별·직위별 특성, 직렬, 임용구분별 형평성 등	

자료: 인사혁신처(2023), 「공무원인사실무」, p.266.

2) 4급이하 공무원의 승진

승진 대상은 승진계급에 따라서 차이가 있는데 4급 공무원의 3급 공무원으로의 승진은 바로 하급 공무원을 대상으로 하며, 그 외 직급의 승진 대상은 동일 직렬 내에서의 바로 하급 공무원을 대상으로 한다.

승진 방법은 당해 기관의 승진후보자 중에서 보통승진심사위원회를 거쳐 결원 범위 안에 해당하는 인원을 선정, 임용한다. 다만 5급으로의 승진임용은 부처별 특성에 따라 승진시험, 보통승진심사위원회 심사, 승진시험과 보통승진심사위원회 심사병행 중에서 선택할 수 있다. 승진심사 대상자는 「공무원교

표 10-2 계급별 일반승진 요약

<table>
<tr><th>구분</th><th>승진대상</th><th>승진방법</th></tr>
<tr><td>고위공무원</td><td>자격과 경력을 갖춘 자: 3급공무원(2년 이상), 3급 2년 미만~4급 5년 이상으로서 일정한 경우에 해당하는 자로서 후보자 교육 및 역량평가를 통과한 자</td><td>보통승진심사위 대상자 선정 → 고위공무원단임용심사위원회 승진심사 → 임용제청</td></tr>
<tr><td>3급</td><td>바로 하급공무원</td><td rowspan="2">보통승진심사위원회 심사</td></tr>
<tr><td>4급</td><td rowspan="5">동일직군(4급의 경우) 또는 동일 직렬의 바로 하급공무원 중 승진후보자명부상 임용령 별표 5의 배수 범위 내</td></tr>
<tr><td>5급</td><td>승진시험 또는 보통승진심사위원회 심사(병행 가능)</td></tr>
<tr><td>6급</td><td rowspan="3">보통승진심사위원회 심사(필기시험 또는 실기시험 병과 가능)</td></tr>
<tr><td>7급</td></tr>
<tr><td>8급</td></tr>
</table>

자료: 인사혁신처(2023), 「공무원인사실무」, p.77.

육훈련법시행령」 제11조의3에 따른 교육훈련시간을 충족해야 한다. 계급별 일반승진의 대상과 승진 방법을 요약하면 〈표 10-2〉와 같다.

3) 승진소요최저연수 및 승진임용의 제한

일반직 공무원의 승진소요최저연수는 9급은 1년 6개월, 7·8급은 2년, 6급은 3년 6개월, 5급은 4년, 4급은 3년이다. 승진임용이 제한되는 대상자는 징계처분요구 또는 징계의결요구·직위처분·직위해제·휴직 또는 시보임용기간 중에 있는 경우, 징계처분 종료 후 일정기간(정직·강등은 18개월, 감봉은 12개월, 견책은 6개월) 미경과자 등이다.

(2) 근속승진

근속승진은 일정기간 이상을 근무할 경우 자동으로 승진하는 제도이다. 승진적체를 완화할 수 있고 현직 공무원의 사기를 높이는 수단이 될 수 있다(하재룡 외, 2012). 근속승진의 대상계급과 근속승진기간을 보면, 일반직 9급에서 5년 이상 근무하면 일반직 8급으로 근속승진할 수 있고, 일반직 8급에서 7년 이상 근무하면 일반직 7급으로 근속승진할 수 있다. 일반직 7급에서 11년 이상 재직자 중 매년 1회 성과우수자 40%를 6급으로 근속승진시키고 있다.

(3) 특별승진

특별승진은 승진임용의 제한사유가 없는 자 중에서 직무수행능력 우수자, 포상수상자, 제안채택자, 명예퇴직자 중 특별공적자, 공무로 사망한 자 중 특별공적자의 경우에 진행될 수 있다. 특별승진은 보통승진절차와 구별되어 운영되며 특별승진인원은 연간 계급별 승진예정인원의 30% 내외에서 기관별 실정에 따라 자율적으로 결정한다. 소속장관은 특별승진 세부 평가항목, 기준, 심사방법 등 세부사항을 정할 수 있다.

(4) 승진후보자 명부의 작성

1) 승진후보자 명부 작성의 대상

공무원 승진은 원칙적으로 승진후보자 명부 상의 우선순위에 따라 이뤄지므로 승진후보자 명부의 작성은 상당히 중요하다. 승진후보자 명부는 실적주의 인사원칙에 따라 공무원의 승진평정요소를 근무성적, 경력, 그 밖의 가점사항으로 구분하여 작성하고 승진임용의 기초자료로 활용하여 인사의 객관성과 공정성을 확보한다.

작성대상은 승진소요최저연수에 도달한 5급이하 공무원, 연구사, 지도사 등이며 일정기준의 교육 및 학습시간을 충족한 자만이 승진후보자가 될 수 있다.

2) 작성방법

승진후보자명부는 근무성적평가 70점과 경력평정 30점으로 100점을 만점으로 하고 가점 5점으로 구성된다. 평정요소별 구체적인 배점비율은 〈표 10-3〉과 같다.

근무성적평가점수의 반영기간은 5급은 최근 3년 이상, 6·7급 연구사, 지도사는 최근 2년 이상, 8급 이하 공무원은 최근 1년 이상이며, 반영비율은 반영기간 전체에 걸쳐 동일하다.

승진후보자명부의 점수가 동일한 경우 근무성적평가점수가 우수한 자, 당해 직급 또는 계급에서 장기근무한 사람, 5급 이하 공무원으로서 장기근무한

표 10-3 승진후보자명부의 요소별 배점비율

요소	평가점수	반영비율	비고
근무성적	70점 만점	90–95%	근무성적 점수와 경력 점수를 합산한 100점 만점
경력	30점 만점	5–10%	자격증, 특정직위 및 특수지역, 공적사항 등
가점	5점 범위 내		
총점	최대 105점 만점		

자료: 인사혁신처(2023), 「공무원인사실무」, p. 326–327.

자가 우선순위가 된다. 명부에 등재된 공무원의 요구가 있는 때에는 그 공무원의 순위를 알려줘야 한다. 작성시기는 연 2회로 매년 1월 31일과 7월 31일에 작성된다.

제 3 절 강 임

승진과 달리 강임은 하위직급으로의 이동이다. 강임은 동일한 직렬 내에서 하위직급에 임명되거나 다른 직렬의 하위직급으로 임명되기도 한다.

강임 요건은 해당 사유가 발생했거나 본인의 동의가 있는 경우에 가능하다. 직제와 정원의 변경, 예산의 감소 등으로 인해 직위가 폐지되거나 하위의 직위로 변경되어 과원이 된 때 해당 공무원을 면직시키지 않고 하위직급에 임용하는 것을 말한다. 이렇게 강임된 자는 상급 직위의 결원이 발생하였을 때 우선 임용되도록 하여 공무원의 신분을 보장하고 있다. 또한 국가공무원의 부처 간 전출입 시 본인의 동의 하에 강임이 수반되는 경우가 있는데, 이 경우는 해당 기관의 인력 사정과 다른 승진 예정 공무원과의 균형을 고려하여 승진임용의 우선순위가 조정될 수 있다.

제 4 절 배치전환

1. 전직과 전보의 의의

배치전환(reassignment and transfer)은 동일한 계급 내의 수평적 인사이동을 의미하며 전보와 전직이 이에 해당한다. 전보는 동일 직렬 내에서의 수평 이동이며, 전직은 상이한 직렬 간의 수평 이동이다. 당초 채용이나 현재의 보직 배치에서 나타날 수 있는 불완전성과 여러 사정을 고려한 배치전환은 인력의 효율적 활용 수준을 높일 수 있다.

전보와 전직의 기능은 다음과 같다(강성철 외, 2018: 317). 첫째, 개인의 능력 발전과 교육훈련 기능이다. 공무원의 능력과 적성 등을 고려할 때 다른 직위와 직무로의 이동이 필요하다고 판단될 경우 전보와 전직을 통해서 적재적소에 배치할 수 있다. 또한 조직 내 여러 직무를 경험할 기회를 제공하여 능력발전과 조직에 대한 전반적인 이해를 높일 수 있다. 둘째, 승진의 기회를 제공할 수 있다. 기관 간 승진의 기회가 균등하지 않은 경우, 전보·전직을 통해서 승진기회가 적은 기관의 승진후보자를 승진기회가 상대적으로 많은 기관으로 이동시켜 승진의 불공정성을 조정할 수 있다. 셋째, 현재의 직위와 직무 혹은 조직 관계에 적응하기 어려워하는 공무원에게 전보·전직은 개인의 고충을 줄이는 통로가 될 수 있다. 넷째, 행정조직이 개편되거나 업무변화에 부속되어 인력 재배치가 이뤄져야 할 경우, 전보·전직은 이에 대처하는 수단이 될 수 있다.

2. 전직과 전보의 운영

잦은 전직·전보는 행정의 전문성과 안정성을 낮출 수 있으므로 일정한 제한이 필요하다. 특히 직무의 성격을 달리하는 직렬 간 이동인 전직에 제약이 없을 경우 능률성과 전문성이 떨어질 가능성이 크다.

또한 제도의 목적과는 달리 공무원의 징계 수단으로 활용될 수 있다. 직무에 태만하거나 조직관계에 문제 있는 공무원을 다른 기관으로 전보조치함으로써 암묵적 제재를 할 수 있다. 반대로 특정 공무원에게 혜택을 주기 위하여 특정한 직위로 수평적 이동 배치할 수 있다. 제재나 보상을 대신해 전직·전보를 활용하는 경우는 목적과 다른 부정적 활용이라고 할 수 있다. 한편 시민과의 관계에서 인허가권과 같은 강한 영향력이 있는 직위의 경우에는 부정행위가 발생할 가능성이 크기에 이를 방지하는 수단으로 전보·전직이 활용되기도 한다.

전직·전보를 효과적으로 운용하기 위해서는 다음과 같은 사항이 고려될 필요가 있다. 첫째, 전직·전보의 원칙과 기준, 인사이동계획이 마련되어야 한다. 전직·전보 남용을 방지하고 안정적이고 예측가능한 인력관리가 되기 위해서는 전직과 전보의 일반적 원칙을 명확히 밝히고 이에 따라 진행되어야 할 것이다. 둘째, 적정한 빈도의 유지가 필요하다. 조직 내외로의 수평적 이동이 잦을 경우, 업무 수행의 중단으로 인한 능률 저하, 장기근속을 통한 전문성 확보의 어려움 등이 문제가 될 수 있다. 셋째, 전직·전보에 대한 저항 극복이다. 조직 개편과 인력 재배치를 목적으로 하거나 조직에서 효과적인 인사관리 목적으로 시행되는 수평적 인사이동에 대해 불이익을 우려한 공무원들의 반발 가능성이 있으므로 이를 적절하게 관리해야 할 필요가 있다.

3. 전직과 전보의 제한

(1) 전직시험

현재는 직렬을 달리하는 수평 이동인 전직을 하기 위해서는 전직시험을 거쳐야 하고 전보와 전직을 위해서 최저 재임기간을 채우도록 하는 등 일정한 제약 조건이 있다.

전직은 공무원이 당초 채용과는 다른 분야에 소질과 능력이 있는 경우, 직렬을 변경 임용함으로써 직무의 능률성과 전문성을 도모하고 조직의 기능변화에 따른 신축적 인사 운영을 기하는 것을 목적으로 한다.

전직의 요건은 전직 예정 직무에 6개월 이상 근무한 경력 또는 교육훈련 경력이 있는 경우, 관련된 전문적인 학교 교육을 받거나 국가가 인정하는 자격을 가진 경우, 직제나 정원의 개폐로 인해 해당 직의 인원을 조정할 필요가 있는 경우, 해당 직렬의 최상위 직급에 재직하고 있거나 그 기관에 같은 직렬의 상위직급의 직위가 없는 경우, 전에 재직한 직렬로 전직하는 경우 등이다. 전직은 전직시험이 원칙이며 5급 이상 공무원이 전직을 원할 경우 1, 2차 시험을 합격해야 한다.

(2) 필수보직기간

전보는 분야별 보직관리 원칙에 근거하여 운영된다. 3급 이하 공무원을 전문분야별로 양성·관리하기 위해 지정된 전문분야 내에서 전보 등 인사관리가 실시되어야 한다. 이를 위해 공무원이 다른 직위로 전보되기 전까지 현 직위에서 근무해야 하는 최소기간인 필수보직기간을 설정하고 있다.

필수보직기간은 직위에서 일정기간 이상의 장기근속을 유도해 공직 전문성 강화를 목적으로 한다. 일반적으로 5급 이하의 경우 해당 직위에 임용된 날부터 원칙적으로 3년이 지나야 한다. 경력채용자는 더 높은 기준을 적용받고 있는데 자격증 소지자, 근무·연구경력자, 학위소지자 등의 경력으로 입직한 공무원은 4년, 특수직무·환경, 도서벽지 근무, 외국어능통자 등의 경력으로 입직한 공무원은 원칙적으로 5년이 지나야 전보가 가능하다.

제 5 절 인사교류

1. 인사교류의 의의

인사교류제도는 인사권자를 달리하는 기관 간에 소속 인적자원을 상호 교류하는 제도이다. 교류는 원칙적으로는 한 기관에서 전입과 전출이 함께 발생하는 구조이다. 정부 간 인사교류는 '기관 상호 간에 직무 분야가 유사한 범위 내에서 이루어지는 공무원의 수평적 이동'으로 볼 수 있으며(강여진·권경득, 2008) 현재 인사교류는 중앙정부와 지방자치단체 간, 지방자치단체 간, 그리고 공공부문과 민간부문 간의 교류 등 다양한 형태의 인적자원 교류에서 포괄적으로 활용되고 있다.

법률상 인사교류의 목적은 「지방공무원법」 제30조의2 제1항에 '인력의 균형

있는 배치'와 '지방자치단체의 행정 발전'으로 명시되어 있으며, 세부적으로는 정부 인력의 균형 있는 배치와 효율적 활용, 국가정책수립과 집행의 연계성 확보, 행정기관 상호간의 협조체제 증진, 공무원 고충해소 및 종합적인 능력발전 기회 부여로 밝히고 있다(인사혁신처, 2023: 170).

조직 차원에서 볼 때 인사교류는 범정부 차원에서 필요한 인력을 정부 내부에서 활용할 수 있으므로 인력 운영의 효율성을 기대할 수 있고, 새로운 채용 절차를 거치지 않고 적재적소의 인력 배치로 인해 조직 생산성을 높일 수 있다. 또한 유사 업무를 담당하는 공무원 간의 교류를 통해서 업무에 관한 통합적 이해를 증진하고, 범부처 행정의 연계성을 강화할 수 있다. 정부와 민간부문의 인사교류는 정부 조직의 개방성 확대, 민간부문과 소통 강화의 기회가 될 수 있다. 소속 조직의 경계를 넘나드는 인적자원의 교류는 폐쇄적인 정부 조직에 정보 공유와 개방, 협업 증진이라는 긍정적 효과를 줄 수 있는 것이다.

개인 차원에서는 개인의 경력발전 과정에서 필요한 지식과 경험을 얻을 기회가 되는 동시에, 소속 기관에서 겪던 직무수행·인간관계 상의 고충, 일과 가정 사이의 애로점 등을 해소할 기회가 될 수 있다.

2. 인사교류의 유형

인사교류의 기관을 기준으로 유형을 나누면 ① 중앙부처 간 인사교류, ② 중앙정부와 지방자치단체 간 교류, ③ 중앙정부와 공공기관 간의 교류, ④ 정부와 민간부문 간의 교류 등이 있다.

중앙부처 간 인사교류는 기관 간 협의로 계획되어 교류되는 계획교류와 교류신청자 중 교류조건이 동일한 이들 사이에 이뤄지는 수시교류가 있다. 그 외 인력의 상호교류는 아니지만 직위공모제를 통한 이동도 가능한데 타 부처 소속 공무원이 공개경쟁을 통해서 해당 직위의 최적임자로 선정되는 방식의 교류이다.

중앙정부와 지방자치단체 간 인사교류는 중앙정부의 정책기획능력과 지방의 현장경험을 교류하여 행정역량 강화를 목적으로 한다. 중앙과 지방 사이의 정책적 연계강화와 인력의 균형 있는 배치, 지방행정의 발전을 위해서 이뤄진다. 상호 정책 관련 분야나 집행연관성이 높은 직무분야를 중심으로 교류하되,

혁신역량의 확산과 개인적 희망 등이 고려된다.

중앙정부과 공공기관 간의 교류는 공공분야의 우수인재를 상호 활용하고 정책의 수립과 집행 간의 협력체계 강화를 목적으로 한다. 이러한 교류는 부처와 공공기관 희망과 수요를 반영하여 자율적으로 실시하며 기관별 특성을 고려하여 다양한 형태의 교류가 인정된다. 「공공기관운영에 관한 법률」의 적용을 받는 공공기관들과 정부는 복수직 4급 이하 공무원 사이에서 인사교류를 진행하고 있으며 상호교류를 원칙으로 한다. 국가공무원법상의 파견(정부 → 공공기관), 민간전문가 파견(공공기관 → 정부) 형식으로 이뤄지며 기간은 3년 이내로 한다.

정부와 민간부문의 인사교류는 민관 사이의 상호 이해를 높이고 업무 협력 기회를 모색할 수 있다는 장점이 있고 대표적인 제도로 민간근무휴직(정부 → 민간기업)과 민간전문가 파견(민간기업 → 정부)이 있다. 민간근무휴직제도는 공무원이 민간기업에 일정기간 근무하면서 정책 현장을 체험하고 민간의 효율적 업무수행방법을 습득하는 것을 목적으로 하며 기간은 3년 이내이다.

인사교류의 목적과 방법을 기준으로 유형을 나누면 계획인사교류와 수시교류제도가 있으며 각 제도의 교류대상, 선정기준 등은 다음과 같다.

(1) 계획인사교류

정부 인력의 균형 있는 배치와 효율적 활용, 국가정책수립과 집행의 연계성 확보를 목적으로 인사혁신처장이 수립한 인사교류계획에 의해 일정기간 교차근무 후 원소속기관으로 복귀하는 형태이다. 교류 기관의 범위에 중앙부처 간, 중앙·지방자치단체 간, 정부·공공기관 또는 대학 간 교류 등이 포함된다.

교류자 선정기준은 업무 연관성이나 상호협조 필요성이 큰 직위, 국정과제 및 현안 추진, 기관 간 소통과 협력, 전문성 상호 활용, 조직 활력 제고 등 교류를 통해 시너지를 창출할 수 있는 직위에 한정되며, 교류 기관 상호 간 우수인력을 선발, 파견한다.

또한 계획교류는 조직 단위의 기획이므로 교류 임용자에 대해 인사·보수의 인센티브가 제공된다. 인사상 인센티브는 승진후보자명부 작성시의 가점, 근무성적평정과 성과급 등급 결정 시 교류 전 등급보다 한 단계 상향 등급 부여, 소속기관 복귀 후 희망보직 부여 등이다. 보수상 인센티브로는 교류 수당, 주거지 이전 했을 때 주택보조비 일부 지급 등이 있다.

교류 형태는 상호파견 형식을 원칙으로 4급 이상 등에서 직위 부여 필요시 전출입이 가능하다. 교류 기간은 1년 단위로 5년 범위 내에서 연장이 가능하며 근무 후 원소속으로 복귀해야 한다.

(2) 수시인사교류

맞벌이, 육아, 부모 봉양 등 공무원의 고충해소를 위해 맞교환자를 찾아 상호 부처를 옮기는 교류이다. 교류 기관의 범위에 중앙부처 간, 중앙·지방자치단체 간, 지방자치단체 간 교류가 포함된다.

교류자 선정기준은 동일 직렬·계급의 교류 신청자 중 희망기관, 지역 등 교류 조건이 부합하는 자 사이에서 이뤄진다. 교류 형태는 전출·입 형태로 부처간 전보 또는 국가·지방간 경력 채용으로 이뤄진다. 각 기관에서 통보된 교류 대상자들에 대해 상대기관과 협의하여 전출입이 실시된다.

3. 기타 인사이동

(1) 파 견

파견은 국가적 사업의 수행 또는 그 업무와 관련된 행정지원이나 연수, 그 밖의 능력개발 등을 위해 필요한 경우 소속 공무원을 다른 국가기관 등에 일정 기간 근무하도록 하는 제도이다.

파견의 사유와 기간은 다음과 같다. ① 국가기관 외의 기관·단체에서 국가적 사업을 수행하기 위해 필요한 경우 2년 이내의 기간으로 파견 ② 타기관의 업무폭주로 인한 행정지원의 경우 2년 이내 기간 파견 ③ 사무의 소관이 명백하지 않거나 특수업무의 공동수행을 위해 필요한 경우 2년 이내의 기간 파견 ④ 공무원인재개발법에 의한 소속 공무원의 교육훈련을 위해 필요한 경우 그 교육훈련기간 동안 파견 ⑤ 공무원인재개발법에 의한 공무원교육훈련기관의 교수요원으로 선발된 경우 1년 이내의 기간 파견 ⑥ 국제기구, 외국의 정부·연구기관에서 업무수행 및 능력개발을 위해 필요한 기간 ⑦ 국내의 연구기관, 민간기관·단체에서 관련업무수행·능력개발이나 국가정책수립관련 자료수집을 위하여 2년 이내 기간 파견 등이다.

민간전문가의 공직 파견근무도 운영되고 있는데 국가적 사업의 공동수행 또는 전문성이 특히 요구되는 특수업무의 효율적 수행을 위하여 국가기관 외의 기관·단체 임직원을 파견받아 활용할 수 있다. 파견 기간은 2년 범위 내이며 원소속기관과 직접 이해관계가 있는 업무를 수행하는 경우 파견이 제한된다. 파견된 민간전문가는 직무상 행위를 하거나 형법 및 기타 법률에 따른 벌칙을 적용할 때 공무원으로 간주된다.

(2) 겸 임

겸임이란 본직기관의 직위 외에 다른 기관의 직위를 부여하여 2개 이상 직위의 직무를 수행하고 책임을 지는 것이다. 특정 직위의 전문인력 확보, 교수요원 임용, 관련 기관 간 긴밀한 협조가 필요한 특수업무수행 등을 목적으로 시행된다.

겸임의 범위는 본직의 직무수행에 지장이 없는 범위에서 가능하며 겸임기간은 2년 이내에서 실시된다. 겸임기관의 장이 본직기관의 장의 동의를 얻어 임용 또는 임용 제청되고 복무나 보수는 본직기관에서 관할한다.

한편, 겸임은 임용권자의 필요에 따라 공무수행을 위해 이뤄진다면, 겸직은 공무원에게 원칙적으로 금지되는 바이지만 개인의 필요에 따라서 영리업무에 해당하지 않는 직무를 겸하려 할 때 소속기관장의 사전 허락이 있다면 제한적으로 가능하다.

제 6 절 경력개발

1. 경력개발의 의의

경력개발제도(Career Development)는 조직의 효율성 극대화와 개인의 생애설계 요구를 결합한 제도이다. 적성, 희망, 능력 등에 따라서 개인이 거쳐 가는 직무와 직위가 조직과 개인에게 바람직한 경력이 될 수 있도록 지원함으로써 개인의 능력 성장과 조직의 성과향상을 함께 가져오는 것을 목적으로 한다.

경력개발제도의 중요성은 다음과 같다. 첫째, 개인의 성장 욕구를 충족시킬 수 있다. 적성과 욕구에 맞춰 경력을 설계하고 역량을 개발하도록 지원한다면 공무원으로서의 역량 강화와 함께 자아실현감이 높아 질 수 있다. 둘째, 행정의 전문성을 강화할 수 있다. 공무원으로서 생애 동안 특정한 경력경로를 따라서 이뤄지는 자기개발을 통해 특정 분야의 전문성을 쌓을 수 있고 이를 바탕으로 전문적인 행정이 가능할 수 있다.

경력개발은 개인차원의 경력계획과 조직관점에서 경력관리로 구성된다. 개인차원의 경력계획(career planning)은 경력과 관련된 목표를 확인하고 구체적인 경력목표를 달성하기 위해 직무와 교육에 대한 방향과 시기, 단계 등을 구체화하는 과정이다. 조직차원의 경력관리(career management)는 개인이 경력에 대한 계획을 세우고 실행하는데 도움을 주는 일련의 활동들이며 조직의 생산성과 효율성을 증가시킬 목적으로 이뤄진다(홍혜승·류은영, 2020: 200). 이와 같은 두 차원에서 조직의 발전과 개인의 성장이 상호 부합될 수 있도록 경력개발 과정이 운영되어야 한다.

우리나라는 1999년 공무원 전문성 강화 차원에서 경력개발제도입이 검토된 후 2003년에 이르러 도입되었고 2005년 「공무원임용령」 제8조 소속 공무원 인력관리계획의 수립 등에 관한 조항에서 경력개발이 포함된 인력관리계획 수립을 명시한 것이 공식적 근거가 되었다. 2015년 전문개정된 「공무원인재개발법」 제10조 제2항은 행정기관의 장에게 인재개발계획에 따라 소속 공무원의 자기개발계획 수립·실천과 직무역량 향상을 위한 연구모임 활동 및 경력개발 등을 위한 교육훈련을 지원해야 하는 의무를 규정하고 있다(최순영, 2013; 이은진, 2018).

2. 경력개발제도의 운영

경력개발제도의 운영은 직무설계 → 경력설계 → 경력관리 → 평가로 이뤄진다. 직무설계 단계에서는 직무분석을 통해 직위정보, 직무별 필요역량 및 요건 등을 파악하여 경력개발제도 설계의 기본 정보를 파악해야 한다. 경력설계 단계에서는 적성과 자발성에 입각한 직무의 선택과 경력목표를 마련하고 개인은 생애목표 설정, 경력계획 수립, 보직에 따른 직무수행 및 역량강화를 통해서 성장해 간다. 경력관리 단계에서 조직은 조직목표의 설정, 경력승인, 보직부여, 교육훈련 등의 인사관리 전반 과정을 통해서 개인의 경력개발 과정을 지원해야 한다. 평가 단계에서는 개인과 조직의 역량 제고를 위한 경력개발제도에 관한 평가와 환류가 이뤄진다.

3. 경력개발제도의 원칙

경력개발제도의 기본원칙으로는 다음과 같다(강성철 외, 2018: 331-334, 유민봉·박성민, 2013: 353-355). 첫째, 자기주도의 원칙으로 구성원 스스로가 적극적인 정보 수집을 통해 경력목표와 경력개발계획을 작성하고 능동적으로 학습해야 함을 의미한다. 둘째, 인재 육성의 원칙으로 조직 내부에 인재를 양성하기 위한 노력이 우선해야 한다는 것이다. 셋째, 분야별 보직관리의 원칙으로 효과적인 경력개발제도의 설계 및 실행을 위해 여러 개의 전문분야와 공통분야로 구성하고 전문분야 내에서 공무원의 보직관리가 이뤄지도록 해야 한다. 넷째, 직무와 역량 중심 원칙으로 직급이 아닌 직무 중심의 경력계획을 세우고 직무에서 요구되는 필요역량을 개발하는 것이 중심이 되어야 한다. 보직경로별 역량 수요의 흐름에 맞게 교육훈련 체계를 수집하고 관리해야 한다.

4. 경력개발 경로의 유형

경력개발 경로의 유형은 부처 소속 공무원의 전문성 수준이나 담당 업무의 특성에 따라 다양하게 이뤄질 수 있다(〈표 10-4〉 참조). ㅜ형은 입직부터 전문가를 채용해 상위직급에서 폭넓은 순환근무가 가능한 유형으로 신입 공무원의 직렬범위가 좁은 부처에서 선호된다. ⊥형은 하위직급에서 폭넓은 순환을 하여 직무확장을 경험하고 상위직급에서는 전문화하는 유형이다. 工형은 상하위직급에서 어느 정도 순환을 실시하고 중간직급에서 전문화하는 유형이며 우리나라 정부 조직에서 많이 적용되고 있다. ㅣ형은 입직 이래로 전문분야에 한정하여 종사하고 순환근무를 지양하므로 전문행정가 육성에 유리하다. ±형은 ⊥형과 工형을 결합한 형태로 하위직에서 다양한 직무를 경험하고 중간직에서

표 10-4 경력경로 유형과 활용 분야

유형	내용	활용분야	비고
T형	하위직급에서는 순환 없이 전문화하고 상위 직급에서 폭넓은 순환을 하여 넓은 시야를 갖게 함	일반관리자 육성	관리자 육성
⊥형	하위직급에서는 폭넓은 순환을 하여 직무확장을 경험하게 하고 상위직급에서 전문화함	전문참모 육성	기획/인사/예산
工형	상·하위직급에서의 어느 정도 순환을 실시하고 중간직급에서 전문화함	직군별 관리자 육성	민원행정
l형	입직 이래로 전문분야만 종사하고 순환근무는 지양함	전문행정가 육성	연구지도 R&D
±형	⊥형에 工형을 가미한 형태로서 하위직에서 다양한 직무를 경험하고 중간직에서 전문성을 발휘함. 국장급 이상 직위에 대해서는 다양한 경험을 다시 중시함	포괄적 육성	전 분야

자료: 박천오 외(2020). 「인사행정론」 p. 291.

전문성을 발휘하며 국장급 이상 직위에서 다양한 경험을 다시 중시한다.

5. 한국 공무원 경력개발제도

경력목표를 설정하고 이에 도달하기 위한 보직경로를 설정·관리하는 경력개발제도는 「공무원임용령」의 직위분야별 보직관리 및 전문직위의 지정 등과 관련된다. 현재 우리나라는 직위분야별 보직관리를 실시하고 있으며, 조직의 직위를 업무 성격 및 장기근무 필요성 등을 고려하여 유형별로 구분하여 보직관리에 반영하고 있다.

전문직위의 지정은 전문성이 특히 요구되는 직위를 전문직위로 지정하여 관리하며 직무수행요건을 설정하고 요건을 갖춘 사람을 전문직위 전문관으로 선발 임용하는 제도이다(「공무원임용령」 제43조의3).

(1) 직위유형별 보직관리

소속 장관은 각 기관의 직위를 일정한 기준에 따라 유형별로 구분하고 그

표 10-5 직위유형별 보직관리

유형		내용
장기 근무형	유형1	• 국제관계에서의 조정능력, 경험을 통한 노하우(역사적 맥락의 이해 등) 축적 및 국제네트워킹 등이 필요한 분야 • 국민의 생명안전과 직결되거나 생활에 미치는 경제적 파급효과가 큰 분야 • 장기적인 관점에서 국가의 미래전략을 수립하고 성장 동력의 발굴이 필요한 분야 • 기타 소속장관이 전략적으로 전문인력을 육성해 나갈 필요가 있다고 판단하는 분야(인사·홍보·예산·감사·법제·전산 업무 등)
	유형2	• 감정·조사 등 특수분야에 대한 전문성이 필요한 분야 • 정비·제작 등 특정 기능에 대한 숙련성이 필요한 분야
순환 근무형	유형3	• 기술 진보가 빨라 전문성의 상시 업그레이드가 필요한 분야 • 기타 민간 전문가들이 보다 더 잘할 수 있는 분야
	유형4	• 다양한 업무경험을 통한 종합적 시각 정립이 필요한 분야 • 기관 내 업무 동질성이 높거나 전국적 통일성이 요구되어 순환근무가 바람직한 고유 업무 분야 • 부처 간 갈등 해소 및 행정현장 이해 등을 위해 인사교류를 통한 협업기반 조성이 필요한 분야 • 장기근무시 유착 가능성이 있는 분야

자료: 인사혁신처(2023), 「공무원인사실무」, p. 141.

유형에 따라 보직관리를 차별화함으로서 유능한 공무원을 양성하여 공직 전문성을 제고해야 한다. 직위유형별 보직관리제도의 적용 대상은 중앙행정기관 소속 경력직공무원 중 일반직 공무원이다.

직위유형은 장기근무형과 순환근무형으로 크게 나누고 각각 2개 하위 유형으로 구성되어 총 4개의 유형이 제시되어 있다(〈표 10-5〉 참조). 장기근무형에 해당하는 유형1은 동일한 직위 또는 업무 분야에서 장기간 근무할 필요성이 있고 업무수행을 위해 요구되는 전문지식·정보의 수준이 높은 분야이다. 유형2는 동일한 직위 또는 업무분야에 장기간 근무할 필요성이 있으나 업무 수행을 위해 요구되는 전문지식·정보의 수준은 상대적으로 낮은 분야이다.

순환근무형에 해당하는 유형3은 동일한 직위 또는 업무분야에 장기간 근무할 필요성이 낮으며 민간의 우수한 기술도입 등을 위해 민관 간 인사교류가 필요한 분야이다. 유형4는 동일한 직위 또는 업무 분야에 장기간 근무할 필요성이 낮고, 업무 수행을 위해 요구되는 전문지식·정보의 수준이 상대적으로 낮은 분야이다.

(2) 전문직위 지정

직위유형 중 장기근무 유형1(동일한 직위 또는 업무 분야에 장기간 근무할 필요가 크고 요구되는 전문지식과 정보 수준이 높은 유형)에 해당하는 직위는 전문직위로 지정하고 직무수행요건이나 업무분야가 동일한 전문직위를 묶어 전문직위군으로 지정해 관리하고 있다.

소속장관은 전문직위에 대해서 직무수행요건을 설정하고 직무수행요건을 갖춘 사람을 전문직위 전문관으로 선발하여 임용한다. 전문직위 필수보직기간은 국장급 이상은 2년(전문직위군 4년), 과장급 3년(전문직위군 6년), 담당급 4년(전문직위군 8년)으로 규정되어 있다. 전문직위 전문관으로 근무 중인 공무원에 대해서는 평가 시 가점 부여가 가능하고 전문직위 수당이 지급된다.

(3) 전문경력관

전문경력관제도는 전문성 또는 오랜 경험이 요구되거나 순환보직이 곤란한 특수분야 업무에 장기재직을 통해 전문성을 확보하기 위해 운영되고 있다. 전문경력관은 직종은 일반직이나 업무특성상 일반직에 적용되는 계급구분(1~9급)과 직렬구분(행정, 전산, 공업 등)을 적용하지 않는다.

전문경력관은 직무특성, 난이도 및 직무에 요구되는 숙련도 등에 따라 3개 직위군(가·나·다군)으로 구분된다. 정년, 휴직, 명예퇴직 등 신분보장은 다른 일반직과 동일하며, 승진, 전직, 파견 등 직위 이동은 순환보직의 곤란성 또는 장기재직 필요성 등을 고려하여 제한하고 있다.

전문경력관 채용은 자격증 채용, 경력 채용, 학위소지자 채용 등으로 구분되며 시험방법은 서면심사와 면접(또는 필기시험)으로 구분된다. 일반적으로 직무 분야와 직위군이 동일한 전문경력관 직위로의 전보 등은 가능하지만 다른 일반직 직렬로 전직하는 것은 원칙적으로 허용되지 않는다.

(4) 전문직공무원

전문직공무원제도는 잦은 순환전보에 따른 전문성 부족 문제를 해소하기 위해 고도의 전문성이 필요한 분야에서 계속 근무할 수 있도록 한 제도이다. 전보의 범위가 특정 전문분야로 한정되며 수석전문관(3~4급 상당)과 전문관(5급상당)으로 구분된다.

소속 장관은 고도의 전문성과 장기재직이 필요한 업무분야를 전문분야로 지정하고 전문직공무원은 전문 직군 외의 다른 직렬로는 7년간, 전문 직군 내 다른 직렬로는 5년간 전직 임용될 수 없다.

전문직공무원을 대상으로 성과평가, 보수 및 수당, 승진 등에 관한 인사관리기준이 따로 시행되고 있다. 성과평가에는 전문성 평가가 포함되고 성과급적 연봉제를 실시하며 전문가 육성 및 인센티브 제공 차원에서 전문직무급(특수업무수당)이 지급된다. 전문관에서 수석전문관으로의 승진임용을 위해서는 승진소요최저연수 4년이 필요하다.

제 7 절 문제점과 개선방안

한국 공무원의 인사이동과 경력개발 제도의 문제점과 개선방안을 살펴보면 다음과 같다.

첫째, 승진의 공정성 문제이다. 승진은 공무원 사기에 중요한 요인이며 승진의 공정성 인식이 공무원의 행태에 강한 영향을 미친다. 승진에 인사권자와의 개인적 관계 등 정실주의적 요인이 영향을 미친다는 인식은 과거에 비해 많이 줄었지만(주재현·한승주, 2023: 102-109) 여전히 중요한 영향요인으로 인식되고 있으므로(왕태규 외, 2018) 승진 평가과정의 투명성 확보와 평가 결과에 관한 피드백 등이 강화될 필요가 있다. 또한 승진 기준으로서 연공서열에 대한 정당성이 과거에 비해 상당히 약화되면서 업무 성과가 탁월한 공무원에게 승진소요최저연수를 단축하고 근무연차와 관계없이 승진이 가능하도록 하는 제도 도입이 요구되고 있다. 따라서 승진제도의 설계와 운영에 있어서 실적 중심의 평가 강화와 함께 실적을 기반으로 한 다양하고 유연한 승진 경로 마련이 필요하다.

둘째, 전직·전보, 인사교류 등 수평적 인사이동에서 중요 문제는 조직 차원의 목표에 따른 전략적 이동보다는 고충해소 등 개인적 차원의 이유로 빈번하게 이뤄진다는 점이다. 개인적 요구에 따라 빈번하게 이뤄지는 인사이동은 업무 수행의 안정성과 전문성을 낮출 수 있다. 또한 전보를 요구하는 개인에게 필수보직기간 등 현재의 기준은 지나치게 엄격하거나 비일관적이라는 비판도 높다. 그 외에도 지방공무원의 인사교류가 일부 도시지역으로 편중되면서 지방자치단체 인력관리의 어려움을 유발하고 있다는 지적도 지속되고 있다(한승주·정주용, 2013). 따라서 전직·전보, 인사교류의 체계적 관리를 위한 이동 조건과 범위 등에 관한 개선이 검토되어야 한다.

셋째, 전문성을 강화하고 개인의 성장을 지원하는 경력개발제도의 강화가 필요하다. 직위유형별 보직관리제 도입 등 그간 공무원 경력개발 분야는 제도적으로 괄목한 변화가 있었지만, 아직 그 활용 수준이 높지 않다. 공무원의 전문성 강화가 중요하게 요구되는 상황에서 경력개발제도를 통한 개인과 조직의 전문성 강화 노력을 더욱 체계화할 필요가 있다. 앞으로 정부와 민간분야의 인력 이동이 활발해질수록 공무원의 경력개발은 개방된 체계를 전제로 적극적으로 계획되고 추진될 필요가 커질 것이다. 따라서 경력개발 경로의 다양화와 이를 지원하는 제도의 마련이 필요하다.

참고문헌

강성철·김판성·이종수·진재구·최근열. (2018).「새인사행정론」. 서울: 대영문화사.

강여진·권경득. (2008). 중앙과 지방정부간 인사교류 운영실태 및 성과평가: 관련 공무원의 인식을 중심으로,「한국행정학보」, 42(2): 239–262.

금창호. (2013).「정부간 인사교류의 활성화방안」. 한국지방행정연구원 기본연구과제.

박천오. (2012). 승진 영향 요인에 대한 한국공무원의 인식 연구. 한국인사행정학회보, 11(2): 195–220.

박천오·한승주. (2017). 개방형 직위제도의 성과에 관한 실증 연구: 관련 공무원들의 인식 비교,「한국인사행정학회보」, 16(3), 1–31.

박천오·권경득·권용수·조경호·조성한·최성주. (2020).「인사행정론」. 서울: 법문사.

왕태규·조성한·하은희. (2018). 공무원의 승진 영향요인과 승진공정성에 관한 연구,「한국인사행정학회보」, 17(4): 109–137.

유민봉·박성민. (2013).「한국 인사행정론」. 서울: 박영사.

이은진. (2018). 공무원 전문성 제고 관련 인사제도 연구: 법령 변화 및 문헌검토를 중심으로,「한국정책연구」, 18(3): 25–52.

이종수. (2002). 공무원의 전문성 향상방안으로서 경력개발제도(CDP)에 관한 연구 : CDP의 시각에서 분석한 한국인사 행정체계의 문제점과 개선방안,「한국행정연구」, 11(4): 149–175.

주재현·한승주. (2023).「정부 관료제의 통제와 행정책임」. 서울: 법문사.

최순영. (2013). 경력개발제도의 개선방안,「한국정책과학학회보」, 17(1): 215–245.

하재룡·김진수·김승연. (2012). 공무원 근속승진제도에 대한 고찰: 공무원의 인식을 중심으로,「한국인사행정학회보」, 11(1): 87–110.

한승주·정주용. (2013). 지방자치단체 간 공무원 이동의 현실: 전출의 유형과 맥락,「한국지방자치학회보」, 25(2): 83–108.

홍혜승·류은영. (2020). 공무원의 경력장애요인 및 경력개발이 직무만족에 미치는 영향: A 중앙부처 공무원을 대상으로,「한국인사행정학회보」, 19(2): 197–221.

인사혁신처. (2023).「공무원 인사실무」.

제 4 편

인적자원 관리

제11장 동기부여
제12장 성과평가
제13장 공공인력의 다양성 관리
제14장 저성과 공무원 관리

제 4 편에 들어가면서

제4편은 정부 인적자원을 보다 효과적으로 활용하기 위해 요구되는 인사 기능이나 정책과 관련된 내용을 포함하고 있다. 제11장에서는 주요 동기부여 이론들을 크게 내용이론과 과정이론으로 분류하여 설명한다. 그리고 이들 이론에 바탕을 둔 동기부여전략을 소개하고, 그간 한국적 맥락에서 어떠한 동기부여 관련 연구들이 이루어져 왔는지 그 경향을 검토하며, 소결에서는 동기부여전략과 인적자원관리 간의 조응성을 강조한다. 제12장에서는 공무원 성과평가의 기본적인 이해를 위한 내용을 설명하고, 한국의 현행 공무원 성과평가제도를 소개하며, 공무원 성과평가제도의 문제점과 발전방향에 대해 논의한다. 제13장에서는 한국 공공조직 내 인력의 다양성과 다양성 관리 방안에 대해 논의한다. 인력의 다양성과 대표성에 대한 이론적 논의를 소개하고, 미국과 영국 등 다양성 관리 사례를 분석하여 한국의 다양성 관리에 대한 함의를 논의한다. 그리고 한국의 통합인사정책 및 관련 제도들을 소개하고 발전 방향을 제시한다. 제14장에서는 저성과자에 대한 개념과 기존 관련 문헌을 소개하고, 저성과 공무원 관리를 위해 적용할 수 있는 이론과 실무적 절차와 관련된 내용을 논의한다.

제11장 동기부여

제 1 절 동기부여의 의의와 개념

동기부여는 인사행정의 인적자원 관리 기능 가운데 하나이다. 동기부여는 조직구성원들이 자신의 잠재력을 최대한 끌어내어 열정적으로 일하며 조직에 헌신하도록 만드는 것이다. 이 장에서는 이렇게 인적자원 관리에 있어서 주요 변수가 될 수 있는 동기부여에 대해 살펴본다.

동기부여(Motivation)는 움직이게 한다는 의미의 "to move"라는 단어에서 유래한 용어로 사람의 내면적 상태의 움직임과 밀접하게 연관된다(Rainey, 2014). Robbins & Judge(2011, p.224)는 동기부여를 "조직의 목적을 달성하기 위한 개인의 노력 강도와 방향과 지속성을 일정한 방향으로 이끄는 일련의 과정"이라고 정의하고 있다. 한편, 김호섭 외(2020, p.94)도 동기부여를 "조직원이 어떤 의도하는 목표를 이루기 위해 필요한 에너지"라고 주장하여 역시 조직이라는 맥락 안에서 관련 정의를 제시한다.

동기부여에 대한 이러한 개념들은 동기부여가 가지는 세 가지 속성을 공통적으로 내포한다. 즉, 동기부여에는 심리의 유발(Arousal), 구체적인 목표의 지향(Direction), 그리고 지속성(Persistence)의 성향이 포함되어 있다(Michell, 1982). 이에 따라 인적자원관리에서 주로 사용되는 직무동기(Work motivation)의 개념은 "업무환경에서의 노력에 대한 심리적 유발과 구체적 목표의 지향, 그리고 행동의 지속성과 관련하여 더 열심히 일하고 더 잘 일하려는 사람의 열망(A person's desire to work hard and work well – to the arousal, direction, and persistence of effort in work settings)"으로 정의될 수 있다(Rainey, 2014, p.263).

직무동기는 크게 내재적 동기와 외재적 동기로 구분될 수 있다. 내재적 동기는 일 그 자체로부터 생겨나는 동기로서 일을 수행하는 과정에서 경험하는 보람과 성취감이 큰 역할을 한다. 즉, 수행하는 직무 자체로부터 개인이 의미를 찾고 만족감을 얻을 때 내재적 동기가 크다고 평가할 수 있다(Deci & Ryan, 1985). 반면, 외재적 동기는 일 자체로부터 얻는 의미와 만족감이 아닌, 일 외적인 것으로부터 생겨나는 동기를 가리킨다(Ryan & Deci, 2000a). 흔히 보상으로 논의되는 성과급이나 승진, 상관과 동료들로부터의 칭찬과 인정 등이 이러한 외재적 동기를 일으키는 보상으로 볼 수 있다.

다수 기존 연구에서는 내재적 동기가 직무성과 등에 미치는 영향력이 외재적 동기에 비해 크다는 결과가 나타났다(Cho & Perry, 2012; Deci & Ryan, 2004). 즉, 직무만족이나 조직헌신, 직무성과 등 자주 논의되는 결과변수들에 대해서 내재적 동기가 외재적 동기에 비해 더 큰 영향력을 갖는다는 것이다. 이는 Deci & Ryan(2000b)이 주창하는 자기결정이론에서 주장하는 바와도 일치하는 결과이다. 자기결정이론에 따르면, 사람들은 자신의 행동을 스스로 통제하고 있다고 느끼는 상태, 즉 자기결정성이 높은 상태인 내재적 동기 수준에서 더 높은 성과를 발휘하는데 비해, 외재적인 보상을 받는 경우에는 자기결정성이 낮아진다고 주장한다(Deci et al., 1999). 따라서 경우에 따라서는 내재적 동기와 외재적 동기가 서로 충돌하여 구축효과를 일으키는 경우도 있다고 논의되고 있다(Cho & Perry, 2012).

아래에서는 동기부여와 관련된 이론들의 전개 과정과 함께, 크게 내용이론과 과정이론으로 분류되는 동기부여 이론들의 주요 내용들을 살핀다. 또한 다양한 동기부여 이론들에 근거한 동기부여 전략들에는 대표적으로 어떤 것들이 있는지에 대해서도 논의한다. 그리고 한국적 맥락에서 다양한 동기이론들을 활용한 경험적 연구 결과들을 검토하고 소결로 본 장을 마무리한다.

제 2 절 동기부여 이론의 전개

초기 동기부여 이론들은 욕구의 결핍에 관심을 두었다. 결핍된 욕구를 충족하기 위한 수단을 탐색하고, 그 충족을 위해 목표지향적인 행동을 하게 된다는 논리에 기반한 연구가 이루어졌다. 심리학자인 Murray(1937)는 인간이 충족되지 않는 욕구를 채우고자 새로운 행동을 한다고 보고, 욕구의 목록을 처음 제시하였다. 이는 이후 동기부여 분야의 대표적인 학자인 Maslow를 비롯한 여러 이론가들의 연구로 이어지게 되었다.

지금까지 개발된 많은 동기이론들을 크게 내용이론과 과정이론으로 분류해 볼 수 있다. 내용이론은 무엇(What)의 문제에 관심을 가진다. 즉, 인간 내면의 무엇이, 혹은 개인의 어떤 환경이 개인의 행동을 활성화시키는지가 이론의 주된 관심사이다. 내용이론을 통해 조직생활에서 무엇이 구성원들을 만족스럽게 하는지, 어떤 종류의 보상이 조직구성원의 동기부여에 보다 큰 도움이 되는지를 이해해 볼 수 있다. 주로 초기에 발달된 동기부여 이론들이 내용이론에 해당되는데, Maslow의 욕구단계이론, McGregor X, Y 이론, Herzberg 2요인 이론, McClelland의 성취동기이론 등이 여기에 포함된다.

이러한 내용이론과 달리 과정이론에서는 어떻게(How)와 왜(Why)의 문제를 주로 다룬다. 동기유발이 구체적으로 어떤 과정을 거쳐서 일어나는지, 왜 동기유발이 되는지를 설명하는데 중점을 두고 있다. 이에 따라 과정이론은 정보의 처리나 인식, 직무환경의 요인과 상황 등에 고려하면서 이들이 서로 어떻게 연관되어 있는지를 밝히는데 관심을 둔다. 비교적 근래에 제시된 이론들이 과정이론의 특성을 지니는 경우가 많은데, Vroom의 기대이론, Adams의 공정성이론, Locke의 목표설정이론 등이 여기에 포함된다. 아래에서는 동기부여와 관련된 주요 이론들을 이 분류체계에 따라 내용이론과 과정이론으로 나누고 각 범주 아래에서 설명한다.

제 3 절 내용이론

1. Maslow의 욕구단계이론

Maslow는 사람을 욕구의 존재로 파악하고, 모든 인간은 다섯 가지의 기본 욕구를 가진다고 보았다. 다섯 가지의 욕구에는 생리적 욕구, 안전의 욕구, 애정의 욕구, 존경의 욕구, 자아실현의 욕구가 포함되는데, 나열된 순서가 곧 욕구의 계층이다(Maslow, 1943). 즉, 생리적 욕구가 가장 하층의 욕구이고 자아실현의 욕구가 가장 상층의 욕구이다. 생리적 욕구에는 의식주 등에 대한 기본적 생존욕구와 신체적·생물적 욕구가 포함된다. 최저임금의 보수수준 보장 등이 그 예가 된다. 안전의 욕구는 물질적인 안전과 정신적인 안전을 포괄하며 작업환경이나 근로조건, 고용안전 등이 밀접히 관련된다. 애정의 욕구는 조직 내에서의 인간관계와 소속감 등과 연관되며, 존경의 욕구에는 조직 내에서 승진을 하거나 수상을 하는 것, 인정과 신뢰를 받는 것이 포함된다. 마지막으로 자아실현의 욕구는 자신의 발전과 이상을 실현하는 것으로 자신의 직무에서 독창적 능력을 발휘하며 성취를 맛보는 것이 대표적이다(Maslow, 1943).

Maslow의 욕구단계이론의 기본논리는 인간의 동기가 다섯 가지의 욕구 계층에 따라 순차적으로 유발된다는 것이다. 아무것도 충족되지 못한 상태에서는 가장 하층의 욕구인 생리적 욕구가 인간의 동기를 유발시키는 주요한 욕구로 작용하게 되고, 이러한 생리적 욕구가 만족되고 나서야 차상위의 지위를 가지는 안전의 욕구가 주요한 동기유발 기제로 작용하게 된다는 것이다(Maslow, 1943). 이렇듯 그 계층에 따라 인간은 욕구를 만족시키면서 자신의 욕구계층을 높여간다는 것이 욕구단계이론의 주요한 내용이다. 동기로 작용하는 욕구는 충족되지 않은 욕구이며, 충족된 욕구는 더 이상 동기를 부여시키는 기제로서의 능력을 상실하게 된다(Maslow, 1943).

Maslow의 욕구단계이론은 이후 제시된 많은 이론들의 기본적인 토대를 제공해 주고 있다는 점에서 그 의의가 매우 크다. 본격적으로 인간 욕구의 내용에 집중하여 인간의 욕구를 크게 다섯 가지로 분류하여 제시하였으며, 욕구가 동기부여를 가져오는 방식을 욕구 간의 계층적 위계질서를 사용해서 설명했다는 점에서 이론적 의의를 가진다(Robbins & Judge, 2011). 하지만, Maslow의 이론이 그간 받아온 비판도 존재한다. 우선, 이론이 지향하는 보편적 성격 때문에 다른 문화권 간 차이나 개인 간의 차이를 설명하는데 한계가 있다. 모든 인간에게 다섯 가지의 욕구계층은 고정적인 것이 아니고, 계층의 우선순위도 개인별로 다를 수 있다. 욕구가 어느 정도 충족되더라도 그 욕구가 동기유발 요인으로서의 의미를 완전히 상실한다고 보기는 힘들며, 때로는 둘 이상의 복합적인 욕구들이 하나의 행동을 유발하는 경우도 있다(Schneider & Alderfer, 1973). Maslow는 욕구만족에 의한 욕구의 전진에 주로 초점을 두었지만, 욕구가 좌절될 때의 퇴행적 진행도 고려해야 한다는 지적도 존재한다(Schneider & Alderfer, 1973).

2. McGregor의 X, Y 이론

McGregor는 Maslow의 욕구단계이론을 바탕으로 인간관을 크게 두 가지로 대별하고, 그에 따른 두 가지 관리전략을 X 이론, Y 이론으로 명명하였다. McGregor에 따르면 X 이론은 인간의 하위 욕구에 초점을 두고 권위적 통제에 입각한 관리전략을 처방하는 전통적인 관점이다(McGregor, 1960). X 이론은 인간의 본질을 부정적으로 평가한다. 대부분의 사람은 본질적으로 일과 책임을 싫어하고 외재적 지도를 원하며 변화에 저항적인 것으로 파악한다. 또한 대부분의 사람은 자기중심적이고 창의력도 제대로 발휘하지 못한다. 이에 따라 대부분의 사람에 대한 동기유발은 하위욕구인 생리적 욕구나 안전의 욕구를 자극함으로써 충분히 가능하다고 본다(McGregor, 1960).

Y 이론은 인간의 본질에 대해서 상반되는 입장을 취한다. 대부분의 사람들이 본질적으로 일을 싫어하는 것은 아니며, 기회가 주어진다면 자율적으로 자기 규제를 할 수 있으며 책임있는 행동을 수행하고자 노력한다고 본다. 또한 대부분의 사람은 문제해결에 있어 비교적 높은 수준의 창의력과 상상력을 발휘할 수 있고 타인을 위한 이타적인 행동도 가능하다고 파악한다. 이러한 인간관에 근거하여 Y 이론에서는 대부분의 사람들에게 동기유발은 욕구의 모든 계층에서 가능하다는 입장을 가진다(McGregor, 1960).

McGregor는 X 이론은 인간의 본질과 동기를 제대로 이해하고 있지 못하다고 주장하며 Y 이론을 지지한다. X 이론은 상위욕구를 추구하는 인간의 본성을 제대로 규명하지 못하고 엄격한 통제에 의존한 관리 때문에 인간의 상위욕구 충족에 실패하면서 악순환에 빠지게 된다고 지적한다(McGregor, 1960). 반면, Y 이론에 근거하여 조직구성원들이 조직의 목표와 자신의 목표를 동시에 달성할 수 있는 기회를 마련하면, 이는 구성원들의 동기부여와 조직성과 모두에 긍정적인 효과를 가져올 것이라고 주장한다(McGregor, 1960).

3. Herzberg의 2요인 이론

Herzberg의 2요인 이론(Two-factor theory)은 기존에 사람들이 가지고 있던 통념에 대해 새로운 시각을 제시하여 관심을 끌었다. 1959년에 산업체에서 근무하는 근로자들 200여명을 대상으로 한 연구에서 Herzberg는 욕구의 이중구조를 발견했다. 직무를 수행하는 과정에서 기분이 좋을 때와 기분이 나쁠 때를 이야기해 달라는 질문에 대한 응답들로부터 직무만족에 영향을 미치는 요인과 직무불만족에 영향을 미치는 요인이 다름을 발견하였다. 일에 대한 불만은 업무환경에 대한 관심과 연관되었고, 일에 대한 만족감은 일 자체에 대한 관심과 깊게 관련되었다(Herzberg et al., 1959). 이러한 결과에 근거해 Herzberg는 직무만족과 직무불만족이 서로 같은 차원의 반대개념이 아닌, 두 개의 독립적 차원으로 이해되어야 한다고 주장했다. 직무만족의 반대개념은 만족이 없는 상태이지 불만족이 아니라는 것이다. 마찬가지로 직무불만족의 반대는 단지 불만이 없는 상태이지 직무만족은 아니라는 것이다(Herzberg, 1968; Robbins & Judge, 2011). 이러한 만족과 불만족의 이원적 구조가 가지는 함의는 명확하다. 만족을 가져오는 요인과 불만족을 가져오는 요인이 다르므로, 조직관리 차원에서 직무만족 향상과 직무불만족 감소를 위해 처방되어야 할 관리적 조치가 차별화되어야 한다는 것이다.

이러한 전제 아래에서 Herzberg는 불만족 요인을 위생요인(Hygiene factor)으로 명명하고, 만족요인을 동기요인(Motivation factor)로 명명하여 구별하였다. 위생요인에는 주로 직무가 이루어지는 환경과 관련된 요소들이라고 할 수 있는 조직의 방침, 관리감독과 지시, 근무환경, 보수, 인간관계 등이 포함되며, 이러한 요인들이 제대로 갖추어져 있지 못할 때 직무불만족이 야기된다고 본다. 반면, 이러한 요인들이 갖추어진다고 해서 동기가 유발되는 것은 아니고 불만족이 줄어드는데 그친다(Herzberg, 1968). 한편, 동기요인은 일 그 자체와 밀접한 관련이 있으므로 직무의 성격과 내용에 관한 것이고, 이는 조직구성원들의 만족과 동기를 높이는 요인으로 작용한다. 하지만, 위생요인이 만족을 제고하지 못하듯이 동기요인은 불만족을 해소시키지는 못한다(Herzberg, 1968).

Herzberg의 이론은 Maslow의 욕구단계이론과 연계되는데, Herzberg는 하위계층에 해당하는 생리적 욕구, 안전의 욕구, 애정의 욕구를 위생요인으로 보았고, 존경의 욕구와 자아실현의 욕구는 동기요인으로 파악하였다(김호섭 외, 2020). Herzberg의 이론은 동기요인과 위생요인의 차별화를 통해 실무가들과 학자들의 실질적인 관심을 불러일으켰으며, 동기의 개념과 차원을 재조명하는 통찰력을 제시하고 있다는데 그 의의와 공헌이 있다. 하지만 한계 역시 존재하는데, 가장 근본적으로는 이 이론의 내용이 실제 경험적 연구들에 의해서 크게 지지되지 못했다는 것이다. 경험적 연구들은 만족과 불만족의 이원적 구조를 밝혀내기 보다는 기존에 이해하던 것과 같이 만족과 불만족이 동일한 차원의 반대개념임을 더 많이 지지하였다(김호섭 외, 2020). Herzberg의 연구가 한정된 직종의 종사자들을 대상으로 이루어졌다는 점에서 이 연구결과를 모든 직종의 근로자들에게 일반화하는 것은 한계가 있다는 지적도 존재한다(조경호 외, 2014). 마지막으로 어떤 요인은 위생요인과 동기요인의 경계를 넘나들기도 한다. 대표적인 예로 Herzberg는 보수를 위생요인으로 분류하고 있지만, 보수는 단순한 위생요인이 아닌, 개인의 성취감과 역량을 나타내는 척도로 사용되기도 한다. '억대연봉자'라는 명칭은 단순히 보수가 나의 생활을 안락하게 해 주는 것을 넘어서서 존경의 욕구와 자아실현의 욕구를 충족시킬 수 있는 성취감을 가져다 줄 수 있다.

4. McClelland의 성취동기이론

McClelland는 성취동기이론을 통해 행동을 동기화시키는 욕구는 학습되는 것이므로 개인마다 욕구계층에 차이가 있다고 주장했다. 이에 따라 성취동기이론을 학습에 의한 동기이론(learned motive theory)이라고도 부르며, 습득된 욕구들을 크게 성취욕구, 권력욕구, 소속욕구로 분류한다(McClellend, 1961). 성취욕구는 내재적 표준이나 경쟁상대를 능가하고자 하는 욕구로 무언가를 잘 하고자 하는 욕구 또는 목표를 이전보다 더 능률적으로 달성하고자 하는 욕구를 의미한다. 성취욕구가 강한 사람들은 목표설정을 중요시하고, 난이도에 모험성을 가미한 도전적인 목표를 설정하려는 경향이 있다. 성과달성에 대한 피드백을 통해 자신을 점검하고 개선하는데 적극적이며, 성과지향적인 동료들을 선호한다(McClellend, 1961). 권력욕구는 타인에게 영향력을 행사하려는 욕구를 의미하며 크게 개인화된 권력(Personlized power)과 사회화된 권력(Socialized power)의 두 가지 형태로 분류할 수 있다. 전자가 자신의 이익을 위한 권력으로 다른 이들을 억누르고 복종을 강요하는 경향을 보이는 반면, 후자는 다른 사람들에게 혜택을 주기 위해 행사하는 권력으로 타인이나 집단 전체를 위해 행사된다(김호섭 외, 2020; McClellend, 1961). 소속욕구는 다른 이들과 친화적인 관계를 유지하고자 하는 욕구로, 소속욕구가 강한 사람은 다른 사람과의 관계 유지와 사회적 교류에 높은 관심을 가지고 많은 시간과 에너지를 쏟는다(McClellend, 1961). 이러한 세 가지 욕구들은 Maslow의 욕구와도 연계되는데, 친교욕구는 안전의 욕구 일부(대인관계로부터의 안전)와 소속의 요구에 해당되고, 권력욕구는 존경의 욕구와, 그리고 성취욕구는 자아실현의 욕구와 연결된다.

McClelland의 성취동기이론은 그 이름에서 유추할 수 있듯이 위에서 설명한 세 가지 학습된 욕구 중에서 성취욕구를 가장 중요시한다. 그의 연구에 의하면 높은 성취동기를 가진 사람들로 이루어진 조직이나 사회가 경제발전이 빨랐으며, 성취동기가 높은 사람들이 경영자나 관리자가 될 확률이 높고 역할 수행에도 더 성공적이었다(McClellend, 1961; Pinder, 2008). 성취동기이론의 함의는 명확하다. 개인과 조직, 사회의 성공을 위해서는 성취동기를 학습하고 유지하는데 초점을 두어야 한다. 조직관리자의 입장에서는 성취동기가 높은 직원을 선발하고, 지속적인 동기유발이 가능하도록 작업환경을 관리하며, 성취동기를 제고하는 교육·훈련 등의 조치를 병행해 나가야 할 것이다.

5. 공공봉사동기

공공봉사동기(Public service motivation)는 행정학의 동기부여 분야에서 가장 활발하게 연구되고 있는 개념이다. 그 학문적 역사가 오래되지는 않았지만, 행정학 분야의 고유한 이론으로 자리매김하고 있으며, 짧은 기간에 비해 다양한 맥락에서 풍부한 연구가 이루어져 왔다. 공공봉사동기 이론의 시초라고 평가받는 Perry & Wise의 1990년 논문에 의하면 공공봉사동기는 "주로 혹은 특유하게 공공기관이나 공공조직에 뿌리를 둔 동기에 대한 개인의 성향(Individual's predisposition to respond to motives grounded primarily or uniquely in public institutions and organizations)"이라고 정의된다(Perry & Wise, 1990, p. 368). 초기에 제안된 공공봉사동기의 개념은 주로 공공부문에서 일하는 사람들에게서 발견되는 고유한 동기로서 많이 다루어졌다면, 다양한 연구가 진행되면서 공공봉사동기가 비단 공공분야에서 일하는 사람들에게만 국한된 것이 아니라는 주장이 점점 힘을 얻고 있다(Bozeman, 1987; Moynihan & Pandey, 2007).

최근에는 공공봉사동기의 측정방법과 관련하여 그 개념적 분화가 더욱 정교하게 진행되었다. 공공봉사동기라는 개념을 단일 차원이 아닌 다차원적 개념으로 이해하는 것이 일반적으로 받아들여지게 되었고, 대표적으로 공공봉사동기가 공공서비스에 대한 매력도(Attraction to public service), 공공가치에 대한 헌신(Commitment to public values), 동정심(Compassion), 자기희생(Self-sacrifice) 등의 네 가지 차원으로 구성되는 것으로 논의되고 있다(Perry, 1996).

공공봉사동기의 긍정적인 영향력은 많은 연구들을 통해 검증되었다. 공공봉사동기가 높은 공무원들이 그렇지 않은 공무원들에 비해서 직무만족과 조직몰입, 업무성과가 더 높았고, 조직시민행동도 더 많이 하는 것으로 나타났다(Cerase & Farinella 2009; Naff & Crum 1999; Gould-Williams et al., 2015). 직업선택과 관련해서 공공봉사동기가 높은 대학생들이 그렇지 않은 대학생들보다 공공영역에서 일하기를 선호한다는 연구결과도 존재한다(Christensen & Wright, 2011; Vandenabeele, 2008). 공공봉사동기의 이러한 긍정적인 효과는 개인-조직 적합이론(Person-organization fit theory)에 의해서 주로 지지되어 왔다. 공공봉사동기가 높은 개인은 공공가치 실현을 목적으로 하는 공공조직에서 일할 때 높은 개인-조직 적합도를 가지게 되고, 이는 긍정적인 태도와 행동으로 이어진다는 것이다. 하지만, 최근 연구들은 개인-직무 적합이론(Person-job fit theory)을 활용하기도 한다. 단순히 어떤 섹터에서 일하는 것만으로 개인이 추구하는 바가 충족된다고 판단하기 어렵다는 것이다. 그보다 실제 업무수행 가운데 공공가치의 실현을 체험하고, 스스로가 그 과정에 기여하고 있는지에 대한 인식이 더욱 중요하다는 주장이다(Gould-Williams et al., 2015; Moynihan & Pandey, 2007).

공공봉사동기가 공공부문에서 중요한 동기요인으로 작용하고 있다면, 조직관리적 차원에서 어떻게 개인의 공공봉사동기를 제고할 수 있을지 고민하는 것이 필요하다. 과거에는 공공봉사동기가 성장과정에서 형성되어 성인이 된 이후에는 고정되어 있는, 주어진 특성으로 파악하였다. 이에 따라 경험적 연구들의 함의는 대개 공공봉사동기가 높은 인재를 채용하는 것이 더 바람직하다는 식의 논의에 머물렀다(Naff & Crum, 1999). 그러나 근래에 들어서는 공공봉사동기가 고정된 것이 아니라, 조직 내의 사회화 과정을 통해서 개발되고 유지될 수 있는 것으로 파악하는 연구들도 있다(Perry, 1997; Wright & Grant, 2010). 그렇다면 교육훈련 등을 통해 어떻게 공공봉사동기를 향상시키고 유지시킬 수 있을지에 대한 관리적 차원의 고민이 필요할 것이다.

만약 공공봉사동기가 공공부문의 주요한 동기요인으로 작용한다면, 외재적 보상 위주의 인적관리정책을 변화시킬 필요도 있다. 즉, 민간부문에서 주로 활용하는 외재적 보상에만 의존해서 조직을 운영하기보다, 공공봉사동기의 잠재적 효과를 극대화할 수 있는 내재적인 보상도 함께 고려하면서 공무원 보상체계와 업무를 디자인할 수 있다. 일례로 공공가치 실현에 대한 포상이나 개인-직무 적합성을 높이기 위한 업무재설계 등의 조치들을 고려해 볼 수 있다.

제 4 절 과정이론

1. Vroom의 기대이론

Vroom은 개인이 어떤 행동을 할 때, 그것이 어떠한 심리적 과정을 통해서 일어나게 되는지를 설명하고자 했다. 행위와 보상이 어떻게 연계되는지에 초점을 두어 개인 지각에 기반한 동기부여의 과정을 설명한다(Vroom, 1964). Vroom의 기대이론(Expectancy theory)은 개인의 욕구와 만족, 동기유발 사이에 '기대'라는 인식론적 개념을 활용한다는 점에서 내용이론과 구별된다. 기대이론에 따르면 인간이 행동하는 방향의 강도는 그 행동이 일정한 성과, 그리고 결과(보상)로 이어질 것이라는 기대의 강도와 결과가 가지는 매력에 달려 있다(Vroom, 1964). 여기서 기대이론을 구성하는 세 가지 주요 요인들은 기대감(Expectancy), 수단성(Instrumentality), 유의성(Valence)이다.

기대감은 목표달성에 대한 개인의 주관적 인식이다. 내가 열심히 노력하면 좋은 성과를 이룰 수 있을 것이라는 주관적인 인식을 의미한다(Vroom, 1964). 예를 들어, 내가 최선을 다했을 때 이번에 맡은 업무에서 높은 성과를 올릴 수 있을 것이라는 인식과 관련된다. 수단성은 그렇게 달성한 높은 성과가 어떠한 보상이나 결과를 가져올 것이라는 인식이다(Vroom, 1964). 내가 달성한 높은 업무성과가 2차적인 결과물이라고 할 수 있는 승진이나 상사로부터의 인정을 가져올 것인가에 대한 주관적 인식을 의미한다. 마지막으로 유의성은 2차적인 결과에 대해 내가 갖는 선호의 강도이다(Vroom, 1964). 내가 얻게 될 결과물이 나에게 얼마나 가치가 있고 중요한지에 따라 유의성이 결정된다. 앞의 예에서 내가 승진을 하거나 상사로부터 인정을 받는 것이 얼마나 나에게 중요한지가 유의성의 정도를 나타낼 것이다.

Vroom은 개인의 동기는 이러한 기대감과 수단성, 유의성의 함수라고 주장한다. 기대감, 수단성, 유의성의 곱셈이 어떠한 업무에 대해 개인이 가지는 동기수준을 결정한다는 것으로, 각 요인의 수준에 따라 개인의 동기가 달라질 것이다(Vroom, 1964). 이러한 Vroom의 기대이론은 많은 학자들의 주목을 받았으며, 많은 실증연구들이 그 주장을 경험적으로 검증하여 유용성을 인정받았다(Lee, 2019; Lambright, 2010). 그러나 동시에 이론의 한계도 존재하는데, 기대이론이 주장하는대로 인간이 항상 합리적이고 객관적으로 행동을 선택하는 것은 아니다. 기대이론에 따르면 동기부여의 정도가 상당부분 개인의 주관적인 판단에 의존하게 되므로 개인 간 객관적인 비교가 어렵다는 단점도 존재한다(Robbins & Judge, 2011). 그럼에도 불구하고, 기대이론은 동기부여가 어떤 심리적 과정을 통해서 이루어지는지를 설득력 있게 설명함으로써 개인의 동기부여 과정에 대한 이해의 폭을 넓혔고 그 주장의 타당성도 널리 검증되었다. 기대이론을 구성하는 세 요인들을 어떻게 제고할 것인지 고민하는 가운데 인적자원관리 체계를 설계한다면, 구성원들의 동기부여에 긍정적으로 기여할 수 있을 것이다.

2. Adams의 공정성 이론

Adams는 사회심리학자인 Festinger의 인지부조화(Cognitive dissonance) 개념에 기초를 두고 공정성 이론(Equity theory)을 제안하였다. 인지부조화란 자기가 알고 있는 것과 자신의 행동이 다를 경우에, 그 부조화를 인지하고 이를 조화시키려는 동기가 발생하는 현상을 지칭한다(Festinger et al., 1956). 공정성 이론이 다른 동기부여 이론들과 차별화되는 지점은 다른 사람들과의 비교를 통해 동기가 생겨난다는 것이다. 이전의 다른 이론들은 개인의 욕구가 어떤 것이 있으며 해당 욕구가 충족되었는지에 초점을 두거나, 개인이 어떠한 인지 과정을 거쳐서 동기부여가 되는지에 초점을 두었다. 이와 달리, 공정성 이론에 따르면 사람들은 직장 안팎에서 자신과 비견될만한 준거인물을 가지고 있고, 이 준거인물과 자신 간의 투입 대비 산출의 균형이 맞는지를 가늠하는 과정에서 동기가 유발된다(Adams, 1965).

공정성 이론의 주요한 내용은 다음과 같다. 지각된 불균형의 감각은 개인에게 긴장을 유발한다. 자신과 준거인물 간 투입 대비 산출에 차이가 난다면, 그 상황은 내면에 긴장을 생겨나게 한다. 긴장의 양은 불균형의 정도에 비례하여, 불공정성의 느낌이 커질수록 긴장이 커지고 이를 줄이려는 동인이 커진다. 긴장은 자신과 준거인 간의 불균형을 감소시키는 방향으로 작용하며, 동기유발의 강도는 지각된 불균형에 비례한다(Adams, 1965).

그렇다면, 긴장이 큰 상황에서 개인이 인지하는 불균형을 해소하는 방법에는 어떤 것들이 있을까? 우선 자신의 투입을 변경하는 방법이 있다. 나와 준거인물의 투입 대비 산출을 균형있게 맞추기 위해 나 자신의 노력이나 업무시간 등을 줄이거나 늘리는 방법이다. 가능한 경우라면 자신의 산출물을 조절하거나 산출물의 중요성에 대한 인식을 조정할 수도 있다(Adams, 1965). 때로는 심리적 왜곡행위 등을 통해서 자신이 인지하는 투입 대비 산출 간의 불균형을 줄이려고 시도할 수도 있다. 예를 들어, 준거인물의 업무처리가 과거 자신이 생각했던 것보다 실은 더 뛰어났던 것으로 의식적인 왜곡을 통해 불균형을 합리화하려고 할 수 있다. 극심한 불균형 상태가 제대로 해소되지 않는 상황이 지속될 때 개인은 이직을 통해서 해당 상황을 벗어날 수도 있다(Adams, 1965). 결국 Adams의 공정성 이론은 개인이 준거인물과의 비교를 통해 불공정한 상황을 인식하게 될 때, 그것을 해소하려는 방향으로 동기가 유발됨을 설명하고 있다.

3. 조직정의 이론

조직정의(Organizational justice)는 "조직으로부터 공정한 처우를 받고 있다는 것에 대한 개인과 집단의 인식(The individual's and the group's perception of the fairness of treatment received from an organization)"(Aryee et al. 2002, p.269; Greenberg, 1987) 혹은 "관리적 행위들의 윤리성과 도덕성에 대한 개인적 평가(Personal evaluation about the ethical and moral standing of managerial conduct)"(Cropanzano et al, 2007, p35)라고 정의될 수 있다. 조직 내에서의 이러한 공정한 처우는 조직구성원의 태도와 행동에 두루 긍정적인 영향을 미친다는 것이 경험적 연구들에 의해서 검증되었다. 조직정의에 대한 인식이 높을수록 조직구성원들의 직무만족도와 조직몰입, 신뢰수준이 높아지고 업무성과도 긍정적인 영향을 받는 것으로 밝혀졌다(Colquitt et al, 2001; Rupp & Cropanzano, 2002; Kurland & Egan, 1999). 한편, 조직정의는 조직 내 부정적인 행태들을 낮추는 역할도 수행하는데, 조직 내에서의 적개심이나 보복적 행동, 이직, 갈등 등을 감소시키는 것이 발견되었다(Sweeney & McFarlin, 1997; Trip et al, 2002).

이러한 조직정의는 크게 세 가지 하위차원으로 나뉘어 설명되는데, 여기에는 분배적 정의(Distributive justice), 절차적 정의(Procedural justice), 상호작용적 정의(Interactional justice)가 포함된다(Robbins & Judge, 2011). 분배적 정의는 조직 내 자원이나 보상이 얼마나 공정하게 분배되었는지에 대한 인식과 연관된다(Greenberg & Cropanzano, 2001). 예를 들어, 내가 당연히 받았어야 할 임금인상이 이루어졌는지에 대한 평가가 곧 분배적 정의를 반영한다고 할 수 있다. 절차적 정의는 그러한 조직 내 자원이나 보상의 분배가 과연 공정한 절차에 의해서 이루어졌는지에 대한 평가이다(Greenberg & Cropanzano, 2001). 일례로 임금인상이 결정되는 과정이 공정한 절차를 거쳐서 이루어졌는지에 대한 인식이다. 분배적 정의와 절차적 정의는 상호배타적이라기 보다는 서로 밀접하게 연관되어 있다. 절차적 정의에 대해서 높게 평가하는 사람은 분배적 정의에 대해서도 긍정적으로 평가하는 경향을 보인다(Robbins & Judge, 2011). 상호작용적 정의는 비교적 최근에 조직정의의 새로운 하위 차원으로 논의되는 개념으로, 이는 다시 개인 간 정의(Interpersonal justice)와 정보 정의(Informational justice)로 분류된다(Greenberg, 1993; Colquitt et al., 2001). 전자는 개인이 조직 내 상사 등 높은 지위에 있는 사람들에게 얼마나 존중받는 태도로 다루어졌는지를 의미하고, 후자는 개인이 조직에서 받는 정보의 질이 얼마나 높은지와 관련이 깊다(Greenberg, 1993). 결국 조직 내 상호작용적 정의는 내가 조직 내에서 얼마나 존중받고 있으며 양질의 정보를 제공받고 있는지에 대한 평가이다(Skarlicki & Folger, 1997).

4. Locke의 목표설정이론

Locke는 목표설정이론(Goal setting theory)을 통해 동기부여 과정에서 목표설정의 중요성을 강조하였다. 목표설정이론은 인간의 행동이 의식적인 목표와 성취의도에 의해서 결정된다고 가정하고, 목표가 뚜렷할 때에 노력의 강도가 강해지는 반면에 목표가 약하거나 없으면 노력의 동기가 약해진다고 주장한다(Locke & Latham, 1990). Locke는 목표의 두 가지 특성에 특히 주목했는데, 그것은 목표의 난이도와 구체성이다(Locke & Latham, 1990). 목표의 난이도는 주어진 목표달성을 위해 요구되는 노력의 정도를 의미하고, 목표의 구체성은 목표가 명확하게 규정되는 정도를 의미한다. 목표가 누구에게나 명확하게 이해될수록, 정량적으로 표현이 가능할수록 구체성이 높다고 볼 수 있다. 목표난이도와 구체성과 관련해서 Locke는 성취가능한 범위 내에서 도전적인 목표일수록, 그리고 구체적인 목표일수록 조직구성원의 노력의 강도를 자극하여 높은 성과를 이끌어 낸다고 주장했다(Locke & Latham, 1990).

목표설정이론은 목표의 종류에 따른 수용성과 참여 역시 개인의 동기부여에 중요한 역할을 한다고 주장한다. 추구하는 목표가 상부로부터 주어진 목표인지, 아니면 자신이 참여해서 함께 결정한 목표인지, 자신 스스로가 설정한 목표인지에 따라서도 성과가 달라진다고 보는데 이는 목표의 종류에 따라 그 수용도가 달라지기 때문이다(Erez et al, 1985). 조직구성원들이 목표설정과정에 직접 참여하게 되면 목표에 대한 이해도 높아질 뿐 아니라, 그 목표를 더 구체화해서 받아들이게 된다. 따라서 조직차원에서는 조직구성원들의 목표수용을 위한 추가적인 관리적 조치를 적극적으로 고려해 볼 필요가 있다(Erez et al, 1985).

이러한 목표설정이론은 몇 가지 직접적인 관리적 처방을 제시해 준다. 우선, 관리자의 입장에서는 각 조직구성원에게 도전적이면서도 구체적인 목표를 부여해 줄 필요가 있다. 각 사람마다 역량과 숙련의 정도가 다르므로 도전적인 목표도 조금씩 달라질 것이다. 실제 관리상 부하직원들 간의 형평성 인식을 해치지 않으면서도 각자에게 도전적인 목표를 제시하는 것이 말처럼 쉽지 않을 수 있다. 그럼에도 불구하고 조직구성원 각자가 도전적인 목표를 추구하도록 조치하는 것은 효과적인 동기부여를 위해 필요하다.

이와 더불어 목표의 수용도를 제고하려는 노력도 필요하다. 만약 목표가 조직차원에서 일방적으로 주어졌다면 해당 목표의 중요성과 의미를 충분히 설명하고, 목표달성이 왜 개인 차원에서도 중요한 것인지를 설득력 있게 설명해야 한다. 필요하다면 목표달성에 따른 인센티브도 제공하여 그 수용도를 더욱 높여야 할 것이다.

마지막으로 조직구성원들이 더욱 도전적인 목표를 수용할 수 있도록 목표달성에 필요한 역량과 기술을 지속적으로 향상시켜야 한다. 이와 관련하여 교육훈련 프로그램을 잘 설계하여 제공하는 일도 관리적 차원에서 동기부여와 효과성 제고에 도움이 될 것이다. 얼마나 목표를 잘 달성하고 있는지, 어떻게 하면 보다 효과적인 목표달성을 할 수 있을지에 대한 환류를 정기적으로 제공해 주는 일 역시 동기부여와 성과향상에 기여할 것이다.

제 5 절 동기부여전략

1. 욕구단계이론을 바탕으로 한 동기부여 전략

동기부여와 관련된 이론들을 바탕으로 동기부여전략을 생각해 볼 수 있다. 우선, 내용이론의 대표격이라고 할 수 있는 Maslow의 욕구단계이론을 바탕으로 각 욕구의 충족을 위한 전략을 고안할 수 있다. 예를 들어, 생리적 욕구의 충족을 위해서 최저임금의 보장, 적정한 작업환경의 조성, 교통비 보조 등의 조치를 생각할 수 있다. 안전의 욕구 충족을 위해서는 작업장 내 안전 인프라 개선, 고용안정성 개선, 기본적인 의료보험과 연금 혜택의 제공 등이 유효할 것이다. 조직 내 공식적·비공식적 활동에의 참여 유도, 동호회 활동 지원, 의사소통 활성화 등은 애정의 욕구 충족에 도움을 주며, 존경의 욕구 충족을 위해서는 승진과 승급, 수상 등을 적재적소에 잘 활용하는 일이 필요하다. 자아실현의 욕구충족과 관련해서는 개인이 보다 도전적인 직무를 할 수 있도록 배려하고, 업무활동에 있어서 광범위한 자율성과 재량권을 부여하는 일 등이 도움이 될 것이다. 근로자가 직무수행과정에서 사용할 수 있는 권한과 재량을 더 높이고 독립성과 책임을 제고하여 업무수행의 질적인 측면을 확장하는 직무충실화(Job enrichment)가 대표적인 예가 될 것이다(Robbins & Judge, 2011). 직무충실화를 위한 가이드라인의 하나로 Hackman & Suttle(1977)은 피드백 경로 개방을 들고 있는데, 이는 조직구성원이 자신의 직무를 얼마나 성공적으로 수행하고 있는지 알림으로써 도움을 준다.

2. 내재적 보상과 외재적 보상의 활용

보상의 적절한 활용도 개인의 동기부여를 위해 필요하다. 개인이 가치를 두는 보상의 제공은 그 유의성을 높여 동기부여에 긍정적인 영향을 미치기 때문이다. 조직 차원에서 활용할 수 있는 보상은 크게 내재적 보상과 외재적 보상 두 가지로 나뉜다. 전자는 과업 자체로부터 주어지는 보상으로, 성취감과 책임의식 등이 포함된다. 이에 반해 후자는 과업 자체가 아닌 그 외부의 환경으로부터 오는 보상을 포괄적으로 지칭하는 것으로 물질적인 보상이나 승진과 같은 지위 상승, 주변으로부터의 인정과 칭찬 등이 대표적이다(Deci & Ryan, 1985; Ryan & Deci, 2000a).

전통적으로 기업 등 민간부문에서 외재적 보상을 널리 활용해 왔고 신공공관리의 영향으로 공공부문에서도 외재적 보상이 많이 주목받아 왔으나, 내재적 보상의 가치 역시 무시되어서는 안 된다. 앞서 설명한 자기결정이론의 측면에서 나타나는 동기 간 구축효과(Motivation crowding-out effect)는 내재적 동기와 외재적 동기 사이에 나타나는 것이고, 이는 곧 내재적 보상과 외재적 보상 사이의 충돌을 함의하고 있기도 하다. Cho & Perry(2012)의 연구에서도 외재적 보상에 대한 기대가 내재적 동기의 영향력을 낮추는 것을 확인할 수 있었다. 물론 내재적 보상과 외재적 보상을 함께 활용한다면, 그 영향의 총효과는 높아질 수 있겠으나 둘 사이의 구축효과가 존재하며 어느 정도의 영향력이 상쇄될 수 있음은 고려할 필요가 있다.

외재적 보상들 간의 차이를 살펴본 연구이기는 하지만, 행동경제학자인 Ariely가 인텔의 이스라엘 공장을 대상으로 실시한 연구결과는 주목할 만하다. 평소보다 높은 생산실적을 보였을 때 그룹 간에 각기 다른 보상을 제공한 결과, 생산성의 향상 정도가 다르게 나타난 것이다(Bareket-Bojmel, Hochman & Ariely, 2017). 30달러의 현금을 받기로 한 그룹, 피자를 받기로 한 그룹, 직속상사로부터 칭찬을 받기로 한 그룹 등 세 그룹으로 나누어 실험을 실시한 결과, 30달러의 현금을 받는 그룹이 가장 낮은 생산성 향상(4.9%)을 보였다. 피자를 받기로 한 그룹(6.7%)과 상사의 칭찬을 받기로 한 그룹(6.6%)이 비슷한 정도의 성과향상을 보였다. 더 흥미로운 사실은 실험 이후 생산성을 다시 측정했을 때 발견되었다. 30달러 혹은 피자를 받은 그룹의 생산성이 기존에 비해 확연히 낮아진 반면, 상사의 칭찬을 받은 그룹은 크지는 않지만 생산성이 다소 향상되었다(Bareket-Bojmel, Hochman & Ariely, 2017). 이러한 연구결과는 가장 많이 활용되는 외재적인 보상인 현금이 기대만큼 긍정적인 영향력을 갖지 못할 수 있음을 함의한다. 내재적 보상과 외재적 보상 간의 구축효과가 있을 수 있음을 인지하면서 업무상황과 맥락에 맞는 다양한 보상의 활용을 고려할 필요가 있다.

3. 직무설계에 의한 동기부여: 직무특성모형(Job Characteristics Model)

동기부여의 또 다른 전략으로 직무설계를 통한 동기부여가 있다. 외재적 보상과 관련된 인센티브 제도가 어떻게 체계화되어 있는지도 중요하지만, 결국은 조직 내에서 업무를 수행하는 것이 조직생활의 주를 이루다보니 일이 가지는 가치와 중요성은 클 수 밖에 없다. 내가 수행하는 직무가 어떻게 구조화되어 있는지, 직무를 수행하는 과정에서 어려움은 없는지, 직무수행을 통해서 나 자신이 발전하는 것을 경험하고 성취감을 느끼고 있는지 등은 개인의 동기부여에 큰 영향을 미친다. Maslow가 제시한 욕구단계모형에서 최상층에 위치한 자아실현의 욕구도 결국 어떠한 직무를 수행하느냐와 직접 연관된다는 것도 이러한 주장을 뒷받침한다. 이러한 전략은 결국 직무의 특성을 어떻게 설계하느냐의 문제이므로 내재적 동기와 직접 연관되는 동기부여전략으로 파악할 수 있다.

직무설계에 의한 동기부여와 관련하여 Hackman & Oldham은 다섯 가지 핵심적인 직무특성으로 이루어진 모형을 제시하였다. 이들 직무특성에는 기능다양성(Skill variety), 과업정체성(Task identity), 과업중요성(Task significance), 자율성(Autonomy), 피드백(Feedback)이 포함된다(Hackman & Oldham, 1976). 기능다양성은 한 과업을 수행하는데 얼마나 많은 기술이 사용되는지에 관련되는 개념이다. 근로자가 직무수행에서 다양한 활동들을 통해 여러 기능을 발휘할 수 있을 때 기능다양성이 높다고 볼 수 있다(Hackman & Oldham, 1976). 예를 들어, 자동차의 엔진이나 전기부품을 두루 수리할 수 있고 고객응대도 맡아서 하는 근로자가 온종일 페이트칠 하나만을 담당하는 근로자에 비해서 기능다양성이 높다. 과업정체성은 직무수행을 통해 업무 전체를 조망하고 완성하는지의 정도에 의해 결정된다(Hackman & Oldham, 1976). 가구를 디자인하는 것에서 시작해서 필요한 재료를 구해서 가공하고 조립하는 모든 과정을 수행하는 사람의 과업정체성은 책상다리의 조립만을 담당하는 사람의 과업정체성보다 그 수준이 높다고 말할 수 있다. 과업중요성의 경우, 자신이 수행하는 직무가 다른 사람들의 생활이나 업무에 얼마나 중요한 영향을 주는지와 관련된다(Hackman & Oldham, 1976). 일반적으로 병원에서 환자의 생사에 직접 영향을 미치는 정교한 수술을 시행하는 의사의 직무가 수술물품을 정리하는 일을 맡은 사람의 직무에 비해 그 중요도가 높다. 자율성은 직무수행에 있어 근로자가 직무의 구체적인 내용을 결정하거나, 작업일정을 계획하고 수행하는 절차를 정함에 있어서 독립성과 재량권을 누리는 정도를 의미한다(Hackman & Oldham, 1976). 동일한 판매직으로 직무를 수행한다고 하더라도, 상사의 감독에 매이지 않고 매일의 업무를 그날 만날 고객의 특성과 상황에 맞추어서 다양한 방식으로 결정할 수 있는 판매직원과 일일이 정해진 루틴에 따라서 지시를 받고 움직여야 하는 판매직원이 체감하는 자율성은 큰 차이가 날 것이다. 마지막으로 피드백은 직무를 수행함에 있어서 자신의 성과에 대한 직접적이고 명확한 정보를 얼마나 잘 제공받는가와 연관된 개념이다(Hackman & Oldham, 1976). 정기적으로 명확한 피드백을 받는 직원은 그렇지 못한 직원에 비해서 자신의 현 상태를 정확하게 파악하고 어떤 부분을 어떻게 개선해야 할지에 대한 지식을 잘 습득하므로 성과를 향상시키는데 유리하다.

Hackman & Oldham은 이러한 다섯가지 직무특성이 세 가지 심리상태와 연관되고, 이러한 세 가지 심리상태가 결국 그 결과물로서 동기부여에 직접적인 영향을 주게 된다고 주장하였다(Hackman & Suttle, 1977). 처음의 세 가지 직무특성인 기능다양성과 과업정체성, 과업중요성이 존재할 때, 이들 직무특성은 조직구성원에게 자신의 직무에 대한 의미(Experienced meaningfulness of the work)를 체험하게 하고, 직무자율성은 일의 결과에 대한 책임의식(Experienced responsibility for outcomes of the work)을 부여한다(Hackman & Suttle, 1977). 마지막으로 피드백을 통해 조직구성원은 어떻게 직무를 수행할지에 대한 실제적 지식(Knowledge of the actual results of the work activities)을 취득하게 된다(Hackman & Suttle, 1977). 결국 직무특성모형에 따르면, 다섯가지 핵심적인 직무특성들이 위에서 제시한 세 가지 심리상태(직무에 대한 의미성, 책임의식, 직무수행 지식)에 영향을 미치고, 이들 심리상태는 직무수행자의 내재적 동기로 이어진다(Hackman & Suttle, 1977).

제 6 절 한국적 맥락에서의 동기부여 연구

그간 한국적 맥락에서 공공부문 구성원들의 직무동기와 관련해서 여러 방면의 연구가 이루어져 왔으며, 앞서 살펴본 다양한 동기이론들이 활용되었다. 우선, 내재적 동기와 관련된 일련의 연구들을 찾아볼 수 있다. 예컨대 양인과 임도빈(2023)은 공기업 종사자들을 대상으로 경쟁심이 내재적 동기에 미치는 영향을 분석하였다. 그 결과 내재적 동기의 일종인 성취동기에 대해서, 다른 사람보다 우월하고자 하는 대인적 경쟁심은 부정적 영향을 미치는 반면에, 자기발전을 목표로 하는 자기개발적경쟁심은 긍정적 영향을 미침을 검증함으로써 경쟁심의 하위차원에 따라 내재적 동기에 차별화된 영향력이 있음을 밝혔다(양인·임도빈, 2023).

전미선·이종수(2014)는 공무원들을 대상으로 한 연구에서 성과급과 내재적 동기 간에 긍정적인 관계가 있음을 파악하였는데, 성과급이 직접적으로 내재적 동기에 영향을 미치기보다는 자기결정감과 유능감을 통해 내재적 동기에 간접적인 긍정적 영향력을 지님을 검증하였다. 이는 흔히 논의되는 외재적 보상과 내재적 동기 간의 구축관계와는 다른 결과여서 한국적 맥락에서의 성과급의 효과에 대해 더 심층적인 연구가 있어야 함을 암시한다.

이수영(2011)은 기대이론과 형평이론을 이론적 바탕으로 하여 성과급 제도가 한국적 맥락에서 기대한 만큼의 효과성을 내지 못하고 있음을 설명했다. 기대이론의 유의성이 적용될 만큼의 충분한 금전적 유인을 현재의 성과급 제도가 제공하지 못한다는 점, 형평이론의 측면에서 공공부문의 목표모호성으로 인해 객관적이고 공정한 성과의 측정이 어렵다는 점, 근무성적평정이 성과지표를 포괄적으로 대표하지 못하는 문제 등을 논의하며 제도의 한계를 지적했다(이수영, 2011). 이러한 연구결과는 한국의 성과급 제도 체계가 동기이론적 측면에서 공무원의 직무동기를 불러일으키기에 불충분함을 함의한다. 한편, Herzberg의 2요인이론을 활용하여 한국의 경찰공무원들의 직무만족도에 대한 동기요인과 위생요인의 상대적 영향력을 검증한 연구도 존재하였는데(조상현·박외병, 2018), 분석결과 동기요인이 경찰공무원들의 직무만족도에 전반적으로 더 큰 영향을 미치고 있는 것을 밝혀 한국적 맥락에서도 Herzberg의 이론이 유효한 부분이 있음을 검증했다.

조직공정성 이론에 바탕을 둔 연구들도 꾸준히 이루어지고 있다. 특히 다양한 인적자원관리 방안들에 대한 공정성 인식의 영향력을 살펴본 연구들이 다수 존재했다. 태소희·오정록(2023)은 기초지방자치단체 공무원들을 대상으로 이들이 인지하는 인사공정성에 대한 세 가지 조직공정성 차원, 즉, 분배공정성, 절차공정성, 상호작용공정성이 직무만족과 정서적 몰입, 규범적 몰입에 모두 긍정적 영향을 미침을 검증하였다. 장혜윤·최정우·박해육(2016)은 전라북도에서 직무성과평가 업무를 수행하는 공무원들을 대상으로 이들이 인지하는 분배공정성과 절차공정성이 성과관리제도에 대한 인식과 긍정적으로 연관됨을 밝혔다. 이와 유사하게 성과평가에 대한 공무원들의 공정성 인식이 조직효과성에 대한 평가를 높이는 관계를 검증한 연구(유승현·박순애, 2021)도 찾아볼 수 있었으며, 승진공정성 인식이 적극행정을 증가시키는 영향력을 검증한 연구(송성화·손지은, 2022)도 존재하였다. 이러한 일련의 연구들 모두 인적자원관리에 있어 조직공정성의 확보가 갖는 중요성과 의의를 함의한다.

목표설정이론을 활용한 동기 연구들은 조직적 차원이나 개인적 차원에서 목표설정이 갖는 긍정적 영향력을 검증했다. 예컨데 이혜영(2006)은 특허청과 특허심판원의 조직혁신 사례 분석에서 성공적인 조직혁신 과정상의 주요한 요인 중 하나로 체계적인 목표설정을 지목하였다. 이재용·박흥식(2013)은 목표설정이론에서 제시하는 목표의 두 가지 특성인 목표의 난이도와 구체성이 조직시민행동에 미치는 영향력을 검증하였다. 분석결과 난이도와 구체성 모두 조직시민행동과 긍정적으로 연관되어 있었는데, 그 중 목표구체성이 목표난이도에 비해 더 큰 영향력을 보였다(이재용·박흥식, 2013). 한편, 공무원 교육훈련에서의 목표설정의 중요성을 검증한 연구도 존재했다. 송석휘(2008)는 참여와 문제해결지향성을 지니는 액션러닝제도에 대한 참여공무원들의 만족도를 분석한 결과, 해당 제도의 효과 제고를 위해서는 이를 통해 함양하고자 하는 역량과 교육훈련의 목적이 더 구체적이고 명확하게 설정되어야 한다고 주장하였다.

이렇게 다양한 동기이론들을 적용한 연구들이 이루어지고 있으나, 한국적 맥락에서 최근 들어 가장 활발하게 연구되고 있는 동기이론은 공공봉사동기이다. 해외에서의 연구동향과 유사하게 한국적 맥락에서도 대다수의 연구들이 공공봉사동기가 가지는 긍정적인 영향력들을 밝혔다. 이들 연구들은 조직구성원들의 직무태도 및 행동, 성과를 두루 다루고 있는데, 공공봉사동기가 공직만족도(최병윤, 2023), 협업태도(박정호, 2016), 조직몰입(최낙범·이수영, 2016), 조직시민행동(권용수 외, 2023; 김선희 외, 2017), 이직의도(고대유·김강민, 2021; 김필 외, 2020), 업무성과(김진아, 문광민, 2020) 등과 긍정적으로 연관되어 있음을 검증했다.

공공봉사동기가 직업선택이나 공사조직 간에 어떻게 차별화된 모습으로 나타나는지를 탐색한 연구들도 존재한다. 유인-선택(Attraction-selection) 효과의 검증을 시도한 최유진(2020)의 연구에서는 공직선택에 대한 공공봉사동기의 영향력을 분석하였는데, 공공봉사동기는 유의미한 영향력이 없었던 반면에 직업안정성과 타인으로부터의 인정이 중요한 변수로 밝혀졌다. 이러한 결과는 공직유입에 대한 공공봉사동기의 영향력이 제한적일 수 있음을 함의한다. 그러나 청년패널데이터를 사용하여 분석한 김진영(2018)의 연구에서는 이와 반대되는 결과가 보고되었다. 해당 연구는 공공부문 종사자들이 민간부문 종사자들에 비해 공공봉사동기가 높았으며, 더 나아가 공공봉사동기가 높은 구직자가 공공부문으로의 입사를 선호하고 실제로 공공부문에 취업할 확률도 더 높다는 것을 검증하였다(김진영, 2018). 이러한 분석결과는 한국적 맥락에서 공공봉사동기가 공직의 선호와 실제 선택에 중요한 동기요인으로 작용함을 시사하므로 앞서 소개한 최유진(2020)의 연구와 상반되는 함의를 제공한다. 이렇게 현재 혼재되어 있는 연구결과들을 고려할 때, 한국적 맥락에서 공공봉사동기가 공직의 선호와 실제 선택에 어떤 실제적 영향력을 가지는지에 대해서는 향후 더 많은 연구들이 이루어질 필요가 있다.

공공봉사동기의 영향력을 알아보는 연구 이외에도 공공봉사동기의 결정요인을 알아보는 연구들이 진행되었다. 김영은 외(2018)는 공공부문종사자들을 대상으로 공공기관의 조직가치가 공공봉사동기에 긍정적인 영향을 미치고 있으며, 개인-조직 가치 적합성이 그 관계를 강화하는 것을 검증하였다. 이러한 결과는 공직자의 교육훈련 과정에서 점점 다원화되어 가고 있는 행정 가치들에 대한 이해를 제고시킬 필요가 있음을 함의한다(김영은 외, 2018). 김소희(2022)의 연구는 조직문화가 공공봉사동기에 미치는 영향을 다층모형을 사용하여 검증하였는데, 시장문화와 위계문화는 공공봉사동기에 부정적인 영향을 미치는 한편, 혁신문화와 관계문화는 유의미한 영향력이 없음을 밝혔다. 향후 공공봉사동기의 함양을 위한 조직사회화에 긍정적으로 작용하는 조직문화의 탐색이 필요할 것이다.

몇몇 연구들은 공공봉사동기를 변화가능하여 관리가 가능한 것으로 간주하고, 다양한 인적자원관리 요인들이 어떻게 공공봉사동기에 영향을 미치는지를 검증하였다. 김상묵·노종호(2018)는 입직 후 조직사회화 요인에 초점을 두어 공공봉사동기에 대한 다양한 인적자원관리 요인들의 영향력을 분석하였다. 구체적으로 승진, 교육훈련, 업무수행역량, 상사의 지원이 고르게 공공봉사동기와 긍정적으로 연관되어 있음을 검증하였는데, 이러한 결과는 조직 내 다양한 인적자원관리 활동이 그 자체로서도 중요할 뿐 아니라 공공봉사동기를 제고할 수 있는 요인으로서도 중요하게 다루어질 필요가 있음을 함의한다(김상묵·노종호, 2018). 하미승 외(2018)의 연구도 유사하게 중앙부처 공무원 600여명을 대상으로 분석을 실시한 결과, 직무관리 요인과 보상요인, 교육훈련 요인 등 다양한 요인들이 공공봉사동기에 유의미한 영향을 미치는 것을 확인하였다. 구체적으로 직무중요성과 외재적 보상 및 내재적 보상, 공직가치 교육 등의 요인이 공공봉사동기의 주요한 결정요인으로 작용하고 있었으며, 이러한 결과에 근거하여 직무재설계와 적극적인 보상전략의 활용, 가치함양 프로그램의 강화 등을 실천적 함의로 제시하였다(하미승 외, 2018).

제 7 절 소 결

이 장에서는 동기부여와 관련된 다양한 이론들을 살펴보았다. 크게 내용이론과 과정이론으로 분류되는 이론들은 현재에도 현실적 함의와 시사점을 제시하고 있다. 동기부여는 효과적인 조직을 만들어 가기 위해 반드시 필요한 요인이며, 근래 들어 강조되고 있는 적극행정이나 혁신행동 등을 촉진하기 위해서도 필수적으로 갖추어야 할 성과지향적 조직의 조건이다. 조직의 관리자는 동기부여의 중요성을 늘 인지하고, 여러 가지 인적자원관리와 관련된 정책과 제도들이 조직 내에서 어떻게 작용하고 있는지를 정기적으로 파악해야 한다. 만약 이들 정책과 제도들이 조직구성원들의 동기부여에 부정적으로 작용하고 있다면, 이를 장기적으로 방치하지 말고 어떤 방식으로 개선할 수 있을지 관리적 차원의 고민을 시작해야 한다.

보다 적극적인 차원에서 여러 동기이론들에 기반한 다양한 동기부여 전략들에 대한 검토도 필요하다. 관리자가 속한 조직을 발전시키기 위한 동기부여 전략에는 어떤 것들이 있을지 체계적으로 검토하는 것이 출발점이 될 것이다. 더불어 그러한 전략이 현재의 인적자원관리 정책 및 제도와 잘 조응할지, 그렇지 않다면 어떤 조치가 이루어져야 할지 고려할 필요가 있다. 그 과정에서 직무동기와 인적자원관리 간의 관계를 검증한 여러 연구결과들을 참고하는 가운데 동기부여 전략을 구성하고 도입한다면, 조직구성원들의 직무동기 향상과 보다 나은 조직성과를 기대할 수 있을 것이다.

참고문헌

고대유·김강민. (2021). 공공봉사동기가 이직의도에 미치는 영향: 진성 리더십과 거래적 리더십을 중심으로. 「한국인사행정학회보」. 20(1): 91-118.

권용수·석재왕·신종대. (2023). 지방공무원의 조직시민행동 결정요인에 관한 연구. 「한국인사행정학회보」. 22(1): 303-325.

김상묵·노종호. (2018). 공무원의 공공봉사동기와 인적자원관리. 「한국인사행정학회보」. 17(3): 145-174.

김선희·심동철·박현희. (2017). 섬김의 리더십, 집합적 공공봉사동기, 윤리적 풍토가 집합적 조직시민행동에 미치는 영향. 「한국행정학보」. 51(3): 63-91.

김소희 (2022). 16개 중앙행정기관의 조직문화와 공공봉사동기. 「한국행정학보」. 56(1): 209-242.

김영은, 심동철, 김상묵. (2018). 공공기관의 조직가치가 공공봉사동기와 업무열의에 미치는 영향. 「한국행정학보」. 52(4): 55-85.

김진아·문광민. (2020). 공공봉사동기와 업무 성과의 관계에 관한 연구: 공공봉사동기의 매개효과 분석을 중심으로. 「한국인사행정학회보」. 19(3): 23-51.

김진영. (2018). 공공조직과 민간조직의 PSM 차이와 발생원인: 내생적 요인과 외생적 요인의 종합. 「한국행정학보」. 52(3): 57-86.

김필·정윤진·임도빈. (2020). 공공봉사동기와 이직의도: 정서적 몰입과 직무만족의 매개효과를 중심으로. 「행정논총」. 58(1): 73-108.

김호섭 외. (2020). 「행정과 조직행태」. 경기: 대영문화사.

박정호 (2016). 개인의 협업태도에 대한 탐색적 연구: 협업경험 및 공공봉사동기를 중심으로. 「한국인사행정학회보」. 15(4): 141-168.

송석휘. (2008). 액션러닝 제도에 대한 만족도 연구: 액션러닝 교육 참여자의 인식도를 중심으로. 「한국인사행정학회보」. 7(3): 73-93.

송성화·손지은. (2022). 조직공정성이 적극행정에 미치는 영향에 관한 연구: 업무환경특성의 조절효과를 중심으로. 「한국인사행정학회보」. 21(3): 145-168.

양인, 임도빈 (2023). 경쟁심이 내재적 동기에 미치는 영향: 공기업 종사자를 중심으로. 「행정논총」, 61(2): 235-268.

유승현·박순애. (2021). 공무원의 성과평가 공정성 인식이 조직성과에 미치는 영향: 개인-조직 간 성과격차의 조절효과를 중심으로. 「행정논총」, 59(4): 113-145.

이수영 (2011). Mission impossible? 공무원 성과급의 이상 조건과 현실 상황의 괴리 분석. 「한국인사행정학회보」, 10(3): 75–102.

이재용·박흥식. (2013). 목표설정과 조직시민행동 간의 관계에서 심리적 임파워먼트 하위 차원의 매개효과의 추정. 「한국행정연구」. 22(4): 55–80.

이혜영. (2006). 공공부문 조직혁신 사례연구: 혁신 과정을 중심으로. 「한국행정학보」. 40(3): 129–151.

장혜윤·최정우·박해육. (2016). 공정성이 지방자치단체 공무원의 성과관리제도 인식에 미치는 영향: 의사소통의 조절효과를 중심으로. 「지방행정연구」. 30(4): 81–110.

전미선·이종수. (2014). 성과급은 내재적 동기에 어떤 영향을 미치는가? 동기부여 혹은 동기구축 효과와 경로분석. 「한국인사행정학회보」. 13(1): 161–176.

조경호 외. (2014). 「공공조직행태론」. 경기: 대영문화사.

조상현·박외병. (2018). 경찰공무원의 직무만족에 관한 연구: Herzberg의 동기·위생이론 검증. 「한국공안행정학회보」. 27(4): 357–380.

최낙범·이수영. (2016). 공무원의 공공봉사동기가 조직몰입에 미치는 영향: 직무특성의 조절효과 검증을 중심으로. 「한국행정연구」. 25(1): 169–215.

최병윤 (2023). MZ세대 공직자들의 공공봉사동기가 직무스트레스와 공직만족도에 미친 영향: 코로나19의 영향을 중심으로. 「한국행정연구」. 32(2): 97–134.

최유진. (2020). 공공봉사동기의 유인–선택 및 사회화효과 분석: 패널데이터 접근. 「한국인사행정학회보」. 19(1): 141–159.

태소희·오정록. (2023). 지방직 공무원이 인식하는 인사공정성이 직무만족과 조직몰입에 미치는 영향에 관한 연구: 충청북도 소재 기초지방자치단체를 중심으로. 「인사행정학회보」. 22(1): 33–64.

하미승·이진만·공주·이병진. (2018). 인적자원관리 요인이 공직봉사동기에 미치는 영향분석. 「한국인사행정학회보」. 17(1): 25–56.

Adams, J. Stacy. (1965). Inequity in social exchange. *Advances in Experimental Social Psychology*, 2: 267–299.

Aryee, Samuel., Budhwar, Pawan. S., & Chen, Zhen Xiong. (2002). Trust as a mediator of the relationship between organizational justice and work outcomes: Test of a social exchange model. Journal of Organizational Behavior: The International Journal of Industrial, *Occupational and Organizational Psychology and Behavior*. 23(3): 267–285.

Bareket–Bojmel, Liad., Hochman, Guy., & Ariely, Dan. (2017). It's (not) all about the Jacksons: Testing different types of short–term bonuses in the field. *Journal of*

Management. 43(2): 534–554.

Bozeman, Barry (1987). *All organizations are public: Bridging public and private organizational theories*. San Francisco, CA: Jossey–Bass.

Cerase, Francesco P. & Farinella, Domenica. (2009). Public service motivation: How does it relate to management reforms and changes in the working situation of public organizations? A case study of the Italian revenue agency. *Public Policy and Administration*. 24(3): 281–308.

Cho, Yoon Jik & Perry, James L. (2012). Intrinsic motivation and employee attitudes: Role of managerial trustworthiness, goal directedness, and extrinsic reward expectancy. *Review of Public Personnel Administration*. 32(4): 382 – 406.

Christensen, Robert K. & Wright, Bradley E. (2011). The effects of public service motivation on job choice decisions: Disentangling the contributions of person organization fit and person–job fit. *Journal of Public Administration Research and Theory*. 21(4): 723 – 43.

Colquitt, Jason A., Conlon, Donald E., Wesson, Michael J., Porter, Christopher O. L. H., & Ng, K. Yee. (2001). Justice at the millennium: A meta–analytic review of 25 years of organizational justice research. *Journal of Applied Psychology*. 86: 425 – 445.

Cropanzano, Russell., Bowen, David E., & Gilliland, Stephen W. (2007). The management of organizational justice. *Academy of Management Perspectives*. 21(4): 34 – 48.

Deci, Edward L., & Ryan, Richard M. (2004). *Handbook of self-determination research*. Rochester, NY: University of Rochester Press.

Deci, Edward L., Koestner, Richard., & Ryan, Richard M. (1999). A meta–analytic review of experiments examining the effects of extrinsic rewards on intrinsic motivation. *Psychological Bulletin*. 125: 627–668.

Deci, Edward L. & Ryan, Richard M. (1985). Conceptualizations of intrinsic motivation and self–determination. *Intrinsic motivation and self-determination in human behavior*. Perspectives in social psychology. 11–40. Boston, MA: Springer.

Erez, Miriam, Earley, Paul C., & Hulin, Charles L. (1985). The impact of participation on goal acceptance and performance: A two–step model. *Academy of Management Journal*. March 1985: 50–66.

Festinger, Leon, Riecken, Henry W., & Schachter, Stanley. (1956). *When prophecy fails*. University of Minnesota Press.

Gould-Williams, Julian S., Mostafa, Ahmed M. S., & Bottomley, Paul. (2015). Public service motivation and employee outcomes in the Egyptian public sector: Testing the mediating effect of person-organization fit. *Journal of Public Administration Research and Theory*. 25(2): 597-622.

Greenberg, Jerald. (1993). The social side of fairness: Interpersonal and informational classes of organizational justice. In R. Cropanzano (Ed.). *Justice in the workplace: Approaching fairness in human resource management* (pp. 79-103). Hillsdale, NJ: Lawrence Erlbaum Associates, Inc.

Greenberg, Jerald. (1987). A taxonomy of organizational justice theories. *The Academy of Management Review*. 12(1): 9-22.

Greenberg, Jerald. & Cropanzano, Russell. (2001). *Advances in organizational justice*. Palo Alto, Calif.: Stanford University Press.

Hackman, J. Richard. & Oldham, Greg. R. (1976). Motivation through the design of work: Test of a Theory. *Organizational Behavior and Human Performance*. August: 250-279.

Hackman J. Richard. & Suttle J. Lloyd. (1977). *Improving life at work: Behavioral science approaches to organizational change*. Santa Monica, CA: Goodyear.

Herzberg. Frederick. (1968). One more time: How do you motivate employees?. *Harvard Business Review*. 46: 36-44.

Herzberg. Frederick, Mausner, Bernard., & Synderman, Barbara B. (1959). *The motivation to work*. New York: John Wiley & Sons.

Kurland, Nancy. B. & Egan, Terri. D. (1999). Public vs. private perceptions of formalization, outcomes, and justice. *Journal of Public Administration Research and Theory*. 9: 437-458.

Lambright, Kristina. T. (2010). An update of a classic: Applying expectancy theory to understand contracted provider motivation. *Administration & Society*. 42(4): 375-403.

Lee, Hyung-Woo. (2019). Moderators of the motivational effects of performance management: A comprehensive exploration based on expectancy theory. *Public Personnel Management*. 48(1): 27-55.

Locke, Edwin. A. & Latham, Gary. P. (1990). *A theory of goal setting & task performance*. New Jersey: Prentice-Hall, Inc.

Maslow, Abraham H. (1943). A theory of human motivation. *Psychological Review*. 50(4):

370–391.

McClelland. David C. (1961). *The achieving society*. New York: Free Press.

McGregor. Douglas M. (1960). *The human side of enterprise*. New York: McGraw–Hill.

Moynihan. Donald. P., & Pandey, Sanjay K. (2007). The role of organizations in fostering public service motivation. *Public administration review*. 67(1): 40–53.

Murray, Henry A. (1937). Facts which support the concept of need or drive. *Journal of Psychology*. 4: 27.

Naff, Katherine. C., & Crum, John. (1999). Working for America: Does public service motivation make a difference? *Review of Public Personnel Administration*. 19(4): 5–16.

Perry, James L. (1996). Measuring public service motivation: An assessment of construct reliability and validity. *Journal of Public Administration Research and Theory*. 6: 5–22.

Perry, James L. & Wise, Lois R. Wise. (1990). The motivational bases of public service. *Public Administration Review*. 50: 367 – 73.

Perry, James L. (1997). Antecedents of public service motivation. *Journal of Public Administration Research and Theory*. 7(2): 181–197.

Pinder, Craig C. (2008). *Work motivation in organizational behavior*. (2nd ed.) New York: Psychology Press.

Rainey, Hal G. (2014). *Understanding and managing public organizations*. 5th edition. John Wiley & Sons.

Robbins, Stephen P. & Judge, Timothy A. (2011). *Organizational behavior*. 14th Ed. Upper Saddle River, New Jersey: Pearson, Inc.

Rupp, Deborah E. & Cropanzano, Russell. (2002). The mediating effects of social exchange relationships in predicting workplace outcomes from multifoci organizational justice. *Organizational Behavior and Human Decision Processes*. 89: 925 – 946.

Ryan, Richard M. & Deci, Edward L. (2000a). Intrinsic and extrinsic motivations: Classic definitions and new directions. *Contemporary Educational Psychology*. 25: 54 – 67.

Ryan, Richard M. & Deci, Edward L. (2000b). Self–determination theory and the facilitation of intrinsic motivation, social development, and well–being. *American Psychologist*. 55(1): 68 – 78.

Schneider, Benjamin. & Alderfer, Clayton P. (1973). Three studies of measures of need satisfaction in organizations. *Administrative Science Quarterly*. 18(4): 489–505.

Skarlicki, Daniel P. & Folger, Robert. (1997). Retaliation in the workplace: The roles of distributive, procedural, and interactional justice. *Journal of Applied Psychology*. 82(3): 434–443.

Sweeney, Paul D. & McFarlin, Dean B. (1997). Process and outcome: Gender differences in the accessment of justice. *Journal of Organizational Behavior*. 18: 83–98.

Tripp, Thomas M., Bies, Robert J., & Aquino, Karl. (2002). Poetic justice or petty jealousy? The aesthetics of revenge. *Organizational Behavior and Human Decision Processes*. 89: 966–984.

Vandenabeele, Wouter. (2008). Government calling: Public service motivation as an element in selecting government as an employer of choice. *Public Administration*. 86: 1089 - 105.

Vroom. Victor. H. (1964). *Work and motivation*. New York: Wiley.

Wright, Bradley E. & Grant, Adam M. (2010). Unanswered questions about public service motivation: Designing research to address key issues of emergence and effects. *Public administration review*. 70(5): 691–700.

제12장 성과평가

제 1 절 성과평가의 이해

1. 성과평가의 의의와 목적

성과평가(performance appraisal)는 조직구성원의 업무성과를 공식적으로 검토하고 평가하는 것을 의미한다(Mondy & Martochiio, 2016). 본 장에서의 성과평가는 조직구성원에 대한 성과평가, 즉 인사평가(personnel appraisal)를 의미하며 조직에 대한 성과평가나 직무평가(job appraisal)[1]와 구별된다(Daly, 2015). 조직구성원의 업무 성과를 정기적으로 측정하여 평가하는 성과평가는 조직구성원에게 업무에 대한 피드백을 제공함으로써 조직의 기대치에 대한 이해를 제고하고 조직구성원의 노력을 촉진하는 역할을 한다. 조직구성원 개개인의 활동은 조직 전체의 변화를 가져올 수 있고 개인성과는 공공조직의 성과를 높이는 데 핵심적인 역할을 하므로, 개인성과를 정확히 평가하기 위해서는 무엇을 평가하고 어떻게 평가해야 하는지, 그리고 평가결과를 어떻게 활용하는지 살펴보는 것이 필요하다.

성과평가는 크게 두 가지의 목적을 갖는다. 첫째, 성과평가는 조직구성원 능력발전과 능률향상을 위해 실시된다. 성과평가제도는 조직구성원의 개인적

1 직무평가는 업무수행 이전에 직무의 상대적 가치를 평가하는 것으로 직무 자체의 변동 가능성을 전제하지 않는 정태적 평가이다. 반면, 성과평가는 사람에 대한 평가로 평가대상이 자율 의지를 갖고 있어 평가 결과가 달라질 수 있는 동태적 평가이다(이창길, 2022).

성장과 조직 내에서의 발전가능성을 평가하는 데 필수적이다. 구체적이고 건설적인 피드백은 직원이 자신의 강점과 약점을 이해하고 개선할 영역을 파악하게 하므로, 개인 성과와 조직 전반의 효율성을 향상하는 기회를 제공하기 때문이다. 또한, 상급자와 하급자 간 의사소통을 통해 상호이해를 증진하고 하급자의 동기부여에도 기여할 수 있다(Ricucci et al., 2019; Llorens et al., 2017).

둘째, 성과평가는 승진, 전보, 포상, 징계, 퇴직 등 주요 인사관리의 평가기준 확보를 위해 실시된다. 이러한 인사관리 결정에는 객관성과 공정성이 요구되는데 성과평가는 이에 대한 근거를 제공한다. 많은 국가에서 성과평가결과를 승진과 성과급 결정 기준으로 활용하고 있으며, 보직관리, 교육훈련계획, 경력개발계획 등 수립 시 수요파악을 위한 기초자료로도 활용가능하다. 또한, 교육프로그램과 인력 선발방법의 효과성을 평가하는 수단으로 활용되기도 한다(Ricucci et al., 2019; Llorens et al., 2017).

그러나 성과평가과정에는 인간의 감정, 행동, 상호작용 등 복잡한 요소가 작용(human dynamics of performance appraisal process)하므로 평가과정의 목적과 실제 결과 사이에 종종 격차가 발생한다. 이러한 의미에서 성과평가제도는 인사관리의 아킬레스건(Achilles' heel)이라고 불리는데, 즉, 인사관리에서 핵심적이면서도 취약한 부분이라 할 수 있다(Wilder & Risher, 2011).

2. 성과평가의 요건

조직구성원의 성과평가가 인사행정 과정 전반에서 효과적으로 기능하기 위해 기본적으로 갖추어야할 요건들이 있다. 평가지표, 내용 및 방법의 우수성을 결정하는 핵심적인 기준으로 타당성(validity), 신뢰성(reliability), 변별력(differentiation), 수용성(acceptability), 실용성(applicability) 등을 들 수 있다. 이러한 기준들은 성과 평가 시스템이 효과적으로 운영되고 조직의 목표 달성에 기여하는 데 중요한 역할을 한다.

(1) 타당성

타당성은 평가 도구가 실제로 측정하려는 특성이나 능력을 정확하게 반영하는 정도를 의미한다. 즉, 근무성적이 우수한 평가대상자가 우수하게 평가되어야 하는 것이다. 타당성 검증은 직접적이고 객관적인 비교기준을 찾기 어렵기 때문에 불완전한 경우가 많다. 타당성 검증방법으로는 평가결과를 평가대상자의 다른 근무기록과 비교하는 방법, 다양한 평정방법에 의한 결과를 비교하는 방법(예: 도표식평정척도법과 중요사건기록법에 의한 평가 결과 비교), 평가대상자에 대한 심리 검사 등 각종 시험 결과와의 비교, 직무에 대한 전문지식을 갖춘 전문가들의 판단 등을 들 수 있다(오석홍, 2013; 유민봉, 박성민, 2015).

(2) 신뢰성

신뢰성은 평가 도구가 일관되고 반복 가능한 결과를 제공하는 정도를 의미한다. 신뢰성 검증 방법으로는 평가자 한 사람이 동일한 평가대상자에 대해 시간차를 두어 두 차례 이상의 평가를 하고 그 결과를 비교하는 방법과, 동일한 평가대상자에 대해 두 사람 이상의 평가자들이 평가한 결과를 서로 비교하는 방법이 있으며, 전자는 항상성, 후자는 객관성과 관련이 있다(오석홍, 2013). 예를 들어, 여러 번의 성과 평가에서 동일한 직원이 일관된 평가를 받는 경우, 그 평가 도구는 신뢰성이 있다고 할 수 있다.

(3) 변별력

변별력은 평가체계가 서로 다른 직원의 성과 수준을 효과적으로 구별하는 능력이다. 즉, 좋은 평가체계는 우수한 성과를 보이는 직원과 평균 또는 미흡한 성과를 보이는 직원을 명확하게 구분할 수 있어야 한다. 조직구성원에 대한 성과평가가 충분한 변별력을 갖추지 못한다면, 평가 결과를 배치, 승진 등 인사행정에 활용하기 어렵고, 평가 대상자는 자신의 우수한 점과 개선이 필요한 점을 타인과 비교하여 명확히 파악하는 데 어려움을 겪을 수 있다.

(4) 수용성

성과평가제도의 수용성은 평가대상자가 평정체계를 적극적으로 받아들이고 평가에서 좋은 점수를 받기 위해 열심히 일할 동기가 유발되는 것을 의미한다(유민봉, 박성민, 2015). 타당도나 신뢰도 등 측면에서 바람직한 평가지표라 하더라도 평가대상자들이 긍정적으로 받아들이지 못한다면 평가의 목적을 달성할 수 없다. 수용성 확보를 위해서는 평가자의 피평가자에 대한 이해 및 평가의 중요성 인식이 필요하며, 피평가자가 평가과정에 참여하는 등 평가자와의 의사소통 기회를 제공하는 것이 필요하다(최관섭, 박천오, 2014).

(5) 실용성

실용성은 평가 도구가 실제 조직 환경에 적용 가능하고 운영하기 용이한지를 나타낸다. 이는 평가 체계가 조직의 특정 요구와 자원에 적합하며, 시간이나 비용 측면에서 효율적이어야 함을 의미한다. 실용성 확보를 위해서는 평가자와 피평가자 모두 쉽게 이해할 수 있도록 평가지표가 단순명료해야 하며 평가준비와 실시에 시간과 비용이 많이 소요되지 않아야 한다. 또한, 평가도구가 여러 가지 다양한 용도로 활용가능성이 있는 경우 실용성은 더 높아진다(유민봉, 박성민,2015).

3. 성과평가의 오류

성과평가는 사람이 사람을 평가하는 일이고 많은 경우 평가자의 판단에 기반하므로 오류가 발생할 수 있다. 평가자의 착오에 기인한 오류 외에도 평가방법과 절차가 착오의 원인이 될 수 있는데, 이러한 오류 발생 가능성을 최소화하기 위해 평가자 훈련을 실시하고, 평가방법과 절차를 개선할 필요가 있다. 성과평가 과정에서 일반적으로 나타나는 오류들을 살펴보면 다음과 같다(Pynes, 2013).

(1) 후광효과와 역광효과

후광효과(halo effect)란 한 가지 평가요소에서 우수한 평가를 받았다면 다른 평가요소에서도 유사하게 좋은 평가를 하는 오류이다. 평가자들은 대체로 각각의 평가 요소들을 구체적으로 확인하기보다는 하나의 평가 요소를 기준으로 삼아 다른 요소들도 비슷할 것이라고 가정하는 경향이 있다. 예를 들면, 한 직원이 결석이나 지각을 하지 않는 것을 보고 높은 수준의 청렴성을 가진다고 추정하는 것이다. 반대로 하나의 평가요소에서 개선이 필요하다고 평가된 직원을 다른 요소에서도 유사하게 낮게 평가하는 오류인 역광효과(horns effect)도 있다. 또한, 평가요소의 배열순서, 즉 앞서 평가한 요소에 대한 판단이 이후의 평정에 영향을 미칠 수 있고, 평가자가 평가대상자에 대해 특별히 좋아하거나 싫어하는 특성이 있을 경우, 그 평가가 다른 평가요소에도 영향을 미칠 수 있다. 이를 방지하기 위해 평가자별이 아닌 평정요소별로 평가를 수행하거나 동일한 평가대상자에 대해 여러 평가자들이 평가하는 방법을 사용할 수 있다.

(2) 관대화, 엄격화, 집중화 경향

평가자가 자주 범하는 또 다른 오류는 자신의 주관적인 견해나 경험을 바탕으로 평가 점수를 높은, 중간, 혹은 낮은 수준에 집중하여 평가하는 경우로, 이는 평가의 변별력과 수용성을 낮추게 된다. 먼저 관대화 경향(lenient rating)은 평가자가 대부분의 평정요소와 평가대상자들에게 일관적으로 높은 점수를 부여하는 경향을 의미한다. 평가자가 피평가자의 성과를 너그럽게 평가하므로 성과 평가결과는 실제보다 긍정적으로 나타나게 된다. 관대화 경향은 평가자가 갈등을 피하고자 하거나, 평가대상자와의 좋은 관계를 유지하고 싶어하는 경우, 또는 대상자에 대한 호감이나 개인적 관계로 인해 발생할 수 있다. 이와 반대로, 엄격화 경향(strict rating)은 평가자들이 평가요소별로 대부분의 평가대상자들의 점수를 지나치게 낮게 부여하는 것이다. 평가자는 자신의 개인적인 과거 경험과 노력을 기준으로 삼아 평가 대상자의 능력이나 성과를 낮게 평가하는 경향을 보이기도 한다. 집중화 경향(central tendency)은 평가대상자 대부분에게 평정척도상의 중간점 근처의 점수를 주는 경우이다. 이는 평가자가 대상자에 대해 충분한 정보를 가지고 있지 못하거나 평가에 심리적인 부담을 느껴 책임을 회피하고자 할 때 나타날 수 있다.

이러한 오류들을 방지하기 위해 활용할 수 있는 가장 강력한 방법은 상대평가를 반영하는 강제배분법을 활용하는 것이다. 그러나 강제배분법을 사용할 경우, 우수한 집단에서 공정하지 못한 희생이 발생하고, 덜 유능한 집단에서 불공정한 이득을 얻을 수 있다는 문제점이 있다. 따라서, 보다 근본적인 해결책은 평가자들에 대한 철저한 사전 교육을 통해 평가 태도를 보다 적절한 방향으로 전환시키는 것이라 할 수 있다.

(3) 최근효과

최근효과(recency effect)는 평가결과가 평가대상자의 가장 최근의 행동에 크게 영향을 받는 오류이다. 시간이 갈수록 평정자가 초기행동이나 성과를 망각하거나 중요하지 않은 것으로 인식하는 경향을 원인으로 들 수 있다. 이와 같은 오류로 인해 평가시기가 임박하면 평가 대상자들이 평가자에게 좋은 인상을 주기 위해 특별한 노력을 기울이는 것이 관찰된다. 이러한 오류를 방지하기 위해서는 결과로 나타난 실적을 기준으로 평가하는 목표관리법을 활용할 수 있고, 중요사건기록법과 같이 성과를 계속 기록하거나 평가기간 동안 상시평가를 시행하는 방법 또한 활용가능하다.

(4) 스필오버 효과

성과 평가에서의 스필오버 효과(spillover effect)는 이전의 성과 평가 결과가 현재의 성과 평가에 부당하게 영향을 미치는 현상을 의미한다. 즉, 과거의 평가가 현재 평가에 대한 평가자의 인식과 판단을 왜곡시키는 것이다. 예를 들어, 직원이 과거에 우수한 성과를 보인 경우, 평가자는 현재의 성과에 관계없이 이를 기반으로 좋은 평가를 하거나, 반대로 과거에 낮은 성과를 보인 직원은 현재의 개선된 성과에도 불구하고 여전히 낮은 평가를 받게 된다. 이런 식으로 과거의 성과가 현재의 평가에 '스필오버'되어, 현재의 실제 성과와는 무관하게 평가가 이루어지는 것이다. 이 효과는 평가의 객관성을 저해하며, 직원의 성장과 발전을 제대로 반영하지 못할 뿐만 아니라, 조직 내에서의 공정성과 신뢰성을 훼손할 수 있다. 따라서, 성과 평가를 실시할 때는 각 평가 기간의 성과를 독립적으로 평가하고, 과거의 평가 결과에 의존하지 않도록 주의가 필요하다.

(5) 선입견

평가대상자의 개인적 특성인, 성별, 연령, 출신학교, 출신지역 등에 대한 선입견(personal bias)도 평정과정에 영향을 줌으로써 평정결과에 오류를 가져올 수 있다. 평가대상자가 평가자와 유사한 특성을 가지고 있을 때 우호적으로 평가하거나, 평가자와 다른 특성을 가지고 있을 때 실제보다 낮게 평가하는 경우도 선입견에 의한 오류라 할 수 있다.

4. 성과평가의 방법

성과평가에는 다양한 방법이 활용되는데, 각각의 평가방법은 장단점을 가진다. 따라서 평가의 목적과 업무 특성, 조직 특성을 고려하여 적절한 기준에 의거, 평가방법을 선택해야 한다. 일반적으로 활용되는 성과평가 방법들을 살펴보면 다음과 같다.

(1) 도표식 평가척도법(Graphic Rating Scales)

도표식 평가척도법은 가장 널리 활용되고 있는 방법으로, 각 평가 요소에 대해 등급을 매기고, 평가자가 피평가자에 해당하는 평가 등급을 선택하도록 하며, 평가등급을 점수로 환산, 선택한 등급들을 합산함으로써 각 피평가자의 종합 평점을 산출하는 방법이다. 평가서에는 평가 요소와 구체적인 평가 항목들이 명시되어 있는데, 평가자는 이러한 평가 항목들을 기준으로 그 충족 정도를 평가하여 등급을 결정한다. 보통 5점 척도-탁월(5점), 우수(4점), 보통(3점), 미흡(2점), 불량(1점)-의 성과 등급을 많이 활용한다. 이 접근법은 평가표 작성과 사용이 용이하고 다수 평가항목에 대한 계량화된 결과를 얻을 수 있다는 장

표 12-1 도표식 평가척도법 예시

평정요소	관찰내용	평정척도				
직무지식	담당 직무 수행에 필요한 지식을 가지고 있는 정도	5 직무수행에 정통할 만큼 높은 수준의 지식을 가지고 있다.	4 직무수행에 필요한 지식을 충분히 가지고 있다.	3 직무수행에 필요한 지식이 적절하다.	2 지식부족으로 직무수행에 약간의 지장을 초래한다.	1 지식부족으로 직무수행에 많은 지장을 초래한다.
협조성	조직 내의 일원으로 타인과 협력하여 업무를 원활히 수행하는 정도	5 타인과 협조적이고 관계도 매우 양호하다.	4 타인과 협조적이고 관계도 양호하다.	3 타인과 대체적으로 협조적이다.	2 타인과의 협조성이 다소 부족하다.	1 타인과의 협조성이 전혀 없다.

점이 있다. 또한, 평가 요소와 각 등급을 설명함으로써, 평가 요소와 척도의 각 등급에 대한 이해를 증진시켜, 평가 결과의 정확도와 신뢰성을 제고할 수 있다.

그러나 평가자가 등급을 선택하는 과정에서 평정오류가 발생할 가능성이 높다. 예를 들어, 평가자가 관대하게 평가하거나 평가 결과의 중심화 경향이 나타날 수 있고, 하나의 평가요소가 다른 요소에 미치는 영향으로 인해 후광효과나 역광효과가 발생할 수 있다. 피평가자는 미흡하다고 평가받은 요소를 통해 자신의 부족한 부분을 파악할 수 있지만, 그 이유나 개선방법에 대한 구체적인 설명을 제공받지 못한다는 한계가 있다(이창길, 2022).

(2) 서열법(Ranking)

서열법은 피평가자들을 상대적으로 비교하여 그들의 서열을 정하는 방식이다. 서열법에는 평가요소별로 서열을 정하여 이를 종합·평가하는 분석적 순위법, 두 사람씩 쌍을 지어 비교하면서 서열을 정하는 쌍쌍비교법, 평가요소별로 등급을 정한 후 각 평가등급별로 피평가자들 중에 표준인물을 선택하여 그를 기준으로 나머지 피평가자를 비교·평가하는 대인비교법 등이 있다. 관대화나 엄격화 경향 등의 오류는 감소 가능하나, 평가자의 주관적 기준에 의존하므

표 12-2 분석적 순위법 예시

평정요소 / 피평정자	직무의 양	직무의 질	창의력	전문 지식	이해력	업무 추진력	책임성	대민 친절성	협조성	순위 합계	종합 순위
김○○	1	3	4	2	5	2	3	4	3	27	3
이○○	3	2	3	1	4	3	2	5	2	25	2
박○○	4	1	5	5	3	1	4	2	5	30	4
최○○	2	4	1	3	1	4	1	1	4	21	1
정○○	5	5	2	4	2	5	5	3	1	32	5
주의사항	1. 평정요소마다 피평정자 순위를 정한다. 2. 동 순위자가 두 명 이상 있을 때에는 그 수만큼 다음 순위는 띄워서 평점을 기입한다.										

자료: 강성철 외(1999: 320).

로 신뢰도 문제가 제기될 수 있고, 10명 이상의 구성원을 서열법으로 평가하기는 어려우므로 대체로 피평정자 수가 제한적일 때 효과적인 방법이다(Llorens et al., 2018).

(3) 강제배분법(Forced Distribution)

강제배분법은 미리 정해진 등급별 비율에 따라 피평가자들을 강제적으로 배분하는 방법이다. 예를 들면, 등급의 수가 5개인 경우, 탁월(10%), 우수(20%), 보통(40%), 미흡(20%), 불량(10%)으로 할당하여 정규분포(normal distribution)가 되도록 배분할 수 있다(강성철 외, 2018). 이 방법은 피평가자간 상대적 순위를 제시하면서, 관대화, 중심화, 엄격화 경향을 줄일 수 있다는 장점이 있으나, 피평가자 대부분이 뛰어난 성과를 보였을 때 낮은 등급을 받을 수 있고, 반대로 대다수가 부진한 성과를 보였을 때 높은 점수를 얻을 수 있는 문제점이 있다. 상호의존성이 높은 업무보다 독립적 업무평가 시 효과적인 방법이다(Moon, Scullen, & Latham, 2016).

(4) 서술법(Essays)

서술법은 평가자가 피평가자의 실적, 능력 및 행동특성 등 주어진 평가요소나 측면을 중심으로 피평가자에 대해 자유롭게 서술하는 방법이다. 기술방식을 평가자 재량에 완전히 맡기는 자유서술법(open-ended)과 정해진 형식에 따르도록 하는 제한서술법(guided)이 있다. 자유서술법은 자기평가(self-evaluation)의 방법으로 활용되기도 하며, 도표식 평가척도법 등 다른 평가방법에 대해 보완적으로 사용될 때에는 추가적 설명이 요구되는 사항이나 평가를 종합적으로 요약하는 방법이 활용되기도 한다. 평가자는 피평가자의 강점, 약점, 개선을 위한 제언 등 자세한 피드백을 제공할 수 있다는 장점이 있으나, 평가자 서술 스타일에 따라 평가내용에 많은 차이가 있을 수 있어 표준화가 어렵고, 피평가자 간 상대적 비교가 불가능하다는 단점을 갖는다.

(5) 행태 체크리스트법(Behavioral Checklists)

체크리스트 평가법은 업무 관련 행태에 대해 기술한 문장들(예 근무시간을 매우 잘 지킨다. 업무처리가 정확하다 등)을 보고 해당여부를 표시함으로써 피평가자를 평가하는 방식이다. 또한, 나열된 문장(평가항목)마다 가중치를 정하여 평가결과를 수치로 계산할 수 있다. 그러나 업무 성격에 따라 평가항목을 다르게 설계해야 하므로 많은 시간이 소요되고 부서 내 전체적인 평가가 어렵다는 단점이 있다.

(6) 중요사건기록법(Critical Incidents or Work Sampling)

중요사건기록법은 평가기간동안 피평가자의 성과에 영향을 주는 중요 사건(예 바람직한 또는 바람직하지 않은 행동)을 기록해 두었다가 이를 중심으로 피평가자를 평가하는 방법이다. 이 방법은 피평가자와의 상담 시 어떤 행동을 잘했고 잘못했는지 구체적으로 설명할 수 있다는 장점이 있다. 그러나, 사건에 대한 기록에 많은 시간이 요구될 뿐 아니라 어떤 사건들을 기록해야 하는지에 대한 개념이 평가자마다 다를 수 있고 계량화가 어려워 피평가자 간 비교 평가가 어렵다는 한계가 있다. 또한, 기록들이 피평가자의 성과를 대표하지 못할 경우, 평가 결과의 왜곡이 일어날 수 있다는 단점도 있다(Llorens et al., 2017).

표 12-3 중요사건기록법 예시

긍정적 행동	4월 16일: 추가 업무를 자발적으로 수행함
	5월 2일: 업무처리에 대해 전문가인 X로부터 칭찬 전화를 받음
	6월 1일: 업무진행보고서를 정확히 작성하여 데드라인보다 2주 먼저 제출함. 독립적인 판단 시행
부정적 행동	7월 1일: 완결성 있는 보고서를 제출하지 못함. 감사 결과 결함 지적받음
	7월 10일: 전화를 받지 않아 고객을 잃게 됨
	8월 4일: 과제 제안서를 기한 내 제출하지 않음. 그 결과 X원의 재정 지원을 받지 못하게 되어 A프로그램이 폐지됨

출처: Pynes(2013:328) 재구성

(7) 행태기준 평가척도법(Behaviorally Anchored Rating Scales: BARS)

행태기준 평가척도법은 중요사건 기록법과 도표식 평가척도법을 결합한 것으로, 그 장점을 강화하고 단점을 보완함으로써 평가결과의 타당도를 높이고자 고안되었다. 행태기준 평가척도법은 피평가자의 구체적인 행태(behavior)에 초점을 두며, 다음과 같은 절차를 따른다. 먼저 주관적 판단을 배제하기 위해 직무분석에 기반하여 직무와 관련된 중요 과업(task) 분야를 선정한다. 다음으로, 각 과업 분야별로 성과 수준을 몇 개의 등급으로 구분하고, 각 등급에 해당하는 과업 행태[2]를 가장 바람직하지 못한 행태부터 가장 이상적인 행태까지 정확하게 기술하고 점수를 할당한다. 평가대상자는 실제로 척도에 기술된 행동을 보여줄 필요는 없으나, 기술된 행동들은 대상자에게 요구되는 성과수준을 이해하는데 도움을 준다. 마지막으로, 평가자는 평가대상자의 행태를 관찰하여 척도의 기술과 유사한 과업행태를 찾아 선택함으로써 평가가 이루어진다.

이 방법은 척도 설계에 평가자와 평가대상자가 함께 참여하므로 평정에 대한 신뢰와 적극적인 관심 및 지지를 얻을 수 있다는 장점을 갖는다. 또한, 평

표 12-4 행태기준 평가척도법 예시

등급	수사관의 사건 검토와 할당 업무에 대한 평가척도행동
5	– 매일 기록부서에서 송부한 모든 사건을 검토 – 매일 조사관에게 사건을 할당하며, 특정 사건에 대해 상사가 기대하는 바를 명확하게 구두로 설명하고 지시함. – 매주 사건 할당 현황과 사건별 처리 예정 시간을 기록하는 문서 작성 – 모든 할당된 사건에 대한 정보 기록 관리
4	– 조사관에게 보낼 모든 사건을 검토함 – 조사관에게 사건을 할당함 – 사건 할당 현황 문서 작성(지시사항 포함) – 필요시 조사관과 함께 사건 검토
3	– 순찰부서 및 기록 부서에서 송부된 모든 사건을 검토 – 사건을 적시에 조사관에게 할당
2	– 사건 검토에 며칠의 시간이 걸림 – 조사관 업무를 거의 검토하지 않음 – 사건을 조사관에게 할당하는 데 며칠에서 일주일 소요
1	– 조사관들이 기록부서로부터 제공된 모든 보고서를 검토하고 자신의 할당 사건을 선택하도록 함 – 조사관 업무를 검토하지 않음

출처: Pynes(2013:325) 재구성

2 중요 행태는 중요사건 기록법에서 참고 가능하다.

가대상자의 바람직한 성과 수준에 대한 구체적인 기술이 제공되므로 평가자의 주관적 판단에서 초래되는 오류를 줄일 수 있다. 반면, 직무가 다를 경우 다른 평정양식이 요구되며 동일 직무에서도 과업마다 별도의 행태기준을 작성해야 하는 등 성과 척도 개발이 복잡하고 많은 시간이 소요된다(Pynes, 2013; 유민봉·박성민,2015).

(8) 목표관리법(Management By Objectives, MBO)

목표관리법은 목표를 관리의 수단으로 이용하는 목표관리제 원리를 활용한 평가방법으로, 관리자와 직원이 함께 특정 평가 기간 동안 집중할 목표를 설정하고, 계획하며, 조직하고, 소통하는 일련의 과정이다. 목표관리제에서 설정되는 목표는 개인의 능력을 고려하여 맞춤형으로 정해지는데, 개인의 능력이나 태도는 목표 설정 단계에서만 중요하게 다루어지며, 실제 평가 과정에서는 달성된 성과가 평가의 중심이 된다. 평가자와 피평가자의 합의를 통해 목표를 설정하는 것이 중요하며, 이는 개인목표와 조직목표를 연계하는 과정이다. 또한, 목표달성 여부의 확인이 가능하도록 목표를 설정하는 것이 바람직하다(이창길, 2022).

목표관리법의 장점은 피평가자의 수용성이 높고, 평가자와 피평가자 사이의 협력을 통한 긴장 감소, 정기적 피드백을 통해 피평가자 스스로 지속적으로 성과를 평가하고 개선할 수 있는 기회를 가진다는 것이다(유민봉, 박성민, 2015). 그러나, 참여를 전제로 하므로, 목표 설정, 모니터링, 평가 과정에 많은 시간과 노력이 요구된다. 특히 정부조직에서는 목표관리법의 핵심요소인 구체적이고 측정 가능한 목표 설정이 어려워 이를 정당화하기 위한 문서작성 부담이 증가하기도 하며, 경직되고 계층적인 문화에서는 상급자가 하급자와의 협의 없이 목표를 일방적으로 설정하는 등 문제가 발생하기도 한다.

제 2 절 한국의 성과평가제도

국가공무원법 제51조는 각 기관의 장은 정기 또는 수시로 소속 공무원의 근

그림 12-1 현행 공무원 성과평가체계

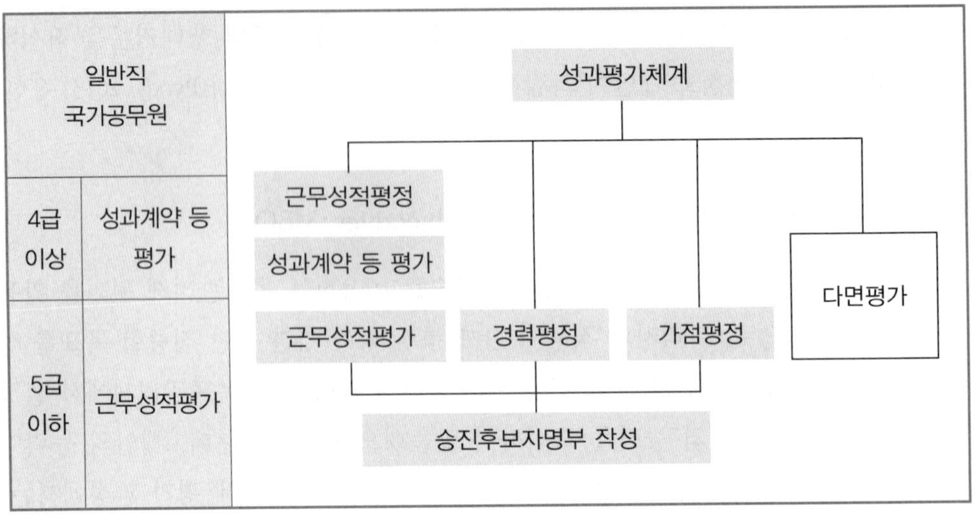

출처: 박성민 외(2022)

무성적을 객관적이고 엄정하게 평정하여 인사관리에 반영하여야 한다고 규정하고 있다. 또한 대통령령인 '공무원 성과평가 등에 관한 규정'을 두어 각급 기관의 성과향상과 공무원의 능력발전을 위하여 공무원의 근무성적평정, 경력평정, 가점평정, 그 밖의 성과평가 등에 관한 사항을 규정하고 있으며, 예규로 '공무원 성과평가 등에 관한 지침' 또한 두고 있다. 현행 공무원 성과평가제도는 4급 이상 공무원(고위공무원단 포함)을 대상으로 하는 '성과계약 등 평가'와 5급 이하 공무원을 대상으로 하는 근무성적평가로 구분된다(공무원 성과평가 등에 관한 규정 제4조).

1. 근무성적평정

(1) 성과계약 등 평가

성과계약 등 평가는 4급 이상 일반직공무원(고위공무원단 포함)과 연구관·지도관 및 전문직공무원을 대상으로, 평가대상자와 평가자간에 성과목표 등을 합의하고, 평가대상기간 중 평가대상 공무원의 성과목표 추진결과 등을 평가하여 그 결과를 인사관리에 반영하는 성과평가제도이다. 본 제도의 목적은 조직목표와 개인목표를 유기적으로 연계하고 결과중심의 평가지표를 설정함으로써 개인 또는 부서에 대한 성과평가를 통해 조직의 성과향상을 도모하고, 연초에 체결된 성과계약 내용을 바탕으로 상·하급자간에 주기적인 성과면담과 피드백, 코칭을 실시하여 개인의 능력발전을 도모하는 데 있다. 성과계약 등 평가결과는 성과급 등급 결정을 위한 기초 자료로 활용되고, 성과관리카드에 수록되어 승진, 인사심사, 인재추천, 개방형 및 공모직위 심사 등 인사운영에 반영된다.

1) 평가시기 및 평가항목

12월 31일 기준으로 익년도 초에 연1회 평가를 실시하며, 소속 장관은 평가항목을 개인 성과목표 달성도, 부서 단위의 운영 평가 결과, 그밖에 직무수행과 관련된 자질이나 능력 등에 대한 평가 결과 중에서 하나 또는 그 이상을 평가항목으로 정할 수 있다.

2) 평가절차

성과계약이란 "평가대상자와 평가자 간에 이루어지는 성과목표, 평가지표 및 평가 결과의 활용 등에 대한 합의"를 의미(공무원 성과평가 등에 관한 규정 제3조)하며, 성과계약 등 평가의 기본틀(framework)은 [그림 12-2]와 같다.

'전략계획'은 중앙행정기관장이 당해 기관의 전략목표 달성을 위해 수립하는 중장기 계획으로, 개인의 업무성과가 기관임무 달성에 유기적으로 기여하도록 하기 위해 필요하다. '목표설정' 단계에서는 성과면담을 실시하여 상·하위목표가 유기적으로 연계되도록 성과계약상 성과목표(공무원 개개인의 업무가 도달되어야 하는 바람직한 상태)를 설정하며, 성과목표의 달성여부를 측정하기 위한 기준인 성과지표와 성과지표별 목표점을 설정해야 한다. 또한, 개인별 성과목표 설정 후 성과목표를 달성하기 위해 당해연도에 어떤 업무를 핵심적으로 추진할 것인지 목표(또는 지표)별로 기술한다. '중간점검'에서는 성과계약서를 토대로 성과계약 당사자간에 면담을 실시하여 평가대상자의 업무추진실적을 점검하고, 업무추진상의 문제점 및 개선방안 등을 논의하는 절차로 연중 최소 1회 이상 각 부처에서 자체적으로 실시한다. '최종평가'에서는 평가자가 피평가

그림 12-2 성과계약 등 평가의 기본틀

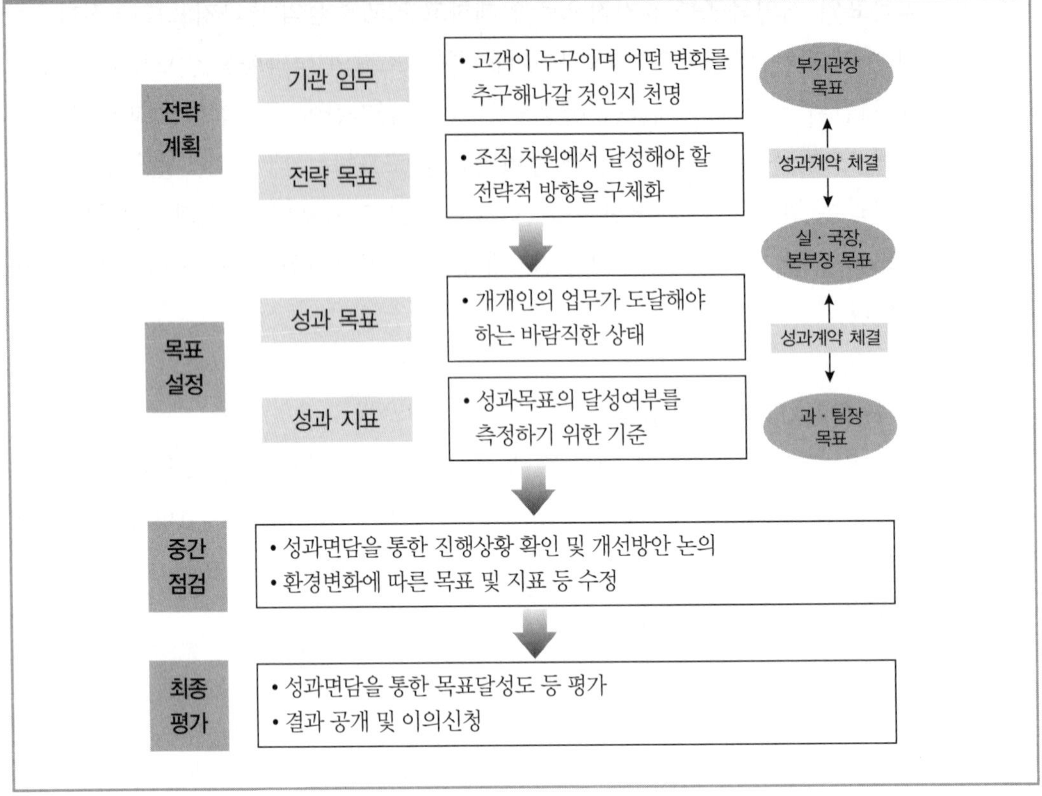

출처: 인사혁신처(2022) 공무원 인사실무

자와의 성과면담을 통해 성과목표 달성도 등을 평가하며, 업무성과에 대한 객관적 평가등급 또는 점수와 함께 개인의 직무수행자질과 능력 등을 종합적으로 고려하여 최종등급을 결정하고, 최상위 또는 최하위 등급에 해당하는 경우, 그 사유를 구체적으로 기재한다. 최종 평가등급의 수는 최상위 및 최하위 등급을 포함하여 3개 이상으로 한다. 확인자는 평가의 관대화 및 엄격화 경향이나 평정오류 여부 등을 점검한다.

(2) 근무성적평가

근무성적평가는 5급이하 일반직공무원(연구·지도직 포함)을 대상으로 근무실적과 직무수행능력 등을 체계적이고 정기적으로 평가하여 승진, 성과급, 보직관리 등 각종 인사관리에 반영하는 공무원 개인에 대한 종합적 평가제도

표 12-5 성과계약서(예시)

□ 평가대상기간: ○○○○년도

	소속	직위	성명	서명
평가대상자				
평가자				

기관의 임무와 목표를 달성하기 위해 甲과 乙은 상호 합의에 의해 다음과 같이 성과계약을 체결한다.

작성일: . . . (승계시 사유도 추가 기재)

□ 개인 성과목표

No.	성과목표	평가지표		실행계획
		평가지표명 (측정방법 포함)	목표점	

〈작성요령〉

※ 주의: 성과계약서는 각 부처 평가항목의 특성에 맞게 변경가능하나, 「공무원 인사기록·통계 및 인사사무 처리 규정」(제8조)에 따라 성과관리카드를 통한 성과정보 관리의 필요상 주요업무의 성과와 평가자 등은 반드시 나타나도록 설계하여야 함

1. **성과목표**
   - ○ 전략목표 또는 상위 목표를 달성하기 위한 개인의 성과목표를 말함
     - − 성과목표의 수는 가급적 5개 이내로 한정
2. **평가지표**
   - ○ 성과목표 달성도를 측정하기 위해 사전에 정하는 기준을 말함
     - − 평가지표 타당성 검증을 통해 바람직한 지표를 결정하되, 과·팀장의 경우 과정 또는 산출지표도 보완적으로 활용 가능
   - ○ 평가지표를 측정하는 기준과 목표점을 작성하며, 지표별 구체적인 등급결정 기준에 대해서는 별도 관리 가능
   - ○ 각 부처 사정에 따라 성과목표 또는 평가지표별로 비중 설정 가능
3. **실행계획**
   - ○ 성과목표 및 평가지표를 달성하기 위해서 당해연도에 추진할 구체적인 활동을 간결하게 기술

출처: 공무원 성과평가 등에 관한 지침, 별지 제1호서식

이다.

1) 평가시기

정기평가는 연2회(6월 30일, 12월 31일)가 원칙이나 소속 장관이 연1회 평가하는 것이 적정하다고 판단할 시에는 12월 31일 기준으로 연 1회만 실시 가능하며, 수시평가의 경우 승진후보자명부 조정사유 발생 시 실시한다.

2) 평가항목 및 구성비율

소속 장관은 평가 대상 기간의 해당 기관의 임무 등을 기초로 하여 평가 대상 공무원이 평가자 및 확인자와 협의하여 성과목표 등을 선정하도록 한다. 평가자는 확인자와 협의된 평가 방향에 따라 평가하되, 평가 대상 공무원의 근무실적(성과산출실적 또는 과제해결정도)과 직무수행능력(기획력, 의사전달력, 고객지향, 협업·소통 능력 등) 등을 고려하여 평가 단위별로 평가 대상 공무원의 근무성적을 성과목표 달성 정도 등을 고려하여 평가한다. 근무성적의 평가항목은 근무실적과 직무수행능력을 기본항목으로 하며, 총점은 100점으로 한다. 다만, 소속 장관의 판단에 따라 직무수행태도와 부서 단위 운영평가결과를 평가항목에 추가할 수 있다. 평가 항목간 균형유지를 위해 근무실적과 직무수행능력 평가점수는 어느 한 항목의 비율이 70%를 초과하지 않아야 하며, 직무수행태도와 부서단위 운영 평가를 추가항목으로 지정한 경우에는 그 비율을 각각 10%, 30% 이내로 해야 한다.

3) 평가자의 평가

근무실적에 대한 평가는 평가대상자의 주요 실적에 대해 목표달성정도를 ① 매우미흡, ② 미흡, ③ 보통, ④ 우수, ⑤ 매우 우수의 5단계 중 하나의 등급으로 평가하며, 성과목표 또는 단위 과제 이외에 연도 중간에 추가된 업무도 포함하여 평가한다. 평가대상자들의 주요 실적들에 대해 목표달성정도의 등급을 결정하여 합산점수를 내며, 합산점수에 단위과제별 가중치를 곱하여 소계점수를 산정한다. 이러한 소계점수를 모두 합하여 근무실적평가의 총점을 산출한다.

직무수행능력에 대한 평가는 각 평가요소별로 배점을 정하여 평가한다. 소

표 12-6 근무실적 평가 양식

연번	성과목표/단위과제	업무 비중 (%)	주요 실적	평가결과(예시) 성과산출실적 또는 과제해결정도	소계 점수
				① ② ③ ④ ⑤	

예시) 업무비중이 25%일 경우 소계점수: 매우우수는 25점, 매우미흡은 5점(25×1/5)이고 등급별 차이는 5점임

출처: 인사혁신처(2022) 공무원 인사실무

속 장관은 업무의 특성을 반영하여 평가요소 및 요소별 배점을 달리 정할 수 있는데, 평가요소는 기획력, 의사전달, 협상력 등으로 정할 수 있다. 평가자는 평가대상자의 행태에서 특정 평가요소가 보여지는 빈도수를 관찰하여 평가요소별로 ① 전혀 그렇지 않다, ② 거의 그렇지 않다, ③ 가끔 그렇다, ④ 자주 그렇다, ⑤ 항상 그렇다의 5단계 중 하나의 등급을 결정한 후, 소계점수를 산정하며, 각 소계점수를 합산하여 직무수행능력평가의 총점을 산출한다.

평가등급의 수는 3개 이상으로 하며, 근무성적 최상위 등급의 인원은 직급별 또는 계급별 인원수의 상위 20% 비율로, 최하위 등급의 인원은 하위 10% 비율로 분포하도록 부여하되, 구체적인 평가등급의 수 및 인원비율은 소속장관이 평가단위별로 정한 바에 따라 조정할 수 있다. 평가단위별 확인자는 평가자가 평가한 평가등급 등을 확인하여 평가자와 함께 평가단위별 평가결과를 작성하여 근무성적평가위원회에 제출한다.

4) 근무성적평가위원회의 평가

근무성적평가위원회는 전체 평가대상 공무원들을 평가단위에서 제출한 평가 등급에 따라 나누고 등급 내에서 평가대상 공무원들을 상대평가하여 순위를 정한다. 근무성적평가점수 부여시에는 이러한 순위에 따라 점수를 부여하되 점수부여는 다음 3가지 방식 중의 하나로 한다.

표 12-7 직무수행능력 평가 양식

연번	평가 요소	요소별 배점	정의	평가등급	소계 점수
	기획력	9점	• 창의적인 시각을 가지고 문제를 예측하고 실행가능한 계획을 만든다.	① ② ③ ④ ⑤	
	의사 전달력	6점	• 표현이 간결하면서도 논점이 빠지지 않도록 문서를 만든다.		
	협상력	6점	• 상대방의 의도를 적절히 파악하여 자신의 입장을 설득한다.		

※ 평가요소별 배점이 각 6점일 경우 매우우수는 6점, 매우미흡은 1.2점(6×1/5)이고 등급별 차이는 1.2점임

출처: 인사혁신처(2022) 공무원 인사실무

- 1안: 같은 등급 내에서는 동일한 근무성적평가점수를 부여하는 방법
- 2안: 같은 등급 내에서는 점수가 동일한 세부단위를 나누어 점수를 부여하는 방법
- 3안: 같은 등급 내에서는 근무성적평가 점수 간의 차이가 균등하도록 부여하는 방법

2. 경력평정

(1) 경력평정의 의의

경력(career) 개념은 학자에 따라 다양하게 정의되는데, Hall(2002)은 “한 개인이 일생 동안 일과 관련된 경험과 활동에서 얻게 되는 태도와 행동의 연속”이라고 포괄적으로 정의하고 있다. 좀 더 구체적으로 경력은 직업상의 경험과 근무연한을 의미하는데, 한국의 공직사회에서 경력은 승진임용의 기초자료로 활용되고 있으며, 경력 평정 시 경력의 종류와 근무연한에 따라 그 비중을 달리하고 있다.

(2) 경력평정제도

1) 평정대상 및 평정시기

경력평정은 평정기준일 현재 승진소요최저연수에 도달한 5급 이하 일반직(연구직·지도직 포함, 우정직군의 경우 2급 이하)을 대상으로 한다. 일반직 공무원의 승진소요최저연수는 5급은 4년 이상, 6급은 3년 6개월 이상, 7,8급은 2년 이상, 9급은 1년 6개월 이상이다. 정기평정은 6월 30일과 12월 31일에 실시하며, 수시평정은 승진후보자명부 조정사유가 발생한 경우 등에 직전 정기평정 기준일 현재를 기준으로 실시한다.

2) 경력평정 확인자

경력평정의 확인자는 각급 기관의 인사담당관이 된다. 다만, 소속 장관은 특히 필요한 경우에는 확인자를 달리 지정할 수 있다.

3) 경력평정 방법

경력평정 대상기간은 대상 공무원의 승진소요최저연수 이상의 범위에서 소속장관이 정하는 경력평정 가능기간 중 휴직·직위해제·정직기간 등 직무에 종사하지 아니한 기간(경력평정 제외기간)을 제외하고 실제로 직무에 종사한 기간을 말한다. 경력평정점은 총 30점 만점으로 하며, 경력평정 대상기간 내의 각 경력에 성과평가지침에서 정한 환산율을 곱하여 환산경력월수를 산정한 후, 해당 월경력평정점수를 곱하여 경력평정점수를 산출한다. 경력에 따른 환산율은 〈표 12-8〉과 같으며, 갑경력은 동일직렬의 동일계급 이상의 경력을, 을경력은 동일직군의 동일계급 이상의 경력을, 병경력은 직군이 다른 동일계급 이상의 경력을, 정경력은 직군이 다른 바로 하위계급의 경력을 뜻한다.

표 12-8 경력별 환산율

구 분	공무원경력				기타경력		
	갑경력	을경력	병경력	정경력	박사경력	자격증소지경력	민간경력
환산율	10할	8할	6할	3할	8~10할	8~10할	6할

출처: 인사혁신처(2022) 공무원 인사실무

3. 가점평정

(1) 가점평정의 의의

가점평정은 공무원 근무성적평정에 있어 직무관련 자격증 소지, 특수지역에서의 근무경력, 업무혁신 등을 점수로 계산하여 가점하는 것을 의미한다. 가점평정제도의 목적은 공무원이 자격증을 소지하거나 도서·벽지 등 특수지역에서 근무한 경력 또는 탁월한 근무실적 등이 있는 경우 일정점수를 가산해줌으로써 해당기관에 대한 근무유인 촉진과 공무원 사기를 제고하는데 있다.

(2) 가점평정제도의 운영

소속장관은 승진후보자 명부를 작성할 때 직무 관련 자격증의 소지 여부, 특정 직위 및 특수 지역에서의 근무경력, 근무성적평가 대상 기간 중의 업무혁신 등 공적사항, 그밖에 직무의 특성 및 공헌도 등을 고려하여 해당 공무원에

표 12-9 가점평정 기준표(예시)

구분	가점항목	부여기준	고려사항
우수성과 (1점내)	국민접점분야 우수성과자, 국정과제·업무혁신 우수자 등	• 평정대상기간: 0.25점 ※ 당해계급에서 4회 이상 받아야 만점 부여	• 가점부여방법은 근무성적평가 반영비율에 따른 방식 및 누적식 방식(아래 예시 참고)
전문성 (1점내)	직무관련 자격증	• 당해계급: 0.7점 • 하위계급: 0.3점 ※ 당해계급 우선 고려	• 자격기본법상 자격증 중 소속장관이 판단(공무원임용시험령 별표7 및 별표8 참고 가능)
직무특성 (1점내*)	특정지위근무 (자체감사, 고충처리, 전문직위, 교류 등)	• 근무기간: 월 0.03점 ※ 당해직위 1년 이상 근무시 가점부여	• 경력환산기준일은 경력평정과 동일하게 6.30./12.31. 기준
	특수지근무**	• 가·나급: 월 0.04점 • 다급: 월 0.03점 • 라급: 월 0.02점	• 특수지는 공무원수당등에 관한 규정 별표7의2 참고
기타 (1점내)	소속장관이 별도로 정하는 항목	• 협업 활성화 기여자 등에 대하여 부여 가능	

출처: 인사혁신처(2022) 공무원 인사실무

게 5점의 범위에서 가점을 부여할 수 있다. 다만, 전문직위에서 일정기간 이상 근무한 공무원에 대해서는 반드시 가점을 부여하고, 협업우수자에 대하여는 가점을 부여하도록 노력하여야 한다.

가점부여 기준은 소속공무원들의 의견을 반영하여 소속장관이 자율적으로 정하되, 특별한 경우를 제외하고는 특정 가점 종류에 대해 반영 비율이 지나치게 편중되지 않도록 해야 한다. 또한, 가점부여 항목이나 기준을 정하거나 변경할 경우, 근무성적평가 대상기간 전(6개월 전 또는 12개월 전)에 미리 소속공무원에게 내용을 공개하고 의견을 수렴하여야 한다.

4. 다면평가

(1) 다면평가의 의의

상급자가 피평가자를 평가하는 일반적인 성과평가와 달리 다면평가(multi-source feedback)는 상급자 뿐 아니라 동료, 하급자, 민원인, 그리고 나 자신을 포함하는 복수의 평가자가 평가에 참여하는 평가방식이다(인사혁신처, 2019). 다면평가는 성과평가의 객관성과 신뢰성을 제고할 뿐 아니라, 온정적 평가 관행을 극복할 수 있는 대안으로 주목받았으며, 피평가자의 평가수용성을 담보할 수 있다는 장점을 지닌다(조경호, 2008).

(2) 다면평가제도의 연혁

한국 정부에서 다면평가는 공무원 인사평가에 대한 평가수용성 문제가 확대되면서 적극적으로 논의되기 시작하였다. 1998년 12월 '공무원임용령'에 관련 규정이 신설(제35조의4.승진임용시 동료,하급자,민원인 등의 평가 반영)되면서 다면평가제도가 처음 도입되었고, 2001년 1월부터는 다면평가 결과를 다양한 인사관리(성과상여금, 특별승급, 교육훈련, 보직관리 등)와 연계하였으며, 2003년 3월 노무현 정부 출범 이후에는 1-3급 인사평가에도 적용되도록 범위가 확대되었다. 즉, 2000년대 초반부터 다면평가의 적용범위는 지속적으로 확대되어, 약 95%의 중앙행정기관에서 활용되었다. 그러나 2009년 인기투표 논란, 평가능력이 없는 다수에 의한 평가로 인한 정확성 저해, 익명성을 빌미로 한 편향성 등 다면평가의 여러 가지 문제점이 제기되면서 인사평가에 있어 단순 참고 자료로 기능이 축소되었고 점차 폐지된 바 있다. 이후 다면평가는 2015-16년을 기점으로 다시 재확산되고 있으며, 2019년 인사혁신처는 '공무원성과평가등에 관한 지침'을 개정하여 다면평가의 활용범위를 다시 확대하여 승진, 전보, 성과급에도 활용할 수 있도록 하였다(조태준, 김상우, 2020).

(3) 다면평가제도의 운영

공무원 성과평가 등에 관한 규정에 따르면, 소속 장관은 소속 공무원에 대한 능력개발 및 인사관리 등을 위해 해당 공무원의 상급 또는 상위 공무원, 동료, 하급 또는 하위 공무원 및 민원인 등에 의한 다면평가를 실시할 수 있으며, 소속 장관은 다면평가의 방법 및 절차 등에 관한 구체적인 사항을 직무 특성 등을 고려하여 설계·운영하여야 한다.

다면평가 설계시 평가 목적을 명확히 하고, 다면평가 평가자 집단은 다면평가 대상 공무원의 실적, 능력 등을 잘 아는 업무유관자로 구성하고, 소속 공무원의 인적구성을 대표하도록 구성해야 한다. 또한 평가자들이 평가 목적 및 심사방법을 명확히 인식하도록 평가단 사전 교육을 실시할 필요가 있다, 평가항목은 조직의 비전·목표와 일치하는 직무역량과 핵심가치를 바탕으로 명확하면서 중복되지 않도록 설계하여 평가의 합리성 및 타당성을 제고하는 것이 필요하며, 질문지는 평가의 목적, 피평가자의 직급, 그리고 직무특성 등을 고려하여 작성한다. 평가척도는 1-10점 척도를 활용하는 것이 보편적이며, 비계량 평가방식을 활용할 경우, 서술형 기재방식 또한 적용 가능하다. 다면평가 결과는 역량개발, 교육훈련, 승진, 전보, 성과급 지급 등에 활용 가능하고, 소속장관은 부득이한 사유가 있는 경우를 제외하고는 평가대상 공무원 본인에게 결과를 공개하도록 노력해야 한다. 다면평가는 정기적으로 실시하는 것이 바람직하며, 그 평가결과를 누적, DB화하여 예측가능성을 높일 필요가 있다. 인사혁신처는 각 부처 다면평가 설계·운영의 가이드라인을 제시하고, 다면평가 실시여부, 방법 및 저라, 결과 반영 등에 관한 구체적인 사항은 각 부처 소속장관이 정하도록 하고 있다(자세한 사항은 '공무원 다면평가 운영매뉴얼' 참고[3]).

---

3 인사혁신처(2019). 공무원 다면평가 운영매뉴얼. https://www.mpm.go.kr/mpm/comm/pblcateList/?boardId=bbs_0000000000000036&mode=view&cntId=853#

5. 성과평가 결과의 활용: 성과급 제도

앞서 살펴본 성과계약 등 평가 및 근무성적평가의 결과는 승진 등 평가대상 공무원에 대한 각종 인사관리에 반영된다. 이하에서는 이 중 성과평가 결과와 보수를 연계하는 성과급 제도에 대해 설명하고자 한다. 성과급이란 개인이나 집단의 직무수행의 실적을 결정기준으로 삼는 보수이다(오석홍, 2013:400). 즉, 개인이나 집단이 달성한 성과를 측정하여 그 결과와 보수를 직접적으로 연계하는 것으로, 쉽게 말해 열심히 일해서 높은 성과를 달성할 경우 보상을 받는다는 논리에 기반한다. 이는 업무성과와 금전적 보상을 연계함으로써 사기를 높이고 생산성을 제고할 수 있다고 보는 기대이론, 보상의 공정성 인식이 동기부여에 중요한 역할을 한다고 주장하는 형평이론의 가설에 부합하는 보수체계라 할 수 있다.

한국의 성과급 제도는 1997년 IMF 외환위기 이후 공공부문의 비효율성을 개선하기 위한 개혁의 일환으로 1999년 중앙부처 공무원들을 대상으로 처음 도입되었고, 2001년에는 지방자치단체로 확대, 현재는 모든 공공기관에 광범위하게 적용되고 있다. 성과급 제도는 일반직, 별정직 등 5급 이상 공무원을 대상으로 하는 성과연봉과 6급이하 공무원들을 대상으로 하는 성과상여금으로 구분된다.

표 12-10 성과급 유형별 적용 대상 공무원과 구성

구분		적용대상 공무원	비고
성과연봉	성과급적 연봉제	일반직, 별정직 등 5급(상당)이상 공무원	경력 등에 따라 최초 연봉을 설정하고, 성과에 따라 연봉조정
	직무성과급적 연봉제	고위공무원단 소속 공무원	경력, 직무값, 성과 등에 따라 연봉 설정
성과상여금		6급이하 공무원(별정직 6급 상당 이하, 외무공무원 4등급 이하, 경감 이하, 소방경 이하 등)	

출처: 2023년 공무원 보수 등의 업무지침 내용 재구성

(1) 성과연봉

성과연봉은 전년도 업무실적 평가 결과를 반영하여 지급되는 급여의 연간 금액을 의미하며, 성과급적 연봉제와 직무성과급적 연봉제로 나뉜다. 성과급적 연봉제 적용대상 공무원의 성과연봉 지급기준은 〈표 12-9〉와 같으며, 성과연봉 지급액은 인사혁신처장이 정하는 계급별 성과연봉 지급기준액에 개인별 평가등급에 해당하는 지급률을 곱한 금액으로 한다. 즉, 대상인원의 20%에 대해서는 성과연봉 기준액의 8%, 30%에 대해서는 6%, 40%에 대해서는 4%, 그 외 인원에 대해서는 지급하지 않는다.

표 12-11 성과연봉의 평가등급별 인원비율과 지급률(공무원 보수규정 제39조)

평가등급	S등급	A등급	B등급	C등급
인원비율	20%	30%	40%	10%
지급률 (지급기준액 기준)	8%	6%	4%	0%

출처: 공무원 보수규정 별표34의2

직무성과급적 연봉제는 고위공무원단에 속하는 공무원에 적용되며, 전년도 업무실적 평가 결과에 따라 성과연봉을 지급하되, 이 때 전년도 업무실적 평가는 '공무원 성과평가 등에 관한 규정'에 따른 성과계약등 평가 결과를 의미한다. 고위공무원단의 성과계약 등 평가는 개인의 성과목표 달성도 등 객관적 지표에 따라 매우우수, 우수, 보통, 미흡 또는 매우미흡 중 하나의 등급으로 한다(고위공무원단 인사규정 제20조). 〈표 12-12〉와 같이 매우 우수 등급에 해당하

표 12-12 고위공무원단 평가등급별 지급률

평가등급	매우우수	우수	보통	미흡 및 매우미흡
인원비율	20% 이하	부처 자율		10% 이상
지급률 (지급기준액 기준)	18%	12%	8%	0%

출처: 공무원 보수규정 별표41

는 인원에 대해서는 성과연봉 기준액의 18%, 우수 등급 해당 인원에 대해서는 12%, 보통 등급 해당 인원에 대해서는 8%, 미흡 및 매우미흡 등급의 경우에는 지급하지 않는다.

(2) 성과상여금

성과상여금의 지급대상은 일반직 6급이하 공무원(별정직 6급상당 이하, 외무공무원 4등급 이하 등)이다. 성과상여금의 평가 및 지급 횟수는 연 1회 이상으로 하며, 기본급에 누적되지 않는 일시금으로 지급하는 것이 원칙이다. 소속장관은 소속공무원의 의견을 적극 수렴하고 해당기관의 업무와 구성원 특성 등을 감안하여 개인별 차등지급, 부서별 차등지급 후 부서내 개인별 균등지급, 개인별 차등지급과 부서별 차등지급 병용, 부서 별 차등지급 후 부서내 개인별 차등지급 방법 중 하나를 자율적으로 선택하여 성과급심사위원회의 심사를 거쳐 성과상여금을 지급한다. 현재 한국에서 널리 활용되는 방식은 개인별 차등지급 방식과 부서별 차등지급 방식이다. 개인별 차등 지급의 경우, 지급등급과 지급률은 다음과 같다.

성과상여금은 근무성적, 업무실적 등이 우수한 공무원에게 예산 범위 내에서 지급하며, 최고등급인 S등급(평가 결과 상위 20% 이내 해당인원)의 경우 지급기준액의 172.5%에 해당하는 금액을, A등급(평가결과 상위20% 초과 60% 이내 해당인원)의 경우, 지급기준액의 125%에 해당하는 금액을, B등급(평가결과 상위 60% 초과 90% 이내 해당인원)의 경우, 지급기준액의 85%에 해당하는 금액을 지급하며, 하위 10%인 C등급을 받은 인원에게는 성과상여금을 지급하지 않는다.

표 12-13 성과상여금 지급등급과 지급률

지급등급 (인원비율)	S등급 (상위 20%)	A등급 (20% 초과 60% 이내)	B등급 (60% 초과 90% 이내)	C등급 (하위 10%)
지급률 ('기준액' 기준)	172.5% 이상	125%	85% 이하	0%

출처: 2023년 공무원 보수 등의 업무지침

(3) 성과급 제도의 효과성

한국에 성과급제도가 도입된 지 20년이 넘었음에도 성과급제도의 효과 또는 토착화에 대해서는 이견이 존재한다. 성과급제도가 잘 작동하려면 성과평가체계의 공정성이 전제되어야 한다. 그러나 민간부문과는 달리 공공부문에서는 1년 단위 개인별 성과의 정확한 측정이 어렵고 한국의 집단주의 행정문화와의 비정합성으로 인해 조직구성원의 수용성이 낮게 나타나는 경향이 있다(이건, 2019; 최유진, 2017). 또한, 많은 중앙행정기관에서 성과평가결과의 인사관리 반영 취지와 달리 승진을 위한 성과평가와 성과급 지급을 위한 성과평가를 분리하여 운영하는 현상[4]이 문제로 지적되기도 한다(인사혁신처, 2017).

제 3 절 공무원 성과평가제도의 문제점과 발전방향

성과평가는 인사관리에서 핵심적이고 중요한 역할을 수행하지만, 성과평가가 기대한 효과나 목표를 충분히 달성해왔다고는 보기 어렵다(Geller, 1998). 한국행정연구원이 공무원을 대상으로 조사한 최근 연구결과에 따르면, 응답자의 약 23%만이 성과평가(근무성적평정)가 공정하다고 인식하는 것으로 나타났다(한국행정연구원, 2022). 평가를 받는 조직구성원들은 종종 성과평가를 처벌적 수단(punitive tool)으로 여기며 성과평가제도에 대해 회의적이거나 평가과정을 신뢰하지 않는 경향을 보인다(Daly, 2015). 이들은 평가가 공정하지 않다고 생각하더라도 이를 수용할 수밖에 없어 무력감, 박탈감을 느끼고 냉소적 태도 등의 반응을 보이기도 하며, 특히 평가결과가 보상과 연계될 경우 평가자-피평가자간 갈등의 원인이 되기도 한다(한승주, 2010; Llorens et al., 2018). 이하에서는 공무원 성과평가제도의 문제점과 발전방향에 대해 살펴보고자 한다.

4 승진을 한 사람에게는 성과급을 위한 평가에서 상대적으로 낮은 등급을 부여하고, 승직에서 누락된 사람은 성과급을 위한 평가에서 비교적 높은 등급을 부여하는 등 승진 평가와 성과급 평가를 상호 보완적으로 운영한다.

1. 공무원 성과평가제도의 문제점

성과평가제도의 목적은 인사관리 평가기준 뿐 아니라 조직구성원 능력발전과 성과향상에 있다. 그러나, 현재 근무성적평정 결과는 승진, 성과급, 징계 등 인사관리와의 연계나 소극적 통제 목적으로 주로 활용되고 있어, 공무원 개인의 능력발전을 위해 성과평가를 보다 적극적으로 활용할 필요가 있다.

둘째, 조직구성원의 성과평가에 대한 불만족 중 대부분은 평가자의 주관성과 관련이 있다. 성과평가는 기본적으로 인간의 판단에 의존하기 때문에, 평가과정에서 평정오류들이 발생하여 평가의 타당성과 신뢰성을 저해할 수 있다. 또한, 평가자 간 평가기준에 대한 서로 다른 성향과 선호에 따라 피평가자의 유불리가 달라지는 경우가 발생하기도 한다.

셋째, 현행 성과평가체계의 방식과 산식이 복잡하여 업무 부담이 가중되고, 실제 평가과정에서 모든 평가지표를 적용하기보다 평가자의 자의적 판단이나 평가대상자의 경력, 선임 순으로 순위를 미리 정해두고 점수를 부여하는, 소위 역산식 평정이 나타나기도 한다. 또한, 우수 평정점수를 돌아가면서 나누어 갖는 행태 등이 발생하여 평정제도의 형식화를 초래하기도 한다.

넷째, 행정 업무의 특성상 구체적이고 측정 가능한 목표 설정이 어렵고, 계급제 전통에 기반, 사람 중심 시스템을 운영해 온 상황에서, 체계적인 직무 분석 없이 성과 목표 기반의 평가제를 시행하고 있어 평가의 객관성과 공정성을 확보하기 어렵다(박천오, 김진용, 2012). 따라서 평정 요소의 선택이 일반적이고 추상적일 수밖에 없으며, 평정의 효율성을 기대하기 어렵다는 한계가 있다.

또한, 순환보직을 기반으로 하는 공무원 조직의 특성상, 높은 근무성적 또는 성과를 낼 수 있는 주요 보직 발령시 연공서열을 고려하게 되며, 공직 문화의 특성상 연공서열적 평가가 근무성적평가 등 경력평정 이외의 다른 평정요소에도 영향을 줄 수 있다는 문제점이 발생한다(박성민 외, 2022).

2. 공무원 성과평가제도의 발전방향

첫째, 성과평가 결과의 활용 효과성이 낮은 주된 원인으로, 대부분의 공직 성과평가 체계가 사전적이거나 과정 중심적이기보다는 사후적인 특성을 갖는다는 점을 지적할 수 있다. 따라서, 개인의 발전 관리와 조직의 성과 향상과의 연계를 강화하는 성과평가 체계를 마련하기 위해서는 평정결과의 공개를 통한 투명성 확보, 활용성 제고와 결과중심(summative)의 아닌 과정중심(formative)의 평가체계 구축이 필요하다(박성민 외, 2022).

둘째, 성과평가제도가 제대로 작동하기 위해서는 평가자와 평가대상자에 대한 교육이 필수적이다. 평가대상자는 평가제도에 대한 이해도 제고를 통해 평가과정에서의 본인의 역할과 기대수준을 파악하고, 평가자가 직면한 어려움에 대해 인식하게 된다. 평가하는 입장에서도 평가는 매우 부담스러운 업무이다. 기관은 평가자 역량 교육을 통해 평가자의 부담을 완화시킬 뿐 아니라, 성과평가의 목적에 부합하는 보다 객관적이고 정확한 평가를 위한 다양한 스킬(예 건설적 피드백 방법, 카운슬링, 다양한 평정기법에 대한 이해, 평정 오류를 피하는 방법 등)에 대한 교육을 제공해야 한다(Llorens et al.,2017).

셋째, 평가요소 선정의 문제점을 개선하기 위해 조직구성원의 합의를 통한 부처별 성과평가모델의 개발 및 활용이 필요하다. 규정상 각 부처가 직급과 부서의 특성에 맞는 평가 양식을 자율적으로 개발할 수 있음에도 불구하고, 세부 평가 요소의 개발을 위한 적극적인 노력은 부족한 상황이기 때문이다.

넷째, 평가제도에 대한 공무원의 근본적인 인식전환이 필요하다. 평가제도 운영에 있어 연공서열, 온정주의에 의한 평가방법을 지양하고 실적 중심의 성과평가체계가 정착되도록 지속적으로 제도를 보완해 나가야한다. 관련하여 연공서열을 반영하는 경력평정을 성과로 볼 수 있는가에 대한 지적도 제기되는데, 현재와 같이 단순히 경력기간을 점수로 환산하는 방식보다는 그 기간 내 경험과 실적을 실질적으로 연계하는 방식으로의 개선 또한 고려할 필요가 있다.

참고문헌

강성철 외. (2018). 「새 인사행정론」. 서울: 대영문화사.

박성민·최유진·유상엽. (2022). 실적 중심의 성과평가체계 개선방안 연구: 중앙행정기관 성과평가제도에 관한 FGI 분석을 중심으로. 「한국인사행정학회보」, 21(4): 305-317.

박천오·김진용. (2012). 한국 지방공무원의 승진 영향요인에 대한 인식 비교. 「지방행정연구」, 26(4): 27-56.

오석홍. (2013). 「인사행정론」. 서울: 박영사.

유민봉·박성민. (2015). 「한국인사행정론」. 서울: 박영사.

이건. (2019). 공무원 성과급제도 토착화에 대한 시론적 연구. 「한국사회와 행정연구」, 30(1): 1-26.

이창길. (2022). 「인적자원행정론」. 서울: 박영사.

인사혁신처. (2017). 「공무원 성과-보상의 다양성 및 유연성 제공방안 연구」.

______(2019). 공무원 다면평가 운영 매뉴얼. https://www.mpm.go.kr/mpm/comm/pblcateList/?mode=view&cntId=877.

______(2022). 공무원 인사실무. https://www.mpm.go.kr/mpm/comm/pblcateList/?boardId=bbs_0000000000000036&mode=view&cntId=853#

조경호. (2008). 정부 다면평가제도에 대한 성과 분석: 2003 년과 2007 년 조사의 비교를 중심으로. 「한국인사행정학회보」, 7(1): 229-259.

조태준·김상우. (2020). 다면평가의 활용 방식에 따른 유형화 연구: 정부 및 민간사례를 중심으로. 「한국인사행정학회보」, 19(3): 211-234.

최관섭·박천오. (2014). 중앙부처 공무원의 성과평가제도 수용성. 「한국인사행정학회보」, 13 (3): 89-116.

최유진. (2017). 우리나라 공무원 성과급제도의 현황과 개선방안 연구. 「한국인사행정학회보」, 16(1): 75-102.

한국행정연구원. (2022). 공직생활실태조사.

한승주. (2010). 성과급제도에 대한 공무원의 대응. 「한국행정학보」, 44(4): 29-58.

Daly, J. (2015). Human resource management in the public sector: Policies and practices. London: Routledge.

Greller, M.(1998). Participation in the Performance Appraisal Review: Inflexible Manager Behavior and Variable Worker Needs. *Human Relations*, 51: 1061-1084.

Hall, D. T. (2002). Careers in and out of organizations. Sage.

Llorens, J. J., Klingner, D. E., & Nalbandian, J. (2017). Public personnel management: Contexts and strategies. London: Routledge.

Mondy, W. & Martochhio, J. (2016). Human resource management. Pearson.

Moon, S. H., Scullen, S. E. & Latham, G. P. (2016). Precarious curve ahead: The effects of forced distribution rating systems on job performance. *Human Resource Management Review*, 26(2): 166–179.

Pynes, Joan. (2013). Human resources manaegment for public and nonprofit organizations. San Francisco, CA: Jossey–Bass.

Riccucci, N. M., Naff, K. C. & Hamidullah, M. F. (2019). Personnel management in government: Politics and process. London: Routledge.

Wilder, William. & Howard Risher. (2011.7.) "Is performance management broken" HR News. *International personnel management association for human resources*, 20–23.

제13장 공공인력의 다양성 관리

제1절 서 론

국가 간 인구이동이 가속화되고 여성의 사회 진출이 증가함에 따라 한국 사회와 조직 내 인구사회학적 다양성이 증가하였다. 이에 다양한 사회집단 간 형평성을 확보하고 사회적 약자에 대한 정의를 실현하는 것이 중요한 사회적 과제로 등장하였다. 한국 정부는 적극적 임용우대조치를 통해 공공조직 내 다양한 사회집단을 대표하는 개인들을 유입하고 조직 내 인적 다양성을 효과적으로 관리하기 위한 다방면의 정책적 노력을 경주해왔다. 공공정책 수립 시 사회 내 다양한 집단들의 이해와 가치를 공평하게 반영하고 공익과 사회적 정의 실현의 책임이 있는 정부 조직에서 인적 구성의 다양성과 대표성을 확보하고 효과적으로 관리하는 노력은 필수적이라 할 수 있다.

한국은 역사적으로 민족적, 문화적 단일성을 유지해온 국가로서 일찍이 이민을 수용한 유럽 국가나 북미 국가에 비해 인력의 다양성에 대한 인식이 낮은 수준이다. 한국 정부가 조직 내 다양성 제고 및 효과적인 다양성관리를 위한 정책을 수립하고 집행해 온 역사 또한 길지 않고 법제도적 기반 및 문화적 이해 등 미흡한 점이 많은 것이 사실이다. 한국 정부의 다양성 정책은 여성과 장애인 등 사회적 약자에 대한 차별철폐정책을 시작으로 한국 사회 내 다양한 집단을 공직에 고르게 대표하는 적극적 임용우대정책으로 전환하였다. 여성과 장애인, 지역인재, 이공계 전공자, 사회통합인재 등 사회적 약자 또는 공직 내 소수집단을 대상으로 임용상 혜택을 주는 우대정책과 함께 최근에는 다문화

가정 및 저소득층 가정 등 정책 대상을 점차 확대해가는 과정에 있다.

한국 노동시장 내 외국인 인력 유입이 증가함에 따라 향후 조직 내 인종적, 문화적 다양성이 지속적으로 증가할 것으로 예상됨에 따라, 정부가 공공조직 내 인력 다양성을 효과적으로 관리하기 위한 정책 및 관리전략을 개발하고 집행하고자 노력할 필요성 또한 증대되고 있다. 이렇듯 인력의 다양성과 다양성 관리는 공공조직과 민간조직을 막론하고 인사관리의 주요 패러다임이 되었으며, 구성원 서로 간 차이점을 인정하고 존중함으로써, 갈등을 해소하고 포용적 통합을 이루는 미래 공공조직의 주요 과제가 될 전망이다.

한국 정부는 2000년대 초반 이후 「국가공무원법」 개정 및 균형인사지침을 마련하여 공공인력의 인적 다양성을 제고하고 공공조직의 대표성을 확보하기 위한 균형인사정책을 추진해왔다. 향후 공공조직 내 증가한 인력의 다양성을 효과적으로 관리하여 궁극적으로 조직의 성과와 사회적 정의에 기여할 수 있도록 다양성 관리전략을 개발하고 조직 내 다양성 포용적인 분위기를 조성하는데 더 많은 노력을 경주해야 할 것이다.

이 장은 한국 공공조직 내 인력의 다양성과 다양성 관리 방안에 대해 논의한다. 먼저, 조직 내 인력의 다양성과 대표성에 대한 이론적 논의를 소개하고 최근 국내외 관련 연구의 동향을 분석한다. 다음으로, 미국과 영국의 다양성 관리 사례를 분석하여 한국의 다양성 관리에 대한 함의를 논의한다. 마지막으로 한국의 통합인사정책 및 관련 제도들을 소개하고 공공조직 내 인력 다양성의 현황을 살핀다. 그리고 한국의 통합인사제도의 발전방향에 대한 논의와 함께 이 장을 마무리한다.

제 2 절 다양성의 이론적 배경

1. 다양성의 개념

(1) 다양성 정의

사회과학에서 정의하는 다양성은 개인 간 다름과 관련이 있다(최성주 외

2018). 다양성은 조직을 구성하는 개인 간 다름, 즉 인종 및 민족, 성별, 연령, 장애여부, 그리고 교육적 배경이나 경력, 전문성 등 인구사회학적 특성의 다름의 정도로 정의할 수 있다(Lawrence, 1997; Mor Barak, 2000). 개인은 사회화 과정에서 다양한 인구사회학적 집단에 속하며, 자신이 속한 집단이 가지는 외부의 집단과 구별되는 상이한 사회문화적 특성 및 정체성, 일련의 가치나 규범, 인종 또는 민족적 특성, 성별, 종교, 국적, 인지적 배경 등 속성들을 조직의 일원들과 공유한다(Loden & Rosener, 1991). 각 집단의 고유한 특징은 이에 속한 개인들이 외부 세계를 인지하는 관점이나 신념, 행동에 영향을 미치고, 서로 다른 집단 출신의 개인 간 인식과 관점의 차이, 가치 및 행태적 차이를 발생시킨다(Cox, 1993; Larkey, 1996).

다양성 요인은 대표적으로 가시성(visibility)의 기준에 따라 구분할 수 있다(Jackson et al. 1995). 외재적 다양성(visible diversity) 또는 표면적 다양성(surface level diversity)은 외형적으로 구분이 가능한 다름인 반면, 내재적 다양성(invisible diversity) 또는 심층적 다양성(deep level diversity)은 외형상으로 구분이 어렵거나 불가능한 경우이다(Jackson, Joshi, & Erhardt, 2003). 예를 들어, 외형적으로 나타나는 인종 또는 민족적 배경, 성별, 연령 등 인구학적 특성 요인은 외재적 다양성 요인에 해당하고, 교육배경 및 전문성, 경력, 종교, 신념 및 가치, 사회경제적 배경, 인격 등 외형적으로 드러나지 않는 다양성은 내재적 다양성에 해당한다(Milliken & Martins, 1996; Thomas, 1991).

(2) 다양성에 대한 관점

Thomas and Ely(1996)는 다양성을 세 가지 관점에서 조망하였다. 첫째, 차별과 형평성의 관점(discrimination-and-fairness paradigm)이다. 사회적 소수자 또는 약자(social minorities)를 대상으로 한 부당한 차별을 철폐하고 사회적 주류집단에 합류할 수 있도록 고용의 기회를 확대함으로써 사회적 정의와 형평성을 제고한다는 관점이다(Foldy, 2004). 미국 정부의 적극적 차별철폐정책(Affirmative Action)과 고용평등정책(Equal Employment Opportunity), 그리고 한국 정부의 통합인사정책은 이러한 차별과 형평성의 관점에서 다양성의 의미를 해석한 사례이다. 사회적 정의와 형평성 확보를 위해 역사적으로 차별을 경험한 인종적, 민족적 소수자, 여성, 장애인 등 사회적 약자들을 대상으로 공직 임용 및 경력개발의 기회를 적극적으로 확대하는 정책적 조치가 필요하다는 관점이다.

둘째, 접근성과 합법성의 관점(access–and–legitimacy paradigm)이다. 조직 내 다양성의 수준을 높임으로써 조직 외부에 존재하는 다양한 고객들이 보다 쉽게 조직에 접근할 수 있고 조직의 대표성을 제고함으로써 조직의 합법성을 높인다는 관점이다(Ospina, 2001). 이러한 관점은 공공조직 내 관료의 대표성 확보를 지지하는 근거가 될 수 있다. 정부 관료조직 내 다양한 사회집단의 인적 대표성을 확보함으로써, 국민의 정부에 대한 접근성을 높이고 공공조직의 민주적 합법성을 확보할 수 있기 때문이다.

셋째, 학습과 효과성의 관점(learning–and–effectiveness paradigm)이다. 학습과 효과성의 관점은 앞에서 소개한 두 개의 관점과 상이한 성격을 가진다. 차별과 형평성의 관점, 그리고 접근성과 합법성의 관점은 평등과 정의, 합법성을 강조하는 규범적 성격이 강한 반면, 학습과 효과성의 관점은 다양성이 조직과 개인에게 가져올 수 있는 효용성에 초점을 두는 실용적 성격이 강하다. 학습과 효과성의 관점은 다양성이 조직에 긍정적인 효과, 즉 경제적 효율성과 효과성을 높일 수 있다고 본다. 조직이 개인이 가진 다양한 특성을 전략적으로 관리하고 활용함으로써, 다양성이 조직과 개인에 가져올 수 있는 잠재적 긍정 효과를 배가할 수 있다는 것이다(Foldy, 2004; Thomas & Ely, 1996). 이러한 학습과 효과성의 관점은 주로 경영학 분야에서 논의되었으며, 다양성을 조직의 성과 및 효과성에 연계하여 조직 관리적 관점에서 조망한다(최성주 외, 2018; Thomas & Ely, 1996).

(3) 한국형 다양성에 대한 관점

한국형 다양성을 바라보는 관점은 주로 차별과 형평성의 관점, 그리고 접근성 및 합법성의 관점에 근거한다. 여성 및 장애인 등 사회 취약계층에 대한 차별을 금지하고 공직 임용의 기회를 확대함으로써, 공공인력 구성의 다양성과 대표성을 확보하고 관료조직의 민주적 합법성과 공공정책의 형평성 제고를 목표로 한다(인사혁신처, 2018). 최근에는 다양성 정책의 정책 대상을 점진적으로 확대하는 추세에 있으며, 결혼이주자와 다문화 가정, 외국인, 탈북민, 저소득층 등 새로운 형태의 소수자 집단에 대한 관심이 높아지고 있다. 이에 따라 사회적 약자를 부당한 차별에서 보호하고 한국 사회에 효과적으로 합류할 수 있도록 고용 및 복지 면에서 정부가 적극적으로 지원하는 다양성 정책 마련에 대한 요구가 높아지고 있다. 이러한 통합인사정책 및 소수자 정책은 Thomas & Ely(1996)가 제시한 세 가지 다양성 관점 중 차별과 형평성 관점, 그리고 접근성과 합법성 관점과 그 맥을 함께 한다 할 수 있다(최성주 외, 2018).

그러나 여전히 한국 사회 내 인적 다양성은 미국 또는 유럽국가와 비교해 낮은 수준이므로 조직 내 다양성의 수준 역시 성별 다양성을 제외하고 가시적인 수준에 도달하지 않았다. 경영 및 조직관리 분야에서 논의하는 조직 내 인적 다양성 역시 성별 다양성 또는 심층적 다양성의 유형을 보는 시각이 지배적이며, 학습과 효과성의 관점에 가까우나 여전히 논의의 수준은 초기 다양성 관리 관점에 머물러 있다(최성주 외, 2018).

한국의 다양성정책 및 제도를 다양성 관점에 따라 정리하면 다음의 〈표 13-1〉과 같다. 한국의 소수자정책, 즉 북한이탈자, 다문화가정, 저소득층 등 사회적 취약계층을 대상으로 한 차별을 철폐하고 이들에 대한 다양한 지원을 제공하는 정책은 차별-형평성의 관점에 근거하고 있다. 다음으로, 한국 정부의 균형인사제도 및 통합인사제도와 같이 관료 조직의 인구 대표성을 확보하기 위해 적극적 임용제도를 활용하고 조직 내 대표성을 형평성있게 관리하는 제도는 접근성-합법성의 관점을 전제하고 있다. 다양성관리는 민간 사업체에서 다양성의 효용적 측면에 초점을 두고 개발한 관리방법 및 전략이라 볼 수 있는데, 최근에는 정부에서도 조직 내 다양한 인력의 각기 다른 요구를 수렴하

표 13-1 다양성 관점에 따른 제도의 유형화

	차별-형평성 관점	접근성-합법성 관점	학습-효과성 관점
경영관리			다양성관리전략
공공관리		대표관료제 – 균형인사제도 – 통합인사제도	다양성관리정책 및 제도
공공정책	소수자정책		

출처: 최성주, 이근주, 최유진 (2018). 다양성과 다양성 관리: 한국형 다양성 연구의 방향 모색. 한국인사행정학회보, 17(4): 1~28에서 발췌 후 수정함.

여 일-삶 양립제도를 도입하는 등 인력의 다양성을 적극적으로 관리하려는 노력을 기울이고 있다.

최근 다양성에 대한 관점은 사회취약계층에 대한 차별을 시정하는 규범적 접근보다 조직 내 다양성을 효과적으로 관리하여 다양성의 순기능을 극대화하고 나아가 조직의 성과를 제고하는 효과적 관리전략에 초점을 둔다. 한국도 예외가 아닐 것이다. 다만, 한국 사회 및 조직 내 인구 구성의 가시적 다양성 수준이 높지 않은 특성으로 인해 성별 다양성, 연령 다양성 등 외재적 다양성에 대한 논의는 제한적이고, 전공, 학벌, 근속연수 등 업무와 관련한 내재적 다양성에 대한 논의가 주를 이루어지고 있다. 그러나 최근 해외 국가로부터의 인구 유입이 증가함에 따라 한국 사회 내 이민자 및 외국인 노동자가 차지하는 비율이 증가하였고 다문화가정 자녀의 사회 진출 등 조직을 둘러싼 사회적 환경이 변화하고 조직 내 인종적, 민족적 다양성의 수준이 점진적으로 높아질 것으로 예상된다. 따라서, 다양한 유형의 외재적 다양성을 효과적으로 관리하고 또한 서로 다른 다양성 유형 간 상호작용으로 인한 보다 복잡다단한 다양성 요인의 발생과 결과 간 관계 이해 등 보다 심층적이고 실질적인 다양성에 대한 논의가 이루어져야할 것이다.

2. 다양성 연구

행정학에서 인적 다양성을 연구하는 두 개의 큰 흐름은 대표관료제 연구와 다양성 연구이다(Choi, 2011). 행정학 분야 초기 다양성 연구는 주로 공공 관료조직의 인적 구성이 전체 국민의 인적 구성을 대표하도록 함으로써 행정의 민주적 책임성과 대응성을 제고하는데 초점을 맞추었다. 1980년 이후 경제적 가치를 강조하는 신공공관리론의 영향으로 대표관료제를 통한 공공가치 실현에서 공공 조직 내 인적 다양성이 조직의 성과와 경쟁력 제고에 기여하는 효용론적 관점으로 논의의 폭이 확장되었다(최성주 외, 2018).

대표관료제 연구와 다양성 연구는 개인 간 다름을 각기 다른 관점에서 조망하였다(Choi, 2011). Blau(1977)는 다양성(heterogeneity)을 수평적 상이성(horizontal differentiation)으로 성별, 인종, 국적, 종교 등 외면적으로 드러나는 가시적 요인의 다름이라 정의하였다. 사회 및 조직 내 다양성의 수준을 측정할 때 인구학적, 사회문화적 특성이 서로 다른 집단의 수가 많아지거나, 집단 간 규모가 비슷할 때 다양성의 수준이 높다고 본다. 반면, 불평등(inequality)은 수직적 상이성(vertical differentiation)으로 개인 간 경제적인 부와 특권, 사회경제적 지위 등 계서적 사회계층을 결정하는 요인의 다름으로 정의하였다(Blau, 1977). 사회경제적 권위나 부와 같이 수직적 상이성을 초래하는 요인이 특정 개인이나 집단에 집중될수록 불평등의 수준이 높다고 본다(Blau, 1977).

다양성 연구는 조직 관리의 효과성 제고를 위한 실용적인 관리전략 개발의 일환으로 진행되었으며, 주로 조직 내 개인 간 다양성이 조직에 어떠한 영향을 미치는지에 관심을 두었다. 개인 간 인구사회학적 차이가 개인의 행동과 태도, 신념과 관점에 영향을 미치고, 나아가 조직에 긍정 또는 부정적 효과를 가져오는 점을 집중적으로 탐구하였다. 반면, 대표관료제 연구는 사회적 집단 간 불평등의 문제, 그리고 이를 해결하려는 정부 관료제의 역할을 중심으로 연구가 진행되었다. 정부 관료조직의 대표성을 확보함으로써 사회경제적 특권이 사회 내 일부 특정 집단에 집중되지 않도록 공공 정책의 공정성과 형평성을 확보할 수 있는지에 집중하였다.

(1) 대표관료제 연구

먼저, 대표관료제와 다양성 연구의 차이를 이해하기 위해 두 연구 주제의 이론적 배경을 살펴볼 필요가 있다. 대표관료제는 Kingsley(1944)의 영국 관료제 연구에서 처음 소개된 개념으로 공공 관료조직의 인적 구성을 해 당 사회의 주요 인적 구성과 일치하게끔 구성하는 제도이다(강성철 외, 2014; Selden, 1997). 공공정책 및 정부의 주요 의사결정시 다양한 배경을 가진 관료들이 출신 집단의 이해와 가치를 대표한다는 전제 하에, 공공 관료조직이 사회 내 다양한 집단을 형평성있게 대표하고 국민 전체에 대한 민주적 대응성과 책임성을 가지도록 하는 것이 목적이다. 이때, 사회 전체의 인구 구성적 특성과 가치를 반영하도록 공공 관료 조직을 구성하는 것을 '수동적 대표성(passive representation)'이라 한다면, 관료들이 사회 내 자신의 출신 집단의 이해와 가치를 대변하기 위해 적극적으로 행동하는 것을 '능동적 대표성(active representation)'이라 한다(강성철 외, 2014; 최성주 외, 2018; Mosher 1982, p. 15). 수동적 대표성 확보를 통해 능동적 대표성을 실현하는 것이 대표관료제가 궁극적으로 달성하고자 하는 목표이다. 그러나, 대표관료제 연구에 따르면, 수동적 대표성이 항상 능동적 대표성으로 연결되는 것은 아니며, 이를 위해 관료들의 재량권 확대와 같은 주요 매개 요인들이 필요하다(Bishu & Kennedy, 2020).

대표관료제 연구는 수동적 대표성이 능동적 대표성으로 연계되는지 여부와 어떠한 조건에서 연계가 발생하는지에 중점을 두었다. 많은 관련 연구가 관료조직 내 특정 사회집단의 대표성이 확보되었을 때, 해당 집단에 긍정적 영향을 주는 정책결정과 공공서비스 제공이 이루어졌음을 보였다(e.g., 김선희, 2012; 박천오, 2010; Bradbury & Kellough, 2011; Hong, 2016; Lim, 2006; Meier & Nicholson-Crotty, 2006; Riccucci & Meyers, 2004; Wilkins & Keiser, 2006). 또한, 관료조직이 전체 인구를 균형있게 대표할 때 공공조직의 성과가 개선되었고 보건, 복지, 교육 등 공공서비스의 질이 향상되고 국민의 삶의 질이 개선되었다(김두래, 2017; 왕태규, 2018). 이렇듯 수동적 대표성이 능동적 대표성으로 연결되기 위해서는 관료가 정책 결정 권한 및 재량권을 가지고 있어야 한다(Meier & Stewart, 1992).

(2) 다양성 연구

다양성 연구의 주요 주제는 다양성이 조직에 어떠한 효과를 가져오는지와 관련이 있다. 다양성은 주로 '양날을 가진 칼'에 비유되는데, 이는 다양성이 조직과 개인에 긍정과 부정적인 결과를 동시에 가져올 수 있다는 의미로 해석할 수 있다(Foldy, 2004, 531).

다양성과 그 결과 간 관계를 설명하는 대표적인 이론으로 정보 및 의사결정론(information and decision-making theories)과 사회적 범주화 및 정체성 이론(social categorization and social identity theories)이 있다. 전자의 경우 교육적 배경, 경력, 전문성 등 다양한 인지적 배경을 가진 개인들로 구성된 조직의 경우 의사결정의 창의성 및 합리성, 문제해결 역량을 제고할 수 있다고 설명한다(Cox, 1993; Ely, 2004). 그러나, 후자의 경우 조직원 간 인구통계학적 차이(예, 인종, 성별, 연령)나 문화적 차이가 효과적인 의사소통을 방해하고 갈등을 야기하는 등 부정적 결과를 가져올 수 있다고 주장하였다(Tajfel, 1981; Turner, 1987).

다양성의 유형에 따라 조직에 미치는 영향이 다를 수 있다(Milliken & Martins, 1996). 내재적 다양성 또는 심층적 다양성에 해당하는 인지적 다양성,

즉 업무와 관련한 경력, 전공, 전문성의 다양성은 조직에 폭넓은 정보와 창의적 아이디어, 통찰력을 제공함으로써 조직의 효과성과 성과에 긍정적으로 기여할 수 있다(Cox, 1993; Ely, 2004; Hambrick & Mason, 1982; Wiersema & Bantel, 1992). 조직 구성원들이 가진 다양한 경험이나 관점, 지식 등은 조직이 해결하려는 문제에 대해 정형화되고 획일적인 접근방법을 벗어나 보다 종합적이고 창의적인 대안을 찾을 가능성이 높다(Foldy, 2004; McLeod & Lobel, 1992; Nemeth, 1992). 외재적 다양성 또는 표면적 다양성, 예를 들어 인종적, 성별적 다양성은 서로 다른 특성을 가진 개인 간 심리적 갈등을 유발할 수 있다. 개인은 자신과 타인을 사회적 범주에 따라 구분하고 같은 사회적 집단에 속한 이들에게 호의적이지만, 집단 외 개인들에게 배타적이고 차별적인 태도를 보이는 경향이 있다(Tajfel, 1981; Turner, 1987). 따라서, 외재적 다양성의 수준이 높은 조직은 개인 간 갈등과 분열, 의사소통의 부재 등 조직에 부정적인 결과를 가져올 수 있다.

최근 다양성 연구의 동향은 다양성을 효과적으로 관리하는 방안에 초점이 맞춰져 있다. 다양성 관리를 위한 제도의 개발, 다양성 포용적인 조직 문화 조성, 리더십과 관리전략 등 조직 내 다양성을 포용하고 다름을 존중함으로써 다양성이 가지는 순기능은 높이고 역기능은 줄이는 다양성 관리 전략에 대한 관심이 높다(e.g., 최성주 외, 2018; 최성주, 2021; Choi & Rainey, 2010; Mor Barak, 2017).

제 3 절 공공조직의 다양성 관리

1. 해외 사례

(1) 미국의 다양성 정책

이민자의 국가인 미국은 다양한 인종과 민족들의 집합체라 할 수 있다. 따라서, 사회와 조직 내 인구통계학적 다양성에 대한 논의의 역사가 길고 사회적 형평성과 각 사회집단의 대표성 확보를 위한 다양한 제도적, 법적 장치가 마련되었다. 소수민족과 유색인종(non-whites), 여성 등 사회적 약자(social minorities)에 대한 차별을 철폐하고 사회 주류에 동참할 수 있게끔 지원하는 적극적 차별철폐조치(affirmative action)와 고용평등정책(equal employment opportunity) 등 법적 장치를 마련하였다. 그리고 최근에는 조직의 성과와 효율성에 기여하는 다양성의 순기능을 제고하면서, 동시에 역기능을 완화하는 다양성 관리전략을 개발하고 활성화하는데 주력해왔다(Tsui & Gutek, 1999; Wise & Tschirhart, 2000).

적극적 차별철폐조치는 고용상의 차별을 금지하고 나아가 과거에 경험한 차별을 보상하는 차원에서 사회적 약자에게 고용상의 특혜를 제공하는 적극적 노력의 일환이라고 할 수 있다(Riccucci, 2021). 적극적 차별철폐조치는 강제성을 가지는 법적 수단으로서 고용평등을 실현하고 조직 내 인력의 다양성을 확보하여 궁극적으로 사회적 정의 실현을 목표로 한다. 그러나 사회적 약자에게 고용상의 특혜를 제공할 경우 그 외 주류 집단의 일원은 역차별(reverse discrimination)을 경험하는 결과를 초래할 수 있기 때문에 제도의 적법성은 여전히 논쟁거리로 남아있다.

고용평등정책은 적극적 차별철폐조치보다 상대적으로 온건한 형태의 다양성정책이라 할 수 있다. 고용평등정책은 직장 내 조직구성원을 인종 또는 민족, 성별, 연령, 국적, 종교 등 다양한 개인적 특성에 따라 차별 또는 불평등하게 처우하는 행위를 금지하는 정책이다. 따라서, 조직의 구성원은 조직과 상관 또는 동료로부터 차별적 대우를 받았다고 판단할 때 고용평등정책에 따라 시정을 요구할 수 있다.

다양성관리정책은 앞에서 소개한 두 가지 정책에 비해 최근에 소개된 정책으로서 규범적 성격보다 다양성을 조직 경쟁력의 주요 요인으로 보는 실용적 성격이 강하다. 실제로 위 두 개 정책과는 달리 다양성관리정책은 민간 기업체에서 처음 논의되기 시작했고 현재는 정부에서도 조직의 효과성과 잠재적 성장가능성을 제고하기 위한 주요 인사관리전략으로 채택하고 있다. 〈표 13-2〉는 세 가지 다양성관리 정책을 비교하였다.

최근 미국 정부의 다양성관리의 특징은 조직 내 다양성 포용적 조직문화 조성에 중점을 두고 있다는 점이다. 20세기 초중반 공공조직 내 인력의 대표성 및 다양성 제고를 위해 소수자의 고용평등 및 대표성 확보를 위한 정책적 노력

표 13-2 다양성관리정책의 비교

	적극적 차별철폐조치 (Affirmative Action)	고용평등정책 (Equal Employment Opportunities)	다양성관리 (Managing Diversity)
목적	과거 차별에 대한 보상과 다양하고 대표성 있는 인력의 확보	조직 내 차별 금지	다양한 인력의 잠재적 성장 및 조직의 생산성과 경쟁력 제고
근거	법적 근거	법적 근거	경영전략
가치	치유 및 보상적 가치	공정성	실용적 가치
이론적 모형	동화 모형(Assimilation model): 조직에 유입된 개인은 조직의 규범과 가치에 동화될 것이라는 전제	접근 모형(Access model): 정책적 보호를 통해 사회적 약자가 조직에 대한 접근성을 확보할 것이라는 전제	시너지 모형(Synergy model): 다양한 개인을 포용하는 조직문화를 조성하고 다양성의 시너지효과를 극대화한다는 전제
목표	〈Opens doors〉 조직의 고용 및 승진 등 주요 인사 관련 의사결정에 영향을 미침	〈Level playing field〉 평등한 기회 및 여건에서 경쟁함	〈Opens the system〉 인사관리 정책과 관리자의 행태에 영향을 미침

출처: Riccucci (2021)의 표를 번역 및 수정함.

에 집중하였다면, 이후 인력의 다양성을 효과적으로 관리하고 조직의 성과에 기여할 수 있게끔 하는 전략적 관리방법 및 기술 개발에 집중하였다. 최근에는 조직 내 서로 다름을 존중하고 다양성을 포용하기 위한 형평하고 공정한 조직문화 조성을 위해 다양한 노력을 경주하고 있다.

(2) 영국의 다양성 정책

영국인 학자 Kingsley(1944) 는 영국 정부를 대상으로 한 연구에서 대표관료제 이론을 개발하였다. 대표관료제 이론이 주장하는 바와 같이, 영국 정부는 관료조직이 사회 내 모든 다양한 집단을 대표할 수 있도록 공공인력을 구성하고 있으며, 대표성이 낮은 집단에 대해 적극적인 고용 지원을 제공하였다. 2010년 평등법(The Equality Act)을 제정하여 공공기관이 의무적으로 법에 규정된 의무를 이행하도록 하였다. 첫째, 차별, 폭력, 및 괴롭힘 등 어떠한 불법적인 행위도 용인하지 않아야 하고, 둘째, 각기 다른 특징을 가진 개인[1]들 간 기회의 형평성을 보장하고, 셋째, 다양한 개인 간, 그리고 집단 간 우호적이고 발전적인 관계를 형성할 수 있어야 한다.

'영국의 가장 포용적 고용자'(becoming the UK's most inclusive employer)가 되겠다는 슬로건과 함께 영국 정부는 다양성과 포용적 조직문화조성을 위한 실행계획안(Workforce Pan 2016 to 2020)을 집행하였다. 이 계획안은 다양성 포용적 조직문화를 조성하기 위한 주요 정책과 프로그램을 발굴하고 실행에 옮기는 계획안(Talent Action Plan: Removing Barriers Programmes)[2]의 연장선상에 있으며, 특히 조직 내 다양성 포용적 업무환경조성의 중요성에 중점을 두고 있다. 이를 위해 공직의 주요 의사결정을 담당하는 고위공무원단의 다양성을 제고하고, 다양성과 대표성 관련 데이터 관리전략을 고도화하였다. 구체적으로, 전 인사관리 과정에 있어 다양성 및 대표성을 측정할 수 있는 객관적 데이터 기반 지표를 사용하고, 실증적 증거에 기반한 전략수립 및 영향력 분석, 공직 내 다양성을 개선하는 미션에 대한 공직 전체의 책임성 제고 등의 노력을 촉구하였다.

2. 한국의 다양성 정책

한국은 인종 및 민족적 단일성이 높은 국가이다. 앞에서 논의한 미국과 영국, 그리고 국가 간 이동성이 상대적으로 높은 유럽 국가들과 비교해 한국의 인종적, 문화적 다양성 수준이 낮은 편이다(최성주 외, 2018). 인종 및 민족적 다양성은 대표적인 가시적 다양성 요인으로 다양성과 관련한 논의의 주요 주제였으며, 이를 감안할 때 한국 사회 내 다양성 논의는 타 국가들과 비교해 상대적으로 제한적이고 피상적으로 이루어졌다고 볼 수 있다. 또한, 논의의 대상이 되었던 다양성의 요인 역시, 성별과 연령의 다양성, 혈연, 지연, 학연 등 한국 사회에서 발견되는 독특한 유형의 다양성 요인들을 중심으로 이루어졌다.

한국의 초기 다양성 논의는 미국의 적극적 차별철폐조치와 내용면에서 유

---

1 연령, 장애여부, 성별, 성정체성, 혼인여부, 출산 및 양육의 의무, 인종, 종교 등 다양성의 기준이 되는 요소들을 의미한다.

2 채용 및 임용단계에서 결과의 형평성 확보, 직원의 경력개발경로 다양화, 다양성 포용적 문화조성, 조직 내 사회적 유동성 제고를 목표로 하는 2개년 계획안이다.

사하다. 한국 사회의 대표적인 소수자 또는 약자 집단, 예를 들어 여성 및 장애인에 대한 차별을 금지하고 사회와 조직 내 평등과 정의를 확보하려는 목적에서 시작하였다(김진숙·이근주, 2014; 최성주 외, 2018). 따라서, 초기 다양성에 대한 논의는 사회 취약계층에 대한 과거의 잘못된 처우를 바로잡고 평등과 공정성의 가치를 실현하겠다는 규범적 논의가 주를 이루었다고 볼 수 있다(전영평, 2007; 최성주 외, 2018). 점차 다양성 논의의 대상이 되는 집단의 범위가 확대되었고, 최근에는 외국인 노동자, 결혼이주자, 다문화 가정, 성소수자, 북한이탈자, 저소득층 등 보다 다양성 정책의 대상이 확대되었다. 한국 정부의 통합적 인사제도는 공직 내 사회적 소수자 집단(social minorities)의 대표성을 확보하고 공공정책의 형평성 및 공정성을 제고하려는 정책적, 제도적 노력이라 할 수 있다(최성주 외, 2018).

현재까지 한국 정부가 다양성 제고를 위해 중점적으로 사용한 정책도구는 적극적 고용지원정책이다. 여성과 장애인, 지역인재, 사회통합형 인재를 대상으로 공직 채용의 기회를 확대하여 양적인 다양성 제고에 집중하였다. 그러나, 최근 한국 정부의 다양성정책은 새로운 국면에 접어들었다고 볼 수 있다. 한국 사회 내 다양성의 스펙트럼이 보다 확대되었고, 예를 들어 외국인 노동자, 북한이탈자, 결혼이주자, 다문화가정 등 인종적/민족적, 문화적 다양성이 증가하였고, 공공 조직 내 양적인 다양성 증가에 치우친 정책의 한계점(예 집단 간 갈등)이 나타나기 시작했다. 따라서, 공공조직 내 높아진 인적 다양성을 공정하고 효율적으로 관리하기 위한 제도적 기반 마련과 관리전략을 개발하는데 보다 중점을 두는 등 다양성정책의 패러다임 전환이 필요하다. 양적인 다양성 제고 정책에서 다양성 관리의 질적인 면을 개선하고 조직 내 다양성포용문화를 조성하는 등 보다 내실있는 다양성관리정책에 집중할 필요가 있다.

(1) 통합인사제도

한국 정부의 다양성정책은 노무현 정부 균형인사정책을 시작으로 본격적으로 논의되었다고 할 수 있다. 균형인사정책은 공공조직의 인력 다양성을 국가경쟁력 제고와 사회 통합의 토대로 적극 활용하겠다는 정책적 취지에서 출발하였다.[3] 한국 정부는 균형인사정책을 통해 여성과 장애인 등 사회적 약자에 대

3 대통령자문 정책기획위원회(2008). 참여정부 정책보고서(3-13).

표 13-3 균형인사정책의 주요 특징: 이전 관련정책과 비교

	균형인사정책 수립 전	균형인사정책
패러다임	• 차별철폐 중심의 단편적 정책	• 균형있는 인재활용을 통한 공직의 대표성, 다양성 및 경쟁력 제고
여성	• 여성공무원 채용목표제 도입 • 출산휴가, 육아휴직 등 기본적 모성 보호제도 도입	• 여성우대에서 양성평등으로 전환 • 여성의 관리직 진출 지원 • 가정친화적 근무여건 조성
장애인	• 형식적 장애인 고용의무 부과	• 장애인 법적 의무고용률 달성 • 장애인 의무고용직종 확대
과학기술인력	• 인문사회분야 중심의 공직진출 경향 심화	• 과학기술 전문인력의 공직 및 관리직 진출 확대
지방인재	• 지역 균형적 시각의 공직 진출 장려 대책 미비	• 우수 지방인재의 공직진출 확대 제도화

출처: 대통령자문 정책기획위원회(2008). 참여정부 정책보고서(3-13).

한 한국 사회의 구조적 불평등을 개선하고 공직에 다양한 인재를 유입하겠다는 인사개혁 의지를 표명하였다. 그러한 흐름을 이어 문재인 정부는 균형인사정책의 추진동력 확보를 위해 인사혁신처 내 전담부서 설치하는 등 노력하였다.

초기 균형인사정책은 여성, 장애인, 과학기술인력, 지방인재 등 네 개 집단을 중심으로 추진되었다. 그리고 〈표 13-3〉과 같이 차별철폐 중심의 소극적 정책에서 관료조직의 대표성 및 다양성 강화, 종국적으로는 정부 및 국가의 경쟁력 강화를 목적으로 하는 다양성관리로 패러다임 전환을 꾀하였다. 여성정책의 경우 무조건적 여성 우대에서 정책분야의 특성을 고려한 양성평등으로 전환하고 장애인에 대한 고용의무 부과에서 장애인 의무고용 직종 확대 등 보다 실질적이고 포괄적인 정책 과제를 도출하였다.

인사혁신처는 2005년 「국가공무원법」에 관련 법적 근거를 포함하고 균형인사지침을 마련하여 여성, 장애인, 지방인재, 이공계 전공자, 저소득층 등 사회적 취약계층 또는 공직 내 대표성이 필요한 집단 출신의 개인들을 대상으로 공직 진출을 우대하는 정책을 추진하였다. 균형인사정책 추진의 법적 근거는 〈표 13-4〉와 같다. 또한, 다양한 채용 우대 제도를 활용하여 한국 정부조직 내 사회적 소수 집단의 양적 대표성을 확보하는데 주력하였다(인사혁신처, 2022).

표 13-4 균형인사정책 추진 근거

	추진 근거
중앙부처	①「국가공무원법」 제26조, 제26조의4, 제28조, 제52조 ②「공무원임용령」 제3조의2, 제8조의2, 제16조, 제22조의3, 제22조의4, 제22조의5, 제25조, 제57조의4 ③「공무원임용시험령」 제2조, 제20조, 제20조의2, 제20조의3, 제20조의4, 제20조의5 ④「공무원 후생복지에 관한 규정」 제21조의2, 제21조의3, 제21조의4 ⑤「균형인사지침」
지방자치단체	①「지방공무원법」 제25조, 제25조의4, 제27조, 제77조 ②「지방공무원 임용령」 제3조의2, 제3조의4, 제17조, 제21조의2, 제21조의3, 제21조의4, 제24조, 제38조의16, 제42조, 제51조의2, 제51조의3, 제51조의4, 제51조의5 ③「지방공무원 균형인사 운영지침」 ④「지방자치단체 장애인공무원 편의지원 조례(표준안)」

출처: 인사혁신처 (2022). 2022년 공공부문 균형인사 연차보고서.

2018년 수립한「제1차 균형인사기본계획(2018~2022)」은 정부의 적극적 균형인사 의지를 실행에 옮기는 구체적인 계기를 마련하였으며, 정부 균형인사정책의 중장기 비전과 목표를 제시하고 정책대상별 체계적인 추진과제를 제시하였다. 2019년에는「범정부 균형인사 추진계획」을 수립하여 중앙정부 부처뿐 아니라, 지방자치단체와 공공기관을 포함한 보다 포괄적이고 종합적인 균형인사추진체계를 마련하는 등 공공부문 내 균형인사 실현을 위해 노력하였다.

「제1차 균형인사기본계획(2018~2022)」의 주요 목표는 정부의 현재 균형인사정책이 가지는 한계점을 분석하고 향후 개선과제를 발굴하여 제안하는 것이다. 정부의 적극적 고용우대정책은 다양성의 양적인 증가, 즉 공공인력 내 다양한 인재 유입에 초점을 두었고, 그 결과 공공조직 내 여성과 장애인 등 사회적 소수자가 차지하는 비율이 증가한 것은 사실이다. 그러나, 여전히 조직의 주요 의사결정을 담당하는 고위직에는 여성 및 사회적 소수자의 대표성이 낮은 수준이고 장애인을 배려한 근무환경 및 조직문화가 미비한 점 등 인력의 다양성을 효과적으로 관리하는 방안에 대한 고민이 필요한 상황이다. 따라서, 중장기적으로 볼 때 양적인 다양성 증가에서 다양성관리의 질적 개선으로 한국 다양성정책의 패러다임 전환이 필요하게 되었다. 외국인 노동자 및 다문화가정, 저소득층, 북한이탈자 등 새로운 유형의 소수자 집단이 출현하였고 고위관리직 및 주요 보직 내 사회적 소수자 비율이 여전히 낮게 나타나는 등 개선과제가 남아있다. 이에 정부는 2023년 「제2차 균형인사기본계획(2023~2027)」을 마련하여 공직사회 내 다양성과 포용성, 통합을 제고하기 위한 다양성관리정책의 목표와 전략을 새롭게 수립하고 지속가능한 다양성 관리전략을 마련하였다.

(2) 다양성 현황

제1차 균형인사기본계획의 주요 정책 대상은 여성, 장애인, 지방 및 지역인재, 이공계 전공자, 사회통합인재를 포함한다. 전반적인 변화 추이를 살펴보면, 여성의 경우 공직 내 전체 여성 공무원의 비율은 지속적으로 증가하였으나, 여전히 관리자급 여성 공무원의 비율은 OECD국가 평균인 32.5%(2015년 기준) 보다 낮은 수준이다. 장애인의 경우 중앙정부 부처와 지방자치단체는 대체로 목표 의무고용률을 초과 달성하였으나, 공공기관의 경우 2021년 최초로 의무고용률을 초과 달성하였다.[4] 국가균형발전을 위한 지방인재채용목표제[5]와 지역인재추천채용제[6]를 추진하였으나, 지방인재채용목표제 5급 공채 합격률은 목표치에 미달하고 지역인재제도 역시 정책의 의도와는 달리 특정 대학 또는 학과로 쏠림 현상이 발생하는 문제가 발생하였다(인사혁신처, 2018). 사회통합형인재의 경우 저소득층 가구 출신 지원자를 중앙정부 부처 및 지방자치단체의 9급 공채로 구분 모집하고 있으나, 공공기관에는 적용되지 않는 한계가 있다.

인사혁신처는 「제2차 균형인사기본계획(2023~2027)」[7]을 수립하여 향후 5년간 추진할 예정이다. 공공 조직 내 여성 관리자 비율 상향 노력을 지속하고 통합인사정책의 대상을 확대하는 등 제1차 계획안의 한계점을 보완하고 새로운 과제를 발굴하여 추진한다.

---

4 2021년 기준 중앙정부 부처는 장애인 고용률 3.68%, 지방자치단체는 3.92%, 공공기관은 3.78%를 달성하였다.

5 5·7급 공채 등에서 지방(서울 제외)학교 출신합격자가 일정비율(5급 20%, 7급 30%)에 미달할 경우 일정 합격선 내에서 추가 합격시키는 제도이다(인사혁신처 2018).

6 지역(서울 포함)별 학교장 추천(대학 7급, 고교 9급)을 거쳐 선발해 일정 기간 수습 근무 후 일반직 공무원으로 임용하는 제도이다(인사혁신처, 2023).

7 https://www.mpm.go.kr/mpm/info/infoJobs/jobsBalance/jobsBalance01/

1) 여 성

〈표 13-5〉는 행정부소속 국가 및 지방공무원 중 여성 공무원 비율의 변화를 직종별로 보여준다. 행정부소속 여성 공무원의 비율은 지속적으로 증가하는 추세이며, 2022년 기준 일반직 여성 국가공무원의 비율은 39.1%를 차지하고 있다. 지방공무원의 경우 여성 일반직 공무원의 비율이 51%로 국가공무원 중 일반직 여성 공무원의 비율보다 높고, 증가하는 속도 역시 국가공무원의 증가 속도보다 빠르다. 전반적으로, 국가공무원 중 정무직과 별정직, 그리고 지방공무원 중 정무직과 경찰직을 제외한 대부분 직종에서 여성 공무원의 비율이 증가하는 추세이다. 이러한 변화는 공무원 집단 내 여성이 차지하는 양적인 비율이 대부분의 직종에서 일관성있게 증가하고 있음을 방증한다.

공직 내 실질적 양성평등 실현은 제1차 균형인사기본계획의 주요 목표 중 하나이다. 이를 달성하기 위해 2002년부터 '여성관리자 임용 5개년 계획'[8]을 추

표 13-5 국가 및 지방공무원 직종별 여성 공무원 비율(%)

		국가공무원				지방공무원			
		2015	2017	2019	2022	2015	2017	2019	2022
일반직		33.7	35.4	36.6	39.1	40.4	43.6	46.8	51
특정직	외무	31.1	35.3	38.9	42.6	–	–	–	–
	경찰	9.7	10.7	11.9	14.5	20.8	21.7	15.2	15.3
	소방	3.6	3.9	5.1	10.3	6.9	7.5	9.6	–
	검사	27.8	29.4	31	33.6	–	–	–	–
	교육	70.1	71	71.9	73.0	41.1	42.7	47.8	53.9
정무직		11.5	14.2	17.1	11.5	3.5	3.6	4.3	3.1
별정직		31.7	33.8	37.3	28.3	17.7	19.8	20.9	22.5

출처: 인사혁신처 인사혁신통계연보(2016~2023)를 재구성함.

8 양성평등 균형인사제도는 2002년 5급 이상 관리자 직급을 대상으로 '제1차 여성관리자 임용확대 계획'(2002~2006)을 추진하였고 제2차 계획안은 4급 이상 관리자 직급을 대상으로 하였다. 2018년부터 임용목표제의 대상을 실질적 의사결정권한을 갖는 고위공무원단 및 본부과장급으로 상향하였으며, 2022년까지 고위공무원단 여성 비율 10%, 본부과장급 여성비율 25%를 목표로 하는 '여성관리자 임용확대 계획(2018~2022)'을 추진하였다(인사혁신처, 2021년 발췌). (http://www.mpm.go.kr/mpm/info/infoJobs/jobsBalance/jobsBalance02/).

진하였고 4, 5급 이상 관리자급 여성 공무원의 비율을 높이려는 노력이 있었다. 2018년 계획안에는 이를 보다 정교화하여 실질적인 의사결정권한을 갖춘 고위공무원단과 본부과장급 여성 공무원의 비율 제고를 목표하였다. 고위관리자급 승진을 위한 여성 후보군을 확대하기 위한 방안으로써, 중앙정부에서는 주요부서 및 주요직위 내 여성 공무원을 비율을 높이는 방안과 지방정부에서는 지방자치단체 합동평가에 주요직위 여성 비율 신규지표를 포함하는 방안을 추진하였다(최성주, 2021). 그 결과, 2021년 기준 여성 고위공무원의 비율이 10%로 상향되었고 본부과장급(4급 이상) 여성 관리자는 24.4%, 지방자치단체 과장급(5급 이상) 여성 관리자는 24.3%로 확대되었다(인사혁신처, 2022).

〈표 13-6〉은 행정부소속 일반직 공무원 중 여성의 비율 변화를 직급별, 고용형태별로 보여준다. 국가공무원 중 고위공무원단에 속하는 여성 공무원의 비율은 지속적으로 증가하여 2022년 기준 10.8%에 도달하였으나, 여전히 OECD 국가 평균에 크게 못 미치는 수준이다. 국가공무원 중 3~5급 관리자급 여성 공무원의 비율 역시 매년 증가하는 추세이다. 2022년 기준 지방공무원 중 고위급 관리자(1~2급)는 4.1%로 약간 감소하였으나, 증가하는 추세에 있다. 그 외 3~5급 지방직 여성 공무원의 비율은 국가직 여성 공무원보다 빠르게 증가

표 13-6 국가 및 지방 행정부 일반직 여성 공무원 비율(%)

	국가				지방			
	2015	2017	2019	2022	2015	2017	2019	2022
고위공무원/1~2급	3.7	5.2	5.5	10.8	2.6	1.3	4.5	4.1
3급	6.3	6.2	10.9	16	4.9	7.4	8.7	10.5
4급	12.4	15.5	18.6	24.2	8.2	9.5	11.3	18
5급	19.8	22.7	24.9	29	13.5	16.7	21.5	32
시간선택제	80	79.3	82.8	84.6	72	72.9	73.2	75
일반임기제	41	37.2	39.6	43.2	42.1	41.5	42	45.5
한시임기제	77.8	76.6	82.8	79.2	100	–	–	100
전문경력관	31.6	35.3	38.9	39.1	11.3	11.6	11.9	13.1

출처: 인사혁신처 인사혁신통계연보(2016~2023)를 재구성함.

하는 편이다. 그 외 일반직 중 시간선택제 및 임기제 공무원 중 여성의 비율이 월등히 높은 점은 직급뿐 아니라, 고용형태 면에서도 공직 내 여성 고용의 질이 여전히 남성과 비교하여 낮은 수준임을 보여준다.

2) 장애인

한국 정부는 장애인 구분모집제 및 중증장애인 경력경쟁채용제도를 통해 장애인을 적극적으로 채용하는 정책을 추진하였다. 결과적으로 공공조직 내 장애인 고용률은 꾸준히 증가하는 추세이다. 「장애인고용촉진및직업재활법」 제27조에 따라 2023년까지 중앙정부 및 지방자치단체는 장애인의무고용률 3.6%를 달성하여야 한다. 〈표 13-7〉에서 보는 바와 같이, 중앙정부부처는 2020년 이후 3.6% 장애인의무고용률을 달성하였고 지방자치단체는 2015년 이후 지속적으로 약 4%를 유지하였다. 공공기관 역시 2021년 기준 장애인의무고용률을 달성하였다. 또한, 장애인공무원 인사관리지침 등 법적근거를 마련하여 고용 후 효과적인 인사관리를 위한 기준을 수립하였다.

장애인 고용의 양적인 목표는 달성하였으나, 고용의 질이나 고용 후 관리 면에서 여전히 개선해야 할 과제들이 많다. 장애 유형별 맞춤형 일자리를 발굴하여 장애를 가진 인재의 활용도를 높이고 중증장애인 채용을 확대하는 등 보다 실질적인 지원책 마련이 중요하다(최성주, 2021). 장애인 고용률뿐 아니라, 재직률을 개선하기 위해 장애인이 일하기 좋은 근무환경을 조성하는 다양한 근로지원 서비스를 제공하고 조직문화 개선을 위한 장애인식개선 교육을 실시하는 등 효과적인 인사관리를 위한 노력을 지속할 필요가 있다.

표 13-7 공공부문 장애인 고용률(%)

	공무원				
	2015	2017	2019	2020	2021
중앙부처	3.41	3.47	3.56	3.67	3.68
지방자치단체	4	4.08	3.99	4.01	3.92
공공기관	3.11	3.07	3.45	3.52	3.78

출처: KOSIS 국가통계포털 및 2022 공공부문 균형인사 연차보고서에서 발췌하여 재구성함.

3) 지방인재 및 지역인재

한국 정부는 균형있는 지역 발전과 우수한 지방인재를 공직에 적극적으로 유입하기 위해 2007년 5급 국가공무원 공채시험에 지방인재채용목표제를 처음 도입하였고 2015년 해당 제도를 7급 국가공무원 공채시험으로 확대하여 운영하였다.[9] 5급 공무원 지방인재채용목표제는 2021년까지 시행되었고 7급은 2024년까지 적용이 연장되었다.

또한, 유사한 목적으로 지역인재추천채용제를 시행하였다. 지역 4년제 대학 및 특성화-마이스터고 졸업(예정)자를 학교추천을 통해 선발한 후 수습근무를 거쳐 각 7급과 9급 국가공무원으로 임용함으로써 공직의 지역대표성을 제고하고 고졸 출신자의 공직 진출 기회를 확대하려 하였다(행정안전부 2020). 〈표 13-8〉은 지방인재채용목표제와 지역인재추천채용제를 통해 채용된 인원 및 채용비율의 변화를 보여준다.

표 13-8 지방인재채용목표제 및 지역인재추천채용제 채용인원, 비율

	지방인재채용목표제(명 & %)					지역인재추천채용제(명)				
	2015	2016	2017	2018	2019	2015	2017	2019	2020	2021
5급	23 (6.5)	25 (8.5)	20 (7.2)	27 (9.1)	17 (6.4)	-	-	-	-	
7급	135 (18.7)	195 (23.2)	166 (22.1)	176 (23.7)	186 (25.1)	105	120	140	145	160
9급	-	-	-	-	-	150	170	210	244	316

출처: 2020년 및 2022년 균형인사 연차보고서에서 발췌하여 재구성함.

4) 이공계 전공자

최근 국가 주요 의사결정 과정에서 과학기술적 전문성과 관점에 대한 요구가 높아짐에 따라 과학기술 전문성을 보유한 이공계 전공 인력을 확보하기 위

9 5·7급 공채 및 외교관후보자 선발시험 중 선발예정인원이 10명 이상인 시험단위에서, 지방인재(서울시를 제외한 지방소재 학교 출신 합격자)가 일정비율(5급·외교관 20%, 7급 30%)에 미달할 경우 선발예정인원 외 추가로 선발하는 제도이다(인사혁신처 2023). 「국가균형발전특별법」 제12조와 「지방대학 및 지역균형인재 육성에 관한 법률」 제12조, 「공무원임용시험령」 제20조의2 및 「균형인사지침」에 근거한다(행정안전부, 2020, p. 58).

표 13-9 중앙 및 지방정부 내 이공계 전공자 비율(%)

	중앙정부					지방정부				
	2015	2017	2019	2020	2021	2015	2017	2019	2020	2021
고위공무원	22.1	20.8	22.5	23.5	24.1	–	–	–	–	–
4급 이상 관리자	37.3	33.2	32.7	35	35.4	–	–	–	–	–
5급 이상 관리자	–		–	–	–	39.5	41.2	45	47.3	48.1

출처: 2020년 및 2022년 균형인사 연차보고서에서 발췌하여 재구성.

한 노력이 추진되었다. 이에 정부는 5급 국가공무원 신규 채용 시 40%를 이공계 공무원으로 채용하고, 고위공무원 중 30% 이상을 이공계 공무원으로 임용토록 권고하는 「균형인사 기본계획」을 수립하였다.[10]

〈표 13-9〉은 중앙 및 지방정부 내 이공계 전공자 비율 변화를 보여준다. 2021년 기준 이공계 고위공무원의 비율은 24%이고 4급 이상 국가공무원 중 이공계 전공자의 비율은 35.4%로 타 정책 대상 집단과 비교해 「균형인사 기본계획」에 명시된 목표률 달성 속도가 느리다. 반면, 지방자치단체의 경우 5급 이상 관리자 중 이공계 전공자의 비율은 꾸준히 증가하여 2021년 기준 48%에 달한다.

5) 사회통합인재

한국 사회 내 사회경제적 불평등을 해소하고 저소득층[11]의 경제적 자립을 지원하기 위해 2009년 저소득층 공직 진출제도[12]를 도입하였다. 2015년에는 9급 공채 저소득층 구분모집제도의 선발비율을 기존 1%에서 2%로 상향조정하

10 이공계 공무원이란 ① 기술직군 공무원, ② 행정직군 중 이공계 분야 학위를 소지한 사람, ③ 행정직군 중 이공계 분야 자격증을 소지한 사람을 의미한다(행정안전부, 2020, p. 67).

11 2012년에 저소득층 구분모집 대상자를 기존의 「국민기초생활보호법」에 따른 수급자 외에 「한부모 가족지원법」에 따른 지원대상자로 확대하였다.

12 정부는 2009년부터 국가직의 경우 「국가공무원법」 제26조, 「공무원임용시험령」 제2조 및 제20조의4, 「균형인사지침」 등, 지방직의 경우 「지방공무원법」 제25조, 「지방공무원 임용령」 제51조의4 및 「지방공무원 균형인사 운영지침」 등 법적 근거를 마련하여 9급 공채시험에 저소득층 구분모집제도를 시행하고 있다.

표 13-10 저소득층 구분모집제 채용목표 및 선발인원(명)

		중앙정부					지방정부				
		2015	2017	2019	2020	2021	2015	2017	2019	2020	2021
9급	선발예정인원 (선발예정비율 %)	100 (2.7)	133 (2.7)	136 (2.7)	138 (2.7)	159 (2.8)	537 (2.7)	670 (3.5)	812 (3.6)	864 (3.9)	831 (3.9)
	선발인원	97	134	133	119	150	460	607	605	582	598

출처: 2020년 균형인사연차보고서에서 발췌하여 재구성.

였고 9급 경력경쟁채용시험의 경우 부처별 연간 신규채용인원의 1% 이상을 저소득층으로 채용토록 하였다(행정안전부, 2020). 〈표 13-10〉에서 볼 수 있듯이 중앙 및 지방정부 모두 저소득층 채용인원은 점진적으로 증가하고 있으며, 지방자치단체의 경우 선발예정비율 또한 꾸준히 상향조정하고 있다.

최근 사회통합인재 대상을 저소득층에서 다문화 가정의 일원 및 외국인-복수국적자로 확대하는 안을 추진 중이다. 공직 내 외국인 임용[13]에 대한 실질적인 논의가 시작된 것은 최근이지만, 법적 근거는 이미 2002년 국가공무원법과 지방공무원법 개정을 통해 마련된 바 있다. 현재까지 외국인 국가공무원은 대부분 특정직에 해당하는 교수인력이며, 외국인 지방공무원은 임기제공무원으로 임용된 바 있다(행정안전부, 2020). 다문화 가정 또한 통합인사제도의 대상으로 포함하는 안을 논의 중인데, 결혼이민자와 국적취득자로 구성된 다문화 가정 출신 신규채용인원은 2019년 기준 5명이며, 지방자치단체의 경우 외국인 신규채용인원은 8명이다(행정안전부, 2020).

13 「국가공무원법」 제26조의3 제1항 및 「지방공무원법」 제26조의3 제1항에 따라 외국인은 국가안보 및 보안·기밀 관련 직무를 제외한 모든 분야에 임용될 수 있다. 복수국적자는 「국가공무원법」 제26조의3 제2항 및 「지방공무원법」 제26조의3 제2항, 「공무원임용령」 제4조 및 「지방공무원 임용령」 제3조의6에 따라 국가안보와 관련된 분야, 보안·기밀분야, 외교, 국가 간 이해관계와 관련된 정책결정 및 집행 등 복수국적자의 임용이 부적합한 분야에의 임용이 제한될 수 있다(행정안전부, 2020, p. 73).

3. 한국의 다양성 정책 발전 방향

(1) 통합인사정책의 대상 확대

2023년 통계청의 인구동향 보도자료에 따르면[14] 외국인 노동자 및 이민자 유입 증가로 인해 한국 사회 내 인적 다양성이 증가하고 있다. 심각한 저출생과 급속도로 진행되는 인구의 고령화로 인해 2021년을 시작으로 한국의 전체 인구수는 지속적으로 감소하는 추세이다. 인구 감소로 인한 노동가능인구의 축소는 외국인 노동력 유입을 불가피하게 만들었고 한국 인구의 인종적, 민족적 다양성은 지속적으로 증가할 것으로 예상할 수 있다.

한국이 역사적으로 인종적, 민족적 단일성을 유지해 온 국가라는 점을 고려할 때, 새로운 변화의 흐름에 선제적으로 대응하는 노력이 필요하다. 앞에서 논의한 바와 같이 다양성은 '양날의 칼'과 같아서 한국 사회에 긍정적인 기여와 함께 부작용 또한 초래할 가능성이 높다. 그러한 사례는 한국보다 먼저 이민 및 난민을 수용했던 유럽 및 북미 국가에서 어렵지 않게 찾아볼 수 있다. 한국 또한 이러한 사례를 참고로 인구의 다양성 및 조직 내 인력의 다양성을 효과적으로 관리할 수 있는 법제도적 기반을 마련하고 다양성의 부작용을 줄이기 위한 정부의 적극적인 정책적 노력이 중요할 것이다.

이러한 사회적 변화를 반영하여 한국 정부의 통합인사정책의 방향성을 수정할 필요가 있다. 유럽 선진 국가들의 사례를 보면, 한국과 같이 자국의 인구 감소 및 고령화로 인해 노동가능인구가 감소하는 현상을 이미 경험한 바 있다. 반면, 후진국 또는 개발도상국은 상대적으로 높은 출산율과 이로 인한 인구포화 및 실업률 상승 등 선진국과 다른 양상의 문제점을 가지고 있다. 이러한 노동가능인구 분포의 불균형은 국제적 노동력의 이동으로 이어졌다(Mor Barak 2017). 그 결과, 2013년도 기준 스웨덴(15.9%), 오스트리아(15.7%), 미국(14.3%), 영국(11.9%) 등 유럽 및 북미 국가 내 체류 외국인의 비율이 전체 인구의 10%를 초과하는 등 인구 다양성 증가는 국제적인 추세라 할 수 있다(최성주, 2021; UN world population prospects, 2015). 한국도 더 이상 예외가 아니며, 국토연구

---

14 통계청(2023). 인구동향 보도자료
https://kostat.go.kr/board.es?mid=a10301020100&bid=204&act=view&list_no=427628&tag=&nPage=1&ref_bid=203,204,205,206,207&keyField=T&keyWord=

원의 '그랜드비전 2050'보고서는 '인구감소', '초고령화', '다문화사회'를 한국의 미래를 전망하는 3대 메가트랜드로 소개하였다(최성주 2021). 2021년 인구 자연감소의 시작으로 한국의 노동가능인구가 감소하고, 이를 보충하기 위해 외국인 노동력의 유입은 가속화될 전망이다. 결과적으로, 한국 내 체류 외국인 및 귀화자 증가, 결혼이주자와 다문화 가정 자녀들의 출생 등 한국 사회 내 인종적, 민족적 다양성이 지속적으로 증가할 것으로 예상할 수 있다.

현재 한국 내 체류 외국인의 비율은 꾸준히 증가하고 있으며, 외국인의 유형을 보면 결혼이민자 및 한국 국적 취득자, 다문화 가정 자녀 등 다양한 문화적, 인종적 배경을 가지고 있다. 2021년 법무부 통계자료[15]에 따르면, 한국 내 외국인 등록인구는 109만명에 달하며, 국내 체류 외국인의 비율은 코로나 팬데믹 이전 연평균 6.8% 증가율을 기록하며 빠르게 증가하였다. 이러한 추세라면, 2032년에는 유럽 및 북미 국가 사례들과 같이 한국 인구의 약 10%를 초과할 가능성도 있다. 다문화 가정의 자녀 수 또한 빠르게 증가하고 있다. 2017년 처음으로 이십만명을 넘어섰고 2021년 기준 약 29만명으로 증가하였다.[16]

이러한 행정 환경의 변화에 효과적으로 대응하기 위해, 한국 정부는 사회통합인재를 대상으로 한 통합인사정책의 대상 집단을 지속적으로 발굴하고 맞춤형 지원정책을 개발하는 노력이 필요하다. 또한, 외국인과 다문화 가정을 대상으로 한 공직 고용우대정책을 추진할 경우 국민의 공감대 형성이 필수적이며, 사회 집단 간 갈등의 소지를 줄이고 실질적인 통합을 달성할 수 있는 다방면적 접근방법을 활용하여야 한다.

(2) 다양성 포용적 문화 조성

한국 정부는 균형인사정책 추진과 동시에 조직 내 다양한 구성원들의 요구를 충족하기 위한 제도적 기반을 마련하였다. 출산 및 육아휴직제, 유연근무제, 원격근무제, 시간선택제, 휴가제 등 가정친화적 제도(family-friendly policies)를 운영하고 있다. 다양성을 연구하는 학자들은 다양성을 지원하는 법

15 국가통계포털(2023). 2021년 법무부 출입국자및체류외국인통계자료.
https://kosis.kr/search/search.do?query=%EC%99%B8%EA%B5%AD%EC%9D%B8%C2%A0

16 국가통계포털(2023). 2021년 읍면동별 다문화가구 현황.
https://kosis.kr/statHtml/statHtml.do?orgId=110&tblId=DT_110025_A045_A&conn_path=I2

적, 제도적 기반 마련뿐 아니라, 조직 또는 사회 내 다양성을 포용하는 분위기(diversity inclusive culture), 즉 전반적인 문화를 조성하는 것이 중요함을 강조하였다(Mor Barak, 2017). 서로 다름에 대한 이해와 차이점을 수용하는 태도는 효과적인 다양성 관리의 필수적인 요인이라 할 수 있다. 그러나 이러한 다양성 포용적 문화 조성은 오랜 기간 동안 조직 및 사회를 구성하는 구성원들의 노력이 필요하다. 특히, 한국과 같이 다양성의 역사가 짧은 사회의 경우 다양성에 대한 부정적 인식을 가질 가능성이 높다. 실제로 아산정책연구원의 외국인에 대한 한국인의 인식조사 결과에 따르면, 백인 이외 유색인종에게 폐쇄적이고 부정적인 태도를 보이는 것으로 나타났다(김지윤·강충구, 2018).

미국 연방정부는 조직 내 다양성 포용적 문화 조성을 위해 다음과 같은 노력을 추진하고 있다. 포용성 수준 진단을 위해 객관적 포용성지표(Inclusion Index)와 주관적 포용성인식지표를 복합적으로 평가하는 새 포용성지표(New Inclusion Quotient, New IQ)를 개발하여 활용하고 있다. 조직 내 다양성 포용성 대쉬보드(Inclusive Diversity Dashboard)를 공유하고 다양성 가상교육프로그램(online virtual educational program)을 개발하는 등 다양한 정책수단을 사용하여 공공조직 내 포용적 문화 조성을 위해 노력하였다. Ospina & O'Sullivan(2003, 244)가 언급한 바와 같이 다양성을 "형평성이나 사회적 정의를 위한 도덕적인 훈령이 아니라 경쟁적 우위를 선점하기 위한 필수요건" 등 다양성이 사회 및 조직에 가져올 수 있는 긍정적인 혜택과 기여를 적극적으로 홍보함으로써 사회 및 조직의 구성원들이 다양성에 대한 우호적인 인식을 가지도록 하는 전략이 효과적일 것이다.

한국 사회는 인종적, 민족적 다양성에 익숙하지 않다. 이민 및 난민을 적극적으로 수용함에 대한 부정적 여론이 높고, 외국인 채용에 대한 법제도적 기반이 제한적인 점 등 개선해야할 과제들이 많다. 따라서, 한국 사회 내 다양한 집단 간 갈등을 줄이고 통합을 달성하기 위해 정부의 통합인사정책의 대상을 점차 확대하고 이에 맞춰 법적, 제도적 기반을 확충하는 노력이 필요하다. 인종적, 문화적 상이성을 가진 다양한 인재들을 공직에 유입함으로써, 정부의 합법적 대표성을 확보하고 공공 인력의 다양성을 효과적으로 관리하여 정부의 경쟁력을 높이는 등 변화하는 미래 사회에 적극적으로 대비하기 위한 보다 확대된 통합인사정책 추진이 필수적이다.

참고문헌

강성철 외. (2014). 「새인사행정론」. 경기: 대영문화사.

김두래. (2017). 정부의 대표성은 국민 삶의 질을 향상시키는가?: 공공서비스 정책효과의 국가 비교 분석. 「한국정책학회보」, 26(2): 311-34.

김선희. (2012). 여성 공무원의 능동적 대표성에 대한 탐색적 분석. 「행정논총」, 50(1): 91-116.

김진숙·이근주. (2014). 여성채용목표제의 정책 효과성 평가: 공공부문과 민간부문의 여성 채용 비교를 중심으로. 「한국인사행정학회보」, 13(3): 151-78.

김지윤·강충구. (2018). 닫힌 대한민국 Ⅱ: 한국인의 다문화 인식과 정책. 아산정책연구원 이슈브리프.

박광국 외. (2021). 「공공가치 창출을 위한 현대조직론」. 서울: 박영사.

박천오. (2010). 한국 여성 공무원의 여성 대표적 역할 인식에 관한 탐색적 연구. 「한국행정연구」, 19(1): 177-200.

인사혁신처. (2018). 제1차 균형인사기본계획 (2018~2022).

인사혁신처. (2022). 2022년 공공부문 균형인사 연차보고서

전영평. (2007). 소수자의 정체성, 유형, 그리고 소수자 정책 연구 관점. 「정부학 연구」, 13(2): 107-31.

최성주·이근주·최유진. (2018). 다양성과 다양성 관리: 한국형 다양성 연구의 방향 모색. 「한국인사행정학보」, 17(4): 1-28.

행정안전부. (2020). 지방자치단체 외국인주민현황조사 자료 (2014~2019).

Bishu, S., & A. Kennedy. (2020). Trends and Gaps: A Meta-review of Representative Bureaucracy. *Review of Public Personnel Administration*, 40(3): 559-588.

Blau, P. (1977). *Inequality and Heterogeneity*. New York, NY: Free Press.

Bradbury, M., & J. Kellough. (2011). Representative Bureaucracy: Assessing the Evidence on Active Representation. *The American. Review of Public Personnel Administration*, 41(2): 157-67.

Choi, S. (2011). Diversity and Representation in Federal Agencies: Analysis of the Trends of Federal Employment. *Public Personnel Management*, 40(1): 25-46.

Choi, S., & H. Rainey. (2010). Diversity, Diversity Management, and Organizational Performance in the U.S. Federal Government. *Public Administration Review*, 70(1):

109–121.

Cox, T. H. (1993). *Cultural Diversity in Organizations: Theory, Research, and Practice.* San Francisco, CA: Berrett–Koehler.

Ely, R. J. (2004). A. Field Study of Group Diversity, Participation in Diversity Education Programs, and Performance. *Journal of Organizational Behavior* 25:755–80.

Foldy, E. G. (2004). Learning from Diversity: A Theoretical Exploration. *Public Administration Review* 64(5): 529–38.

Hambrick, D. C., & P. Mason. (1984). Upper Echelons: The organization as a Reflection of Its Top Managers. *Academy of Management Review* 9: 193–206.

Hong, S. (2016). Representative Bureaucracy, Organizational Integrity, and Citizen Coproduction: Does an Increase in Police Ethic Representativeness Reduce Crime? *Journal of Policy Analysis and Management*, 35(1): 11–33.

Jackson, S., A. Joshi, & N. L. Erhardt. (2003). Recent Research on Team and Organizational Diversity: SWOT Analysis and Implications. *Journal of Management* 29(6): 801–30.

Jackson, S., K. May, & K. Whitney. (1995). Understanding the Dynamics of Diversity in Decision Making Teams. In *Team effectiveness and decision making in organizations*, ed. R. A. Guzzo, and E. Salas. San Francisco, CA: Jossey–Bass.

Kingsley, J. (1944). *Representative bureaucracy: An interpretation of the British Civil Service*. Antioch Press.

Larkey, L. K. (1996). Toward a Theory of Communicative Interactions in Culturally Diverse Workgroups. *Academy of Management Review*, 21: 463–492.

Lim, H. (2006). Representative Bureaucracy: Rethinking Substantive Effects and Active Representation. *Public Administration Review*, 66(2): 193–204.

Loden, M., & Rosener, J. B. (1991). *Workforce America: Managing Employee Diversity as a Vital Resource*. Homewood, IL: Business One Irwin.

McLeod, P. L., & Lobel, Stephen. (1992). "The Effects of Ethnic Diversity on Idea Generation in Small Groups." Paper presented at the Annual Meeting of the Academy of Management, Las Vegas, Nevada.

Meier, K., & J. Nicholson–Crotty. (2006). Gender, Representative Bureaucracy, and Law Enforcement: The Case of Sexual Assault. *Public Administration Review*, 66(6): 850–60.

Meier, K., & J. Stewart. (1992). The Impact of Representative Bureaucracies: Educational

Systems and Public Policies. *American Review of Public Administration*, 22(3): 157–71.

Milliken, F., & L. Martins. (1996). Searching for Common Threads: Understanding the Multiple Effects of Diversity in Organizational Groups. *Academy of Management Review* 21: 402–33.

Mosher, F. (1982). *Democracy and the Public Service* (2nd edition). New York: Oxford University Press.

Mor Barak, M. (2000). The Inclusive Workplace: An Ecosystems Approach to Diversity Management. *Social Work*, 45(4): 339–53.

Mor Barak, M. (2017). *Managing Diversity towrads a Globally Inclusive Workplace* (4th edition). London: Sage Publications.

Nemeth, C. J. (1992). Minority Dissent as a Stimulant to Group Performance. In Worchel, S., Wood W., and Simpson, J. A. (Eds.), *Group Process and Productivity*. Newbury Park, CA: Sage Publications.

Ospina, S. (2001). Managing Diversity in the Civil Service: A Conceptual Framework for Public Organizations. In UNDESA–IIAS (Eds.), *Managing Diversity in the Civil Service*. Amsterdam: IOS Press.

Ospina, S., & J. O'Sullivan. (2003). Working Together: Meeting the Challenge of Workplace Diversity. In Hays, S. W., & Kearney, R. C. (Eds.). 2003. *Public Personnel Administration: Problems and Prospects* (Fourth ed.). Upper Saddle Ridge, New Jersey: Prentice Hall.

Riccucci, N. (2021). *Managing diversity in public sector workforces*. New York, NY: Routledge.

Riccucci, N., & M. Meyers. (2004). Linking Passive and Active Representation: The Case of Frontline Workers in Welfare Agencies. *Journal of Public Administration Research and Theory*, 14(4): 585–97.

Selden, S. C. (1997). *The Promise of Representative Bureaucracy: Diversity and Responsiveness in a Government Agency*. Armonk, NY: M.E. Sharpe.

Tajfel, H. (1981). *Human groups and social categories*. Cambridge: Cambridge University Press.

Thomas, R. R. (1991). *Beyond Race and Gender: Unleashing the Power of Your Total Work Force by Managing Diversity*. New York: Amacom.

Thomas, D. A., & Ely, R. J. (1996). Making Differences Matter: A New Paradigm for

Managing Diversity. *Harvard Business Review*, 74(5): 79–90.

Tsui, A., & B. Gutek. (1999). *Demographic Differences in Organizations: Current Research and Future Directions*. New York, NY: Lexington Books.

Turner, J. (1987). *Rediscovering the Social Group: A Self-Categorization Theory*. Oxford: Blackwell.

Wiersema, M., & K. Bantel. (1992). Top Management Team Demography and Corporate Strategic Change. *Academy of Management Journal*, 35(1): 91–121.

Wise, L. R., & Tschirhart, M. (2000). Examining Empirical Evidence on Diversity Effects: How Useful Is Diversity Research for Public–Sector Managers? *Public Administration Review*, 60(5): 386–394.

Wilkins, V., & L. Keiser. (2006). Linking Passive and Active Representation for Gender: The Case of Child Support Agencies. *Journal of Public Administration Research and Theory*, 16(1): 87–102.

제14장 저성과 공무원 관리

조직에는 다른 구성원과 비교하여 상대적으로 성과가 낮은 저성과자가 언제나 존재한다. 그럼에도 불구하고 한국 인사행정 분야에서 저성과자 공무원에 대한 연구는 그간 활발히 이루어지지 않았다. 저성과자 공무원은 조직성과와 조직구성원에게 부정적 영향을 미치는 관계로 이들을 관리하는 문제는 인사행정에서 필수적으로 다루어야 할 주제이다. 무엇보다도 저성과자 공무원은 조직의 생산성을 저해할 뿐만 아니라 동료집단(peer group)에게도 좋지 않은 영향을 미칠 수 있기 때문이다(Daley, 2008). 그뿐만 아니라 저성과자에 대한 적절한 조치가 이루어지지 않는다면 저성과에 대한 조직구성원들의 경각심이나 문제의식이 결여될 수 있다. 이 장에서는 저성과자에 대한 의의와 정의, 고성과자 위주 관리와 탑그레이딩, 저성과의 원인, 저성과자 개선방안에 대한 논의를 통해 저성과 공무원 관리 전반에 대하여 살펴본다.

제 1 절 저성과자 관리 의의

저성과자 연구를 공공분야보다 먼저 시작한 민간 부문에서는 저성과자를 업무성과가 낮고 역량이 부족한 조직구성원으로 개념화하였다. 이와 유사하게 미국 연방법 제5조는 저성과를 '수용할 수 없는 수준의 성과(unacceptable performance)'로 정의함으로써, 공공·민간분야 모두 객관적인 기준에 미치지 못하는 성과를 보이는 조직구성원을 저성과자로 정의하고 있다(박천오·박시진,

2017: 105). 한국에서는 저성과자에 대한 법적 정의가 존재하지는 않지만, 저성과자를 "맡은 직무를 제대로 수행하지 못하며 근무의욕이 낮고 과업을 수행하기 위한 역량 또한 부족하여 교육훈련, 재배치, 퇴출 등의 인사조치가 불가피한 수준의 성과를 보이는 직원"으로 정의하기도 한다(박시진, 2016, p.101). 따라서 저성과자를 식별할 수 있는 절대적 기준이 존재한다기 보다 각 조직 내에서 수용하기 어려운 낮은 성과를 보이는 개인을 저성과자로 볼 수 있다.

이처럼 저성과자자에 대한 정의는 다소 차이가 날 수 있지만, 성과평가제도 운영을 통하여 각 조직구성원의 성과에 따라 성과점수 혹은 성과등급을 부여하는 조직에서는 저성과자의 존재가 분명해진다. 성과급, 승진, 보직배치 등 인사조치 전반에 사용되는 성과평가등급(점수)은 대부분 상대평가(강제할당법) 기반으로 이루어지기 때문에 일정 비율의 조직구성원은 다른 구성원 보다 낮은 등급을 받을 수밖에 없기 때문이다.

한국 민간부문에서의 저성과자 관리는 1990년대 IMF외환위기 이후 워크아웃 및 인력감축을 위하여 조직효율성을 개선하고자하는 과정에서 명예퇴직제도와 저성과자 관리가 연계되어 높아졌다(유용미, 2016). 그럼에도 불구하고 한국 학계 전반을 살펴보더라도 저성과자 관리를 직접적으로 다룬 연구는 많지 않다. 2023년 9월을 기준으로 한국학술지인용색인(Korea Citation Index)에서'저성과자'의 키워드로 검색 시 총 46편의 논문이 확인되고, 이들 중 14편은 행정학 분야 학술지에 게재되었다. 한국 행정학 논문들의 주요 주제는 저성과자 발생 원인, 저성과자 관리실태 분석, 공공·민간 저성과자 관리 비교, 저성과자 관리시스템 연구 등이었다.

제 2 절 저성과자 관리의 특성과 문제점

1. 고성과자 위주 인사관리

일반적으로 고성과(high-performance)를 추구하는 조직은 조직 구성원들의 고성과를 유도하고자 고성과자 위주의 인사관리 방식을 추구한다. 이러한 고성과자 위주의 인사관리 방식은 오늘날 정부와 민간 조직에서 공통적으로 이루어진다. 예를 들어 한국을 포함한 대부분의 선진국 정부에서 도입·운용하고 있는 성과급 제도(pay-for-performance)는 Vroom의 기대이론(expectancy theory)과 Skinner의 강화이론(reinforcement theory)을 근간으로 하여 조직 구성원들이 더 높은 성과를 내도록 동기를 부여하려는 제도이다(Park & Berry, 2014). 구체적으로 성과급 제도는 노력·성과, 성과·보상 간 연계성을 조직 차원에서 보장함으로써 조직 구성원들이 고성과 달성을 위하여 노력하는 과정에서 조직 전반의 성과가 향상되는 것을 기대하는 제도라고 할 수 있다. 그러나 이러한 제도는 고성과자에게 더 많은 보상을 제공하기 때문에 상대적으로 저성과자는 각종 보상에서 소외되는 결과를 초래할 수 있다(Pfeffer, 2001).

성과평가를 통해 높은 성과를 달성하는 조직 구성원에게 승진의 기회를 우선적으로 부여하고, 보직관리에 있어 요직으로 배치하는 혜택을 주는 인사관리 방식 또한 고성과자 위주의 제도로 볼 수 있다. 승진과 요직 배치를 조직 구성원에게 동기를 부여하는 요인으로 가정함으로써 고성과자들이 혜택을 누리는 보상체계 하에서는 저성과자에 대한 배려나 관리는 제대로 자리잡기 어렵다.

한국 정부도 고위공무원단(직무성과급적 연봉제), 5급 이상(성과급적 연봉제), 6급 이하(호봉제·성과상여금)의 보수제도 운영을 통하여 성과가 상대적으로 높은 공무원에게 성과평가등급(점수)부여를 통하여 성과별 차등화된 성과급을 제공하고 있다. 또한 성과급 제도 이외에도 성과평가 결과를 승진, 보직관리 등 각종 인사관리 결정에 활용하고 있어 고성과자에 대한 보상 강화를 통해 고성과자 위주의 인사관리 방식을 추구하고 있다고 볼 수 있다.

고성과자 위주 관리방식은 단순히 저성과자에게 상대적으로 낮은 수준의 보상을 제공할 뿐, 조직적 차원에서 이들을 적극 관리함으로써 조직의 성과를 개선하려는 노력이 이루어지지 않는다. 보상을 통한 성과관리 제도 하에서는 저성과자가 보상을 받기 위해 자발적으로 성과를 개선해야 가능한데, 이미 낮은 수준의 성과를 보이고 있는 당사자가 조직의 지원없이 일정 기간 내에 성과를 개선하기는 어려운 것이다. 저성과자가 제도에 따라 일정 기간 지속적으로 저성과를 보이면 승진에서 누락되거나 성과급을 받지 못하는 상황은 다음과 같은 문제를 야기할 수 있다(박시진, 2017, p.132; Peffer 2001, p.249).

첫째, 팀웍(teamwork) 약화가 발생 될 수 있다. 고성과자가 보상의 대부분을 차지하는 제도 하에서는 저성과자들이 소외되어 부서 내 화합과 협업이 이루어지기 어렵기 때문이다. 둘째, 저성과자로 분류된 조직 구성원은 적은 보상을 받는 것은 물론, 업무 수행을 위한 자원 지원 감소, 교육훈련 및 멘토링 기회 감소, 업무 재배치 및 배제와 같은 인사조치로 인해 성과를 개선하고자 하는 의지가 꺾여 반복적으로 저성과를 보일 수 있다. 셋째, 개인성과 위주의 인사제도는 조직문화, 조직 내 업무수행 절차, 조직개선 등 조직전반에 걸친 관리적 개선 노력을 감소시켜 조직 전체의 성과를 감소시킬 수 있다.

2. 탑그레이딩(Top-grading) 인사관리

고성과자에 대한 보상 제공을 넘어 저성과자를 조직에서 퇴출시키는 저성과자 관리 방식을 탑그레이딩(Top-grading)이라고 한다. 1990년대 이후 조직 내 저성과자 관리를 통한 조직성과 개선에 관한 연구의 많은 부분은 탑그레이딩(Top-grading) 인사관리에서 시작되었다. 주로 민간에서 많이 사용하는 이러한 방식은 조직을 고성과자로 채우고, 저성과자는 퇴출함으로써 조직의 성과를 개선하려는 목적에서 적용된다. 탑그레이딩 관리방식은 우선 조직구성원들을 성과 수준별로 구분하는 데에서 시작한다. 조직구성원의 성과 수준은 등급(grade) 혹은 점수(score)로 나타낼 수 있으며, 조직구성원들을 고성과자 혹은 A등급(A-Player), 중간성과자 혹은 B등급(B-Player), 저성과자 혹은 C등급(C-Player) 세 개의 집단으로 구분한다(Axelrod et al., 2002). 탑그레이딩 조직에서는 이들 집단 중 고성과자인 A등급 인재를 선호하고 저성과자인 C등급 인재들은 불필요한 집단으로 간주한다. 따라서 탑그레이딩에서 의미하는 저성과자 관리란 저성과자의 성과를 개선하려는 노력보다는 저성과자를 조직에서 내보내고 고성과자로 그 빈자리를 채우는 것이다.

탑그레이딩의 선구자로 널리 알려진 Smart(2003)는 탑그레이딩과 저성과자 관리에 대하여 다음과 같이 설명하고 있다. 첫째, 적정 보수 수준에서 보직 내의 모든 자리를 A급 직원으로 채우는 것이 탑그레이딩의 궁극적 목적이다. 둘째, 직무에 적절한 보수 수준이 책정되었음을 가정하고 신규 채용 시에 전체 지원자 중 선발할 수 있는 인력등급 분포의 개략적 비율은 A급은 상위 10%, B

급은 A급 인력을 포함한 상위 35%, C급은 나머지 인력들이다. 다시 말해 100명의 지원자 중 10명은 A급, 25명은 B급, 나머지는 C급 인재이기 때문에 선발과정을 통해 A급 인재를 채용해야 한다.

셋째, 탑그레이딩을 위해서는 C급 직원은 물론 가능하다면 B급 직원도 재배치해야 한다. B급 직원의 경우 방출보다는 A급이 될 수 있는 부서 재배치를 고려해야 한다. 마지막으로, 채용과정에서 C급 인력을 고용하게 되면 조직에는 해당 직원의 연봉이상의 피해를 주는 경우가 많고 잘못된 채용과 인력 배치는 결국 C급 인재의 방출로 이어져 후임자를 찾아야 하는 비효율성을 야기한다.

탑그레이딩 방식은 저성과자 퇴출을 도구를 활용하여 고성과 인력으로 조직을 채워 전체적 성과를 높일 수 있다는 장점에도 불구하고 실질적 저성과자 관리에는 한계를 보인다. 우선 Smart(2003)는 조직 전체를 A급 직원으로 채울 것을 주장하고 있는데, 만약 모든 조직 구성원을 A급 직원으로 채운다면, 상대평가를 통한 보상 및 승진이 결정되는 조직에서는 일부 A급 직원도 결국 저성과자가 될 수밖에 없다. 또한 저성과자 분류는 평기 주기에 따라 유동적이다. 특정 조직 구성원이 한 해에는 저성과자이지만 이듬해에는 보통 혹은 고성과자가 될 수도 있고 기존 고성과자들이 저성과자로 재분류될 수도 있기 때문이다.

저성과자 관리를 위해서는 보상 차별화와 저성과자에 대한 퇴출만이 아닌, 저성과의 원인을 파악하고 저성과자들의 성과를 개선시키려는 노력이 필요하다. 이 같은 차원에서 일부 기존 연구들은 저성과자의 원인을 규명하고 문제점을 파악하여 저성과자 관리를 위한 초석을 마련하고자 하였다.

제 3 절 저성과자의 발생 원인

현재까지 학계에서 저성과의 주요 원인이 무엇인지 합의가 형성되지는 않았고 관련 연구도 활발히 이루어지고 있지 않다. 다만 일부 연구에서 전정부단위로 저성과자의 주요 원인을 분석하려 시도한 사례는 있다. 미국 연방 공무원 저성과자 발생 원인을 분석했던 미국 인사관리처(OPM: Office of Personnel Management)의 연구에서는 200명의 연방정부 관리자들이 생각하는 저성과의 주요 원인은 ① 부하직원이 되기 전 이미 저성과자여서 ② 불량한 근무태도나 근무습관 ③ 부적절한 직무 배치 ④ 직무변경의 순으로 나타났다(박시진, 2016, p. 104). 이후 Light(2002)는 연방정부 공무원 약 600명을 대상으로 실시한 연구에서 저성과의 주요 원인이 ① 소속기관의 저성과자 관리 소홀 ② 직원들의 직무 수행 역량 부족 ③ 직무 교육훈련 부족의 순으로 나타남을 확인하였다(박시진, 2016).

2000년대 초 이후 저성과자 발생의 원인을 종합적으로 연구한 사례는 많지 않으나 국내·외 관련 연구를 종합하여 저성과의 원인을 개인, 조직, 제도의 세 가지 차원으로 제시한 연구들이 있다(김윤권·이민호, 2010, 박시진, 2017, 황정윤 외, 2014). 박시진(2017)이 과거 연구를 요약하고 저성과 원인을 일부 추가한 내용을 〈표 14-1〉에 제시하였으며 각 차원에 대한 설명은 다음과 같다.

첫째, 개인적 차원은 저성과자의 심리, 태도, 역량의 문제를 저성과의 원인으로 보고 저성과자 당사자로부터 비롯된 문제들을 다루고 있다. 과거 연구들은 저성과자의 동기부족, 불량한 근무태도, 직무수행 능력 미달 등의 원인을 주로 다루었다. 최근에는 심리학적 관점에서는 Dunning-Kruger 효과의 개념

표 14-1 저성과자 발생원인

문제 단위	내용
개인	불량한 근무 태도나 습관, 업무수행 동기(의지)부족, 업무수행에 대한 자신감 부족, 업무수행 능력 부족, 업무요구사항 달성여부 미인식, 직무수행 자격 미달, 직무의미성, 개인적 문제(가족, 신체, 정신건강 등), 본인의 성과 과대평가
조직	관리자 역량, 조직문화 (온정주의 등), 조직구성원 간 관계, 자원 부족, 부적절한 직무 배치, 무능력한 상사, 상사와의 관계, 상사에 대한 만족도, 부서성과, 부처 만족도, 조직 내 낮은 사기수준, 팀내 직원-직속상사 간 신뢰, 열악한 근무환경
제도	성과기준와 목표의 불명확성, 성과관리 및 평가제도, 보상체계, 인사관리 규정, 저성과자 제재방안이나 조치, 교육훈련 부실, 부실한 선발채용 시스템, 고성과자 위주 인사관리 시스템 및 관행, 저성과자에 대한 업무 유관 자원 제공 및 업무지원 감소, 저성과자 처벌 (제재, 시정조치, 퇴출 등) 제도, 공무원 신분보장

출처: 박시진(2017, p.134)의 표에 Dunning (2011), Edgar et al. (2015), FWC(2021) 추가.

그림 14-1 더닝-크루거 효과 실험 결과

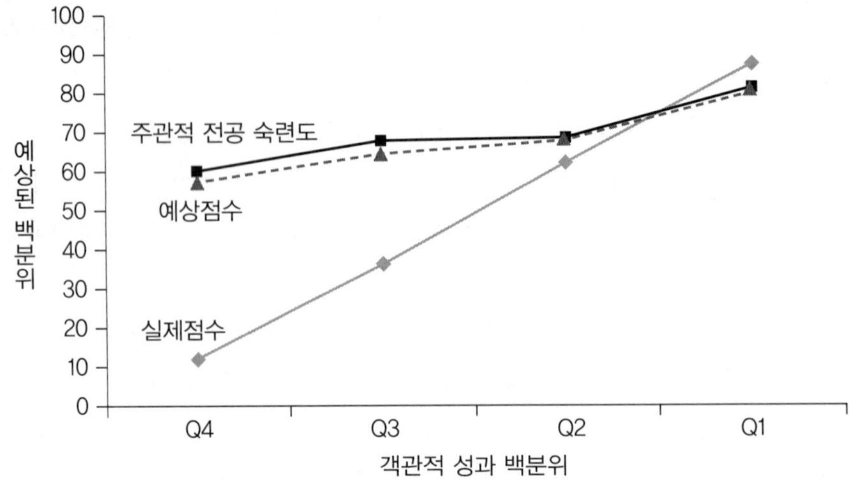

출처: Dunning(2011).

이 제시되었는데 Dunning과 Kruger는 대학생들을 대상으로 한 연구에서 저성과자들 스스로가 본인의 낮은 성과를 인식하지 못할 수 있음을 실험을 통하여 제시한 바 있다(Dunning, 2011). Dunning의 시험 결과는 [그림 14-1] 제시되어 있다.

Dunning의 실험결과 객관적 성과 백분위가 높을수록 전공숙련도, 예상점수, 실제점수가 유사하게 나타났다. 이는 고성과자일수록 본인의 숙련도에 대하여 객관적으로 인식하고 있고, 점수도 높음을 의미한다. 저성과자로 볼 수 있는 성과 백분위가 최하위(Q4)인 경우, 저성과자 당사자가 생각하는 본인의 숙련도와 예상점수는 보통성과자(Q2, Q3)들과 별반 차이가 없었으나 실제 점수는 매우 낮게 나타난 것을 볼 수 있다. 이에 대해 Dunning-Kruger 효과 관점에서는 조직구성원 스스로가 본인의 성과를 객관적으로 평가함에 있어 요구되는 지적 능력과 사회적 기술(social skill)이 다름 아닌 높은 성과를 내는데 필요한 능력이기 때문에 저성과자들은 스스로의 성과를 과대평가(inflate)하고 실제로는 낮은 성과를 낼 수 밖에 없다고 본다(Edgar et al., 2015). 또한 실제 성과에 대하여 저성과자 스스로 왜곡된 평가를 함으로써 업무 수행에 있어 노력을 기울이지 않거나 업무 결과에 대해 높게 평가하는 것도 저성과의 원인이 될 수 있다.

둘째, 조직적 차원의 문제는 조직관리의 문제와 관리자의 문제로 구분된다. 우선 조직관리에 있어서 온정주의가 만연하는 조직문화, 부서 단위 저성과, 구성원들의 낮은 조직만족도와 낮은 사기, 조직 내 업무 수행을 위한 자원 부족 등이 저성과를 야기할 수 있다. 관리자 문제의 경우 상사로서의 필요 능력부재, 부하직원과의 대인관계 문제, 직원들의 상사에 대한 낮은 만족도, 상사-부하 간 신뢰 저하가 원인이 되어 해당 관리자들의 부하직원이 저성과자가 될 가능성이 있다. 이 같은 원인들은 저성과자로부터 본인이 아니라 조직관리 과정에서 기인된 문제들이므로 저성과자를 줄이기 위해서는 조직의 관리 방침과 방식이 바뀌어야 한다.

셋째, 제도의 문제로 인한 저성과자 발생이다. 조직 내 인적자원 관리와 관련된 제도에 결함이 있거나 제도의 집행이 제대로 이루어지지 않는다면, 조직 내 저성과자의 비율이 증가할 수 있다. 우선 저성과자를 분류 기준이 되는 성과평가제도에서 성과평가 방식, 성과기준과 목표의 불명확성, 성과평가와 연동된 보상체계 미흡 등의 문제가 있는 경우, 조직구성원들이 높은 성과를 달성할 동기와 고성과 기준에 대한 이해가 부족하여 저조한 성과를 낼 수 있다. 또한 저성과자에 대한 제도적 관리가 없는 상황에서 이루어지는 퇴출과 같은 저성과자에 대한 강력한 처벌은 조직에 남은 다른 저성과자들의 성과 개선 의지를 약화시킬 수 있다. 조직 외 제도의 문제로는 공공부문에서는 공무원의 신분보장으로 인한 저성과자 인사조치(시정조치, 퇴출 등)의 현실적 어려움으로 인해 저성과가 묵인되는 경우가 있을 수 있다. 일부 학자들은 채용단계에서 잠재적 저성과자를 걸러내지 못해 저성과자가 될 가능성이 높은 인력을 선발하는 것을 저성과자 발생 원인으로 보기도 한다.

제 4 절 저성과자의 종류

저성과자를 단순하게 동료들과 대비하여 성과가 낮은 사람으로 분류하는 연구들도 있지만 최근에는 저성과자의 유형에 따른 인사관리의 필요성이 강조되고 있다. 그 대표적 예인 Conger와 Church(2018)는 저성과자를 세 가지 유형으로 분류하고 그 특성들을 다음과 같이 설명하고 있다.

첫째, 조직구성원 본인의 능력 수준을 벗어난 직위로 승진되어 저성과자가 되는 경우이다. Conger와 Church는 이러한 승진이 조직 내에서 빈번하게 일어나는 근거로 Peter의 법칙을 제시하였다. 구체적으로, Peter와 Hull(1969)은 Peter의 법칙을 다음과 같이 설명하고 있다. 첫째, 계층제(hierarchy)에서 조직구성원은 본인의 직위(position)에서 우수한 역량(competence)을 보이면 그에 따라 승진한다. 둘째, 이러한 승진이 거듭되면 조직 구성원은 언젠가는 낮은 역량(level of incompetence)을 보여줄 수 밖에 없는 직위로 승진하게 된다. 셋째, 그 결과 장기적으로 대부분의 직위가 결국 해당 직위를 제대로 수행할 수 없는 무능력자에 의해 채워지게 된다. 마지막으로, 무능력한 누군가가 높은 성과를 낼 수 없는 직위를 차지하고 있으면, 실제 업무는 아직 승진하지 못한, 열심히 일하는 다른 사람들이 수행하게 된다.

Conger와 Church는 이러한 유형의 저성과자는 현재의 직위에서 수행하는 업무보다 더 단순한 업무나 조직 내 다른 직위에서 보다 높은 성과를 낼 수 있으므로 보직을 변경하거나 저성과자 본인이 사직(leave entirely)하는 것이 조직 전체에 유익하다고 보았다.

둘째, 직무를 수행할 능력은 있으나 여러 이유로 일할 동기부여가 되지 않는 유형이다. Conger와 Church는 해당 저성과자 유형의 경우 관리자의 입장에서 저성과자의 직무수행 능력과 동기 수준을 직접 파악해야만 저성과자들을 분류할 수 있다고 보고, 역량과 동기수준을 진단할 수 있는 나름의 방안을 제시하였다. 저자들은 역량과 동기수준 진단이 선행된 후 저성과자에 대한 적절한 코칭(coaching)이나 보다 적합한 담당 업무(responsibilities)를 찾아주어야 한다고 보았다.

셋째, 직무성과는 우수하나, 대인관계 관리 능력의 부재로 저성과자가 되는 경우이다. 이 유형의 저성과자는 대인관계를 희생하여 성과를 향상시킨다. 권위적(domineering), 냉담(aloof), 비인격적(abusive), 오만(arrogant) 등의 행태적 특성을 보이며, 동료 및 부하직원의 성과를 뺏기도 한다. 또한 다른 사람들의 업무를 방해하거나 자신의 성과를 위해 직속상관과 동료들을 무시하고 업무를 추진하기도 한다. 해당 유형의 저성과자는 단기적으로는 조직에 도움이 될지 모르나 장기적으로는 소속 부서의 관리 성과와 관리에 부정적 영향을 줄 수 있다. 때문에 저자들은 해당 저성과자에게 적절한 대인관계 행태를 제시하고 대인관계 관련 문제점들이 수정되지 않을 시에 발생할 불이익(승진 악영향, 보직변경)을 명확히 공지해야 한다고 보았다.

제 5 절 저성과자 개선 방안

저성과자들은 임용 당시 조직에서의 업무수행을 위한 기본역량 검증을 통과한 인적자원들이다. 또한 조직에 근속하며 성과급 책정, 승진심사 등을 위한 성과평가 과정을 여러 차례 거쳤기에 현재의 저성과 상태가 장기적으로 지속된다고 가정할 수는 없다. 따라서 조직차원에서 재교육 등 저성과자들에 대한 성과개선 노력이 요구되며, 이러한 노력은 저성과자는 물론 다른 구성원들에게도 조직에 대한 충성심(loyalty)을 제고시킬 수 있다(Daley, 2008). 또한 저성과자 발전과 성장을 위한 피드백, 평가자와 저성과자 간 개선방향 협의, 실천가능한 현실적 목표부여, 직급과 직무에 맞는 역량개발 방법제시 등을 통한 체계적인 개선 노력이 선행된다면, 이후 저성과자가 성과 개선이 되지 않아 불이익 조치를 받더라도 이를 수용할 가능성이 높아진다(유용미, 2016). 그간 저성과자 개선방안을 제시한 소수의 연구들을 살펴보면 다음과 같다.

1. 관리자 직급 저성과자 관리

관리자급 저성과자가 조직에 미치는 부정적 영향은 비관리자들에 비해 훨씬 더 심각할 수 있다. 관리자급 저성과자는 잘못된 의사결정으로 조직에 막대한 피해를 초래할 수 있고, 해당 저성과자가 맡은 팀(부서) 역시 높은 성과를 내는 구성원들이 사기가 저하되는 등 악영향을 받을 수 있다(홍석환, 2016). 따라서 관리자급 저성과자에 대한 관리 조치는 상대적으로 더 우선시 되어야 한다.

Axelrod와 동료들은 2002년 저성과자를 위한 새로운 전략(a new game plan

for C players)이란 논문에서 조직 내의 저성과자들을 관리자 보직에서 배제하고 조직 내 우수한 역량을 가진 인재의 집단(talent pool)을 만들기 위해서 조직은 부드러운 벨벳 장갑 안의 강철 손(an iron hand in a velvet glove)과 같은 관리 방식이 필요하다고 보았다(Axelrod et al., 2002). 여기서 '부드러운 벨벳 장갑'은 각 저성과자에게 공정(fairness)과 존중(respect)을 바탕으로 저성과에 대한 원칙을 기반으로 한 체계적 과정을 거친 적극적 조치를 취하는 것이고, '강철 손'은 저성과자들에게 흔히 발생하는 꾸물거림(procrastination), 합리화(rationalization), 무대책(inaction)을 제거하고 조직의 성과를 올리기 위해 필요한 조치이다. 저자들이 제시한 저성과자에 대하여 취해야 할 단계적 조치이며 다음과 같다.

첫째, 저성과자를 식별하는 단계이다. 조직에서 경영진은 관리자 직급(senior ranks)에 있는 저성과자들을 구별해 내기 위하여 우선 성과 목표와 평가기준을 정립하고 이에 근거하여 성과등급을 부여해야 한다. 만약 절대평가로 성과평가가 진행된다면 대부분의 관리자들이 '우수' 혹은 '보통'의 점수를 받을 것이므로, 저성과자 식별을 위해서는 고성과자와 저성과자를 명확히 구분할 수 있는 상대평가 제도가 더 적절하다.

둘째, 상급자에 의한 각 저성과자에 대한 조치 단계로서, 세부 내용은 다음과 같다.

① 저성과자가 정해진 후 당사자의 성과 개선을 위한 6개월~1년 기간의 계획을 수립한다.

② 계획 수립은 저성과자의 성과 개선 의지, 역량 수준, 현재 직무와의 적합성, 현재 직위에서 근속연수가 저성과자로 분류하기에 짧지 않은지 여부, 직무에 방해될만한 저성과자의 개인적 상황 존재 여부 조사, 저성과자로 분류되기 전 주어진 경고와 개선을 위한 시간 수준을 반영한다.

③ 계획 수립 후 저성과자에 대해 자신의 성과를 보통성과자 수준 이상으로 개선, 자신의 역량과 기술에 맞는 직위로의 재배치, 퇴출 및 퇴사 권고수용의 세 가지 선택사항을 가지게 한다.

④ 성과 개선 가능성이 보이는 저성과자들에게는 지시(direction), 자기계발 지원(developmental support), 업무성과 개선 계획 수립, 코칭(coaching) 등을 통해 적극 도움을 제공한다.

⑤ 저성과자의 성과 개선이 없으면 보직 재배치, 퇴출, 퇴사 권고 등의 조치를 한다.

마지막으로, 앞서 제시한 방안들을 저성과 관리자들의 상급자가 성실히 수행하도록 책임을 확보한다. 조직의 경영진과 인사관리부서는 이러한 저성과자 관리가 계획대로 원활히 이행될 수 있도록 지원한다. 저성과자에 대한 해고 조치가 필요한 경우에는 인사관리부서와 법무부서에서 전격 지원함으로써 법적 위험을 최소화한다.

이처럼 저성과자 관리의 선구자들로 간주되는 Axelrod와 동료들의 연구(2002)는 저성과자인 관리자들에 대한 조치를 그 주요 내용으로 하고 있으나, 일반 저성과자들게 적용하여도 무리가 없다고 할 수 있다.

2. 저성과자 관리 모형 기반 접근

저성과자 관리에 대한 경영학적 접근으로는 저성과자 혹은 근무의욕 상실자 관리 모형이 있다(홍석환, 2016; 정민홍, 2022). 저성과자 관리 모형은 [그림 14-2]와 같다. 해당 모형에서 저성과자 관리는 근무의욕 재충전, 고용조건의 변화, 전직지원, 퇴출의 단계를 순서대로 시행한다. 근무의욕 재충전과 고용조건 변화 방식은 저성과자를 조직 내부에 유지(retention)하려는 접근 방법이고, 전직지원과 퇴출은 조직 외부로 저성과자를 방출하는 방법이다.

첫째, 근무의욕 재충전은 일종의 경력개선 프로그램 형태로 저성과자에게 역량교육을 통해 역량을 향상하고자 하는 방식이다. 이 같은 형태의 저성과 개선 방식은 장기적으로 지속될 필요가 있어 조직차원에서는 상당한 자원투자가 필요하다. 저성과자 입장에서는 개인의 역량을 개선하고 현재 조직에서 성과를 개선할 수 있는 도전적 기회를 갖게된다.

둘째, 고용조건의 변화는 저성과자의 보직 이동을 통하여 현재보다 낮은 수준의 업무를 부여하고 급여 또한 낮게 지급하거나 근로계약 조건을 변경하는 등의 방식이다. 이 같은 조치는 저성과자의 자발적 퇴직을 유도하기도 하며 상대적으로 적은 자원을 투입하게 된다. 그러나 저성과자에 대한 직급부여 및 직간 전환 등을 위해 새로운 직급을 신설하거나 인사제도를 변경해야하는 제도

그림 14-2 근무의욕 상실자 관리 모형

유형	Lay off	Career Transition	근무의욕 재출전 프로그램	고용조건 변화방식
방식	정리해고, 권고사직 등	재취업 알선, 관계사 전배 등	사내 프로그램 개발/활용	급여삭감, 배치/전환 등
목적	비효율성 즉시 제거	실업요인을 최소화	지속근무를 위한 근무의욕 재충전	자발적 퇴직 유도
대상	평가결과 저성과자	전 사원(단, 저성과자 중점관리)	보직해임자 고령자	저성과자 보직해임자 고령자
기업유형	대부분 기업	삼성전자 포스코	서울시, 한전 등 공기업	국민은행 등 금융권 중심
고려사항	• 노동법 제약 • 타구성원에 미치는 영향 • 대상자의 수용도 • 경영층의 의지		➡	장기적인 회사의 성과향상

출처: 홍석환(2016, p.14).

적 변화가 필요하다(이민호·김윤권, 2012).

셋째, 전직지원은 다른 조직으로의 재취업을 지원하는 방식이다. 전직지원 제도는 저성과자들의 퇴직이 결정된 이후 실업상태에 잘 적응할 수 있도록 심리적·재정적 지원을 제공함과 동시에 취업자가 재취업할 수 있도록 조직차원에서 전문적 지원을 제공하는 제도이다(이종건, 2013). 마지막으로 퇴출 방식(Lay Off)은 저성과자들에 대한 명예퇴직을 장려하거나 정리해고를 통해 저성과자를 조직 외부로 방출하는 단계이다. 이 같은 방식은 신속한 의사결정이 필요한 상황에서는 효율적일 수 있으나 조직 사기를 저하시킬 수 있는 단점이 있다.

3. 정부차원의 저성과자 관리

주요 국가 정부들의 저성과자 관리의 경우 특정 모형이나 이론적 틀을 적용하기 보다는 법이나 방침으로 저성과자에 대한 인사조치까지의 단계를 제시하는 접근들이 주를 이루었다. 몇몇 주요 국가의 저성과자에 대한 조치를 요약한

표 14-2 주요 국가 정부들의 저성과자 조치 과정

국가	저성과자 조치과정
영국	비공식적 경고 → 의사의견 청취 → 공식적 조치(경고장 교부 및 유예기간 설정) → 면직결정(개선 없을 시 강임 및 면직)
일본 (돗토리현)	인사부서면담 → 대상자 결정(저성과자 스스로 분석) → 소속기관 OJT실시 → 집합연수(인사부서 주관) → 적격성 여부 판단(개선 없을 시 퇴직, 강임, 직권면직 등)
일본 (요코하마시)	대상통보(소속국장이 개별 지도 책임자 결정) → 1차 개별지도(복무규율, 근무태도 교정) → 2차 개별지도(직무수행능력 향상지도) → 개별지도 종료(개선 시 업무 복귀, 불량 시 면직절차)
호주	상담(성과부진 해명 기회 부여 등) → 공식경고장 발부 → 일정기간 평가(기관장이 1~3개월 지정) → 최종결정(성과 부진 시 면직, 강임, 직무 재배치 등)
미국	미 법전 5장 43조와 75조를 이용 계획이 짜여진 상담 기간 제공 → 진행과정에서 저성과 확인 → 저성과자 상담 및 조언 제공 → 저성과 지속 예상 시 성과개선계획(Performance improvement plan) 개발 → 저성과 지속 시 인사조치 가능성 제안 → 저성과자 반응 분석 → 필요 시 인사차원 조치 취함

출처: 서울특별시(2007), MSPB(2006).

내용은 〈표 14-2〉에 제시되어 있다.

이들 국가의 저성과자에 대한 공통점은 성과측정을 통하여 저성과가 확인되면, 저성과자에게 성과 개선 기회를 부여하며 성과가 개선되지 않을 시 인사조치가 행해진다는 점이다. 이와 같은 조치가 이루어지고 있음에도 불구하고 정부 차원의 저성과자 관리는 다음과 같은 한계를 내포하고 있다. 첫째, 저성과자 관리와 연관되어 학계에서 인정받는 공통적 이론(theory) 혹은 분석의 틀(framework)이 정립되었다고 보기 어렵다. 앞서 제시한 바처럼 한국의 경우도 저성과자 관리 관련의 논문이 매우 소수이며, 이들 논문 중에 직접적으로 이론을 개발한 경우는 없었다.

둘째, 대부분의 선진국에서 공무원들의 신분은 보장된다. 공무원들은 법에서 정하지 않은 사유를 제외하고는 퇴직 등의 신분상 불이익을 당하지 않기 때문에 저성과자 관리에 대한 법령이 명확히 존재하지 않는 한 저성과자인 공무원들에 대해서는 민간에서와 같이 강임 및 퇴출 등의 적극적 조치를 취하기 현

실적으로 어렵다.

마지막으로, 이론·실무적으로 저성과자에 대한 체계적 관리를 통하여 조직의 성과가 상당 수준 개선되었다는 명확한 근거가 아직 확인되지는 않았다. 저성과자 관리라는 인사관리 방식 자체는 널리 알려져 있으나, 그 결과에 대한 연구와 증거가 부족한 상황이다.

4. 한국 정부의 저성과 공무원 관리

한국 정부에서 공식적으로 저성과 공무원 발생 원인에 대한 실증적 조사를 진행한 적은 없는 것으로 파악된다. 다만 한국직업능력개발원의 100인이상 규모 500개 기업의 인사담당자 대상 설문에서 저성과자 발생 원인에 대한 응답은 개인성향 및 성격(59.3%), 명확한 성과목표 부재(32.7%), 부실한 평가성과관리(21.6%)의 결과가 나타난 바 있다(유용미, 2016).

한국 중앙·지방정부에서는 과거 저성과 공무원 관리를 위해 서울특별시에서의 신인사시스템의 현장시정추진단(2007년-2010년)이 운영된 바 있다. 서울특별시의 현장시정추진단은 서울시 공무원들 중 무사안일한 직무태만자를 선별하여 재교육을 통하여 업무능력을 향상시키거나 능력회복 및 과제불능의 행태를 보이는 경우 직위해제 및 직권면직의 조취를 취할 수 있는 저성과 공무원 관리제도이다(서울특별시, 2007). 서울시는 이를 통하여 공무원의 무사안일 및 불성실한 근무행태 쇄신, 공직사회의 관행적 온정주의 극복, 공직 부적합자에게 자성의 기회 부여, 조직 내 경쟁 개념의 체화를 달성하고자 하였다. 그러나 공무원법상 신분보장 규정, 교육과정의 내용, 조직 내부의 공감대 형성 부족등의 문제로 인해 2008년 현장업무 축소, 2009년 역량교육체계로 교육 단일화 등의 과정을 거치며 결국 2010년에 폐지되었다(조윤직 외, 2014).

중앙정부차원에서는 2016년 공표되었던 기획재정부의 「공기업·준정부기관 직원 역량 및 성과향상 지원 권고(안)」 등의 제도는 저성과자에 대한 3단계 관리방안을 〈표 14-3〉과 같이 제시하였다. 이를 통해 정부차원에서 공공기관 저성과자 관리 활성화 등을 목표로 했으나, 2016년 이후 일부 공공기관에서 저성과자 관리체계를 도입했을 뿐이다. 더구나 현재 시점에서 공공기관의 경영평가(업무평가)에서 저성과자 관리 관련 지표를 찾기 어려워 해당 제도가 오늘날

표 14-3 저성과자 3단계 관리 방안

1단계	(대상자) 1회 선정자
	○경고장 발송 ○현 직무 수행+역량개발 교육 프로그램 병행
↓	
2단계	(대상자) 2회 연속 선정자
	○배치전환 등 ○역량개발 교육 프로그램 확대 병행
↓	
3단계	(대상자) 3회 연속 선정자
	○직위해제 ○역량개발 교육 프로그램만 수행

까지 활성화되어 있다고 보기 어렵다.

공무원 대상 저성과자 관리 제도와 방침은 법령차원 혹은 지침차원에서 찾아볼 수 있다. 우선 국가공무원법(법률 제19228호) 제73조의 3에는 임용권자가 직무수행 능력이 부족하거나 근무성적이 극히 나쁜 자에 대해서는 직위를 해제할 수 있고, 제70조에는 직위해제에 따른 대기 명령을 받은 자가 그 기간에 능력 또는 근무성적의 향상을 기대하기 어렵다고 인정된 때 임용권자의 직권면직이 가능하고 명시하고 있다. 따라서 저성과자 퇴출을 위한 법적 근거를 갖추었다고 볼 수 있다.

고위공무원의 경우, 공무원 성과평가 등에 관한 지침(인사혁신처예규 제156호)을 살펴보면 고위공무원단은 매우우수·우수·보통·미흡·매우미흡 등 5개 등급으로 평가하되, 미흡 및 매우 미흡 비율이 10%이상 되도록 하고 있고, 근무성적평가의 경우 평가등급의 개수는 3개 이상으로 하되, 최하위등급의 인원은 하위 10퍼센트의 비율로 분포하도록 하고 필요시 평가등급의 수 및 인원비율은 소속장관이 정할 수 있도록 하고 있다.

공무원법 제 70조의2에 근거하여 고위공무원단에 속하는 공무원에 대해 근무성적평정에서 최하위 등급을 총 2년 이상 받은 때, 최하위 등급을 1년이상 받은 사실이 있음과 동시에 정당한 사유 없이 6개월 이상 직위를 부여받지 못했을 때 적격 심사를 받도록 하고 있다. 동법에서 적격심사는 근무성적, 능력 및 자질의 평정을 바탕으로 고위공무원의 직무를 계속 수행하게 하는 것이 곤란하다고 판단되는 사람을 부적격자로 보지만, 교육훈련 또는 연구과제 등을 통해 근무성적 및 능력의 향상이 기대되는 사람은 조건부 적격자로 결정할 수 있도록 하고 있다. 따라서 고위공무원에 대해서는 저성과자 관리의 제도적 기반이 마련되어 있다고 할 수 있다.

성과계약 평가 대상인 4급 이상 공무원(고위공무원단 포함)과 근무성적평가 대상인 5급 이하 공무원 모두에게 적용되는 저성과 관련 규정은 공무원 성과평가 등에 관한 규정(대통령령 제33149호)의 제6조의2(성과평가 및 성과향상을 위한 계획의 수립) 1항에서 소속장관이 소속 공무원에 대한 평가결과가 미흡한 사람에 대한 조치계획을 매년 3월 31일까지 인사혁신처장에게 통보하도록 하고 있는데서 찾아볼 수 있다. 또한 1항에 따른 계획에는 소속 공무원에 대한 성과평가, 성과면담, 평가결과의 활용 및 평가결과가 미흡한 사람에 대한 조치 계획을 포함하도록 하여 저성과자에 대한 관리의 기초적 틀은 갖추고 있다고 볼 수 있다. 다만, 공무원 성과평가 등에 관한 지침(인사혁신처예규 제156호)를 살펴보면 소속장관이 부처별 업무특성에 맞게 평가 최하위등급 요건을 설정하도록되어 있으며 성과계약 평가 대상인 공무원들에 대한 최하위 등급 부여 요건의 예를 [그림 14-3]과 같이 제시하고 있다. 근무성적평가 대상 공무원들의 경우,

그림 14-3 공무원 최하위등급 요건의 예(성과계약)

- 성과계약서에 명시된 성과목표의 달성률이 일정수준 이하인 경우
  (예 목표달성률이 60% 미만인 평가지표가 전체의 절반 이상)
- 업무상 비위(공금 횡령·유용, 업무상 배임, 금품 향응·수수, 소극행정 등)
- 소속직원 중 성과상여금 부당수령(지급받은 후 모의하여 재배분하는 행위 등), 초과근무수당 부당수령(근무실적과 관계없이 균등배분, 대리입력 등) 및 다면평가 담합이 발생하는 등 성과관리 책임 소홀
- 부처별로 자체 실시하는 평가에서 일정기준 이하의 평가결과를 반복하여 받은 경우
  (예 기관내 실적평가 하위 3% 2회 이상 등)
- 업무상 중대한 과실로 감사원 감사, 자체감사 등에서 적발, 조치된 경우(적극적 행정으로 인한 경우는 제외)

성과계약평가 대상 공무원들의 최하위등급 요건 중 '성과계획서에 명시된 성과목표의 달성률'을 제외하고는 요건이 동일하다. 하지만 동 지침에는 최하위등급을 받은 저성과자들의 성과를 개선하기 위한 절차나 프로그램에 대한 내용이 제시되어 있지는 않다.

요컨대 조직 내 저성과자 존재의 필연성에도 불구하고, 한국 정부의 저성과 공무원 관련 제도의 도입과 저성과 공무원에 대한 해결책 마련은 최소한의 기준만을 바탕으로 소극적으로 이루어지고 있다고 볼 수 있다. 따라서 현재에도 과거와 마찬가지로 한국 정부 조직 내의 저성과 공무원의 실태에 대한 조사나 저성과자 관리를 위한 구체적 제도 마련이 적극적으로 추진되지는 않고 있다(이민호·김윤권, 2012).

제 6 절 저성과 공무원 개선 방안

현재까지 논의된 내용을 종합해보면 저성과 공무원 관리에 대한 행정학적 차원의 관심도가 높지 않고, 한국 정부에는 저성과 공무원 관련 별도 제도나 방침이 제대로 마련되어 있지 않다. 따라서 저성과자에 대한 미래 관리 방향을 다음과 같이 제시한다.

첫째, 정부차원에서 저성과 공무원의 분포와 저성과 발생 원인을 진단하고, 그에 대한 처방이 필요하다. 특히, 각 부처별로 소속 장관의 주도하에 근무성적 미흡자에 대한 기존 조치를 검토하고 개선할 수 있는 부분을 발굴하여 소극적 관리가 아닌 저성과자 성과 개선을 위한 적극적 조치를 마련할 필요가 있다.

둘째, 모든 공무원들에게 포괄적으로 적용할 수 있는 저성과자 관리 모형을 개발할 필요성이 있다. 저성과자 관리 모형은 관련 이론과 타 정부들의 사례를 참고하여 구축하고, 이를 통해 저성과 공무원 관리를 위한 제도적 절차를 정립해야 한다. 현재의 제도 기반으로는 저성과 공무원들에게 성과개선의 기회를 부여하기에 부족하다. 또한 저성과 공무원 관리모형은 공무원이 강력한 신분보장을 받고 있다는 점에서 저성과자 퇴출 보다는 저성과자 성과개선 위주의

체계를 지향하는 것이 바람직하다.

셋째, 저성과자에 대한 대응은 결국 저성과자의 직속상관의 몫이라고 할 수 있기 때문에 정부차원에서의 관리자들을 대상으로 한 저성과자 관리 교육과정을 마련할 필요성이 있다.

마지막으로, 저성과자에 대한 학계의 관심이 필요하다. 앞서 밝힌 대로 현재 행정학계에는 공무원 저성과자 관련 연구가 많지 않다. 공무원들의 역량을 개선하고 정부 전체의 성과향상을 위해서는 저성과자 공무원 관리를 위한 학자들의 적극적인 연구 노력이 요구된다.

참고문헌

김윤권·이민호. (2010). 공직경쟁력 강화를 위한 저성과자 관리제도 활성화방안연구. 「한국행정연구원」 KIPA연구보고서, 2010-10.

김정인. (2016). 「인간과 조직: 현재와 미래」. 서울: 박영사

박시진. (2016). 공무원 저성과 원인에 관한 실증연구: 미국 연방정부 공무원 사례를 중심으로. 「한국인사행정학회보」, 15(4): 97-120.

박시진. (2017). 저성과자의 부정적 영향에 대한 조직구성원의 인식에 영향을 미치는 요인에 대한 탐색적 연구: 경기도 기초자치단체 공무원을 중심으로. 「한국조직학회보」, 14(2): 129-150.

박천오·박시진. (2017). 저성과 원인과 저성과자에 대한 조직구성원들의 인식과 반응: 한국 지방공무원들을 중심으로. 「한국인사행정학회보」, 16(1): 103-130.

유용미. (2016). 저성과자 선발 및 역량개발 방안. 「임금연구」, 24(2): 40-49.

이민호·김윤권. (2012). 공무원 인식조사를 통한 정부조직의 저성과자 개념과 관리 실태 분석. 「행정논총」, 50(3): 207-235.

인사혁신처. (2023). 「공무원 보수 등의 업무지침」.

서울특별시. (2007). 「서울시 신인사 추진백서」.

정민홍. (2022). 「조직관리와 HR전략」. 서울: 성신미디어.

조윤직·안지선·송현진·노혜정. (2014). 서울시 신인사시스템에 대한 공무원 인식조사: 성과포인트제도와 현장시정추진단을 중심으로. 「한국인사행정학회보」, 13(3): 277-303.

이종건. (2013). 저성과자 출구전략으로서의 전직지원제도 운영방안. 「한국경영자총협회: 최신HR트렌드」, 807-828.

홍석환. (2016). 저성과자 HRD 전략. 「임금연구」, 24(2): 4-16.

황정윤·이정욱·김윤권. (2014). 공공부문 저성과자에 대한 경험적 연구: 저성과자 발생의 원인과 영향 그리고 관리를 중심으로. 「한국인사행정학회보」, 13(2): 113-138.

Axelrod, B., Handfield-Jones, H., & Michaels, E. (2002). A New Game Plan for C Players. *Harvard Business Review*, 80(1): 80-90.

Smart, B.(2003). 「탑그레이딩: 최고 인재를 찾는 방법. 최고 인재가 되는 방법」.이석재 외 (역). 서울: 김앤김북스.

CSH (Civil Service HR). (2023). *Managing Poor Performance Policy*. Civil Service HR. United Kingdom Government.

Conger, J. A., & Church, A. H. (2018). The 3 Types of C Players and What to Do about Them. *Harvard Business Review*.

Daley, D. M. (2008). The Burden of Dealing with Poor Performers: Wear and Tear on Supervisory Organizational Engagement. *Review of Public Personnel Administration*, 28(1): 44–59.

Dunning, D. (2011). The Dunning-Kruger Effect: On Being Ignorant of One's OwnIgnorance. *In Advances in Experimental Social Psychology* (Vol. 44, pp. 247–296). MA: Academic Press.

Edgar, F., Geare, A., Halhjem, M., Reese, K., & Thoresen, C. (2015). Well–Being and Performance: Measurement Issues for HRM Research. *The International Journal of Human Resource Management*, 26(15): 1983–1994.

FWC(Fair Work Commission). (2021). Managing Underperformance Best Practice Guide. Australian Government.

MSPB. (2006). Addressing Poor Performers and the Law. Washington, D.C: U.S. Merit System Protection Board.

Park, S., & Berry, F. (2014). Successful Diffusion of a Failed Policy: The Case of Pay–for–Performance in the US Federal Government. *Public Management Review*, 16(6): 763–781.

Peter, L. J., & Hull, R. (1969). The Peter Principle (Vol. 4). London: Souvenir Press.

Pfeffer, J. (2001). Fighting the War for Talent is Hazardous to Your Organization's Health. *Organizational Dynamics*, 29(4): 248–259.

제 5 편

공무원의 권익과 삶의 질

제15장 가족친화적 인사정책

제16장 공무원 단체활동

제17장 보수 및 연금

제 5 편에 들어가면서

제5편은 적극적 의미에서 공무원의 권익을 보호하고자 공무원이 인간다운 삶을 향유 할 수 있도록 적절한 여건을 조성하는 것과 관련된 내용을 담고 있다. 제15장에서는 조직 구성원들이 직장생활과 가정생활에서의 균형을 통해 만족감과 행복을 느낄 수 있도록 제공되는 다양한 지원제도 또는 프로그램인 가족친화정책에 대해 설명한다. 이러한 가족친화정책이 실제 공공부문에서 어떻게 활용되고 있으며 앞으로 개선되어야 할 점이 어떤 것인지에 대해 주안점을 두어 논의한다. 제16장에서는 공무원단체활동의 의의와 공무원 노사관계의 특징을 설명하며, 직장협의회와 공무원노동조합 두 제도의 유사점과 차이점을 비교한다. 또한 공무원노동조합의 가입범위, 교섭대상, 교섭절차 등을 설명하고, 미국, 영국, 일본, 독일, 프랑스 등 외국의 노동3권에 대해 개관한다. 제17장에서는 공무원의 보수와 연금에 대해 소개한다. 민간부문과 달리 성과나 실적에 의해 결정되는 부분이 작은 공무원의 보수의 특성과, 공무원의 보수를 결정하는 주요 요인들과 가치, 관련 이론들 등을 설명한다. 그리고 공무원의 또 하나의 보수인 연금의 의의와 발전과정 등에 대해 논의한다.

제15장 가족친화적 인사정책

제 1 절 가족친화정책

1. 가족친화정책의 대두배경과 의미

현대 사회에서 조직 구성원들은 직장생활 뿐만 아니라 직장 이외의 생활에서도 만족과 즐거움을 느끼며 살아가길 희망한다. 1인 가구가 증가하고는 있지만, 구성원들이 직장 이외의 대부분의 생활을 가족과 함께 가정에서 보낸다는 것을 가정한다면, 가정생활에서의 만족과 행복이 중요하다는 것을 알 수 있다. 이러한 가정생활에서의 중요성에 대한 강조는 학자들과 실무자들 사이에 직장과 가정을 개별적이고 독립적인 관점에서 접근했던 인사행정의 전통적인 시각에서 벗어나 양자를 상호보완적이고 연계된 관점에서 접근해야 한다는 인식의 변화를 가져왔다(최진욱·노종호, 2020).

최근 여성의 경제활동 증가로 맞벌이 가구 비중이 늘어남으로써 직장과 가정에서의 역할갈등이 나타날 개연성이 한층 높아짐에 따라 직장과 가정 간의 관계에 관한 관심은 더욱 커지고 있다(김효선·차운아, 2009; 이도화·정두영, 2010). 이러한 현실에서 직장생활과 가정생활에서의 균형을 통해 양자 사이에서 발생할 수 있는 갈등을 완화하고 지원을 촉진하기 위해 나타난 제도가 가족친화정책(family-friendly policies)이다.

구체적으로 가족친화정책은 조직 구성원들이 직장생활과 가정생활에서의 균형을 통해 만족감과 행복을 느낄 수 있도록 제공되는 다양한 지원제도 또는 프로그램이라고 정의할 수 있다.[1] 이러한 가족친화정책을 통해 조직 구성원들은 가정과 직장생활 간의 갈등을 줄이고, 양자 간의 균형을 유지하여 개인의 욕구충족을 통한 삶의 질 개선과 조직에 대한 소속감과 몰입을 증가시켜 개인과 조직의 성과향상이라는 긍정적 효과를 동시에 추구할 수 있다.

가족친화정책을 설명하기 위해 몇 가지 이론을 살펴보면 다음과 같다(Felstead et al., 2002). 첫째, 제도이론(institutional theory)은 조직이 사회적·제도적 변화에 순응하는 것을 말하며, 그 변화의 범위는 조직이 사회적 정통성을 유지하는데 필요한 정도에 의존한다. 이러한 제도이론을 가족친화정책에 적용해 본다면, 조직 관리자는 가족친화정책과 관련된 사회적·경제적·문화적·인구통계학적 변화에 대응해야 한다.

둘째, 조직적응이론(organizational adaptation theory)은 제도이론에서 한 걸음 더 나아가 조직이 사회적 규범과 기대에 반응해야 한다는 명제로부터 출발한다. 사회적 기대에 대한 반응의 기초 위에서 조직적응이론은 조직에서 여성의 비율이 증가할수록, 사회적 압력에 대한 조직의 반응도 더 커진다는 것을 가정하고, 이에 대응하기 위해 가족친화정책이 필요하다는 것이다.

셋째, 고도몰입이론(high commitment theory)은 조직에서 일하는 사람들의 몰입과 관련된다. 이 이론은 조직 관리자가 구성원들을 동기부여시킴으로써 그들의 몰입을 강화해야 한다는 것을 주장하며, 이러한 목적을 위해 직장과 가정 간에 발생하는 문제나 요구를 해결하는 것이 중요하다고 여긴다. 이를 위해 조직 관리자가 그러한 요구를 충족시키기 위한 좋은 전략 가운데 하나는 조직 구성원에게 직장과 가정을 조화롭게 균형시키기 위한 정책이나 프로그램을 제공하는 것이며, 이것이 바로 가족친화정책이라는 것이다.

마지막으로, 상황이론(situation theory)은 조직이 현재의 사회적 상황에 반응하는 것을 가정한다. 이 이론은 가족친화정책이 사회적 체제에 대한 변화의 산물도 아니고, 혁신적인 인적자원관리정책의 채택도 아니며, 단지 이 정책은 여성 노동인구의 증가, 노령 인구의 증가와 같은 사회의 인적 구성의 변화에 대처하기 위한 하나의 일환으로서 나타난다고 본다.

최근에 와서는 가족친화정책이라는 용어 대신에 좀 더 포괄적인 차원에서

---

1 자세한 내용은 고재권(2016), 유호정(2019), Bae & Yang(2017), Feeney & Stritch(2019), Frye & Breaugh(2004) 참조.

일과 삶의 균형정책(work-life balance policies)이라는 용어가 사용되기도 한다. 일과 삶의 균형정책은 일과 삶 간의 갈등 이슈를 해결하고, 일과 삶 간의 균형 촉진을 지원하는 제반 제도 및 정책이라고 할 수 있다(박정열 외, 2016: 4). 일반적으로 일과 삶의 균형정책의 영역은 크게 일-가족 균형(work-family balance), 일-여가 균형(work-leisure balance), 일-성장 균형(work-growth balance)으로 나눌 수 있다.[2] 일-가족 균형정책은 가족친화적인 제도나 정책과 관련된 것으로 출산휴가, 육아휴직, 간병휴직, 보육 및 탁아지원 등이 여기에 해당된다. 일-여가 균형정책은 조직 구성원들의 삶의 질에 대한 관심이 높아지면서 직장 이외의 여가활동을 지원해주는 것을 의미한다. 정부에서도 구성원들의 여가활동을 지원해주기 위한 각종 제도와 정책을 실시하고 있는데, 이와 관련된 제도나 정책 내용으로는 휴양시설 이용, 가족여가 프로그램, 여가정보 서비스 등을 들 수 있다. 일-성장 균형정책은 개인의 성장 및 자기 계발과 관련된 정책으로서 학비 지원, 경력관리, 연수휴직 등이 이에 해당되는 제도나 정책이라고 할 수 있다.

2. 가족친화정책의 유형

가족친화정책에는 다양한 유형이 존재하는데, 이를 분류하는 일반적인 기준은 아직 없다. 다만, 한국의 경우 여성가족부와 가족친화센터가 2011년 발표한 보고서에 따르면, 가족친화정책을 크게 가족친화 문화조성, 자녀출산·양육·교육지원제도(육아휴직, 배우자 출산휴가, 직장보육지원 등), 근로자 지원제도(근로자 건강·교육·상담 프로그램 등), 탄력근무제도(시차출퇴근제, 집약근무제, 근무시간선택제 등), 부양가족 지원제도(부모 돌봄 서비스, 가족간호 휴직제 등)와 같은 다섯 가지 유형으로 분류하였으며, 이것이 가장 많이 활용되는 가족친화정책의 유형이라고 할 수 있다(여성가족부·가족친화지원센터, 2011). 여기서는 조직이 보편적으로 도입하여 실제 사용하는 있는 정책 또는 제도를 중심으로 가족친화정책을 보다 포괄적인 관점에서 다섯 가지 유형으로 나누어 살펴본다.

---

2 자세한 내용은 김정운·박정열(2008), 손미혜·신홍철(2018), Kim, Oh, & Huo(2017) 참조.

(1) 유연근무제도

유연근무제(flexible work arrangement)는 과거의 정형화된 근무형태를 탈피하여 근무시간이나 장소를 자유롭게 선택하거나 조정하여 업무의 유연성을 높이는 근무형태라고 할 수 있다.[3] 이러한 유연근무제를 통해 조직은 생산성을 증가시키고, 개인은 삶의 질을 개선하는 것을 목표로 한다. 유연근무제는 크게 탄력근무제, 재량근무제, 원격근무제로 나눌 수 있으며, 탄력근무제에는 근무시간 선택형, 집약근무형이 있고, 원격근무제에는 재택근무형과 스마트워크 근무형이 있다(인사혁신처, 2023).[4] 최근, 코로나 19(COVID-19)의 전세계적인 대유행 이후로 가장 확대된 근무방식 중의 하나가 재택근무제(telecommuting)라고 할 수 있다. 이러한 재택근무제는 다수가 모여 근무하는 사무실 대신 자택에서 근무함으로써 대면접촉의 기회를 차단하여 코로나 감염확산 방지에 부합하는 근무방식이다(임재진, 2021).

(2) 자녀출산 · 양육 · 교육 지원제도

자녀출산·양육·교육 지원제도는 가족친화정책의 가장 핵심이라고 할 수 있으며, 자녀, 특히 영·유아 자녀를 가진 조직 구성원들에게 가족체제의 유지와 강화를 위해 출산·양육·교육과 관련된 다양한 프로그램을 지원하는 것을 말한다(노종호, 2021; 최진욱·노종호, 2020). 이러한 제도에는 출산휴가제, 육아휴직제, 직장보육지원, 자녀 양육과 교육지원 등이 있다. 가족친화정책 유형 중에서 특히 자녀출산·양육·교육 지원제도가 중요한 데, 그 이유는 다른 유형과 비교할 때, 이러한 제도가 필요성 면에서 절박하고 여성 근로자에게는 육아와 출산 문제가 해결되지 않고서는 직장생활을 유지하기가 매우 어렵기 때문이다(최진욱·노종호, 2019). 자녀출산·양육·교육 지원제도를 통해 조직은 유능한 인력을 계속 보유할 수 있고, 구성원들은 조직에 대한 강한 소속감과 애착심을 갖고 일할 수 있다.

---

3 자세한 내용은 이정석·오세희(2014), 진종순·장용진(2010), 황순옥·한상일(2013) 참조.

4 다음의 〈표 15-1〉 참조.

(3) 부양가족 지원제도

부양가족 지원제도는 가족들의 건강과 복지를 위해 지원하는 서비스나 프로그램을 말하며, 가족돌봄휴가제, 가족간호휴직제 등이 이에 속한다. 가족돌봄휴가제는 근로자가 자녀 돌봄 등을 위해 1년 동안 일정 기간 사용할 수 있는 무급휴가를 말한다. 가족간호휴직제는 사고 또는 질병으로 장기간의 요양을 원하는 부모, 배우자, 자녀 또는 배우자 부모의 간호를 위해 휴직하는 제도이다. 부양가족 지원제도는 모든 가족에게 필요하겠지만, 특히 노령인구와 한 부모 가족 형태가 증가함에 따라 이러한 가족에 대한 부양지원이 가족의 생계와 유지를 위해 더욱 중요한 의미를 갖는다.

(4) 개인신상 지원제도

개인신상 지원제도는 근로자 본인의 건강관리, 복리후생, 교육지원 등에 관한 프로그램을 제공함으로써 조직 구성원들의 자기 계발과 만족감을 제고하고, 더 나아가 개인의 삶의 질을 개선하는데 기여할 수 있다. 공무원들에게 제공되는 지원제도로는 가족생활여건과 관련된 각종 수당, 맞춤형 복지, 각종 휴가 및 휴양시설 이용, 학비지원, 경력·상담관리 프로그램 등이 있다(손영미·김정운·박정열, 2011).

(5) 가족친화문화 조성제도

가족친화적 조직문화(family-friendly organizational culture)란 가족친화정책을 자유롭게 활용할 수 있고, 이용에 따른 불이익과 장시간 근로가 없고, 직장 상사의 배려와 지원이 높은 문화로 정의된다(김필숙·김태현, 2010). 이 제도는 조직 구성원들에게 직접적인 가족친화정책을 제공하는 것은 아니지만, 그러한 정책들이 활용될 수 있는 조직 내 문화를 조성하는 것을 말한다. 다시 말해 가족친화정책의 효과를 증진하기 위해서는 가족친화에 대한 조직의 관심과 지원 그리고 구성원들의 가족친화에 대한 긍정적 인식 등이 하나의 가족친화적인 조직문화로서 정착되어야 한다는 것이 그 전제이다.[5] 이러한 가족친화적인 문화가 조성되었을 때 가족친화정책의 실질적 시행이 좀 더 활발하게 이루어질

5 자세한 내용은 고재권(2016), 김태희·오민지(2017), 유효정(2019), Kim & Faerman(2013) 참조.

수 있다.

3. 가족친화정책의 효과

그동안 가족친화정책이 개인 및 조직에 어떠한 영향을 미치는 지에 대한 연구가 활발하게 수행되어 왔다. 그동안의 연구결과를 종합해보면, 가족친화정책이 구성원의 직무만족, 조직몰입, 업무성과, 삶의 질 등에 미치는 영향에 대한 연구가 대종을 이루어왔다. 먼저, 가족친화정책이 구성원의 욕구충족과 조직에 대한 긍정적 마인드를 통해 직무에서도 긍정적 태도와 감정을 가져 결국 직무만족을 높인다는 연구결과들이 있으며, 이들 연구는 대체로 일정한 이론적 틀에 토대를 두고 있다.[6]

이들 연구는 가족친화정책과 조직몰입 간의 관계를 설명할 때 사회교환이론(social exchange theory)의 유용한 이론적 틀에 기초한다. 이 이론은 조직 구성원이 조직으로부터 어떤 혜택이나 보상을 받을 경우, 조직에 대해 그에 상응한 보답을 해야 한다는 심리적 의무감(psychological obligation)을 가지게 되어 구성원과 조직 간에 호혜적인 교환관계가 형성되며, 이러한 관계가 조직에 대한 긍정적 행태로 연결된다고 설명한다(Gould-Williams & Davies, 2005; Lambert, 2000). 사회교환이론을 가족친화정책과 조직몰입 간의 관계에 적용해 본다면, 조직으로부터 가족친화정책의 혜택을 받은 구성원은 조직이 자신에게 우호적인 관심과 배려를 가지고 있다고 인식하게 되고, 그에 상응한 보답으로서 조직을 위해 봉사하고 헌신하는 긍정적 행태를 가지게 된다. 실제로, 선행연구들은 조직이 구성원들에게 가족친화정책을 제공하거나 구성원들이 가족친화적인 조직으로 인식했을 때, 조직몰입이 더 높아진다는 것을 보여준다(Allen, 2001; Caillier, 2012; Meyer & Allen, 1997).

다음으로, 가족친화정책과 업무성과 간의 관계를 살펴보면, 개인이 조직으로부터 어떤 혜택이나 도움을 받았을 때, 교환의 입장에서 개인은 그에 상응한 보답을 조직에 제공해야 한다는 의무감을 갖게 된다(Lambert, 2000; Settoon, Bennett & Liden, 1996). 조직이 도입한 가족친화정책으로 혜택을 본 구성원들

---

6 자세한 내용은 서옥산·안종태(2013), 이진숙·최원석(2018), Bae & Yang(2017), Ko, Hur, & Smith-Walter(2013) 참조.

은 조직에 기꺼이 보답하기 위한 동기부여를 갖게 된다(Bae and Yang, 2017). 따라서 가족친화정책을 이용한 경험이 있는 구성원들은 자신에게 혜택을 제공한 조직에 대해 긍정적인 인식을 갖게 되고, 그에 대한 보답으로 자신의 업무에서 긍정적인 행태를 갖게 될 것으로 기대할 수 있다.

마지막으로, 가족친화정책이 삶의 질에 미치는 영향에 대한 연구가 의미 있게 다뤄지고 있다. 삶의 질은 매우 광범위하고 다양하게 정의되는데, 일반적으로 삶을 영위하는데 필요한 객관적인 조건과 환경에 대한 주관적인 평가로 이해된다(임희섭, 1996). 조경호·이선우(2000)는 삶의 질을 직장에서의 개인의 삶(work-life), 개인의 능력개발, 개인 가족 구성원들의 삶의 질(family-life)로 나누었으며, 특히 조직 구성원들이 직장에서 경험하는 개인 삶의 질, 즉 직장생활에서의 질의 중요성을 강조하였다(조경호, 2003). 공무원 직장생활의 질이란 공무원이 직장생활을 영위하는데 필요한 객관적인 조건과 주관적인 만족감으로 정의될 수 있다. 가족친화정책을 통해 조직 구성원이 일과 가정 사이의 균형(work-life balance)을 유지함으로써 직장생활의 질을 개선할 수 있다는 것을 기대할 수 있다. 실제로, 가족친화정책의 이용횟수와 가족친화적 조직문화가 공무원 직장생활의 질에 긍정적인 영향을 미친다는 연구결과가 있다(노종호·한승주, 2014).

이처럼 가족친화정책이 직무만족, 조직몰입, 업무성과, 삶의 질 등과 같은 변수들에 긍정적 영향을 미친다는 실증적 연구결과는 이 정책의 중요성을 보여준다. 조직 구성원을 조직의 목표달성을 위한 수단적 존재로 인식했던 과거와는 달리, 현대 인사행정에서는 구성원의 개인적 욕구, 기대, 만족을 중시한다. 특히 최근에 와서 일과 삶의 균형정책에 대한 관심이 높아지면서, 이 정책의 핵심이라고 할 수 있는 가족친화정책에 대한 관심이 그 어느때보다 증가하고 있다. 특히 가족친화정책이 그 자체 뿐만 아니라 긍정적 효과를 갖는다는 점을 고려할 때, 앞으로 이 정책에 대한 체계적인 연구가 필요할 것으로 본다.

제2절 한국의 가족친화정책 운영과 실태

한국 공직사회에도 가족친화정책이 광범위하게 시행되고 있다. 특히 매년 여성 공무원의 수가 증가하면서 가족친화정책의 필요성과 시행에 대한 관심이 점점 커지고 있다. 최근 인사혁신처에서 발행한 「2023 인사혁신통계연보」에 따르면, 최근 3년간 행정부 국가공무원 중에서 여성의 비율은 2020년 47.9%(357,170명), 2021년 48.2%(364,927명), 2022년 48.5%(370,758명)으로서 거의 50%에 육박하고 있다. 또한 최근 공직사회에서 MZ세대라 일컫는 20~30세대에서 40~50세대의 기성세대와는 다른 새로운 가치관이 주목을 받고 있다. 이들 세대는 기존의 공무원에게 중시되었던 공공가치나 공공봉사보다는 일·가정 양립이 중요한 가치로 나타났다(행정안전부, 2020). 따라서 그 어느때보다 가족친화정책이 공직사회에서 시행되어야 할 중요한 인사정책으로 인식되고 있다. 앞에서 소개된 다섯 가지 유형을 중심으로 한국 공무원을 위한 가족친화정책의 운영과 실태를 살펴보고자 한다.

1. 유연근무제도

한국 정부는 공무원의 삶의 질의 향상과 근무시간이나 근무장소를 선택 조정하여 일과 가정 간의 균형을 도모하여 가정에서의 만족과 직장에서의 업무의 효율성을 기하고자 2010년부터 유연근무제를 본격적으로 도입하여 실시해오고 있다. 국가공무원 복무규정 제10조(근무시간 등의 변경)에 따르면, 공무원은 소속 행정기관의 장에게 통상의 근무시간·근무일을 변경하는 관련 조항에 따른 온라인 원격근무를 신청할 수 있도록 규정함으로써 유연근무에 관한 법적 조항을 두고 있다. 앞서 기술한 것처럼, 유연근무제는 크게 탄력근무제, 재량근무제, 원격근무제로 나눌 수 있으며, 탄력근무제에는 시차출퇴근형, 근무시간 선택형, 집약근무형이 있고, 원격근무제에는 재택근무형과 스마트워크 근무형이 있다(〈표 15-1〉 참조).

표 15-1 유연근무제 유형과 활용방법

유 형		활 용 방 법
탄력 근무제		• 주 40시간 근무하되, 출퇴근시각·근무시간·근무일을 자율 조정
	시차 출퇴근형	• 기본개념: 1일 8시간 근무체제 유지, 출퇴근시간 자율 조정 • 실시기간: 1일 이상 • 신청시기: 당일까지 신청하되, 당일 24시까지 부서장 승인 • 출근유형: 가급적 07:00~10:00까지로 30분 단위로 하되 필요시 탄력적으로 운영 가능
	근무시간 선택형	• 기본개념: 일 8시간에 구애받지 않음(일4~12시간 근무), 주 5일 근무 준수 • 실시기간: 1주 이상으로 하되 당일 신청시 2일 이상 • 신청시기: 당일까지 신청하되, 당일 24시까지 부서장 승인 • 근무가능시간대는 06:00~24:00로 하되 1일 최대 근무시간은 12시간
	집약 근무형	• 기본개념: 일 8시간에 구애받지 않음(일4~12시간 근무), 주 3.5~4일 근무 • 실시기간: 1주일 이상 • 신청시기: 실시 전일까지 • 근무가능시간대는 06:00~24:00로 하되 1일 최대 근무시간은 12시간 • 정액급식비 등 출퇴근을 전제로 지급되는 수당은 출근하지 않는 일수만큼 감하여 지급
재량 근무제		• 근무시간, 근무장소 등에 구애받지 않고 구체적인 업무성과를 토대로 근무한 것으로 간주하는 근무형태
		• 기본개념: 출퇴근 의무 없이 프로젝트 수행으로 주 40시간 인정 • 실시기간: 기관과 개인이 합의 • 신청시기: 수시 • 고도의 전문적 지식과 기술이 필요해 업무수행 방법이나 시간 배분을 담당자의 재량에 맡길 필요가 있는 분야
원격 근무제		• 특정한 근무장소를 정하지 않고 정보통신망을 이용하여 근무
	재택 근무형	• 기본개념: 사무실이 아닌 자택에서 근무 • 실시기간: 1일 이상 • 신청시기: 당일까지 신청하되, 당일 24시까지 부서장 승인 • 출근유형: 08:00~10:00내 조정가능하며, 1일 근무시간은 4~8시간으로 변동 불가 • 초과근무: 사전에 부서장의 긴급 초과 근무명령을 받은 경우에만 예외적으로 인정

스마트 워크 근무형	• 기본개념: 자택 인근 스마트워크센터 등 별도 사무실에서 근무 • 실시기간: 1일 이상 • 신청시기: 당일까지 신청하되, 당일 24시까지 부서장 승인 • 출근유형: 08:00~10:00내 조정가능하며, 1일 근무시간은 4~8시간으로 변동 불가 • 초과근무: 사전에 부서장 승인시에만 인정

자료: 인사혁신처 (2023).「국가공무원 복무·징계 관련 예규」, 세종: 인사혁신처. PP. 31-32에서 인용.

(1) 탄력근무제

탄력근무제는 주 40시간을 근무하되, 출퇴근시간과 근무시간, 근무일을 개인의 선호와 상황에 따라 자율적으로 선택하는 제도이다. 탄력근무제 유형에는 시차출퇴근형, 근무시간 선택형, 집약근무형이 있다. 탄력근무제 중에서 1일 8시간(주 40시간)의 근무체제를 유지하면서 출퇴근시간을 자율적으로 조정하도록 하는 시차출·퇴근제가 가장 활발하게 사용되고 있다. 다음으로, 근무시간 선택형은 하루 8시간 근무에 구애받지 않고 하루 4~12시간의 근무시간을 선택하되, 주 5일 근무를 준수하는 유형이다. 마지막으로, 집약근무형은 한 주 총 근무시간(40 시간)을 유지하면서 1일 4~12시간, 주 3.5~4일 근무시간을 자유롭게 조정할 수 있는 유형이다.

(2) 재량근무제

재량근무제는 근무시간, 근무장소에 구애받지 않고 구체적인 업무성과를 토대로 근무한 것으로 간주하는 근무형태를 말한다. 기본적으로 재량근무제는 출퇴근 의무없이 프로젝트 수행으로 주 40시간의 근무를 인정받으며, 고도의 전문적 지식과 기술이 필요해 업무수행 방법이나 시간을 담당자의 재량에 맡길 필요가 있는 분야에 적합한 유연근무제 유형이다(김판석·박미영, 2022).

(3) 원격근무제

원격근무제는 특정한 근무장소를 정하지 않고 정보통신망과 기기를 이용하여 근무하는 유연근무제의 한 유형이다. 이에는 재택근무형과 스마트워크 근무형이 있다. 먼저 재택근무형은 조직 구성원이 정보통신기술을 활용하여 사무실이 아닌 자택에서 일하는 근무형태를 말한다. 이러한 재택근무가 단순히 일하는 장소를 사무실에서 자택으로 이동하는 공간적 이동뿐만 아니라 정보통신기술을 활용하여 업무를 수행하는 것도 필수적인 개념적 구성요소로 하고 있다.

최근, 코로나로 인한 새로운 근무방식으로서 재택근무가 각광을 받고 있지만, 사실 이 제도는 이미 오래전부터 새로운 통신기술의 발달과 조직의 비용절감의 차원에서 활용되어 왔다. 한국에서 재택근무제는 2005년 특허청에서 처음 시범적으로 실시되었으며, 이후 다른 행정기관이 중장기 과제로 추진할 예정이었으나 업무특성, 인력관리의 어려움, 통신기술의 미비 등의 이유로 실질적으로 시행되지 못하다가 코로나 19 이후로 대부분의 행정기관으로 확대되어 시행되고 있다.[7] 특히, 직장생활과 가사노동을 병행하고 있는 기혼 여성에게 재택근무제는 직장과 가정 간의 균형을 도모할 수 있는 현실적 대안을 제공해 준다는 점에서 유용한 제도로서 인식되어 왔다.[8] 그러나 코로나 사태 이후로 재택근무제는 기혼 여성 집단만이 아니라 기혼 남성과 미혼 집단에서도 그 활용 빈도가 높아지고 있는 추세이다.

인사혁신처 예규는 공무원 재택근무의 적합 분야와 적합 직무에 대한 예시를 제시하고 있다. 이에 따르면, 적합 분야는 개별적·독립적이며, 적합 직무로는 법령 해석·검토, 민원처리 및 질의회신, 조사, 통계 조사·분석, 판례 및 행정해석, 규제영향평가, 심사·심의·심판 등을 예시로 들고 있다.[9]

스마트워크[10] 근무형은 스마트기기와 정보통신기술을 이용하여 특정한 근무장소를 정하지 않고 자택 인근 스마트워크센터 등 별도 사무실에서 업무를

7 최근 한국행정연구원에 수행한 2019년과 2020년 「공직생활 실태조사」에 따르면, 재택근무의 이용 경험이 있는 공무원의 수가 코로나 전후를 비교해볼 때 놀라울 정도로 증가하였다. 코로나 이전인 2019년 설문조사에서는 재택근무의 이용 경험이 있는 공무원은 57명으로 전체 응답자의 1.4%에 불과하였으나, 코로나가 본격적으로 시작된 2020년 설문조사에서는 재택근무의 이용 경험이 있는 공무원은 2,598명으로 전체 응답자의 59.9%를 차지함으로써 2019년에 비해 큰 폭으로 증가하였음을 알 수 있다(한국행정연구원, 2019, 2020).

8 자세한 내용은 이애련(2011), Horvath(1986), Owen, Carsky & Dolan(1992) 참조.

9 인사혁신처 예규 제104호(2020.10.20), 임재진(2021: 283에서 재인용).

10 한국정보화진흥원에서 발간한 「2019 스마크워크 실태조사 결과보고서」에 따르면, 스마트워크를 모바일 오피스, 스마트워크센터, 재택근무, 스마트 오피스, 유연근무제, 기타 스마트워크를 포함하는 좀 더 포괄적인 개념으로 사용하였다.

수행하는 좀 더 포괄적인 근무형태라고 정의할 수 있다.[11]

2. 자녀출산 · 양육 · 교육 지원제도

자녀출산·양육·교육 지원제도는 가족친화정책의 핵심이라고 할 수 있으며, 특히 자녀를 가진 기혼 공무원들이 주요 수혜집단이라고 할 수 있다. 이 제도와 관련하여 가장 많이 사용되고 있는 가족친화정책은 육아휴직제이다. 육아휴직[12]은 모든 공무원에게 신분을 유지하면서 출산휴가 및 출산 이후 일정 기간 동안 자녀양육을 위해 필요한 비용을 일부 지원해주고, 휴직 후에는 불리한 처우나 해고 없이 직무에 복귀시키는 제도를 말한다.[13] 이러한 육아휴직제도는 신분상의 안정을 유지하면서 육아에 전념할 수 있는 기회를 제도적으로 보장함으로써 일과 양육 간의 갈등과 부담을 완화해 직장 이탈을 방지하는 효과가 있다(윤자영·홍민기, 2014).

최근 새로운 추세로서 성역할(gender role)에 대한 인식변화로 인해 여성 중심의 양육에서 남녀 동등한 육아분담으로 사회흐름이 바뀌면서 남성 공무원들의 육아휴직 이용 비율이 꾸준히 증가하고 있다(최진욱·노종호, 2020). 실제로, 최근 인사혁신처에서 발행한 「2023 인사혁신통계연보」에 따르면, 최근 5년간 행정부 국가공무원 중에서 육아휴직을 이용했던 남성 공무원의 비율은 2018년 11.2%(3,798명), 2019년 15.6%(4,828명), 2020년 18.0%(6,469명), 2021년 21.0%(7,352명), 2022년 24.6%(9,205명)로 해마다 비율이 증가하고 있는 추세이다.

출산휴가제는 임신 중인 공무원에 대해서 그 출산 전후를 통해 90일(한 번에 둘 이상의 자녀를 임신한 경우에는 120일)의 출산휴가를 승인하되, 출산 후의 휴가기간이 45일(한 번에 둘 이상의 자녀를 임신한 경우에는 60일) 이상이 되도록 하여야 한다고 규정하고 있다(국가공무원 복무규정 제20조 2항). 출산휴가제와 더불어 임신 중인 여성 공무원은 1일 2시간의 범위에서 휴식이나 병원 진료 등을 위한

---

11 자세한 내용은 서형준(2021), 이지현·변국도·이수진(2021), 장현주·최무현(2009) 참조.

12 현재 「국가공무원법」 제71조 제2항 제4호에 따르면, 육아휴직은 만 8세 이하 또는 초등학교 2학년 이하의 자녀를 양육하기 위하여 필요한 공무원에 한해 육아휴직을 허용하도록 규정하고 있고, 휴직 기간은 자녀 1명에 대하여 3년 이내로 하고 있다.

13 자세한 내용은 안선민·권보경·이수영(2018), 안선민·이수영(2018), 윤지영(2018) 참조.

모성보호시간을 받을 수 있다(국가공무원 복무규정 제20조 4항).

또 다른 직장 보육지원제도로서 미취학 자녀를 둔 공무원들을 위해 직장 내에 설치된 직장보육시설(예 직장 어린이집)을 들 수 있다. 공무원들이 몸담고 있는 직장 내 보육시설이 설치되어 있으면 접근 가능성이 용이할 뿐만 아니라 자녀들이 긴급상황에 직면했을때도 이에 빠르게 대처할 수 있는 장점이 있다(Feeney & Stritch, 2019). 이러한 장점 때문에 직장 내 보육시설을 이용하는 공무원들은 심리적 안정감을 가지고 직장생활을 영위할 수 있으며, 자녀 양육으로 인한 일-가정 갈등을 완화할 수 있다. 특히 남성보다는 미취학 자녀의 양육을 주로 담당하게 되는 여성에게 직장보육시설의 이용은 자녀 양육문제로 인한 스트레스를 감소시켜주고 직장생활에 더 몰입할 수 있는 계기를 마련해줄 수 있다(유계숙, 2012; 최수찬 외, 2015).

2023년 보건복지부가 2022년 12월 말을 기준으로 발표한 국가기관 및 지방자치단체 직장 어린이집 설치 의무 이행현황을 보면, 국가기관 160개 중 157개 기관이 직장 어립이집을 설치 또는 위탁 운영하고 있어 이행률 98.1%를 나타냈고, 지방자치단체도 203개중 200개 자치단체가 직장 어린이집을 설치 또는 위탁하고 있어 이행률 98.5%를 나타냈다. 이러한 비율은 직장 어린이집 설치 의무 대상 총 1,602개소의 평균 설치율 91.5%보다 높은 수치로서 거의 대부분의 국가기관과 지방자치단체에서 직장보육시설을 설치하여 이를 운영하고 있다.

3. 부양가족 지원제도

부양가족 지원제도 중의 하나로서 가족돌봄 휴가제도와 가족간호 휴직제를 들 수 있다. 먼저 가족돌봄 휴가제도는 긴급하게 가족(조부모, 부모, 자녀, 배우자, 배우자의 부모, 조손가정 손자녀)이 질병, 사고, 노령 및 자녀의 양육으로 인해 긴급하게 가족을 돌보는 목적으로 사용할 수 있는 것으로서 연간 10일의 휴가를 사용할 수 있다.[14] 또한 가족이 아플 때 연간 최대 90일까지 가족을 위해 간

14 단, 고용노동부장관은 감염병의 확산 등을 원인으로 심각 단계의 재난 위기경보가 발령되거나, 이에 준하는 대규모 재난이 발생한 경우로서 근로자에게 가족을 돌보기 위한 특별한 조치가 필요하다고 인정되는 경우 고용정책심의회의 심의를 거쳐 가족돌봄휴가 기간을 연간 10일(「한부모가족지원법」 제4조 제1호에 따른 모 또는 부에 해당하는 근로자의 경우 15일)의 범위에서 연장

호 휴가를 신청할 수 있는 가족간호 휴직제가 2012년부터 시행되어 오고 있다.

4. 개인 신상지원제도

가족친화정책 유형 중에서 개인신상제도는 적용되는 대상과 유형 면에서 공무원들에게 가장 많은 혜택을 제공한다고 할 수 있다. 먼저, 가족생활 여건과 관련하여 네 가지 유형의 가계보전수당을 지급하고 있다.

첫째, 공무원으로서 부양가족이 있는 사람에게 부양가족 4명 이내(자녀는 4명 초과 가능)의 범위 안에서 가족수당[15]을 지급한다. 여기서 부양가족이란 부양 의무를 가진 공무원과 주민등록표상 세대를 같이하는 사람으로서 해당 공무원의 주소나 거소에서 현실적으로 생계를 같이하는 사람을 말한다(공무원 수당 등에 관한 규정 제10조 참조).

둘째, 유치원, 초·중·고, 또는 이에 준하는 교육을 실시하는 학교에 다니고 있는 자녀가 있는 재외공무원에게 자녀 1명당 자녀학비 보조수당을 지급한다. 기존에는 해당자격요건을 충족하는 국가공무원에게 자녀학비 보조수당을 지급하였으나 2021년 관련 규정을 개정하여 법령에 따라 학비가 면제되거나 학비가 무상인 국외학교에 다니고 있는 자녀에 대해서는 자녀학비 보조수당을 지급하지 않는 것으로 하였다.

셋째, 복리후생 차원에서 기본급의 일정수준에 해당하는 가계지원비와 하사 이상 중령 이하의 군인(복무 및 의무복무기간이 3년 이하인 사람은 제외)과 재외공무원에 대해서는 주택수당을 지급한다.

마지막으로, 육아휴직수당은 30일 이상 휴직한 공무원에게 육아휴직 시작일을 기준으로 월봉급액의 80%에 해당하는 금액을 지급한다. 다만, 해당 금액이 150만원을 넘는 경우에는 150만원으로 하고, 해당 금액이 70만원보다 적은 경우에는 70만원으로 한다. 그러나 같은 자녀에 대하여 부모가 모두 육아휴직을 한 경우로서 두 번째 육아휴직을 한 사람이 공무원이거나 한 부모에 해당하는 공무원일 경우에는 육아휴직 시작일로부터 3개월까지는 상한액을 250만원,

---

할 수 있다(「남녀고용평등과 일·가정 양립 지원에 관한 법률」 제22조의2 제4항 제3호 전단).

15 가족수당 월 지급액은 배우자 40,000원, 배우자 및 자녀를 제외한 부양 가족 1명당 20,000원, 첫째 자녀 30,000원, 둘째 자녀 70,000원, 셋째 이후 자녀 1명당 110,000원이다.

육아휴직 4개월부터 12개월까지는 앞서 제시한 금액을 적용한다.[16]

한편, 한국 정부는 공무원들에게 맞춤형 복지제도를 운영하고 있다. 이 제도는 공무원의 다양한 복지수요를 충족하기 위해 본인의 선호와 필요에 따라 개별적으로 부여된 복지점수(포인트) 범위 내에서 자신에게 적합한 복지혜택을 선택하도록 하는 제도(박천오 외, 2020: 336)로서 2005년부터 전 부처에 도입되어 시행되고 있다. 맞춤형 복지제도는 크게 기본항목과 자율항목으로 구성된다. 기본항목은 공무원의 건강과 안전을 보장할 수 있게 의무적으로 선택할 수 있도록 구성되는 항목으로서 생명/상해보험 등 필수 기본항목과 본인 및 가족 의료비 보장보험 등 선택기본항목이 있다. 자율항목은 공무원 본인의 선호에 따라 자유롭게 선택할 수 있는 항목으로서 건강관리(병의원 외래진료, 약 구입, 운동시설 이용 등), 자기 계발(학원수강, 도서구입, 세미나 연수비 등), 여가활용(여행시 숙박시설 이용, 레저시설 이용, 영화, 연극 관람 등), 가정친화(보육시설, 노인복지시설, 기념일 꽃배달, 결혼식, 장례식 등)가 포함된다.

또 다른 개인 신상 지원제도로서 각종 휴가제도를 들 수 있다. 휴가란 행정기관의 장이 일정한 사유가 있는 공무원의 신청 등에 의하여 일정 기간 출근의 의무를 면제하여 주는 것으로서 연가·병가·공가·특별휴가 등을 총칭한다(인사혁신처, 2023: 133). 연가는 정신적·신체적 휴식을 취함으로써 근무능률을 유지하고 개인 생활의 편의를 위하여 사용하는 휴가로서 공무원은 재직기간에 따라 1년에 11일~21일의 연가를 사용할 수 있다. 병가는 질병 또는 부상으로 직무를 수행할 수 없는 경우 또는 감염병에 걸려 다른 공무원의 건강에 영향을 미칠 우려가 있을 때 부여받는 휴가이다. 공가는 공무원이 일반 국민의 자격으로 국가기관의 업무수행에 협조하거나 법령상 의무의 이행이 필요한 경우에 부여받는 휴가이다. 마지막으로, 특별휴가는 사회통념 및 관례상 특별한 사유(경조사 등)가 있는 경우에 부여받는 휴가이다. 특히 각종 경조사에 대해서는 대상별로 휴가 일수를 달리하여 공무원 개인의 복리와 편의를 도모하고 있다.

16 2023년 9월 대통령직속 저출산고령사회위원회는 일·육아 병행을 위해서 육아휴직 급여기간을 12개월에서 18개월로 확대하고, 부모가 공동 휴직시 급여 인센티브를 월 최대 450만원으로 확대할 것을 제안하였다.

표 15-2 경조사별 휴가일수

구 분	대 상	일 수
결 혼	본인	5
	자녀	1
출 산	배우자(한 번에 둘 이상의 자녀를 출산한 경우)	10(15)
사 망	배우자, 본인 및 배우자의 부모	5
	본인 및 배우자의 조부모·외조부모	3
	자녀와 그 자녀의 배우자	3
	본인 및 배우자의 형제·자매	1
입 양	본인	20

자료: 인사혁신처 (2023). 「국가공무원 복무·징계 관련 예규」, 세종: 인사혁신처. p. 170에서 인용.

5. 가족친화문화 조성제도

가족친화정책이 성공적으로 시행되기 위해서는 가족친화적인 조직문화 조성이 선행되어야 한다. 즉, 조직 전체가 가족친화적인 정책에 대해 어떤 태도와 가치를 가지고 있느냐가 매우 중요하다는 것이다. 아무리 가족친화정책에 관한 관련 법규들이 정비되어 있다 하더라도 조직의 장을 비롯한 조직 전체가 이러한 정책들에 대해 우호적인 인식과 태도를 가지고 이를 적극적으로 시행하려는 의지가 없다면, 실질적인 시행은 어렵고, 설사 시행된다 할 지라도 형식적인 수준에 그칠 가능성이 높다. 특히, 가족친화정책의 성공적 시행을 위해서는 리더의 지원이 절실히 요구된다. 가족친화정책에 대한 리더의 지원이 있을 때, 구성원들은 리더가 자신의 사정과 상황을 더 잘 이해해주고 배려해 줌으로써 가족친화와 관련된 각종 정책과 제도들을 적극적으로 사용하는 것을 권장해 줄 것이라고 믿게 된다.

여성가족부에서는 지난 2007년부터 일·가정 양립지원을 위하여 가족친화정책제도를 모범적으로 운영하는 공공기관·기업을 대상으로 '가족친화인증제도'를 시행해 오고 있다. 이 제도에서 가족친화제도 실행의 지표 중의 하나로서 가족친화 직장문화조성을 포함하고 있다. 가족친화 직장문화조성을 평가하기 위한 구체적 항목으로는 정시퇴근, 가족친화 직장교육 실시, 근로자 상담제도, 장기근속휴가 지원, 가족돌봄 휴직, 가족건강검진 지원, 가족 휴양시설 제공 등을 들 수 있다.

제 3 절 한국 가족친화정책의 문제점과 개선방안

한국에는 현재 여러 가족친화 인사정책이 시행되고 있지만 공무원들의 다양한 욕구와 기대를 충분히 반영하고 있지 못하다. 특히 일과 삶의 균형, 개인 복리, 여가생활 등을 중시하는 20-30대 MZ 세대들의 공무원 비율이 증가하면서 가족친화정책의 중요성이 점점 커지는 현실에서 이점은 시정되어야 마땅하다. 여기서는 가족친화정책의 문제점을 지적하고, 향후 가족친화정책이 실질적으로 공무원들의 기대와 욕구를 충족시킬 수 있게 하는 개선책 내지 방안들에 대해 살펴보기로 한다.

1. 문 제 점

(1) 다양한 유연근무제 사용의 부족과 불이익 문제

현재 유연근무제는 탄력근무제의 한 유형인 시차출퇴근형과 원격근무제의 한 유형인 재택근무형에 지나치게 집중되어 있고, 그 밖의 집약근무제, 재량근무제와 같은 다른 유연근무제 유형의 활용은 저조한 편이다. 이러한 편중현상은 유연근무제 본래의 취지를 퇴색시킬 뿐만 아니라 공무원들의 다양한 욕구와 기대를 반영시키지 못하는 결과를 초래할 수 있다. 또한 공무원들이 마음 놓고 자유롭게 유연근무제를 사용할 수 있는 분위기가 조성되어 있지 않다. 각 정부기관에서는 유연근무 이용자에 대해 근무성적평정, 전보, 승진 등에 있어 인사상 불이익 처분을 받지 않도록 관리하고 있으나, 이것이 실질적으로 준수되고 있는지는 확실치 않다.

(2) 집단별 특성에 따른 유연근무제 활용의 미비

가족친화정책은 정책의 성격과 특성상 정책의 유형에 따라 주요 이용집단이 다른 경우가 많으며, 그 집단에 따라 정책의 효과가 달라질 수 있기 때문에 정책시행시 집단별 특성을 고려할 필요가 있다(노종호, 2021). 예를 들면, 유연근무제에 대한 관심과 수요는 미혼자보다는 기혼자, 남성보다는 여성이 더 크며, 여성 중에서도 자녀 양육의 책임으로 일-가정 사이에서 역할갈등을 더 크게 경험하고 있는 미취학 아동이 있는 기혼 여성에게 높게 나타날 가능성이 크다.[17] 또한 미취학 자녀가 있는 기혼 여성들은 근무시간과 근무장소의 선택을 통해 직장 외에서 자녀 양육에 필요한 시간을 효율적으로 사용할 수 있다는 점에서 유연근무제를 가장 필요로 하는 집단일 수 있다(Feeney & Stritch, 2019; Su, Li & Curry, 2017). 그러나 현재 유연근무제는 이러한 집단별 특성을 고려하지 않고 공무원 전체를 대상으로 하여 획일적으로 시행되고 있어 집단별 특성에 따라 유연근무제가 효율적으로 활용되지 못하고 있다.

(3) 재택근무제의 실질적 효과에 대한 평가 부족

재택근무제는 기존의 획일적인 근무장소에서 탈피하여 자택에 업무공간을 확보하고 정보통신기술을 활용하여 업무를 수행케 함으로써 근무장소의 유연화를 통한 업무의 효율적 수행을 가능하게 하였다. 더 나아가 재택근무제는 근무형태의 유연화를 통해 공무원의 생산성을 향상시키고 삶의 질을 높일 수 있다는 점에서 긍정적으로 평가된다. 그러나 재택근무제는 자택에서 혼자 근무하기 때문에 통제와 관리가 어려울 뿐만 아니라 다수의 사람들과 함께 근무하지 않는 데서 오는 소외감이나 고독감 등이 근무의욕을 감소시키는 부정적인 효과를 초래할 수 있으며(노종호, 2022), 브레인 스토밍 등과 같은 협업 시너지 효과 그리고 조직에 대한 소속감이 낮아진다는 단점도 있다. 특히 객관적이고 계량적인 성과지표를 통해 재택근무의 성과를 평가하여야 하는데, 재택근무의 업무 성과를 계량화하기 어려울 때에는 재택근무의 실질적 효과가 반감될 수 있다.

17 자세한 내용은 강현주(2018), 마경희(2008), Blair-Loy & Wharton(2002), Hill et al.(2008) 참조.

(4) 남성 공무원의 육아휴직제 사용 부족과 복직 시 불이익 문제

성 역할에 대한 인식의 변화로 인해 과거 여성이 전담했던 육아도 남녀 공동의 책임으로 변해가고 있다. 남성 공무원의 육아휴직 이용 비율이 해마다 꾸준히 증가하고는 있지만, 여전히 여성 공무원이 육아휴직자의 다수를 차지하고 있다. 특히, 남성 공무원의 경우에는 육아휴직 시 지급되는 수당이 소득을 대체할 수 있는 수준이 아니기 때문에 육아휴직으로 인한 경제적 손실에 큰 부담을 느껴 육아휴직 이용을 꺼리는 경향이 있다. 또한 육아휴직을 마치고 복직 시 육아휴직 기간 동안 직장과 단절되었기 때문에 심리적 불안감을 가질 수 있으며, 모종의 인사상 불이익을 받지 않을까 하는 두려움을 갖고 있는 것도 사실이다. 실제 조사에서도 육아휴직 사용자들은 휴직 기간 동안 변경된 각종 시스템과 절차를 익히는 데 따른 어려움, 업무적응 기간 없이 복귀 후 즉시 업무 투입으로 인한 어려움을 호소하고 있는 것으로 나타났다(인사혁신처, 2019). 이러한 문제점들이 공무원들이 육아휴직을 꺼리는 이유일 수 있다.

(5) 직장보육시설(직장 어린이집)의 정기적 평가와 정확한 수요 예측의 미비

현재 「영유아보육법」 제14조는 상시 근로자 500명 또는 여성 근로자 300명 이상 고용 사업장은 직장 어린이집을 단독 혹은 공동으로 설치하여 운영하는 것을 의무화하고 있으며, 국가기관 역시 의무대상에 포함된다. 다행히 국가기관과 지자체의 직장 어린이집 설치 이행률은 의무설치 사업장의 전체 평균보다 높은 편이다. 사실 기혼 공무원 입장에서는 자녀를 직장 어린이집에 맡기게 되면 자녀와의 접근 가능성이 용이하기 때문에 심리적 안정감을 가지고 직장생활을 할 수 있다.

그러나 직장 어린이집의 시설, 만족도, 보육교사의 질에 대한 정기적 평가가 이루어지고 있질 않아 수요자인 공무원 입장에서는 자녀를 직장 어린이집에 맡기는 것을 꺼려할 수 있다. 또한 정부기관이 보육시설 설치의무를 이행한다고 해도 현실에서는 시설 이용에 대한 수요를 반영하지 못하고 있다. 예를 들어 2017년의 경우에 세종, 서울, 과천, 대전청사 어린이집 17곳의 대기자는 해당 시설에 다니고 있는 아동 수의 21.3%에 달하고 있으며, 특히 생후 12개월 미만의 영아 보육시설 대기자는 재원 중인 아동 수의 100%에 근접한 것으로 조사되어 정부기관 내 직장 어린이집 확충의 필요성을 보여주고 있다(홍인기, 2017).

(6) 가족친화적 조직문화 조성의 어려움

과거 정부 기관의 조직문화는 다소 권위주의적이고 남성중심적이었다는 것을 부인할 수 없다. 그러나 여성 공무원들이 공직에 많이 진출함에 따라 공직문화도 점차 변해가고 있고 직장과 가정을 병행하는 공무원들이 증가함에 따라, 조직에서 가정과 직장 사이의 균형을 유지할 수 있도록 지원해주는 가족친화적 조직문화의 조성이 공무원들의 직장생활의 질을 향상시키는데 중요한 영향을 미칠 수 있다고 생각된다. 따라서 공직사회에서 가족친화적 조직문화의 정착을 위한 노력이 필요한데, 이를 위해서는 특히, 기관장이 가족친화적 조직문화를 정착시키려는 강한 의지가 중요하다. 그러나 현실에서는 아직도 가족친화정책 사용에 대한 조직 최고 관리자의 압박이나 비협조로 인해 공무원들은 이 정책의 사용을 꺼려하거나 주저하는 경우가 많다.

2. 개선방안

(1) 다양한 유연근무제 사용의 활성화

현재 시차 출·퇴근형에 국한되어 있는 탄력근무제를 집약근무형과 재량근무형까지 확대하여 시행하는 방안을 적극적으로 검토할 필요가 있다. 특히 총 근무시간(주 40시간)을 유지하면서 집약근무로 주 5일 미만 근무하는 집약근무형의 시행을 점차 확대시켜 나갈 필요가 있다. 이러한 유연근무제 유형이 처음부터 모든 공무원에게 적용되기는 어렵겠지만, 이러한 유연근무 형태를 선호할 확률이 높은 연구직 또는 원거리 출퇴근 공무원들에게 먼저 시행해보는 것도 좋을 듯하다. 특히 MZ 세대라 불리는 20-30대 공무원들은 다른 세대에 비해 직장 외 여가생활을 중시하기 때문에 본인의 업무특성이나 환경에 따라 이러한 집약근무형 유연근무를 선호할 것으로 예상된다. 그리고 유연근무제를 사용한 공무원들에게 인사상 여러 가지 불이익이 발생하지 않도록 실질적인 제도적 장치가 구비되어야 한다.

(2) 집단별 특성을 고려한 유연근무제 사용의 확대

가족친화정책은 정책의 특성상 수혜집단별로 차별화된 정책을 추진할 필요가 있다. 성별, 혼인상태, 자녀 유무에 따른 집단별 차이에 따라 가족친화정책의 수요와 기대치가 달라질 수 있기 때문에 이러한 요소들을 고려하여 집단별 특성에 맞는 맞춤형 가족친화정책을 시행할 필요가 있다(노종호, 2021). 한 예로서 유연근무제가 미혼보다는 기혼 공무원들에게 사용 빈도가 높다는 사실에 비춰볼 때, 이들에게 유연근무제와 관련하여 요구하는 것이 무엇인지를 면밀히 조사하여 그들의 욕구와 기대에 부합하는 방향으로 유연근무제를 시행하는 것이 필요하다. 만약 영·유아 자녀가 있는 기혼 여성과 다른 공무원이 제한된 유연근무제 사용을 놓고 경쟁할 시에 전자에 우선권을 부여하는 방안을 고려해 볼 수 있다. 또한 미혼 공무원들에게는 유연근무를 통해 여가 시간을 효율적으로 보낼 수 있도록 근무시간 선택형이나 집약근무형을 활성화하는 방안도 함께 고려해 볼 수 있다.

(3) 재택근무제의 실질적 활용을 위한 제도 개선

코로나 19 이후 증가하고 있는 재택근무를 활성화하기 위해서는 먼저 재택근무의 대상으로 어떤 업무가 적합한지 살펴보는 것이 필요하다. 일반적으로 재택근무는 전산 프로그램이나 모바일 기기 등을 활용하여 수행할 수 있는 업무, 그리고 관찰·평가를 통해 성과를 평가해야 하기 때문에 객관적이고 계량적인 성과지표를 통해 성과 비교가 용이한 업무, 처리해야 할 업무량이 명확히 정해져 있고 다른 직무와 연계가 적은 독립적 업무에 적합하다고 할 수 있다.[18] 최근 고용노동부(2020)가 재택근무에 적합한 직무를 선별하는데 활용할 수 있는 직무조사 항목을 4가지(업무관리 측면, 직무수행방식, 관리감독, 공간적 특성 및 작업기반)로 분류하여 제시하였다. 이처럼 재택근무에 적합한 직무를 선별하는 기준이 다양하기 때문에 어느 하나의 기준으로 적합 직무를 선별하는 것은 어려운 일이다. 따라서 재택근무에 적합한 직무를 선별할 때 다양한 기준뿐만 아니라 개별적인 특성과 상황 또한 고려하여야 한다.

그리고 현재의 재택근무제도가 본인의 자발적 의사로 가능할 수도 있지만,

---

18 자세한 내용은 배귀희·양건모(2011), 임재진(2021), 최진욱·노종호(2019) 참조.

코로나 발생 이후 의무적인 제도의 일환으로 본인의 의지와 관계없이 재택근무를 사용하는 경우도 꽤 많은 것이 사실이다. 이러한 비자발적 의사로 재택근무를 경험하게 되면 오히려 혼자 근무하는 데서 오는 고립감이나 외로움을 느끼게 되어 조직에 대한 소속감이나 애착심이 낮아질 가능성이 크다. 특히 재택근무의 주요 수요층이 기혼 여성이라는 점을 고려할 때, 본인의 자발적 의사에 의해 필요한 시기에 자유롭게 재택근무를 이용할 수 있는 제도적 장치가 필요하며, 이와 더불어 재택근무 이용을 장려하고 지원하는 상사의 긍정적인 마인드와 태도 또한 중요하다고 할 수 있다(노종호, 2022).

(4) 남성 공무원의 육아휴직제 사용 확대와 육아휴직자 복직 프로그램의 개발

육아휴직을 사용하는 남성 공무원의 비율이 해마다 증가하고는 있지만, 여전히 여성 공무원이 육아휴직자의 다수를 차지하고 있다. 따라서 남성 공무원들이 좀 더 육아휴직을 활발하게 사용할 수 있도록 사회적 인식, 제도적 장치 등의 변화가 요구된다. 그러한 노력의 일환으로서 최근 정부는 육아휴직제, 특히 아빠 육아휴직 문화 정착을 위해 2022년부터 생후 12개월이 안 된 영아를 둔 부모가 3개월씩 육아휴직을 사용할 경우 각각 통상임금의 300만원씩 월 최대 600만원을 지원하는 3+3 부모 육아휴직제를 시행하고 있다.[19]

육아휴직의 사용을 꺼리는 이유로서 복직 시 불이익이나 업무에 대한 불안감을 들 수 있다. 육아휴직은 직장과의 일시적 단절을 의미하기 때문에 1년 이상의 육아휴직을 마치고 복직하였을 때 바로 업무성과의 향상을 기대하기란 쉽지 않다. 따라서 복직 후 육아휴직자를 대상으로 업무내용의 변화가 있을 경우, 이에 대한 훈련 프로그램을 마련하여 재교육과 학습의 기회를 갖게 하는 방안을 검토해 볼 필요가 있다. 또한 복직 후 1년 동안은 업무에 대한 적응력을 높이기 위해 업무강도를 조절해줄 필요가 있다. 정부도 육아휴직을 포함한 장기휴직 공무원의 복직 후 적응력을 높이기 위해 복직자의 희망을 반영한 보직배치, 복직 후 근무지와 부서에 대한 사전고지, 업무 및 시스템 변화 공유, 조

19 2024년부터 현행 '3+3 부모육아휴직제'를 '6+6 부모육아휴직제'로 확대 개편하여 생후 18개월 이내 자녀를 둔 부모가 모두 육아휴직을 사용하면 첫 6개월간 육아휴직 급여가 최대 3천 900만원까지 지급된다.

직의 정서적 지원과 가족친화문화 조성의 중요성을 점차 강조하고 있다(인사혁신처, 2019).

(5) 직장보육시설의 정기적 평가와 만족도 제고

직장 내 보육시설을 좀 더 확충하고 질 높은 서비스를 제공하여 미취학 자녀를 둔 기혼 공무원들이 보육시설을 믿고 사용할 수 있도록 직장 보육시설에 대한 정기적 평가를 실시할 필요가 있다. 또한 공무원들의 직장보육시설의 만족도를 높이기 위해서는 우수 보육교사의 확보가 중요하다. 즉 일정 기간 이상의 경력을 가진 보육교사 중에서 우수한 자질을 가진 보육교사를 선발하여 이들이 자긍심을 가지고 일할 수 있는 환경을 조성해 주어야 하며, 무엇보다 만족할만한 급여를 제공하고 성과에 따라 그에 상응하는 보상을 지급하는 것도 고려해봐야 한다. 또한 직장 보육시설 공무원의 출퇴근 시간과 보육·교육시설 이용 시간 간의 일치를 고려해봐야 할 것이다(김준기·양지숙, 2012). 또한 야간에도 직장보육시설을 운영하여 공무원이 야근이나 늦은 퇴근 시에도 자녀들을 믿고 맡길 수 있어야 할 것이다.

(6) 가족친화적인 조직문화의 조성

가족친화적인 조직문화의 조성이 성공적인 가족친화정책의 시행을 위해 가장 중요한 요인이다. 그러나 공무원들이 가족친화정책을 적극 활용할 수 있는 문화가 조성되고 정착되려면 적지 않은 시간과 노력이 소요된다. 해당 문화조성을 위해서는 공공기관 구성원들 모두의 인식변화가 절실하며, 가족친화정책을 시행하려는 각 공공기관과 각 기관 장의 적극적인 의지가 무엇보다 중요하다. 사실 한국 공직사회에서 가족친화정책의 실질적 시행이 어려운 이유 중의 하나가 기관장의 적극적인 지원이 부족하기 때문이다. 예를 들면, 공무원의 저조한 연가 사용률의 중요한 원인이 경직된 조직문화, '상사 눈치 보기'와 같은 조직 내부의 분위기 때문이라는 지적이 있다(인사혁신처, 2023). 유연근무제가 정착하는 과정에서 조직 고위층의 지원과 가족친화적인 조직문화가 가족친화제도의 정착과 효과를 높이는 핵심적 요인이라는 점을 상기할 필요가 있다.

참고문헌

강현주. (2018). A Phenomenological Study of Korean Working Mothers' Experiences with Flexible Workplace Arrangements. 「기업교육과 인재연구」, 20(4): 23-51.

고용노동부. (2020). 「재택근무 종합 매뉴얼」.

고재권. (2016). 공공기관의 가족친화정책이 공무원의 조직성과에 미치는 영향: 조직 문화의 조절효과를 중심으로. 「한국조직학회보」, 13(3): 75-97.

김정운·박정열. (2008). '일과 삶의 균형(Work-Life Balance)' 척도 개발을 위한 연구. 「여가학연구」, 5(3): 53-69.

김준기·양지숙. (2012). 기혼여성의 일-가정 양립에 영향을 미치는 요인 분석: 사회적 지원의 효과를 중심으로. 「행정논총」, 50(4): 251-280.

김태희·오민지. (2017). 일가정 양립정책의 유효성과 조직문화. 「현대사회와 행정」, 27(4): 147-168.

김효선·차운아. (2009). 직장-가정 간 상호작용과 가족친화적 조직지원이 근로자의 조직몰입과 이직의도에 미치는 효과. 「한국심리학회지: 산업 및 조직」, 22(4): 515-540.

노종호. (2021). 가족친화정책의 이용 경험 및 이용 만족도와 공무원의 조직몰입. 「한국거버넌스학회보」, 28(3): 95-126.

노종호. (2022). 재택근무가 공무원의 조직몰입에 미치는 영향: 집단 간 비교분석을 중심으로. 「한국인사행정학회보」, 21(2): 91-117.

노종호·한승주. (2014). 가족친화정책이 공무원 직장생활의 질에 미치는 영향: 집단 간 비교를 중심으로. 「한국인사행정학회보」, 13(1): 289-326.

마경희. (2008). 맞벌이 가구 젠더체제 유형과 여성의 일-삶 경험의 차이. 「가족과 문화」, 20: 131-160.

박정열·전은선·손영미·신규리. (2016). 일과 삶의 균형에 관한 국내 정책의 현황 및 시사점. 「여가학연구」, 14(4): 1-22.

박천오·권경득·권용수·조경호·조성한·최성주. (2020). 「인사행정론」 (제2판), 파주: 법문사.

배귀희·양건모. (2011). 공무원 유연근무제 정착에 관한 실증적 연구: 탄력근무, 시간제근무 및 재택근무를 중심으로. 「한국지방자치학회보」, 23(4): 125-153.

손미혜·신홍철. (2018). 호텔종사원의 일과 삶의 균형이 직무몰입과 조직몰입에 미치는 영향연구: 사회적 지지의 조절효과. 「관광레저연구」, 30(6): 301-321.

손영미·김정운·박정열. (2011). 중앙공무원의 일과 삶의 균형에 대한 조직 및 개인변인의 영향력 검증 연구. 「여가학연구」, 9(1): 101–131.

서옥산·안종태. (2013). 가족친화경영이 여성근로자의 직무만족에 미치는 영향. 「생산성논집」, 27(1): 359–384.

서형준. (2021). 공공부문 스마트워크 이용 영향요인: 스마트워크센터와 재택근무 이용을 중심으로. 「한국정책과학학회보」, 25(1): 1–35.

안선민·권보경·이수영. (2018). 육아휴직제도의 상쇄효과(trade-off)에 관한 연구: 조직구성원의 일-가정양립을 중심으로. 「한국거버넌스학회보」, 25(3): 117–144.

안선민·이수영. (2018). 육아휴직 활용 저해요인에 관한 연구: 적격 비참여에 관한 논의. 「한국인사행정학회보」, 17(4): 139–171.

여성가족부·가족친화지원센터. (2011). 「기업 및 공공기관의 가족친화수준 조사보고서」.

유계숙. (2012). 저출산 대응을 위한 일-가정 양립지원정책. 「한국심리학회지: 문화 및 사회문제」, 18(1): 111–125.

유효정. (2019). 가정친화정책과 가정친화조직 분위기가 조직몰입에 미치는 영향에 관한 연구: 일-생활균형을 매개로. 「한국사회와 행정연구」, 30(1): 145–171.

윤자영·홍민기. (2014). 육아휴직제도의 여성고용 효과: 정액제에서 정률제 급여제도로의 변화를 중심으로. 「노동정책연구」, 14(4): 31–57.

윤지영. (2018). 육아휴직제도의 현황 및 문제점. 「사회보장법연구」, 7(2): 139–166.

이도화·정두영. (2010). 가족친화경영과 조직구성원 성과의 관계에 있어서 일-가정 갈등과 조직지원 인식의 매개효과. 「인적자원관리연구」, 17(4): 265–283.

이애련. (2011). 저출산 시대에 재택근무 및 재택근무자의 사례 연구: 서울시 동대문 구청의 재택근무자를 중심으로, 「유라시아연구」, 8(1): 225–251.

이정석·오세희. (2014). 공직자 유연근무제에 대한 인식 및 활성화 영향요인 탐색: 진주시를 중심으로. 「지방정부연구」, 18(1): 315–336.

이지현·변국도·이수진. (2021). 포스트 코로나 시대의 스마트워크에 관한 연구: 2004–2021년간의 연구논문 리뷰. 「인적자원개발연구」, 24(3): 147–193.

이진숙·최원석. (2018). 일-가정 양립 지원제도가 직무만족에 미치는 영향에 관한 연구: 대구광역시 사회복지사를 중심으로. 「국정관리연구」, 13(1): 163–187.

인사혁신처. (2019). 「경력이음을 위한 장기휴직 복직자 업무적응 지원 가이드」. 세종: 인사혁신처.

인사혁신처. (2023). 「국가공무원 복무·징계 관련 예규」. 세종: 인사혁신처.

인사혁신처. (2023). 「2023 인사혁신통계연보」. 세종: 인사혁신처.

임재진. (2021). 포스트 코로나 시대 공무원 재택근무의 효과성을 위한 개선과제. 「한국인사행정학회보」, 20(1): 277-291.

임희섭. (1996). '삶의 질'의 개념적 논의. 「한국행정연구」, 5(1): 5-18.

장현주·최무현. (2009). 참여정부의 가족친화적 근무제도에 대한 평가: 재택 및 탄력근무제에 대한 공무원 인식을 중심으로. 「한국인사행정학회보」, 8(3): 121-154.

조경호. (2003). 공무원의 삶의 질 요인에 대한 의사결정나무분석. 「한국인사행정학회보」, 2(2): 131-144.

조경호·이선우. (2000). 중앙정부의 가정친화적 인사정책에 관한 실태분석. 한국행정학회 하계학술대회 발표논문집, 103-116.

진종순·장용진. (2010). 공직사회 유연근무제의 발전방안에 관한 연구. 「한국인사행정학회보」, 9(3): 29-55.

최수찬·고수연·이지연·이희종. (2015). 직장보육시설을 이용하는 여성근로자들의 일-가정 양립갈등과 생활만족 간의 관계: 직무디스트레스의 역할. 「한국콘텐츠학회논문지」, 15(8): 293-303.

최진욱·노종호. (2019). 일과 삶의 균형정책이 공무원의 조직몰입에 미치는 영향과 상사 지원의 조절효과에 관한 연구. 「국가정책연구」, 33(1): 57-92.

최진욱·노종호. (2020). 가족친화정책이 공무원의 업무성과에 미치는 영향 및 성별과 혼인 여부에 의한 집단 간 비교분석. 「한국인사행정학회보」, 19(4): 61-95.

한국정보화진흥원. (2019). 「2019년 스마트워크 실태조사 결과보고서」. 서울: 한국정보화진흥원

한국행정연구원. (2019). 「2019년 공직생활실태조사」. 서울: 한국행정연구원.

한국행정연구원. (2020). 「2020년 공직생활실태조사」. 서울: 한국행정연구원.

홍인기. (2017). 「공직 워킹맘들의 희로애락」. 아이와 출퇴근, 야근해도 안심… 대기번호 726, 낡은시설 불안. 서울신문. 9월 11일.

황순옥·한상일. (2013). 유연근무제 시행이 만족도와 효능감, 업무성과에 미치는 영향: 춘천시청 공무원을 대상으로 한 실증분석. 「지방정부연구」, 17(2): 391-414.

행정안전부. (2020). 「90년생 공무원이 왔다: 함께 살아가는 두 세대를 위한 공직사회 소통 바이블」. 서울: 경성e북스.

Allen, T. D. (2001). Family-Supportive Work Environments: The Role of Organizational Perceptions. *Journal of Vocational Behavior*, 58(3): 414-435.

Bae, Kwang Bin & Yang, Gigeun. (2017). The Effects of Family-Friendly Policies on Job Satisfaction and Organizational Commitment: A Panel Study Conducted on South Korea's Public Institutions. *Public Personnel Management*, 46(1): 25-40.

Blair-Loy, M., & Wharton, A. S. (2002). Employees' Use of Work-Family Policies and the Workplace Social Context. *Social Forces*, 80(3): 813–845.

Caillier, J. G. (2012). The Impact of Teleworking on Work Motivation in a U.S. Federal Government Agency. *American Review of Public Administration*, 42(4): 461–480.

Feeney, Mary K., & Stritch, Justin M. (2019). Family–Friendly Policies, Gender, and Work–Life Balance in the Public Sector. *Review of Public Personnel Administration*, 39(3): 422–448.

Flestead, A., Jewson, N. P., Phizacklea, A., & Walters, S. A. (2002). Opportunities to Work at Home in the Context of Work–Life Balance. *Human Resource Management*, 12 (1), 54–76.

Frye, N. K., & Breaugh, J. A. (2004). Family–Friendly Policies, Supervisor Support, Work–Family Conflict, Family–Work Conflict, and Satisfaction: A Test of Conceptual Model. *Journal of Business and Psychology*, 19: 197–220.

Gould–Williams, Julian & Davies, Fiona. (2005). Using Social Exchange Theory to Predict the Effects of HRM practice on Employee Outcomes: An Analysis of Public Sector Workers. *Public Management Review*, 7(1): 1–24.

Hill, E. J., Jacob, J. I., Shannon, L. L., Brennan, R. T., Blanchard, V. L., & Martinengo, G. (2008). Exploring the Relationship of Workplace Flexibility, Gender, and Life Stage to Family–to–Work Conflict, and Stress and Burnout. *Community, Work and Family*, 11(2): 165–181.

Horvath, F. W. (1986). Work at Home: New Findings from the Current Population Survey. *Monthly Labor Review*, 109(11): 31–35.

Kim, Eunyung, Oh, Hyunsung & Huo, Miaomiao. (2017). The Effect of Work Life Balance on Organizational Commitment and Turnover Intention: The Moderating Role of Perceived Organizational Support. *Asia-Pacific Journal of Business & Commerce*, 9(2): 1–28.

Kim, Ji Sung & Faerman, Sue. R. (2013). Exploring the Relationship between Culture and Family–Friendly Programs(FFPs) in the Republic of Korea. *European Management Journal*, 31(5): 505–521.

Ko, Jaekwon, Hur, SeungUk & Smith–Walter Aaron. (2013). Family–Friendly Work Practices and Job Satisfaction and Organizational Performance: Moderating Effects of Managerial Support and Performance–Oriented Management. *Public Personnel Management*, 42(4): 545–565.

Lambert, Susan J. (2000). Added Benefits: The Link between Work–Life Benefits and

Organizational Citizenship Behavior. *Academy of Management Journal*, 43(5): 801–815.

Meyer, J. P., & Allen, N. J. (1997). *Commitment in the Workplace: Theory, Research and Application*. Newbury Park, CA: Sage.

Owen, A. J., Carsky, M. L., & Dolan, E. M. (1992). Home–Based Employment: Historical and Current Consideration. *Journal of Family and Economic Issue*, 13(2): 121–138.

Settoon, Randall P., Bennett, Nathan & Liden, Robert C. (1996). Social Exchange in Organizations: Perceived Organizational Support, Leader–Member Exchange, and Employee Reciprocity. *Journal of Applied Psychology*, 81(3): 219–227.

Su, Xuhong, Li, Xueyang & Curry, Endra. (2017). Understanding Workplace Flexibility in State Agencies: What Facilitates Employee Access? *The American Review of Public Administration*, 47(8): 977–990.

제16장 공무원 단체활동

한국은 과거 공무원이 지니는 신분관계의 특수성과 남북 분단국가 상황 등을 고려하여 공무원의 단체활동을 인정하지 않았다. 하지만 1980년대 후반부터 본격적인 민주화 시기를 경험하면서 사회·경제적 환경의 변화에 힘입어 1999년 공무원직장협의회 출범, 같은 해 전국교직원노동조합의 합법성 승인 등 공공부문의 단체활동이 활성화됨으로써 공무원 단체활동이 제도화의 길로 이행될 수 있는 계기를 맞게 되었다. 이후 2005년 1월 「공무원의 노동조합 설립 및 운영 등에 관한 법률」(공무원노조법)이 제정되고, 2006년 1월 동법이 시행됨으로써 공무원이 노동조합 설립과 단체교섭이 가능해졌고 공무원 노동기본권을 보장할 수 있는 토대가 마련되었다.

현재도 ILO(국제노동기구)와의 협약에 따라 공무원의 단결권이 확대되는 모습으로 공무원 노동기본권은 강화되고 있다. 노조가입의 직급제한 폐지, 소방·교육 및 퇴직 공무원의 노조가입 허용을 내용으로 하는 공무원노조법이 2021년 7월부터 시행하고 있는 것 등이 이러한 예에 해당한다. 공무원의 단결권은 확장되고 있지만, 동시에 개방형 임용제도 확대, 성과급 확대, 공무원의 입직경로 다양화, 고위공무원의 신분 불안정성 증가 공무원 연금개혁 압박 가중 등을 감안하면 공무원 단체활동의 제반 여건은 녹록지 않은 실정이다.

전반적으로 민간부문의 노사관계와 비교해 할 때, 공무원 단체활동의 상대적 중요성은 점점 더 커지고 있다. 산업화 이후 노동운동 초기는 민간의 제조업 중심으로 발전해 왔지만, 시장에서 공공부문이 차지하는 비중이 증대되고 산업구조의 분화가 가속화됨에 따라 노동운동의 중심이 민간에서 정부 부문으로 전환되고 있기 때문이다(Trejo, 1991). 한국의 공무원 노사관계의 제도화 과

정도 이와 유사한 경로가 관측된다.

이 장은 크게 4개 부분으로 구성되어 있다. 첫째, 공무원 단체활동의 의의와 일반적 특성에 대하여 살펴보았다. 여기에선 민간 노동조합과 공무원노동조합에 대한 비교 설명을 통해 공무원노동조합이 지니는 특징에 대해 서술한다. 둘째, 한국의 공무원 노사관계 제도의 특징을 살핀다. 먼저 직장협의회와 공무원노동조합 간 특성 비교를 통해 두 제도의 차이점과 유사점을 규명한다. 그리고 공무원 노동조합에 대해 가입범위, 교섭대상, 교섭절차 등을 중심으로 설명한다. 셋째, 미국, 영국, 일본, 독일, 프랑스 등 선진국의 노동3권 보장에 대해 개관한다. 이들 국가는 대체로 공무원의 단결권과 단체교섭권은 인정되고, 단체행동권은 허용하지 않고 있다. 다만 단체교섭권은 공식적으로 인정하더라도 법령·예산 등과 관련된 사항은 교섭의 효력을 인정하지 않는 것이 원칙이다. 마지막으로 공무원 노사관계의 특수성을 기초로 노사협력의 의의와 공무원노동조합의 문제점 및 발전방향을 결론으로 제시한다.

제 1 절 공무원 단체활동의 의의와 일반적 특징

1. 의 미

공무원노동조합 설립과 활동 목적은 기본적으로 민간기업과 유사하다. 공무원노동조합은 근로자로서의 공무원이 자신들의 근로조건 유지 및 개선과 기타 근로자의 사회적·경제적 지위 향상을 도모하기 위해 자주적으로 조직한 단체 또는 그 연합체를 의미한다.

2. 발달과정

한국에서 노사관계 환경은 1997년 경제위기 이후 많은 변화를 가져왔다. 경제위기 상황에서 1998년 2월 노사정위원회는 '경제위기 극복을 위한 사회적협약'을 통해 공무원 노동기본권의 단계적 보장·합의에 이르게 되었다.[1] 이 협약에 따라 국회 논의를 거쳐 2006년 1월 「공무원의 노동조합 설립 및 운영 등에 관한 법률」(공무원노조법)이 시행됨으로써, 공무원의 노동조합 활동이 보장받게 되었다. 그러나 공무원신분의 특수성을 감안해 국가공무원법 제66조(지방공무원법 제58조) 제1항은 사실상 노무에 종사하는 공무원을 제외한 나머지 공무원의 집단행위(단체행동권)을 엄격히 제한하고 있다. 공무원 노동조합 활동에 이러한 제한이 있음에도 불구하고, 2021년 1월 개정된 공무원노조법은 노동조합 가입 직급제한 폐지, 소방·교육 및 퇴직 공무원 노조가입을 허용함으로써 공무원의 노동조합 가입의 범위가 점점 더 확대되고 있다.

3. 공무원 노사관계의 특징

공무원노동조합은 구성원들의 근로조건을 개선하고 그들의 경제적 사회적 지위를 향상하기 위해 결정되고 활동한다는 점에서는 민간부문의 노동조합과 본질적인 차이가 없다. 그러나 공무원노동조합은 그 구성원인 공무원 직무의 제도적 특성과 국민전체의 봉사자라는 특수성으로 인해 다음과 같은 측면에서 민간부문 조합과 차이가 있다.

(1) 불분명한 노사관계

공공부문의 노사관계는 민간부문에서와 같이 '고용자 vs. 피고용자'로 신분상 분리되는 대항구도가 아니다. 공무원의 최종 사용자는 국민이라 할 수 있지만, 일반국민은 사용자로서 직접 공무원을 지휘 통제할 수 있는 위치에 있다고 보기 어렵기 때문이다. 정부조직에서 리더쉽을 발휘하고 의사결정권을 지닌 관리층이 있어 일반구성원들과 구분되지만 민간부문에서와 같이 양 측을 대립적 구도로 보기 어렵다. 공무원은 지위 고하를 막론하고 모두 국민의 공복이기 때문이다.

---

1 노동기본권은 단결권, 단체교섭권, 단체행동권을 포함하는데, 이를 노동3권이라 한다. 단결권은 노동조합을 결성하여 조합원을 모집하고 활동할 수 있는 권리, 단체교섭권은 근로자 집단의 대표가 사용자와 서로 근로자 권익과 임금 및 근로조건에 대하여 협상하고 대안을 결정하는 과정 그리고 권리, 단체행동권은 단체교섭을 통해 근로자 사용자 간 합의도출에 실패했을 때 근로자들이 자기의 주장을 관철하기 위하여 노동쟁의에 돌입할 수 있는 실력행사권을 말한다(박천오 외. 2021: 422).

(2) 근로조건 법정주의

공무원노동조합 활동의 기본목적인 공무원 근로조건의 유지 및 향상은 국민 세금으로 이루어지므로, 입법부와 재정당국의 통제가 수반된다. 따라서 개별 기업의 경제적 지불능력에 따라 결정되는 민간 노사관계와 달리 공무원 단체교섭과 체결은 복잡하며, 정부를 대표하는 교섭대표자의 협상능력과 재량권 행사가 제약된다. 공무원의 보수 및 연금 등을 포함하는 대부분의 근로조건에 관한 사항은 다른 법령에 규정되어 있거나 예산에 우선할 수 없기 때문에 단체교섭의 효력 발생은 제한적일 수 밖에 없다. 공무원 처우개선의 여부는 세금으로 형성된 예산 상황에 따라 결정되므로 노·사 당사자 사이의 문제로 국한되지 않고 국민적 관심사로 발전하기 쉽다. 이 같은 이유로 공무원단체 활동의 당위성을 확보하기 위해서는 국민적 여론의 지지를 획득하는 일이 중요하며, 공무원노동조합의 활동은 고도의 정치적 이슈로 전환될 개연성이 높다.

(3) 불특정 행위자

민간부문의 노사관계 관련 행위자는 근로자, 기업, 노사관계를 관장하는 고용·노동 관련 정부 부처, 그리고 민간전문가 등을 포함할 수 있지만, 민간 노사관계는 노·사 자치주의가 우선이다. 노·사 양 당사자를 제외한 제3자의 역할은 법에 따라 명확히 규정되어 있어서 참여자 간 갈등이 발생할 여지는 크지 않다. 그러나 공공부문의 행위자는 특정할 수 없는 다수로 이루어진다. 노·사·정 뿐 아니라 입법부, 이익단체, 그리고 언론매체 등 불특정 다수가 공공부문 노사관계에 영향을 미칠 수 있기에 노·사 자치를 어렵게 만드는 구조다. 특히 공공부문의 노사관계는 정부 내 행위자들 사이 서로 다른 관할권 행사로 행위자 간 역할을 두고 갈등이 증가할 수 있다.

(4) 노동기본권의 제약

공공부문에서는 교섭결과에 따라 행정서비스가 단절되고 대체 서비스가 불가능한 등 파급효과가 클 수 있기 때문에 공무원노동조합은 노동기본권의 일정 부분 제약을 받는 것이 보통이다. 이러한 이유에서 공공부문의 단체행동권, 파업은 부정적으로 이해되어 오고 있는 실정이다. 일반적으로 많은 국가에서 공무원단체의 파업을 금지하거나, 허용하더라도 제한조항을 법률에 포함시켜 공무원단체의 실력행사를 어렵게 만들고 있다.

(5) 공무원노동조합의 기대효과

1) 순기능

공무원노동조합 활동은 공무원의 권익증진은 물론 공무원조직 운영상의 민주성 향상에 기여할 수 있다(박천오 외, 2012). 공무원들은 노동조합을 통해 자신들의 집합적 의견을 개진하며 행정과정에 참여를 확대할 수 있기 때문이다. 특히 공무원 중 직급이 낮은 공무원의 이익을 대변하는 창구역할을 하고 관리층에 대한 소통창구로 작동한다. 공무원노동조합은 조직구성원들을 대신하여 관리층에 구성원의 의견을 전달하는 역할을 수행한다는 의미다. 이런 의사전달이 활성화되면 조직내 민주화에 기여할 수 있다.

2) 역기능

반면에 공무원노동조합을 통한 공무원의 권리주장과 노동조합의 조직장악력에 기댄 공무원의 과도한 의견표출은 관리층과 갈등으로 비화되어 공무원조직의 지휘계통에 혼란을 초래함으로써 행정의 효율성을 저해하고 정부 서비스 제공에 장애가 될 위험성이 있다. 공무원노동조합을 통한 공무원의 권리주장과 노동조합의 조직장악력에 기댄 공무원의 과도한 의견표출은 관리층과 갈등으로 비화되어 공무원조직의 지휘계통에 혼란을 가져올 수 있고 정부 서비스를 약화시킬 위험성이 있다. 또한 노동조합이 조합원의 고용과 근로조건의 증진에만 몰입한 나머지 행정환경 변화 적응에 실패한다면, 결국 공무원의 소속감과 사기가 떨어지고 역량마저 저하되는 결과를 초래할 수 있다. 그뿐만 아니라 정부의 개혁조치에 대한 노동조합의 반발은 관리층의 재량과 신축적 대응에 제약을 가하면서 행정능률 향상에 장애로 작동할 가능성을 높인다.

(6) 실적제와의 관계

공무원노동조합이 공무원 권익증진의 일환으로 인사에 있어 연공서열에 의한 고용과 승진보장을 강력히 주장한다면 실적제에서 강조하는 경쟁원리에 배치될 수 있다. 그러나 공무원노동조합은 인사에서 정실주의 문제를 차단하고 선거결과에 따라 변화하는 정당정치 구도에 관계없이 공무원의 정치적 중립을 확고히 하는데 이바지함으로써 실적제를 보완하는 기능을 수행할 수도 있다. 이런 이유에서 노동조합의 정치적 중립성은 직업공무원제 확립에 도움을 줄 수 있다 할 것이다(김렬, 2016: 388). 하지만 실적제가 온전히 작동하지 않는 상황에 놓인다면 노동조합은 정치 조직으로 변질되어 공무원의 신분보장과 이익 실현을 위해 현실 정치권력에 적극적으로 구애하는 전략을 선택할 가능성이 높아질 것이다. 이런 우려에 비춰볼 때, 실적원칙의 본질적인 요소에 대해선 교섭의 대상에서 철저히 제외시키는 것이 바람직하다.

제2절 한국의 공무원 노사관계 제도

1. 공무원직장협의회

한국이 1991년 ILO와 1996년 OECD에 가입하면서 국제사회로부터 공무원의 노동기본권을 보장하라는 요구에 직면하자, 정부는 이에 대한 대응으로 공무원직장협의회를 설립하게 되었다. 1997년 노사관계개혁위원회(노개위)가 구성되었고, 1998년 공무원단결권보장방안이 마련되었다. 이후 직장협의회는 직장 내 고충사항 처리를 주된 목적으로 1999년부터 각 부처, 광역시·도, 시·군·구 단위로 설치·운영 되어 고 있다. 노동기본권 보장의 다른 한 축인 노동조합과 비교할 때, 직장협의회는 아래 〈표 16-1〉에서 보듯이 노·사합의 사항에 대한 이행 강제력 등이 약하다.

공무원직장협의회는 「공무원직장협의회 설립 운영에 관한 법」(공무원직협법)이 제정됨에 따라 1999년부터 시행되어온 공무원단체활동의 하나다. 공무원직장협의회는 공무원의 근무환경 개선, 업무능률 향상, 고충처리 등을 위하여 기관장이 4급 이상 공무원인 헌법기관, 지방자치 단체 및 그 하부기관 단위로 설립한다. 2019년 공무원직협법의 개정으로 일반직·별정직 공무원뿐 아니라 외무· 경찰·소방공무원의 가입이 허용되었으며, 2022년의 동법 개정으로 공무원직장협의회는 연합협의의 설립도 가능해졌으며, 헌법기관, 중앙행정기관,

표 16-1 직장협의회와 노동조합 비교

	직장협의회	노동조합
법적 근거 및 목적	「공무원직장협의회의 설립·운영에 관한 법률」 공무원의 근무환경, 능률향상, 고충처리	「공무원의 노동조합 설립 및 운영에 관한 법률」 공무원의 노동기본권 보장, 근로조건의 유지 및 개선
설립단위 신고 및 분쟁해결	기관장이 4급이상인 기관단위로 기관장에게 설립사실 통보, 국가·중앙행정기관·광역시도별1개의 연합협의회 설립 가능 분쟁해결기구 없음	최소설립단위로만 설립, 노조간 연합체·복수노조 가능(헌법기관, 행정부, 시·도, 시·군·구, 시·도 교육청) 고용노동부장관에게 설립신고 분쟁해결: 중앙노동위 중재
가입범위	가입가능: 일반직·별정직 공무원 특정직공무원(외무·경찰·소방공무원, 2019년 「공무원직장협의회법」개정으로) 가입금지: 지휘·감독·업무총괄 인사·예산, 물품출납, 비서, 기밀 보안 업무	가입가능: 일반직·별정직 공무원 특정직공무원(외무·소방·교육공무원), 노조규약으로 정한 퇴직공무원 가입금지: 지휘·감독·업무총괄 업무, 인사·보수, 노동관계 조정업무, 교정·수사 등 교정·수사 등 국가안전보장 업무
교섭대상 및 협의주체	협의주체: 협의회와 소속기관장 협의사항: 근무환경개선, 업무능률향상, 모성애 일·가정양립지원 성희롱, 괴롭힘 예방 등에 관한 사항	교섭주체: 노조와 정부교섭대표(행정부의 경우 인사혁신처장) 교섭·단체협약 체결사항: 조합원의 보수 복지·근무복지에 관한 사항
합의사항 효력	합의사항 이행을 위해 최대한 노력	협약은 근무조건의 기준 법령·조례·예산 관련 내용은 효력인정 안 되지만, 이행될 수 있도록 성실히 노력
전임자	허용 안 함	허용함, 휴직처리, 전임기간 중 보수 미지급, 근무시간 면제 한도 내 노조·유지·관리 업무수행
근무시간 활동	근무시간 외 직협 활동원칙 단 기관장과의 협의 시행령으로 정하는 사항은 근무시간 중 업무수행(출장조치)	근무시간 외 노조업무 수행 교섭·협약체결에 참석하는 교섭위원만 공가처리(공무원복무규정)

출처: 행정안전부(2022: 25).

감사원, 국가인권위원회, 광역시도, 광역시도 교육청을 대표하는 하나의 연합 협의회를 설립할 수 있게 되었다. 가입의 기준인 6급이하가 폐지되고, 협의회 기능도 확대되어 모성보호, 일가정양립지원, 성희롱, 괴롭힘 예방 등에 관한 사항이 추가되었다(제5조). 특히 기관장과 협의회(협의주체)간 합의사항에 대한 이행사항이 내부 정보 통신망에 반기별로 7일이상 공개되도록 기관장에게 의무화되었다(제6조)(행정안전부, 2022: 14).

하지만 직장협의회에 가입할 수 없는 업무분야도 있다. 가입금지 분야는 지휘·감독·업무총괄 업무, 인사·예산·경리·물품출납, 비서·기밀·보안·경비 업무 등이 해당한다. 협의·교섭 분쟁해결에 있어 중재기능은 존재하지 않는다. 합의사항에 대해 기관장은 이행될 수 있도록 최대한 노력한다(제6조)로 되어 있기 때문에 합의사항 효력에 대한 강제력은 없다. 전임자 근무시간 면제는 인정되지 않고, 근무시간 외에 직장협의회에 관한 업무수행이 원칙이다. 다만 기관장과의 협의를 거쳐 시행령으로 정하는 사항은 근무시간 중 수행이 가능하다. 기관장과 협의시 출장조치로 하고 근무시간 활동이 허용된다.

2. 공무원노동조합

한국의 노동조합 설립과 활동은 헌법 제32조 제2항 "공무원인 근로자는 법률이 정하는 자에 한하여 단결권·단체교섭권·단체행동권을 가진다."에 근거한다. 국가공무원법 제66조와 지방공무원법 제58조에 의해 사실상의 노무에 종사하는 공무원(현업공무원)은 노동3권이 모두 보장된다. 그러나 헌법에서 규정하는 '법률이 정하는 자에 한하여'라는 단서는 공무원의 노동3권 인정에 대한 제약이 따를 수 있음을 나타내는 것이다. 헌법에 근거하여 공무원노사관계를 규율하기 위해 2005년 「공무원의 노동조합 설립 및 운영 등에 관한 법률」(이하 공무원노조법) 제정되었고, 2006년 1월 동법이 시행됨으로써 공무원노동조합의 설립과 단체교섭이 가능해졌고, 공무원 노동기본권 보장의 제도적 장치가 마련되었다. 이후 노동기본권 확장 과 ILO(국제노동기구)와의 노동협약 비준을 위해 노조가입 직급제한 폐지, 소방·교육 및 퇴직 공무원노동조합 가입 허용 등을 주요 내용으로 하는 개정 공무원노조법이 2021년 7월부터 시행 중에 있다.

주권자인 국민의 뜻에 따라 통치권을 위임받은 자로서 공무원은 국민 전체에 봉사하고, 수행한 업무에 대해 책임을 지는 공익담당자로서의 역할을 수행하는 신분상 특수한 지위를 지닌다. 공무원이 수행하는 업무는 사적 이익을 추구하는 민간부문의 업무와 달리 기본적으로 공공성을 지향한다. 또한 공무원들에 의한 노동쟁의 발생으로 인한 파급효과가 전체 국민 생활에 심대한 영향을 미치는 관계로 노동조합 활동을 보장하되 그 범위를 일정 수준 제한하는 것이 타당하다. 관련 법규들이 공무원의 정치활동은 금지되며, 현업공무원을 제외한 공무원의 단체행동권(쟁의권)은 인정되지 않는 이유다.

(1) 공무원노동조합 현황

한국은 2006년 공무원노동조합 설립이 합법화된 이후 2021. 12월 31일 현재 공무원노동조합 수는 151개이다. 조합원 수는 351, 830명으로 조직율은 74.1%에 달한다. 공무원노동조합은 대한민국공무원노동조합총연맹(공노총)을 비롯한 14개의 연합단체, 전국공무원노동조합(전공노) 등이 속한 9개의 전국단위, 그리고 국가공무원노동조합(국공노)와 전국소방안전공무원노동조합(소방노조) 등 3개의 행정부 소속 노동조합의 분포를 보인다(고용노동부, 2022). 2006년 노동조합결성 자유화 이후 2021년 가입대상에 직급폐지와, 퇴직공무원 노동조합 가입 허용 등 전향적인 법 개정으로 정부는 공무원 노동기본권 강화에 노력을 경주하고 있다. 그 결과 노조조직률 면에서 공무원노동조합은 2006년 21.8%에서 2018년 81.6%로 지속적 상승세를 탔다. 그러나 공무원노동조합의

표 16-2 공무원노동조합 조직현황

년도	노동조합수(개)	조합원수(명)	조직율(%)	가입대상공무원 (천여명)
2006	78	63,275	21.8	290
2012	110	164,683	55.8	295
2015	144	192,831	64.1	301
2018	147	261,997	81.6	330
2021	151	351,830	74.1	475

출처: e나라지표(https://www.index.go.kr/unity/potal/main/EachDtlPageDetail.do?idx_cd=2836. 2023. 7. 10).

조직율은 2021년 74.1%로 하락하였는데, 이 같은 현상은 노동조합 가입 범위의 확대로 인한 구조적인 감소로 해석된다. 조직률의 이 같은 하락에도 불구하고 2021년 74.1%인 공무원 노동조합의 조직율은 10%대에 머물고 있는 민간일반 기업의 조직율에 비해 현저히 높다.

(2) 공무원 노동기본권의 내용

1) 단결권

단결권은 근로자들이 근로조건의 유지 및 개선을 목적으로 단체를 결성할 권리를 말한다. 헌법 제33조 제2항은 "공무원인 근로자는 법률이 정하는 자에 한하여 단결권·단체교섭권·단체행동권을 가진다"고 규정하고 있어, 노동3권이 모두 보장되는 공무원과 그렇지 않은 공무원으로 나뉜다. 노동3권 보장 여부를 법률이 정하도록 한 것은 공무원은 국민 전체를 위한 봉사자이며 직무상 공공성과 중립성을 유지해야 한다는 공무원 신분과 직무의 특수성을 감안 한 결과라고 할 수 있다. 공무원의 노동조합 설립은 국회, 법원, 헌법재판소, 선거관리위원회, 행정부, 특별시, 광역시, 특별자치시·도, 특별자치도·시, 시, 군, 구(자치구를 말한다) 및 특별시, 광역시, 특별자치, 시·도, 특별자치도의 교육청을 최소단위로 한다(공무원노조법 제5조).

① 노동조합 가입이 가능한 공무원의 범위[2]

2006년 시행된 공무원노조법 따른 노동조합 가입이 허용된 공무원은 6급 이하의 일반직공무원 및 이에 상당하는 일반직공무원, 특정직공무원 중 6급 이하의 일반직공무원에 상당하는 외무행정·외교정보관리직 공무원, 그리고 6급 이하 일반직공무원에 상당하는 별정직공무원이었다. 하지만 ILO(국제노동기구) 핵심협약 비준을 위해 공무원의 단결권 확대를 주요 내용으로 하는 개정 공무원노조법이 2021년 시행됨에 따라 공무원 노조가입의 6급제한 폐지, 소방·교육 및 퇴직공무원에 대한 노조가입 허용 등으로 노조가입 범위의 확장되었다.

다만 2021년 공무원노조법 개정으로 공무원의 단결권이 확장되고 있음에도 불구하고 여전히 공무원노동조합 가입이 제한되는 공무원이 있다. 업무의 주

2 공무원노조법 제2조에 따라 사실상 노무에 종사하는 공무원(현업공무원)과 교원인 공무원은 공무원노조법 적용 대상에서 제외된다. 현업공무원은 「국가공무원법」과 「지방공무원법」 적용대상이며, 공무원인 교원은 사립학교 교원과 함께 「교원의 노동조합 설립 및 운영 등에 관한 법률」에 적용을 받는다.

표 16-3 공무원노동조합의 가입범위

가입여부	해당공무원
가입가능	- 일반직공무원 - 특정직공무원 중 외무영사직렬·외교정보기술직렬 외무공무원, 소방 및 교육공무원(다만, 교원은 제외한다) - 별정직공무원 - 이에 해당하는 공무원이었던 사람으로서 노동조합규약으로 정하는 사람
가입제한	- 업무의 주된 내용이 다른 공무원에 대하여 지휘·감독권을 행사하거나 다른 공무원의 업무를 총괄하는 업무에 종사하는 공무원 - 인사·보수 또는 노동관계의 조정 감독 등 조합원의 지위를 가지고 수행하기에 적절하지 아니한 업무에 종사하는 공무원 - 교정·수사 등 공공의 안녕과 국가안전보장에 관한 업무에 종사하는 공무원

출처: 공무원노동조합법 제6조.

된 내용이 다른 공무원에 대하여 지휘·감독·총괄업무에 종사하는 공무원, 업무의 주된 내용이 인사·보수 또는 노동관계의 조정·감독 등 노동조합의 조합원 지위를 가지고 수행하기에 적절하지 아니한 업무에 종사하는 공무원, 그리고 교정·수사 등 공공의 안녕과 국가안전보장에 관한 업무에 종사하는 공무원 등이 이에 해당한다(공무원노조법 제6조 제2항). 이와 같은 업무에 종사하는 공무원을 노동조합 가입범위에서 제외한다는 것은 이들이 노동조합에 가입할 경우 업무 성격상 노동조합 운영 등을 지배·개입할 개연성이 높아질 수 있기 때문에 이런 위험성을 차단하고 노동조합의 자주성과 노사간의 힘의 균형을 유지하기 위한 조치로 볼 수 있다.

2) 단체교섭권

단체교섭권은 공무원이 정당하게 설립한 노동조합이 대표자를 선출하여 사용자 측(관리층)과 근로조건에 대하여 자주적이고 대등한 조건에서 교섭할 수 있는 권리를 말한다. 단체교섭권이 없는 단결권만으로는 근로조건을 유지하고 개선하기 위한 노동조합의 실질적 기능수행을 기대하기 어렵다. 단체교섭권은 단체협약체결권까지 포함하고 있어 근로조건 개선을 확보하기 위한 구속력 있는 수단이 된다(백종섭 외, 2016: 262). 따라서 사용자 측, 정부교섭대표가 정당한 이유 없이 단체협약의 체결 기타의 단체교섭을 거부하는 행위는 부당노동행위에 해당한다(공무원노조법 제8조 제2항, 노동조합법 제81조 제1항 3호). 단체교섭권은 노동조합만이 가질 수 있고, 노동조합이 아닌 다른 단체 공무원직장협의회 등은 단체교섭에 대한 법적 보호를 받을 수 없다. 단체협약 해석을 두고 벌어지는 노동분쟁을 조정·중재하기 위해 중앙노동위원회에 공무원노동관계조정위원회가 설치·운영된다.

① 교섭의 유형 및 주체

교섭의 유형은 전체공무원(국가 및 지방공무원)을 포괄하는 전국단위의 단체교섭(정부교섭)과 노동조합 설립의 최소 단위별로 이루어지는 기관단위의 단체교섭으로 나눌 수 있다. 정부교섭의 경우 정부교섭대표는 인사혁신처이고, 참여노조는 전국단위공무원 노조(예 대한민국공무원노동조합총연맹, 공노총)가 된다. 단체협약을 체결할 수 있는 당사자, 정부교섭의 교섭 주체는 정부측에선 인사혁신처장이고, 노조측에선 공노총의 대표자가 될 수 있다.

기관단위의 단체교섭은 행정부 교섭, 국회, 법원, 헌법재핀소, 중안선거관리위원회, 광역자치단체(시·도), 기초자치단체(시·군·구), 시군구 교육청 교섭 등으로 나누어진다(김판석·최무현·한유성, 2021: 497). 행정부 교섭의 경우 행정부단위 노동조합(예 국가공무원노동조합) 대표자는 정부교섭대표인 인사혁신처

표 16-4 단체교섭의 유형과 주체

구분	교섭대표	참여노조(대표노조)
전체(국가 및 지방)공무원	인사혁신처장(정부교섭)	전국단위공무원노조(공노총)
행정부(국가)공무원	인사혁신처장(행정부교섭)	국가공무원노조(국공노)
국회	국회사무총장	국회노조
법원	법원행정처장	법원노조
헌법재판소	헌법재판소사무처장	헌법재판소노조
중앙선거관리위원회	중앙선거관리위원회삼총장	선관위노조
각 시·도	광역시장, 도지사	시·도 노조
각 시·군·구	시·군·구 장	시·군·구 노조
각 시·도 교육청	시·도교육감	시·도 교육청 노조

출처: 김판석·최무현·한유성(2021: 498).

장과 국가공무원의 근무조건에 관해 교섭, 단체협약을 체결할 수 있다. 마찬가지로 정부기관 별 각각의 노조 최소설립 단위인 단위 노조의 대표자는 정부교섭대표인 각 기관 및 단체의 장과 노동조합에 관한 사항 및 보수·복지 기타 근무조건에 관한 사항을 두고 교섭하고, 단체협약을 체결할 권한을 가진다(공무원노조법 제8조).

정부교섭대표는 법령 등에 따라 스스로 관리하거나 결정할 수 있는 권한을 가진 사항에 대하여 노동조합이 교섭을 요구할 때에는 정당한 사유가 없으면 그 요구에 따라야 하며(공무원노조법 제8조 제2항), 효율적인 교섭을 위하여 필요한 경우 다른 정부교섭대표와 공동으로 교섭하거나, 다른 정부교섭대표에게 교섭 및 단체협약 체결 권한을 위임할 수 있다(공무원노조법 제8조 제3항). 또 필요한 경우 정부교섭대표가 아닌 관계 기관의 장으로 하여금 교섭에 참여하게 할 수 있고, 다른 기관의 장이 관리하거나 결정할 권한을 가진 사항에 대하여는 해당 기관의 장에게 교섭 및 단체협약 체결 권한을 위임할 수 있다(공무원노조법 제8조 제4항). 하지만 정부교섭대표와는 다르게 교섭권한에 대한 위임의 경우, 노동조합은 원칙적으로 제3자에 대한 위임은 제한적이다. 노동조합은 단체교섭을 위하여 노동조합의 대표자와 조합원으로 교섭위원을 구성해야한다(공무원노조법 제9조 제1항). 이 규정에 따라 교섭권한의 위임은 공무원노조법에 의해 설립된 노동조합의 대표자 또는 조합원에게만으로 한정된다고 할 수 있다. 다만 교섭을 요구하는 노동조합이 2개 이상인 경우, 정부교섭대표는 노동조합에 교섭창구를 단일화하도록 요청할 수 있고, 교섭창구 단일화 절차를 거친 후 단체교섭에 응해야한다(공무원노조법 제9조). 정부측 교섭대표의 이러한 교섭창구 단일화 요구는 복수노조 허용에 따라 예상되는 단체교섭의 혼란과 과다한 교섭비용을 줄이기 위한 것이며, 동시에 노동조합에는 단체교섭권의 행사를 보장하기 위함이다.

② **교섭절차**[3]

노동조합은 교섭권한을 지닌 정부측 대표에게 서면으로 교섭을 요구해야 한다. 교섭을 요구받은 정부교섭대표는 이를 지체없이 공고하여 교섭에 참여를 원하는 노동조합에게 교섭요구 사실을 알려야한다.

---

3 상세한 교섭절차는 고용노동부 「2021 공무원노사관계 업무매뉴얼」(2021: 151-167)을 참조.

그림 16-1 교섭절차

① 교섭 요구(노조)
- 단체협약 만료 3개월 전부터 교섭시작 예정일 3일 전까지

② 교섭요구사실 공고(정부)
- 교섭요구 받은 후 지체 없이

③ 교섭 참여(노조)
- 교섭요구사실 공고일 부터 7일 이내

④ 교섭참여노조 공고·통보(정부)
- 교섭요구기간이 끝난 후 지체 없이

⑤ 교섭위원 선임(노조)
- 교섭참여노조 공고일 부터 20일 이내(미합의 시 조합원 수 비례선임)

⑥ 교섭(노조·정부)
- 교섭위원 선임이 통보되면 지체 없이

⑦ 단체협약 체결·신고(노조·정부)
- 단체협약체결일부터 15일 이내

※ 위법한 단체협약에 대한 시정명령(고용부)

출처: 인사혁신처(2023: 591).

교섭에 참여하고자하는 노동조합은 7일 이내에 정부교섭대표에게 교섭참여 신청을 하며, 정부교섭대표는 교섭요구기간 만료 후, 교섭요구를 한 노동조합을 인터넷 홈페이지 또는 게시판에 공고한다. 통보받은 노동조합이 복수일 경우 교섭위원이 10인 이내가 되도록 단일화하여 교섭노동조합의 대표자 서명 또는 날인이 포함된 서면으로 정부교섭대표에게 알려야 한다(인사혁신처, 2023: 591).

③ 교섭사항

공무원노동조합법은 일반 기업노동조합과는 달리 단체교섭 사항과 비교섭 사항을 명시하고 있다. 공무원노동조합에게 허용되는 교섭사항은 매우 제한적이다. 즉 노동조합에 관한 사항 또는 조합원의 보수·복지 그 밖의 근무조건에 관한 사항이 그것이다(공무원노조법 제8조제1항). 비교섭 사항은 국가나 지방자치단체가 그 권한으로 행사하는 정책결정에 관한 사항, 임용권의 행사 등, 그 기관의 관리·운영에 관한 사항으로서 근무조건과 직접 관련이 되지 않는 사항을 포함한다(공무원노조법 시행령 제4조). 교섭 사항과 비교섭 사항을 구체적으로 나누어 보면 아래와 같다.

교섭 사항: 조합비 일괄 공제에 관한 사항, 단체교섭 절차·방법에 관한 사항, 공무원 보수·수당에 관한 사항, 정년에 관한 사항, 공무원연금, 재해보상 등에 관한 사항, 근로조건과 직접 관련되는 정책결정에 관한 사항 등

비교섭 사항: 정책의 기획 또는 계획의 입안 등 정책결정에 관한 사항, 공무원 채용·승진 및 전보 등 임용권의 행사에 관한 사항, 기관의 조직·정원에 관한 사항, 예산·기금의 편성 및 집행에 관한 사항, 기관의 관리·운영에 관한 그 밖의 사항 등

(3) 단체행동권

단체행동권은 단체교섭의 결과가 제대로 이행되지 않을 때 노동조합 측이 자신들의 주장을 관철시키기 위해 실력행사를 수반하여 쟁의행위에 돌입할 수 있는 권리를 말한다. 단체행동권에는 파업(strike), 태업(sabotage), 피켓팅(picketting), 보이코트(boycott) 등의 쟁위행위가 있다(정일섭, 2018: 312-313). 하지만 공무원노동조합의 이런 쟁위행위는 공공복리를 해치고 국민생활에 심각한 손실을 끼칠 수 있어 위에서 설명한 것처럼 현업공무원을 제외한 일반 공무원인 경우는 한국에서는 일체의 쟁위행위를 법으로 금지하고 있다(공무원노조법 제11조). 다만 단체교섭이 결렬된 경우 노동조합, 사용자 측 한쪽 또는 양쪽은 중앙노동위원회에 조정을 신청할 수 있다(공무원노조법 제12조, 제14조).

제 3 절 선진국의 공무원 노사관계 제도

1. 미 국

연방정부 공무원에게는 단결권과 단체교섭권은 보장되지만 단체행동권은 금지된다. 하지만 단체교섭권은 원칙적으로 인정됨에도 불구하고, 근로조건, 업무 배분 등에 제한이 따르며, 민간부문에서 일반적으로 허용되는 임금이나 부가적 혜택 등도 교섭대상에서 제외된다(박천오 외, 2021: 429). 단결권과 단체

교섭권이 인정되지 않는 공무원도 있다. 노동기본권이 보장되지 않는 연방공무원에는 미국 이외의 곳에서 근무하는 미국 시민권자가 아닌 자 또는 외국인, 제복을 입고 근무하는 직종의 구성원, 중간관리자 또는 고위관리자, 그리고 국무부, 국제통신국, 국제개발국, 농림부, 또는 상무부에 소속되며, 해외업무를 담당하는 공무원 또는 근로자 등이 포함된다(백종섭, 2013: 169).

주 정부 공무원에게도 단결권과 단체교섭권은 인정되지만, 단체행동권은 원칙적으로 허용되지 않는다. 예외적으로 일부 주, 하와이주와 오하이오주에서 소방관과 경찰관에게 파업권이 인정된다(김상겸·최경애, 2019: 253). 주 정부의 노동기본권 보장 상황은 주마다 편차가 크다. 알래스카, 캘리포니아, 오래곤주는 경찰과 소방공무원을 제외하고, 공무원들에게 파업권이 인정되는 반면, 하와이, 몬태나, 로드아일랜드 주 등은 모든 공무원의 파업권을 허용하고 있다(조경호, 2003). 주 정부에서 공무원노동조합이 구성되는 비율은 1970년대 후반부터 민간 부문을 앞지르기 시작했으며, 공공부문의 노동조합 활동이 노동운동의 중요한 부분을 차지하는 것으로 볼 수 있다(Ban & Riccucci, 1993: 80). 공공의 노동조합 활동은 관리자의 일방적 정책결정을 제어하고, 공직사회의 부조리를 개선하는데 기여할 수 있는 효율적인 관리 수단으로 보여진다(Kearney & Hays, 1994).

2. 영 국

영국은 공공부문의 노사관계를 규율하는 특정 법률이 존재하지 않으며, 노동조합 가입과 활동은 공무원 각자의 자유로운 결정이 원칙이다. 영국의 노사관계는 자유방임에 기초하며, 정부가 노·사 갈등에 직접 개입하지 않고, 노·사 자치가 우선이다.

영국 공무원은 단체교섭권을 행사할 수 있는데, 단체교섭권에 대한 명확한 법적근거는 없으며, 관행적으로 인정된 권리다. 하지만 공공부문의 단체교섭에 대한 법적 구속력은 없다(박천오 외, 2021: 431). 단체행동권은 파업의 적법성을 전제로 법원판례로 파업권은 인정되나 파업참가자가 손해배상책임을 져야 한다. 파업권은 경찰과 군인에게는 주어지지 아니한다. 다만 경찰공무원의 경우 하나의 단체에만 가입이 허용되며, 파업 참여 시 형사처벌의 대상이 된다.

일반 공무원은 단체행동에 돌입할 수 있으나, 파업에 들어가기에 앞서 먼저 근로자의 비밀투표를 거쳐야 한다. 가스·수도·전기사업과 같은 공익성이 강한 필수사업은 파업을 고의에 의한 고용계약 위반으로 간주하여 형벌로 규정함으로써 해당 사업의 파업은 제한적이다(백종섭, 2013: 209).

3. 일 본

일본의 공무원 노사관계는 비 현업 일반 공무원과 현업 공무원으로 나누어 살펴볼 수 있다. 비현업 일반공무원의 공무원노동조합은 노동조합이 아닌 법적으로 직원단체로서 결성된다. 직원단체로 보는 이유는 공무원의 근무조건 결정방식이 노·사간의 단체교섭에 의한 것이 아니라 근무조건 법정주의에 기반하고 있기 때문이다. 국가공무원법에 따라 경찰공무원, 해상보안청, 교도소 직원 등은 직원단체의 결성이 금지되어 있다. 일반직 지방공무원 중에서도 경찰과 소방공무원은 직원단체 결성이 허용되지 않는다. 일반직 직원단체는 근무조건(급여, 근무시간, 후생적 활동) 등에 관하여 사용자와 교섭할 수 있다.

하지만, 당국이 단체교섭을 거부하더라도 부당노동행위에 대한 구제신청 권리는 주어지지 않고, 단체교섭에 대한 협의·건의권만 인정되며, 단체협약 체결권은 허용되지 아니한다. 그리고 관리·운영에 관한 사항은 교섭사항이 될 수 없다. 단체행동권도 주어지지 않는다(백종섭, 2013: 192). 한편 현업공무원은 노동조합을 조직하고 단체교섭을 사용자와 벌여서 이를 문서화 하는 단체협약 체결권을 가진다. 그런데 현업 공무원도 비현업과 마찬가지로 단체행동권은 허용되지 않고 있다.

4. 독 일

독일의 공무원 노사관계는 공직을 갖는 공무원의 신분에 따라 이원적인 모습으로 나타난다. 일반직공무원과 공무를 담당하는 계약직 근로자(비공무원) 사이에 노동3권에 대한 보장이 다르다. 일반직 공무원은 법률에 따라 임명되고, 수행업무의 내용이 결정되는 반면, 계약직 근로자는 개별적 계약으로 신분이 정해지며 계약에 따라 임금과 근무 내용이 결정된다.

일반직공무원은 단결권은 있으나 단체교섭권과 단체행동권은 법제화되어 있지 않다. 하지만 비공식적으로 노동조합은 근무조건에 대하여 사용자와 협의과정에서 중요한 역할을 담당한다(김상겸·최경애, 2019: 261). 한편 공무를 담당하는 계약직 근로자에 대한 노사관계를 규율하는 별도의 법률체계가 있는 것은 아니지만, 민간과 마찬가지로 그들에게도 단결권이 인정되고 있다. 비공무원인 계약직 근로자의 경우, 공무원과는 달리 단체교섭과 단체행동권이 인정된다는 해석이 일반적이다. 국민 생활의 필수 분야(에너지, 수도, 치안, 국방 등)에 대해서는 쟁위행위의 제한이 따를 수 있다.

5. 프 랑 스

프랑스 노사관계의 가장 큰 특징은 일반 공무원은 말할 것도 없고, 경찰, 소방관, 공안대 법관, 교도관 등 특수직종에 종사하는 공무원에게까지 단결권을 보장한다는 점이고, 상급 직원, 관리, 지휘권을 행사하는 공무원, 인사·경리·기밀 등에 종사하는 공무원도 단결권이 제약되지 않는다(조용만 외, 2003). 다만 군인은 노동조합을 결성할 수 없다. 노동조합의 입금교섭과 기타 근로조건에 대한 단체교섭이 인정되고 있다. 물론 의회의 승인은 거쳐야 하지만 정부는 노동조합과 체결한 단체협약을 존중한다. 그뿐만 아니라 공무원에 대한 단체행동권도 원칙적으로 인정된다. 특별법에 의해 파업권이 인정되지 않은 공무원이 있는데, 군인, 경찰, 공화국보안대, 교도관, 재판관, 항공관제 특정 직원, 내무부 통신 직원 등이 이에 해당한다(백종섭, 2013: 217).

전체적으로 프랑스를 제외하고는 대부분의 선진국에서 공무원의 단체행동권을 허용하지 않는다고 할 수 있다. 프랑스도 특별법에 적용을 받는 일부 직종에 대해서는 쟁의권을 제한한다. 일부 국가에서 제외하는 직종이 있긴 하지만 단결권과 단체교섭권은 원칙적으로 인정하고 있다. 일반적으로 단체교섭권이 인정된다 할지라도 공무원 노사관계의 특성상 법령·예산 등과 관련된 사항은 합의된 것이라도 교섭의 효력이 인정될 수 없으며, 그 이행을 위하여 성실히 노력하는 것으로 되어 있다. 영국·프랑스의 경우도 정부대표와 교섭할 수 있는 노동조합의 권리가 있을 뿐이지 대부분의 나라에서 단체협약에 대한 법적 구속력을 인정하는 것은 아니다(고용노동부, 2004).

표 16-5 한국과 선진국의 공무원 노동기본권 비교

국가	구분	단결권	단체교섭권	단체행동권
미국	연방공무원	인정	인정 (임금 등 법정근로조건 사항은 제외)	금지
	주 정부공무원	인정	인정 여부 범위 주마다 다름	인정 여부 범위 주마다 다름
영국	일반공무원	인정	인정	인정(**파업 전 비밀투표 의무) 가스·전기 등 필수 공익 업무 제한**
	경찰공무원	단일단체에만 가입 가능	인정	형사처벌대상
일본	일반공무원	직원단체로 가입 (**경찰, 방위청 소방 공무원 등 제외**)	협의, 건의권만 인정	금지
	현업공무원	인정	인정	금지
독일	일반공무원	인정	금지	금지
	계약근로자	인정	인정	인정
프랑스	일반공무원	인정(**군인제외**)	인정	인정(**특별법에 의해 보안대, 경찰관 등은 제외**)
한국	일반공무원	인정	인정	금지
	현업공무원	인정	인정	인정

출처: 김상겸·최정혜(2019: 266) 일부수정, 굵은 글씨체 저자추가.

제 4 절 한국 공무원노동조합의 발전 방안

우선, 공무원노동조합은 자칫 잘못하면 지나치게 기득권을 옹호하는 방향으로 흐를 수 있다. 그 결과 노동조합은 행정혁신을 방해하고, 실적제의 기반을 약화시킨다는 비판에 직면할 수 있다. 따라서 공무원 노동조합은 공무원의 사회적·경제적 지위향상을 통해 공무원의 사기진작에 기여함과 동시에 공정한 인사제도 확립 및 공무원의 부패방지에 진력해야 할 것이다. 공무원 노동조합

이 공정한 인사제도와 부패방지에 초점을 두며 관리층과 건설적인 협상과 소통을 통해 신뢰를 바탕으로 상호이해의 폭을 넓히는 등 순기능적으로 작동한다면 실적제는 오히려 강화될 수 있을 것이다.

다음으로, 노동조합이 공무원의 정치적 중립성 유지 의무를 깨며 정치세력화에 경도된다는 지적이 있을 수 있다. 이런 우려를 불식시키려면, 노동조합 활동에 대한 국민적 신뢰와 공감대 형성이 필요하다. 공무원은 국민 전체의 이익에 이바지하는 봉사자며, 공익의 담지자라는 인식을 일반국민이 가지도록 해야 한다. 그러기 위해서는 무엇보다도 협력적 노사관계를 구축하는 것이 중요하다. 특히 노·사 양측의 대표자들이 리더십을 발휘함으로써 노사가 상부상조의 정신에 입각한 공동체로서 노사관계의 비전과 목표를 공유해 나갈 필요성이 있다(Rubin & Rubin, 2006).

마지막으로 공무원 노사관계 발전을 위해서는 관련 법적 체계 재정비, 노사관계 전담조직의 재정립과 전문인력 배치, 공정한 제도집행 등이 요구된다. 이와 관련하여 유관 부처인 고용노동부와 인사혁신처가 상호 신뢰를 쌓고 개혁을 위한 적극적인 협력관계를 유지해야 할 것이다(김판석 외, 2021: 510).

참고문헌

고용노동부. (2021).「2021 공무원노사관계 업무매뉴얼」.

김렬. (2016).「인사행정론」, 서울: 박영사.

김상겸·최경애. (2019). 공무원노동조합에 관한 비교법적 연구: 노동3권의 인정범위를 중심으로.「법학논총」, 32(2): 241-277.

김인재. (2021).「공무원과 공공부문 노동법의 역사와 쟁점」, 서울: 관악사.

김판석·최무현·한유성. (2021).「인사행정론」, 파주: 법문사.

박천오. 외. (2012).「현대인사행정론」, 서울: 법문사.

박천오. 외. (2021).「인사행정론」, 파주: 법문사.

방강수. (2020).「통합노동법」, 서울: 웅비.

백종섭 외. (2016).「인사행정론」, 서울: 창민사.

이희성. (2009). 공무원 노사관계의 현황과 발전방향.「원광법학」, 25(3): 351-376.

인사혁신처. (2023).「2023 공무원인사실무」 세종: 인사혁신처.

유민봉·박성민. (2014).「한국인사행정론」, 서울: 박영사.

정일섭. (2018).「한국인사행정론」, 서울: 윤성사.

조경호. (2003). 협력적 공무원 노사관계 규칙 모색: 미국 정부의 경험과 시사점.「한국정책과학학회보」, 7(2): 301-326.

조용만. 외. (2003).「국제노동 기준과 한국의 노사관계」, 서울: 한국노동연구원.

하재룡. (2011). 공무원의 실적주위 인사제도와 단체교섭의 공존: 가능성과 도전.
「한국인사행정학회보」, 10(1): 87-116.

행정안전부. (2022).「2022 공무원직장협의회 길라잡이」, 세종: 행정안전부.

Ban, Carolyn & Norma Riccucci. (1993). Personnel Systems and Labor Relations: Steps toward a Quiet Revitalization. In F. J. Thompson (ed.), *Revitalizing State and Local Public Service: Strengthening Performance, Accountability and Citizen Confidence*. San Francisco, CA: Jossey-Bass.

Cutcher-Gershenfeld, J. (1990). Bargaining over Fundamental Changes in Industrial Relations. *Arbitration Quarterly of the Northwest*. 11(1): 11-18.

Kearney, Richard. C. & Stevens. W. Hays (1994). Labor-Management Relations and Participative Decision Makings: Toward a New Paradigm. *Public Administration*

Review, 54(1): 44–51.

Rubin, Barry & Rubin, Richard. (2006). Labor–Management Relations: Conditions for Collaboration. *Public Personnel Management*. 35(4): 283–298.

Trejo, S. J. (1991). Public Sector Unions and Municipal Employment. *Industrial and Labor Relations Review*, 45(1): 166–180.

〈인터넷 자료〉

고용노동부. (2004). 공무원의 노동기본권, 어떻게 보장되나.

https://www.cha.go.kr/multiBbz/selectMultiBbzView.do?id=497&no=499&bbzId=newpublic&pageIndex=248&mn=NS_01_01&strWhere=&searchWrd=&sdate=&edate.에서 2023. 7. 3. 자료얻음.

고용노동부. (2022). 공무원노동조합 조직 현황.

https://www.moel.go.kr/info/publict/publictDataView.do?bbs_seq=20221201840.에서 2023. 7.10. 자료얻음.

e–나라지표. (2022). 공무원노동조합 조직현황.

https://www.index.go.kr/unity/potal/main/EachDtlPageDetail.do?idx_cd=2836.에서 2023. 7.10. 자료얻음.

제17장 보수 및 연금

제 1 절 보수제도

1. 공무원 보수의 의의

(1) 개념 및 의의

민간부문이건 공적부문이건 보수는 인력관리에 있어서 가장 큰 관심과 논란의 대상이 되고 있다. 민간부문의 보수문제는 조직의 내부적 문제에 지나지 않지만, 공공부문의 보수문제는 조직 내부적으로만 해결될 수 없으며, 외부환경으로부터의 통제를 극복하여야 한다. 공무원의 보수는 국민의 세금에 의해 지불되며, 인건비는 공공부문이 재정지출에 있어서 가장 큰 부분을 차지하고 있기 때문에, 국민들은 공무원의 보수를 최소화하도록 압력을 가한다.

그러나 보수는 노동을 제공한 사람에게 지급되는 노동의 대가이며, 공무원의 보수는 공무원의 직무수행에 대한 반대급부를 의미한다. 또한 보수는 기본적인 생활을 보장하는 생활보장적 성격도 함께 지니고 있다(김중양, 1999: 507). 즉 공무원의 보수는 실적급과 생활보장급의 개념을 함께 지니고 있는 것이다. 따라서 공무원의 보수를 최소화하는 데 있어서도 생활보장급은 보장이 되어야 하며, 공무원의 노동의 양과 질에 합당한 보수가 지불되어야 한다.

공무원의 보수문제는 매우 복잡한 요인들로 구성되어 있어 쉽게 해결되지 않는다. 국민들은 공무원으로부터 양질의 서비스를 요구하면서도 최소한의 보수를 주어야 한다는 이중적인 심리를 나타내고 있다. 공무원은 마땅히 직무수행에 대한 보상이 이루어져야겠지만, 보수가 지급되는 재원이 국민의 세금으로 이루어지고 있다는 상징성에 의해 제약받는 것이 현실이다. 객관적인 실적에 의해 공무원의 보수를 지급하고자 해도, 공무원의 실적을 명확히 측정하는 기법은 어느 나라에서도 개발되지 못하고 있다. 따라서 많은 연구와 시행착오에도 불구하고, 합리적인 공무원의 보수제도에 대한 해결책은 아직 제시되지 못하고 있다.

(2) 특 성

공무원 보수의 특성이라고 하면 민간부문의 보수개념과의 차이를 의미한다. 양자가 모두 근로의 대가라는 점에서는 공통점을 지니고 있지만, 공무원의 보수는 다음과 같은 차이를 보여주고 있다.

첫째, 공무원에게 지급되는 보수의 재원은 국민의 납세에 의한 정부재정이다. 따라서 공무원 보수의 재정은 민간부문과 달리 서비스나 재화의 생산과 직접적 관계가 없다. 또한 서비스산업의 성격을 갖는 정부는 노동집중적 생산체제를 지니고 있기 때문에 인건비는 정부재정에 가장 큰 부분을 차지한다.

둘째, 공무원 보수에 대해서는 법적·정치적 통제가 가해진다. 공무원 보수의 재원이 국민의 납세에 의존하고 있기 때문에, 법적으로 공무원 보수체계에 대해 통제가 이루어지고 있으며, 국민들은 정부재정을 최소화하기 위해 정치권을 통해 공무원의 보수수준을 최대한 낮추도록 압력을 가한다. 이에 따라 공무원 보수의 경직도는 매우 높아진다.

셋째, 정부에 의한 서비스나 재화의 생산은 대부분 시장적 성격을 가지지 않기 때문에, 직접적인 거래의 대상이 되지 않는다. 따라서 공무원의 직무수행의 결과인 서비스의 생산에 대한 평가기준이 모호하며, 민간부문과의 비교를 통해 공무원 보수의 적정 수준을 결정하기 어렵다. 또한 공무원 간에도 직무의 종류가 다양하고, 근무조건이 상이하여 실적의 비교가 용이하지 않다. 따라서 공무원의 보수는 내외적으로 갈등과 오해의 소지가 많다.

넷째, 민간부문에 있어서는 근로3권이 보장되어 있어 임금수준이 노사간의 협의를 통해 이루어진다. 공무원의 경우는 노조가 구성되어 있다고 하더라도 법령·조례를 넘어선 단체협약이 가능하지 않기 때문에 교섭당사자간의 단체협약이 절대적 효력을 가지지 못한다. 따라서 보수의 결정은 정부측의 일방적 결정이 중심이 되고 있다.

이상에서 보았듯이, 공무원의 보수는 합리적으로 결정되지 않고, 정치적 영향을 많이 받는다. 이에 따라 대부분의 국가에서 공무원의 보수는 상대적으로 민간부문보다 낮게 책정된다. 싱가포르와 같이 능력 있는 공무원을 모집하기 위해 공무원 보수를 높게 책정하였던 국가에서도, 점차 외부환경의 통제로 인해 보수의 상대적 수준이 낮아지고 있는 것은, 공무원 보수의 이러한 특성을 잘 반영하는 것이라 할 수 있다.

(3) 중 요 성

공무원 보수의 중요성은 우선 보수의 동기부여 기능에 있다. 보수가 적정수준이 되면 공무원의 물질적 만족과 자긍심을 제고시켜, 생산성을 높게 하며, 우수한 인재들을 공직에 흡수할 수 있게 된다. 또한 이직률도 낮아져 전문성과 능력에 있어서 뛰어난 직업공무원제의 확립에 기여할 수 있다. 그뿐만 아니라 현대와 같이 경제적 가치의 비중이 높은 사회적 환경에서는 보수가 갖는 사회적 지위의 상징성은 매우 중요하다.

전통적 사회에서는 국가가 지니는 권력과 명예로 인해 공무원의 보수가 민간부문보다 낮게 유지되어도, 우수한 인재들을 확보할 수 있었다. 그러나 민주주의와 시장자본주의가 발전하면서, 국가의 권력이 축소되고 공무원이라는 직업의 매력도 감소하기 시작하였고, 이에 따라 민간부문에 우수한 인재를 잃게 되면서 공무원의 보수는 정부의 생산성 제고에 있어서 더욱 중요한 요인이 되었다. 현재 개방형 인사제도를 도입하고 있는 한국의 경우에 있어서도 현재의 공무원 보수수준으로는 우수한 전문가를 유치할 수 없는 반면, 너무 높은 보수를 제시하는 것은 예산상의 문제와 더불어, 외부적 형평성(equity)을 저해할 수 있는 문제점을 지니고 있다. 이와 같이 공무원의 보수문제는 갈수록 그 중요성이 높아지고 있다.

2. 보수이론

보수는 일반적으로 업무수행에 대한 보상으로 인식되어 있다. 물론 보수가 업무수행의 보상적 성격이 가장 강하기는 하지만, 그 이상의 인사관리적 측면을 지니고 있다. 따라서 보수이론들은 보수수준의 결정에 있어서, 단순히 능력이나 실적만이 아닌 공정성, 형평성 등에 대한 다양한 관점을 제시하고 있다. 보수가 내부적으로나 외부적으로 형평성을 유지하면서 능력과 실적에 대한 보상이 이루어질 때, 비로소 가장 효율적인 보상체계를 갖추었다고 할 수 있다(Elliott & Vocino, 1995: 359).

(1) 보수결정의 원칙

1) 내부적 공평성

내부적 공평성(internal equity)이란 동일한 업무에 대한 동일한 수준의 보수를 의미한다. 모든 직위는 합당한 정도의 기술, 책임감, 능력, 지식 등이 요구된다. 직위마다 나름대로 요구되는 개인적 적성이 다르다. 따라서 보수를 정하는 데 있어서 직무분석, 직무평가 등의 기법들을 사용하여, 각 직위에 요구되는 각 요소들의 수준을 평가하고, 이에 적합한 정도의 보수수준을 결정한다.

내부적 공평성이 성립되기 위해서는 직무분석을 통한 조직설계가 합리적이어야 한다. 한국과 같이 동일한 수준의 보수를 받으면서도 업무가 과중한 직위와 소위 한직이라고 불리는 직위가 병존하는 조직체계 내에서는 내부적 공평성이 성립되기가 어렵다. 한국의 공무원들도 우선적으로 개선되어야 할 정부조직의 문제점들에 있어서 업무부담의 불공정 배분을 정부조직의 심각한 문제로 인식하고 있어, 공정한 배분이 중요한 과제로 대두되고 있다(조성한, 1996: 43). 따라서 최근의 인사행정 개혁에 있어서 연봉제나 성과급의 도입도 우선적으로 이러한 문제의 개선이 전제되어야 한다는 공무원들의 주장에 주의를 기울여야 한다.

2) 외부적 공평성

외부적 공평성(external equity)이란 보수가 유사한 업무를 수행하는 다른 조직들과 공평성을 지녀야 하는 것을 의미한다. 외부적 공평성은 우수한 인력을 유치하는 데 있어서 필수적인 요소이다. 특히 정부의 업무와 같이 시장가격을 객관적으로 정하기 어려운 경우에는, 유사한 산업에 종사하는 민간기업들의 평균치를 구하여 보수를 결정하는 것이 합리적일 수 있다. 실제로 이와 같은 정부의 보수결정방법은 많은 국가에서 사용되고 있다.

한국 정부도 민간기업에 대한 보수조사를 정기적으로 실시하고 있으나, 일반적으로 민간기업보다 낮은 수준의 보수를 지급하는 것으로 알려져 있다.[1] 이러한 문제에 대해 한국은 아직 전통적인 사회에서 벗어나지 못해, 공무원이 보수 외에 사회적 존경과 권력 등을 누리고 있기 때문에 외부적 형평성이 그다지 심각히 대두될 필요가 없다는 지적도 있다. 그러나 최근 오랜 기간 동안 지속되어 온 행정개혁과 더불어 공직에 대한 선호도가 낮아지고 있는 상황과, 계약직과 같은 개방형 인사제도 도입 등의 인사행정개혁은 외부적 형평성의 중요성을 부각시키고 있다.

3) 개인적 공평성

내부적 공평성에 의해 동일한 수준의 직위에 동일한 정도의 보수가 보장된다고 하더라도, 근무연한, 성과, 직책 등에 따라 보수의 차이가 나지 않을 수 없다. 즉 동일한 수준의 업무라고 하더라도 호봉에 따라 보수의 차이가 나며, 직책에 따라서도 실질적으로 직무평가에서 동등한 평가결과가 나오더라도 보수의 수준이 달라질 수밖에 없다.

최근에는 정부의 보수에 있어서도 실적에 따른 성과주의가 강조되고 있어 개인적 공평성의 문제는 더욱 강조되고 있다. 그러나 현실적으로 실적을 평가하기 어려운 정부의 조직적 특성에 의해 성과주의를 무조건 받아들이는 것에 대해서는 아직 많은 논란이 있다.

(2) 보수결정이론

보수는 인력관리체제의 한 부분으로서 조직의 성과와 직결되어 있다. 따라서 적정한 보수는 개인의 동기를 자극하고, 건강한 경쟁을 유발시켜 조직을 활성화시킨다. 그러나 적정한 보수를 정하는 것은 결코 쉬운 일이 아니며, 이에 따라 다양한 보수이론들이 활용되고 있다. 여기서는 이러한 보수이론들 중에서 대표적이고, 정부의 보수결정에 활용되고 있거나, 활용될 수 있는 이론들에 대해서만 설명하고자 한다(Gerhart et al., 1995: 530–534; Gomez–Mejia et al., 1995: 549–554).

---

1 행정자치부는 민간기업과 공무원의 보수를 매년 비교하는데, 공무원의 보수는 민간기업 보수의 약 70%~80% 정도로 나타나고 있다.

1) 강화 및 기대이론

강화 및 기대이론(reinforcement and expectancy theory)은 행태과학에 기초한 동기이론들로 보상과 성과와의 관계를 밝히고 있다. 강화이론은 성과에 대한 보상이 이루어지지 않는다면, 성과를 올리고자 하는 노력이 줄어들게 된다는 가정에 기초하고 있으며, 기대이론은 성과를 올리기 위한 행위는 보상에 대한 기대심리와 연결되어 있다는 것이다. 최근 논란이 되고 있는 공무원에 대한 성과급의 강화는 이 동기이론들에 기초를 두고 있다고 할 수 있다.

2) 공평성이론

공평성이론(equity theory)은 조직구성원이 자신들의 능력, 성취도 등에 대한 인식이, 조직으로부터 제공된 보상에 대해 공평하다고 인지되지 않을 때, 이를 수정하기 위해 조직에 이롭지 않은 행위를 할 수 있다는 것을 밝히고 있다. 불공평성을 수정하기 위한 행동은 저항, 사보타지 등이 있으며, 그 어느 것도 조직성과에 도움이 되지 않는다. 조직구성원들의 공평성에 대한 인식은 앞에서 설명이 되었듯이, 내·외적 공평성과 개인적 공평성 등이 포함된다. 한국 공무원들이 민간기업에 비해 상대적으로 낮은 보수와 업무량과 관계없이 동일한 보수를 지급받는 것에 대해 불만을 표현하는 것 등이 공평성이론과 연관지어질 수 있다.

3) 구조이론

구조이론(structural theory)은 성과나 공평성 등의 이론과 달리 조직 내 각 계층의 '사회적 표준'(social standards)에 기초한다. 아무리 현대적 조직관리에서 팀제도가 강조된다고 하더라도, 어느 정도 규모 이상의 조직에는 계층이 존재하지 않을 수 없다. 각 계층은 전통적인 규범에 의해 보수의 차별화를 두게 된다. 이 이론은 특히 관리자와 부하직원들 간의 보수의 차별화를 합리화시키는 역할을 한다. 구조이론에 의하면, 계층의 수가 많을수록 보수의 차별화가 커지며, 계층의 수가 적을수록 차별화의 수준이 줄어든다.

정부와 같은 전통적 관료조직에 있어서는 구조이론이 계층 간의 보수차별화를 합리화시켜줄 수 있다. 특히 정부의 업무는 그 특성상 성과와 자질에 대한 측정과 예측이 어렵기 때문에, 계층 간의 적정한 보수의 차이를 결정하기 어렵다. 따라서 전통적인 사회적 표준에 따르는 사례가 많다고 하겠다.

4) 상징이론

상징이론(symbolism theory)은 경제적 성과보다는 조직 내에서의 권력관계에 관심을 두고 있다. 즉 조직의 상위계층에 있을수록 조직의 희소한 자원을 동원할 능력이 커지고, 이에 따라 성공적으로 업무를 수행할 수 있는 가능성도 높아진다. 따라서 실질적인 성과를 측정하기보다는 계층 간의 성공확률이 다르다는 가정 아래 계층간의 보수차별화를 하는 것이다.

또한 상징이론에 의하면, 상위계층에 오르기 위해서는 개인들의 능력이 최대한 발휘되어야 하며, 결국 상위계층에 진급이 된다는 것은 그만큼 남보다 뛰어난 능력이 있다는 것을 의미한다. 조직 외부와의 관계에 있어서도 이해관계자들에게 높은 신뢰감을 주는 능력을 발휘할 수 있는 사람이 진급하기 때문에 당연히 높은 보수를 받아야 한다는 것이다.

5) 경제적 성과주의 이론들

경제적 성과에 따른 보수의 차별화를 뒷받침하는 이론으로는 대리인이론(agency theory), 한계생산성이론(marginal productivity theory) 등이 있다. 대리인이론에 의하면 기업의 직원들은 주주들의 이익을 극대화시켜 주어야 하는 책임이 있다. 따라서 주주들은 대리인 직원들과의 계약에서 기업의 이익과 병행하는 보수수준을 결정한다.

최근에 정부와 국민간의 관계에 있어서도 대리인이론을 적용시키려는 노력이 많이 시도되고 있다. 그러나 정부가 국민들에게 제공하는 이익이 객관적으로 평가될 수 없다는 점에서 보수결정에까지 확대 적용되지는 못하고 있다.

한계생산성이론은 조직의 계약직 직원의 보수결정에 적용되는 이론이다. 기업에 있어서 계약직은 많은 경우 고위관리층을 의미한다. 고위관리층은 개개인의 의사결정에 의해 뚜렷이 기업의 이익에 영향을 줄 수 있다. 따라서 고위관리층의 한계생산성은 일반 직원이나 중간관리층에 비해 명확히 드러난다. 그러나 고위관리층의 성과가 명확히 드러난다고 해도 그 성과의 정도가 정확히 측정되는 사례는 그다지 많지 않다.

경제적 성과주의 이론들은 많은 관심을 받고 있으며, 이론적인 연구가 많이 수행되고 있지만, 민간기업에 있어서도 단순 생산업종을 제외하고는 성과의 객관적 측정에 어려움이 많아 피상적으로 적용되고 있다. 정부의 보수제도에 있어서도 이러한 이론들을 도입하여야 한다는 주장이 제기되기도 하지만, 실용적인 적용기법에 대한 연구의 발전은 이루어지지 않고 있다.

(3) 공무원보수결정에 있어서 보수이론의 한계

보수이론들은 크게 행태주의적 이론, 정치과정적 이론, 경제적 성과이론으로 구분된다. 최근에 성과주의가 강조되고 있지만, 대개는 행태주의 이론에 기초하고 있다. 경제적 성과이론은 기업의 보수결정에 적용하는데도 아직 많은 한계가 있다고 하겠다. 단순 생산직을 제외하고는 정확히 성과가 경제적으로 계측되기 어렵기 때문이다. 따라서 성과의 유무조차 정확히 측정하기 어려운 정부의 보수결정에 성과이론이 적용되기는 아직 시기상조라고 할 수 있다.

결국 정부의 보수결정은 형평성 원칙을 기초로 하여, 정치과정적 이론을 반영하여 왔다고 할 수 있다. 외부적 형평성에 의해 유사업무를 수행하고 있는 민간기업을 벤치마킹하여 보수의 기초자료로 사용하고, 직급 간의 보수차이는 조직 내외적인 권력관계를 반영한다고 하겠다. 직위분류제가 정착되어 있는 미국의 경우에 있어서도 직무평가에 있어서 각 요소에 대한 가중치에 의해 보수의 차별화를 두었다고는 하지만, 실무담당자들 역시 가중치의 결정에 대해서 객관적인 기준을 사용하기보다는 상징적인 기준을 사용하여, 상위 직급과 하위 직급 간의 보수차별화를 두고 있다.

3. 효과적 보수체계의 구성

공무원의 보수는 직무수행에 대한 반대급부이며, 기본적 생활을 보장하는 생활보장적 성격도 함께 지니고 있다. 공무원의 보수는 생산성에 대한 명확한 평가가 불가능하기 때문에 시장성을 바탕으로 한 보수결정이 어려우며, 그 재원을 국민의 세금으로 충당하는 관계로 가능한 최소화하여야 한다. 그러나 기본적인 생활을 보장하고 또한 유능한 공무원을 채용·유지시키기 위해서는 합리적 수준의 보수결정이 이루어져야 한다. 따라서 공무원의 보수결정은 그 절차와 결정 및 구성요인에 있어서 나름대로의 효과적인 체계를 갖추어야 한다.

(1) 보수결정절차

1) 보수범위의 설계

보수범위의 결정은 직무평가의 결과를 바탕으로 한다. 직무평가에 의해 각 직위에 대한 점수가 구해지면, 이 점수들을 바탕으로 보수의 등급이 정해지게 된다. 이와 같은 직무평가에 의한 보수등급을 바탕으로 각 등급에 대한 보수범위를 설계할 수 있다. 그러나 이와 같은 방법은 직위분류제가 인사제도의 주축이 되는 경우에 해당되며, 한국과 같이 계급제적 틀로 인사행정이 수행되는 경우에는 직무평가에 의한 등급 대신에 계급을 사용하지 않을 수 없다.

동등한 보수등급이나 계급 내의 보수범위에 있어서 최고치와 최저치의 차이는 연공적인 측면을 반영한다. 객관적인 능력과 자질의 뚜렷한 차이가 없다고 하더라도, 경력에 따른 발전을 가정한다면 이에 합당한 보상을 해주어야 한다. 따라서 대부분의 조직은 '호봉제'를 두어 동급 내에서의 경력에 따른 보상을 조정한다.

보수범위의 설계는 [그림 17-1]과 같이 직선형, 오목형, 볼록형, S자형 등 다양한 형태를 이룰 수 있다(Siegel, 1998). 직선형의 설계는 직무평가의 결과로 나타난 점수 간의 차이가 표준화되어 있다는 것을 의미하는 것으로, 각 등급 간 그리고 호봉 간의 능력의 차이가 선형적인 관계를 갖는 것을 의미한다. 오목형의 경우에는 상위 계급이나 보수등급으로 올라갈수록 보수수준이 빠른 속도로 상승되는 것을 의미한다. 볼록형의 경우는 진급에 따른 보수의 인상 수준이 점차 약해지는 경우를 의미한다. S자형은 중간관리자 계층이 생산성이 가장 높으면서, 가정적·사회적 비용이 가장 많이 든다는 점을 염두에 둔 모델이라고 할 수 있다. 따라서 보수범위의 설계는 직원들의 경력에 따른 능력발전 수준과 기대치를 반영하여야 한다. 상위직의 전문성과 리더십에 대한 기대가 큰 조직은 오목형의 보수범위의 설계를 하여야 하며, 하위직의 기술적 숙달이 조직의 성과에 상대적으로 더 중요한 경우는 볼록형의 설계를 하여야 한다. 또한 중간관리자 계층의 생산성이 가장 높은 조직의 경우에는 S자형의 설계를 하여야 한다.

인접한 보수등급이나 계급 간의 보수범위가 중첩되게 설계되는 것이 인사관리의 유연성을 위해 바람직하다. 높은 보수가 승진을 통해서만 달성될 수 있

그림 17-1 보수곡선의 유형

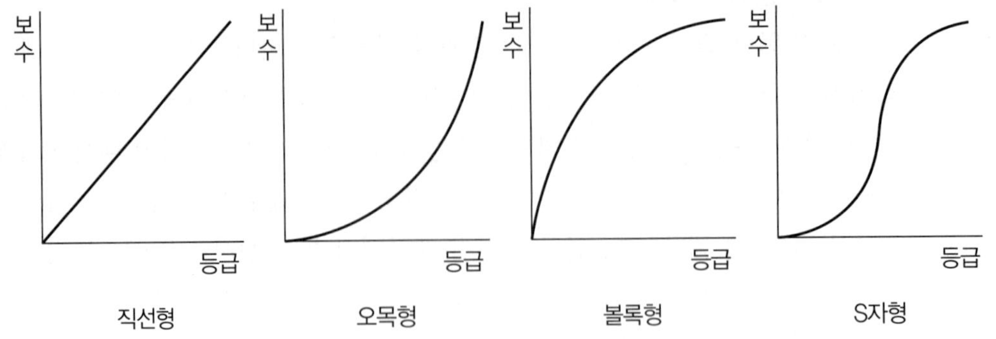

다면, 조직 내의 과도한 경쟁을 야기시킬 수 있으며, 승진하지 못하는 사람들의 불만이 증폭되게 된다. 게다가 관리자는 승진대상이 아닌 사람들에 대한 관리에 있어서 큰 부담을 갖게 되기 때문에, 통솔에 있어서 효과성이 저하된다. 따라서 등급 간에 보수중첩이 되도록 설계를 하며, 조직의 관리에 있어서 융통성을 부여하게 된다.

2) 민간기업에 대한 조사

보수범위의 설계는 민간기업에 대한 조사를 통해서 조정되어야 한다. 민간기업에 대한 조사를 바탕으로 공무원 보수의 대외적 형평성을 보장하여야 하며, 우수한 공무원을 채용·유지시킬 수 있는 전략적 보수결정을 하여야 한다. 민간기업에 대한 조사에 있어서는 공무원의 업무성질과 계급이나 보수 등급에 따라 상응하는 민간기업의 보직에 대한 보수 조사를 하여야 한다.

민간기업들의 보수는 그 규모, 생산성, 산업의 종류 등에 따라 천차만별이다. 따라서 특정 민간기업과 비교를 하여서는 안 되며, 민간기업의 평균 보수수준과 공무원의 보수수준을 비교하여야 한다. 또한 민간기업과 보수수준을 비교하는 데 있어서 공무원의 보수등급에 해당되는 민간기업의 직위 선정을 합리적으로 하여야 한다. 그리고 상대적으로 보수수준이 너무 높거나 낮은 기업들은 평균 보수수준을 평가하는 데 활용될 수 없다.

3) 부가급부의 비교

민간기업의 보수조사에 있어서 부가급부(fringe benefit)에 대한 조사가 같이 이루어져야 한다. 부가급부는 질적인 측면과 양적인 측면이 다 고려되어야 한다. 부가급부에 대한 조사는 숨겨진 보수에 대한 조사라고 할 수 있다. 조사대상기업들의 모든 부가급부에 대해서 조사를 할 필요는 없으며, 공무원의 현재 부가급부와 미래의 부가급부에 대한 수요조사를 바탕으로 이에 상응하는 민간기업의 부가급부에 대해서만 조사를 하면 된다. 민간기업과의 보수비교는 언제나 비판의 대상이 될 수 있으므로, 사전에 보수정책에 대한 결정이 합리적으로 이루어져야 한다.

4) 보수표의 작성

위와 같은 과정을 통해 보수행정의 기초가 되는 보수표를 작성한다. 보수표는 보수행정의 체계화·표준화를 가능하게 하며 인건비 예산의 편성을 용이하게 하고, 또한 공무원으로 하여금 장래의 봉급에 대한 예측을 할 수 있게 함으로써 공무원이 심리적 안정감을 갖게 한다(김중양, 1999: 514). 〈표 17-1〉은 일반직 공무원과 일반직에 준하는 특정직 및 별정직 공무원의 보수표로, 각 계급의 해당 호봉에 해당되는 보수를 나타내고 있다. 대부분의 큰 조직들은 다양한 직무의 성격으로 인해 다원화된 보수표를 가지고 있다. 한국 정부도 일반직, 교육직, 경찰, 군인, 연구직 등의 직무성격에 따라 다원화된 보수표에 의해 보수제도가 운용되고 있다. 보수표를 작성하는 데 있어서 고려해야 할 점은 다음과 같다.

① 등급의 수

보수표에서의 등급은 공무원이 받는 보수액의 격차에 관한 단계구분의 표시이며, 또한 계급제 하에서는 신분을 나타내기도 한다. 따라서 계급제 하에서는 등급이 직위분류제보다 그 수가 적게 구성된다. 등급의 수가 많으면, 직무의 수준에 따른 보수의 차이를 세밀하고 명확히 할 수 있지만, 등급간의 보수나 신분차이가 미미하게 되어 승진의 의미를 상실할 수 있다. 반면에 등급의 수가 너무 적으면, 한 등급에 오래 정체되어 있기 때문에 승진에 의한 동기부여가 문제되고 직무차등성을 충분히 반영하지 못하는 단점이 있다(유민봉, 1999: 610). 따라서 등급의 수를 정하는 데 있어서 일정한 법칙은 없지만, 승진

표 17-1 2023년 일반직공무원 공무원과 일반직에 준하는 특정직 및 별정직 공무원 등의 보수표

(월지급액, 단위: 원)

계급·직무등급 / 호봉	1급	2급	3급	4급·6등급	5급·5등급	6급·4등급	7급·3등급	8급·2등급	9급·1등급
1	4,261,100	3,836,000	3,460,900	2,966,200	2,650,700	2,186,800	1,962,300	1,805,100	1,770,800
2	4,410,400	3,978,300	3,588,900	3,087,300	2,757,800	2,288,500	2,051,800	1,863,600	1,789,800
3	4,563,600	4,122,500	3,720,800	3,210,400	2,869,100	2,393,400	2,146,600	1,924,200	1,821,500
4	4,720,200	4,268,100	3,853,600	3,336,400	2,984,600	2,500,600	2,246,200	2,015,700	1,865,700
5	4,880,600	4,415,700	3,988,600	3,464,100	3,103,200	2,611,000	2,349,400	2,110,800	1,922,300
6	5,042,900	4,563,500	4,124,900	3,593,100	3,224,200	2,724,500	2,455,000	2,208,200	1,992,800
7	5,207,700	4,713,300	4,262,800	3,723,100	3,347,000	2,838,300	2,561,300	2,305,900	2,081,300
8	5,373,800	4,862,800	4,401,100	3,853,900	3,471,400	2,952,500	2,668,400	2,399,900	2,166,600
9	5,542,300	5,013,400	4,540,500	3,985,100	3,596,200	3,067,000	2,770,200	2,489,500	2,248,300
10	5,711,800	5,163,800	4,679,800	4,116,100	3,721,900	3,174,400	2,867,400	2,574,300	2,326,900
11	5,880,900	5,315,000	4,819,400	4,248,300	3,839,300	3,276,300	2,959,100	2,656,400	2,401,800
12	6,055,700	5,471,400	4,964,100	4,372,700	3,952,600	3,376,600	3,049,200	2,736,600	2,476,400
13	6,231,500	5,628,700	5,098,500	4,489,000	4,060,100	3,470,900	3,134,700	2,813,700	2,547,800
14	6,407,800	5,771,100	5,223,400	4,597,600	4,160,300	3,560,000	3,216,400	2,887,400	2,617,200
15	6,561,800	5,902,400	5,338,400	4,699,800	4,255,000	3,645,700	3,294,500	2,958,100	2,683,500
16	6,698,600	6,022,700	5,445,700	4,796,300	4,344,100	3,725,900	3,368,300	3,026,500	2,747,600
17	6,819,900	6,133,500	5,545,400	4,885,900	4,427,900	3,802,400	3,439,200	3,090,300	2,810,300
18	6,927,900	6,234,700	5,638,000	4,969,500	4,507,000	3,874,800	3,507,000	3,152,100	2,868,600
19	7,024,600	6,328,300	5,723,700	5,047,600	4,581,600	3,943,500	3,570,900	3,211,500	2,926,000
20	7,111,300	6,413,600	5,804,000	5,120,600	4,651,500	4,008,100	3,631,700	3,268,100	2,980,700
21	7,191,200	6,491,600	5,878,300	5,188,800	4,717,200	4,070,200	3,689,800	3,322,100	3,032,400
22	7,262,300	6,563,200	5,947,100	5,252,800	4,778,900	4,128,700	3,744,500	3,374,000	3,081,900
23	7,322,500	6,628,700	6,010,600	5,312,900	4,837,300	4,183,500	3,797,600	3,423,400	3,129,200
24		6,682,200	6,070,000	5,369,600	4,891,700	4,235,800	3,847,800	3,471,100	3,174,500
25		6,733,400	6,118,600	5,421,300	4,943,200	4,285,500	3,895,400	3,516,400	3,217,800
26			6,165,200	5,465,200	4,991,700	4,332,500	3,941,200	3,560,200	3,256,900
27			6,208,300	5,505,600	5,032,000	4,377,100	3,979,700	3,596,800	3,290,500
28				5,544,300	5,070,600	4,414,500	4,015,700	3,632,000	3,322,900
29					5,106,100	4,449,500	4,050,500	3,665,400	3,354,200
30					5,140,600	4,484,100	4,083,800	3,697,600	3,384,600
31						4,516,100	4,115,000	3,728,900	3,414,500
32						4,546,300			

의 의미를 충분히 살리면서, 명확히 등급간의 구분이 될 수 있도록 고려하여야 한다.

② 등급의 폭

보수에 있어서 등급의 폭은 동일 등급 내의 최고와 최저의 보수수준의 차이를 의미한다. 한 등급에서 다음 등급으로의 승진연한이 1년으로 되어 있는 경우는 없으므로, 등급의 폭은 상당 수준을 유지하여야 한다. 그러나 승진이 되기 전에는 전혀 보수의 인상이 없다면, 경력에 의한 능력과 기술의 향상에 대한 공정한 보상이 되지 못한다. 따라서 각 등급에 호봉을 복수로 하여 동일 등급일지라도 호봉을 올려줌으로써 보수의 공정성과 사기진작을 꾀할 수 있다.

등급의 폭은 해당 조직의 성격에 따라 다를 수 있지만, 공무원의 경우 일반적으로 상위직으로 올라갈수록 등급의 폭이 커진다. 이는 정부조직에 있어서 고위직이 지니는 정책결정의 책임성과 리더십에 대한 보상을 높게 하는 것이 합리적임을 반영하는 것이다. 따라서 등급의 폭은 각 등급 간의 능력, 기술, 책임성, 전문성 등의 요소 등을 고려하여 공정성과 효율성이 가장 크도록 정해져야 한다.

(2) 보수결정요인

1) 사회적 최저생계비

공무원의 보수수준은 공무원 및 그의 가족의 사회적 최저생활의 수준을 중심으로 정해져야 한다. 민간부문의 근로자에게 최저임금법을 두어 최저생계비 보장을 위해 노력하는 것처럼 공무원의 경우에도 소속 사회에서의 인간다운 생활 유지에 필요한 적정 수준의 보수를 보장해 줄 필요가 있다. 이는 공무원의 책임이나 하는 일에 관계없이 최저의 생활을 유지할 수 있을 정도의 보수는 주어져야 한다는 의미이다. 이것은 인간으로서 당연히 요구되는 권리로서 보수의 수준을 결정함에 있어서 사회적 최저생계비는 보수의 하한선을 이루게 된다.

공무원의 경우 그 담당 업무의 특수성으로 인하여 민간부문에는 찾아볼 수 없는 직종이 많아 민간기업과의 직장 이동이 어렵고, 다른 부업을 통해 수입을 얻을 수 있는 방법이 제한되어 있으므로 보수수준 결정에 있어서 정부는 공무원을 공정히 대우하여야 하고, 그 하한선을 고려해 주어야 할 사회·윤리적 책임이 있다.

보수수준 결정에 있어서 사회적 최저생계비를 고려하려면 그에 따른 생활수준을 결정하여야 한다. 생활수준을 보통 빈곤수준(poverty level), 최저생활수준(minimum subsistance level), 건강·체면수준(health and decency level), 안락수준(comfort level), 문화수준(culture level)의 5단계로 구분할 수 있는데, 최저생활수준은 각국의 경제적·사회적 상황에 따라 결정되어질 것이다.

이러한 최저생활수준이 결정되면 다음으로 대상 인구 수를 어느 정도 고려해야 하는지를 결정해야 한다. 대상 인구 수의 결정은 본인에게만 한정하여 결정하는 방법과 가족수당제의 채택으로 그 가족이 있는 사람에게는 가족 수에 상응하는 수당을 지급하고, 없는 사람은 본인 생계비만 지급하는 방법, 평균부양가족 수를 획일적으로 정하여 지급하는 방법 등이 있는데, 이 가운데 선택하면 될 것이다. 생계비 결정에 있어서 고려해야 할 또 다른 요인은 실제생활의 환경적 변수이다. 이러한 측면에서 생계비를 파악하는 방법으로 실태 생계비 조사방법과 이론 생계비 조사방법이 있다. 실태 생계비는 실생활에서 지출되는 의식주 경비와 기타 문화생활에 사용되는 지출액을 파악하는 것으로 이는 주로 개인이나 가구를 표본 추출하여 조사하거나 정부에서 전부 조사한 자료를 통해 실제 지출된 금액을 확인하고 이를 평균함으로써 얻어진다. 실태 생계비는 실생활에 지출되는 실제의 생계비를 의미하는 것으로 이미 조사된 통계자료를 이용하기 때문에 그 계산상의 편리성을 가져다주는 장점도 있지만 실제생계비만을 고려하는 것이기 때문에 인간다운 생활을 위해 있어야 할 생활비를 파악하는 데는 한계가 있다.

이론생계비는 현실의 실제 지출되는 생활비와는 무관하게 생활에 필요한 재화와 서비스를 이론적으로 정하여 그에 소요되는 지출을 산출하는 방식으로 바람직한 생활비 수준을 파악하는 데 용이하다. 이론생계비는 생계유지에 필요한 비용을 연역적으로 이론에 근거하여 산출한다는 점에서 객관성과 합리성을 가지지만, 산출된 생계비가 현실성을 가지는지는 의문시된다.

2) 민간부문과 보수 비교

공무원 보수의 결정에 있어서 민간기업의 임금을 고려하여 상대적 균형관계와 형평성을 가져야 한다. 민간부문과의 상대적 균형관계와 형평성이 결여된 보수의 지급은 공무원의 사기를 저하시키기 때문에 보수 결정에 있어서 민간부문과의 비교가 이루어져야 한다.

또한, 정부의 경우 업무의 특수성으로 인하여 민간부문과의 직접적 경쟁은 없으나, 다양한 직무에 있어서 민간부문과 인력확보를 위한 경쟁관계에 있다. 따라서 공무원 보수의 수준이 민간부문보다 낮은 경우 유능한 인재를 확보하기 어렵게 되기 때문에 민간부문의 임금 수준을 고려하지 않을 수 없다.

한편, 정부는 재화와 서비스 제공에 있어서 비시장성, 즉 독점성을 지니고 있어 민간부문에서처럼 노동가치를 자체적으로 파악할 방법이 없다. 따라서 민간부문의 임금 수준이 공무원 보수수준 결정의 중요한 기준이 되어 준다.

이와 같이 공무원 보수결정에 있어서 민간부문의 임금과의 비교를 통해 이루어지지만, 사기업에는 없는 업무나 직종에 있어서는 그 적용이 어려운 경우도 없지 않다.

한국의 경우 민간부문에 비해 공무원 보수가 뒤떨어져 있는게 사실이므로, 우수인력의 확보와 공무원의 사기앙양을 위해 민간부문과의 격차를 좀더 줄여나가야 할 것이다.

3) 정부의 지불능력

민간기업에 비해 상대적으로 정부의 보수수준이 낮다고 해서 재정적 능력을 고려하지 않고 보수인상을 무리하게 추진할 수 없다. 특히 정부의 재정은 국민이 내는 세금에 의해 충당이 되며, 따라서 정부의 지불능력은 국민의 소득수준과 담세능력에 의존하고 있다고 할 수 있다. 국민의 담세능력은 국가의 경제력과 직결되기 때문에, 정부의 지불능력은 궁극적으로 국가의 경제력에 달려 있다고 하겠다.

4) 물가수준

민간기업이나 정부나 보수수준을 결정하는 데 있어서 물가수준을 고려하지 않을 수 없으며, 전년도 물가상승의 정도에 따라 보수인상의 폭을 정하여야 한다. 이는 보수가 명목상의 금액보다 실질구매력를 반영하여야 한다는 원칙을 의미한다. 공무원의 실질보수인상은 명목상의 보수인상률에서 소비자물가 상승률을 뺀 나머지 숫자를 말한다. 따라서 물가상승률보다 보수인상률이 낮은 경우 실질적으로 마이너스 인상을 가져오게 된다.

공무원의 보수와 물가수준과의 관계는 민간기업과 달리, 공무원의 보수가 물가수준에 미치는 영향도 고려하여야 한다. 민간기업의 보수는 공개되어져야 할 필요가 없지만, 공무원의 보수는 사회적 관심의 대상이 된다. 이에 따라 공무원의 보수인상은 민간기업들의 보수인상에 영향을 크게 미치며, 궁극적으로 물가의 상승을 야기하게 된다.

5) 부가적 요인

부가적 요인이란 보수 이외에 공무원들이 누리는 각종 권익과 특혜를 의미한다. 공무원의 보수가 평균적으로 민간기업, 특히 대기업보다 낮다고 하지만, 공무원들은 신분보장으로 인해 생애주기소득은 40대 중반에 사직하는 것이 일반적 통념이 되어 있는 민간기업 근무자들에 비해 높다는 견해도 있다. 또한 근무시간, 연금제도, 사회적 권위와 명예 등에 있어서도 공무원들이 민간기업 근무자들보다 유리한 입장에 있다고 하겠다.

실제로 민간기업보다 보수가 낮다고 하면서도, 공무원이라는 직업에 대한 선호도가 높은 것은 이러한 부가적 요인들에 의한 것이라고 할 수 있다. 따라서 공무원의 보수를 결정하는 데 있어서 이러한 부가적 요인들에 대한 고려가 신중히 이루어져야 한다.

(3) 보수체계

보수는 기본급(봉급)과 부가급(수당)으로 구성되어 있다. 기본급은 고정급으로 보수총액의 주된 부분을 차지하며, 부가급은 특수한 근무조건 및 생활조건을 고려하거나 또는 행정능률의 증진을 위한 정책적 목적으로 지급되는 부수적인 보수이다. 기본급은 각종 수당이나 연금을 산정하는 기준이 되며, 그 이론적인 보수체계 기준은 다음의 [그림 17-2]와 같다.

1) 생활급

생활급은 공무원과 그 가족의 기본적인 생계유지를 보장하기 위한 것이다. 따라서 생활급을 정하는 데 있어서 고려되는 변수들로는 공무원의 연령, 가족수, 자녀들의 교육비 등이 고려된다. 생활급은 생계비의 속성에 의해 사회환경

그림 17-2 인사행정체제

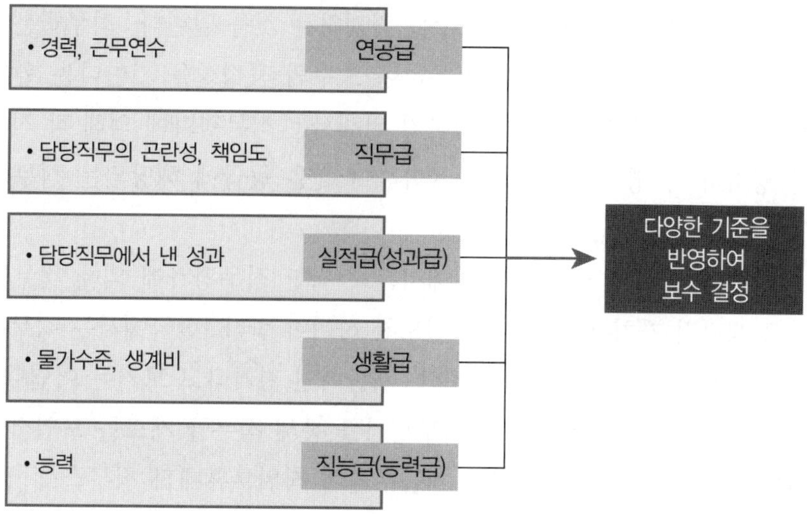

에 따라 달라진다. 예를 들어 국가에서 교육비를 사회보장의 한 부분으로 책임을 지고, 자녀에게 지급되는 가족수당을 지불할 경우 공무원의 생활급 비중은 그만큼 줄어든다. 생활급은 공무원 개인의 능력이나 실적과 무관한 부분인 만큼 정부의 생산성에 기여하는 부분이 기본급에서 차지하는 비중도 최소화되어야 한다.

2) 연공급(근속급)

연공급은 연령과 경력을 기준으로 하는 보수를 의미한다. 연공급은 공무원이 경력에 따라 업무를 처리하는 능력이 발전이 된다는 가정과, 공무원의 나이에 따라 생활비도 많이 들어간다는 가정에 기초한다. 정부조직의 경우 업무의 실적에 대한 분명한 기준이 없기 때문에 연공급에 대한 가치가 상대적으로 크다고 할 수 있다. 연공급은 또한 공무원의 근속을 장려한다는 측면에서도 가치가 있다고 하겠다. 그러나 연공급에 너무 높은 가치를 둘 경우 공무원의 실적 향상 동기를 자극하지 못한다는 점도 신중히 고려되어야 한다.

3) 직무급

직무급은 공무원이 담당하고 있는 직무의 책임도, 곤란도, 전문성 등에 따라 직무의 가치를 평가하여 보수를 결정하는 것을 말한다. 직무급은 동일직무에 대한 동일보수의 원칙을 적용하여 보수의 공정성을 기한다는 원칙에 기초하고 있다. 이러한 원칙을 반영하기 위해서는 직무평가에 의해 각 직무의 가치를 평가하고, 평가가치들을 등급화하여 같은 등급에 해당되는 직무들에 대해 동일한 보수를 지급하여야 한다.

직무급 제도가 정착되기 위해서는 철저한 직무평가에 의해 직무를 표준화하고 객관적 가치부여를 할 수 있도록 하여야 한다. 한국에서는 직무수당을 기본급에 포함시키고 있기는 하지만, 객관적인 평가라고 보기는 어렵다. 현재 중앙인사위원회는 직무분석 및 직무평가를 통해 직무급 제도를 도입하는 방안을 시도하고 있으나, 속인주의인 계급주의에 직위분류제적 직무급을 성공적으로 접목시킬 수 있는지의 여부가 성패를 좌우할 것이다.

4) 직능급(능력급)

직능급은 공무원 개개인의 능력에 따라 보수를 차등화하는 보수체계를 의미한다. 직능급에서 의미하는 능력은 일반적 능력이 아닌 직무를 수행하는 데 필요한 능력을 뜻한다. 직능급이 효과적으로 수행되기 위해서는, 직무분석에 의해 각 직무를 구성하는 요소들이 어떤 능력을 어느 정도 필요로 하는지에 대한 면밀한 분석이 있어야 한다.

직능급은 보수를 직무수행에 있어서 실질적 능력과 연관을 시키기 때문에, 개인들의 능력발전에 대한 동기를 자극시킨다. 직능급이 효과적으로 수행될 수 있기 위해서는 개인들에 대한 능력평가제도가 합리적으로 구축되어야 한다. 능력평가제도에 의한 평가요소가 직무의 수행능력과 직결되도록 구성된다면, 공무원들은 자신들이 발전시켜야 할 능력이 무엇인가에 대한 정확한 정보를 바탕으로 능력을 개발할 수 있을 것이다. 또한 공무원에 대한 교육 훈련에 있어서도 정확한 수요를 측정할 수 있게 한다는 장점이 있다.

5) 실적급(성과급)

실적급은 공무원의 생산량을 기준으로 한 것이다. 직능급은 업무를 수행하는 데 있어서의 개인적 능력을 기초로 한 것인 반면, 실적급은 보수의 결정에 있어서 개인의 능력과 관계없이 실제로 개인에 의해 수행된 결과를 기준으로 하는 것이다. 실적급을 결정하기 위해서는 전년도의 근무실적을 평가하여 금년도의 기본급에 반영한다.

한국은 1999년부터 3급 이상의 공무원에 대해서는 연봉제에 성과급을 도입하고, 3급 상당 과장 이하에 대해서는 성과상여금을 지급하는 실적급제를 도입하였다. 연봉제에 해당되는 3급 이상의 공무원은 연봉을 기본연봉과 성과연봉으로 구분하여, 성과연봉은 전년도 실적에 의해 결정된다. 성과상여금은 전년도 근무실적을 바탕으로 해당자들에게 2월 말까지 성과상여금을 지급하는 형식으로 수행된다.

이러한 실적급이 정착되기 위해서는 근무실적에 대한 객관적 평가가 가능하도록 근무성적평정체계를 갖추어야 한다. 한국의 경우는 아직 초보단계에 있어서 실적급을 지급하는 데 있어서도 형식적 수준에 벗어나지 못하고 있으며, 실질적으로는 연공순으로 실적이 정해지기도 하고 있다.

4. 한국 공무원의 보수체계

(1) 보수체계의 변화과정

공무원의 보수란 위에서 언급한 바와 같이 간단히 말해 기본급(봉급)과 부가급(각종 수당)을 합한 것이다. 기본급은 보수의 핵심부분으로서 직종별(일반직, 공안, 연구직, 지도직, 기능직, 경찰·소방, 초중고 교원, 국립대학교원, 군인, 헌법연구관 등)로 총10개의 봉급표를 기준으로 운영되고 있으며 계급별 호봉수는 계급별 승진연수 등을 감안하여 호봉수를 차등화 한다. 아래의 〈표 17-2〉는 일반직의 계급별호봉수를 보여주고 있다.

표 17-2 일반직의계급별호봉수

1급	2급	3급	4급	5급	6급	7~9급
23개	25개	27개	28개	30개	32개	31개

1) 봉급의 변천

1949년 8월에 제정된 국가공무원법은 "공무원의 보수는 급별에 의하여 그 직무와 책임에 적응하도록 대통령령으로써 정하여야 한다."라고 규정하고 있고 또한 "보수에 관한 규정에는 일반생활비, 민간의 임금, 기타의 사정을 고려하여야 한다."고 규정하였다.

1963년 12월에 개정된 국가공무원법은 제46조 1항에서 직위분류제를 채택하여 보수결정원칙에 반영하도록 하였다. 즉, "공무원의 봉급은 일반의 표준생활비, 민간의 임금, 기타 사정을 고려하여 직무의 곤란성 및 책임의 정도에 적응하도록 계급별로 대통령령으로 정한다."라고 규정하였다.

1973년에 2월에 개정된 국가공무원법은 생활급 제도를 가미한 직무급 제도임을 명시하여 혼합급 제도를 택하고 있는데, 그 내용은 "일반의 표준생계비, 민간의 임금, 기타 사정을 고려하여 직무의 곤란성 및 책임 정도에 적응하도록 계급별로 정한다"고 규정하였다.

1976년 1월에는 공무원의 기본급은 본봉, 직책수당, 조정수당 그리고 근속수당으로 구성되는데, 이 중 본봉과 직책수당, 조정수당은 등급별 보수표를 사용하고, 근속수당은 근무연한별 보수표를 사용하여 종래의 등급별 보수표 일원제와 달리 이원적 보수체계가 되었다.

1981년에는 공무원 보수규정의 개정으로 직무급과 근속급을 통합하여 단일화하였고 종래의 조정수당은 봉급에 합산시켰다.

1986년에는 일반직 공무원에게 적용되는 봉급체계를 개편하여 근무연수 위주의 근속급여제에서 계급별 근속호봉제로 전환하였는데, 이것은 계급과 근무연수를 합산한 것으로서 직무급과 호봉승급액을 직무의 난이도 및 책임의 곤란성을 반영하여 조정한 것이다.

1990년에는 공무원 보수규정의 개정을 통해 계급별 근속호봉제의 틀은 유지하면서 직무급과 근속급 구분을 다시 통합하여 단일화하였다.

1999년부터는 국장급 이상과 계약직 공무원을 대상으로 연봉제를 도입하였다.

2) 수당의 변천

기준 외 보수로서 기본급을 보완해 주는 것이 부가급(수당)이다. 직업성격과 업무조건의 복잡화·다양화로 인해 기본급의 단일수단만으로는 보수관리의 원만한 실행이 어려우므로 이에 대한 보완으로서 수당제도를 운용하고 있다. 따라서 수당제도는 기본급에 대한 보조기능과 기타 여러 가지 상황에 대해 융통성 있게 활용할 수 있는 데 장점이 있다. 그러나 한국의 경우 수당이 보수체계에서 차지하는 비중이 상대적으로 높아 이에 대한 개선이 요구된다.

공무원에게 지급하는 수당은 정부수립 이후 4개의 수당 관련 법령의 신설 및 폐지와 2회의 전문개정과 100여 회의 부분개정을 통하여 행정환경 변화에 부응·발전하여 왔다.

공무원에게 지급되는 수당은 그 성격에 따라 상여수당, 가계보전수당, 특수지 근무수당, 특수근무수당, 초과근무수당 등으로 분류할 수 있다.

첫째, 상여수당으로는 기말수당(1974년 신설), 정근수당(1979년 신설), 대우공무원수당(1990년 신설), 성과상여금(1995년 특별상여수당으로 신설되었다가 1998년에 명칭 변경) 등이 있다. 이들은 대부분 1970년 후반과 1980년 초반을 전후하여 국가 재정력의 확충에 상응하는 공무원 처우 개선책의 일환으로 신설되어 현재까지 발전하여 왔다. 특히 상여금은 성과급 확대를 위한 제도이다.

둘째, 가계보전수당으로서 가족수당(1949~1963, 1980), 학비보조수당(1981년 신설), 주택수당(1982년 신설) 등 3종이 있는 바, 이는 공무원의 생계비 보전을 위하여 1980년대 초에 신설되어 현재까지 지급 대상 및 지급액 인상 조정을 거쳐 발전하여 왔다.

셋째, 특수지 근무수당(1994년 신설)은 근무환경이 열악한 지역이나 특수한 기관에 근무하는 공무원에게 지급되는 바, 해방 이후 현재까지 지급 대상지역 및 기관의 확대와 지급액 인상 조정이 이루어져 왔다.

넷째, 특수근무수당은 위험한 직무에 종사하는 자에게 지급하는 위험수당(1949년 신설)과 특수한 업무에 종사하는 자에게 지급하는 특수업무수당 등 41종이 있는 바, 위험근무수당은 해방 이후 지급대상 범위의 확대 및 단가 인상 조정이 이루어져 왔고, 특수업무수당은 1960년대 중반과 1970년대 후반 및 1980년대 초반에 대폭 신설·확충되어 현행 규정으로 운영중이다.

다섯째, 초과근무수당으로서는 시간외 근무수당, 야간근무수당, 휴일근무수당(1949년 신설), 관리업무수당(1991년 신설) 등 4종이 있는 바, 신설 이후 현재까지 지급대상 범위의 확대, 단가 인상, 지급방법의 개선이 이루어져 왔다.

그리고 1980년대 중반 이후 직급보조비(1981년 신설), 가계보조비(1987년 신설), 정액급식비(1985년 신설), 가계지원비(1999년 체력단련비의 명칭이 바뀜), 연가보상비(1990년 신설), 명절휴가비(1988년 효도휴가비가 신설되었다가 나중에 명칭 변경) 등 복리후생비의 신설·확충으로 공무원 처우개선 효과를 제고시켜 왔다(강성철 외, 1999: 434–436).

여기서 복리후생비는 직원 개개인과 그 가족의 생활 수준을 증진시키기 위한 임금 이외의 갖가지 급여를 뜻하는 것으로서, 임금이 개별적인 직접보수라면 복리후생비는 사회전략 또는 사회집단 차원의 간접보수라고 할 수 있다.

3) 한국 공무원 보수체계의 구조와 특징

한국 공무원의 보수구조는 직급에 따라 연봉제와 호봉제로 크게 나누어 볼 수 있다. [그림 17–3]은 우리나라 공무원 보수체계를 일목요연하게 정리한 것이다. 연봉제 적용대상은 5급(상당) 공무원이며, 호봉제 적용대상은 6급 이하 공무원이다. [그림 17–4]는 호봉제 구조이고 [그림 17–5]는 연봉제 구조를 나타낸다. 호봉제구조는 봉급, 수당 및 성과급으로 이루어져 있다. 봉급은 직무의 곤란성 및 책임의 정도와 재직기간에 따라 지급된다. 수당은 직무 및 생활여건에 따라 부가적으로 지급되고 성과급은 전년도 업무실적에 따라 개인별·부서별로 지급하거나 또는 개인별·부서별을 합하여 차등지급하고 있다.

호봉승급에는 정기승급과 특별승급이 있다. 재직중인 공무원으로서 다음 요건에 해당되어야 승급할 수 있다. 첫째, 정기 승급일이 되어야 한다. 둘째,

그림 17-3 공무원보수체계

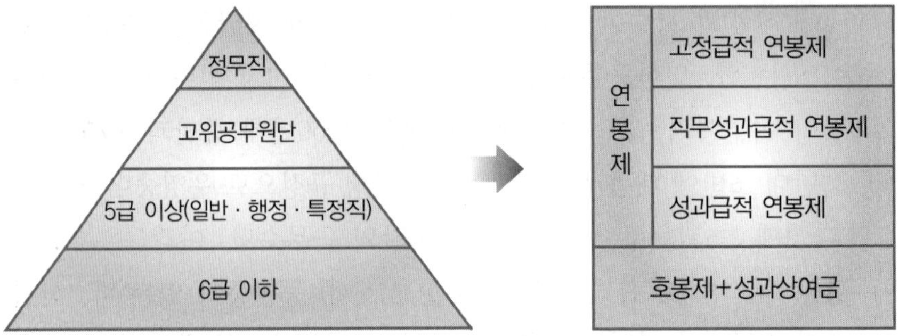

그림 17-4 한국공무원의 호봉제 보수구조

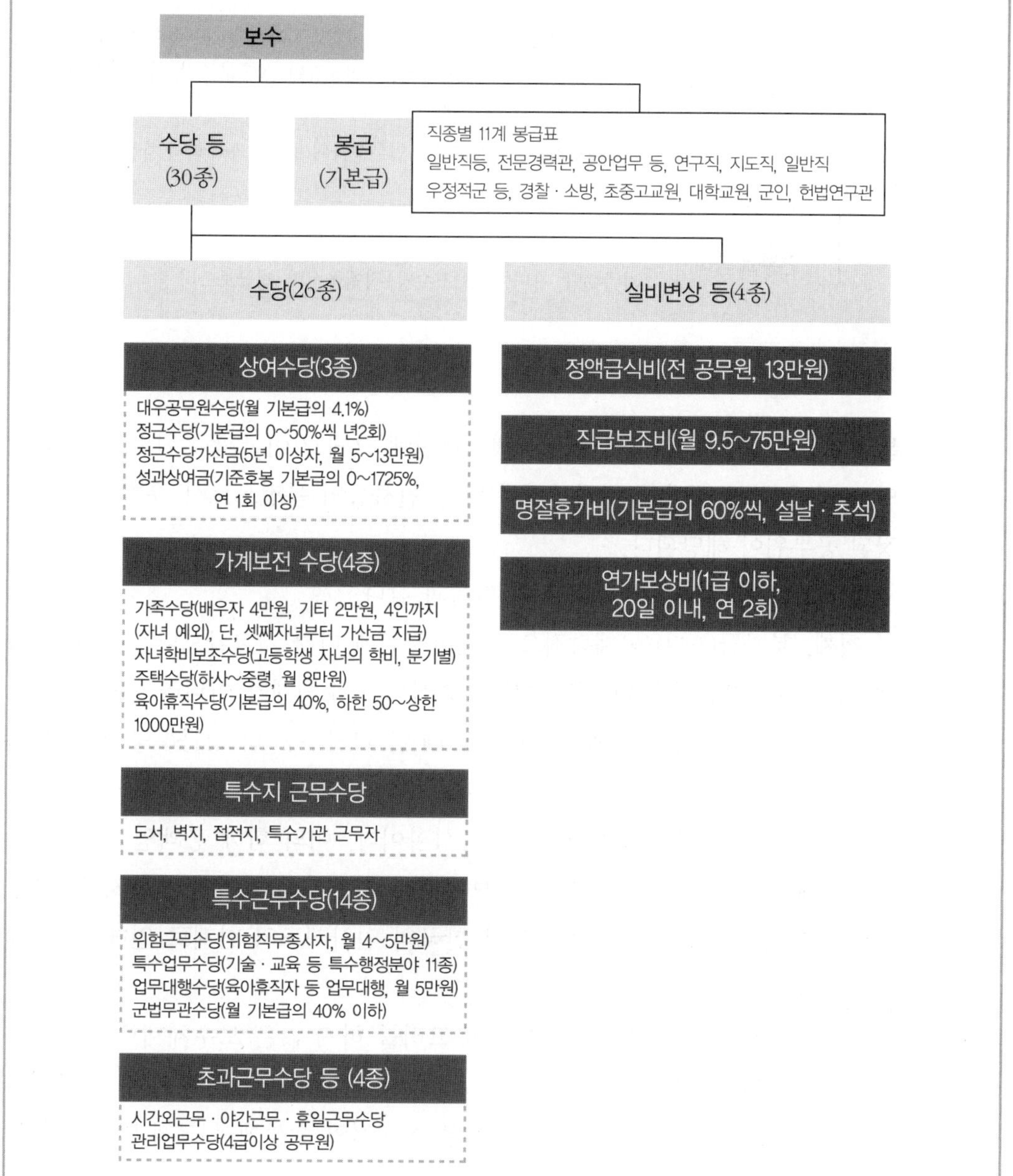

정기승급일 현재 승급제한 중에 해당되지 아니하여야 한다. 셋째, 승급에 필요한 기간이 1년 이상 되어야 한다. 통상의 경우에 매월 1일자로 승급한다. 이에

그림 17-5 연봉제 보수체계

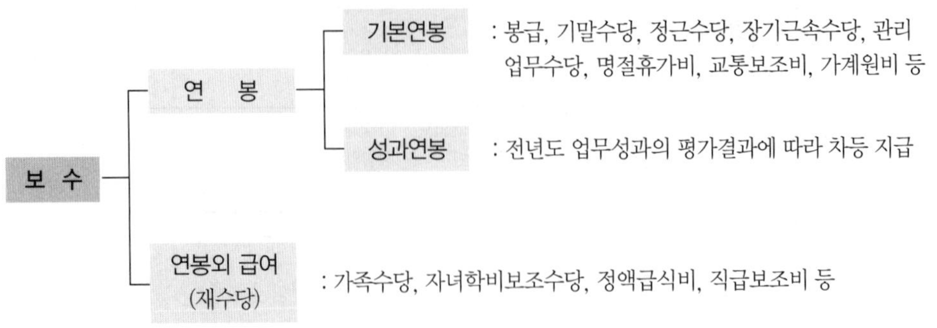

특별승급은 업무실적이 탁월하여 행정발전에 크게 기여한 공무원과 관련 법령의 규정에 의한 제안의 채택시행에 따른 인사상의 특전으로서 특별승급이 확정된 공무원이 해당된다.

한국 공무원 보수체계의 특징은 다음과 같다.

첫째, 부가급(수당)을 계속적으로 변화시킴에 따라 기본급보다는 수당 조정에 치중하는 경향이 있다. 즉 기본급 중심의 보수체계가 아니라 수당 중심의 보수체계가 되었다는 것이다. 그러나 2006년 기밀수당 및 정근수당 일부가 기본급에 산입되었고 2011년 가계지원비 및 교통보조비가 기본급에 산입되면서 점차로 기본급 비중이 확대되고 있는 상황이다. 이와 함께 총액인건비제도가 도입됨에 따라 기본급 중심으로의 보수체계 재편이 이루어지고 있지만, 계급제와 직업공무원제도를 바탕으로 한 한국의 인사제도의 한계로 인해 크게 개선되고 있지는 못하다.

둘째, 직무의 전문성이나 난이도의 고려를 하지 않은 보수체계로 우수전문인력을 유치하는 데 어려움이 있다. 고위공무원단제도의 신설 이후 직무성과급적 연봉제를 시행하고 있지만, 아직은 형식적인 수준에서 크게 벗어나지 못하고 있다.

셋째, 공무원 보수가 직종, 직급과 호봉 등에 따라 거의 일률적으로 지급되고 있으므로, 개인의 생산성이나 능률 향상을 고려한 성과급제도의 도입을 저해하고 있다. 연봉제와 성과상여금제도의 도입으로 이러한 문제를 개선하는 노력이 이루어지고 있지만, 공무원에 대한 공정한 평가방법이 미비되어 있어, 실효성에 있어서는 많은 문제를 내포하고 있다.

(2) 연봉제 도입의 현황과 문제점

1) 연봉제의 의의와 도입 현황

연봉제(merit pay system, or pay for performance system)는 기업과 정부의 경쟁력을 향상시키기 위한 제도로서 개별 직원의 능력, 실적 및 공헌도에 대한 평가를 기초로 계약에 의하여 연간 임금액이 결정되는 능력 중시형의 봉급체계이다.

즉, 기존의 연공서열 위주 또는 직급에 따라 받는 봉급을 개개인의 능력과 실적에 따라 액수가 결정되는 것이다. 따라서 공무원의 능력과 실적에 따라 개인별 보수 격차가 생기게 되어 개인 간의 경쟁을 유도함으로써 조직과 개인의 생산성을 향상하게 된다.

한편 연봉제는 임금이 연간으로 정해지는 계약임금이므로 월급제와 달리 기본급, 상여금, 수당 등의 세분화된 항목이 없으며, 임금을 총괄적으로 결정하여 지급하게 된다. 한국의 경우 1992년 총액임금제 추진으로 논의되기 시작하게 되었는데, 1993년에 두산그룹에서 처음 실시한 이후 현재 사기업체 대부분이 이를 시행하고 있다. 사기업체의 연봉제 확산과 함께 공무원 사회에서도 논의되기 시작하였으며, IMF사태 이후 정부의 경쟁력 확보 차원에서 제도화 단계에 들어선 것이다.

현재 한국 정부에는 〈표 17-3〉과 같이 고정급적 연봉제, 성과급적 연봉제, 직무성과급적 연봉제 등의 세 가지 연봉제가 운영되고 있다.[2]

고정급적 연봉제는 업무실적에 따른 성과측정이 곤란한 대통령, 국무총리, 감사원장 및 부총리, 장·차관 그리고 장관급에 준하는 공무원 및 차관급에 준하는 공무원 등 정무직 공무원에게 적용하는 제도로서 성과연봉체계에 따르지 않고 직무의 곤란도와 책임도에 부합하는 일정액의 고정연봉을 지급한다.

성과급적 연봉제의 적용대상은 일반직, 별정직 중 1~4급(상당) 공무원(4급

---

2 연구직·지도직·일반직 우정직군 등, 경찰·소방공무원, 교원(단, 국립대학의 장을 제외한 국립대학의 교원은 성과급적 연봉제 적용), 군인, 군무원, 국가정보원직원, 대통령실 경호처직원은 연봉제 적용에서 제외된다.

표 17-3 연봉제종류별적용대상

구 분	적용대상	비 고
고정급적 연봉제	• 정무직	• 직위별로 고정급 지급
성과급적 연봉제	• 5급 이상의 일반직·별정직·특정직 공무원 • 전체 계약직, 국립대학 교원	• 계급과 성과에 따라 차등지급
직무성과급적 연봉제	• 고위공무원단	• 담당직무와 성과에 따라 차등지급

또는 5급 복수직 정원에 해당되는 4급 공무원에 대해서는 과장급 직위에 임용된 경우)과 전체 계약직공무원과 국립대학 교원이다. 성과급적 연봉제은 [그림 17-5]에서 나타난 바와 같이 기본연봉, 성과연봉 및 연봉외 급여로 구성된다. 기본연봉은 최초 연봉제로 전환한 1차연도에는 봉급정근수당관리업무수당명절휴가비 연액을 합산한 금액으로 전환한다. 연봉제 전환후 2차연도부터는 전년도 연봉액을 기준으로 당해연도에 정책적으로 조정된 금액을 더하거나 차감하게 된다. 성과연봉은 전년도의 성과평가 결과가 평급등급별로 차등하여 연봉에 반영된다. 그러나 경찰, 군인, 교원 등 일부 특정직 공무원은 적용대상에서 배제된다.

직무성과급적 연봉제는 2002년 과장급 이상 외무공무원에게 도입되었으나, 모든 고위공무원단에 속하는 공무원을 대상으로 실시되고 있다. 단 연구직 공무원과 지도직 공무원 등 호봉제가 적용되는 공무원은 제외된다. 직무성과급적 연봉제는 계급제와 이에 기초한 연봉제를 폐지하고 직무분석을 실시하여 각 직위별 직무값과 성과에 따라 연봉이 결정되는 제도로서, 기본적인 운영체제의 형식은 성과급적 연봉제와 대동소이하고, 기본연봉은 기준급과 직무급으로 나누어지고 기준급은 개인의 경력 및 누적성과를 반영하여 책정되는 기본급여이고 직무급은 직무의 곤란성 및 책임의 정도를 반영하여 직무등급에 따라 책정된다. 다만 연봉에서 기본연봉보다 성과연봉(성과급) 비중이 더 높다는 점에서 성과급적 연봉제와 다르다. 직무성과급적 연봉제에서 기준급 결정방법은 기준급 한계액의 하한액을 기준으로 자율책정범위 내에서 소속장관이 자율적으로 책정할 수 있다.

표 17-4 평가등급별인원비율과(직무)성과연봉지급률(2019년)

종류	평가등급	S	A	B	C
성과연봉	인원비율	20%	30%	40%	10%
	지급율	8%	6%	4%	0%
직무성과 연봉	인원비율	20%이하	자율	자율	10%이상
	지급율	8%	12%	8%	0%

* 직급별 지급기준액은 매해 재조정됨.

2) 성과상여금제도의 도입현황

성과상여금제도는 공직사회에 경쟁원리를 도입하여 열심히 일하는 분위기를 조성하고 행정의 생산성과 서비스의 질을 높이기 위해 1998년 도입한 제도이다. 성과상여금제도는 4급(과장급 제외) 이하 특정직 공무원을 포함한 전 직종 공무원을 대상으로 적용되며, 전년도 업무성과를 평가하여 연 1회 평가하여 일시금으로 지급하는 것을 원칙으로 하되 기관의 업무특성에 맞게 탄력적으로 운영할 수 있도록 평가횟수, 평가대상기관, 지급횟수 및 부서별 평가방법을 자율화하고 있다.

지급방법은 해당기관의 업무와 구성원의 특성을 감안하여 다음의 5가지 방법 중 자율적으로 선택하여 운용할 수 있다.

① 개인별로 차등지급하는 방법
② 부서별로 차등하여 개인별 균등지급하는 방법(인사혁신처와 협의 필요)
③ 개인별로 차등지급하는 방법과 부서별로 차등지급하는 방법을 병용하는 방법
④ 부서별로 차등한 후 부서 내에서 개인별로 차등하여 지급하는 방법
⑤ 기타 인사혁신처와 협의하여 달리 정하는 방법

성과평가기준은 근무성적평가결과와 다면평가결과에 의하되 혁신평가결과 등 부처별 특성을 반영한 별도의 평가기준을 추가할 수 있으며, 평가결과에 따라 〈표 17-5〉와 같이 직급별 지급기준액의 0%~100% 이상을 차등하여 지급하

표 17-5 평가등급별인원비율과성과상여금지급률(개인별차등지급시)(2019)

평가등급	S	A	B	C
인원비율	20%	40%	30%	10%
지급율	172.5% 이상	125%	85% 이하	0%

자료: 지급율: S등급: 172.5, A등급: 125, B등급: 85, C등급: 0%.

게 된다. 지급된 성과상여금은 성과연봉과 달리 기본급 등에 누적되지 않는다.

3) 성과급제 도입의 장단점 및 현황

성과급제 도입은 다음과 같은 장점을 기대하고 도입되었다.

첫째, 개개인의 능력과 실적이 곧 임금과 직결되므로 공무원으로 하여금 의욕적으로 근무하게 하고, 조직의 활성화와 사기앙양을 유도한다.

둘째, 공정한 평가문화를 조성하는 기반이 된다. 성과급제가 도입되면, 명확한 평가기준이 개발되고, 평가자들과 피평가자들이 더 이상 성과평가에 대한 형식적 태도를 가지지 않게 될 것이다.

셋째, 결과적으로 성과급을 받기 위한 공무원들간의 선의의 경쟁이 이루어지게 되면서 정부의 생산성이 높아질 것이다.

반면에 성과급제의 도입은 다음과 같은 단점이 발생할 여지도 충분히 있다.

첫째, 상대적으로 낮은 성과급을 받거나, 전혀 받지 못하게 될 경우에 공무원들의 사기가 저하되어 전반적으로 생산성이 낮아질 수 있다.

둘째, 경쟁의 도입을 통해 단합된 업무분위기가 저해되고 갈등이 심화되어, 오히려 정부의 생산성이 낮아질 수 있다.

셋째, 평가가 단기적 실적을 중요시하게 되어, 공무원의 장기적 안목과 관련된 부분에 대한 배려가 소홀해질 가능성이 높다.

넷째, 공공부문에 있어서 객관적인 성과평가기준이 만들어지기 어렵기 때문에, 성과평가에 대한 공무원들의 불신이 높아지면서 공정성에 대한 문제가 야기될 가능성이 높다.

실제로 현재 도입된 성과급제도는 객관적 평가기준의 미비, 낮은 성과급의 비중, 90%의 인원에 대한 성과급 지급 등으로 인해 여러 문제들이 지적되고 있다. 실질적으로 연공에 의해 지급된다는 비판, 이에 따른 실질적 공무원 보수의 인상이었다는 비판 등이 핵심이 되고 있다.

제 2 절 연금제도

1. 공무원 연금제도의 의의와 발전과정

(1) 공무원 연금제도의 의의

1960년에 시작된 공무원 연금제도는 한국의 공적 연금제도의 효시로 그 적용대상은 국가공무원법, 지방공무원법 및 그 밖의 법률에 따른 공무원과 대통령령으로 정하는 국가나 지방자치단체의 직원을 포함한다. 이때 군인과 선거에 의해 취임하는 공무원(대통령, 국회의원, 지방자치단체의 장, 지방의회의원)은 적용대상에서 제외한다.

공무원 연금제도의 의의는 세 가지 측면에서 생각할 수 있다.

첫째는 사회보장적 측면으로 공무원의 퇴직 또는 사망과 공무로 인한 부상·질병·장애에 대하여 적절한 급여를 지급함으로써 공무원 및 그 유족의 생활안정과 복리향상에 이바지하는 것이다.

둘째로 인사행정 면에서는 공무원의 장래에 대한 생활의 불안감을 해소시켜 줌으로써, 사기진작과 근무의욕을 고취시킬 수 있다. 뿐만 아니라 노령이 된 공무원을 퇴직시키는 대신 유능한 젊은 인재를 등용함으로써 조직의 신진대사를 촉진하여 행정상 능률을 향상시킬 수 있게 한다(최재식, 2010: 37).

셋째로는 공무원의 정치적 중립과 개인적인 사익추구 등의 정치적 권리 및 경제적 권리의 제한을 효과적으로 하기 위한 제도적 장치로서의 의의도 지닌다.

공무원연금은 관료제 발전과정의 차이에 따라 크게 두 가지 형태로 나타난다. 관료제의 형성이 일찍 시작되었던 프랑스나 독일을 비롯해 오스트리아, 벨기에 등과 같은 국가들은 관료인 공무원들에 대해 '신분적' 지위를 부여하고 평생 재직하며 국가에 봉사하는 것을 원칙으로 하였다. 관료로서의 공무원 신분

그림 17-6 우리나라공적연금체계

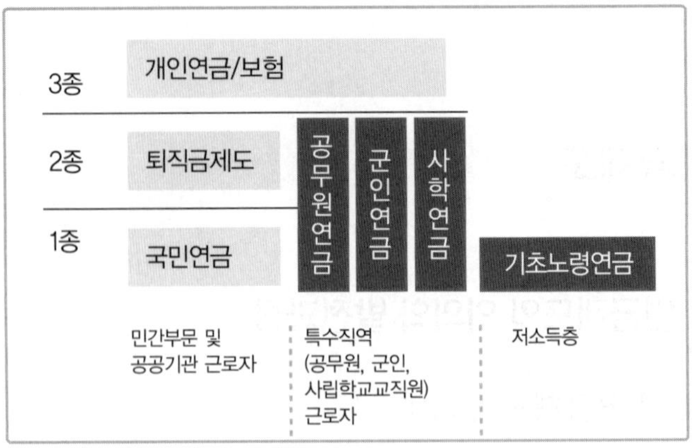

을 강조한 국가들은 '은급'으로서의 국가 부양적 공무원연금제도를 국민연금과 독립되게 운영해 왔다. 이런 국가들은 대부분 공무원연금을 조세로 운영해 왔다.

반면에 공무원을 여러 직업 중 하나로 생각하는 국가들은 국가가 특별히 공무원을 부양해야 한다는 의무를 가지지 않으며 일반 국민연금과 통합하여 운영하고 있다. 이 경우 공무원연금은 보험료에 기초한 사회보험의 형태로 운영된다.

하지만 현재 은급으로서의 공무원연금을 조세로 운영하던 국가들도 세계적으로 복지국가들이 겪고 있는 재정적자의 어려움에서 벗어나기 위해 사회보험 형태로 공무원연금을 개혁하고자 하는 움직임이 일어나고 있다. 일본과 같이 개혁을 어느 정도 마무리 한 국가도 있지만 아직 진행 중인 국가도 있고, 국민연금과의 완전통합보다는 기존의 조세방식에서 기여방식으로 전환하고 있는 국가도 있다. 따라서 앞으로는 더 다양화된 형태의 공무원연금이 나타날 것으로 보인다.

한국의 공무원연금은 제도 자체로는 사회보험방식을 채택하고 있다. 한국은 공무원연금제도가 도입된 이래 공무원과 정부가 연금재정을 균등하게 분담하는 사회보험방식을 채택해 왔다. 그러나 2000년도 공무원연금법이 개정되면서 회계연도의 연금적자를 정부예산으로 추가보전하게 됨에 따라서 부양제도로서의 성격도 일부 포함되었다고 볼 수 있다. 특히 IMF 통치하에 공무원에 대한 구조조정으로 퇴직자가 급등하게 되면서 1995년 일시적으로 흑자를 보였던 공무원연금은 예상보다 빨리 적자로 돌아서게 되었고, 연금기금이 조만간 고갈될 전망에 이르렀다.

이후 공무원연금에 대한 추가보전의 수준이 지속적으로 커질 것이 예상되는 가운데 국가의 재정적자에 누가 되는 문제와 국민연금과의 형평성 등이 지적되면서 공무원연금에 대한 개혁의 요구가 정치적으로 높아져 왔다. 이러한 문제들로 비롯된 공무원연금개혁은 이미 수차례에 걸쳐 이루어졌지만 아직 이 두 가지 문제들이 어느 것도 완벽하게 해결되지 못하였다.

유럽대륙에서의 공무원연금개혁의 이슈와 같이 한국 공무원연금개혁의 중요한 이슈는 '은급'으로서의 공무원연금을 인정할 것인가에 있다. 공무원연금개혁에 대한 정치적 요구가 더 이상 지속되지 않기 위해서는 국민연금보다 높은 혜택과 조세를 바탕으로 한 적자보존은 공무원의 정치적·경제적 희생에 대한 보답이자 은급이라는 국민적 합의를 이끌어낼 수 있어야 한다.

(2) 한국 공무원 연금제도의 연혁

공무원 연금제도는 정부가 수립된 다음 해인 1949년 8월 국가공무원법이 제정되면서, "공무원의 퇴직금과 공무상 재해보상에 관한 법률을 정하여 적절한 급여를 실시할 것"이 규정되어 제도화될 수 있는 근거가 마련되었다. 그러나 1950년 한국전쟁을 비롯한 국내사정의 혼란과 국가재정의 부족으로 인해, 사회보장제도가 정책적 우선순위에서 밀림으로써 연금제도는 실천에 옮겨지지 못했다.

연금제도는 1959년에 들어서 당시의 중앙인사기관인 국무원 사무국에서 공무원연금법안을 마련하였고, 1960년 1월 1일 법률 제533호로 공무원연금법이 제정·공포됨으로써 한국 최초의 공적연금제도인 공무원연금제도가 실시되었다. 그 후 공무원연금법은 많은 개정을 경험하면서 개선되어 왔는데, 주요한 개정 내용은 다음과 같다.

1) 1960~1962년 개정

「공무원연금법」이 제정된 초기였고 운용면에서 개선의 여지들이 있었기 때문에 3차례의 부분적인 개정이 있었다. 이 기간 동안에는 국가 및 지방공무원과 군인을 적용대상으로 하였다, 군인에 대해서는 별도로 「공무원연금법」에 군인에 대한 규정을 두고 급여와 비용부담 등에 있어서 일반 공무원과 상이하게 운영하였고 국방부장관이 별도로 관장하게 하였다.

연금급여에 있어서는 퇴직연금(준퇴직연금), 퇴직일시금, 유족부조금, 유족일시금 및 장해연금 등 5종의 장기급여를 실시하였고, 비용부담에 있어서는 국가 또는 지방자치단체와 공무원이 각각 봉급의 2.3%를 부담하였다. 그러나 초기의 「공무원연금법」은 「국가공무원법」의 부수법으로서 성격을 지닌데 불과하였다.

2) 1963~1966년 개정

1962년 8월 31일에 「공무원연금법」을 전문개정 하였다. 개정된 신법에서 비로서 「공무원연금법」은 공무원의 복리향상을 위한 사회보장 기본제도로서 성격이 뚜렷하게 되었다. 사회보장제도로서의 통합된 법전을 가지게 되었고 공무원의 모든 보험사고를 대부분 흡수하였다. 「공무원연금법」의 적용을 받던 군인은 1963년 「군인연금법」이 제정되면서 대상에서 제외되었다.

새롭게 요양비·분만비·상병수당·분만수당·장제비 등 5종의 단기급여가 신설되었고, 기존의 장기급여에 있어서도 금액 인상 등의 개선이 있었다. 또한 요양일시금제도가 신설되었고, 공무원의 건강관리를 위한 건강진단제도가 신설되었다.

3) 1967~1981년 개정

1966년 「공무원연금특별회계법」이 개정됨에 따라 기금을 예산상의 세입·세출과 완전 분리하여 자체적으로 운영할 수 있는 특별기금이 설치되었다. 이와 같은 개정으로 공무원 복지를 위한 재산매입, 공무원 또는 연금수급자에 대한 대부, 금융기관에의 예입, 재정자금에의 예탁 등의 방법으로 공무원연금기금이 장기적으로 건전성을 확보할 수 있는 기틀이 마련되었다.

1966년 12월 15일 「공무원연금법」의 개정으로 1967년부터 퇴직연금 지급률이 봉급월액의 40~50%에서 50~70%로 인상되었고, 퇴직일시금도 종전보다 1.5배 정도 인상되었다. 또한 임용 전의 과거 공무원 및 군인 경력에 대한 재직

기간 합산제도가 실시되었다. 이렇게 급여지출이 증가함에 따라 기여금 및 부담금이 1969년에 3.5%, 1970년에 5.5%로 상향조정되었다. 1970년에 20년 이상 재직한 자에 대한 퇴직급여와 유족급여의 수급에 있어 일시금 선택제도가 도입되기도 하였다.

이후 1973년 요양부조금 및 재해보조금 신설, 1980년 유족연금부가금 신설 등 공무원연금의 복지혜택이 높아졌고, 기말수당이 급여산정의 보수에 포함되는 등 급여혜택 면에서도 많은 신장이 있었다. 반면에 의료보험이 실시되면서 요양부조금·분만비·장제비등이 「공무원연금법」에서 폐지되었다.

4) 1982~1995년 개정

이 시기의 가장 큰 변화는 1982년 12월 28일 「공무원연금관리공단」이 설립된 것이다. 공단이 설립되면서 1983년 정부의 공무원연금특별회계가 폐지되고 연금기금이 공단으로 이관되었다. 이 시기에도 급여액의 인상 및 급여 종류의 다양화 등 많은 조치가 있었다. 1983년에는 사병복무기간을 연금법상의 재직기간으로 산입하는 제도와 사립학교교직원 경력의 합산제도가 실시되었고, 재해부조금이 종전에 비해 2배 인상되었다. 1986년에는 정근수당·장기근속수당·직무수당 등 각종 수당이 급여산정에 있어서의 보수월액에 연차적으로 포함되기도 하였다.

5) 1996~2014년 개정

이전까지의 공무원연금의 발전방향은 공무원의 복리를 증진시켜주는 것이었다면, 1995년 이후의 「공무원연금법」 개정은 흐름이 역전되어서 공무원에 대한 은급을 축소하는 방향으로 전환되었다. 계속 공무원에 대한 복지혜택을 높여왔던 공무원연금제도는 공무원의 연금산정의 기초가 되는 재직기간이 늘어나고 연금수급자가 누적되면서 1993년부터 연금회계에서 적자가 발생하였다.

1995년의 「공무원연금법」 개정으로 1996년부터 비용부담률이 상향조정되고 급여가 제한되는 등의 조치가 이루어졌다. 기여금과 부담금이 1996년 65/1000으로 인상된 후, 1999년 75/1000으로 다시 인상되었다. 1996년 1월 1일부터 신규임용 공무원에 대해 연금지급개시연령이 신설되었고, 연금지급정지대상기관을 모든 정부투자기관 및 국·공유 재산의 귀속·무상양여·무상대여기관 등으로 확대하여 2000년부터 시행하도록 하였다.

2000년 「공무원연금법」 개정에서는 연금적자를 정부가 보전하도록 하여 조세에 의한 정부의 부담이 높아졌다. 기여금과 부담금은 85/1000으로 상향조정되었고 연금지급개시연령이 60세로 단계적으로 확대 적용되었다. 정년이 60세 전인 경우에만 해당정년부터 지급토록 하였다. 연금산정방법도 퇴직 당시 최종보수를 기준으로 하던 것을 전 3년 평균보수를 기준으로 산정하도록 하였다. 또한 공공의 직에 취업한 경우에만 적용되던 연금지급제한을 민간기업이나 자영업까지 확대 적용하였다.

1995년, 2000년 개정에도 불구하고 연금재정의 심각성이 많이 개선되지 않음에 따라 2009년 다시 「공무원연금법」 개정이 이루어졌다. 우선 연금비용과 급여를 산정하는 기초보수를 종래의 '보수월액(총소득의 평균 65% 수준)'에서 과세대상 총소득에 해당하는 '기준소득월액'으로 변경하였다. 연금산정 기준보수도 '퇴직전 3년 평균보수'에서 '전체 재직기간 동안의 평균소득'으로 개정하였다. 기여금과 부담금을 기준소득월액을 기준으로 2010년 6.3%, 2011년 6.7%, 2012년 7%로 인상하였다. 연금지급 개시 연령을 신규임용 공무원부터 65세로 조정하였고 일부 고액연금 수급자를 방지하기 위하여 전체공무원 평균소득의 1.8배를 소득상한으로 설정하였다.

6) 2015년 개정

2015년의 「공무원연금법」 개정에 있어서 두 가지 목표는 재정적자를 줄이는 것과 소득재분배 기능을 연금에 포함시키는 것이었다. 공무원연금을 전반적으로 구조조정 하려던 초기의 안은 공무원노조와의 합의과정에서 많이 완화돼서 2009년의 개정안을 한층 더 강화하는 것으로 마무리 되었다. 중요한 개정내용은 다음과 같다.

첫째, 기여율과 부담률을 기준소득월액의 9%로 2020년까지 단계적으로 인상하기로 하였고, 기준소득월액 상한선을 1.6배로 인하하였다.

둘째, 재직기간 1년당 1.9%였던 연금지급률을 2035년까지 단계적으로 1.7%로 인하하였다.

셋째, 연금지급개시연령을 임용시기 구분없이 2033년까지 단계적으로 65세로 연장하였다.

표 17-6 2015년 공무원연금개혁안 항목별 내용

<table>
<tr><th>항 목</th><th colspan="2">종 전</th><th>개 정</th></tr>
<tr><td>기여율(공무원)
부담률(정부)</td><td colspan="2">기준소득월액의 7%</td><td>2020년까지 단계적으로 9%로 인상</td></tr>
<tr><td>연금지급율 인하</td><td colspan="2">재직기간 1년당 1.9%</td><td>2035년까지 단계적으로 1년당 1.7%로 인하</td></tr>
<tr><td>소득재분배
요소도입</td><td colspan="2">없음</td><td>연금지급률 1.7% 중 1%에 소득재분배 요소도입</td></tr>
<tr><td>연금지급개시
연령연장</td><td colspan="2">2009년 이전임용 → 60세
2010년 이후임용 → 65세</td><td>임용시기 구분없이 퇴직연도에 따라 65세로 단계적 연장</td></tr>
<tr><td>유족연금지급율
하향조정</td><td colspan="2">2009년 이전임용 70%
2010년 이후임용 60%</td><td>전·현직 공무원 모두 60% 적용
(기존 유족연금수급자는 종전대로)</td></tr>
<tr><td>연금액 한시동결</td><td colspan="2">매년 소비자물가지수에
따라 연금액조정</td><td>향후 5년간 연금액 동결
기존연금수급자 및 2016~2019 퇴직자</td></tr>
<tr><td>기준소득월액
상한하향조정</td><td colspan="2">전체공무원 기준소득월액평균액의 1.8배</td><td>전체공무원 기준소득월액
평균액의 1.6배로 하향조정</td></tr>
<tr><td rowspan="3">연금지급정지
제도강화</td><td colspan="2">전액정지: 공무원으로
재임용시</td><td>공무원 재임용 및 선거직 및 정부전액출자 출연기관에 재취업한 고소득자도 연금전액정지</td></tr>
<tr><td rowspan="2">일부
정지</td><td>소득심사기준
'근로자평균
임금월액'</td><td>소득심사기준 '평균연금월액'으로 하향조정</td></tr>
<tr><td>부동산 임대소득
제외</td><td>부동산 임대소득 포함</td></tr>
<tr><td>분할연금제도
도입</td><td colspan="2">없음</td><td>혼인기간이 5년 이상의 경우 이혼 시 혼인기간에 해당하는 연금액의 1/2 배우자에게 지급
(법원결정 우선)</td></tr>
<tr><td>비공무상
장해연금 신설</td><td colspan="2">없음</td><td>비공무상 장애로 퇴직 시 지급</td></tr>
<tr><td>연금수급요건
조정</td><td colspan="2">20년 이상 재직</td><td>10년 이상 재직</td></tr>
<tr><td>재직기간
상한연장</td><td colspan="2">최대 33년까지 인정</td><td>재직기간에 따라 최대 36년까지
단계적으로 연장</td></tr>
<tr><td>최저생계비이하
연금압류금지신설</td><td colspan="2">없음</td><td>연금액 중 월 150만원 압류 금지(민사집행법상 압류가 금지되는 최소한 생계비 기준)</td></tr>
<tr><td>공무원유족연금 및
유족보상금
지급요건 개선</td><td colspan="2">공무상 질병 또는
부상으로 퇴직 후
3년 이내 사망</td><td>공무원 질병 또는 부상으로 퇴직 후 사망</td></tr>
</table>

넷째, 연금지급정지제도를 선거직 및 정부 전액출자 출연기관까지 확대하였고, 소득심사기준을 '근로자 평균임금월액'에서 '평균연금월액(2014년 224만원)'으로 하향조정하였다. 소득심사에 부동산 임대소득도 포함하였다.

다섯째, 이혼시 혼인기간에 해당하는 연금액의 1/2를 법원의 결정에 따라 배우자에게 지급할 수 있도록 하였다.

여섯째, 재분배적 효과를 위하여 연금수급요건을 20년 이상 재직에서 10년 이상 재직으로 하향조정하였고, 연금지급률 1.7% 중 1%에 소득재분배 요소를 도입하였다.

상세한 내용은 〈표 17-6〉과 같다.

2. 공무원 연금재원의 조달

(1) 재정운영방식

재정운영방식이란 연금급여의 지급에 필요한 재원을 어떻게 조달할 것인가에 대한 계획을 말한다. 대표적인 재정조달방식은 적립방식(funded system)과 부과방식(pay-as-you-go system)이 있다.

부과방식은 급부를 지불할 때마다 그 비용을 기여금으로 가입원에게서 갹출하는 방식이다. 따라서 이 경우에는 적립금을 전혀 보유하지 않는다. 그러나 실제 연금제도의 운영에서는 급부지불과 그에 대응하는 기여금 갹출을 동시에 하는 것은 불가능하기 때문에 일정 기간 내에서 수지의 균형을 꾀하는 것이 보통이다(이상윤, 2000: 323). 이 경우 그 기간은 1년에서 10년 정도의 범위이다(보통 1년). 따라서 부과방식은 일정 기간 동안의 급여비용을 동일기간 내에 조달하도록 계획된 재정방식을 의미한다. 또한 일시적으로 예상 이상의 급부발생에 따른 지불을 위해 위험준비금적 성격의 자금을 보유하는 것이 보통이다. 결국, 부과방식은 어느 한 시점에서 노령자의 생활유지에 필요한 연금급여의 재원을 그 당시 근로세대의 보험료에서 구하는 것으로서 세대간 부양을 기초로 운영되는 재정방식이다.

적립방식은 장래에 소요될 급여비용 부담액을 제도가입기간 동안의 평준화된 보험료로 적립시키도록 계획된 재정방식을 말한다. 즉 퇴직 후에 받을 연금액의 합계가 근로기간 동안에 적립한 연금보험료의 원리금합계와 같도록 보험료를 갹출하는 것이다. 이 방식은 제도의 발족시부터 서서히 재원을 적립해 가고 급여가 완전히 발생할 때에는 갹출된 보험료와 적립금인 기금의 운용에 의한 이자 및 수익, 국고의 부담 등에 의하여 급여를 실시하여 가는 방법이다.

적립방식과 부과방식의 차이는 적립방식이 장래의 전체 연금가입자에게 지불해야 할 연금급여액의 현가액 즉 연금채무를 적립기금으로 보유하는 한편, 부과방식은 연금채무액을 보유하지 않고 단기간의 급여지출에 필요한 급여준비금만을 보유하는 것이다. 결국 적립방식은 노인 소비의 재원을 자신의 생산활동기간 동안의 저축으로 해결하려는 데 기본이념을 두고 있는데 반해, 부과방식은 자식 세대의 생산활동으로부터의 분배에 기초한 것이다.

이러한 적립방식과 부과방식은 각기 장·단점을 가지고 있다. 적립방식의 경우에는 인플레이션과 임금수준의 변동과 같은 위험의 문제가 있다. 그러나 세대간 소득재분배를 부정하고 각 세대가 독립해 있기 때문에 고령화와 같은 인구구성 변화에 대해서도 독립적인 장점이 있다.

반면에 부과방식은 세대간 부양을 기초로 하기 때문에 인플레이션이나 임금수준의 변동과 같은 위험에 대해서도 충분히 대응할 수 있으며, 당초 예정되었던 연금수준의 유지가 가능하게 되는 장점이 있다. 그러나 부과방식은 인구구성에 의존하기 때문에 고령화가 진전되는 상황에서는 후세대의 부담을 증가시켜서, 소득재분배의 불합리성을 초래할 수 있는 단점이 있다.

공무원연금제도는 2000년 이전까지는 급여에 필요한 비용을 공무원과 국가 또는 지방자치단체가 함께 부담하여 충당하는 부과방식으로 운용하였으나, 연금수지 불균형이 심각해지자 2000년 연금 개혁과 함께 국가와 지방자치단체의 책임준비금 적립(제69조의2)의 근거를 마련함으로써 적립방식의 요소도 가미되었다. 하지만, 이 조항은 기금을 적립할 수 있다는 근거만을 규정하고 있을 뿐 구체적인 사항을 정해져 있지 않아서 아직은 실제로 예산에 반영되지 못하고 있다. 특히 책임준비금은 국가의 연금적자를 국가가 의무적으로 채워주는 국가재정보전제와 더불어 국가에 이중적 부담을 준다는 문제제기도 있어서 앞으로 논란이 지속될 전망이다.

(2) 비용부담률

연금제도 운영에 필요한 비용의 부담방식에는 기여제(갹출제: contributory system)와 비기여제(비갹출제: non-contributory system)가 있다. 기여제는 급여에 소요되는 비용을 사용자와 제도가입자에게 공동으로 부담시키는 비용부담방식을 말하고, 비기여제는 제도가입자에게는 비용부담을 시키지 않고 사용자가 소요비용 전액을 부담하는 비용부담방식을 말한다. 기여제에서 기여금이 급여나 보수의 일정 비율이 되도록 정해져 있는 경우에 이 비율을 기여금률 또는 비용부담률이라고 한다.

공무원연금제도는 기여제의 비용부담방식으로 공무원과 국가 또는 지방자치단체가 공동으로 부담하고 있다. 현재 가입자인 공무원이 매월 보수의 7.0%를 기여금으로 납부하고 국가나 지방자치단체가 보수예산액의 7.0%를 부담금으로 납부하고 있다. 2015년 개정으로 기여율과 부담률을 2020년까지 단계적으로 9%로 인상하기로 하였다. 다만, 사용자 책임 급여인 퇴직수당, 재해보상급여 및 부조적 성격의 급여인 재해부조금 및 사망조위금에 소요되는 비용은 국가와 지방자치단체가 그 전액을 부담한다.

3. 연금급여

공무원 연금제도상의 급여는 [그림 17-7]과 같이 단기급여와 장기급여로 구분된다. 이러한 급여는 보장목적이나 그 성격에 따라 소득보장급여, 근로보상급여, 재해보상급여 및 부조급여로 구분될 수 있다(최재식, 2010).

첫째, '소득보장급여'로는 공무원이 퇴직하거나 사망함으로써 소득을 상실했을 때 그 소득을 보장해주기 위해 지급되는 퇴직급여와 유족급여가 있다.

둘째, 퇴직수당은 '근로보상급여'에 해당이 된다. 재직기간에 따라 기준소득에 일정한 비율을 적용하여 산출한 금액을 일시불로 지급하는 민간기업의 퇴직금에 상응한다.

셋째, '부조급여'의 성격을 지니는 급여는 재해보상금과 사망조위금이다. 재해보상금과 사망조위금은 국가나 지방자치단체가 그 비용을 부담하고 있다.

넷째, '재해보상급여'는 공무원이 공무상 질병·부상으로 인하여 요양하거나

그림 17-7 공무원연금급여의종류

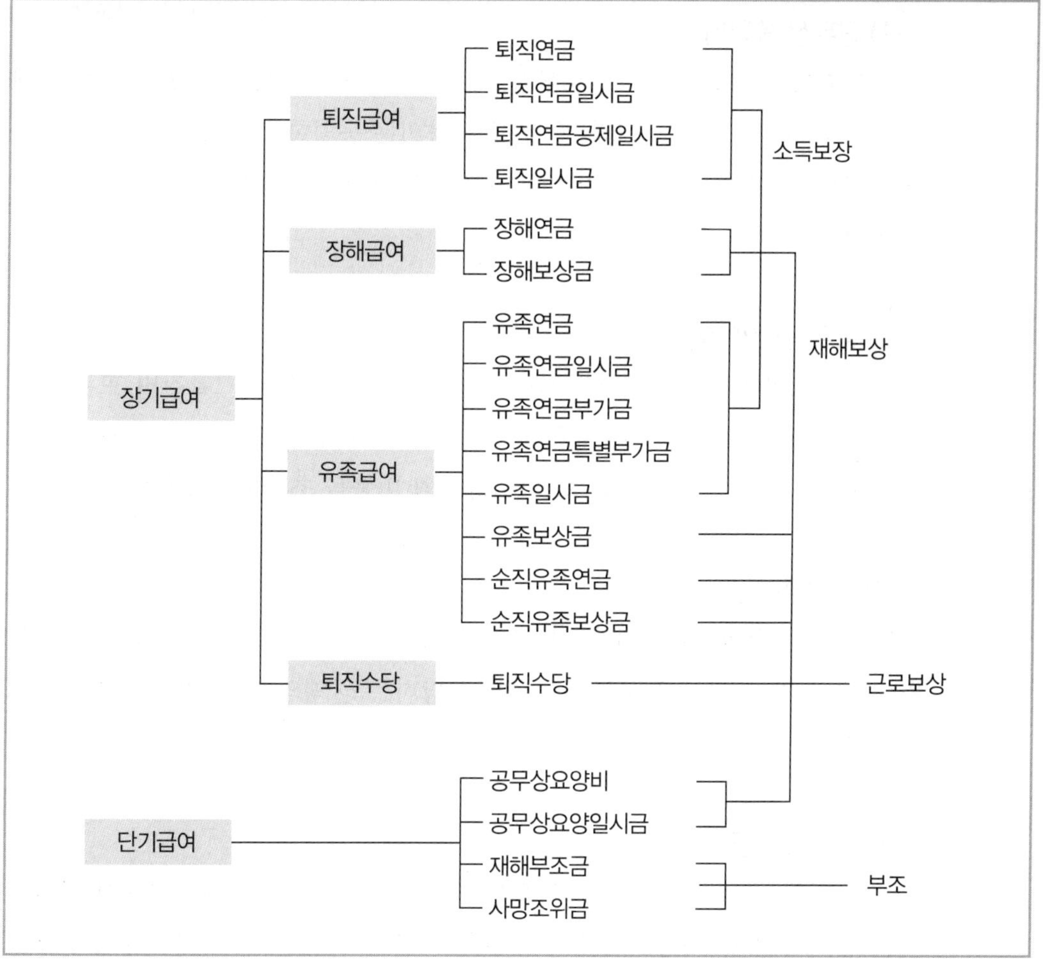

자료: 2016년부터 '비공무상장해연금'이 신설됨.

장애상태로 된 때 또는 사망한 때 지급하는 급여이다. 요양할 때는 공무상요양비와 공무상요양일시금을, 장애상태로 퇴직할 때는 장해연금이나 장해보상금을, 사망 시에는 유족보상금을 지급한다. 고도의 위험을 무릅쓰다가 순직한 공무원의 유족에게는 순직유족연금과 순직유족보상금을 지급한다. 2015년 연금개혁으로 '비공무상장해연금'이 신설되었다.

(1) 단기급여

1) 공무상 요양비

공무원이 공무상 질병 또는 부상으로 인하여 진단 치료 등 요양을 하는 때는 공무상 요양비를 지급한다. 공무상 요양비는 동일한 질병 또는 부상에 대하여 실제요양기간이 2년을 넘지 아니하는 범위 안에서 그 요양에 소요된 금액으로 한다.

2) 공무상요양일시금

공무상요양비를 받는 실제요양기간이 2년을 경과하여도 그 질병 또는 부상이 완치되지 아니한 경우에는 요양을 위한 추가 비용으로 공무상요양일시금을 지급하되, 그 금액은 1년간의 요양에 소용될 비용을 초과하지 못한다.

3) 재해부조금

공무원이 수재·화재 기타 재해로 인하여 주택에 손해를 입은 때에는 공무원 전체의 기준소득월평균액의 4배에 상당하는 금액의 범위 안에서 재해부조금을 지급한다.

4) 사망조위금

공무원의 배우자 또는 직계존속이 사망한 때에는 당해 공무원에게 사망조위금을 지급한다. 사망조위금은 공무원 본인이 사망한 경우에는 당해 공무원 기준소득월액의 1.95배에 상당하는 금액으로 하며, 배우자 또는 직계존속의 사망 시에는 당해 공무원 전체 기준소득월액 평균액의 0.65배에 상당하는 금액을 지급하게 된다.

(2) 장기급여

1) 퇴직급여

퇴직급여는 퇴직연금, 퇴직연금일시금, 퇴직연금공제일시금 및 퇴직일시금으로 구성된다. 퇴직연금은 20년 이상 재직한 공무원에게 사망할 때까지 연금을 지급하는 것을 의미한다. 퇴직연금일시금은 20년 이상 재직하고 퇴직하는 공무원이 연금에 갈음하여 일시금으로 받기를 원하는 경우 퇴직 시에 일시불로 지급하는 급여이다.

퇴직연금공제일시금은 총재직기간 중 일정기간은 퇴직연금으로 받고 나머지 기간에 대해서 일시불로 받고자 할 때 그 기간에 대해 일시금으로 지급하는 급여이다. 또한 퇴직일시금은 퇴직연금을 받을 자격요건을 채우지 못하고 퇴직한 20년 미만 재직한 공무원에 대하여 지급하는 급여이다.

2) 장해급여

장해보상급여는 장해연금, 장해보상금 및 비공무상장해연금의 세 종류가 있다. 장해연금은 공무원이 공무상 질병 또는 부상으로 인하여 장애상태로 되어 퇴직한 때 또는 퇴직 후 3년 이내에 그 질병 또는 부상으로 인하여 장애상태로 된 때에는 지급된다. 장해연금을 받을 수 있는 공무원이 장해연금에 갈음하여 일시불로 장해급여를 지급받기를 원하는 경우에는 장해보상금을 지급한다. 비공무상장해연금은 비공무상 장애로 퇴직하게 된 경우 공무상 장애연금의 1/2를 지급한다.

3) 유족급여

유족연금은 모두 8가지의 종류로 구분되어 있다.

① 유족연금

유족연금은 퇴직연금, 조기퇴직연금, 장해연금을 받을 권리가 있는 공무원이나 전직 공무원이 사망한 때 지급된다.

② 유족연금부가금

재직기간이 20년 이상인 자가 재직 중 사망하고 유족이 연금을 청구한 경우 공무원 사망 당시의 퇴직연금 일시금액의 4분이 1에 해당하는 유족연금부가금을 유족연금과 따로 지급한다.

③ 유족연금특별부가금

퇴직연금수급권자가 연금지급이 시작되기 전에 사망하거나 연금 개시 후 3년 이내에 사망한 경우에는 유족연금과는 별도로 유족연금특별부가금을 지급한다.

④ 유족연금일시금

20년 이상 근무한 공무원이 사망한 경우에는 유족연금 및 유족연금부가금에 갈음하여 유족연금일시금을 지급하는데, 그 금액은 퇴직연금일시금 계산과 동일하다.

⑤ 유족일시금

공무원이 20년 미만 재직하고 사망한 경우 지급하며, 그 금액은 퇴직일시금 계산과 동일하다.

⑥ 유족보상금

공무상이 공무상 질병 또는 부상으로 재직 중 사망하거나 퇴직 후 그로 인하여 사망한 때에는 그 유족에게 유족보상금을 지급한다.

⑦ 순직유족연금과 순직유족보상금

신체에 대한 고도의 위험을 무릅쓰고 직무를 수행하다가 사망한 순직공무원의 유족에게는 순직유족연금을 지급하고, 아울러 순직유족보상금을 일시금으로 함께 지급한다.

4) 퇴직수당

공무원이 1년 이상 재직하고 퇴직 또는 사망한 때에는 퇴직수당을 지급한다. 퇴직수당은 근로기준법의 퇴직금제도에 준하는 사용자부담의 급여이다.

4. 공무원 연금제도의 현황 및 개선방안

(1) 현황 및 문제점

공무원들의 노후생활과 복리향상을 위한 공무원 연금제도는 1990년대 들어서 재정악화로 인해 제도 개선이 불가피한 상태가 되었다. 1960년 1월 1일에 시행된 공무원연금은 제도적 성숙기를 맞게 되면서 연금지출이 크게 증가하였다. 또한 연금산정의 기초가 되는 재직기간이 늘어나고 연금수급자가 누적되면서 1993년 처음으로 연금지출이 기여금, 부담금 등 연금수입을 초과하여 적자가 발생하였다. 이때부터 누적된 적자는 1998년 정부 구조조정으로 인해 장기재직자의 일시적 대량퇴직으로 급격히 증가하였으며, 연금재정은 심각한 어려움을 겪게 되었다. 이에 따라 2000년에 접어들면서 급여준비금으로서의 기능을 상실하였다는 연구결과도 나오고 있다.[3]

이와 관련하여 공무원들은 공무원연금을 관리하는 공무원연금공단의 비전문성에서 비롯한 비합리적 연금재정운용방식에 대해 불만을 제기하고 있으나, 단순히 공무원연금공단만의 문제는 아니다. 물론 연금기금 운용상의 문제도 간과할 수 없으나, 1995년까지의 연혁에서 보여주듯이 계속된 제도개편을 통해 공무원이나 국가의 기여율이나 부담률을 높이지 않고 혜택만 지속적으로 올려준 선심성 연금제도에 근본적 문제가 있었다고 하겠다. 또한 연금제도의 근본적 취지와 관계없는 복리후생을 위한 지출 등도 공무원연금재정을 악화시킨 요인이라고 하겠다.

1) 공무원 연금제도의 문제점

공무원 연금의 제도상 문제점은 비용부담률은 장기간 고정된 상태에서 급여의 수준이 지속적으로 높아졌다는 점을 지적할 수 있다. 공무원 연금 비용부담은 1960년 보수월액의 2.3%에서 출발하여 1969년 3.5%, 1970년 5.5%, 1996년 6.5%, 1999년 7.5%, 2001년 8.5%로 꾸준히 상승하였고, 2010년에도 보수월액보다 1.5배 많은 과세소득의 7.0%로 계속 상승하여 왔다. 그럼에도 불구하고 급여의 수준도 〈표 17-7〉과 같이 거듭되는 제도개편과 더불어 꾸준히 확대되어 왔기 때문에, 재정적자에서 벗어나지 못하였다.

이러한 무절제한 연금 인상은 공무원의 낮은 보수수준에 대한 보상 차원에서 이루어졌다고 할 수 있다. 보수 자체에 대한 인상은 사회에 미치는 파장이 매우 크며 국민의 감시에서 벗어나기 힘들다는 점에서, 연금 인상을 통한 평생소득을 인상시켜 준 것이다. 특히 연금 인상은 미래에 실현된다는 점에서 예산이 없이도 당장 시행할 수 있어 현재적인 정치적 부담이 크지 않다는 점에서 많이 이용되어 왔다. 하지만 이로 인해 공무원연금의 재정적자가 계속 증가하면서 현재는 오히려 정치적 부담이 되고 있고, 반복적인 공무원연금 개혁으로 공무원과 국민의 피로감을 키우고 있다.

---

3 1999년 1월부터 연구를 시작한 한국개발연구원의 공무원연금에 대한 보고서는 아직 공개적으로 발표되지 않았지만, 2000년에 기금이 바닥이 나는 것으로 분석하고 있다. 따라서 비록 현직공무원들이 지속적으로 부담하는 기여금이 있다고 해도 조만간 지급불능사태가 벌어질 수도 있음을 시사하고 있다.

표 17-7 95년 이전 공무원연금 급여의 신설내용

연 도	제 도 개 편
1960	20년 가입 및 퇴직연금 연령 제한 60세; 퇴직연금지급률 30%~50%
1962	퇴직연금 연령제한 폐지; 퇴직연금지급률 40%~50%; 요양비, 분만비, 장제비 등 단기 급여 신설
1967	퇴직연금지급률 인상(50%~70%), 퇴직일시금 인상(1.5배)
1970	퇴직연금일시금 선택제도 실시
1973	요양부조금 및 재해부조금 신설
1980	유족연금부가금 및 퇴직연금공제일시금 신설 퇴직연금지급률 상한 인상(75%) * 공무원의료보험실시와 더불어 요양부조금, 분만비, 장제비 등 폐지
1981	퇴직연금지급률 상한 인상(76%)
1983	재해부조금 인상(보수월액의 1~3배 → 2~6배)
1985	사망조위금 및 유족연금특별부가금 신설 5년 이상 재직자 퇴직급여가산금, 유족급여가산금 신설 5년 미만 재직자 퇴직급여 인상(기여금+이자 → 보수월액×재직연수)
1988	유족연금 인상(퇴직연금의 50% → 70%) 퇴직 및 유족급여가산금 인상(퇴직일시금의 20% → 재직기간에 따라 20, 25, 30%) 사망조위금 인상(공무원 사망시 보수월액 1배 → 3배)
1989	선거직 공무원과 정부투자기관 등의 임원에 대한 연금정지율 인하(전액정지 → 반액정지) 및 사립학교 교직원에 대한 연금정지실시
1991	퇴직수당 신설(퇴직급여가산금, 유족급여가산금 폐지)

자료: 최재식(1999: 45).

2) 연금기금의 목적 외 사용

연금이란 산업화시대의 핵가족화에 의해 사적 부양의 기반이 약화됨에 따라, 고령으로 인한 퇴직 후의 생활보장을 위한 사회보장제도이다. 따라서 공무원연금제도도 공무원의 노후생활의 안정을 기하는 데 그 목적을 두어야 한다. 그러나 한국의 공무원 연금은 시행 초기인 1966년부터 공무원에 대한 대부, 주택지원, 복지시설사업 등의 후생복지사업을 실시해오고 있어, 연금기금을 목적 외로 사용하고 있다.

공무원연금제도가 후생복지사업까지 담당하게 된 것은 나름대로 세 가지

정도의 이유로 합리화되어 왔다(최재식, 1997: 22-26). 우선, 후생복지사업은 공무원의 복지증진을 목적으로 하는 연금제도의 취지에 부합된다는 것이다. 둘째로는 연금제도는 기여금 납부 시점과 급여지급 시점 간의 시차가 커서, 젊은 공무원들의 관심이 높지 않으나, 후생복지사업을 실시하면, 제도에 가입된 즉시 혜택을 받기 때문에 제도에 대한 신뢰감과 친근감을 갖게 된다는 것이다. 마지막으로 연금기금 복지시설에 대한 투자는 금융자산보다 인플레이션 방어수단으로 활용될 수 있다는 것이다.

이러한 이유로 공무원연금제도는 연금기금으로 제도가입자를 위한 복지사업을 실시하여 왔지만, 결국 후생복지시설사업 등의 방만한 경영으로 인해 재정적자를 악화시켰다는 비판을 받고 있다. 후생복지사업이 차지하는 비율이 적기 때문에 연금재정 악화에 큰 영향을 미쳤다는 주장은 설득력이 크지는 않지만, 고유 목적이 아닌 사업을 한다는 점에 있어서 합리적인 기금관리를 하고 있다고는 할 수 없다. 특히 연금회관, 호텔 및 물품판매사업 등 복지시설사업은 영리성이 강해 연금제도에 의한 사업으로 합리화시키기 어렵다. 또한 이러한 시설사업은 부동산 가치상승으로 자산의 가치가 올라간다고 해도 급여자금으로 사용할 수가 없기 때문에 연금의 고유목적에 전혀 부합되지도 않는다고 하겠다.

3) 연금기금운용상의 문제점

공무원연금제도의 재정 악화의 가장 근본적인 원인이 비합리적인 선심성 제도운영에 있지만, 기금의 비효율적인 운영도 재정 악화에 상당한 기여를 하고 있다. 앞에서 지적한 복지시설투자의 경우에 있어서도 유가증권에 투자하였을 경우와 비교하여 보면 1982년부터 97년까지 약 1조 8천억원의 기회비용이 산출된다(최재식, 1998: 52). 따라서 복지시설에 대한 투자가 부동산 가격의 상승으로 인해 손해를 보지는 않았다고 하더라도, 기회비용이라는 관점에서는 큰 손실이 있었다고 하겠다.

또한 공무원연금기금은 공무원연금법[4] 및 공공자금관리기금법[5]에 의거해 일정액을 정부의 재정투융자특별회계에 예탁하도록 되어 있다. 이러한 제도는

4 공무원연금법 제74조 제2항 3호.

5 공공자금관리기금법 제5조 제1항 2호.

긍정적인 면으로는 기금운용의 안정성, 공적기금으로써의 공공성 등을 들 수 있으나, 수익률이 민간시장에 비해 현저히 낮다는 문제가 있다. 공공자금관리기금법이 공무원연금의 재정적자에 미친 영향만 분리해서 나타난 통계는 없으나 전체적인 연금기금에 약 32조원 남짓의 손실을 보게 했다는 것이 통설이다.

(2) 개선방안

2009년「공무원연금법」개정으로 마무리 된 것 같던 공무원연금은 2015년 5월 29일에 공무원연금법 개정안이 통과되면서 다시 대대적 개혁이 이루어졌다. 하지만 2015년 공무원연금 개혁은 공무원노조와 야당 등의 반대세력에 의해 추진세력이 이루려 했던 국민연금과의 통합수준에는 크게 못미쳤다.

공무원연금 개혁이 이슈가 될 때마다 공무원의 기득권을 최대한 낮추기만 하면 연금재정이 안정화되는 것으로 알려져 왔지만 실질적인 문제는 기술된 바와 같이 일반적으로 알려진 것보다는 다양하다. 이러한 문제들이 해결되기 위해서는 다음과 같은 대안들이 고려되어야 한다.

첫째, 연금제도의 개편과정에서 지속적으로 만들어진 선심성 급여들을 어떻게 정리할 것인가에 대한 정책적 결정이 있어야 한다. 1991년까지의 연금제도의 개정은 선심성 정책으로 일관되어, 개정이 이루어질 때마다 기여율과 부담률에 비해 연금지급액이 큰 폭으로 늘어났다. 이 문제를 해결하기 위해서는 하나의 정책결정이 우선적으로 이루어져야 한다.

이러한 급여들이 인사정책적으로 필요한 것인가에 대한 결정이다. 공무원들의 정치적 중립, 생계형 비리 방지, 직업공무원으로서 긍지 등이 확립되는데

표 17-8 공무원연금지급률의 국제 간 비교

구 분	지급률			산정기준
	20년 재직	30년 재직	33년 재직	
미 국	36.25	56.25	62.25	최고임금 3년 평균
프랑스	40	60	66	최종임금
독 일	37.5	56.25	61.875	최종임금
한 국	50	70	76	최종임금

자료: 최재식(1998: 30).

있어서 연금에 포함된 사회보장적 요소들이 꼭 필요한 것인가를 결정해야 한다. 이러한 정책적 결정은 독립된 형태의 공무원연금이 필요한가에 대한 답을 줄 수도 있다.

둘째, 공무원의 후생복지사업은 고용주인 국가의 차원에서 조세로 이루어지는 것이 바람직하다. 노후생활연금기금을 사용하는 것은 연금제도의 목적에 부합하지 않으며 재정의 악화를 초래한다. 공무원의 후생복지에 대해서는 현존 제도나 시설의 필요성에 따라 정리할 것은 정리하고, 공무원의 후생복지를 위해 필수품이라고 생각되는 것은 국가에서 매입하는 방안을 고려하여야 한다. 따라서 공무원의 후생복지는 전혀 다른 차원의 사업으로 독립되어야 하며, 새로운 후생복지체제에 대한 준비가 있어야 한다.

셋째, 연금기금의 정부예탁은 공적자금의 공공성과 안전성 차원에서 이루어지고 있다. 만일 이러한 예탁제도가 불가피하다고 하더라도, 연금재정의 안정화를 위해서는 예탁수익률을 높여주어야 한다. 수익률이 시장보다 현저하게 낮은 정부예탁제도를 유지하면서 공무원의 부담률만 높인다면 반발의 여지가 클 것이다. 연금재정을 악화시킨 뒤, 국가재정으로 다시 보전하는 것은 비합리적이며, 오히려 비용이 더 많이 들어갈 수 있다. 예탁제도에 의한 공무원연금의 수익과 손실은 회계적으로 투명하게 밝혀져야 한다. 그래야 연금재정 적자에 대한 정부의 보전이 손실에 대한 배상인지 아닌지를 알 수 있다.

넷째, 연금기금의 운용에 있어서 부동산 매입이 과도한 점도 개선되어야 한다. 한국에서 부동산투자에 의한 이윤이 금융이윤보다 월등하게 높다고는 하지만 그 부동산을 계속 보유함으로서 유동성이 낮아지는 문제, 부동산에 건물을 짓고 관리하고 사업을 하면서 연금기금이 공단직원들의 퇴직 후 재취업 용도로 활용되고 있는 상황도 개선이 되어야 한다.

2015년 개정이 마무리 된 후에도 아직 공무원연금 개혁에 적극적인 사람들은 국민연금과의 형평성을 위해 '저부담 고급여' 구조를 반영한 공무원연금 액수를 삭감할 필요가 있음을 지적하고 있다. 또한 장기적으로 국민연금과 공무원연금을 통합해야 한다고 주장하고 있다. 이와 같은 공무원연금 개혁논의는 이분법적으로 이루어져서는 안 된다. 공무원 연금이 가지는 특수성(공무원의 퇴직금이 민간기업과 비교할 때 현저한 차이를 보이는 부분 등), 인사정책적 필요성 등에 대한 이해가 동시에 이루어질 필요가 있다.

외국의 사례를 보면 한국, 일본과 유사한 전통과 법체계를 가진 독일, 프랑스, 오스트리아와 같은 유럽의 대륙계 국가들은 저부담 고급여의 전통에 대해서는 개혁을 하고 있지만 공무원연금은 지속적으로 국민연금과 분리해 유지하고 있다. 공무원의 전통적인 관료적 신분을 유지시켜서 사기를 저하시키지 않으려는 노력의 일환이다.

참고문헌

강성철외. (2019). 「새 인사행정론」, 서울: 대영문화사.

문형표. (2005). 공적연금제도의 운용평가와 개혁과제, 응용경제 7(2): 39-84.

서원석·최무현. (2010). 공무원연금제도 개편에 관한 국민과 공무원의 인식차이에 관한 연구, 한국인사행정학회보. 9(1): 83-108.

유민봉·임도빈. (2012). 「인사행정론」, 파주: 박영사.

조성한. (1996). 「행정에 관한 국민과 공무원의 의식조사(1995)」, 한국행정연구원.

최재식. (2016). 「공무원연금제도 해설(2016)」, 공무원연금관리공단

행정자치부. (2003). 공무원 선택적 복지제도 도입방안.

Berman, Evan M. et al. (2010). *Human Resouce Management in Public Sector*. London: Sage.

Nigro, Lloyd G., J. Edward Kellough. (2014). *The New Public Personnel Administration*. Boston: Wadsworth.

Perry, James L. (2003). Merit Pay in the Public Sector: The Case for a Failure of Theory. in Frank J. Thompson(Ed), *Classics of Public Personnel Policy(3rd)*. 121-135. Belmont: Wadsworth/Thomson Learning

제 6 편

공무원의 책임과 의무

제18장　행정윤리

제19장　공무원의 정치적 중립

제 6 편에 들어가면서

제6편은 공무원들이 준수해야 할 법규 및 그들이 공익에 부합되게 행동해야 할 규범과 관련된 내용으로 구성되어 있다. 제18장에서는 행정윤리에 대한 다양한 접근법과 공무원 윤리의 유형과 특성, 부패방지 및 징계, 그리고 행정윤리 강화전략 등의 주제를 다룬다. 이를 위해 관련 법률을 소개하고 공무원의 행정윤리를 확보하기 위한 다양한 제도들(내부고발제도, 퇴직공직자 취업제한 등)에 대해 논의한다. 제19장에서는 공무원이 직무수행에 있어 준수해야 할 정치적 중립의무에 대해 설명한다. 공무원의 정치적 중립 의무에 내포된 복합적 의미를 소개하고, 진정한 의미의 공무원의 정치적 중립은 공무원이 한편으로는 정권교체로 어느 정당이 집권해도 동요하지 않고 정치지도자들의 정책을 충실히 집행하면서, 다른 한편으로는 부당한 정치적 영향력에 굴하지 않고 중립적 전문가로서 자신의 판단에 따라 공익에 부합되게 직무를 수행하는 것이라는 점을 특히 강조한다.

제18장

행정윤리

제 1 절 행정윤리의 의의

1. 행정윤리의 개념

행정윤리는 공무원의 직업윤리로서 공무원들이 직무를 수행하는 과정에서 마땅히 지켜야 할 가치나 행동규범을 의미한다. 공무원의 행정윤리에 대해서는 다양한 개념정의가 가능하다. Waldo(1974: 269)는 행정윤리를 자신과 가족, 붕당보다는 광범한 의미의 일반대중의 이익, 즉 공익에 대한 봉사로 정의하고 있으며 Kaplan은 공공정책의 윤리성으로 보고 있다(Nigro & Nigro, 1984: 83, 박천오 외, 2020). Fleishman(1981)은 행정윤리를 공무원이 공직을 수행하는 과정에서 부정부패를 저지르지 말아야 한다는 직업적 윤리인 동시에 본질적으로 모든 정책결정 및 의사결정과정에서 공익을 추구해야 한다는 포괄적인 개념으로 설명하고 있다. 문태현(2000: 193)은 다양한 행정윤리 정의에서 공통점을 도출했는데, 그에 따르면 행정윤리의 주체인 공무원이 정치적 환경으로 둘러싸인 관료조직 내에서 전문직업인으로서 개인의 윤리와 의사결정의 지침이 되는 조직의 가치를 전제로 체계적인 사고와 성찰을 통해 의사결정에 이르는 과정이라 정의하였다. 행정윤리를 소극적 윤리와 적극적인 윤리로 나누어 이해할 수도 있다. 소극적인 의미의 행정윤리는 부정부패·직권남용·무사안일 등 비윤리적 행위를 방지하는 수준의 수동적이고 소극적인 개념이라면 적극적 의미의 행정윤리는 공익의 실현과 국민에 대한 봉사라는 보다 능동적이고 적극적인 개념으로 파악할 수 있다(박천오 외, 2020).

2. 행정윤리의 본질

행정윤리는 국가의 정책을 결정하고 집행하는 공무원에게 요구되는 윤리로서 일반 개인수준의 윤리와는 본질적으로 다르다. 문태현(2000: 195-200)은 행정윤리의 본질적 특성 여섯 가지를 다음과 같이 정리하였는데, 이로 인해 일반적 개인윤리와 구분된다.

(1) 전문직업윤리

행정윤리는 공직 종사자에게 요구되는 전문직업윤리적 성격을 가진다. 각각의 직업마다 요구되는 직업윤리가 있는데, 공무원의 경우 직무의 성격상 국민과 국가에 파급효과가 크므로 전문직업윤리로써 행정윤리의 중요성이 강조된다. 공무원의 직업윤리규범은 주로 법령의 형태로 제도화되며, 한국정부의 경우 국가공무원법, 공직자윤리법, 공무원윤리헌장, 공무원신조, 취임선서 등에 공무원이 준수해야 할 직업윤리적 규범들이 상세히 규정되어 있다. 이들 법령은 공무원들에게 구체적인 행동기준 및 지침을 제공한다는 장점은 있으나 적극적 의미의 행정윤리, 즉 공익실현과 국민에 대한 봉사라는 행정이 추구해야 할 가치 실현에는 한계가 있다.

(2) 조직윤리

공무원은 공공조직의 일원으로서의 조직윤리에 따라야 한다. 공무원의 경우 관료조직의 일원으로서 의사결정과 집행과정에서 관료조직이 추구하는 가치와 행동규범에 영향을 받게 된다. 공무원이 속한 관료조직은 계서적 의사결정체계를 가지고 있으며 대부분 의사결정이 법제화되어 있고 과거의 관례를 중시하는 특성이 있다. 조직윤리를 지나치게 강조할 경우 공무원 개인의 윤리적 자율성이 침해된다는 비판이 있다. 공무원은 자신이 가진 공적 가치와 책임의식, 올바른 비판의식과 판단력을 가지고 집단적이고 제도화된 의사결정과정에서 합의를 도출해내는 노력이 필요하다.

(3) 체제적 윤리

행정은 정책결정과 집행을 통해 정치체제가 추구하는 가치를 실현해주는 도구로 이용되어 왔다. 민주국가에서의 행정윤리는 민주적 가치와 절차 및 행동규범과 밀접한 관련이 있다. 민주적 가치 중 가장 중요한 가치는 '법적 책임성(accountability)'와 '윤리적 책임성(responsibility)' 인데, Mosher(1968:8)와 Cooper(2000), Thompson(1992) 등 많은 학자들이 윤리적 책임성의 중요성에 더 큰 무게를 싣는 주장을 하였다(문태현 2000: 197).

(4) 정책윤리

행정윤리와 정책윤리를 분리할 수는 없다. 행정이 곧 정책의 집행이기 때문이다. 행정윤리는 의사결정시 둘 이상 충돌을 일으키는 가치 중에서 우선순위를 정해 구별하는 데 기준이 되는 지침이라 할 수 있다. 정책윤리 중에서 가장 많이 논의되고 있는 이론적 원리는 공리주의와 의무론이다. 공리주의는 비용편익분석을 통해 순편익을 극대화하는 대안을 선택하는 원칙인 반면, 의무론은 비용편익보다는 정책의 내용이나 과정이 일반적인 도덕적 기준에 부합하는지에 초점을 두는 원칙이다. 그러나 전자의 경우 화폐적 가치에 중점을 둔 나머지 분배적 정의나 인간의 존엄가치 등 가치적인 문제를 소홀히 할 수 있고, 후자의 경우 구체적인 대차대조가 불가하여 현실적으로 설득력이 떨어진다는 비판이 존재한다.

(5) 덕성윤리

행정윤리는 공무원이 행동주체이기 때문에 개인이 타고난 윤리적 가치 및 품성의 영향도 무시할 수 없다. 특히 개인의 높은 공직 사명감과 책임의식은 적극적 의미의 행정윤리를 실현하는데 필수적이라 할 수 있다. 실제로 Frederickson & Hart(1985)와 Cooper(2000)는 행정윤리에서 개인의 도덕적 품성의 중요함을 주요 윤리연구 주제로 다루어 왔다. 공무원에게 중요한 주요 덕목들은 정직성, 정의감 및 공정성, 의무감 및 책임감, 공공봉사정신, 준법성 등을 들 수 있다.

(6) 자율성의 윤리

Cooper(2000)는 행정윤리의 본질을 윤리적 책임과 자율적 윤리에서 찾았다. 이는 공무원이 윤리적 책임을 다하기 위해서는 자율적 판단과 건전한 비판이 허용되어야 함을 의미한다. 급변하는 현대 사회에서 공무원의 재량권 행사의 중요성이 높아지면서 법적 규정 만으로 행정윤리를 확립하는 것이 어렵다는 주장이 제기되었다. 따라서 공무원 본인이 자율적이고 창조적인 의사결정자가 되어 상황에 맞는 도덕적 판단을 내리는 것이 필요하다.

3. 행정윤리의 중요성

현대 사회에서 정부의 역할이 확대되면서 국민 생활에 미치는 행정의 영향력이 강화되었다. 무엇보다 행정의 전문화 및 복잡화로 인해 전문직업인으로서의 공무원의 재량권이 확대되었고 단순한 정책의 집행을 초월해 독립적인 의사결정자로서의 역할이 요구되고 있다. 이와 같이 행정이나 공무원집단이 그 사회에서 차지하는 비중이나 역할이 커지면서 행정윤리의 중요성도 높아졌다(박천오 외, 2020: 466). 첫째, 정부의 민간부문에 대한 개입이 심화되면서 정부가 민간에 미치는 영향력이 커지고 있다. 따라서 정부 규제의 공정성과 공익성이 중요한데 이를 위해서는 정부 관료조직 내 행정윤리의 확립이 우선되어야 한다. 둘째, 행정권력이 확대되면서 공무원이 자신의 직무와 관련한 권한을 부당하게 오남용하는 등 부정적인 결과를 낳을 수 있다. 공무원이 자신의 행정권한을 사익추구를 위해 사용함으로써 공익을 해치는 결과를 방지하기 위해 행정윤리의 강화가 필요하다. 셋째, 행정윤리가 확립되지 않은 경우 국민이 정부를 신뢰할 수 없게 되어 행정의 정당성을 확보하기 어려울 수 있다. 국민의 신뢰를 얻지 못하는 정부는 아무리 좋은 정책을 개발하고 시행한다 할지라도 국민의 지지를 얻기 힘들다.

제 2 절 공무원 윤리의 유형과 내용

1. 행정윤리의 유형

행정윤리를 유형화하는 여러 가지 기준들이 있다. 앞에서 소개하였듯이 행정윤리를 공무원의 부정부패 등 비윤리적 행위를 방지하는 소극적 의미의 행정윤리와 공익을 실현하고 국민에게 봉사하는 공무원의 사명과 책임을 강조하는 적극적인 의미의 행정윤리로 유형화할 수 있다. 소극적 의미의 행정윤리는 주로 구체적인 법령적 규제의 형태를 가지는 반면 적극적 의미의 행정윤리는 공무원 개인의 자율적 규제(inner check)에 더 많이 의존하는 경향이 있다(박천오 외, 2020; Rosenbloom 1989). 현대 행정에서는 점차 적극적 의미의 행정윤리의 중요성이 강조되고 있다. 법령적 규제는 공무원이 지켜야 할 구체적인 행동지침을 명확히 알려주지만 이를 초월해 적극적으로 공무원으로서의 사명감과 책임감을 고취하기에는 한계가 있으므로 자발적 행정윤리를 더 강조해야 하기 때문이다.

2. 행정윤리의 내용

한국정부는 행정윤리 확보를 위해 공무원이 지켜야 할 행동규범들을 법령적 규제의 형태로 제시하고 있다. 국가공무원법, 공직자윤리법, 부패방지 및 국민권익위원회의 설치 및 운영에 관한 법률 등은 소극적 의미의 법령적 규제에 해당한다. 또한 공무원의 자율적 규제를 촉진하기 위한 공무원윤리헌장, 공무원윤리헌장실천강령, 공무원취임선서 등이 있다. 행정윤리 확보를 위한 법령적 규제와 자율적 규제의 내용을 살펴보면 다음과 같다.

(1) 법령적 규제

1) 국가공무원법

국가공무원법에 규정된 공무원의 행동규범은 크게 신분에 관련된 것과 직무에 관련된 것으로 구분할 수 있다(유민봉·임도빈, 2012: 358–359). 신분에 관련된 내용은 공무원은 일반 국민과는 다른 신분을 가지므로 사회의 모범상이 되도록 '품위 유지의 의무'를 다해야 한다는 규정이다. 따라서 공무원은 직무 내외를 불문하고 사생활까지도 일반 국민보다 엄격한 제한을 받게 된다.

직무에 관련된 내용은 민간부문 직장인의 직무와는 다른 공무원의 직무에 관한 직업윤리규정으로 다시 적극적 규정과 소극적 규정으로 구분될 수 있다. 적극적 규정으로는 공무원이 맡은 직무를 성실히 수행해야 한다는 '성실의 의무(제56조),' 직무를 수행할 때 소속 상관의 직무상 명령에 복종해야 한다는 '복종의 의무(제57조),' 친절, 공정, 신속하게 업무를 처리할 '친절, 공정의 의무(제59조)'가 이에 해당한다. 소극적 규정은 바람직하지 못한 행동을 방지하는 내용의 규정으로 소속 상관의 허가나 정당한 사유 없이 직장을 이탈하지 못하게 하는 '직장이탈금지(제58조),' 직무 연관성을 불문하고 사례, 증여, 향응을 접수할 수 없고 소속 상관에게 증여하거나 소속 공무원으로부터 증여 받아서는 안된다는 '청렴의 의무(제61조),' 재직 중이나 퇴직 후 직무상 취득한 비밀을 엄수하는 '비밀엄수의 의무(제60조),' 공무 이외의 영리를 목적으로 하는 업무에 종사하지 못하고 소속 기관장의 허가 없이는 다른 직무를 겸할 수 없다는 '영리업무 및 겸직금지(제64조)' 조항이 이에 해당된다. 이렇게 국가공무원법에 규정된 공무원 윤리는 내용이 상당히 포괄적이고 추상적이어서 구체적인 행동지침의 역할을 하기에는 다소 미흡하다는 비판이 있다.

2) 공직자윤리법

공직자윤리법상의 관련 규정은 어떤 상태나 행위가 비윤리적인 목적으로 연결될 가능성을 사전에 차단하기 위한 것이다(유민봉·임도빈, 2012: 359). 공무원의 재산등록규정(제2장), 선물신고규정(제3장), 퇴직공무원의 취업제한규정(제4장) 등이 이에 해당한다.

공직자재산공개제도는 공직자가 재산을 국가에 등록하여 심사를 받게 함으로써 직무와 관련해 부정부패에 노출될 가능성이 높은 직급의 공무원이 불법적인 방법으로 재산을 축적하는 것을 사전에 방지하기 위한 것이다. 주식의 매각 또는 신탁에 관한 규정은 공무원이 보유한 특정 업종이나 회사의 주식이 그의 직무와 연관성이 있는지 심사를 받게 하여 직무를 수행하는 과정에서 취득한 정보를 사적인 재선증식에 사용하지 못하게 하는 취지의 규정이다. 선물신고 규정은 공무원이 자신의 직무와 관련해 일정 규모 이상의 금액(미국화폐 100 달러 또는 국내시가로 10만원) 이나 선물을 받았을 때 이를 소속기관에 신고하여 국고에 귀속케 함으로써 뇌물수수와 관련한 의혹을 사전에 차단하려는 목적을 가진다. 퇴직공직자의 취업제한 규정은 재산등록 대상자인 공무원이 퇴직일로부터 일정기간 동안 퇴직 전 자신이 담당했던 업무와 밀접한 관련이 있는 일정 규모이상의 영리사기업체(자본금 50억원 이상이며 외형거래액이 연간 150억원 이상인 기업체)에 취업하는 것을 제한한 규정으로 공무원이 퇴직 후 재취업을 목적으로 특정 사기업체에 특혜를 주는 것을 방지하기 위함이다. 재산공개나 취업제한 등은 개인 사생활 침해 및 직업선택의 권리 제한 등 부정적인 측면이 있다.

3) 부패방지 및 국민권익위원회의 설치 및 운영에 관한 법률

2009년 부패방지법이 부패방지 및 국민권익위원회의 설치 및 운영에 관한 법률로 완전히 개정되었고 국가청렴위원회는 국민권익위원회로 이름이 바뀌었다. 부패방지 및 국민권익위원회 설치 및 운영에 관한 법률은 공직자의 부정부패방지의 실효성을 거둘 목적으로 대통령 직속의 독립합의형 국민권익위원회를 설립하는 규정을 담았다. 국민권익위원회는 공무원의 부정부패로 의심되는 행위에 대한 신고를 접수하고 직접적인 조사권을 가지고 비리가 있다고 의심될 경우는 검찰에 직접 고발할 수 있는 권한을 가지고 있다.

(2) 자율적 규제

1) 공무원헌장

2016년 공무원윤리헌장이 공무원헌장으로 개정되었다. 공무원헌장은 미래 대한민국 공무원 인재상을 담고 있으며, 공무원에게 요구되는 사명감과 신조, 공무원이 갖추어야 할 기본적인 윤리적 덕목을 명시하고 있다. 공무원헌장은 공무원이 가져야 할 국가나 국민에 대한 자세, 직무수행자세, 직장생활자세, 미래 인재가 지향해야할 새로운 가치관을 규정하고 있다.

표 18-1 공무원헌장

우리는 자랑스러운 대한민국의 공무원이다. 우리는 헌법이 지향하는 가치를 실현하며 국가에 헌신하고 국민에게 봉사한다. 우리는 국민의 안녕과 행복을 추구하고 조국의 평화 통일과 지속 가능한 발전에 기여한다. 이에 굳은 각오와 다짐으로 다음을 실천한다. 하나, 공익을 우선시하며 투명하고 공정하게 맡은 바 책임을 다한다. 하나, 창의성과 전문성을 바탕으로 업무를 적극적으로 수행한다. 하나, 우리 사회의 다양성을 존중하고 국민과 함께 하는 민주 행정을 구현한다. 하나, 청렴을 생활화하고 규범과 건전한 상식에 따라 행동한다.

2) 공무원취임선서

공무원은 취임시 소속기관장 앞에서 의무적으로 선서를 하게 된다. 선서의 주요 내용은 법령준수, 국가 수호, 국민에 대한 봉사 등을 포함한다.

표 18-2 취임선서문

나는 대한민국 공무원으로서 헌법과 법령을 준수하고, 국가를 수호하며, 국민에 대한 봉사자로서의 임무를 성실히 수행할 것을 엄숙히 선서합니다.

그림 18-1 공무원 행정윤리규범의 구조

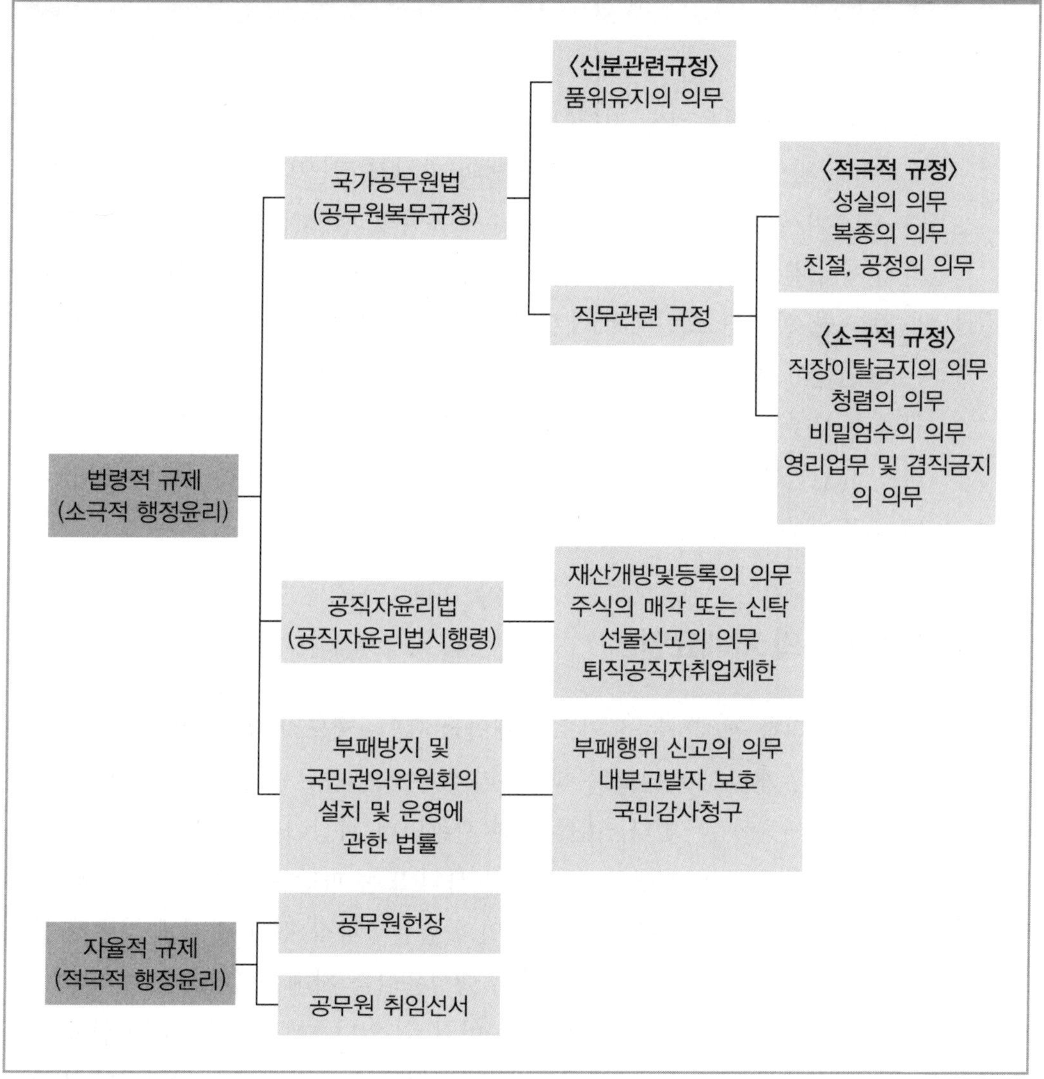

자료: 유민봉, 임도빈 (2012: 358)을 수정, 보완함.

제3절 행정윤리의 저해요인과 강화방안

공무원의 행정윤리를 저해하는 여러 가지 요인들을 제거하고 행정윤리를 강화하는 방안으로는 미시적 접근방법과 거시적 접근방법이 있다(김형철, 1997: 13-14). 미시적 접근방법은 공무원의 비윤리적 행위의 원인을 개인의 도덕성의 문제나 윤리적 가치관의 부족 등에서 찾는 반면, 거시적 접근방법은 공무원을 둘러싼 환경적 요인에서 해결책을 찾는다. 실질적으로 행정윤리를 저해하는 요인들이 매우 복합적인 형태로 존재하므로 거시적인 접근과 미시적인 접근을 동시에 채택하는 것이 효과적이다(박천오 외, 2020: 472). 행정윤리를 저해하는 요인들을 살펴본 후 행정윤리를 강화할 수 있는 방안을 논의한다(강성철 외, 2019: 540-542).

1. 행정윤리의 저해요인

행정윤리를 저해하는 요인으로 개인적 요인, 제도적 요인, 환경적 요인들이 있다. 먼저, 개인적 요인으로 행정윤리의 주체인 공무원의 낮은 윤리의식은 행정윤리를 저해할 수 있다. 예를 들면 관존민비 사상이나 관직 사유관 등 전근대적인 가치관과 관련 행위, 공익보다 사익 또는 파당적 이익을 우선시하는 태도나 관련 행위, 학연이나 지연, 혈연과 같은 1차적 집단 관계에 치우쳐 불공평한 처우를 제공하는 등의 행위들이 행정윤리를 저해할 수 있다. 여러 제도적 요인들도 행정윤리에 부정적 영향을 미칠 수 있다. 행정윤리확보를 위한 내부통제 장치가 미비하거나, 인사관리 및 결정들이 객관적이고 합리적인 기준에 의하지 않거나, 보수가 비현실적으로 낮거나, 규제 등이 지나치게 엄격할 때, 공무원의 행정윤리 확보가 어려울 수 있다. 마지막으로, 행정윤리를 해치는 환경적 요인들도 있다. 낮은 정치발전수준으로 인해 외부적 통제장치가 제대로 작동하지 않고 불안정한 정치, 사회적 여건 하에서 공무원은 불안한 신분 때문에 부정부패를 저지를 가능성이 높아질 수 있다. 전근대적인 시민의식, 역시 행정윤리를 저해하는 요인이 될 수 있다.

2. 행정윤리 강화방안

행정윤리를 강화하기 위해서는 앞에서 알아본 여러 가지 저해 요인들을 제거할 필요가 있다. 외부적 통제와 자율적 통제 방법을 효과적으로 사용하여 개인적, 제도적, 그리고 환경적 저해 요인을 개선함으로써 행정윤리를 제고할 수 있을 것이다(강성철 외, 2019: 542–545; 박천오 외, 2020).

첫째, 무엇보다 먼저 행정의 주체인 공무원의 윤리관과 행태를 바로잡는 것이 필요하다. 이를 위해 책임감과 윤리의식이 높은 인재를 모집하고 채용하는 것이 우선되어야 한다. 채용 후에는 적절한 외적 통제장치와 함께 공무원 본인의 자율규제를 촉진하는 방안이 모색되어야 한다. 각종 윤리교육을 통해 공무원을 적극적으로 교화시키기 위해서는 공무원에 대한 윤리적 기대를 명확하게 전달하고 행동강령 및 선서를 숙지시키고 솔선수범하는 리더십 훈련을 강화하는 등의 방법을 사용할 수 있다(오석홍, 2022: 554–558). 뿐만 아니라 모범적 행태를 포상하고 적절한 처우 및 자기 발전의 기회를 주는 등 다양한 보상책이 병행되어야 한다.

둘째, 행정윤리를 제고시킬 수 있는 가장 효과적인 방안의 하나가 제도적 개선일 것이다. 보다 강력한 부패방지 규제 장치를 마련하는 것이 중요하다. 엄격하고 세밀한 법령을 마련하여 준수케 하고 이를 위반할시 제재를 가하는 것이다. 법령은 부정부패로 인해 얻을 수 있는 편익을 크게 초과하는 강력한 처벌 수단을 마련함으로써 부패에 대한 심리적 억제효과를 거둘 수 있도록 설계되어야 할 것이다. 한국정부는 공직사회의 부정부패 척결을 위해 1995년 '공무원 범죄에 관한 몰수 특례법'(법률 제4934호)을 제정하고, 2010년 국가공무원법 개정시 '징계부가금' 조항을 신설하는 등 공직자가 불법으로 사익을 도모할 기회를 원천적으로 봉쇄하는 제도적 장치를 마련하였다. 정보공개를 통해 행정의 투명성을 확보하는 것도 행정윤리 제고의 한 방안이 될 수 있다.

마지막으로 조직 내외의 윤리적 분위기를 조성하는 것이 중요하다. 앞에서 소개한 개인적, 제도적 개선으로 관료 조직 내 윤리적 분위기를 조성할 수 있고 일반 국민의 윤리의식 제고로 민주적인 외적 통제 역시 가능할 수 있다. 이를 위해 시민단체와 이익단체의 활동, 주민 참여 등 일반 국민들의 민주적 행정통제가 활성화될 필요가 있다. 국민의 민주통제는 입법 통제 및 사법 통제와 같은 공식적인 통제의 한계를 보완하는 기능을 할 수 있으므로 행정윤리 제고를 위해 민간과 정부가 협력할 때 더 나은 결과를 가져올 수 있다.

제 4 절 부패통제와 제재방안

1. 부패통제의 필요성

부패통제는 행정통제의 한 일환으로써 공직자의 부정부패 및 위법적 행위를 통제하는 목적을 가진다(백완기, 2004). 현대 국가에서 정부의 기능과 규모가 확대되면서 정책결정 및 집행에 있어서 공무원에게 상당한 재량권이 부여되었고 그 결과 공무원의 부패의 소지 역시 높아졌다. 따라서 공무원의 부정부패 통제를 위한 법적, 제도적 장치를 마련하는 것이 한층 더 중요해졌다.

부패통제의 필요성을 구체적으로 알아보면 다음과 같다(김상식, 2005: 25-28). 먼저 부패개입의 기회를 줄이기 위해 부패통제가 필요하다. 공무원이 확대된 재량권을 이용하여 부조리를 저지르지 않도록 재량권 행사과정에 대한 감시·감독이 필요하며 근무여건을 개선해 주는 것이 우선되어야 한다. 다음으로 부패통제를 통해 부패개입으로 인해 발생할 수 있는 비용을 편익보다 훨씬 초과하게 만듦으로써 공무원이 부패의 유혹에 빠지지 않도록 한다. 부패비용은 적발될 확률과 처벌강도에 따라 정해지므로 감시 및 조사를 강화해서 부정부패 적발확률을 높이고 처벌강도로 강화하는 것이 필요하다. 마지막으로 공무원이 무의식 중에 부정을 저지르는 일이 없도록 객관적인 행동지침의 마련과 책임성있는 준수를 위해서 부패통제가 필요하다. 공무원에게 윤리적, 법적으로 허용되는 행위를 명백히 알려줌으로써 각자의 행동에 대한 책임성을 가지게 한다. 부패통제 방안 중에는 조직이 허용하는 공무원의 행동원칙을 마련하는 것도 포함된다.

2. 부패통제 및 제재 방안

공무원부패를 방지하기 위한 전략에는 직접적 전략과 간접적 전략이 있다(박천오 외, 2020: 484). 먼저 직접적 전략으로는 법, 제도적 방법을 사용한 행정기관 주도의 강제적인 통제 방안이 있다. 이와 같은 전략은 공무원부패 자체를 통제대상으로 하는 직접적 방안으로 공무원 부패행위를 적발하고 처벌하는데 중점을 두는 부패통제의 기본원리에 충실한 방법이다. 따라서 다른 전략에 비하여 상대적으로 강도가 높고 직접적이며 즉각적인 효과를 기대할 수 있다. 또한 공무원들에게 경고성의 가시적 효과를 거둘 수 있고 명확한 행동 기준을 제시한다는 장점이 있다. 그러나 공무원들의 자발적인 부패통제가 아닌 법과 처벌에 의한 피동적인 통제장치라는 점에서 한계가 있다.

간접적 전략은 공무원부패 자체를 통제대상으로 보기보다는 부패를 유발할 수 있는 여러 가지 주변, 환경적 요인들을 개선하는 방법으로 피동적인 강제성보다는 자발적인 유인체계를 이용한다. 공무원부패는 개인의 윤리성이나 도덕적 가치 등 여러 가지 개인적 문제들뿐만 아니라, 조직의 문화, 특성, 담당 업무의 특성 등의 환경적 요인들도 중요한 영향을 미친다고 본다. 따라서 부패를 조장하는 환경적 요인이나 조건들을 개선하는 것도 중요한 전략이다. 이를 위해 행정정보공개의 확대, 행정규제의 완화, 보수체계의 정비, 행정정보화, 정치적 지지 등 다양한 유인전략을 이용할 수 있다. 간접적 전략은 앞에 소개한 직접적이고 강제적 통제전략에 비해 가시적이거나 단기적 효과를 거두기 어려우나 공무원의 자의적인 재량권 행사를 억제하고 부패통제에 대한 공무원의 자발적인 참여를 독려할 수 있다는 점이 장점이다.

여기서는 직접적인 부패통제전략에 초점을 맞추어 공무원부패통제를 위한 다양한 법적, 제도적 장치를 알아보도록 한다.

(1) 법률적 제재

1) 부패방지 및 국민권익위원회의 설치와 운영에 관한 법률

한국 정부는 2001년 공직자 및 공공기관과 관련된 부패 행위를 근절하고 내부고발자를 보호할 목적으로 부패방지법을 제정한 이후 1, 2차 개정을 거쳐 2005년 부패방지위원회를 국민권익위원회로 명칭을 변경하였다. 그리고 2008

년 부패방지법을 '부패방지 및 국민권익위원회 설치 및 운영에 관한 법률'로 명칭을 변경하면서 기존의 국민고충처리위원회와 국가청렴위원회, 국무총리 행정심판위원회 등의 기능을 합쳐 국민권익위원회가 출범했다. 이 법은 국민권익위원회가 공직자 및 공공기관과 관련된 부패행위에 대한 신고를 접수하고 조사가 필요할 경우 수사기관·감사원 등 조사기관에 이첩하고, 장관·차관·광역자치단체장 등 고위공직자의 부패 혐의에 대해서는 검찰에 고발할 수 있는 권한을 부여한다. 또한 조직 내부자에 의해 신고가 접수된 경우 소속기관·단체·기업 등으로부터 신분상 불이익을 당하지 않도록 내부고발자 보호 조항을 포함하고 있고 필요한 경우 신변보호를 지원한다. 내부고발자가 자신이 신고한 범죄에 연루된 경우도 형을 경감하거나 면제받을 수 있도록 하는 등 유인을 제공하고 공공기관의 부패행위에 대해 감사원에 감사를 청구할 수 있는 국민감사청구제도도 인정하고 있다.

2) 법률의 주요 내용

이 법은 다음과 같은 주요 내용들을 담고 있다. 첫째, 부패행위로 간주되는 행위들을 다음과 같이 정의 내리고 있다. 공직자가 자신의 직무나 직책과 관련해 지위 또는 권한을 오남용하거나 법령을 위반해 본인 또는 제3자의 사적인 이익을 도모하는 행위, 공공기관의 예산사용, 공공기관의 재산 취득·관리·처분·계약이행 등 과정에서 재산상의 손해를 입힌 행위 등이 부패로 규정되어 있다(제2조 4항).

둘째, 위원회는 위원장 1명과 부위원장 3명, 상임위원 3명을 포함한 15명의 위원으로 구성하며 대통령이 임명하거나 위촉한다(제13조).

셋째, 국민권익위원회 기본업무는 국민의 권리보호, 권익규제 및 부패방지를 위한 정책의 수립과 시행 등이다(제12조).

3) 한계 및 개선방안

부패방지 및 국민권익위원회의 설치와 운영에 관한 법률의 실효성에 관한 다음과 같은 비판이 제기되고 있다(국민권익위원회, 2005). 첫째, 부패행위에 대한 정의가 공직자와 공공기관과 관련한 부패행위로 한정되어 있어 민간부문에 속한 부패 유발자가 공익을 침해하는 행위에는 적용되지 않으며 신고자 역시

보호받지 못한다는 점이 한계이다. 둘째, 부정행위 신고자 보호를 위한 신분공개 금지조항은 있으나 위반시 처벌이 미약하므로 법의 실질적 효과를 얻기는 어렵다. 셋째, 신고채널의 다양화가 필요한데 국민권익위원회뿐 아니라 법적으로 보호받을 수 있는 신고채널을 국회, 법원, 수사기관, 언론기관, 시민단체 등으로 다양화시킬 필요가 있다.

(2) 내부고발 및 내부고발자보호

1) 내부고발의 의의

내부고발(whistle-blowing)은 조직의 구성원이 조직 내부에서 자행되는 부정부패 및 불법행위, 예산낭비, 공공의 안전과 건강을 위협하는 요소 등을 시정할 목적으로 외부에 알리는 행위를 말한다(국민권익위원회, 2013: 11). 내부고발의 개념을 세 가지 측면에서 정리하면 다음과 같다(박흥식, 1991: 770-771). 첫째, 내부고발은 공익 보호를 목적으로 하는 이타적 행위이다. 내부고발자는 본인이 속한 조직 내에서 공익을 해칠 가능성이 있는 불법적 행위나 비도덕적인 활동을 중단하기 위해 이를 외부에 알리는 행위이다. 둘째, 내부고발은 도덕적 행위이다. 내부고발은 개인의 도덕적 양심과 직업윤리, 사회와 국민에 대한 책임감 등에 근간을 두는 윤리적 행위라 할 수 있다. 따라서 내부고발이라 할지라도 악의적 저의나 보복의 성격에 의한 것이라면 진정한 의미의 내부고발이라 할 수 없다. 셋째, 내부고발은 조직 내부의 비리를 외부로 폭로하는 행위이다. 동료나 직속이 아닌 상급자, 또는 직접 고위 관리층에게 보고하거나 조직 내부의 제도적인 경로를 통해 비리 사실을 알리는 행위도 내부고발로 볼 수 있다.

내부고발이 정당성을 확보하기 위해서는 몇 가지 요건을 갖추어야 한다. 내부고발은 사익이 아닌 공익을 위한 행위여야 하고 개인적인 불만이나 반감을 해소하려는 목적으로 이용되어선 안 된다. 그리고 내부고발은 충분한 객관적 증거와 근거들이 뒷받침되어야 한다. 내부고발의 부정적인 파급 효과도 간과할 수 없으므로 조직 내 부정부패를 시정하기 위한 충분한 노력이 우선되어야 하고 내부고발은 최후의 방안으로 고려되어야 한다.

2) 내부고발의 특징

내부고발의 특징은 다음과 같다(강성남, 1994: 1-2; 박천오 외, 2020).

첫째, 내부고발은 국민의 자율적 의지에 의한 부패통제 노력이다. 외부통제에 의해 관료조직을 감시, 감독하는 강제적이고 사후적인 성격이 아니라 내부 정보를 가지고 있는 공무원과 시민들의 도덕적 양심에 의거한 자발적인 고발이라는 점이 특징이다. 둘째, 내부고발은 외부자가 아닌 내부자에 의한 부패방지 노력이다. 이 때 내부고발자에 대한 적극적인 보호 노력은 '내부의 양심이 부패의 뚜껑을 안에서 열고' 나오도록 하는데 기여할 수 있다. 셋째, 내부고발은 다수의 눈에 의한 상시적 감시를 가능케 한다. 국민들의 감시는 어디에서나 이루어질 수 있으므로 공식적인 감사 및 사정기관의 역할을 보완할 수 있다. 넷째, 내부고발은 부패를 내부로부터 상향적으로 통제하려 한다. 부패방지 과정에서 하위직 공무원을 비롯하여 시민 및 누구든지 참여할 수 있게 하여 부패통제가 관료적이거나 정치적이라는 비난을 피할 수 있다.

3) 내부고발의 효과

내부고발은 다음과 같은 긍정적인 효과를 가져올 수 있다(박천오 외, 2020).

첫째, 내부고발은 부패의 효율적 근절에 기여한다. 외적 통제의 한계를 내부고발이 보완해줄 수 있다. 내부고발은 자칫 내부적으로 은폐될 수 있는 비리에 관한 정보를 외부로 폭로함으로써 비리의 적발가능성을 높여줄 뿐 아니라 미래의 잠재적 비리자(potential wrongdoers)를 사전에 단념시키는 효과가 있다(임병연, 2008: 5-6). 둘째, 내부고발은 조직 내부의 도덕적 민주화에 기여한다. 조직 구성원의 표현의 자유를 보장함으로써 그들의 권리를 확대한다. 셋째, 내부고발은 실적제도를 구현한다. 비리를 발견했을 때 관료제의 위계적 상사보다는 국민의 봉사자로서 공익과 국민을 우선하게 된다. 넷째, 내부고발은 자칫 은폐될 수 있는 비리에 대해 국민이 알 권리를 보호한다. 다섯째, 내부고발은 정책의 효과적 집행에 도움을 준다. 조직 내 내부고발이 활성화되어 있을 때 정부의 감사 및 감독비용을 줄일 수 있다. 마지막으로 내부고발은 민주시민으로서 필요한 윤리적 시민교육의 일부를 담당한다. 내부고발은 불법적 활동의 자율적 억제란 의미를 갖기 때문에 그 교육적 효과는 지대하다(강성남, 1994: 11-142).

실제로 국민권익위원회의 통계자료에 의하면 2002년 1월부터 2008년 12월 말까지 217건의 내부공익신고[1]가 있었고 그 중에서 151건에 달하는 부패사건을 적발하여 부패적발률 75.1%를 달성했다. 또한 부패적발로 인해 추징·회수의 대상이 되는 금액이 약 512억원으로 전체 대상금액 743억원의 68.9%에 달해 내부공익신고가 부패통제에 효과적임을 증명하였다(국민권익위원회, 2009: 226).

4) 내부고발에 대한 비판과 반론

내부고발은 긍정적인 효과뿐 아니라 부정적인 결과를 가져올 수 있다는 부정적인 견해가 존재한다. 부패통제기구인 국민권익위원회는 이러한 부정적 시각에 대해 반박논리를 제시하고 있다(국민권익위원회, 2013: 17-18).

첫째, 내부고발은 고자질이나 밀고에 해당한다는 부정적 견해가 있을 수 있다. 그러나 내부고발은 대부분 사익추구나 개인적 불만을 해결할 목적의 고자질이나 밀고와는 달리, 불법이나 공익침해를 시민들에게 알리는 것을 목적으로 하는 자신의 희생을 수반할 수 있는 이타적인 행동이라는 점으로 반박할 수 있다.

둘째, 내부고발은 조직이나 동료를 배반하는 행위라는 부정적 견해가 있을 수 있다. 이에 대해 조직 내 부정부패를 합심해서 묵인하거나 은폐함으로써 의리를 지키는 것보다 공직자로서 공익수호의 사명을 우선하는 것이 더 중요하다는 논리로 맞설 수 있다. 공직자는 궁극적으로 관료 조직이나 조직 내 상사보다 국민을 우선해야 하며 상관이라 할지라도 부패행위를 방관하거나 이를 위해 유인 또는 제의하는 행위를 하면 국민들에게 이를 알려야 하는 의무가 있다.

셋째, 내부고발은 조직에 대한 충성의 의무를 져버린 전형적인 사례라는 견해이다. 그러나 공직자의 충성의 대상은 특정 조직보다는 헌법의 기본질서와 국가적 이념에 대한 헌신 및 국민이므로 조직의 이익보다는 국가와 국민 전체의 보편적 이익에 부합하는 것이 더 우선이라는 반대논리를 제시할 수 있다.

넷째, 내부고발자를 보호하는 것은 계서적 질서의 하부에 있는 직원의 상관

---

1 우리나라에서는 내부고발을 '내부공익신고'라 하며 내부고발자나 외부고발자를 동등하게 보호하고 있다(박천오 외, 2020: 489).

에 대한 거부나 항의를 인정하는 것이므로 계서적 질서의 붕괴를 초래할 수 있다는 비판이다. 그 결과 조직 내부의 일체감이나 단결을 저해하고 불신을 조장한다는 주장이다. 그러나 조직 내부의 화합과 질서가 불법이나 부조리한 행위에 대한 정의로운 항의나 거부로 파괴된다면 이미 보호받을 가치가 없다는 점을 반대논리로 제시할 수 있다.

마지막으로 내부고발이 공직자의 사기를 저하시킨다는 부정적 견해에 대해 국가와 국민의 안전과 건강 수호라는 공무원의 사명을 저버리면서 지키는 공무원의 사기는 건전한 의미의 사기가 아니며 나아가 건전한 공직사회에서는 내부의 불법이나 비리를 신고하는 공직자의 정당한 행위는 공무원 전체의 사기를 저해할 수 없다는 논리이다.

5) 내부고발의 발전 방안

사회에 구조적으로 자리잡고 있는 부정부패는 공식적인 제도적 통제장치뿐 아니라 구성원들의 비공식적이고 상시적인 제보 및 고발이 필수적이다(유민봉, 임도빈, 2012). 특히 한국과 같이 온정주의 및 연고주의 문화가 강한 국가에서는 부패의 역사 또한 길어서 적극적으로 내부고발을 장려하는 것이 중요하다. 내부고발이 성공적으로 정착되기 위해서는 소극적 의미의 내부고발자보호제도와 적극적 의미의 내부고발을 위한 유인 제공 등의 제도를 마련하는 방법이 있다.

① 내부고발자보호

먼저 소극적 의미의 내부고발자보호제도를 살펴보면 다음과 같다. 내부고발자보호제도는 공무원이 조직 내부에서 부정부패 및 불법적인 행위를 목격하고 이를 시정할 목적으로 상부에 보고하거나 관련 기관에 신고한 것에 대해 보복이나 어떠한 불리한 대우도 받지 않도록 신분을 보호하는 제도이다. 제보자는 거짓신고가 아닌 충분한 객관적 증거를 근거로 신고를 하는 등 성실의 의무를 다할 때 익명성 보장 및 신분을 보호받을 수 있다. 만약 신분상 불이익을 당했다면 원상회복을 요구할 수 있고 제보자 본인이 부패에 연루된 경우도 처벌의 감경 또는 면제의 혜택을 받을 수 있다.

한국 정부는 부패방지 및 국민권익위원회의 설치 및 운영에 관한 법률 제62조(신분보장 등), 제63조(불이익 추정), 제64조(신변보호 등) 조항에 의해 내부고발자를 법적으로 보호하고 있다. 그러나 이러한 법적인 보호장치가 마련되었음에도 불구하고 우리나라의 경우 조사과정에서 내부신고자의 신분이 노출되는 등 실질적인 보호가 이루어지지 않고 있는 실정이므로 이를 보완할 필요가 있다(박천오 외, 2020).

② 내부고발장려

내부고발자에 대한 신분보장, 비밀보장, 신변보호, 신고자 책임감면 등을 소극적인 보호제도라 한다면 내부고발자에 대한 보상 및 포상 등 유인을 제공해 내부고발을 장려하는 적극적인 장치도 사용할 수 있다. 적극적으로 부패의 제보를 통해 정부의 예산낭비 및 행정의 비효율을 줄이는 결과를 가져왔을 때 제보자는 이에 상응하는 금전적 보상을 요구할 수 있고 잠재적 제보자들에게도 제보를 장려하는 유인의 역할을 할 수 있다(유민봉, 임도빈, 2012).

③ 기타 개선방안

이 밖에도 부패행위를 규정하는 범위를 확대할 필요가 있다. 현재로는 '공직자의 법령위반행위와 공공기관의 재산상 손해를 가하는 행위'로만 부패의 정의를 한정하고 있지만 이를 보건, 환경 등 민간부문으로도 확대해 공익침해행위에 대한 신고를 장려하고 신고자를 보호하는 것이 필요하다(박천오 외, 2020). 공익신고는 예산절감과 행정의 효율성 확보, 그리고 정부신뢰 제고를 위해서도 중요한 역할을 할 수 있으므로 공공과 민간부문의 구분없이 적극적으로 장려하는 것이 중요하다. 또한 제보자에 대한 보호와 보상 시점을 신고 이후로 규정하는 것을 개선하여 신고 이전에 당한 불이익에 대해서도 보상과 구제조치를 받을 수 있도록 배려하는 것이 필요하다.

(3) 퇴직공직자 취업제한

1) 퇴직공무원 취업제한의 의의

퇴직공직자 취업제한제도는 공직자가 퇴직 후 민간 사기업체로의 취업을 목적으로 재직 중 특정업체에 특혜를 부여한다거나 또는 취업한 민간사기업체를 위해 퇴직 이후에 퇴직 전 자신이 소속했던 부서에 대해 부당한 영향력을 행사하는 것을 사전에 방지하는 제도로서, 공무원과 영리를 목적으로 하는 민간사기업체 간의 부정한 유착고리를 사전에 차단하고 공무집행의 공정성과 공직윤리를 확립하는 것을 목적으로 한다(행정자치부, 2008: 216-229). 관련 법규로는「공직자윤리법」제17조가 퇴직공직자의 유관 사기업체 등에 취업을 제한하는 규정을 담고 있다. 2015년 3월 31일 이후 공직자윤리법 및 시행령 개정에 따라 취업제한 대상기관을 영리기업뿐 아니라 공직유관단체와 비영리분야 기관 및 단체까지 확대하였다. 또한 퇴직일로부터 3년간은 퇴직 전 5년 동안 소속하였던 부서 또는 기관의 업무와 밀접한 관련이 있는 일정규모 이상의 영리를 목적으로 하는 영리사기업체 또는 이들과 공동이익과 상호협력을 위해 설립된 법인, 단체, 법무법인, 회계법인, 세무법인, 외국법자문법률사무소 등 공직유관단체, 협회 등에 취업이 제한되며, 다만 관할 공직자윤리위원회의 승인을 받은 경우는 예외로 둔다. 〈개정 2013.6.7., 2014.12.30., 2015.3.31〉 앞의 제한규정을 위반 시 형사처벌 한다.

공무원의 퇴직 후 취업에 대한 제한이 강화되는 이유는 퇴직공직자가 법무법인 등 유관업체로 진출하여 정부업무에 부정한 외압을 행사하고 그 결과 행정의 공정성과 공익 추구에 부정적인 영향을 미치는 사례들이 증가하고 있기 때문이다. 뿐만 아니라 한국 공직사회 내에 고질적인 문제로 지적되어 온 전임 상급자에 대한 특혜성 대우, 즉 전관예우 관행을 근절해야 한다는 사회적 압력, 역시 주요 이유로 작용하고 있다.

2) 퇴직공무원 취업제한제도의 한계

퇴직공무원의 취업을 제한하는 것은 대한민국 헌법에 명시된 개인의 직업선택의 자유를 침해하는 것이라는 비판을 받는다. 또한 국가적 인재활용의 측면에서도 퇴직한 공무원이 자신의 오랜 경험과 전문적 역량을 발휘하여 사회에 공헌할 수 있는 분야가 유관업체인데 이를 제한하는 것은 국가가 육성한 인재를 효율적으로 활용하지 못하는 것이나 다름없다. 이 밖에도 법규정의 효과성과 제도 운영상의 한계점들을 지적할 수 있다. 퇴직공직자의 취업에 대한 제한제도가 매우 엄격해졌음에도 불구하고 퇴직공직자가 해당 공직자윤리위원회에 취업승인을 요청하면 많은 경우 승인이 되므로 현행 취업제한제도가 유명무실한 법규정에 불과하다는 비판이 제기되었다(박천오 외, 2020). 또한 취업제한제도 운영상의 한계점, 예를 들면 취업이력공시제도와 관련한 인권 침해의 소지 등 지속적으로 개선되어야 할 문제점들이 존재한다.

(4) 공직자재산등록 및 공개

1) 공직자재산등록의 의의

「공직자윤리법」은 공직자재산공개제도를 규정하고 있는데 이는 공직자가 자신의 재산을 국가기관에 등록하고 일정 범위 내에서 일반에 공개하게 함으로써 공직자의 부패를 사전에 방지하려는 취지를 가진 제도이다. 공직자재산공개제도 관련 규정은 1981년 이후 두 차례의 개정을 거쳐 현재 일정한 상위직 공직자의 경우 등록사항을 공개하도록 하는 재산공개의무를 법제화하였다. 공직자의 재산공개는 정부의 부패척결의 의지를 강하게 보여준 제도로써 국민들이 정부와 공직자에 대한 '알 권리'를 존중하여 국민과 정부 간 신뢰를 제고하는데 도움이 될 것으로 기대된다. 뿐만 아니라 정직하게 자신의 임무를 다하는 공무원이 의심받지 않도록 하여 공정한 업무분위기를 만들 수 있을 것이다.

2) 공직자재산공개의 한계

반면 공직자재산공개제도에 대한 비판적인 시각도 있다(오석홍, 2022: 502-507). 먼저 재산공개가 공직자의 사생활을 침해할 가능성이 있다는 의견이 있다. 이는 나아가 사회 전반에 걸쳐 개인의 사생활을 보호하는 것을 경시하는 풍조를 조장할 수 있다. 재산공개는 부패의 사전적 조치로써 도덕성의 과잉 추구라는 의견과 함께 오히려 공직의 품위를 손상시키고 나아가 공공부문이 우수한 인재를 유치하는데 걸림돌이 될 수 있다는 비판이 있다. 마지막으로 공직자재산공개가 형식적인 제도로 그칠 때 오히려 정부에 대한 국민의 불신을 악화시킬 수 있으며 이미 부패가 체제화되어 있는 곳에서는 실효를 거두기 어렵다는 의견도 있다. 이를 개선하기 위해서 재산등록 및 공개 심사와 조사 및 각종 처벌규정을 강화하는 것이 필요하다.

(5) 인사청문회

대한민국 헌법은 국무총리, 대법관, 감사원장, 국회에서 선출하는 헌법재판소 재판관 및 중앙선거관리위원회 위원 등 고위급 공직자를 임명하는 절차의 하나로써 국회의 인사청문회를 필수적으로 거치게 하며 이를 특별히 관리하는 인사청문특별위원회를 두고 있다(유민봉, 임도빈, 2012: 373). 이 밖에도 국무위원, 방송통신위원회 위원장, 국가정보원장, 국세청장, 검찰총장, 경찰청장 또는 합동참모의장의 후보자 등 주요 고위급 공직자를 임명할 경우 국회를 통한 인사청문회를 반드시 거치게 하고 있다. 국회는 인사청문회 대상자에 대한 자격요건들(직업, 학력, 경력에 관한 사항, 병역신고사항, 재산신고사항, 최근 5년간 납세기록, 범죄경력 등)을 심사할 수 있는 서류와 기타 첨부자료들을 요구할 수 있다. 국회법 제65조2의 규정에 의해 인사청문회를 열고 인사청문특별위원회는 심사경고보고서를 제출하는데 국회의 동의를 요구하는 국무총리의 임명을 제외하고는 대통령의 결정에 위원회의 결론이 구속력을 발휘하지는 않는다.

2000년 이후 시행된 인사청문회제도가 공직윤리의 확립에 기여했다는 긍정적인 평가가 있다. 많은 공무원들에게 나중에 고위직에 임명되기 위해서는 공사 모든 면에서 윤리적인 생활을 해야 한다는 일종의 강력한 메시지를 전달한 것이다. 물론 부정적인 의견들도 있다. 자칫 인사청문회가 인신공격으로 흐르기 쉽고 인권침해적 요소가 다분히 존재한다는 점이다. 뿐만 아니라 과거와 현재의 합법성의 기준이 달라졌고 법과 제도가 수시로 바뀌는 상황에서 합리적이고 일관적인 기준에 따라 후보자의 적격성을 평가하는 객관적이고 공정한 심사가 이루어져야 한다.

제 6 절 징 계

1. 징계의 의의

징계는 공무원의 업무실적 저하나 소속기관의 규율위반행위 등 그릇된 행위를 교정하고 재발을 방지하려는 목적으로 해당 공무원에게 제재를 가하거나 극단적인 경우 조직으로부터 도태시켜 조직을 보호하는 인사행정절차이다(오석홍, 2022: 570; Klingner, 1980). 최근 인사행정에서는 징계를 공무원이 직무를 보다 성실히 수행하고 행동규범을 준수할 수 있게 하는 동시에 궁극적으로 조직의 기강을 바로잡고 공무원의 사기와 협력 및 능률을 증진시켜 조직의 성과를 올리려는 관리적 행위로 보는 경향이 강해졌다(유민봉, 임도빈, 2012). 감독자가 부하직원을 징계할 때 여러 제반 요건들(인간적 상황, 기술제도적 요인, 시간 및 공간적 요인)을 고려하여 사기제고와 행정능률향상과 같은 긍정적인 결과를 가져올 수 있게 고려해야 한다는 것이다. 징계조치는 정당하고 엄격하게 이루어져야 하되 조직의 제반 환경 즉 직무설계, 채용기준, 교육훈련 및 보상체계 등의 개선이 이루어진 후 최후의 수단으로서 행해져야 한다(박천오 외 2020).

징계는 사후적 제재이지만 예방적인 기능 역시 간과할 수 없다(오석홍, 2022: 570). 징계 자체뿐 아니라 징계권발동 가능성도 강력한 교정 효과를 발휘할 수 있다. '핫스토브의 법칙(hot stove role)'은 예방적이고 적극적 징계를 의미하는데 경고, 즉각적 반응, 일관성, 몰인간성 등 네 가지 징계의 법칙을 제시하고 있다(유민봉, 임도빈, 2012: 378–379). 경고는 징계의 가능성을 사전에 알리고 즉각적 반응은 잘못된 행위에 대한 즉각적인 조치가 취해지며 일관성은 동일한 규정위반행위에 대해 동일한 제제조치가 적용되고 몰인간성은 사람에 관계없이 죄 자체에 따라 처벌된다는 의미이다. 현재 인사행정에서는 소극적 유인을 동원하는 사후적 제재보다는 이와 같은 예방적 징계(preventive discipline)과 적극적 징계(positive discipline)를 강조한 처방을 더 바람직한 조치로 본다(Newstrom, 2011).

2. 징계와 신분보장

징계와 공무원의 신분보장은 충돌을 일으킬 수 있기 때문에 양자 간 적절하게 조정하는 것이 필요하다(오석홍, 2022: 571–572). 신분보장이 공무원의 기본적 권리임에도 불구하고 징계하지 않을 수 없고 징계가 남발될 경우 공무원의 신분보장을 침해 할 수 있다. 이러한 문제를 해결하기 위해서는 징계에 대한 합리적이고 적정한 수준의 기준을 엄격하게 규정해야 한다. 한국정부는 징계의 요건과 효과 및 절차를 국가공무원법, 공무원징계령, 소청절차규정 등에 법적으로 규정하고 있다.

3. 징계사유

징계사유는 징계처분의 대상 또는 원인이 될 수 있는 행동유형을 의미한다.

징계사유는 징계의 한계와 신분보장의 한계를 동시에 결정해 준다. 따라서 이러한 징계사유에 대한 규정은 일관성 있는 징계기준을 제공하고 자의적인 징계권 발동을 억제 및 공무원의 신분보장의 권리를 보호하기 위하여 엄격하고 명확하게 규정할 필요가 있다.

국가공무원법 제78조에 따르면 징계사유는 다음과 같이 규정되고 있다. 첫째, 이 법 및 이 법에 의한 명령에 위반한 경우(제78조 제1항 제1호)이다. 포괄적인 명령위반을 의미하는 것으로 국가공무원법에 명시된 규정 및 위임된 명령(대통령령·총리령·부령·훈령·지침 등)을 위반한 경우 행정기관의 내부처벌기준에 미달되더라도 징계사유가 될 수 있다. 둘째, 직무상의 의무를 위반하거나 직무를 태만히 한 때(제78조 제1항 제2호), 다시 말해 공무원이 국가공무원법 이외의 다른 법령에 부과된 의무 또는 직무를 성실히 수행하지 않은 경우이다. 셋째, 직무의 내외를 불문하고 그 체면 또는 위신을 손상하는 행위를 한 때(제78조 제1항 제3호)를 의미하는데 공무원의 맡은 직무와 관련 없는 사생활에서도 공직자로서 체면과 위신을 손상시켜서는 안된다는 뜻으로 해석된다.

4. 징계대상

징계대상으로는 경력직 공무원은 일반직 공무원(지방공무원 포함), 특정직 공무원(외무, 경찰, 소방, 교육공무원), 기능직 공무원이 국가공무원법에 규정된 징계종류와 절차의 적용을 받는다. 법관, 검사, 군인, 군무원, 국가안전기획부 직원 등을 대상으로 하는 별도의 징계종류와 절차를 규정하는 법령이 마련되어 있다. 시보공무원이 징계사유에 해당할 경우 정규 공무원과 동일한 수준의 징계처분이 가능하며 징계기간은 시보임용기간에 포함되지 않는다. 특수경력직 공무원인 경우 별정직 공무원의 징계사유가 발생하면 직권면직과 함께 일반직 공무원 징계절차에 의하여 징계처분할 수 있고 고용직 공무원은 고용직 공무원규정의 징계사유에 해당되면 임용권자는 징계위원회의 의결 없이도 직권으로 파면 또는 감봉할 수 있고, 정무직 공무원은 징계절차가 없으며, 전문직 공무원은 징계사유 발생시 채용계약을 해지할 수 있으나 별도 징계절차는 없다.

5. 징계의 종류와 효력

국가공무원법 제79조에 규정되어 있는 징계의 종류는 파면, 해임, 강등, 정직, 감봉, 견책 등 여섯 가지가 있다. 이를 다시 내용에 따라 교정징계와 배제징계로 구분할 수 있다. 교정징계는 공무원관계를 유지하되 의무위반행위의 재발을 방지하기 위해 신분적 이익의 일부를 박탈하는 내용으로 파면, 해임, 정직, 감봉, 견책 등이 이에 해당한다. 배제징계는 공무원관계를 완전히 해제함으로써 공무원의 신분을 유지하지 못하게 하는 내용이며 파면, 해임이 이에 해당한다. 처벌의 강도에 따라서는 파면, 해임, 강등, 정직을 중징계로 감봉과 견책은 경징계로 구분한다. 국가공무원법 제79조에 규정된 징계처분의 효과는 다음과 같다.

(1) 파 면

파면은 징계대상인 공무원을 강제로 퇴직시키는 처분이다. 파면된 자는 5년 동안 공무원으로 재임용될 수 없으며 5년 이상 근무하고 파면된 자에게는 퇴직금을 1/2로 감하여 지급하는 등 연금급여의 제한을 둔다.

(2) 해 임

해임은 그 효과가 파면보다는 가벼우나 공무원을 강제 퇴직시킨다는 점에서 동일하다. 해임의 경우 연금법상의 제한은 없으며 3년 동안 공무원으로 재임용되지 못한다.

(3) 강 등

강등은 한 계급 아래로 직급을 내리고[2] 공무원의 신분은 유지하되 3개월 간은 직무에 종사하지 못하게 하고 징계기간동인 보수의 2/3를 감한다.

---

2 고위공무원은 3급으로 임용하고 연구관과 지도관은 연구사와 지도사로 하며 외무공무원은 직무등급을 1등급 아래로 내리고 교육공무원은 동종의 직무 내에서 하위의 직위에 임명한다(오석홍, 2013: 597).

(4) 정 직

정직은 직무수행을 정지시키는 처분이다. 정직처분을 받은 자는 정직기간 중에 공무원의 신분은 유지하지만 직무에 종사하지는 못한다. 정직기간은 1개월 이상 3개월 이하이며 정직기간 동안 보수의 2/3를 감한다. 또한 정직처분기간 동안 승진이 제한되고 경력평정에서도 제외된다.

(5) 감 봉

감봉은 1개월에서 3개월 동안 보수의 1/3을 감하는 처분이다. 처분기간 동안 당연히 승진은 제한되며 기간 중 수당의 1/3이 감봉된다.

(6) 견 책

견책은 잘못된 행동에 대하여 훈계하고 회개하도록 하는 처분이다. 6개월간 승진과 승급을 제한한다. 견책도 징계의 한 종류이기 때문에 잘못된 행동과 훈계 내용이 서면인 처분사유설명서에 기록되어야 한다.

강등, 정직, 감봉, 견책의 경우 처분이 있은 날 또는 처분의 집행이 끝난 날로부터 일정기간 동안 승진이나 승급이 제한된다. 그러나 징계처분 후 직무수행상의 공적으로 포상 등을 받은 경우는 승진 또는 승급 제한기간을 단축하거나 면제할 수 있다.

이상 여섯 가지 징계처분 이외에도 징계와 유사한 목적으로 사용되는 인사처분들이 있다. 직위해제, 좌천, 권고사직 등이 이에 해당한다. 국가공무원법 직위해제는 직무수행능력 부족이나 근무성적불량, 파면, 해임, 강등, 정직 등의 징계의결이 요구된 때, 형사사건으로 기소된 때, 고위공무원에 속하는 일반직 공무원이 근무성적불량이나 정당한 사유없이 2년 이상 지위를 부여받지 못한 경우 등에 적용된다(국가공무원법 제73조의 3). 직위해제된 자는 3개월 이내의 대기명령과 함께 교육훈련이나 연구과제를 부여받게 된다. 좌천은 잘못을 저지른 공무원을 여건이 안 좋은 자리로 전보함으로써 근신의 기회를 줄 목적으로 쓰이며 자발적인 퇴직을 유도하기 위해 이용되기도 한다. 권고사직은 자발적 퇴직의 형식을 가지고 있으나 실질적으로는 강제퇴직을 의미한다. 이러한 처분들은 징계에 갈음하여 남용될 경우 공무원의 신분보장의 권리를 침해할 소지가 다분하다.

6. 징계의 결정 및 집행절차

(1) 징계위원회

한국정부는 징계권의 남용을 막기 위해 합의제 형식의 징계위원회를 두고 있다. 징계위원회는 중앙징계위원회와 보통징계위원회로 구분된다. 중앙징계위원회는 국무총리소속 하에 두고 있으며 공무원징계령 제2조에 따라 다음에 해당하는 징계사건들을 심의, 의결한다. 고위공무원에 속하는 공무원의 징계 또는 징계부가금 사건, 다른 법령에 따라 중앙징계위원회에서 징계의결 또는 징계부가금 부과 의결을 하는 특정직 공무원의 징계 사건, 대통령이나 국무총리의 명령에 따른 감사 결과 국무총리가 징계 의결 등을 요구한 6급 이하 공무원의 징계사건, 중앙행정기관 소속의 6급 이하 공무원 등에 대한 중징계 또는 중징계 관련 징계부가요구사건 등을 관장하고 있다. 중앙징계위원회는 위원장 1명을 포함 17명 이상 33명 이하의 공무원위원과 민간위원으로 구성하고 민간위원의 수는 위원장을 제외한 위원 수의 1/2이상이어야 한다.

보통징계위원회는 6급 이하 및 기능직공무원의 징계사건을 관장하며 5급 이상의 공무원을 장으로 하는 중앙행정기관에 설치되고 필요시 그 소속기관에도 설치할 수 있다. 위원장은 해당 위원회 설치기관장의 차순위자가 되며 위원은 징계대상자보다 상위계급의 공무원 중에서 임명한다. 위원장 1명을 포함하여 9명 이상 15명 이하의 공무원위원과 민간위원으로 구성하며 민간위원의 수는 위원장을 제외한 위원 수의 1/2이상이어야 한다.

(2) 징계절차

징계절차는 국무총리 또는 각급 행정기관의 장이 관할 징계위원회에 징계의결을 요구하면서 절차가 시작된다. 징계위원회는 징계의결요구서를 접수한 날로부터 30일 또는 60일(중앙징계위원회 경우) 이내에 의결을 해야 한다. 징계사건 심의시 혐의자에 대한 심문과 진술권부여 및 관계인의 출석요구를 할 수 있고 징계혐의자는 서면 또는 구술로 사실을 진술하고 증인의 심문신청을

표 18-3 공무원 징계 및 소청심사 절차

징계처분 (징계권자)

• 기관장(징계권자)이 징계위원회를 구성, 심사·처분

구 분	국가공무원	
관 할	중앙징계 위원회	보통징계 위원회
대 상	고위공무원, 5급 이상 공무원 징계 사건, 중앙행정기관 본부 소속 6급 이하 공무원 중징계 사건, 공사급 이상 외무공무원, 경무관 이상 경찰공무원, 소방준감 이상 소방공무원 등의 징계 사건	6급이하 공무원 등의 징계 사건
근거법령	국가공무원법 공무원징계령	
설치기관	인사혁신처	각 부처
위원구성	위원장 1명 포함 17–33명의 공무원위원과 민간위원 (위원장 제외한 인원수의 50% 이상 민간위원)	위원장 1명 포함 9–15명 공무원위원과 민간위원 (위원장 제외한 인원수의 50% 이상 민간위원)

⬇

소청심사 위원회

구 분	국가공무원
관 할	중앙소청심사위원회
근거법령	국가공무원법
설치기관	인사혁신처
위원 구성	위원장 포함 5~7인 상임위원과 비상임위원 (상임위원 수의 2분의 1이상)으로 구성

⬇

행정소송 • 재심결과 불복시 처분 결정서를 받은 날부터 90일이내 제기 가능

자료: 국민권익위원회 (2010). '공무원 징계, 소청심사 실효성 제고.' 를 참고로 수정 및 보완함

할 수 있다. 징계위원회는 직권으로 징계혐의자와 증인 등을 출석시켜 심문하고 진술의 기회를 줄 수 있다. 징계위원회는 위원 5명 이상의 출석과 출석위원 과반수의 찬성으로 의결하는 것을 기본으로 한다. 만약 의견이 나뉘어서 출석위원 과반수의 찬성을 얻지 못한 경우에는 출석위원 과반수가 될 때까지 징계등 혐의자에게 가장 불리한 의견에 차례로 유리한 의견을 더하여 가장 유리한 의견을 합의된 의견으로 간주한다. 징계의결이 이루어지면 징계의결요구권자와 징계처분권자에게 통보하며 통보 후 15일 이내에 징계처분권자는 이를 집행하고 사유를 징계대상자에게 통보한다. 징계요구자가 징계의결에 불복할 경우 재심 또는 상급징계위원회에 심사를 요구할 수 있고 징계혐의자는 소청을 제기할 수 있다. 징계의결 시에는 징계혐의자의 평소 소행이나 근무성적 및 태도, 훈장이나 포장, 국무총리 이상의 표창 등의 공적이 있을 때 그리고 정황 등을 고려하는 징계양정기준에 따라 징계의 감경이 가능하다.

제 7 절 소청심사제도

1. 소청심사제도의 개념

소청심사제도는 징계의결에 불복하는 징계혐의자가 제기한 이의를 심사하여 구제하는 제도이다. 이는 일종의 행정심판제도로써 사법보충적 기능을 통해 공무원의 권리를 보호하는 제도로써 행정소송 이전의 전심절차라 할 수 있다(오석홍, 2013: 601). 소청심사는 부당한 인사처분으로부터 공무원의 권리를 보호하는 목적과 함께 인사권자들의 자율통제 및 신중한 행동을 촉진하는 효과도 기대할 수 있다.

2. 소청심사위원회

한국정부는 행정기관 소속 공무원의 소청심사기관으로 인사혁신처에 소청심사위원회를 두고 있다. 국회·법원·헌법재판소 및 선거관리위원회 등에 소속된 공무원을 위해서 국회사무처, 법원행정처, 헌법재판소 사무처 및 중앙선거관리위원회사무처에 각기 소청심사위원회가 설치되어 있다. 국회사무처·법원행정처·헌법재판소사무처 및 중앙선거관리위원회 사무처에 설치된 소청심사위원회는 위원장 1인을 포함한 위원 5인 이상 7인 이하의 비상임위원으로 구성하고, 인사혁신처에 설치된 소청심사위원회는 정무직에 보하는 위원장 1인을 포함한 5인 이상 7인 이하의 상임위원과 상임위원 수의 1/2이상인 비상임위원을 두고 있다(국가공무원법 제9조).

소청심사위원회는 중립적이고 공정한 심사를 보장하기 위해 위원의 임기 및 신분보장, 겸직금지, 자격 등을 법적으로 정하고 있다.[3] 그러나 짧은 임기와 위원들의 중립성 부족, 조직문화 등의 요인들로 인해 중립적인 공무원의 권리구제자로서의 역할을 제대로 하지 못하고 오히려 징계결정권자에 치우친 편향을 보인다는 비판을 받고 있다(오석홍, 2013).

3. 소청심사절차

소청심사위원회는 심사청구를 받은 날부터 60일 이내에 결정을 해야 하고 위원회 의결로 30일 연장이 가능하다. 소청심사절차는 심사의 청구, 변명자료 요구, 사실조사, 심사, 결정의 여섯 단계로 나누어 진다. 징계를 받은 공무원이 처분에 불복할 때 사유서를 받은 날로부터 30일 이내에 소청심사위원회에 심사를 청구하면 소청심사위원회는 그 사실을 피소청인에게 통보하여 변명자료를 제출하도록 요구한다. 그리고 소청심사위원회는 필요한 경우 증거조사와 함께 당사자나 증인을 소환하여 질문 또는 관련 서류를 받아 검토하는 등 사실조사를 하게 된다. 사실조사 및 자료수집이 종결되면 심사절차가 시작되는데

3 국가공무원법 제 10조는 소청심사위원회의 위원(위원장을 포함)의 자격과 임명에 대해 규정하고 있다. 인사행정에 관한 식견이 풍부한 자중에서 국회사무총장·법원행정처장·헌법재판소사무처장·중앙선거관리위원회 사무총장 또는 안전행정부의 제청으로 국회의장·대법원장·헌법재판소장·중앙선거관리위원회위원장 또는 대통령(국무총리 경유)이 임명한다. 그리고 법관·검사 또는 변호사의 직에 5년 이상 근무한 자, 대학에서 행정학·정치학 또는 법률학을 담당한 부교수 이상의 직에 5년 이상 근무한 자, 3급 이상 해당 공무원으로서 3년 이상 근무한 자, 소청심사위원회의 상임위원의 임기는 3년으로 하되 1차에 한하여 연임될 수 있다. 또한 소청심사위원회 위원의 신분보장은 소청심사위원회의 상임위원은 금고 이상의 형벌 또는 장기의 심신쇠약으로 직무를 수행할 수 없게 된 때를 제외하고는 그의 의사에 반하여 면직할 수 없다(국가공무원법 제11조).

이 과정에서 당사자의 출석과 진술, 서면을 통한 의견진술, 증거조사청구 등이 이루어진다. 소청심사위원회의 결정은 재적위원 2/3이상의 출석과 출석위원 과반수의 합의에 의하되 의견이 분립될 경우에는 출석위원 과반수에 달하기까지 소청인에게 가장 불리한 의견에 순차적으로 유리한 의견을 가하여 그 중 가장 유리한 의견을 합의된 의견으로 본다. 위원회가 결정을 하게 되면 결정서를 소청인과 피소청인에게 송부하고 이 같은 결정에 불복할 경우 소청인은 행정소송을 제기할 수 있다.

참고문헌

강성남. (1994). 내부고발자보호입법에 관한 외국의 동향.「해외입법정보」. 6: 1-14.

강성철 외. (2019).「새인사행정론」. 서울: 대영문화사.

국민권익위원회. (2005).「청렴국가 건설을 위한 공직자 부패방지 가이드」. 서울: 국민권익위원회.

국민권익위원회. (2009).「2008년 부패방지백서」. 서울: 국민권익위원회.

국민권익위원회. (2013).「내부신고자 보호제도의 이해」. 서울: 국민권익위원회.

김상식. (2005).「부패방지 정책의 실효성에 관한 연구: 공직자재산등록제도의 조직학습론적 해석」. 고려대학교 대학원 박사학위 논문.

김형철. (1997).「한국사회의 도덕개혁」. 서울: 철학과 현실사.

문태현. (2000). 행정윤리의 개념과 본질,「한국행정논집」12(2), 187-203.

박천오 외. (2020). 현대인사행정론. 서울: 법문사.

박흥식. (1991). 내부고발: 이론, 실제, 그리고 함축적 의미.「한국행정학보」. 25(3): 769-782.

오석홍 (2022). 인사행정론. 서울: 박영사.

유민봉, 임도빈. (2012). 인사행정론: 정부경쟁력의 관점에서. 서울: 박영사.

임병연. (2008). 공익신고자 보호제도 도입방안 연구,「공익신고자 보호제도 도입을 위한 공개토론회」, 서울시립대학교 반부패시스템연구소.

행정자치부. (2008).「공직윤리업무편람」.

Cooper, T. L. (2000). *Handbook of administrative ethics*. 2nd ed. New York, NY: Marcel Dekker, Inc.

Fleishman, J. L. (1981). *Public duties: The moral obligations of government officials*. Cambridge: Harvard University Press.

Frederickson, H. G., & D. K. Hart. (1985). The public service and the patriotism of benevolence. *Public Administrative Review*, 45(5): 547-553.

Klingner, D. E. (1985). *Public personnel management: Contexts and strategies*. Englewood Cliffs, New Jersey: Prentice Hall.

Mosher, F. C. (1968). *Democracy and the public service*. New York: Oxford Press.

Newstrom, J. W. (2011). *Organizational behavior: Human behavior at work*. 13th ed. New York: McGraw-Hill.

Nigro, F. A. & L. G. Nigro. (1984). *Modern Public Administration*. New York: Harper & Row.

Rosenbloom, D. H. (1989). *Public administration: Understanding management, politics, and law in the public sector*. 2nd ed. New York: Random House.

Thompson, P. W. (1992). Paradoxes of government ethics. *Public Administration Review*, 45(3): 254–259.

Waldo, D. (1974). Reflection on Public Morality. *Administration and Society*, 6(3): 261–275.

제19장 공무원의 정치적 중립

제 1 절 정치적 중립의 의의

공무원의 정치적 중립 의무는 실적제에 기초한 선발체제를 통해 임용된 공무원들이 직무를 수행 함에 있어 비당파적이어야 한다는 정치적 가치관(a political value)에 기초한 것이다(Elliott, 1998: 1714). 포괄적 의미의 정치적 중립은 공무원은 국민 전체의 봉사자로서 당파적 정쟁에 영향을 받거나 그에 개입하지 않아야 한다는 정치규범 내지 공무원의 행동규범이라고 할 수 있다.

공무원의 이러한 정치적 중립성이 보장되려면 정부 안팎의 정치적 간섭이나 강압으로부터 공무원을 보호하고, 공무원의 능동적인 정치 간여를 제한해야 한다. 전자를 위해서는 공무원의 신분을 보장하고 임용 등 인사 절차에 정파적 영향력을 방지하는 조치가 요구되고, 후자를 위해서는 공무원의 정치적 자유를 적절히 제한하는 조치가 필요하다.

민주적 정치체제에서 정부 업무는 집권 정치세력의 변동 등 정치적 상황변화에도 불구하고 전문적이고 계속적으로 수행되어야 하기에 공무원의 정치적 중립은 현실적으로 요구된다. 이런 차원에서 보면 공무원의 정치적 중립은 정치권이 부당하게 공무원에 정치적 영향을 미치지 않아야 하는 것을 의미하는 동시에, 민주적 선거를 통해 어느 정당이 집권해도 공무원들은 정치지도자들의 정책과 지시를 충실히 이행해야 함을 뜻한다. 후자는 민주적 정치체제에 있어 공무원들의 정당한 역할이자 의무이지만, 이것이 공무원이 집권세력의 정책과 지시를 무조건 기계적으로 이행하라는 의미는 아니다. 오히려 공무원이 부당한 정치적 압력에 굽히거나 스스로 당파적 이익에 편중되는 일이 없이 불편부당하게 자신의 본질적 사명인 공익을 추구해야 할 의무라는 의미라고 할 수 있다(오석홍, 2022: 516–517).

공무원의 정치적 중립은 공무원의 전횡과 과도한 정치개입을 막기 위해서도 요구된다. 이때의 정치적 중립은 공무원이 정치활동에 참여함으로써 선거에 영향을 미치거나 공정한 직무수행을 하지 못하여 정부의 신뢰를 저해하는 것을 예방하기 위한 목적을 가진다(임도빈·유민봉, 2022: 371–372).

제 2 절 복합적 의미

공무원의 정치적 중립의무의 구체적 의미는 상당히 복합적이다. 그 이유는 공무원의 정치적 중립이 요구되는 이유와 근거가 다양하기 때문이다. 공무원 직무 활동의 공익성과 객관성 확보, 정치권력의 변화에도 불구하고 행정의 안정성과 지속성 유지, 부당한 정치적 압박과 불합리한 정치적 요인에 좌우되지 않는 행정의 전문성과 능률성 유지 등이 그것이다(이창길, 2019: 498). 정치적 중립 이행을 공무원의 의무로 이해할 때 그 의미는 다음과 같이 여러 갈래로 해석될 수 있다(박천오, 2011: 26–28).

(1) 정치/행정 이원론

공무원이 정책결정에 관여하지 않아야 한다는 의미의 정치적 중립의무이다. 여기서는 전통적인 정치–행정 이원론에 근거한 공무원의 중립적 역량(neutral competence)을 강조한다. 중립적 역량은 공무원이 스스로 정책결정에 관여하지 않으면서 자신에게 주어진 정책 과업을 객관적이고 전문적인 기준에 입각하여 실행할 수 있는 능력을 가리킨다(Kaufman, 1956: 1060). 행정의 본질을 관리로 보는 이런 관점에서는 공무원은 민간부문에서와 마찬가지로 관리적 문제에 집중해야 하고 정치적·정책적 문제에 개입할 여지가 없게 된다. 그러나 정책과정상 공무원의 역할과 재량이 크게 확장된 오늘의 현실에서, 공무원의 역할을 제한하는 이러한 전통적 의미의 정치적 중립의무를 주장하는 학자는 많지 않다(West, 2005: 149).

(2) 실적주의 원칙

공무원이 정당에 대한 공헌과 무관하게 실적을 토대로 선발되고 관리되어야 한다는 의미의 정치적 중립이다. 이는 대다수 현대국가에서 실적 중심의 공무원 인사제도로 확립되고 법제화되어 있다.[1] 이러한 의미의 정치적 중립의무는 공무원에게 부과된 의무라기보다 공무원의 인사에 파당적 성격의 개입을 하지 않아야 할 정치권의 의무라고 할 수 있다. 정치권이 이러한 의무를 준수함으로써 정치적 변화에도 불구하고 경력직 공무원들이 일상의 업무를 계속 수행할 수 있게 된다(Elliott, 1998: 1714-1715). 이러한 의미의 정치적 중립의무는 공무원 인사에 있어 실적주의를 존중하려는 정무직 상관들의 의식이 전제될 때 충실히 준수될 수 있다. 경력직 공무원에서 있어 이러한 중립은 정치적인 이유로 실적제에 반하는 부당한 인사처분 등을 받지 않을 권리적인 성격을 가진다.

(3) 공무원의 정치참여 제한

공무원이 파당적 정치활동을 하지 않아야 한다는 의미의 정치적 중립의무로서, 실적주의를 적용받는 행정공무원이 정당 간 경쟁을 하는 선거에 영향을 미치는 정치행위를 하지 않아야 한다는 의미이다(Levitan, 2007: 13-15). 그러나 민주국가에서 공무원은 국민의 봉사자인 동시에 국민의 한 사람인 이중적 지위를 가진다는 측면에서 볼 때, 이러한 의미의 중립의무는 국민으로서의 공무원의 정치적 권리를 제한한다는 논란을 야기할 수 있다(Elliott, 1998: 1715).

(4) 집권정부에 대한 비판 금지

공무원이 정권 혹은 집권정부의 정책이나 행정에 대해 공개적으로 비판해서는 안된다는 의미의 정치적 중립의무이다. 일본 등 일부 국가에서는 집권 정부의 정책추진이 거의 전적으로 공무원들의 충성과 역량에 달린 현실에 근거

---

1 오늘날 공무원의 임명과 경력관리를 정치적 의지에 종속시키는 엽관제(spoils system)는 대부분의 나라에서 국정관리에 중요한 일부 정치적 직위에 한해 제한적으로 적용되고 있다(Rouban, 2007: 202).

하여 이를 법적 의무로 규정하고 있다. 하지만 합법성이 크게 의문시되는 사안이나 시민의 건강과 안전을 심각하게 위협할 우려가 있는 정부 조치 등에 대해서는 오히려 이를 비판하고 관련 내부정보를 외부에 폭로하는 것이 공무원의 의무일 수 있다는 반론이 제기되고 있다.[2] 뒤에서 설명할 공무원의 전문가적 중립 의무를 중시하는 입장은 공무원이 공익 수호 차원에서 집권 정부의 정책을 공개적으로 비판할 수 있다고 본다(Sossin, 2005: 25).

(5) 집권 정부에 대한 대응성

공무원이 자신의 정치적 철학이나 의견과 무관하게 집권 정부의 정책 실현에 충실해야 한다는 의미의 정치적 중립 의무이다. 이러한 의미의 중립 의무는 공무원에 의한 정치적 대응(충성)의 중립 의무를 강조하는 것으로서, 공무원이 정당 간 정권교체와 무관하게 그리고 특정 정당에 대한 편견 없이 어떤 정권하에서도 똑같은 열정으로 불편부당하게 자기 직무를 성실히 수행해야 함을 핵심 내용으로 한다(Levitan, 2007: 13-15; Thompson, 1985: 459). 공무원이 국민이 지지한 집권정당의 정책공약을 안정적으로 실천에 옮길 수 있도록 지원하는 것은 민주적 기본질서 확립을 위해 필수적이며, 관료제의 정치권력화를 막는 길이기도 하다. 이러한 정치적 중립 의무는 공무원이 정무직 공직자들에 대한 대응에 있어 스스로 독자적인 판단을 하지 않음을 뜻하는 것이기도 하다(Thompson, 1985: 556).

(6) 전문직업적 중립

공무원이 관련 분야에 정보와 전문지식이 있고 오랜 경험을 쌓을 전문직업인(professional)으로서,[3] 공익의 관점에서 불편부당하게 직무를 수행해야 한다는 의미의 정치적 중립 의무이다. 이런 중립 의무는 공무원이 필요할 시에 '권력에 대해 진실을 말하고(speaking truth to power)' 그에 상응하는 행동을 보일 것을 요구한다(Svara, 2009: 1037). 따라서 공무원 스스로 불합리하다고 판단하

---

2 이는 또한 내부고발과 관련된 문제이기도 하다(Sossin, 2005: 30).

3 여기서 전문직업적이란 용어는 행정을 하나의 전문 직업(profession)으로 보고, 이에 종사하는 공무원들이 나름의 경험, 전문지식, 공익 가치관에 충실해야 한다는 윤리성(ethos)을 뜻하는 다소 느슨한 의미의 이른바 공공 전문직업주의(public professionalism)를 말한다(Waldo, 1981: 61-62, 105).

는 상부의 정책이나 지시를 정치적 요소를 고려하여 복종하는 경우 등은 이러한 정치적 중립 의무에 위배된다(이창길, 2019: 498). 이러한 의미의 정치적 중립 의무는 공무원이 정치도구화되는 것을 막고 직무수행에 있어 자율성을 담보하기 위해 요구된다.

제 3 절 쟁 점

위에서 살핀 여러 의미의 공무원의 정치적 중립 의무 가운데, 집권 정부에 대한 공무원의 정치적 대응을 강조하는 정치적 중립 의무(위의 다섯 번째 의무)와 비파당적 객관성(nonpartisan objectivity)에 근거한 공무원의 전문가적·공익적 판단을 요구하는 전문직업적 정치적 중립 의무(위의 여섯 번째 의무)는 성격상 상충 될 수 있어 양립 가능성이 특히 문제 된다(West, 2005: 147).

공무원이 행정기관에서 정무직 공직자의 하급자로서 의무를 이행하는 것과 관련 정책 혹은 업무의 전문가로서 공익 차원에서의 독자적인 판단에 따라 의무를 이행하는 것은 양립하기 쉽지 않다. 조직 안팎의 여건이 이를 허용해야 하고 공무원 자신이 성숙된 주체여야만 가능한 일이다. 만약 조직 안팎에 공무원에 대한 지시와 통제를 당연시 하는 분위기가 자리 잡고 있다면, 공무원은 전문가적 판단에 따라 행동하기 어렵고 자칫 정치 도구화될 위험마저 있다. 그리고 설사 공무원의 전문가적 판단과 행동이 허용되는 상황이라고 해도 공무원이 소신이 없다면 기회를 활용하지 못할 것이다(한승주, 2016). 다른 한편으로 공무원의 전문직업적 자율성 강화는 민주주의가 요구하는 공무원의 정치적 대응을 저해할 수 있고, 공무원이 윤리관과 책임 의식이 불분명한 경우에는 권력을 남용하거나 소속기관 중심적인 행태를 보일 수 있다.

따라서 공무원의 정치적 중립 의무 이행과 관련된 현실적인 과제는 공무원이 한편으로는 정권교체로 어느 정당이 집권해도 동요하지 않고 정치지도자들의 정책을 충실히 집행하면서, 다른 한편으로는 부당한 정치적 영향력에 굴하지 않고 중립적 전문가(neutral experts)로서 자신의 판단에 따라 공익에 부합되게 직무를 수행할 수 있도록, 조직 안팎의 여건을 조성하고 공무원이 관련 분야의 전문가로서 의식을 갖추도록 하는 것이라고 할 수 있다(Ingraham, 1995: xix).

제 4 절 선진국 공무원의 정치적 중립

공무원의 정치적 중립에 대한 접근은 각국의 역사적 배경과 정치사회적 상황에 따라 다양한 양상을 보인다. 선거와 관련하여 공무원의 정치적 중립을 요구하는 나라에서는 공무원의 정치활동을 제한하는 내용을 중심으로 이를 법적 의무로 규정하기도 한다. 공무원의 정치활동 제한은 미국이나 한국에서와 같이 엽관주의나 관권선거의 폐해가 심했던 국가일수록 엄격하다. 반면에 의회민주주의를 토대로 안정적인 공무원체제를 유지해 온 영국, 독일, 프랑스와 같은 유럽 국가에서는 공무원의 정치활동에 대해 비교적 관대한 경향을 나타낸다(오석홍, 2022: 518; 임도빈·유민봉, 2022: 372). 일부 선진국의 공무원의 정치적 중립에 관한 규정을 살펴보면 다음과 같다.

(1) 미 국

미국에서 공무원의 정치적 중립은 공무원체제가 기초한 기본적인 원리(fundamental principles) 가운데 하나이다. 엽관제의 폐해를 극복하고자 1883년 제정된 팬들턴법(Pendleton Act)은 비당파적인 실적을 기준으로 공무원을 선발하고 공무원에게 정치적 행위를 강요하는 것을 금하였다(Elliott, 1998: 1714–15). 이와 함께 공무원에게 조직 최상층부의 정치적 리더십 변화와 무관하게 공직을 유지할 수 있는 재직권(job tenure)을 부여하였다(Elliott, 1998: 1715).

공무원의 정치참여 제한과 관련하여서는 1939년 미국 해치법(Hatch Act)은 모든 비정치적 공무원들의 파당적 정치활동을 엄격히 금지하였고, 후에 각 주정부도 이에 상응하는 법들을 통과시켰다. 민주체제에서 시민의 한 집단인 공무원들에 대해 정치 참정권을 제한하는 해치법은 표현의 자유를 제한한다는 논란을 불러일으켰지만, 연방대법원은 이러한 제한의 합헌성을 두 차례 확인하였다. 비록 정치적 중립 규정들이 공무원들의 정치적 권리를 제한하지만, 선출직·정무직 공직자들이 공무원들을 파당적 활동에 개입하도록 강요하는 것을 막아준다는 이유 때문이다(Rosenbloom & Kravchuk, 2005: 235). 그럼에도 불구하고 1990년대에 이르러서는 많은 주들이 해치법에 의한 정치활동 제한을 완화하는 방향으로 수정하였고, 뒤이어 연방정부도 같은 조치를 취하였다. 1993년의 해치법 개정은 연방공무원들에 대한 이전의 정치활동 제한을 상당 부분 완화하였다(Elliott, 1998: 1715).

(2) 영 국

영국정부는 공무원의 정치활동 참여에 대해 관대한 편이어서 공무원의 정치적 자유를 광범위하게 허용한다(Drewery & Butcher, 1988; 정재명·최승제, 2010: 488). 공무원의 정치활동과 관련하여 법률적 제한보다는 전통이나 관습, 내각과 인사행정기관의 규칙, 각 부처 및 공무원의 개별적인 판단이나 자율적 규제에 의존하는 편이다. 영국은 직무의 성격과 권한의 범위, 책임 정도에 따라 정치적 활동의 자유를 허용하는 정도가 다르다. 행정계층이나 집행계층의 상급공무원은 정당가입과 선거투표권만 허용되는 반면, 서기 및 보조서기계급 등 중급공무원은 국회의원후보직을 제외하면 기관장의 허가를 받는 조건 아래 모든 정치활동이 허용된다. 하급공무원의 경우는 모든 정치활동이 허용되고 출마를 위해서는 사직을 해야 한다. 이와 같이 영국은 직급별로 차별화된 정치활동 자유의 범위를 적용함으로써 현실성과 신축성을 겸비하였다는 평가를 받는데, 이는 공무원의 정치적 중립과 정치적 기본권을 적절히 조화시키려는 의도에서였다고 할 수 있다.

(3) 일 본

일본은 정치적 활동에 대한 규제를 국가공무원법과 인사원규칙을 통해서 구체적으로 규정하고 있다(오성호 외, 2014: 349). 일본의 국가공무원법에 따르면 공무원은 정당 또는 정치적 목적을 위하여 기부금 및 그 밖의 이익을 추구하고 수령하거나, 또는 어떠한 방법에 의하든 이들 행위에 관여하거나, 혹은 선거권의 행사를 제외한 인사원규칙에서 정하는 정치적 행위를 해서는 안 된다. 또한 공무원은 공선으로 뽑는 공직의 후보자가 될 수 없으며, 정당 및 그 밖의 정치적 단체의 임원, 정치적 고문 등의 역할을 할 수 없다. 일본은 엄격한 법적 규정에 비해 실제로는 정치적 자유에 대한 제약을 완화하는 추세에 있다(정재명·최승제, 2010).

제 5 절 한국 공무원의 정치적 중립

(1) 관련 법규와 이행

한국에서는 앞서 기술한 다양한 의미의 공무원의 정치적 중립이 법적 의무로서 혹은 비공식적 의무 내지 불문율(不文律)의 의무로서 강조되고 있다.

1) 실적주의 원칙

국가공무원법(제28조, 제35조)은 균등한 공무담임권과 공개경쟁시험 등을 규정함으로써, 실적주의 인사원칙을 분명히 하고 있다. 또한 국가공무원법(제26조, 제32조의5, 제40조, 제51조)은 신규채용과 승진을 비롯한 모든 인사활동이 개인의 능력, 자격 및 성적을 기준으로 이루어져야 함을 규정함으로써, 엽관이나 정실 요소가 '인사관리에 개입하는 것을 엄격히 금하고 있다. 헌법 제7조는 공무원의 신분과 정치적 중립성은 법률이 정하는 바에 의하여 보장된다'고 규정함으로써는 정치인들이 공무원들을 선거 등에 부당하게 끌어들여서는 안 된다는 것을 분명히 하고 있다. 이는 또한 공무원이 정당한 사유 없이 해임되는 것을 막음으로써 일관성 있는 공무수행을 가능케 하는 규정이라고 할 수 있다. 그러나 이들 법규에도 불구하고 한국에는 고위직 공무원 인사에 정치적 영향이 작용하는 등 일부 비실적 인사 관행이 아직 남아 있다.

> 헌법 제7조 ② 공무원의 신분과 정치적 중립성은 법률이 정하는 바에 의하여 보장된다.
>
> 국가공무원법 제26조 공무원의 임용은 시험성적·근무성적, 그 밖의 능력의 실증에 따라 행한다.
>
> 국가공무원법 제28조 ① 공무원은 공개경쟁 채용시험으로 채용한다.

국가공무원법 제32조의5 ② 소속 공무원을 보직할 때에는 그 공무원의 전공분야·훈련·근무경력·전문성·적성 등을 고려하여 적격한 직위에 임용하여야 한다.
국가공무원법 제35조 공개경쟁에 따른 채용시험은 같은 자격을 가진 모든 국민에게 평등하게 공개하여야 하며 시험의 시기와 장소는 응시자의 편의를 고려하여 결정한다.
국가공무원법 제40조 ① 승진임용은 근무성적평정·경력평정, 그 밖에 능력의 실증에 따른다.
국가공무원법 제51조 ① 각 기관의 장은 정기 또는 수시로 소속 공무원의 근무성적을 객관적이고 엄정하게 평정하여 인사관리에 반영하여야 한다.

2) 공무원의 정치참여 금지

공무원의 파당적 정치활동을 금지하는 의미의 정치적 중립 의무는 공무원 스스로 선거 등에 관여해서는 안 된다는 것이 핵심 내용이다. 한국에서는 공무원의 '정치운동의 제한'과 '선거중립 의무'를 법으로 규정함으로써 일부 정무직 공무원을 제외한 나머지 공무원이 정치단체의 활동이나 선거에 관여하는 것을 광범위하게 금하고 있다. 국가공무원법 제65조는 공무원의 정당가입과 정치운동 등을 금지하고 있고, 지방공무원법 제57조도 같은 내용을 담고 있다. 국가공무원복무규정 제27조 ①은 국가공무원법 제65조의 정치적 행위가 어떤 정치적 목적을 가진 것인지를 구체적으로 나열하고 있다.[4]

공직선거법(제9조, 제85조) 역시 공무원의 중립 의무, 선거운동 금지, 지위를 이용한 선거운동 금지 및 선거에 영향을 미치는 행위 금지 등을 규정하고 있다. 이들 법규는 공무원이 국민 전체에 대한 봉사자로서 어느 특정 정당이나 정파적 목적에 이용되거나, 스스로 정치적 활동을 하지 않아야 한다는 정치적 중립 의무와 관련된 것이라고 할 수 있다. 전자의 경우는 정치권에서 공무원에게 정파적 정치활동을 강요할 수 없다는 것과 마찬가지이다.

이처럼 공무원의 정치활동을 엄격히 제한하는 것은 과거 공무원이 자발적으로 혹은 강요에 의해 선거에 직·간접적으로 개입하여 집권 여당에 유리하게 행동함으로써, 행정의 중립성이 침해되고 공익이 훼손되는 사례가 적지 않았기 때문이다. 그러나 현재는 공무원의 정치활동 제한에 대한 학자들의 의견이

4 이러한 정치활동의 제한은 특수경력직에 해당하는 정무직, 별정직 공무원에게는 적용되지 않는다.

갈린다. 예컨대 정치가 충분히 성숙하지 않은 한국의 현실에서는 공무원의 정치적 중립을 엄격히 확보함으로써 국민 전체의 봉사자 신분을 확고히 할 필요성이 여전하다는 입장이 있다(임도빈·유민봉, 2022: 371). 반면에 근래 정치적 민주화의 진척으로 공무원의 선거 중립 위반 사례가 많이 감소한 점과 유럽 여러 나라에서는 공무원의 정치활동을 비교적 넓게 허용한다는 점 등을 감안할 때, 이제는 공무원의 정치활동 제한을 완화함으로써 공무원에게도 시민의 한 사람으로서 당연히 누려야 할 참정권을 보장해야 한다는 주장도 제기되고 있다(정영태, 2010; 오석홍, 2022: 518).

국가공무원법 제65조 ① 공무원은 정당이나 그 밖의 정치단체의 결성에 관여하거나 이에 가입할 수 없다.

② 공무원은 선거에서 특정 정당 또는 특정인을 지지 또는 반대하기 위한 다음의 행위를 하여서는 아니 된다.

1. 투표를 하거나 하지 아니하도록 권유 운동을 하는 것
2. 서명 운동을 기도(企圖)·주재(主宰)하거나 권유하는 것
3. 문서나 도서를 공공시설 등에 게시하거나 게시하게 하는 것
4. 기부금을 모집 또는 모집하게 하거나, 공공자금을 이용 또는 이용하게 하는 것
5. 타인에게 정당이나 그 밖의 정치단체에 가입하게 하거나 가입하지 아니하도록 권유 운동을 하는 것

③ 공무원은 다른 공무원에게 제1항과 제2항에 위배되는 행위를 하도록 요구하거나, 정치적 행위에 대한 보상 또는 보복으로서 이익 또는 불이익을 약속하여서는 아니 된다.

공직선거법 제9조(공무원의 중립의무 등) ① 공무원 기타 정치적 중립을 지켜야 하는 자(機關·團體를 포함한다)는 선거에 대한 부당한 영향력의 행사 기타 선거결과에 영향을 미치는 행위를 하여서는 아니된다.

공직선거법 제85조 ① 공무원 등 법령에 따라 정치적 중립을 지켜야 하는 자는 직무와 관련하여 또는 지위를 이용하여 선거에 부당한 영향력을 행사하는 등 선거에 영향을 미치는 행위를 할 수 없다.

3) 집권 정부에 대한 정치적 대응

민주적 정치체제에서 공무원들이 선거를 통해 집권한 정치지도자들의 정책과 지시를 충실히 이행해야 해야 하는 것은 그들의 정당한 역할이자 당연한 의

무이다. 더구나 국가공무원법 제57조(복종의 의무)는 '공무원은 직무를 수행할 때 소속 상관의 직무상 명령에 복종하여야 한다'라고 규정하고 있어, 정치적 대응의 중립의무는 법적 의무 내지 법제화된 규범이라고 할 수 있다. 한국 공무원들은 집권 정부와 정무직 공직자들의 정책과 지시를 상대적으로 충실히 이행하는 관계로 정치적 대응 수준이 높다고 할 수 있다. 문제는 공무원들이 다수 국민의 뜻이나 공익에 기초하지 않는 집권정부의 당파적이고 비합리적인 정책이나 부당한 지시에도 민감하게 대응하는 경향을 보인다는 점이다(임도빈·유민봉, 2022: 70).

4) 전문직업적 중립

전문직업적 중립의무는 법규에 직접적인 관련 명문 규정이 없는 관계로 비공식적·불문율적 성격의 윤리 규범의 성격을 띤다. 다만 헌법 제7조 ①의 '공무원은 국민 전체에 대한 봉사자이며, 국민에 대하여 책임을 진다'라는 규정은 공무원이 공익을 추구해야 할 본질적 의무가 있음을 천명한 것으로 해석할 여지가 있다. 이런 해석에 의하면 헌법 제7조는 공무원이 직무수행에 있어 단순히 집권 정부의 방침이나 정무직 상관의 명령에 복종하는 데 그치지 않고 국민을 위해 자신의 전문가적 판단을 적용해야 할 의무가 있다는 간접적 근거가 될 수 있다(박천오, 2011; 32). 한국 공무원은 집권정부와 정무직 공직자가 비합리적인 파당적 정책을 추진하거나 부당한 지시를 내려도 이를 거절하거나 시정하려 노력하지 않고 침묵하는 등 전문가적 중립의무를 충실히 이행하지 않는 경향이 있다는 지적을 받는다(감사원, 2010: 228, 232; 박천오, 2015).

(2) 현실적 과제

우선, 역량 있고 직무에 충실한 공무원이 정치적인 이유로 부당하게 신분상 혹은 인사상 불이익을 받지 않아야 한다는 의미의 정치적 중립이 얼마나 잘 지켜지고 있는지 의문을 가지게 하는 사례들이 적지 않다. 예컨대 실적주의라는 명분으로 집권정부에 대한 충성도가 낮은 공무원들에게 명예퇴직을 강요하거나 대기발령 내지 연수 등의 인사조치를 취하는 사례들이 드물지 않았다(임도빈·유민봉, 2022: 64). 그뿐만 아니라 정권교체 시에는 전 정권 때 속칭 '잘나갔던' 공무원들에 대해서는 적폐청산 등을 명분으로 인사 보복을 가하고 새 정권의 정책선호에 공감하는 관료들은 주요 보직에 임명하는 식의 정치적 인사가 이루어지는 사례도 적지 않았다(조선일보, 2023.07.06). 이러한 정치적인 인사는 공무원들의 기술적·전문직업적 역량을 사장하고 그들이 국민에 대한 봉사보다 정치권력에 대한 당파적인 봉사에 치중하게 만들어 정책과 행정의 합리성과 안정성을 저해할 수 있다. 이런 측면에서는 정치권력으로부터 직업공무원 인사의 자율성을 확보할 때 실적주의적 의미의 정치적 중립이 제대로 확립될 수 있는 것이다.

공무원들이 정치적 대응의 중립의무를 과도하게 이행하는 반면, 전문직업적 중립의무는 제대로 이행하지 않는 경향이 있는 것도 문제이다. 정권 교체가 일상적으로 이루어지는 상황에서 상위직 공무원들이 집권정부의 정치도구로 전락하여 정치권력자의 정책과 지시에 과잉 대응하거나 순응하고, 중하위직 공무원들 역시 상부와 상급자의 부당한 지시 등에 침묵하면서 복종하는 행태를 나타내기 때문이다(한승주, 2016: 131).

공무원들이 정치적 대응의 중립의무와 복종의 의무 이행에 치중하는 것은 한국 공직사회에 위계적·권위주의적 조직문화가 여전히 강하게 자리 잡고 있고, 정무직 상사 등을 상대로 자신의 전문가적 판단을 주장할 시에 뒤따를 수 있는 인사상 불이익 등이 부담되기 때문일 것이다(주재현·한승주, 2015). 또한 일반적으로 직위분류제하에서 공무원들이 담당 정책분야에 관해 조직 안팎에서 전문성을 인정받는 것과 달리, 계급제에 기반한 한국 인사체제에서 공무원들이 특정 정책분야 전문가로서의 의식이 강하지 못하고 대외적으로도 전문가로서의 위상을 인정받지 못하기 때문일 수 있다. 공무원들이 법적 의무가 아닌 전문직업적 중립의무를 자신들의 진정한 의무로 인식하지 못하는 것도 한 원인일 수 있다(강명구, 2017: 6-7).

그러나 사회문제들이 나날이 복잡해지고 정책과정에서 공무원의 전문가적 의사결정이 차지하는 비중이 증대됨에 따라, 공무원이 전문직업적 중립의무에 충실해야 할 현실적 필요성 역시 점점 더 커지고 있다.

공무원의 전문직업적 중립의무는 정부관료제에 대한 정치권력의 지배가 완화되고 정무직 공직자들이 공무원의 전문가적 판단을 존중할 때, 공무원들이 직무수행에 있어 어느 정도 자율성을 가질 때, 그리고 공무원들이 불문율적 성격의 전문직업적 중립의무를 자신들의 행동규범으로서 수용할 때, 준수될 수 있을 것이다. 향후 한국에서 관련 법규의 정비와 이론의 체계화 등을 통해 이들 여건이 갖추어진다면, 공무원의 전문직업적 중립의무 이행이 정치적 대응의 중립의무 이행과 균형을 이루게 될 것이다.

참고문헌

강명구. (2017). 관료제와 장인정신: '영혼 없는 공무원'을 위한 변론. 「한국행정학보」, 51(4): 3–18.

박천오. (2011). 공무원의 정치적 중립: 의미와 인식. 「행정논총」, 49(4): 25~50.

박천오 외. (2014). 「현대인사행정론」, 파주: 법문사

박천오. (2015). 한국공무원의 침묵 사유와 침묵 이슈에 관한 인식. 「한국인사행정학회보」, 14(4): 25–50.

오석홍. (2022). 「인사행정론」, 서울: 박영사.

오성호 외. (2014). 「인사행정론」, 서울: 다산출판사.

이창길. (2019). 「인적자원행정론」, 서울: 박영사.

임도빈·유민봉. (2022). 「인사행정론」, 서울: 박영사.

정재명·최승재. (2010). "공무원의 정치참여에 관한 연구–공무원들의 인식을 중심으로," 「한국행정논집」, 22(2): 479–508.

주재현·한승주. (2015). 공무원의 책임성 딜레마 인지와 대응: 지방자치단체 공무원을 중심으로. 「정부학연구」, 21(3): 1–33.

한승주. (2016). 관료제의 정치적 중립 훼손: 2012년 국가정보원 정치개입 사건 분석. 「행정논총」, 54(1): 103–137.

Becker, Gary S. (1983). A Theory of Competition among Press Groups for Political Influence. *Quarterly Journal of Economics*. 68(3): 371–400.

Drewry, Garvin & Tony Butcher. (1988). The Civil Service Today. Oxford: Basil Blackwell.

Elliott, Robert H. (1998a). Political Neutrality. In Jay M. Shafritz, (ed.), *Encyclopedia of Public Policy and Administration*. Boulder Colorado: Westview Press. 1714–1715.

Heclo, Hugh. (1977). *A Government of Strangers*. Washinton D.C.: Brookings Institution.

Ingraham, Patricia Wallace. (1995). *The Foundation of Merit: Public Service in American Democracy*. Baltimore: Johns Hopkins University.

Kaufman, H. (1956). Emerging Conflicts in the Doctrines of Public Administration. *American Political Science Review*, 50(4): 1057–1073.

Levitan, D. M. (2007). The Neutrality of the Public Service. In Norma M. Riccucci (ed.), *Public Personnel Administration and Labor Relations*, p.13–20. Armonk, New York: M.E.

Mosher, Frederick C. (1981). *Democracy and the Public Policy*. New York: Oxford University Press Niskanen, William. (1971). *Bureaucracy and Representative Government*. Chicago: Aldine.

Peltzman, Sam. (1976). Towards a more General Theory of Regulation. *Journal of Law and Economics*. 19(2): 11–40.

Rouban, Luc. (2007). Politicization of the Civil Service. in B. Guy Peters and Jon Pierre. eds. The Handbook of Public Administration. 199–209. Los Angeles: Sage Publications

Rosenbloom, David H and Robert S. Kravchuk. (2005). *Public Administration: Understanding Management, Politics, and Law in the Public Sector*. Boston: MaGraw–Hill.

Sossin, Lorne. (2005). Speaking Truth to Power: The Search for Bureaucratic Independence in Canada. *University of Toronto Law Journal*, 55: 1–59.

Svara, James. H. (2009). Introduction to the Symposium: The Nature of Public Professionalism and the Future of ASPA. *Public Administration Review*, 69(6): 1037–1039.

Thompson, D. F. (1985). The Possibility of Administrative Ethics. *Public Administration Review*, 45(5): 555–561.

Tullock, Gordon. (1965). *The Politics of Bureaucracy*. Washington, D.C.: Public Affairs Press.

Waldo, Dwight. (1974). Reflection on Public Morality. *Administration and Society*, 6(3): 261–275.

West, W. F. (2005). Neutral Competence and Political Responsiveness: Uneasy Relationship. *The Policy Studies Journal*, 33(2): 147–160.

Wilson, James Q. (1989). *Bureaucracy, What Government Agencies Do and Why They Do It*. New York: Basic Books.

부록

1. 전체 공무원 현원
2. 국가공무원 직종별 현원
3. 일반직공무원 직군-직렬-직류 및 직급체계
4. 행정·기술·관리운영직군 시간선택제, 일반임기제, 전담직위 직렬별 현원
5. 행정·기술·관리운영직군 직렬별 현원

1. 전체 공무원 현원

(2022. 12. 31. 기준) (단위 : 명)(Unit : Person)

구분 Classification		현원 Current Number of Civil Servants		
		합계 Total	남성 Male	여성 Female
합계 Total		1,173,022	596,389	576,633
행정부 Executive Branch	소계 Sub-Total	1,146,278	581,424	564,854
	국가공무원 State Civil Servants	765,090	394,332	370,758
	지방공무원 (지방자치+교육자치) Local Civil Servants	381,188	187,093	194,095
입법부 Legislative Branch		4,809	2,789	2,020
사법부 Judicial Branch		18,378	10,139	8,239
헌법재판소 Constitutional Court		376	208	168
중앙선거관리위원회 National Election Commission		3,181	1,829	1,352

출처: 2023 인사혁신통계연보.

2. 국가공무원 직종별 현원

(2022. 12. 31. 기준)　　　　(단위 : 명)(Unit : Person)

구분 Classification	합계 Total	여성 No. female
합계 Total	765,090	370,758
정무직 Political Service	130	15
일반직 General Service	180,024	70,369
고위공무원 Senior Executive	1,131	122
3급 GR3	855	137
4급 GR4	6,576	1,589
5급 GR5	16,432	4,762
6급 GR6	34,972	12,755
7급 GR7	45,434	21,487
8급 GR8	22,575	11,172
9급 GR9	16,126	7,744
전문직 Specialized Public Officials	218	52
연구직 Research Service	6,155	2,865
지도직 Advisory Service	125	46
우정직 Postal Service	23,417	4,403
전문경력관 Specialist	1,156	452
시간선택제 Fixed-term Part-timer	1,511	1,278
일반임기제 Fixed-term(General)	2,062	891
전문임기제 Fixed-term(Specialized)	952	355
한시임기제 Temporary	327	259

구분 Classification	합계 Total	여성 No. female
특정직 Special Service	584,413	300,184
외무 Foreign Service	2,186	931
경찰 Police Service	144,697	20,982
소방 Fire-Fighting	64,498	6,642
검사 Public Prosecutor	2,163	727
교육 Educational	370,869	270,902
별정직 Special Administrative Service	523	190

※ 지방에 두는 국가공무원 포함

출처: 2023 인사혁신통계연보.

3. 일반직공무원 직군-직렬-직류 및 직급체계

직군	직렬	직류	계급 및 직급						
			3급	4급	5급	6급	7급	8급	9급
과학기술	공업	일반기계	부이사관	과학기술서기관	공업사무관	공업주사	공업주사보	공업서기	공업서기보
		농업기계							
		운전							
		항공우주							
		전기							
		전자							
		원자력							
		조선							
		금속							
		섬유							
		화공							
		자원							
		물리							
	농업	일반농업			농업사무관	농업주사	농업주사보	농업서기	농업서기보
		식물검역							
		축산							
		생명유전							
	임업	산림조경			임업사무관	임업주사	임업주사보	임업서기	임업서기보
		산림자원							
		산림보호							
		산림이용							
		산림환경							
	수의	수의			수의사무관	수의주사	수의주사보		
	해양수산	일반해양			해양수산사무관	해양수산주사	해양수산주사보	해양수산서기	해양수산서기보
		일반수산							
		어로							
		일반선박							
		선박항해							

	선박기관							
	선박관제							
	수로							
	해양교통시설							
기상	기상			기상 사무관	기상 주사	기상 주사보	기상 서기	기상 서기보
	지진							
보건	보건			보건 사무관	보건 주사	보건 주사보	보건 서기	보건 서기보
	방역							
의료기술	의료기술			의료기술 사무관	의료기술 주사	의료기술 주사보	의료기술 서기	의료기술 서기보
식품위생	식품위생			식품위생 사무관	식품위생 주사	식품위생 주사보	식품위생 서기	식품위생 서기보
의무	일반의무			의무 사무관				
	치무							
약무	약무			약무 사무관	약무 주사	약무 주사보		
간호	간호			간호 사무관	간호 주사	간호 주사보	간호 서기	
간호조무	간호조무			간호조무 사무관	간호조무 주사	간호조무주사보	간호조무 서기	간호조무서기보
환경	일반환경			환경 사무관	환경 주사	환경 주사보	환경 서기	환경 서기보
	수질							
	대기							
	폐기물							
항공	일반항공			항공 사무관	항공 주사	항공 주사보	항공 서기	항공 서기보
	조종							
	정비							
	관제	부이사관	과학기술 서기관					
시설	도시계획			시설 사무관	시설 주사	시설 주사보	시설 서기	시설 서기보
	일반토목							
	농업토목							
	건축							
	지적							
	측지							
	교통시설							

		도시교통설계							
		시설조경							
		디자인							
	방재안전	방재안전			방재안전 사무관	방재안전 주사	방재안전 주사보	방재안전 서기	방재안전 서기보
	전산	전산개발			전산 사무관	전산 주사	전산 주사보	전산 서기	전산 서기보
		전산기기							
		데이터							
		정보보호							
	방송통신	통신사			방송통신 사무관	방송통신 주사	방송통신 주사보	방송통신 서기	방송통신 서기보
		통신기술							
		전송기술							
		전자통신기술							
		방송기술							
	방송무대	방송무대기술			방송무대 사무관	방송무대 주사	방송무대주사보	방송무대 서기	방송무대서기보
		방송제작							
	운전	운전			운전 사무관	운전 주사	운전 주사보	운전 서기	운전 서기보
	위생	위생			위생 사무관	위생 주사	위생 주사보	위생 서기	위생 서기보
		사역							
	조리	조리			조리 사무관	조리 주사	조리 주사보	조리 서기	조리 서기보
행정	교정	교정			교정관	교감	교위	교사	교도
	보호	보호			보호 사무관	보호 주사	보호 주사보	보호 서기	보호 서기보
	검찰	검찰			검찰 사무관	검찰 주사	검찰 주사보	검찰 서기	검찰 서기보
	마약수사	마약수사	부이사관	서기관	마약수사 사무관	마약수사 주사	마약수사 주사보	마약수사 서기	마약수사 서기보
	출입국관리	출입국관리			출입국관리 사무관	출입국관리 주사	출입국관리 주사보	출입국관리 서기	출입국관리 서기보
	철도경찰	철도경찰			철도경찰 사무관	철도경찰 주사	철도경찰 주사보	철도경찰 서기	철도경찰 서기보

	행정	일반행정			행정 사무관	행정 주사	행정 주사보	행정 서기	행정 서기보
		인사조직							
		법무행정							
		재경							
		국제통상							
		고용노동							
		문화홍보							
		교육행정							
		회계							
	직업상담	직업상담				직업상담 주사	직업상담 주사보	직업상담 서기	직업상담 서기보
	세무	세무				세무 주사	세무 주사보	세무 서기	세무 서기보
	관세	관세				관세 주사	관세 주사보	관세 서기	관세 서기보
	사회복지	사회복지			사회복지 사무관	사회복지 주사	사회복지 주사보	사회복지 서기	사회복지 서기보
	통계	통계			통계 사무관	통계 주사	통계 주사보	통계 서기	통계 서기보
	사서	사서			사서 사무관	사서 주사	사서 주사보	사서 서기	사서 서기보
	감사	감사		감사관	부감사관	감사 주사	감사 주사보	감사 서기	감사 서기보
	방호	방호			방호 사무관	방호 주사	방호 주사보	방호 서기	방호 서기보
관리운영	토목운영	토목운영				토목운영 주사	토목운영주사보	토목운영 서기	토목운영서기보
	건축운영	건축운영				건축운영 주사	건축운영주사보	건축운영 서기	건축운영 서기보
		목공운영							
	통신운영	통신운영				통신운영 주사	통신운영주사보	통신운영 서기	통신운영서기보
	전화상담 운영	전화상담 운영				전화상담 운영 주사	전화상담운영 주사보	전화상담 운영 서기	전화상담운영 서기보
	전기운영	전기운영				전기운영 주사	전기운영주사보	전기운영 서기	전기운영서기보
	기계운영	기계운영				기계운영 주사	기계운영 주사보	기계운영 서기	기계운영 서기보

	영사운영							
열관리 운영	열관리 운영				열관리 운영 주사	열관리 운영 주사보	열관리 운영 서기	열관리 운영 서기보
화공운영	화공운영				화공운영 주사	화공운영주사보	화공운영 서기	화공운영서기보
선박항해 운영	선박항해 운영				선박항해 운영 주사	선박항해운영 주사보	선박항해 운영 서기	선박항해운영 서기보
선박기관 운영	선박기관 운영				선박기관 운영 주사	선박기관운영 주사보	선박기관 운영 서기	선박기관운영 서기보
농림운영	영림운영				농림운영 주사	농림운영주사보	농림운영 서기	농림운영서기보
	원예운영							
산림보호 운영	산림보호 운영				산림보호 운영 주사	산림보호 운영 주사보	산림보호 운영 서기	산림보호 운영 서기보
보건운영	보건운영				보건운영 주사	보건운영주사보	보건운영 서기	보건운영서기보
사무운영	조무운영				사무운영 주사	사무운영 주사보	사무운영 서기	사무운영 서기보
	타자운영							
	전산운영							
	제도운영							
	필기운영							
	사서운영							
	편집운영							
	집배운영							
	기상관측 운영							
	감식운영							

출처: 공무원임용령[별표 1]〈개정 2023.8.30.〉

4. 행정·기술·관리운영직군 시간선택제, 일반임기제, 전담직위 직렬별 현원

(2022. 12. 31. 기준)

(단위 : 명)(Unit : Person)

구분 Classification	합계 Total	고위공무원 SCS	3급 GR3	4급 GR4	5급 GR5	6급 GR6	7급 GR7	8급 GR8	9급 GR9
계 Total	3,461	138	12	281	229	376	485	1,049	891
고위공무원 SCS	138	138							
부이사관 GR3	12		12						
행정직군 Administration Service Groups	2,351			144	146	275	304	855	627
서기관 GR4	144			144					
감사 Inspector									
검찰 Public Prosecutor	35				6	2	27		
관세 Customs Duty	126					2	1	4	119
교정 Correction	14							6	8
마약수사 Drug Investigation									
방호 Security	41							6	35
보호 Probation	15							3	12
사서 Librarian	45					2	12	17	14
사회복지 Social Welfare	3						1	1	1
세무 Taxation	262					78	6	63	115
직업상담 Job Consultation	111							106	5
철도경찰 Railroad Security	2					1	1		
출입국관리 Immigration	94						9	14	71
통계 Statistics	26				3	1	2	20	
행정 Administration	1,433				137	189	245	615	247
기술직군 Technical Service Groups	959			137	83	101	181	194	263
기술서기관 Technical GR4	137			137					
간호 Nursing	43				1		17	25	
간호조무 Nursing Assistant	14							2	12
공업 Industry	111					34	47	26	4
기상 Meteorological	16					1	1	12	2
농업 Agricultural	39					11	10	15	3
방송무대 Broadcasting & Stage	5				1		4		
방송통신 Broadcasting	36					10	1	18	7
방재안전 Disaster Management	6						6		
보건 Health	37					2	26	6	3
수의 Veterinary	5					3	2		

구분 Classification	합계 Total	고위공무원 SCS	3급 GR3	4급 GR4	5급 GR5	6급 GR6	7급 GR7	8급 GR8	9급 GR9
시설 Establishment	38				4	6	5	10	13
식품위생 Food Hygiene	36					7	9	15	5
약무 Chemist	2						2		
운전 Driving	170							3	167
위생 Sanitation	8							1	7
의료기술 Medical Technical	40						1	27	12
의무 Medical	38				38				
임업 Forestry	29				2	1	6	13	7
전산 Computerization	112				36	25	37	13	1
조리 Cooking	15								15
항공 Flight	1						1		
해양수산 Maritime Affairs & Fisheries	19				1	1	6	6	5
환경 Environment	2							2	
관리운영직군 Management & Operation Service	1								1
건축운영 Construction									
기계운영 Machinery									
농림운영 Agriculture & Forestry									
보건운영 Health									
사무운영 Clerical	1								1
산림보호운영 Protection of Forest									
선박기관운영 Ship									
선박항해운영 Shipping & Voyage									
열관리운영 Heat Control									
전기운영 Electricity									
전화상담운영 Call Center									
토목운영 Civil Engineering									
통신운영 Telecommunications									
화공운영 Chemical Engineering									
지방에 두는 국가공무원 Local Public Service									

출처: 2023 인사혁신통계연보.

5. 행정·기술·관리운영직군 직렬별 현원

(2022. 12. 31. 기준) (단위 : 명)(Unit : Person)

구분 Classification	합계 Total	고위공무원 SCS	3급 GR3	4급 GR4	5급 GR5	6급 GR6	7급 GR7	8급 GR8	9급 GR9
계 Total	144,098	1,131	855	6,576	16,432	34,971	45,433	22,574	16,126
고위공무원 SCS	1,098	1,098							
부이사관 GR3	855		855						
행정직군 Administration Service Groups	104,443			4,849	11,720	25,801	32,262	17,126	12,685
서기관 GR4	4,672			4,672					
감사 Inspector	728			177	301	181	69		
검찰 Clerk for Public Prosecutor	6,170				477	1,612	2,120	1,144	817
관세 Customs Duty	3,941					1,058	1,309	806	768
교정 Correction	15,266				353	3,477	5,958	2,973	2,505
마약수사 Drug Investigation	277				20	77	90	64	26
방호 Security	1,247				1	23	556	376	291
보호 Probation	2,817				255	504	867	634	557
사서 Librarian	826				103	363	216	126	18
사회복지 Social Welfare	188				45	36	49	46	12
세무 Taxation	20,243					5,361	7,469	4,520	2,893
직업상담 Job Consultation	1,681					162	1,125	129	265
철도경찰 Railroad Security	514				7	142	209	107	49
출입국관리 Immigration	2,698				169	479	886	673	491
통계 Statistics	1,733				142	412	688	346	145
행정 Administration	41,442				9,847	11,914	10,651	5,182	3,848
기술직군 Technical Service Groups	33,639			1,727	4,712	8,823	9,638	5,301	3,438
기술서기관 Technical GR4	1,727			1,727					
간호 Nursing	1,351				25	462	397	467	
간호조무 Nursing Assistant	542					10	320	82	130
공업 Industry	5,551				1,230	1,433	1,511	692	685
기상 Meteorological	1,011				141	270	329	162	109
농업 Agricultural	2,033				312	591	610	395	125
방송무대 Broadcasting & Stage	232				21	93	84	26	8
방송통신 Broadcasting	1,849				367	648	432	233	169
방재안전 Disaster Management	157				40	41	47	23	6
보건 Health	1,074				157	234	296	183	204
수의 Veterinary	461				99	232	130		

구분 Classification	합계 Total	고위공무원 SCS	3급 GR3	4급 GR4	5급 GR5	6급 GR6	7급 GR7	8급 GR8	9급 GR9
시설 Establishment	3,342				803	1,139	831	370	199
식품위생 Food Hygiene	655				59	213	225	112	46
약무 Chemist	242				82	95	65		
운전 Driving	2,097					53	1,006	591	447
위생 Sanitation	350					8	179	108	55
의료기술 Medical Technical	701				26	205	249	124	97
의무 Medical	3				3				
임업 Forestry	1,255				136	325	349	252	193
전산 Computerization	3,752				721	1,253	967	408	403
조리 Cooking	308					2	45	136	125
항공 Flight	792				68	366	271	87	
해양수산 Maritime Affairs & Fisheries	3,327				236	899	1,088	750	354
환경 Environment	827				186	251	207	100	83
관리운영직군 Management & Operation Service	4,030					347	3,533	147	3
건축운영 Construction	36					2	30	4	
기계운영 Machinery	238					49	171	17	1
농림운영 Agriculture & Forestry	52					4	45	3	
보건운영 Health	8					1	5	2	
사무운영 Clerical	3,164					177	2,885	100	2
산림보호운영 Protection of Forest	20					6	13	1	
선박기관운영 Ship	5					2	2	1	
선박항해운영 Shipping & Voyage	2					1	1		
열관리운영 Heat Control	101					6	87	8	
전기운영 Electricity	105					39	63	3	
전화상담운영 Call Center	197					7	185	5	
토목운영 Civil Engineering	20					8	11	1	
통신운영 Telecommunications	78					43	33	2	
화공운영 Chemical Engineering	4					2	2		
지방에 두는 국가공무원 Local Public Service	33	33							

출처: 2023 인사혁신통계연보.

찾아보기

ㄱ

가점평정 330
가정친화적 제도 364
가족간호휴직제 397
가족돌봄휴가제 397
가족수당 406
가족친화적 조직문화 397
가족친화정책 393
강임 263
강제배분법 318
강화 및 기대이론 448
개방형 승진임용 258
개방형 직위 207
개방형 직위제도 54
개인적 공평성 447
겸임 270
경력개발 경로의 유형 272
경력개발계획 173
경력개발제도 270
경력경쟁채용제도 55, 205
경력직 공무원 116
경력평정 328
경제적 성과주의 이론 449
계급정년제도 53
계급제 101, 102
계급제의 장점과 단점 106
계급제의 특징 103
계급체계 121
계획인사교류 268
고도몰입이론 394
고용평등정책 350
고위공무원단 역량평가 239
고위공무원단 제도 54, 129
고정급적 연봉제 467
공개경쟁채용제도 204
공공봉사동기 288
공모직위제도 55
공무원 교육훈련체계 244
공무원 노동기본권 430
공무원노동조합 425, 428
공무원 노사관계 423
공무원의 권익 보호 16
공무원의 종류 116
공무원직장협의회 426
공무원헌장 501
공정성 이론 292
공직분류 100
공직분류체계의 개선방안 125
공직분류체계의 문제점 122
공평성이론 448
과장급 역량평가 241
과정이론 283
과학기술인력 공직 임용확대 223
관대화 경향 314
관리자를 위한 인사행정 5
관리자에 의한 인사행정 6
교육소청심사위원회 97
교육훈련기관의 교육훈련 247
교육훈련 수요조사 233
구조이론 448
국가공무원인재개발원 238
균형인사정책 353
균형인사제도 63
그룹토의기법 151
근무성적평정 322
근속승진 261
기능적 직무분석 153
기대이론 290
기본연봉 468
기여제(갹출제) 480
기준직무 167

ㄴ

내각총리대신 소속의 인사국 84
내부고발 509
내부승진임용 258
내부적 공평성 446
내용이론 283

내재적 동기 282

ㄷ

다면평가 331
다양성 342
다양성관리정책 350
다양성 연구 346
다양성 포용적 문화 365
단결권 430
단체교섭권 431
단체행동권 435
대리인이론 449
대표관료제 59
대표관료제 연구 346
대표성 353
도표식 평가척도법 316
동기부여 281
동기요인 286
등급기술서 162

ㅁ

맞춤형 복지제도 407
모집 210
목표설정이론 294
미국 노동성기법 152
미국의 고위공무원단제도 129
민주성 14

ㅂ

배치전환 264
법적 책임성 497
별정직 공무원 119
보상 가능한 요소 166
보상체계 173
보수곡선의 유형 452
보수의 특성 444
보수이론 445
보수표 453
보통승진심사위원회 259
부가급부 453
부가급(수당) 462
부과방식 478
부처인사기관 68
부처형 모델 78
부패방지 및 국민권익위원회의 설치 및 운영에 관한 법률 501
부패통제 506
분류법 162
비교확인법 151
비기여제(비갹출제) 480

ㅅ

사회교환이론 398
사회적 소수자 집단 353
사회통합인재 223
사회 형평성 15
사회형평적 인재채용 221
삶의 질 399
상징이론 449
상황이론 394
생활급 458
생활보장급 443
서술법 318
서열법 161, 317
선발 215
성과관리 173
성과급 333
성과급적 연봉제 467
성과급제도 55
성과연봉 468
성과평가 310
성취동기이론 287
소청심사위원회 524
수시인사교류 269
순환근무형 274
순환보직 104
스필오버 효과 315
승급 256
승진 256
승진소요최저연수 261
승진후보자 명부 262
실적 257
실적급 443, 460
실적제 31
실적제보호위원회 80, 81
실적주의 257

ㅇ

양성평등 균형인사제도 357
양성평등채용 목표제 221
엄격화 경향 314
X, Y 이론 285
MZ세대 400
여성관리자 임용 5개년 계획 357
역광효과 313
역량개발센터 242
역량 기반의 교육훈련 241
역량 모형 236, 237
역량진단 238
역량평가 239
연가 407
연공급 459
연공서열 257

연공주의 257
연금수급요건 478
연금지급개시연령 475
연금지급정지제도 478
연방노사관계청 80, 82
연봉제 464
엽관제 33, 56
영국의 고위공무원단제도 130
외부승진임용 258
외부임용 203
외부적 공평성 446
외재적 동기 282
요소비교법 166
욕구단계이론 284
원격근무제 400
위생요인 286
위원회 모델 77
위탁교육훈련 249
유연근무제 396
유족부조금 474
유족일시금 474
육아휴직제 396
윤리적 책임성 497
의무고용제 222
2요인 이론 286
인력관리계획 183
인력기획 173
인사개혁 25
인사 관리자 194
인사관리처 80, 81
인사교류제도 266
인사비전 2045 225
인사원 84
인사이동 255
인사정책 186
인사행정의 연구관점 7
인사혁신처 88
일과 삶의 균형정책 395
일반승진 259
일반직 공무원 117
일반행정가형 유형 92
임명 224
임용 202
임용제도의 개선방안 225

ㅈ

자기결정이론 282
장기근무형 274
장애인 구분모집제 222, 359
장해연금 474
재량근무제 400
재임용제도 53
재택근무제 396
저성과자 개선 방안 379
저성과자 관리 모형 381
저성과자의 발생 원인 374
저소득층 구분모집제도 361
적극적 고용지원정책 353
적극적 모집 214
적극적 인사관리 74
적극적 차별철폐조치 350
적립방식 478
전략적 인적자본관리 4
전략적 인적자원관리 4, 173
전문가형의 부처인사기관 92
전문경력관 275
전문직공무원 276
전문직업적 중립 538
전문직위 275
전보 264
전이효과 235
전직 264
전직시험 265
절충형 모델 79
점수법 163
정무직 공무원 118
정부차원의 저성과자 관리 382
정치적 대응 537
정치적 중립 41, 528
제1차 균형인사기본계획 356
제2차 균형인사기본계획 356
제도이론 394
조직적응이론 394
조직정의 293
중앙인사기관 68
중앙인사기관의 감사기능 70
중앙인사기관의 독립성 73
중앙인사기관의 준사법기능 71
중앙인사기관의 준입법기능 70
중앙인사기관의 집권성 75
중앙인사기관의 집행기능 71
중앙인사기관의 합의성 74
중앙인사위원회 87
중요사건기록법 319
중요사건기법 156
중증장애인 경력경쟁채용제도 359
지방소청심사위원회 97
지방인재채용목표제 222, 360
지방자치단체 인사기관 68
지방자치단체 인사위원회 95
지역인재추천채용제 222, 360

직군 120
직능급 460
직렬 120
직류 120
직무급 460
직무기술서 145
직무동기 281
직무분석 143
직무분석기관 146
직무분석요원 146
직무분석의 한계 157
직무분석 지침서 145
직무성과급적 연봉제 467
직무특성모형 297
직무평가 159
직무평가의 한계 169
직업공무원제 44
직위분류제 101, 108
직위분류제의 장점과 단점 112
직위분류제의 특징 110
직위분석설문지기법 154
직위유형별 보직관리 273
직장교육훈련 248
직장보육시설 411
집중화 경향 314
징계 516
징계위원회 521
징계절차 521

ㅊ

체제이론 18
총무처 87
최근효과 314
최초분석법 148
출산휴가제 396

ㅌ

탄력근무제 400
탑그레이딩 인사관리 373
통합인사정책 363
통합인사제도 353
퇴직공무원 취업제한제도 514
퇴직연금 474
퇴직일시금 474
특별승진 262
특수경력직 공무원 118
특정직 공무원 117

ㅍ

파견 269
펜들턴법 34
평가기준표 167
평가요소 163
폐쇄형 충원 45
필수보직기간 266

ㅎ

학습효과 235
한계생산성이론 449
한국 공직분류체계 115
한국형 다양성 344
행정안전부 인사실 88
행정윤리 495
행태기준 평가척도법 319
행태 체크리스트법 318
호봉제 464
혼합형 임용 207
효율성 13
후광효과 313
휴가제도 407

[저자약력]

박천오(朴天悟)

명지대학교 행정학과 명예교수

미국 Washington State University 정치학 박사

명지대학교 사회과학대학장, 사회복지대학원장, 대학원장 역임

한국행정학회 편집위원장, 한국정책학회 편집위원장, 한국정치학회 부회장, 한국인사행정학회 회장 역임

노종호(盧鍾昊)

서울과학기술대학교 행정학과 교수

미국 Florida State University 행정학 박사

서울과학기술대학교 좋은사회연구소장, 인재원 지도교수 역임

한국거버넌스학회 연구부회장, 한국조직학회 기획위원장, 한국인사행정학회 연구이사 역임

박시진(朴是眞)

광운대학교 행정학과 부교수

미국 Florida State University 행정학 박사

국무조정실 민간합동 규제혁신평가단 위원, 행정안전부 정부혁신평가 위원 역임

한국행정학회 편집위원, 한국인사행정학회 대외협력위원회 위원장, Journal of General Management 편집위원, 한국조직학회 운영이사 역임

유상엽(柳尙曄)

연세대학교 행정학과 교수

미국 University of Georgia 행정학 박사

경제·인문사회연구회 이사

통일부·국토교통부 자체평가위원

조윤직(曺崙稷)

연세대학교 행정학과 교수

미국 Indiana University 행정학 박사

연세대학교 사회과학연구소장 역임

현 Public Administration Review, Public Personnel Management 편집위원

조성한(趙成漢)

중앙대학교 공공인재학부 명예교수

미국 University of Chicago 사회정책학박사

중앙대학교 도서관장, 언론주간 역임

한국행정학회편집위원장, 한국정책학회부회장, 한국조직학회회장 역임

최성주(崔聖珠)

경희대학교 정경대학 행정학과 교수

미국 University of Georgia 행정학 박사

인사혁신처 정책자문위원회 위원

인사혁신처 중앙징계위원회 위원

행정안전부 자체평가위원회 위원

공무원연금공단 비상임이사

최유진(崔有鎭)

이화여자대학교 행정학과 부교수

미국 Syracuse University Maxwell School 행정학 박사

미국 Florida International University 조교수

한국행정학회 총무위원장, 한국인사행정학회 연구위원장

한승주(韓勝朱)

명지대학교 행정학과 부교수

고려대학교 행정학 박사

한국인사행정학회 연구위원장, 한국행정이론학회 총무위원장,
한국행정학회 연구이사 등 역임

한종희(韓宗熙)

광운대학교 행정학과 교수

미국 Claremont Graduate University 정치학 박사

한국행정연구원 수석연구원, 국립공주대학교 행정학과 교수 역임

인사행정론 [제3판]

2016년 3월 5일 초판 1쇄발행
2017년 8월 20일 초판 2쇄발행
2020년 2월 20일 제2판 1쇄발행
2024년 2월 15일 제3판 1쇄발행

저 자 박 천 오 외

발행인 배 효 선

발행처 도서출판 法 文 社

주 소 10881 경기도 파주시 회동길 37-29
등 록 1957년 12월 12일 / 제2-76호(윤)
TEL (031)955-6500~6 FAX (031)955-6525
e-mail (영업) bms@bobmunsa.co.kr
(편집) edit66@bobmunsa.co.kr
홈페이지 http://www.bobmunsa.co.kr

조 판 (주) 성 지 이 디 피

정가 34,000원 ISBN 978-89-18-91475-6